国家哲学社会科学成果文库

NATIONAL ACHIEVEMENTS LIBRARY
OF PHILOSOPHY AND SOCIAL SCIENCES

秦汉土地赋役制度研究

臧知非 著

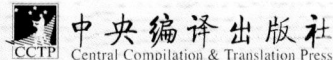

中央编译出版社

臧知非 男，1958年生，江苏宿迁人，1978年至1985年就读于徐州师范学院历史系，获历史学硕士学位，后留校任教；1988年至1991年就读于山东大学历史系，获博士学位，同年任教于苏州大学历史系，现为苏州大学社会学院（历史系）教授，中国古代史、中国哲学专业博士研究生导师。先后出版专著《周秦社会结构研究》（与导师田昌五合著）、《中国道教发展史纲》（与师兄刘峰合著）、《吕不韦传》《中国封建社会经济史》（田昌五、漆侠总主编，全四卷，第一卷第一作者）、《人伦本原：孝经与中国传统文化》《分职定位：历代职官制度》（与沈华合著）、《大汉高后》《中国第一后——吕后》《周秦汉魏吴地社会发展研究》（第一作者兼主编）、《论语注说》《生存与抗争的诠释：农民战争史研究》《赋役与秦汉社会控制》《土地、赋役与秦汉农民命运》《泗水、泗阳历史文化研究》（第一作者兼主编）等十余部；在《历史研究》《中国史研究》《史学月刊》《史学集刊》《文史哲》等刊物发表论文一百余篇；主持国家社科一般项目、重点项目各一项，省部级项目多项。现任中国农民战争史研究会副会长、中国秦汉史研究会副会长。

《国家哲学社会科学成果文库》出版说明

为充分发挥哲学社会科学研究优秀成果和优秀人才的示范带动作用，促进我国哲学社会科学繁荣发展，全国哲学社会科学规划领导小组决定自2010年始，设立《国家哲学社会科学成果文库》，每年评审一次。入选成果经过了同行专家严格评审，代表当前相关领域学术研究的前沿水平，体现我国哲学社会科学界的学术创造力，按照"统一标识、统一封面、统一版式、统一标准"的总体要求组织出版。

全国哲学社会科学规划办公室
2011年3月

前　言

本稿所论的土地、田税、算赋、更赋、户籍等，都是秦汉史研究的经典问题，因为传世资料阙如，以往只能根据古人的原则性记述，给出抽象的认识，和历史实际距离甚远。近来因为一系列新资料的公布，中外学者从不同层面深入探讨，精细入微，新识不断，成就蔚然。但是，从理论上说，历史是过去的存在，是无法"复原"的，任何真相把握和认识都是相对的。从事实上看，秦汉历史四百余年，就纵向来说，各项制度有继承有演变；就横向而言，区域差异甚大；从制度设计和制度实践的层面来看，二者有着相当的距离，并且随着国家机器的发展、国家职能的变迁，农民实际负担和历史命运与统治者的初衷渐行渐远。所以，无论是从宏观分析，还是微观的考察，都有相当的探讨空间，有待于进一步探究和充实。

由于学科的细化，学界习惯于按照朝代把古代历史分为不同时段，分别研究。但是，中国历史发展是环环相扣的因果链，虽说各个朝代的统治政策、法律制度都因时而异，但是变革是在继承的基础上进行的，首先要厘清继承的内容才能把握变革与社会发展的关系，才能分析其合理性。这就要扩大视野，突破断代限制，做跨时段考察。这一点，对于秦汉史研究来说，尤其重要。秦汉是中国大一统的时代，秦朝是第一个中央集权统一帝国，两汉就是在秦朝的基础上发展起来的，秦朝确立的各项制度、法律、政治理念在两汉得到了充分的实现和发展，治秦汉史者自然从秦朝开始。但是，秦朝是秦国的发展，秦国的建立、发展和先秦其他邦国处于同一个历史序列之中，其发展壮大是在吸收各国经验教训基础之上的，无论是秦穆公之称霸还是商鞅变法的成功，均是在吸收当时各国施政经验和思想家思考成果基础上、结合秦国实际情况而取得的成果。也就是说，秦国发展、壮大过程中所实行的一系列政策、制度，并不是秦人的独创，而是由来有自，有的是西周制度，有的是东方各国经验和教训，秦国不过是将其与自身实践相结合而已。最为后世儒生所诟病的商鞅变法所采取的各项制度如"废井田、开阡陌""令民为什伍而相牧司连坐"等就不是商鞅的发明，军功爵制也不是商鞅的首创，打击宗室贵族以加强君权以及人口的控制方式，也不是商鞅的专利，东方各国都曾实行过，也都有成文法，商鞅不过是将这些内容和理念予以系统化、以法律的手段严格施行而已，机缘巧合地遇到了秦孝公坚决、长期的支持而取得成功。明乎此，就不会简单地把秦朝制度体系当做商鞅之法的延续，就会明白，秦朝的统治思想、法律制度，实际上是有着西周以来各国历史实践、思想家们制度设计的成分在内的，而不应像以董仲舒为代表的汉儒那样简单地把秦朝的残暴、二世而亡归结为商鞅之法、申韩之政。所以，研究秦汉制度、思想、法律、文化等等，首先要着眼于先秦。这里所说的"先秦"，并不局限于秦朝之前的秦人、秦国的历史，而是指秦统一之前的总体而言，意思是要把秦人、秦国历史和西周、春秋、战国历史统一研究，起码要和春秋战国的历史统一考察，在把握先秦历史发展一般性的基础上，把握秦人、秦国历史特点，从而考察秦人、秦国、秦朝制度的历史由来。秦汉土地赋役研究也是如此。

　　基于上述思考，拙稿名为秦汉，内容上对春秋战国时期东方各国的相关问题则多有涉及，土地、力役、什伍、民居等都从先秦说起，对土地关系着墨尤多。这并非因为笔者对先秦有多大喜好，也不是因为对春秋战国土地制度有多少研究，而是因为不如此不足以说明商鞅变法以来的秦国、秦朝土地赋役制度的历史基础，难以体现春秋战国历史实践和思想家们的思考对秦制的影响。如所周知，春秋战国是我国社会结构大转型时期，在人们的潜意识里认为战国以前和战国以后社会形态有着质的不同，无论对这个"质"的看法有何分歧。这当然有其依据。但是，无论秦朝和西周的社会有多大的不同，春秋战国的社会转型都是一个继承和发展相统一的过程；统一帝国的建立、各项制度的展开都是这一过程的历史结果，是继承和变革使然。其最核心的特征就是国家对社会控制力度越来越大，控制手段越来越技术化，控制内容越来越明确：这就是人口和土地。无论是各国执政者还是思想家，无论在朝还是在野，在理论和实践上都越来越明白：人是国家存亡的核心要素。这不仅因为人心向背决定着国君统治的存否，更主要的在于人口多寡是国家财政和战争胜负的保障。而土地是最基本的生产资料，只要控制了人口和土地也就控制了一切，二者是一个问题的两个方面。人户离不开土地，把人户固定在土地上，既保障民生，也保证役源和财源，社会秩序、国家统治自然稳定，才有发展壮大的可能性。商鞅的新法实际上就是这一理念最明确、最技术化的程序化表达。所以要了解秦汉土地赋役制度，必须要对春秋战国时代土地赋役制度有全面了解，厘清商鞅之法的由来，洗去商鞅因为变法所蒙受的各种冤屈的同时也摘去商鞅因此而享受的各种荣耀，才能接近历史的真相，明白秦汉土地赋役制度的历史渊源，庶几清楚两汉社会与周秦的逻辑关系。

本稿观点系陆续形成，最早的可以追溯到30年以前。这30多年，学术研究突飞猛进，当年之作，自显陈旧而粗疏。所幸基本观点、思路并没有因为新资料的出土而过时或被证伪，相反，当年的逻辑判断得到了新资料的证明。当然，本稿并非旧说的申论，不是为了研究而研究，满足于某种现象的解释和考证，而是在系统思考的前提下，考察各项制度的生成、演变的历史过程及其影响，目的是考察国家力量在农民历史命运变迁中的作用，推进对中国历史规律的认识。在主观上，笔者力求做到：第一，针对中国历史稳定性和延续性的特点，由已知推未知，从后世社会了解入手，逆推以往，然后在总体把握社会结构变迁的基础上，按照历史顺序，考察相关问题，书稿所论的授田制、税田制、更役与更赋、"事"与算赋、什伍连坐、空间控制等问题都是按照这一理路展开的，套用时髦的词汇，就是用长时段眼光考察相关问题。不过，笔者是没有使用长时段理论的自觉的，历史之河绵绵不绝，本来就应该贯通式地考察，古人和老一代史学家早已为我们做出了榜样。只是人们长期画地为牢，先把自己束缚在既定的断代甚至是某一断代的某一个方面，再以长时段理论作为走出小圈子的依据。当然，突破习惯上的断代畛阈，是开拓学术视野的前提，是值得肯定的。第二，按照历史和逻辑相统一的原则，考察文献记载和出土资料，力图把握各种现象之间的逻辑联系，避免见树不见林之弊；同时分析已有研究成果，其是者而从之，非者而辩之，阙者而补之。这里所说的逻辑包括形式逻辑和辩证逻辑两个层面的内容，即无论是形式逻辑的演绎归纳还是辩证逻辑的是非判断，都要建立在全面把握历史资料的基础上，抓住历史记载、出土资料之间的本质关联，对各种矛盾记载、不同理解一一做出分析之后得出自己的结论。第三，从制度设计和制度实践的层面分析国家制度的设计理念和客观结果之间的关系，揭示农民命运的制度因素。这里说的制度设计和制度实践之间的距离有其特指：不是人们常说的"歪嘴和尚念坏好经"，是吏治败坏、贪腐盛行导致农民丧失土地、赋役沉重、破产流亡的结局，而是指制度设计本身把"普通和尚变成了歪嘴和尚"而言，即制度设计本身存在着缺陷，赋予地方政府、基层官吏上下起手、中饱私囊、盘剥农民的制度方便，从而深化对制度设计、国家力量与农民命运关系的理解，把握官、民关系的变迁。本稿中无论是对社会发展特点的理论阐述，还是具体问题的字句词章之辩，都是本着这个原则展开的。书中所论，对具体问题理解的是否正确，笔者不敢自是，但就思考问题的方法来说，笔者以为还是有其科学性、经得起时间检验的。当然，主观追求和客观结果总有距离，这有着史料上的局限，更有着个人学力的限制。笔者对学界研究成果也没能做到一网打尽式的占有殆尽，特别是对海外成果掌握有限，可能存在着所论与前贤时哲重复之处，望学界同仁有以教之。好在书中观点系早年提出，有的曾经引起讨论，现在虽然有所补充和修正，但基本观点已为学界所了解，书中凡有涉及者均随文注出，以明来源，庶几可免重复、抄袭之讥。

1982年，笔者随臧云浦先生、王云度先生读硕士学位时，以秦汉兵制为论文选题。1983年暑期，臧先生、王先生带领我们游学（这是当时普遍流行的方式），首先沿陇海线西行，在河南大学听朱绍侯先生系统讲授秦汉土地制度与阶级关系，在洛阳文物局听蒋若是先生讲授汉代考古，在西北大学听林剑鸣先生讲授秦汉简牍，在兰州大学听刘光华先生讲授西北屯戍制度、美国密西根大学张春树先生讲军功爵制和西北汉简与河西四郡的设置、杭州大学陈桥驿先生讲《水经注》与汉代地理等问题，同时还听了甘肃博物馆、西北师范大学和兰州大学其他各位先生关于汉简、汉代思想、敦煌文书等内容的讲座，大大地激发了笔者的学术兴趣，对秦汉军事制度、边防政策、边疆建设兴趣浓厚，特别是朱绍侯先生土地制度的系统讲授，将出土简牍、碑刻、文献融为一体，将军功爵制、社会变迁、阶级关系统一考察，留下极为深刻印象,只是当时学位论文题目已定,没能深入。1988年,笔者随田昌五先生读博士学位,恰逢田先生系统论述中国封建社会经济规律等重大理论问题,随后田先生又主持国家社科重点课题《中国封建社会经济史》(和漆侠先生共同主持,1996年由齐鲁书社和文津出版社同时出版,四卷),遂在田先生的指导下,从土地制度入手,系统探讨春秋战国社会结构变迁。此后,虽然因为工作因素,研究内容多有变动,但对战国秦汉土地赋役问题的关注、思考始终没有中断,陆续有过一些论著出版和发表。2008年,笔者以"简牍与秦汉赋役研究"为题申请国家社科项目获批,期间因为穿插着其他任务,直到2014年才结项。本稿就是该项目的结项成果,并根据内容和评审专家意见,改为现在的题目。

学术研究,以总体把握为前提,问题意识为先导,得出新见为标准,把握规律性认识为目的;要做到深入其中,出乎其外,以背负青天往下看的视野,沉下心情,冷静分析,经过相当的沉淀、积累,对各种矛盾现象、不同观点,系统理解,深入分析,有所体悟,得出新识,而后表达于笔端,求教于同仁,非有大境界、大智慧、大才力而不能至。笔者凡夫,虽心向往焉,而未能达。主观期许与客观距离之遥远,难以道里计。而书中所论,谬误所在,又非自省所能及,望学界同仁本着推进学术进步的宗旨,不吝教之。

本稿在撰写过程中,曾在各种场合、以各种方式向学界师友同仁请教,无不得到无私的帮助,王子今、李振宏、龚留柱、王彦辉、卜宪群、赵国华、王文涛、杨振红、张俊民诸位先生赐教尤多,既有宏观思考的点拨,也有具体而微的指导,更有提供资料的无私,减少了笔者的谬误,减轻了寻找资料的繁劳,笔者感佩莫名。本稿得以完成,如有一孔之见,和师友同仁的指教帮助是分不开的。

谨此志忱!

臧知非

二〇一六年十一月于苏州独墅湖畔

目 录

第一章 战国授田制度及相关问题 ………………………………… (1)
  第一节 井田与授田 ……………………………………………… (2)
  第二节 春秋土地关系的变动与授田 …………………………… (12)
    一、齐国"相地而衰征"解 …………………………………… (12)
    二、晋国的"作爰田""作州兵" ……………………………… (17)
    三、鲁国的"初税亩"、"作丘甲"和"用田赋" ……………… (20)
    四、楚国的"蒍掩庀赋" ……………………………………… (26)
  第三节 战国授田制度的普遍化 ………………………………… (29)
    一、授田的一般状况 ………………………………………… (30)
    二、亩制的多样性 …………………………………………… (36)
    三、土地计算:提封田法 …………………………………… (43)

第二章 秦朝授田制度的统一及其实态 ………………………… (56)
  第一节 商鞅"开阡陌"析疑 …………………………………… (57)
  第二节 "名田"与"授田"性质问题 …………………………… (68)
    一、"名田宅"是"以名籍授田宅" …………………………… (72)
    二、"名田宅"之"名"是"名籍"之省 ………………………… (76)
    三、"自占"之"占"是验证、核实之意 ……………………… (78)
    四、"名田宅臣妾衣服以家次"的历史分析 ………………… (81)
    五、"限民名田"所反映的土地关系 ………………………… (87)

> 第三节　秦简所见土地制度 …………………………………… (92)
>> 一、青川秦牍土地制度的实行范围 ……………………………… (92)
>> 二、云梦睡虎地秦律所见土地制度补论 ………………………… (93)
>> 三、龙岗秦简所见田制 …………………………………………… (97)
>> 四、里耶秦简、岳麓秦简所见土地制度的几个问题 ………… (104)

第三章　汉代授田及其私有化 …………………………………… (112)
第一节　土地授予的标准与程序 ………………………………… (113)
一、"复故爵田宅"与秦土地制度的延续 ……………………… (113)
二、《二年律令》所见的授田制 ………………………………… (117)
第二节　土地继承与买卖 ………………………………………… (124)
一、法定继承 ……………………………………………………… (124)
二、遗嘱继承 ……………………………………………………… (134)
三、土地买卖的法律化 …………………………………………… (138)
第三节　农民受田实态与土地兼并 ……………………………… (141)
一、农民占田零散多样 …………………………………………… (141)
二、授田制与工商兼并农民问题 ………………………………… (145)
第四节　《二年律令》的时效与授田制的废止问题 …………… (150)
一、授田制废止问题的分歧 ……………………………………… (151)
二、授田制废止是个历史的过程 ………………………………… (155)
三、"假民公田"系授田制孑遗无"租赁"性质 ……………… (167)
第五节　刘秀"度田"与东汉土地管理 ………………………… (172)
一、"度田"没有因动乱而废止 ………………………………… (173)
二、"度田"与东汉初年社会秩序 ……………………………… (181)
三、东汉的"赋民公田" ………………………………………… (187)

第四章　田税征收方式与农民田税负担 ………………………… (190)
第一节　传统认识与"以顷计征"的历史考察 ………………… (191)
一、田税征收方式分歧述要 ……………………………………… (191)

二、"以顷计征"与田税的分类计算 ……………………… (195)
第二节　秦和西汉的"税田"制度 ……………………………… (205)
一、"垦田舆"与"税田" ………………………………………… (206)
二、"税田"制 ……………………………………………………… (214)
三、按户平均征收田税 …………………………………………… (219)
四、"田虽三十而以顷亩出税"解 ………………………………… (224)
第三节　东汉田税征收方式 ……………………………………… (228)
第四节　田税的货币化与农民田税负担 ………………………… (242)
第五节　文帝免征田税新证 ……………………………………… (251)
一、免除田税释疑 ………………………………………………… (253)
二、农商并重政策的历史基础 …………………………………… (257)
三、"弛山泽之禁"与税收结构变动 ……………………………… (260)

第五章　算赋研究的几个问题 ……………………………………… (265)
第一节　问题的提出 ……………………………………………… (266)
第二节　"八月初为算赋"与"算" ……………………………… (275)
第三节　凤凰山汉简的"算"非"算赋"之省 ………………… (284)
第四节　天长"算簿"性质分析 ………………………………… (300)
第五节　松柏53号牍文性质辨析 ……………………………… (306)

第六章　更役与更赋 ………………………………………………… (310)
第一节　"月为更卒"的历史分析 ……………………………… (311)
第二节　"正卒"之役 …………………………………………… (324)
第三节　"更赋"的演变 ………………………………………… (331)
一、汉代不存在戍边三日制度 …………………………………… (332)
二、"更有三品"和更赋数额 …………………………………… (336)
三、"外繇"训释 ………………………………………………… (340)

第七章　户籍分类与户等变迁 ……（343）
第一节　户口登记及其分类 ……（344）
一、秦户籍分类 ……（345）
二、汉代户籍分类 ……（353）
第二节　"自占年"与户籍登记 ……（366）
第三节　傅籍与户等结构的变动 ……（373）

第八章　什伍缘起、居民身份与民居空间 ……（382）
第一节　什伍制度起源 ……（382）
第二节　"闾左"性质与基层社会控制 ……（395）
第三节　"叚门逆旅"身份的历史考察 ……（409）
第四节　"市井"所见民居空间与社会控制 ……（416）
一、"市井"含义的传统训释 ……（417）
二、考古所见古井群 ……（422）
三、"市井"与民居空间控制 ……（425）

余论：土地、赋役与农民历史命运 ……（429）

主要参考资料 ……（442）

Contents

Chapter 1 The Granting Land System in the Warring States Period and Related Questions ……………………………… (1)

1.1　The "*Jing-Tian*" System and Granting Land System ………… (2)

1.2　The Changes of Land Relationship in the Spring and Autumn Period and Granting Land ……………………………… (12)

 1.2.1　The interpretation on "*Xiang Di Er Cui Zheng*" of the Qi state …… (12)

 1.2.2　The "*Zuo Yuan Tian*" and "*Zuo Zhou Bing*" in the Jin state …… (17)

 1.2.3　The "*Chu Shui Mu*", "*Zuo Qiu Jia*" and "*Yong Tian Fu*" in the Lu state ……………………………… (20)

 1.2.4　The "*Wei-Yan Pi Fu*" in the Chu state ……………………… (26)

1.3　The Generalization of Granting Land System in the Warring States Period ……………………………………………………… (29)

 1.3.1　The general situation of land distribution ……………………… (30)

 1.3.2　The diversity of Mu system ……………………………… (36)

 1.3.3　The way of land measuring: *Ti Feng Tian* ……………………… (43)

Chapter 2 The Unity of Granting Land System of the Qin Dynasty and Its Actual Situation ……………………………… (56)

2.1　Analysis on Shang Yang's "*Kai Qian Mo*" ……………………… (57)

2.2　The Characteristic of "*Mingtian*" and "granting land" ………… (68)

 2.2.1　The "*Mingtian house*" means grant land and houses by household registration ……………………………………………… (72)

 2.2.2　The "*Ming*" of "*Mingtian house*" means household registration …… (76)

2.2.3	The "*Zhan*" in "*Zi Zhan*" means verification	(78)
2.2.4	Historical analysis on "allocating farmlands, houses, servants and clothes according to one's social status"	(81)
2.2.5	The land relationship reflected by "restricting the amount of private land"	(87)

2.3 The Land System Reflected by Bamboo Slips of the Qin Dynasty .... (92)

    2.3.1 The range of land system reflected by the Qingchuan Bamboo Slips ... (92)

    2.3.2 The supplemental analysis on land system reflected by the Law of Shuihudi Bamboo Slips .... (93)

    2.3.3 The land system reflected by Longgang Bamboo Slips .... (97)

    2.3.4 Questions of land system reflected by the Liye and Yuelu Bamboo Slips .... (104)

Chapter 3 The Land Distribution and Privatization in the Han Dynasty .... (112)

3.1 The Standards and Procedures of Land Distribution .... (113)

    3.1.1 The "*Fu Gu Jue Tian Zhai*" and the continuation of the Qin Dynasty' land system .... (113)

    3.1.2 The granting land system in the "*Er Nian Lü Ling*" .... (117)

3.2 The Inheritance and Deal of Land .... (124)

    3.2.1 The legal inheritance .... (124)

    3.2.2 The intestate inheritance .... (134)

    3.2.3 The legalization of land deal .... (138)

3.3 The Actual Situation of Land Granted to Peasants and Land Annexation .... (141)

    3.3.1 The complexity and diversity of land possession by peasants .... (141)

    3.3.2 The granting land system and the problem of peasants' land merged by merchants and craftsmen .... (145)

3.4 The Time Limitation of the "*Er Nian Lü Ling*" and the
Abolition of Granting Land System ……………………………… (150)

    3.4.1 The disagreement about the abolition of granting land system ……… (151)

    3.4.2 The abolition of granting land system is a historical process ……… (155)

    3.4.3 "*Jia Min Gong Tian*" is the remnant of granting land system
without lease property ……………………………………… (167)

3.5 Liu Xiu's "*Duo Tian*" Policy and the Land Management in
the Eastern Han Dynasty ……………………………………… (172)

    3.5.1 "*Duo Tian*" policy was not abolished for revolt ………………… (173)

    3.5.2 "*Duo Tian*" policy and social order in the early Eastern
Han Dynasty ………………………………………………… (181)

    3.5.3 "*Fu Min Gong Tian*" in the Eastern Han Dynasty ……………… (187)

Chapter 4 Methods of Levying Land Tax and Peasants' Land Tax Burden ……………………………………… (190)

4.1 Traditional Understanding and the Historical Investigation
of "levying land tax according to *Qing*" ……………………… (191)

    4.1.1 The summary of divergence of levying land tax methods ………… (191)

    4.1.2 "Levying land tax according to *Qing*" and classified counting of
land tax ……………………………………………………… (195)

4.2 The "*Shui Tian*" System of the Qin and Western Han Dynasty … (205)

    4.2.1 "*Ken Tian Yu*" and "*Shui Tian*" ………………………………… (206)

    4.2.2 The "*Shui Tian*" system ………………………………………… (214)

    4.2.3 Levying land tax according to households on average …………… (219)

    4.2.4 The understanding of "land tax is actually paid according to
Qing-Mu instead of the land tax rate of 1/30" …………………… (224)

4.3 The Methods of Levying Land Tax in the Eastern Han Dynasty … (228)

4.4 The Monetization of Land Tax and Peasants' Land Tax Burden … (242)

4.5 The New Interpretations of Han Wen Emperor' Exemption of
Land Tax Policy ……………………………………………… (251)

    4.5.1   Explanation on the exemption of land tax ················ (253)

    4.5.2   The historical foundation of policy laying equal stress on agriculture and business ··· (257)

    4.5.3   The loosened control over mountain forest and marshland and the change of tax structure ···································· (260)

Chapter 5   Several Problems on the Research of the *Suan Fu* ········ (265)

  5.1 The Presentation of Questions ································ (266)

  5.2 "The Expropriation of Suan Fu in August" and "*Suan*" ··· (275)

  5.3 The "*Suan*" in the Bamboo Slips of Fenghuangshan is not short for "*Suan Fu*" ··· (284)

  5.4 The Analysis of the Characteristic of Tianchang "*Suan Bu*" ······ (300)

  5.5 The Analysis of the Characteristic of the Song Bo's No. 53 Wooden Slips ··· (306)

Chapter 6   The "*Geng Yi*" and the "*Geng Fu*" ······················ (310)

  6.1 The Historical Analysis of "*Yue Wei Geng Zu*" ················ (311)

  6.2 The Corvee of "*Zheng Zu*" ······································ (324)

  6.3 The Evolution of the "*Geng Fu*" ······························ (331)

    6.3.1   There's no system of garrisoning the frontiers three days a year in the Han Dynasty ·· (332)

    6.3.2   "*Geng You San Pin*" and the amount of "*Geng Fu*" ············ (336)

    6.3.3   The explanation of "*Wai Yao*" ······························ (340)

Chapter 7   The Classification of Household Register and the Change of Household Rating ································ (343)

  7.1 The Registration and Classification of Household ············ (344)

    7.1.1   The classification of household register in the Qin Dynasty ········ (345)

    7.1.2   The classification of household register in the Han Dynasty ········ (353)

  7.2 "*Zi Zhan Nian*" and the Registration of Household ············ (366)

7.3 *"Fu Ji"* and the Change of Household Rating Structure ······ (373)

Chapter 8 The Origin of *"Shi Wu"* System, Residents' Identity and Living Zone ·············· (382)

8.1 The Origin of *"Shi Wu"* System ····················· (382)

8.2 The Characteristic of *"Lü Zuo"* and Local Social Control ······ (395)

8.3 The Historical Investigation on the Identity of *"Jia Men Ni Lü"* ·· (409)

8.4 Living Zone and Social Control Reflected by *"Market-Well"* ·· (416)

    8.4.1 Traditional understanding of *"Market-Well"* ·················· (417)

    8.4.2 Wells seen in archaeology ································ (422)

    8.4.3 *"Market-Well"* and control over living zone ·················· (425)

Conclusion Lands, Taxation, Corvee and Historical Destiny of Peasants ························· (429)

第一章
战国授田制度及相关问题

提要：井田制是宗族土地所有制下的土地、军赋、户籍三位一体的制度体系，春秋时代各国的田赋变革均以"相地而衰征"为基本原则——根据土地质量授予不同数量的土地而征以相同的定额田赋，传统注家对"相地而衰征"的解释是错的。战国时代，随着中央集权的领土国家的形成，历史地实行普遍授田制，在井田制的基础上采用"提封田"法计算土地面积而后授之于民、征之以税，其时之"提封田"法是普遍采用的土地计量制度，而不是"声传"之异读。其时之农民并非如后世所理解的以土地私有为基础的自耕农，而是国家课役农。这些均构成了秦汉土地、田税制度的历史基础。

秦汉土地、田税制度系战国的发展，特别是商鞅变法以后的秦制奠定了秦汉统一帝国的制度基础。而商鞅所推行的土地赋役以及其他一系列的新法都是在总结以往历史经验的基础上，根据六国成败得失，立足于富国强兵的总目标而制定的，其土地和田税制度尤其如此。所以，要了解秦汉土地、田税制度，必须探讨战国土地、田税制度的形成过程和基本内容，明白秦汉土地和田税制度的渊源，以把握其历史基础，从而对先秦秦汉土地赋役制度的演变有一个总体的把握。这首先要对西周土地制度与战国授田制度的关系做出必要的缕述，才能从历史的层面把握秦汉土地田税制度的发展逻辑。

关于战国土地制度及其历史基础，学界有过精细的研究，但是因资料的限制，对其时社会结构的性质有不同理解，对其性质、制度内容、各国的共性和个性差异，还存在着各种分歧，可以说是先秦史研究中歧义最多的问题。对这些分歧，限于篇幅和主旨，不拟一一缕述评析，而是本着历史和逻辑相统一的原则，采用正面阐述的方式，明其变迁，说明战国授田制度的历史基础和历史特点，作为分析秦汉土地赋役制度的历史前提。

第一节　井田与授田

关于井田制度，古今史家理解不一，众说纷纭，或以为有，或以为无。谓之有者，对其具体内容和性质的理解也存在着这样、那样的分歧；谓之无者，以为是先秦思想家的乌托邦。本文不是为了讨论井田制度的有无，不去就井田制度做学术史的回顾和评判，而是就文献记载的井田制的内容，分析战国授田制度的历史基础。也就是说，无论学界对井田制的认识分歧如何，文献所述井田制度的基本内容起码在制度设计上为战国时代的授田制度提供了历史基础。为便于分析井田与授田制的关系，还需要把相关资料引录如下，进行必要的分析，作为以后各章的前提。

学界比较一致的认识，最早系统叙述井田制的是孟子。《孟子·滕文公上》云：

> 夫仁政必自经界始。经界不正，井地不钧，谷禄不平，是故暴君污吏必慢其经界。经界既正，分田制禄可坐而定也。夫滕，壤地褊小，将为君子焉，将为野人焉；无君子莫治野人，无野人莫养君子。请野九一而助，国中什一使自赋。卿以下必有圭田，圭田五十亩，馀夫二十五亩。死徙无出乡，乡田同井，出入相友，守望相助，疾病相扶持，则百姓亲睦。方里而井，井九百亩，其中为公田。八家皆私百亩，同养公田。公事毕，然后敢治私事，所以别野人也。此其大略也，若夫润泽之，则在君与子矣。①

---

① 阮元校刻：《十三经注疏》，北京：中华书局1980年影印版，第2702—2703页。

这段话，学者们耳熟能详，但是为了分析需要，还要对其内容做简单的梳理。孟子生当战国中期，是在和滕文公讨论仁政问题时说这番话的。孟子的自我定位是"此其大略也，若夫润泽之，则在君与子矣"。所述包括如下几项内容：一是"正经界"，也就是划定土地疆界，疆界一经设定，任何人不得随意变动，这是"分田制禄"的前提，不如此，无法实现井地平均、谷禄公平。二是井田之下的剥削量和剥削方式因为国、野的不同而不同，"请野九一而助，国中什一使自赋"。三是八家共井式的井田模式，"方里而井，井九百亩，其中为公田。八家皆私百亩，同养公田。公事毕，然后敢治私事"。四是户籍编制以井为基础，"死徙无出乡，乡田同井，出入相友，守望相助，疾病相扶持，则百姓亲睦"。同一乡者，土地"同井"，相互关爱，相互帮助。五是身份不同，所分配土地的类别和性质不同、数量不同："卿以下必有圭田，圭田五十亩，馀夫二十五亩。"圭田是贵族用于祭祀的土地，"卿以下"指的是大夫、士，中下级贵族官员，他们在正常的按规定授予的食邑之外再授予圭田，圭田之收，用作祭祀，不在缴纳军赋的范围之内。

  对于孟子的这段话，古今学者的理解分歧巨大。在经学家眼里，孟子的话自然是真实的存在，西周井田制即如孟子所云。现当代史学家，或者以为是孟子的乌托邦；或者以为孟子说的是井田制的基本内容，实际情况比孟子所说要复杂，孟子说的"此其大略也"就是指其主体内容而言；或者根据亚细亚生产方式的理论框架，把孟子的话作为中国存在古代农村公社的历史依据，其甚者以为字字千金。这些为治先秦史者所熟知，无需一一列举。

  众所周知，孟子是思想家而不是历史学家，他对历史有所了解，但对历史内容的使用不是为了记录历史、希望当时执政者学习历史，而是为了宣传他的仁政主张。所以，从历史和逻辑相统一的层面看，孟子的这段话有其历史和现实依据，并非完全的向壁之言，其正"经界""分田制禄""方里而井"都有历史基础。其正"经界"反映的是国家力量对土地的控制和管理，"分田制禄"反映的是授田制度和以田赐有劳、禄有功的存在，"方里而井"则是西周的土地计算方法。但是，孟子所说的井田模式并非历史的真实记录，不能把井田制度理解为"方里而井，井九百亩，其中为公田。八家皆私百亩，同养公田"式的八家一组的方格网状结构，因为按照这个模式，在实践中是无法实行的。孟子说的很明白，井田制之下的赋役制度国、野有别，"野九一而助，国中什一使自赋"。按照"八家皆私百亩，同养公田。公事毕，然后敢治私事"的规定，无论是和"野九一而助"还是和"国中什一使自赋"都是相矛盾的，何况国人和野人是分属不同的阶级、实行不同的土地和赋役制度。而孟子自己已经表明：八家共井制是其"仁政"主张的内容，带有着一定的主观设计的成分在内，"此其大略也，若夫润泽之，则在君与子矣"。我们不能完全视之为制度的真实存在。正因为如此，把孟子的井田说和其他文献记载稍加比较，就不难发现矛盾多多，根本无法共存。尽管我们也不能把其他文献都看作历史实录，但是，通过比较分析，是有助于我们对井田制度的理解的。

按《周礼·地官·小司徒》《周礼·冬官·匠人》的记载，在方里而井的前提下，井田的户口编制和授予单位是九夫一井。《周礼·地官·小司徒》云：

> 乃经土地而井牧其田野：九夫为井，四井为邑，四邑为丘，四丘为甸，四甸为县，四县为都，以任地事而令贡赋。①

《周礼·地官·小司徒》的"乃经土地而井牧其田野"之法是就户口编制、征之以"贡赋"而言的，"九夫为井"即九户人家编为一井，这儿的井是户籍编制单位，之所以九夫为一井，是因为土地面积是方里而井，井九百亩，每夫百亩，故九夫为井。郑玄注引《司马法》云其为赋之法是：

> 六尺为步，步百为亩，亩百为夫，夫三为屋，屋三为井，井十为通。通为匹马，三十家，士一人，徒二人。通十为成，成百井，三百家，革车一乘，士十人，徒二十人。十成为终，终千井，三千家，革车十乘，士百人，徒二百人。十终为同，同方百里，万井，三万家，革车百乘，士千人，徒二千人。②

---

① 阮元校刻：《十三经注疏》，北京：中华书局1980年影印版，第711页。
② 阮元校刻：《十三经注疏》，北京：中华书局1980年影印版，第711页。

这儿的赋是军赋，也就是按人口征发的士兵、战车数量，以"九夫为井"为基本单元，一通九十夫折合三十家为起征点，出马一匹、甲士一人、徒兵二人；而后按照通十为成、成十为终、终十为同的进制增加，"同方百里，万井，三万家，革车百乘，士千人，徒二千人"。历史上是否存在如此整齐划一的井十为通、通十为成、成十为终、终十为通的行政编制，军赋之征是否按照这个标准，我们姑且不论，但是这里的"屋三为井"和《周礼·地官·小司徒》是一致的。《周礼·地官·小司徒》和《司马法》仅仅是就户籍而言的，没有涉及土地问题。若据《周礼·冬官·匠人》为沟洫的制度来考察九夫为井和八家共井问题，八家共井在实践中就无法存在。《周礼·冬官·匠人》有云：

> 匠人为沟洫，耜广五寸，二耜为耦。一耦之伐，广尺，深尺，谓之甽。田首倍之，广二尺，深二尺，谓之遂。九夫为井，井间广四尺，深四尺，谓之沟。方十里为成，成间广八尺，深八尺，谓之洫。方百里为同，同间广二寻，深二仞，谓之浍。①

根据沟洫之法，一井九夫，每夫也就是每百亩之间有广深各一尺的"甽"，百亩的两头有广深各二尺的"遂"，井与井之间有广深各四尺的沟，成与成之间有广深各八尺的"洫"，同与同之间有广二寻深二仞的"浍"。根据沟洫制度，我们可以明白，所谓方里而井、井九百亩、八家皆私百亩、共耕百亩只能是理论上说说、在图版上画画。因为除去沟洫所占面积，实际上是不足百亩耕地的，无论如何也无法做到农夫各私百亩、共耕百亩；同样道理，按九夫为井的标准，农夫占田也不足百亩。

在生产实践中，土地质量有好有坏，收成有高有低，完全按照每夫百亩的标准分配土地，显然是不公平的。古人早已注意到了这一点，就用增加土地数量的办法解决这个问题。《周礼·地官·遂人》云：

> 遂人，掌邦之野。以土地之图经田野，造县鄙形体之法。五家为

---

① 阮元校刻：《十三经注疏》，北京：中华书局1980年影印版，第931页。

邻，五邻为里，四里为酇，五酇为鄙，五鄙为县，五县为遂，皆有地域，沟树之。使各掌其政令刑禁，以岁时稽其人民，而授之田野，简其兵器，教之稼穑。……辨其野之土，上地、中地、下地，以颁田里。上地，夫一廛，田百亩，莱五十亩，馀夫亦如之；中地，夫一廛，田百亩，莱百亩，馀夫亦如之；下地，夫一廛，田百亩，莱二百亩，馀夫亦如是。凡治野，夫间有遂，遂上有径；十夫有沟，沟上有畛；百夫有洫，洫上有涂；千夫有浍，浍上有道；万夫有川，川上有路，以达于畿。①

《周礼·地官·大司徒》云：

> 凡造都鄙，制其地域而封沟之，以其室数制之。不易之地家百晦，一易之地家二百晦，再易之地家三百晦。②

《周礼·地官·遂人》说了三个问题：一是以"五家为邻"为基本编制的地方行政系统；二是田分上中下三等，中等和下等土地增加授田数量；三是田间沟洫道路系统，即遂—沟—洫—涂—道—川。很显然，五家为邻和八家共井、九夫为井都是无法合而为一的，无需多说。这田间沟洫道路系统和《周礼·冬官·匠人》的沟洫系统也有别，经学家们和现代史家也都曾经有过各种解说，这里不去一一辨析，我们只要明白，这和九夫为井、八家共井无法相通就行了。更要注意的是，土地分为上中下三等，无论上等还是下等，除了百亩之地和住宅用地以外，另外授予数量不等的"莱田"以弥补因为土地质量差异所带来的产量差别："上地，夫一廛，田百亩，莱五十亩，余夫亦如之；中地，夫一廛，田百亩，莱百亩，余夫亦如之；下地，夫一廛，田百亩，莱二百亩"，另外还有"余夫亦如是"，也就是余夫也按照这个标准授予。而《周礼·地官·大司徒》所云的授田数根据上中下的差别，分别为一百亩、二百亩、三百亩。这样的的土地制度如何纳入孟子所说

---

① 阮元校刻：《十三经注疏》，北京：中华书局1980年影印版，第740页。
② 阮元校刻：《十三经注疏》，北京：中华书局1980年影印版，第705页。

的井田制之中？

班固在《汉书·刑法志》和《食货志》中对井田制进行了系统的整理，可以说是东汉学者关于井田制度的最完整的叙述。《汉书·刑法志》云：

> 因井田而制军赋。地方一里为井，井十为通，通十为成，成方十里。成十为终，终十为同，同方百里。同十为封，封十为畿，畿方千里。有税有赋。税以足食，赋以足兵。故四井为邑，四邑为丘。丘，十六井也，有戎马一匹，牛三头。四丘为甸。甸，六十四井也，有戎马四匹，兵车一乘，牛十二头，甲士三人，卒七十二人。干戈备具，是谓乘马之法。①

《刑法志》说的是根据井田制取军赋的方法。以丘作为制取军赋的基本单位。方里而井，"四井为邑，四邑为丘。丘，十六井也，有戎马一匹，牛三头。四丘为甸。甸，六十四井也，有戎马四匹，兵车一乘，牛十二头，甲士三人，卒七十二人"。这就是所谓的乘马之法。作为一般意义上的土地计算方式，方里而井、四井为邑云云是没有意义的，土地只有分给农夫以后才能"因井田而制军赋"。所以，这里的"四井为邑"之"井"既是土地计算单位，也是人口编制单位，按照方里而井的方式计算出土地数量，分给农夫，而后有税有赋。军赋征收不是根据土地，而是根据人户。

《汉书·食货志》记载的井田和《刑法志》不同。《食货志》云：

> 理民之道，地着为本。故必建步立晦，正其经界。六尺为步，步百为晦，晦百为夫，夫三为屋，屋三为井，井方一里，是为九夫。八家共之，各受私田百晦，公田十晦，是为八百八十晦，余二十晦以为庐舍。出入相友，守望相助，疾病相救，民是以和睦，而教化齐同，力役生产可得而平也。民受田，上田夫百晦，中田夫二百晦，下田夫三百晦。岁耕种者为不易上田。休一岁者为一易中田。休二岁者为再易下田，三岁更耕之，自爰其处。农民户人已受田，其家众男为余夫，亦以口受田如

---

① 《汉书》卷23《刑法志》，北京：中华书局1962年版，第1801—1802页。

比。士工商家受田，五口乃当农夫一人。此谓平土可以为法者也。若山林薮泽原陵淳卤之地，各以肥硗多少为差，有赋有税。税谓公田什一及工商衡虞之入也。赋共车马甲兵士徒之役，充实府库赐予之用。税给郊社宗庙百神之祀，天子奉养百官禄食庶事之费。民年二十受田，六十归田。七十以上，上所养也。十岁以下，上所长也。十一以上，上所强也。种谷必杂五种，以备灾害。田中不得有树，用妨五谷。力耕数耘，收获如寇盗之至。还庐树桑，菜茹有畦，瓜瓠果蓏殖于疆易。鸡豚狗彘毋失其时，女修蚕织，则五十可以衣帛，七十可以食肉。

在壄曰庐，在邑曰里。五家为邻，五邻为里，四里为族，五族为党，五党为州，五州为乡。乡，万二千五百户也。邻长位下士，自此以上，稍登一级，至乡而为卿也。于是里有序而乡有庠。序以明教，庠则行礼而视化焉。春令民毕出在壄，冬则毕入于邑。①

班固是史学家，同时也是经学家，他记述商周土地赋役制度的依据显然没有超出《孟子》《周礼》等先秦文献的记载，而是根据自己的理解把这些记载综合在一起，构成了上举的"理民之道，地着为本"的内容。看上去确实如田园诗般美好：耕者有其田，居者有其屋，少有所长，老有所养；生产经营有条不紊，邻里之间，相亲相爱。但是，稍加分析，就不难发现，作为这一画面的历史基础——土地制度是存在矛盾的。"六尺为步，步百为晦，晦百为夫，夫三为屋，屋三为井，井方一里，是为九夫。八家共之，各受私田百晦，公田十晦，是为八百八十晦，余二十晦以为庐舍"，倒是把孟子的八家共井说细化了，解决了这些农夫的"庐舍"用地问题。问题是"各受私田百晦，公田十晦"之后，孟子说的"九一而助"之法就不存在了，而统一为"什一使自赋"了，这就取消了国、野之别，而西周时代国、野分明，国人和野人分属不同阶级，二者的权利和义务是不同的。当然，班固从方里而井中划出了庐舍用地，但还有这庐舍究竟位于井田之中还是井田之外、农夫们是分散居于田野还是集中居住在邑中的问题需要考虑。分散居住于田野，庐舍则是八家村式的组合，安排倒是方便了，可是且不考察这种八家村

---

① 《汉书》卷24上《食货志上》，北京：中华书局1962年版，1119—1120，1122页。

式的居民组织的可行性，就以班固的记述来说，这和下文的"五家为邻，五邻为里……春令民毕出在壄，冬则毕入于邑"是矛盾的。若集中居住在城邑，则这每家二亩半的住宅地安排何处，班固没有交代。还有因质量之别地分上中下而分别授予不同数量的土地问题，"士工商家受田，五口乃当农夫一人"的分配问题，"山林薮泽原陵淳卤之地"的分配问题，等等。将这些联系在一起，所谓的八家共井、九夫为井的无法实现就更加显而易见。

根据《诗经》，西周时代是存在着孟子所说的"私田"与"公田"之别的，也存在着孟子所说的"藉"法剥削，也就是劳役地租。但是西周的"公田"、"私田"的划分绝对不是孟子的规划法，其"公田"是集体耕作的大片土地；其"藉"法更不是八家共耕百亩。《小雅·大田》云："大田多稼，既种既戒，既备乃事。""有渰萋萋，兴雨祈祈，雨我公田，遂及我私。"《小雅·载芟》有云："载芟载柞，其耕泽泽，千耦其耘，徂隰徂畛。"《齐风·甫田》有云："无田甫田，维莠骄骄……无田甫田，维莠桀桀。"《周颂·噫嘻》云："噫嘻成王，既昭假尔，率时农夫，播厥百谷。骏发尔私，终三十里，亦服尔耕，十千维耦。"《大雅·韩奕》云："实墉实壑，实亩实籍。"古往今来的经学家和史学家们对这里的"千耦其耘""大田""甫田""终三十里""十千维耦"具体含义的理解有别，但是有一点是可以肯定的，"大田""甫田"属于"公田"，是连成片的大块土地，"终三十里"虽然不一定是指三十里长、三十里宽的实数，但是形容公田面积之大是没有问题的；"千耦其耘"、"十千维耦"的实际劳动人数不一定是"十千"，但指大规模的集体劳作没有问题，没有"十千"，一千、两千、三百、五百还是有可能的。这样的籍法显然与孟子之说不合，无论如何与八家村、十家店式的井田组合是吻合不起来的。

既然八家共井、九夫为井、十夫为沟在理论上存在着这样那样的矛盾，在实践上也无法实行，那么井田制的真相究竟是什么？历史上究竟有没有井田制？如果有，究竟是个什么样子？笔者以为，井田制是个客观的存在，但历史上的井田制既不是八家村式的，也不是十家店式的，而是田亩、户籍、赋役三位一体的制度体系，总特征是授田。这不能孤立地抓住某一条资料或者某一个方面而辨其真假。

作为思想家的孟子，所述的井田制只是其"仁政"主张的内容，但并非是完全的向壁之论，是有一定的历史和现实依据的。战国时代的思想家周游列国，宣传自己的思想主张，目的是改造现实，就不能脱离现实，就必须有历史依据，对孟子的政治主张也要作如是观。所以，既不能把孟子的话完全当作历史的实录，也不能忽视其历史内涵。《周礼》虽然不是西周制度的记录，但是，其内容有的是西周时代的，有的是春秋时代的，有的则是战国学人根据其所见、所闻和所传闻而做出的制度设计。而后世看到的《周礼》文本是几经编纂之后形成的，看上去条理分明，实际上古今杂糅、矛盾而凌乱，需要历史分析而后信，其土地制度的记载尤其如此。这些，已经成为现代学界共识，无需多说。汉儒不明白历史分析法，只能把各种不同记载尽量整合以弥缝其说，自然陷入自相矛盾之中，班固就是典型。但是，正因为班固所依据的资料有其历史依据，所以透露出了井田制度的部分历史信息。基于这一认识，对上举井田资料对比分析之后，我们不难得出结论：所谓井田制度并非单一的土地分配制度，而是土地、户籍、赋役三位一体的制度体系。就土地制度而言，是指亩积计算的方法，就是以"方里而井"为土地亩积的计量单位。按照周代度制，六尺为步，百步为亩，三百步为里，一方里九万平方步，为田九百亩；每夫百亩，分予九夫，是为一井。《司马法》和《汉书·食货志》所说的"六尺为步，步百为畮，畮百为夫，夫三为屋，屋三为井，井方一里，是为九夫"，即此之谓。封土大小、耕地多少，以方里为单位，计算起来就十分方便了，"井十为通""通十为成""十成为终""十终为同"云云都是方里而井的扩大。因为按照每夫百亩的标准分给农夫耕种，一井之地正好九夫，故而一井又是一个户籍编制单位。不过，因为阶级地位不同，不同阶级的户籍单位的户数是不同的，九夫为井是国人的户籍编制，非国人则是"十夫为沟"。西周时代，国人是国家主人，是统治宗族成员，其基本任务是"执干戈以卫社稷"，执干戈以卫社稷是国人的权利，当时的战争方式是车战，车兵的基本组合是三人一组，即一辆战车三名甲士，故而国人的户籍编制是"三九组合"。这"三九组合"，既是国人户籍的编制单位，也是军赋的基本单位。所谓"因井田而制军赋"即指此。而野人的基本义务是农耕，其时以耒耜农耕为主，实行耦耕制，故而以十夫为一个户籍单位，上云"千耦其耘""十千维耦"都是指野人在大田的劳作场面,即以"十夫为沟"为基本劳作单位,这"十夫为沟"也是野人以劳役形式体现的纳税单位。所谓"有税有赋,税以足食,赋以足兵",税、赋性质不同,征收对象有异,但是,均以若干人户为单位。所以说,井田的第三个功能就是——用作起军赋、计田税的单位。

  井田制内涵丰富,牵涉到西周社会结构的方方面面,本文不是对井田制度做全面分析,仅仅在于说明井田与授田的关系。从上举资料和分析可知,尽管文献对井田的记载互有出入,矛盾之处甚多,但是,无论是作为土地计算单位,还是作为户籍编制单位,抑或是制取军赋、集体耕作的单位,都是以每夫百亩田的授田制度为基础的。授田由官府组织实施,从法理上说,其土地属于国有性质。只是这个国家和后世的国家形态不同,不是一般意义上的领土国家,而是宗族城邦。其时之国家从外部形式说有点无面,属于城市国家;从内部结构上说,宗族与国家合一,其阶级区分以宗族为基础,分为统治宗族和被统治宗族两大集团,国家权力根据统治宗族地位高低分配。所以,这样的国家既不同于欧洲古代的城邦,也不是传统所认为的是什么统一王朝,而是宗族城市国家,可以简称为族邦。如果从经济权属的层面分析,谓西周为土地国有制是不准确的,因为当时的土地为各级贵族共同占有而分为不同等级:周天子为天下共主,以分封的方式控制天下,通过授民授疆土的程序建立诸侯国,由诸侯国分治一方;诸侯国君再分封卿、大夫、士而各有等衰,均以宗族血缘亲疏为基础。各级贵族都是国家主人,是天然的统治阶级,各有封土或者采邑,国家土地也就为各级贵族层层分割,呈多等级占有状态,而为宗主支配。所以,这样的土地所有制称为宗族贵族所有制可能更贴切些。因为实行宗族分封制,土地按照宗族分封,一经分封,即归宗族所有,由宗主统一控制和分配,设官分职,经营管理,所有宗族成员均有使用权,使用权力的大小根据血缘亲疏而异;就宗族普通成员而言,则平均分配。所以,这种宗族土地所有制又是一种宗主土地所有制,或者称之为宗族贵族土地所有制。这些,前贤时哲,论述甚备[①],这里不予多说。我们只要明白,井田制的性质及其与授田的关系就行了,因为方里而井的计算方式是

  [①] 关于井田制和西周土地所有制性质、西周国家形态,详见田昌五先生《中国古代社会的土地问题》《中国古代国家形态概说》,刊氏著《中国古代社会发展史论》,济南:齐鲁书社1992年版。又见田昌五、臧知非:《周秦社会结构研究》第一章第四节,西安:西北大学出版社1996年版。

战国、西汉时代土地计算方式的基础，战国、西汉时代的授田制度就是西周的历史发展。当然，其间经历了春秋时代的变革。

第二节　春秋土地关系的变动与授田

当历史的车轮进入春秋时代以后，为了适应社会发展的需求，齐国、晋国、楚国、鲁国等几个大国为了赋税的需要，都先后调整土地关系，奠定了战国授田的历史基础，从而引起了社会结构的一系列变动。只是史籍记载各国调整土地关系的内容十分简略，有的明确表达了以授田为基础，如齐的"相地而衰征"、晋国的"作爰田"和"作州兵"、楚国的"蔿掩治赋"；有的则否，如鲁国的"初税亩"、"作丘甲"和"用田赋"，尚不能直接说明土地制度的变动关系。下面就材料所及，就西周井田制之下的授田制在春秋时代的变动略作揭示，以明战国、秦汉授田制度的由来。

一、齐国"相地而衰征"解

春秋时代的土地制度变革由齐国首开端绪。① 《国语·齐语》记载管仲相齐，调整都、鄙制度，云：

> 桓公曰："伍鄙若何？"管子对曰："相地而衰征，则民不移；政不旅旧，则民不偷；山泽各致其时，则民不苟；陆、阜、陵、墐，井田畴均，则民不憾；无夺民时，则百姓富；牺牲不略，则牛羊遂。"②

"伍鄙之民"是那些没有政治权利的普通农夫，这些农夫因为土地和田税问题时常发生私下迁徙的现象。在当时的历史条件下，各国之间、各国内部的卿大夫之间以及卿大夫和公室之间，权力之争逐步激烈，其核心内容就是争夺人口。其时地广人稀，人是第一宝贵的财富。齐桓公要壮大齐国国力，首先就是整顿社会秩序，加强国家对人口的控制，保证军源。当时的齐国，还

---

① 齐国田制度改革的具体年代不详，据《国语》为齐桓公时事。桓公从公元前684年至前643年在位，改革即在这一时期，在列国中属最早。
② 《国语》卷6《齐语》，上海：上海古籍出版社1988年版，第236页。

保留着西周时代国、野分治的传统。管仲相齐，依然延续国野分治，"三其国而伍其鄙"，对国人实行行政和军事合一的编制，编为上中下三军；对野人也就是"伍鄙之民"实行农政合一的制度，公平合理地分配土地，使农夫的田税①负担平均，把农夫固定在土地之上，在开发普通农田的同时，开发那些"陆、阜、陵、墐"等山川林泽之地。这就是"相地而衰征，则民不移"，具体做法是"井田畴均"。

韦昭注"相地而衰征"云："相，视也。衰，差也。视土地之美恶及所生出，以差征赋之轻重也。"今人大都据此认为"相地而衰征"是根据不同质量的土地制定不同的税额标准，土地质量好的多收，反之则少收。这是错的，是根据后世的田税征收法——按产量、税率决定税额多寡的制度注释春秋齐制的。这是田税的发达形态，春秋时代并非如此。其时不是按租率制定租税额，而是按田亩数量制定统一的租税额，一个单位面积无论何种情况都要交纳固定数量的租税。这在战国时代亦然，不同的是单位面积有异而已。（详下文）这是西周"藉田"剥削的逻辑发展。原来的"藉田"之入归贵族，在取消藉田剥削代以实物剥削之后只能演变为按面积制定的定额租。那么，这"衰征"之"衰"即等差所指为何？笔者以为，"衰"不是指租税额，而是指各家实际耕种的土地数量的级差而言：在授田过程中，良田按照标准——每夫百亩授予，质量低劣的土地根据不同情况增加授田数量，加倍或者再倍，依次递增，授田民所上交的田税（租）数量是相同的。这个递增的级差就是"相地而衰征"之"衰"。如前所述，在西周井田制之下，每个农夫的义务是相等的，所受的剥削也是相等的。在改藉田制的劳役剥削为实物剥削之后，为便于管理，每户所负担的租税额也是相等的。他们所耕种的土地来自于国家，每夫所受的土地数量相等，即每夫百亩，这儿的百亩指的是良田。随着历史的发展，生产工具的改进，人们有能力开垦那些原来不适宜农耕的土地；而随着人口增多，人口居住空间扩大，人们由聚居城邑及其附近地区逐步向四野扩散，那些沼泽、草野、盐碱、低洼、山林、丘陵之地逐步成为开垦对象，也就纳入了国家授田的视野。这些土地质量差别甚

---

① 从法理上说，田租是土地所有权的经济体现，田税是土地行政管理权的经济体现，二者性质有别。在授田制之下，田租和田税合一；在进入土地私有制时代以后，田租和田税分开。但中国古代在表达过程中二者不分。本文为了表述的习惯，一律使用"田税"这一概念。

大，如果按统一的标准授田收税，农户的收入与其租税负担之比就会差别很大，故而"民憾"。为解决这一矛盾，乃将质量差的土地按照一定比例折合成良田之后再授予农户，不同质量的劣地折合成良田的比例也不相同，这个折合比就是"相地而衰征"之"衰"。耕好地者继续井田制之下每夫百亩的标准，耕劣地者则区别情况，增加授田数量，一倍、两倍、五十亩、一百亩、两百亩，等等不一，以土地数量的多寡调节其质量所造成的总产量的差别。这样，耕劣地者单位面积的产量固然低，其总产量却不低，与耕良田者之所获相同或相近，二者交纳相同数量的租税，就不存在多寡不均之憾了，农夫们也就不会为寻找良田而移徙了。

明白了"相地而衰征"的历史含义，对"井田畴均"也就好理解了。"井田畴均"是一个曾使古今学者大感疑惑的问题。韦昭注"陆、阜、陵、墐，井田畴均"云："高平曰陆，大陆曰阜，大阜曰陵。墐，沟上之道也。九夫为井，井间有沟。穀地曰田，麻地曰畴，均平也。"① 今人据此将"井田畴均"之"田畴"解为和陆、阜、陵、墐性质相同的土地类别，把"陆、阜、陵、墐，井田畴均"读做"陆、阜、陵、墐，井、田、畴均"。这里不去讨论韦昭对"陆、阜、陵、墐"的解释是否正确，可以肯定的是把"井田畴均"之"井、田"分训是错的，说"穀地曰田，麻地曰畴"是纯粹的穿凿附会。按照韦昭注释，"田畴"是两种不同质量的土地，与之相连的"井"也应该是质量特殊的土地才对，但是，实在找不到与之对应的土地，无奈以"九夫为井、井间有沟"释之，但这样一来"井"又不是某种土地的专门名词了，和上下文不合。今人不解，将"井田畴均"分训，跟着韦昭错下去，是需要纠正的。正确的理解，是将"陆、阜、陵、墐"和"井田畴均"分训，"井田畴均"之"井田"是土地的计算方式即"方里而井"；"畴"为类别，如《尚书·洪范》之"洪范九畴"之"畴"。所谓"井田畴均"是以"方里而井"为单位，丈量测算那些非耕地，分为"陆、阜、陵、墐"四大类别，按照不同比例分配给农夫，从而均平农夫的租税负担。

我们做出这样的解释，并非想当然的逻辑推理，而是有历史依据的。

---

① 《国语》卷6《齐语》，上海：上海古籍出版社1988年版，第236页。

《管子·乘马》云：

> 地之不可食者，山之无木者，百而当一。涸泽，百而当一。地之无草木者，百而当一。樊棘杂处，民不得入焉，百而当一。薮，镰缠得入焉，九而当一。蔓山，其木可以为材，可以为轴，斤斧得入焉，九而当一。泛山，其木可以为棺，可以为车，斤斧得入焉，十而当一。流水，网罟得入焉，五而当一。林，其木可以为棺，可以为车，斤斧得入焉，五而当一。泽，网罟得入焉，五而当一。命之曰地均。①

《管子》之书晚出，书中内容大都是战国时期形成的，根据某些历史事实而予以理想化而后托名管仲，故而史学界长期以来都目之为稷下诸公的编造，而忽略其史料价值，更没有把这段话和管仲改革联系起来。其实不然，这是反映了一定的历史真实的。山东临沂银雀山汉墓竹简《田法》云：

> ……大材之用焉，五而当一。山有木，无大材，然后斤斧得入焉，九而当一。秃……□□蒹（镰）缪得入焉，十而当一。秃尺（斥）津……周（网）得入焉，七而当一。小溪浴（谷）古（罟）·周（网）不得入焉，百而当一。美霙（沈）泽蒲苇……□□石，百而[当一]……□百而当一。②

《田法》也不是齐国现行的法律制度，而是稷下学者的土地规划设想，事实不一定就是如此，但这是以现实制度为依据的。因为规划的目的是指导实践，供人君选择，若去事实甚远，既无历史依据又无现实基础，就失去了规划的意义。比勘《乘马》与《田法》内容，虽因简文残断而内容详略有异，其基本精神完全一致，二者都反映了齐制的一斑。"历史不外是各个时代的依次交替，每一代都利用前代遗留下来的材料、资金和生产力；由于这个缘故，每一代一方面在完全改变了的条件下继续从事先辈的活动，另一方

---

① 戴望：《管子校正》，世界书局编：《诸子集成》第5册，北京：中华书局1980年影印版，第13—14页。
② 银雀山汉墓竹简整理小组：《银雀山汉墓竹简》，北京：文物出版社1985年版，第146页。

面又通过完全改变了的活动来改变旧的条件。"① 尽管战国时的齐国君臣是在"完全改变了的条件下继续从事先辈的活动"和"通过完全改变了的活动来改变旧的条件",但这都是以历史为基础的。因此,我们完全有理由从《乘马》《田法》所述内容反证春秋齐国田制,有理由认为《乘马》《田法》是春秋齐制发展到战国时代在思想观念上的反映。我们没有理由说管仲的"相地而衰征"就如《乘马》《田法》所述,但我们有理由判定二者的精神完全一致。也许人们会问,《齐语》"相地而衰征"仅包括"陆、阜、陵、墐"四种耕地,而《乘马》和《田法》所举都是非耕地,根本不能生产粮食,怎能据此证明"相地而衰征"的含义?这是因时代差异造成的,二者并无矛盾。春秋时代,人少地多,人口密度远小于战国,生产力的水平也有限,仅能耕种那些易于开垦的土地,国家税收亦限于此。战国时代,生产力进步,人口增长,山川林泽逐渐开发,国家为增加财政收入遂征之以税,遂区别情况按百比一、十比一……的比例折合成良田授予平民而后税之,至于"陆、阜、陵、墐"等可耕地与良田之比当然与此不同。至此,我们可以得出结论,所谓的百而当一、十而当一、九而当一、七而当一、五而当一的"一"是指一个良田的授田单位,百而当一、十而当一、九而当一、七而当一、五而当一就是根据山川林泽的具体状况按照百倍、十倍、九倍、七倍、五倍的数量授予平民,他们和那些耕种已垦良田之民的租税负担相同,这就是"地均"之法。

其实,把上举《周礼·地官·大司徒》所说的土地种类、管仲"相地而衰征"涉及的土地种类、《管子·乘马》和银雀山竹书《田法》的土地种类联系起来分析,我们不难发现这样一个趋势:授田范围不断扩大,由已耕地向可垦地、不可垦地扩展。《周礼》规定的是已耕地,田分上、中、下三等;管仲则将其扩大到了可垦地,即"陆、阜、陵、墐";而《管子·乘马》和银雀山竹书《田法》则扩大到了山川林泽了。这正是生产力进步、国家形态变迁在授田制度上的体现。这些待下文再说。这里只要明白管仲"相地而衰征"与授田制的关系就行了。

---

① 《马克思恩格斯选集》第一卷,北京:人民出版社1972年版,第51页。

二、晋国的"作爰田""作州兵"

继齐之后,晋国于公元前 645 年进行了田制改革,就是著名的"作爰田"。《左传》僖公十五年云:

> 晋侯使郤乞告瑕吕饴甥,且召之。子金教之言曰:"朝国人而以君命赏,且告之曰:'孤虽归,辱社稷矣。其卜贰圉也。'"众皆哭。晋于是乎作爰田。吕甥曰:"君亡之不恤,而群臣是忧,惠之至也。将若君何?"众曰:"何为而可?"对曰:"征缮以辅孺子,诸侯闻之,丧君有君,群臣辑睦,甲兵益多,好我者劝,恶我者惧,庶有益乎!"众说。晋于是乎作州兵。①

这里要先解释一下"作爰田"的历史背景。晋惠公本来是依靠秦穆公帮助得即君位,但即位以后,对内治国无方,内乱不断;对外以怨报德,背信弃义,与秦为难。尽管如此,秦穆公仍然一如既往地对待晋国,晋国发生饥荒时,秦穆公曾给予慷慨的援助,这就是历史上有名的"泛舟之役"。但是,当秦国发生饥荒向晋国求援时,晋惠公拒绝秦国请求,并且想乘秦之危,出兵伐秦。僖公十五年(前 645 年),秦出兵伐晋以讨个公道,双方决战于韩原,晋师大败,惠公被俘。人是抓回来了,但是如何处理晋惠公,有不同意见,秦穆公几经权衡,最后决定与晋议和,放还晋惠公。晋惠公命大夫郤乞转告吕饴甥(字子金)入秦迎接自己。但是因为战端由惠公而起,晋国国人多有怨望,惠公虽然被俘,国人并没有原谅他;为了安抚人心,取得国人的谅解,子金让郤乞转告晋惠公,让晋惠公故作无颜回国之态,改立太子圉为新君,表示自己对不起社稷,不配回国再做国君,以争取国人的支持,同时"作爰田"。又为了防止秦国趁晋韩原之败、主力尽丧之机,以惠公为要挟,提出苛刻的议和条件,迫使秦国尽早放还晋惠公,又"作州兵"以壮大军力。这样晋国"丧君有君,群臣辑睦,甲兵益多",就不至于在议和中受制于秦,遏制秦国的非分之想。

---

① 阮元校刻:《十三经注疏》,北京:中华书局 1980 年影印版,第 1806—1807 页。

《国语·晋语三》对"作爰田"和"作州兵"有着和《左传》相同的记载而稍详,《国语·晋语三》云:

> (惠公)在秦三月,闻秦将成,乃使郤乞告吕甥。吕甥教之言,令国人于朝曰:"君使乞告二三子曰:秦将归寡人,寡人不足以辱社稷,二三子其改置以代圉也。"且赏以悦众,众皆哭焉,作辕田。
>
> 吕甥致众而告之曰:"吾君惭焉其亡之不恤,而群臣是忧,不亦惠乎?君犹在外,若何?"众曰:"何为而可?"吕甥曰:"以韩之病,兵甲尽矣。若征缮以辅孺子,以为君援,虽四邻之闻之也,丧君有君,群臣辑睦,兵甲益多,好我者劝,恶我者惧,庶有益乎?"众皆说焉,作州兵。①

比较《左传》和《国语》的记载,《国语》的不同之处一是写"爰"为"辕",说明"作辕田"的目的是"赏以悦众";二是详细交代了"作州兵"的过程和原因。

古时爰、辕同音通假,二者所指为一,殆无疑义。但对"作爰田"的解释则歧说纷呈,人言言殊。杜预谓:"分公田之税应入公者,爰之于所赏之众。"服虔、孔晁谓:"《正义》曰:'服虔孔晁皆云爰易也。赏众田,易其疆畔。'"②贾逵谓:"辕,易也,为易田之法,赏众以田。易者,易疆界也。"或以为:"辕田,以田出车赋。"韦昭认为:"此欲赏以悦众,而言以田出车赋,非也。唐曰:让肥取硗也。"③关于"作辕田",史书还有一处记载,就是商鞅变法实行的土地制度。《汉书·地理志》下云:"孝公用商君,制辕田,开阡陌,东雄诸侯。"商鞅变法,于秦推行辕田制,张晏云:"周制三年一易,以同美恶,商鞅始割裂田地,开立阡陌,令民各有常制。"孟

---

① 《国语》卷9《晋语三》,上海:上海古籍出版社1988年版,第330页。
② 阮元校刻:《十三经注疏》,北京,中华书局,1980年影印,第1806页。
③ 《国语》韦昭注引。关于"作爰(辕)田"的解释还有如下诸家。张晏:"周制三年一易,以同美恶,商鞅始割裂田地、开立阡陌,令民各有常制。"孟康:"三年爰土易居,古制也,末世浸废。商鞅相秦,复立爰田,上田不易,中田一易,下田再易,爰自在其田,不复易居也。《食货志》曰,'自爰其处'而已矣。爰辕同。"见《汉书·地理志》注,北京:中华书局1962年版,第1641页。

康云："三年爰土易居，古制也。末世浸废，商鞅相秦，复立爰田，上田不易，中田一易，下田再易，爰自在其田，不复易居也。《食货志》曰'自爰其处'是也。辕、爰同。"说"辕、爰同"是对的，但张晏、孟康对秦之田制不甚了了，孟康依然以《周礼》之田制注之，认为是复立爰田，不同之处是不再易居了。张晏稍得其实，认为是改变古制，"开立阡陌，令民各有常制"，但常制如何，依然模糊。很显然，仅从训诂学的角度是无法说清楚"作爰田"的含义的，只有以其他史实为佐证才能求得确解。按商鞅变法，国家严密控制土地等自然资源，统一实行授田制，编户之民，有名于上即有田于下，授田多少和身份地位相当。由此逆推晋惠公之"作爰田"与此当有相通之处，应属于赐田于民的性质。当然，晋之"作爰田"和商鞅之制辕田相差数百年，社会结构差别巨大，分属于两个不同的历史发展阶段，不能等量齐观，这将在下文详说。但在制度的性质上是相通的，所谓"赏田以悦众"已点出其性质，即晋惠公之"作爰田"就是把公室土地以赏赐的名义授给国人。

但是，对于"赏田以悦众"的范围，即将土地"赏"给哪些人，学术界还有争议。有的论者根据传文中的"二三子""群臣"诸句，判断为赏给贵族，范围有限，这是不对的。传文明言"朝国人而以君命赏"，显然"作爰田"和"作州兵"是件大事，才召集国人商量共同决策。如果仅仅是赏赐土地给几位近臣，根本无须如此。果如此，更无法取得国人的谅解，晋惠公也许要继续滞留秦国了。所以，"作爰田"的对象决非限于国中大臣贵族，而是指国人全体，只有这样才能表明晋惠公的忏悔之心。这一招果然奏效，利用国人的善良心理，收到了预期的效果，使晋国上下一心，同仇敌忾，故而吕饴甥在回答秦穆公关于惠公被俘后晋国国内情形如何的提问时，说晋国"小人不念其君之罪……其君子思其君，曰：'必事秦，有死无他。'"[1] 这固然是外交辞令，但也有一定的事实基础。

"作爰田"和"作州兵"性质不同。"作爰田"是土地制度改革，"作州兵"是兵役制度改革，但其时土地和兵役合一，二者密不可分，所以又是一个问题的两个方面："作爰田"是"作州兵"的基础，"作州兵"是

---

[1] 《国语》卷9《晋语三》，上海：上海古籍出版社1988年版，第331页。

"作爰田"的目的。按"作州兵",从文字上分析,就是以州人为兵的意思。但是,"州人"的性质如何,后人囿于《周礼·地官·大司徒》的记述,认为"州"是乡的行政组织,即两千五百家为州、五州为乡,"作州兵"就是以州为单位制取军赋。① 但是,《周礼》所谓两千五百家为州之说并非历史上的真实存在,无论是西周还是春秋都不可能存在这整齐划一的两千五百家为州、五州为乡的行政制度。相反,从出土文字和传世史书综合分析,尽管难以详细把握西周和春秋之"州"的具体情况,但是可以肯定,这儿的"州"并非传统意义上的国人的行政组织,州人地位要低于传统意义上的国人,因此之故,"作州兵"才能收到扩大兵源、增加武装的效果,从而撬动了春秋时代晋国社会结构变动的大门,也指明了春秋时代各国社会结构变动的趋势。也就是说,我们从"作州兵"举措可以推测"作爰田"扩大了授田对象。这些,不是本文讨论重点,以往也有过论述,本文不予赘述,只要明白"作爰田"和"作州兵"的关系就行了。②

三、鲁国的"初税亩"、"作丘甲"和"用田赋"

鲁宣公十五年(前594年),鲁国推行"初税亩"。《左传》云:

> "初税亩,非礼也。谷出不过藉,以丰财也。"杜预注:"公田之法,十取其一,今又履其余亩,履复什收其一。故哀公曰:二,吾犹不足,遂以为常,故曰初。"③

《公羊传》云:

---

① 《周礼·地官·大司徒》:"五家为比,使之相保;五比为闾,使之相受;四闾为族,使之相葬;五族为党,使之相救;五党为州,使之相赒;五州为乡,使之相宾。"杜预《左传》注云:"五党为州,州二千五百家也。因此又使州长各缮甲兵。"沈钦韩《春秋左传补注》云:"按《周官》,兵器本乡师所掌,州兵兵器而已,今更令作之也。"洪亮吉《左传注》云:"作州兵盖亦改易兵制,或使二千五百家略增兵额,故上云甲兵益多,非仅修缮甲兵而已。"顾栋高《春秋大事表》卷14谓:"此于军制无所变更,第增一州长为将耳,后日晋之军皆立将佐本诸此。"

② 关于"作州兵"的讨论,详见田昌五、臧知非:《周秦社会结构研究》,西安:西北大学出版社1996年版,第102—107页。

③ 阮元校刻:《十三经注疏》,北京:中华书局1980年影印版,第1887页。

> 初者何？始也。税亩者何？履亩而税也。初税亩何以书？讥。何讥尔？讥始履亩而税也。何讥乎始履亩而税？古者什一而藉。古者曷为什一而藉？什一者，天下之中正也，多乎什一，大桀小桀；寡乎什一，大貉小貉。什一者，天下之中正也，什一行而颂声作矣。①

《谷梁传》云：

> 初者始也。古者什一，藉而不税，初税亩，非正也。古者三百步为里，名曰井田，井田者九百亩，公田居一，私田稼不善则非吏，公田稼不善则非民。初税亩者，非公之去公田而履亩，什取一也，以公之与民为己悉矣，古者公田为居，井灶葱韭尽取焉。②

以上解释可分为两种观点。左氏谓传统是"谷出不过藉"，即只采用藉法，只限于藉田剥削；"初税亩"之后，谷超出了藉田的范围，在藉法之外又行实物税。谷梁氏谓税亩是"非公之去公田而履亩，什取一也，以公之与民为己悉矣"，即税亩之前田税采取藉法，仅出之于农夫所种之"公"即公田；税亩之后，农夫固然要耕种公田，还要按照个人生活份地的实际面积纳什一税于君。这与左氏解释相同，均谓鲁在"初税亩"之后土地仍有"藉田"和"私田"之分，原来"私田"之收全归个人，现在也要纳税，农夫负担是加重了。杜预注释与此相同。公羊氏解释与此有异，仅谓"履亩而税"，是放弃了大田剥削，至于是全部履亩而税，还是在保留大田的藉法剥削的同时履其私田而税，公羊氏没有说。从"多乎什一，大桀小桀；寡乎什一，大貉小貉。什一者，天下之中正也"诸语来看，也难以寻见公羊氏对"初税亩"所行的税率有何见解，究竟是"多乎什一"还是"寡乎什一"，都无法判断。今人则谓"初税亩"是全部的"履亩而税"，把原来的藉田分给个人耕种，国家按亩征税。其原因是社会矛盾变动，使大田剥削难以为继，为了保证财政收入而采用履亩而税的制度，并进一步认为这些大田

---

① 阮元校刻：《十三经注疏》，北京：中华书局1980年影印版，第2286—2287页。
② 阮元校刻：《十三经注疏》，北京：中华书局1980年影印版，第2415页。

既分给个人，即成为私人所有，从此开始了我国的土地私有制时代。这显然是望文生义之词，是从我国封建社会是土地私有制时代的既定概念出发来理解"初税亩"的，认为既然春秋是封建社会生产关系的形成时代，也就是土地私有制的形成时代，其标志就是"初税亩"。但事实并不是如此。

左氏、谷梁氏去春秋未远，对春秋田制多少有一些了解，所述虽未必完全准确，但有一定的历史依据则属可信。公羊氏虽然没有说明履亩的范围，但其主旨是批评宣公的非礼，违背了"什一"之制的传统，这是由其宣义理、宣扬周制的指导思想所决定的，重点是批评宣公改变了什么，而不是分析其保留了什么，实行了什么。至于履亩界限已有左氏、谷梁氏之书在，对于当时人来说也许不是什么难解的问题，没有必要多费笔墨。所以我们切不可断章取义，抛开其他材料，抓住"履亩而税"四个字大做文章。众所周知，鲁国以循周礼著称，在鲁国的政治经济生活中，较多地保留了周礼传统，礼制的惯性影响广泛，并以此而自豪。从逻辑上看，鲁宣公也不可能一下子放弃对大田的控制；在鲁宣公看来，"初税亩"并非是什么改变土地占有关系的举措，所以不可能将大田都分给个人耕种，统一收税。春秋时期，大田集体生产向个体生产转变、藉法剥削为实物剥削所取代是个历史趋势，但这个趋势是个历史过程，远非某一项改革所能终结的，这个过程在很大程度上又是在不自觉的情况下进行的。

"初税亩"后之税率《左传》没有明言，公羊、谷梁以及杜预都认为是在原来的"什一而藉"之外加征十分之一，即税率为十分之二。事实未必如此。《论语·颜渊》云：

> 哀公问于有若曰："年饥，用不足，如之何？"有若对曰："盍彻乎？"曰："二，吾犹不足，如之何其彻也？"对曰："百姓足，君孰与不足？百姓不足，君孰与足？"[①]

哀公问年饥，国库不足使用，意在加征税收；有若以"彻"对，意在讲明"百姓足，君孰与不足"的道理，批评鲁哀公赋敛已经太重，不应再加税。

---

① 阮元校刻：《十三经注疏》，北京：中华书局1980年影印版，第2503页。

这儿的"二,吾犹不足"之"二"就是指前此所行之税收而言。公羊、谷梁、杜预诸氏均认为是指"十分之二"的意思。这不合事实。前已指出,国、野有不同的剥削方式和税率,什一税仅行之于国,在野则用藉法,剥削率不一定,可能是百分之五十。税亩之后,如果"履其余亩"而税之税率是什一税的话,则国人是交纳十分之二的税,野人则远不止此。如果说野人也交十分之二的税,则其税收负担减轻,国家收入反而减少了。所以与其说这儿的"二,吾犹不足"的"二"是指十分之二的税,不如说是指双重税收更为恰当些。

"作丘甲"始行于鲁成公元年,即前590年,《左传》云:

> "为齐难故,作丘甲。"杜注:"《周礼》:九夫为井,四井为邑,四邑为丘。丘十六井,出戎马一匹,牛十三头。四丘为甸,甸六十四井,出长毂一乘,戎马四匹,牛十二头,甲士三人,步卒七十二人。此甸所赋,今鲁使丘出之,讥重敛,故书。"①

《谷梁传》云:

> 作,为也,丘为甲也。丘甲,国之事也,丘作甲,非正也。作丘甲之为非正,何也?古者立国家,百官具,农工皆有职以事上。古者有四民:有士民、有商民、有农民、有工民。夫甲非人人之所能为也。丘作甲,非正也。②

《公羊传》云:

> 何以书?讥。何讥尔?讥始丘使也。③

《谷梁传》将"作丘甲"之"作"解为制作,认为古代立国,四民分立,

---

① 阮元校刻:《十三经注疏》,北京:中华书局1980年影印版,第1892页。
② 阮元校刻:《十三经注疏》,北京:中华书局1980年影印版,第2417页。
③ 阮元校刻:《十三经注疏》,北京:中华书局1980年影印版,第2289页。

各有所司,"作丘甲"是少部分有技术的专业人员的事情,"夫甲非人人所能为也",故批评之。显然这是理解错了。杜预以《周礼》为据,谓"作丘甲"是以一丘之民出一甸之赋,实情是否如此,未敢是之,但谓此举是加重军赋的征收,则不无道理。"作丘甲"去"初税亩"仅仅四年,"初税亩"的目的是增税,"作丘甲"的目的怕也在此,二者一脉相承。前此,鲁曾欲伐齐,乞师于楚,楚拒绝出兵。鲁怕齐国讨伐,故增兵以自备,遂加重军赋。当然,加重军赋仅是增兵的一个条件,估计还要扩大兵源,但史无明文,究竟如何扩兵,我们不敢臆测。今人有谓"作丘甲"的内容是改变兵役制度,是大量吸收野人为兵,向野人征赋,犹如晋之"作州兵";认为"丘"是野地居民编制名称,其根据是《周礼》和《庄子》《孟子》对于"丘"的论述。《周礼·地官·小司徒》云:"乃经土地而井牧其田野,九夫为井,四井为邑,四邑为丘,四丘为甸,四甸为县,四县为都。"认为这儿的"丘"是属于野地,县鄙之下。《庄子·阳则》云:"丘里者合十姓百名,而以为风俗也。"认为"合十姓百名的丘里正是野所固有的特征"。《孟子·尽心下》说"民为贵,社稷次之,君为轻,是故得乎丘民而为天子",谓"丘民"是指"最下层的野民"①。这样理解是有问题的。国与野、国人和野人的划分是政治上的区别,并非在空间上完全隔开;"井牧其田野"泛指土地而言,和国野之野是两个含义,而九夫为井之户籍制正是指国人而言,谓"井牧其田野"之野是指国野之野,是指野人,实在是忽视了西周国野制本质之故,在西周更无如此整齐的"邑、丘、甸、县、都"的制度,怎能用来表明"丘"是野人的编制单位?《庄子》《孟子》所述是战国时事,"丘里""丘民"是泛指国家的编户齐民及其聚落,此时之社会结构已发生了本质的变化,不存在什么国人、野人间的权力区别问题,怎能据此谓春秋时代的"丘"是野人组织?

鲁国"用田赋"是鲁哀公十二年事。《左传》云:"十二年春,王正月,用田赋。"孔子对此曾有过评论。《左传》哀公十一年云:

> 季孙欲以田赋,使冉有访诸仲尼。仲尼曰:"丘不识也。"三发,

---

① 陈恩林:《先秦军事制度研究》,长春:吉林文史出版社1991年版,第132—133页。

辛曰："子为国老，待子而行，若之何子之不言也？"仲尼不对，而私于冉有曰："君子之行也，度于礼：施取其厚，事举其中，敛从其薄。如是，则以丘亦足矣。若不度于礼，而贪冒无厌，则虽以田赋，将又不足。且子季孙若欲行而法，则周公之典在；若欲苟而行，又何访焉？"弗听也。①

《国语·鲁语下》对此记述稍有不同，二者可以互补，兹引于下：

季康子欲以田赋，使冉有访诸仲尼。仲尼不对，私于冉有曰："求来！女不闻乎？先王制土，籍田以力，而砥其远迩；赋里以入，而量其有无；任力以夫，而议其老幼。于是乎有鳏、寡、孤、疾，有军旅之出则征之，无则已。其岁，收田一井，出稯禾、秉刍、缶米，不是过也。先王以为足。若子季孙欲其法也，则有周公之籍矣；若欲犯法，则苟而赋，又何访焉！"②

比勘这两段文字，知道"用田赋"是继"作丘甲"之后的又一次军赋改革，其征收赋额要高于"丘甲"之制，所以孔子说"度于礼，施取其厚，事举其中，敛从其薄，如是则以丘亦足矣"。在孔子看来，"丘甲"之制尚不失为君子之行，"用田赋"就不是君子的作为了，此其一。其二，从孔子话里，周公所制之军赋是每年"收田一井，出稯禾、秉刍、缶米"。"丘甲"之制要重于此。第三，从"作丘甲"到"用田赋"不仅仅是军赋数额的变动，还有一个征收对象的变动。"作丘甲"是按人数征收的，"用田赋"则是按土地占有状况征收的。按人征收，因户籍不准，隐匿人口多，难得其实，影响军赋收入，故而改用按田征收，其单位面积的军赋额远远不止"周公之典"。就孔子所言，从形式看，从"作丘甲"到"用田赋"好似是历史的回复，不过是赋额有变化而已。其实不然。孔子所说的"收田一井"云云，实际上也是按人征收的，其时土地制度、户籍编制、兵制三位一体，

---

① 阮元校刻：《十三经注疏》，北京：中华书局1980年影印版，第2167页。
② 《国语》卷5《鲁语》，上海：上海古籍出版社1988年版，第218页。

所谓田一井，也就是户九家，这"稷禾、秉刍、缶米"是由九家共同负担的军赋。鲁之"用田赋"则不然，完全是以土地为征赋对象的。户籍编制和土地制度分离了，这正是历史发展螺旋式上升的体现。完全以田为依据，不管人的身份地位的差别，纳赋的人也就不分国人野人了。从此以后，国人和野人起码在纳军赋这一点上完全平等了，国人和野人的分野不复存在。

四、楚国的"蒍掩庀赋"

楚国"蒍掩庀赋"发生在前548年，《左传》襄公二十五年云：

> 楚蒍掩为司马，子木使庀赋，数甲兵。甲午，蒍掩书土田，度山林，鸠薮泽，辨京陵，表淳卤，数疆潦，规偃猪，町原防，牧隰皋，井衍沃，量入修赋，赋车籍马，赋车兵、徒卒、甲楯之数。既成，以授子木，礼也。①

司马为主兵之官，《尚书》的《牧誓》《梓材》《立政》诸篇已有记述。《荀子·王制》："司马知师旅、甲兵、乘白之数。"故《周礼·大司马》说司马之职"以九伐之法正邦国"。这儿蒍掩所治赋即为军赋。《周礼·大司马》云："凡令赋，以地与民制之。上地食者三之二，其民可用者家三人；中地食者半，其民可用者二家五人；下地食者三之一，其民可用者家二人。"要知"师旅、甲兵、乘马之数"，就要"以地与民制之"，土地和民数清楚了，甲兵之资、士卒之数也就清楚了。征赋以人为对象，人以土地为安身立命之本，把人口束缚于土地之上，人地合一，才能保证军赋的有效实现。故蒍掩"书土田"即进行土地登记，把当时土地共分为九类，或是山林湖泊，或是沼泽荒滩，或是丘陵盐碱之地，或是易涝、易旱乃至平原之地，一一测算登记在案，把握了土地数量，也就知道能授予多少人口，也就算出了军赋的数量。怎样计算这九类土地、如何登记，注家则见仁见智，其中以杜预注和贾逵注最有代表性。先撮录杜注如下：

---

① 阮元校刻：《十三经注疏》，北京：中华书局1980年影印版，第1985—1986页。

书土田：书土地之所宜。
度山林：度量山林之材，以共国用。
鸠薮泽：聚成薮泽，使民不得焚燎坏之，欲以备田猎之处。
辨京陵：别之以为冢墓之地。
表淳卤：表异轻其赋税。
数疆潦：计数减其租入。
规偃猪：规度其受水多少。
町原防：堤防间地，不得方正如井田，别为小顷町。
牧隰皋：水涯下湿为刍牧之地。
井衍沃：如《周礼》制以为井田。

杜预把度、鸠、辨等和"书土田"之"书"一样，都解作动词是对的，谓"量入修赋"是"量九土之所入而治理其赋税"也是正确的。但其注文颇有自相矛盾之处，如谓"辨京陵"是"别之以为冢墓之地"，"町原防"是"堤防间地，不得方正如井田，别为小顷町"，和出赋多寡了无干系，而谓"井衍沃"是"如《周礼》制以为井田"去事实更远。人们难以明白究竟是如何"量九土之所入而治理其赋税"的，是根据不同土地征收不同数量的军赋，还是另有办法？不得而知。贾逵与杜预有别，认为蒍掩治赋的方法和管仲的"相地而衰征"相同，其文云：

山林之地，九夫为度，九度而当一井也。薮泽之地，九夫为鸠，八鸠而当一井也。京陵之地，九夫为辨，七辨而当一井也。淳卤之地，九夫为表，六表而当一井也。疆潦之地，九夫为薮，五薮而当一井也。偃猪之地，九夫为规，四规而当一井也。原防之土，九夫为町，三町而当一井也。隰皋之地，九夫为牧，二牧而当一井也。原防之地，九夫为町，三町而当一井也。衍沃之地，亩百为夫，九夫为井。

贾逵把度、鸠、辨、表、数、规、町、井都一律释作名词，是不同土地面积单位的名称，和井田之井词性相同，不知其训诂依据何在，似不如杜预释作动词恰当，但他以九夫为井作标准，把各种不同质量的土地都折合成井田，而后按井田制之下的赋率征之，其思路是对的，尽管其折算率不一定如此（也许贾逵另有所据）。因为书土田的目的是量入修赋，不同土地的物产及其数量是不同的，怎样才能使之收入与支出有个公平的尺度？这就要有一个共同的衡量标准。按周制，井是征军赋的基本单位，也是测算土地面积的基本单位，故而以井为标准单位，把山林川泽沼泽荒滩等原来属于非耕地的土地统一折算成良田，然后以井为单位，计算出人户数量，然后征之以军赋。当然，计算出的军赋数量只能是理论上的数字，因为这些山林池沼等是待开垦的土地，必须授予农民，开发以后才能征之以赋。所谓蔿掩治赋只是定出个方法，计算出理论上可能的应该的军赋数字，其实现要有个长期的过程，和齐国"相地而衰征"的精神完全一致，也是《周礼》授田制的基本精神的扩大。①

蔿掩治赋从其内容看，一律以土地为准，没有什么国与野、楚本邦与被征服者的区别。楚国是有国野之分的，《国语·楚语上》记范无宇语楚灵王云"地有高下，天有晦明，民有君臣，国有都鄙，古之制也"。这儿的"都鄙"即国野，是"古之制也"。但蔿掩治赋却没有这方面的内容，这说明其时之楚国的社会结构已经有了较大的变化，国野制度已经瓦解。这个过程在春秋早期已经开始，楚文王灭申、息而县之，以之为北方门户，使申、息之民出军赋服兵役，保卫楚国的北大门。《左传》僖公二十五年，"秦晋伐鄀（鄀是秦楚边境上的小国），楚斗克、屈御寇以申、息之师戍商、密"，以防秦晋南下，在楚国的逐鹿中原过程中，申、息始终是楚国北方的军事重镇，其军赋卒徒均为申、息二国之民。②蔿掩治赋，进一步在法律上取消了国野的差别，征赋以土地为据而不管生产者的身份有何区别。

当然，蔿掩治赋只能限于楚王所控制的土地，或称之为公室之土，卿大夫的采邑、赏田是不在纳赋之列的。《左传》成公七年，"楚围宋之役，师还，子重请取于申、吕以为赏田，王许之。申公巫臣曰：'不可。此申、吕所以邑也，是以为赋，以御北方。若取之，是无申、吕也，晋、郑必至于

---

① 关于春秋时代土地关系的变动，参阅拙文《"相地而衰征"新探》，《人文杂志》1994年第1期；田昌五、臧知非：《周秦社会结构研究》第二章第一节，西安：西北大学出版社1996年版。

② 关于楚国县制的由来和功能，参阅拙文《论县制的发展与古代国家结构的演变——兼谈郡制的起源》，《中国史研究》1993年第1期。

汉.'王乃止"。申、吕归楚王所有，是国家军队的重要来源，如赏予子重，即为子重的私邑，归子重所有，国家就无法征之以赋，边防力量就要受影响，晋、郑必然南侵，故不能为之赏田。说明楚之采邑赏田不在国家取赋范围之内。当然，这对普通农民来说并无意义，采邑之民不事于国家，则要事于私门，楚国卿大夫之族多有族兵，采邑之民当是其组成部分之一。蔿掩和子木等人都有其土地臣民和族兵，他们治赋不会损害自己利益。《左传》昭公十三年，"楚公子比、公子黑肱、公子弃疾、蔓成然、蔡朝吴帅陈、蔡、不羹、许、叶之师，因四族之徒以入楚"。这"四族之徒"就是蒍氏、许围、蔡洧、蔓成然四族之兵。楚灵王即位后先后夺这四族之封邑，"皆王所不礼也"，故而引起内乱。这说明蔿掩治赋后楚依然有族兵的存在，私族封邑是不赋于王的，楚王才千方百计地削夺私门封邑。有的论者未审及此，用后世的国家观来理解古代，认为蔿掩治赋把楚国境内的所有赏田都归入纳赋的范围之内是不准确的①。

第三节 战国授田制度的普遍化

在 20 世纪中国古史分期问题讨论中，无论对战国社会性质认识的分歧如何，论及战国土地制度问题时，则有其相同之处，这就是认为战国时代是我国地主土地所有制和个体小农土地所有制的确立时期，也就是进入了土地私有制时代。但是，当跳出既定的理论框架，重新审视历史文献的时候，有学者发现，战国时代依然是授田制的时代，所谓的战国时代的个体小农是由政府授出来。② 这一发现是符合历史事实的，一系列简牍资料的公布和研究的深入，证明了授田的普遍和严密，并为秦汉所延续。

---

① 刘家和：《关于蔿掩治赋》，《江汉论坛》1984 年第 3 期。
② 战国授田制概念是由刘泽华先生首次提出和论证的，见氏著《论战国时期"授田"制下的"公民"》，《南开学报》1978 年第 2 期。刘先生揭开了战国土地制度研究的新篇章，只是限于讨论主旨，没有就此展开进一步的论述。至 20 世纪 80 年代，学界逐步接受了刘先生的观点，并展开系统论证，代表性论文有袁林：《战国授田制试论》，《社会科学》1983 年第 6 期；张金光：《试论秦自商鞅变法后的土地制度》，《中国史研究》1983 年第 2 期；李瑞兰：《战国时代国家授田制的由来、特征及作用》，《天津师大学报》1985 年第 3 期；吴荣曾：《战国授田制研究》，《思想战线》1989 年第 3 期；田昌五、臧知非：《周秦社会结构研究》，西安：西北大学出版社 1996 年版，第 97—160 页；张金光：《银雀山汉简中的官社经济体制》，《历史研究》2001 年第 5 期。

在叙述授田之前，要对战国时代国家形态做一个简单的说明，以明白其时土地所有制的性质。在春秋土地赋役关系发生变化的同时，社会结构和国家形态也在悄然改变。这主要表现在三个方面：一是诸侯国数量减少，众多诸侯的土地、人口并入大的诸侯，晋、齐、楚、燕、秦等大的诸侯国家都是在兼并扩张过程中发展起来的；二是各国贵族的力量和等级结构发生变化，各个贵族之间相互倾轧的同时，卿大夫们则千方百计弱化公室、壮大私门，贵族之间高岸为谷、深谷为陵者无时无之，众多贵族亡宗灭国，沦落社会基层；三是新兴贵族为了防止权力的再分割采用新的手段强化对土地、人口的控制，尽可能地把权力集中在自己手中，实际上在把诸侯之国逐步地以刮削的方式变成自己之国，把自己的"家"变为国。战国时代，实际上就是以这些新贵族化家为国的完成开始的，如六卿专政、三家分晋就是如此。这里对战国开始的历史标志不做分析，仅仅是为了说明战国时代国家形态、社会结构的历史基础。

进入战国以后，无论是化家为国而来之国，还是由传统诸侯国发展而来之国，无一例外地建立起了君主专制政体，实行中央集权制度，尽管各国具体制度有别，其实质则一。其共同的经济基础，就是加强对土地、人口的控制，把土地、人口置于国家控制之下，用行政手段实现人口与土地的结合，这正是井田制之下对人口、土地管理的发展，原来的井田制度发展为战国的授田制。其时领土国家形成，地广人稀，国家有的是土地，在生产力诸要素中，劳动力是最主要的因素，只要把农民固着于土地之上，不要四处流徙，专心农亩，就能富国强兵，在兼并战争中立于不败之地。①

一、授田的一般状况

战国授田制在文献中有明确记载。《吕氏春秋·乐成》云："魏氏之行田也以百亩，邺独二百亩，是田恶也。"行田即授田。《乐成》所言时代不明，是战国末年还是更早不清楚。《汉书·沟洫志》有明确记载：

---

① 关于战国国家形态，参阅田昌五、臧知非：《周秦社会结构研究》第三章、第四章，西安：西北大学出版社1996年版。

魏文侯时，西门豹为邺令，有令名。至文侯曾孙襄王时，与群臣饮酒，王为群臣祝曰："今吾臣皆如西门豹之为人臣也。"史起进曰："魏氏之行田也以百亩，邺独二百亩，是田恶也。漳水在其旁，西门豹不知用，是不智也。知而不兴，是不仁也。仁智豹未之尽，何足法也。"于是以史起为邺令，遂引漳水溉邺，以富魏之河内。民歌之曰："邺有贤令兮为史公，决漳水兮灌邺旁，终古舄卤兮生稻粱。"①

颜师古注释"魏氏之行田也以百亩"云"以百亩，谓赋田之法一夫百亩"。赋者予也，"行田"即授田。西门豹为邺令是魏文侯时事，史起批评西门豹任邺令时没能尽到"智""仁"的义务，因为他没有把漳水旁边的土地按照制度规定授予农民。襄王"于是以史起为邺令，遂引漳水溉邺，以富魏之河内。民歌之曰：'邺有贤令兮为史公，决漳水兮灌邺旁，终古舄卤兮生稻粱。'"史起之所以获得农民的赞扬，是因为史起引漳水灌溉邺县农田，按照每夫二百亩的标准授予农民，农民因此而致富。西门豹在魏文侯时为邺令，则"魏氏之行田也以百亩，邺独二百亩，是田恶也"，是魏文侯时的制度。其时李悝为魏相，行尽地力之教，其办法是"行善平籴"之法：

> 今一夫挟五口，治田百晦，岁收晦一石半，为粟百五十石，除十一之税十五石，余百三十五石。食，人月一石半，五人终岁为粟九十石，余有四十五石。石三十，为钱千三百五十，除社闾尝新春秋之祠，用钱三百，余千五十。衣，人率用钱三百，五人终岁用千五百，不足四百五十。不幸疾病死丧之费，及上赋敛，又未与此。此农夫所以常困，有不劝耕之心，而令籴至于甚贵者也。是故善平籴者，必谨观岁有上中下孰。上孰其收自四，余四百石。中孰自三，余三百石。下孰自倍，余百石。小饥则收百石，中饥七十石，大饥三十石。故大孰则上籴三而舍一，中孰则籴二，下孰则籴一，使民适足，贾平则止。小饥则发小孰之所敛，中饥则发中孰之所敛，大饥则发大孰之所敛，而粜之。故虽遇饥

---

① 《汉书》卷29《沟洫志》，北京：中华书局1962年版，第1677页。

谨水旱，籴不贵而民不散，取有余以补不足也。行之魏国，国以富强。①

所谓平籴之法就是政府根据年成丰欠情况，按照"平贾"——官定价格收购或者卖出粮食。粮食丰收，价格下降，以保护性价格收购农民手中粮食，作为政府储备；在遇到荒年时，粮价上涨，囤积居奇者趁机哄抬粮价以牟利时，官府以较低价格卖出给农民，用行政手段保持粮价稳定，从而使农民在丰年时避免谷贱伤农之苦、歉年则免受无良商人高价盘剥之难。这是李悝变法的重要内容，使魏国称雄一时。值得我们注意的是，李悝的善平籴之法是建立在"一夫挟五口，治田百晦"基础之上的，是在对"一夫挟五口，治田百晦"一年收支详细计算之后的举措，这五口之家、百亩之田是李悝善平籴之法的现实基础，这百亩之地就是由国家授予的，所谓"岁收亩一石半"云云是指国家设定的作为收税依据的标准良田亩产量。当然，这"五口之家、百亩之地"是国家制度设计的标准形态，至于农民实际占有的土地多寡，要看土地好坏、人口多少而定，土地好的按照每夫百亩执行，土质差的则增加授田数量。史起说的"魏氏行田也百亩，邺独二百亩，是田恶也"，就是增加恶田授予数量的标准之一。据此，我们可以明确得出结论，魏国在魏文侯之前一直实行着每夫百亩的授田制度，直到秦朝统一。魏安僖王二十五年颁布的《魏户律》规定："自今以来，叚（假）门逆吕（旅），赘婿后父，毋令为户，毋鼠（予）田宇。"②"毋令为户"就是不给单独立户，"毋予田宇"就是不授予田宅。这是从安僖王二十五年也就是公元前252年开始实施的，此前这些"叚（假）门逆吕（旅），赘婿后父"是可以依法获得土地、住宅的。至于普通农民，自然可以立户、获得田宅。《吕氏春秋·乐成》所云是当时魏国的实际制度。

授田的实施，并非魏国独然，而是各国的共同选择。《管子·乘马》云："均地分力，使民知时也。"《国畜》云："分地若一，强者能守。"《荀

---

① 《汉书》卷24上《食货志上》，北京：中华书局1962年版，第1125页。
② 睡虎地秦墓竹简整理小组：《睡虎地秦墓竹简》，北京：文物出版社1978年版，第292—293页。

子·王霸》云："传曰：农分田而耕，贾分货而贩，百工分事而劝。"《吕氏春秋·上农》云："民农则其产复，其产复则重徙，重徙则死其处而无二虑。"《管子·君臣》云："布政有均，民足于产，则国家丰矣。"这儿的"分田""均地""分地""布政有均，民足于产"都是指国家分地于民，使民有土而后安而言。《孟子·滕文公上》云："有为神农之言者许行，自楚至滕，踵门而告文公曰：'远方之人闻君行仁政，愿受一廛而为氓。'文公与之处。"廛是住宅，仅予住宅是难以为"氓"的，当然还要给予土地。《商君书·徕民》说三晋地少人密，百姓"上无通名，下无田宅'，而秦则相反，地广人稀，地力不尽，提出"来民"的主张，即招来三晋人口，由政府给予土地，并使之"复之三世，无知军事"，专心农耕。这显然是以授田制为基础的。商鞅变法，奖励农耕，"僇力本业，耕织致粟帛多者复其身"①。这"耕织致粟帛多者"就是相对于授田规定的产量而言的，授予农民土地的同时，国家有着相应的产量标准，这个产量标准既是国家征收田税的依据，也是国家奖勤罚懒的依据。商鞅在魏多年，对魏国制度、李悝之法极为熟稔，对其利弊短长有着清楚的分析，携李悝《法经》入秦，主持变法，所推行的土地制度自然是李悝的授田制度或者改进版。云梦秦简《田律》云："入顷刍稾，以其受田之数，无垦不垦，顷入刍三石，稾二石。"②"受田"指农民受之于官府之田，以百亩为基本单位，普通农户，每夫百亩，住宅一块。商鞅变法以后推行严密的军功爵制，有功劳有爵位者依次增加。这些人所周知，不予赘述，这里要指明的是秦的军功赐田制是建立在普遍授田制基础之上的。

前已指出，管仲相齐时曾实行的"相地而衰征"制度是以授田制为基础的，战国时代的齐国逻辑地推行授田制度，出土文献提供了直接的说明。临沂银雀山竹书《田法》云："五十家而为里，十里而为州，十乡（州）而为州（乡），州、乡以地次受（授）田于野，百人为区，千人为或（域），人不举或（域）中之田，以地次相……""循行立稼之状，而谨□□美亚（恶）之所在，以为地均之岁……□巧（考）参以为岁均计，二岁而均计

---

① 《史记》卷68《商君列传》，北京：中华书局1959年版，第2231页。
② 睡虎地秦墓竹简整理小组：《睡虎地秦墓竹简》，北京：文物出版社1978年版，第27—28页。

定，三岁而一更赋田，十岁而民毕易田，令皆受地美亚（恶）□均之数也。"① 这里的"赋田"即授田，田分上中下，为了苦乐均平，每户农民上中下田各种一遍，十年再从头开始，故云："十岁而民毕易田。"从银雀山汉简的其他内容看，《田法》和云梦秦简《田律》有所不同，《田法》不是政府颁布的法律，而是子书的一种，其内容和实际情况不一定完全相同。但是，这些并不是思想家们的闭门造车，而是对现实的理论概括。因为诸子立说都是为了付诸实践，必以现实为基础，供各国执政采择，若脱离了现实，没有实践价值，也就失去了其服务现实的可能性，这是不符合诸子政治追求的。

战国时代，授田大抵是按每夫百亩的标准进行计算。《荀子·王霸》云："百亩一守，事业穷，无所移之也。"《管子·巨乘马》云："一农之量，壤百亩也。""起一人之徭，百亩不举，起十人之徭，千亩不举；起百人之徭，万亩不举。"《管子·山权数》云："地量百亩，一夫之力也。"《管子·轻重甲》云："然则一农之事，终岁耕百亩。"孟子更是屡言每夫百亩之事，《孟子·梁惠王上》云："五亩之宅，树之以桑，五十者可以衣帛矣。鸡豚狗彘之畜，无失其时，七十者可以食肉矣。百亩之田，勿夺其时，数口之家可以无饥矣。"《孟子·万章下》又云："耕者之所获，一夫百亩，百亩之粪，上农夫食九人，上次食八人，中食七人，中次食六人，下食五人。"这并非孟子向壁之言，而是当时政府计算授田和税收的原则标准。李悝在魏文侯时行尽地力之教，执行的就是这个标准，其善平籴之法即以五口之家、百亩之田为基础。值得注意的是，李悝虽然意识到农民入不敷出，却没有扩大其授田量以增加其收入，仅仅是采用善平籴之法以防荒年，个中原因在于当时授田的普遍标准是每夫百亩，农民的实际耕种能力也就是一百亩地。这是《周礼》所述每夫百亩的延续，当然，此时的亩已经不是百步的小亩，而是大亩了。

战国时代，山林川泽是国家经济资源的重要部分，置于国家控制之下统一开发，具体制度各不相同，和授田制度则有着内在的联系。大体说来，可

---

① 银雀山汉墓竹简整理小组：《银雀山汉墓竹简（壹）·守法守令十三篇》，北京：文物出版社1985年版，第146页。

区分为两种：一种以秦为代表，一种以齐、楚为代表。

秦国把山川林泽分为两类，一类归政府使用，设置禁苑，作国营林场牧苑，禁止百姓使用，睡虎地云梦秦简《田律》规定：

> 邑之斯（近）皂及它禁苑者，麛时毋敢将犬以之田。百姓犬入禁苑中而不追兽及捕兽者，勿敢杀；其追兽及捕兽者，杀之。河（呵）禁所杀犬，皆完入公。其他禁苑杀者，食其肉而入皮。①

禁苑很多，用途也多样，有的是牧养马牛之用，有的是放养鹿等野生动物。幼兽繁殖季节不准带狗入禁苑打猎，百姓的狗进入禁苑捕兽者格杀勿论。这些禁苑是禁止百姓出入砍伐狩猎的。第二类是普通山林川泽，按季节定时向百姓开放，不允许个人擅自开发采伐。睡虎地云梦秦简《田律》规定：

> 春二月，毋敢伐材木山林及雍（壅）堤水。不夏月，毋敢夜草为灰，取生荔、麛鷇（卵）鷇，毋□□□□□□毒鱼鳖，置穽罔（网），到七月而纵之。唯不幸死而伐绾（棺）享（椁）者，是不用时。②

二月初春，万物始发，故不准入山伐木、堵塞水道。不到仲夏季节不得烧草为肥，不准捕猎幼兽幼鸟，也不准拾取鸟蛋，不准毒杀鱼鳖，到七月才解除禁令。只有因死亡需要伐木做棺材者，才不受这个季节限制，这当然要经过有关官吏的批准。《管子·四时》《吕氏春秋·十二纪》《礼记·月令》都有类似的记载，目的是为了保护自然资源，防止滥砍滥伐。秦简的出土说明这些记载并非书生的议论，在秦国是以法律的形式强制执行的。

齐国也把山林川泽分作两部分。一部分由中央直接控制，这和秦相同。银雀山竹书《田法》云：

---

① 睡虎地秦墓竹简整理小组：《睡虎地秦墓竹简》，北京：文物出版社1978年版，第26页。
② 睡虎地秦墓竹简整理小组：《睡虎地秦墓竹简》，北京：文物出版社1978年版，第26页。

邑之名山林，可以为田器及可以为国大器者，县不得之制也。

名山林，可以做大器，县不得制之，而由中央直接管理。那些普通山川林泽才由县具体负责，其经营方式是按"相地而衰征"的方式折合成良田分于农民而税之。银雀山竹书《田法》云：

> 恒山林□□□者，县得治之，……大材之用焉，五而当一。山有木，无大材，然而斤斧得入焉，九而当一。秃……□□蔍（镰）䌌得入焉，十而当一。秃尺（斥）津……罔（网）得入焉，七而当一。小溪浴（谷）古（罟）罔不得入焉，百而当一。美霓（沉）泽蒲苇……□□石，百而〔当一〕……□，百而当一。①

《管子·乘马》篇也有类似记述，已见上引，这里不予重复。这五而当一、七而当一云云就是把这些山林川泽按五比一、七比一，以至百比一的比例折合成良田授予农民，而后课之以税。这虽然不是齐国政府颁布的田法，但这是以齐国生产实践为背景的。据此，齐国的普通山林池沼是一开始就固定在个人名下的，所有权在法律上虽归国家，实际上则属个人永久占有。上已论及，春秋时代的楚、齐田制改革的基本精神是相同的，都采用"相地而衰征"的办法变革田制，降至战国，从逻辑上看，楚对山林川泽也应采取与齐相同的管理方式。至于三晋和燕国资料不详，无法知晓，大约去此不会太远吧。

二、亩制的多样性

按西周的百步之亩，大约在春秋末年发生改变。银雀山汉墓竹书《孙子兵法·吴问》：

> 范、中行是（氏）制田，以八十步为婉（畹），以百六十步为吻

---

① 银雀山汉墓竹简整理小组：《银雀山汉墓竹简（壹）·守法守令十三篇》，北京：文物出版社1985年版，第146页。

（亩），而伍税之。其□田陕（狭），置士多；伍税之，公家富。公家富，置士多，主乔（骄）臣奢，冀功数战，故曰先【亡】……韩、巍（魏）制田以百步为婉，以二百步为吻，而伍税【之】。其□田陕，其置士多……赵是（氏）制田以百廿步为婉，以二百卌步为吻，公无税焉。公家贫，其置士少，主金（敛）臣收，以御富民，故曰固国，晋国归焉。①

银雀山汉墓竹书本《孙子兵法·吴问》是后人的托名之作，但所述晋国六卿田亩变动情况当有所依据，不一定是六卿实际制度，但是反映了春秋末年、战国初年土地制度变动与国力发展的关系。因此之故，我们可以认定在春秋战国之际存在着三种亩积：一百六十步、二百步、二百四十步。《说文》释亩云："六尺为步，步百为亩，秦田二百四十步为亩。"这儿的"秦田"是指战国之秦亩还是指统一后之秦亩？许慎没有说明，而后人则认为二百四十步之亩始于商鞅变法。如杜佑《通典·州郡四·古雍州·风俗》条云："周制步百为亩，亩百给一夫。商鞅佐秦，以一夫力余，地力不尽，于是改制二百四十步为亩、亩百给一夫。"今人咸从其说。看来这不合实际，二百四十步之亩在商鞅变法之前早已存在了。

战国时代，各项制度都处于剧烈变化之中，各国并不统一，亩积亦然。如畹作为亩积单位，就广狭不一。《说文》云"畹，三十亩也"。《玉篇》畹字条云"秦孝公三十步为畹"。《离骚》王逸注"十二亩曰畹"。真可谓人言言殊。无论这些注是以战国为背景还是以汉制为背景，都说明当时亩积的不统一。其实，用历史的眼光看问题，明白战国时代并无统一的亩制，田界、田区名称的使用并不统一，我们也就不必各是其是，各非其非了。在战国以后的历朝历代，尽管国家在法律上有着标准的亩制，但在实际生活中并没有真正地完全统一起来，直到近代还是如此。我们不能抓住一点而视为通则。

---

① 银雀山汉墓竹简整理小组：《银雀山汉墓竹简孙子兵法》，北京：文物出版社1976年版，第94—95页。

《史记·商君列传》谓商鞅变法："为田开阡陌封疆而赋税平。"《汉书·地理志》云商鞅"制辕田,开阡陌"。这"为田开阡陌封疆而赋税平""制辕田,开阡陌",肯定改变旧亩制,实行新亩制。"开阡陌"就是废弃旧阡陌田界,设置新的阡陌田界。① 四川青川郝家坪秦牍《更修为田律》为我们理解秦国田亩制度提供了直接的法律依据,《更修为田律》云:

> 二年十一月已酉朔,朔日,王命丞相戊、内史匽民臂更修为田律:田广一步,袤八则为畛,亩二畛,一百(陌)道。百亩为顷,一千(阡)道。道广三步,封高四尺,大称其高。埒(埒)高尺,下厚二尺。以秋八月,修封埒(埒),正强(疆)畔,有嬱(芟)千百之大草。九月,大除道及阪险。十月,为桥,修波(陂)隄(堤),利津梁,鲜草蓠(离)。非除道之时而有陷败不可行,辄为之。②

这是颁行于秦武王二年(前309年)的修改之后的田律,"田广一步,袤八则为畛,亩二畛,一百(陌)道。百亩为顷,一千(阡)道"云云都是修订之后的亩积和封埒阡陌系统,前此之亩积与此是否相同,不敢肯定。因为对古代田亩形制和道路系统理解不一致,史学界曾对"田广一步,袤八则为畛,亩二畛"之句进行了深入讨论。第一种意见认为"袤八则为畛"之"则"是虚词,畛是田界,当时秦实行的是二百四十步之亩。

---

① 对"开阡陌"的理解,旧注以为阡陌是井田制专有制度,以为商鞅"开阡陌"就是废弃旧的阡陌,从此以后不存在阡陌制度。田昌五先生在《中国古代农民战争史》第一卷(上海:上海人民出版社1979年版)辨其非是,随着青川秦牍的出土,此论已被证实。详见下一章。
② 原牍文个别文字漫漶不清,诸家释义有歧,但不影响律意。原文见四川省博物馆、青川县文化馆:《青川县出土秦更修田律木牍》,《文物》1982年第1期。其他重要释文及考证有于豪亮:《释青川秦墓木牍》;李昭和:《青川出土木牍文字简考》,均刊《文物》1982年第1期。李学勤:《青川郝家坪木牍研究》,《文物》1982年第10期。杨宽:《释青川秦牍的田亩制度》,《文物》1982年第7期。李零:《论秦阡陌制度的复原及形成线索》,《中华文史论丛》1987年第1期,木牍释文另见李均明、林梅村:《散见简牍合辑》,北京:文物出版社1999年版,第50页。本书引文系综合各家考释,择善而从。

这是大多数论者的意见。① 而对畛、陌、阡的具体位置又见仁见智，对秦亩的形制分歧颇大。但是，我们细察秦牍律文，就不难发现各家说法都有不可调和的矛盾。诸家都围绕着畛、阡、陌来安排各自的田亩形制，而忽略了封、埒的存在，无论把畛如何安排，只要释之为田界，都无法使封、埒、畛、阡、陌共存于一块田地之中。睡虎地云梦秦简《法律答问》有云：

  盗徙封，赎耐。可（何）如为封？封即田千（阡）佰（陌）、顷半（畔）封殹（也），且非是？而盗徙之，赎耐，可（何）重殹（也）？是，不重。②

律文云封"田千（阡）佰（陌）、顷半（畔）封殹（也）"，顷与顷之间有陌，十顷与十顷之间有阡，无论是顷与顷之间的田界标志还是千亩与千亩之间的田界标志都属于封，封和阡、陌合一。按封之本字作丰，指草木状作为疆界的标志，后演变为土墩。律文的封就是土墩。较之青川秦牍，《更修为田律》省去了埒，则埒原来系顷与顷之间的田界标志。也就是说，《更修为田律》规定封自封、埒自埒，二者位置不同，大小有别，后来统一称为封了。

  既然封、埒和阡陌合一，封、埒作为阡道和陌道的标志之一，似乎解释"亩二畛"为一亩地有两道田界是可行的，但是，这在历史的逻辑上是存在问题的。如畛为亩与亩之间的田界，"亩二畛"即每亩两边各有一道田界，亩与亩之间有两道田界，有此必要吗？按授田每夫百亩计算，这百亩之地有二百道田界，这些田界是百亩之内还是百亩之外？秦以重农见称，想方设法提高生产效率，为什么会设计出这种费时费力，既浪费土地资源，又无益于产量的田亩制度，并定为法律颁行全国？显然，这在生产实践中是无法实行的。

---

 ① 前揭李昭和、杨宽、李学勤、于豪亮、李零先生诸文均持此解。朱绍侯先生亦持此说，但对亩制形制则有新解，见氏著《秦汉土地制度与阶级关系》，郑州：河南人民出版社1985年版，第22—23页。

 ② 睡虎地秦墓竹简整理小组：《睡虎地秦墓竹简》，北京：文物出版社1978年版，第178页。

大约是鉴于上述矛盾，有的学者认为"袤八则为畛，亩二畛"之"则"为实词，是指长度单位，并根据阜阳汉简有"三十步为则"之句，认为秦律之"则"是三十步，畛是田区。"袤八则为畛，亩二畛"即每亩四百八十步。尽管释畛为田区有其训诂学的依据，但此说也有其问题。第一，按当时的生产力水平，一户人家耕种这么多的土地怕有困难，而秦制是不管耕种与否都要交纳额定的田税的。（详下）按顷纳税是以课促垦，但以课促垦要以实践为基础，必须在农民能完成的基础上才能实现，否则农民难以承担，必然引起官民矛盾，和地均之法的初衷相悖，何谈富国强兵？商鞅变法，强迫分户，秦的家庭结构比较小，一般农户不过五六口人，两个劳动力而已，这是无论如何也种不完的。第二，从训诂学角度看，释"则"为量词亦通，现在于日常生活中仍然广泛使用。但"则"和尺、寸、丈、里等度制不同，尺、寸、丈、里无论古今都有固定的进制和统一规定，而"则"则否。在日常生活中，"则"作为长度单位大都是根据临时需要决定的，如开沟挖渠、建房取料、丈量土地等往往以一定长度的标杆或绳索为则，使用起来较尺丈更为简便，或者测量完毕再换算成通用的单位。正因为如此，在我国度量衡史上有案可稽的均不见多少尺寸为则的记录。阜阳汉简中的"三十步为则"可能属此例。简文原句为"□□十步为巷三十步为则方则以为□"，这是讲营建制度的，"十步为巷三十步为则"，"巷"和"则"至多是指某项工程的长度而言，更何况仅仅从这只言片语还不敢肯定"则"就是量词，很可能是某项建筑工程名称，简文还有"里八则为田十则"[①] 之句，若"则"为三十步，此句则殊不可解。第三，战国时代，度量衡制度变动很大，亩制亦然。秦武王二年距西汉前期（阜阳汉简是西汉前期之物）一百余年，空间、时间相去甚远，即使"袤八则"之"则"是表示长度的量词，有一定的普遍意义，也难以肯定"袤八则"之"则"就是三十步，因而四百八十步之亩的理解不具有唯一性，难以确定。

按释畛为田区是正确的，关键是对"亩二畛"的理解。笔者以为律文说的"亩二畛"应是指一亩地分为两个田区。这是对传统的一步宽、百步

---

① 四百八十步之亩是由胡平生先生提出来的，阜阳汉简简文亦转引自氏著《解读青川秦墓木牍的一把钥匙》，《文史》第26辑，北京：中华书局1981年版，第47—60页。

长的长条亩的变动。在百步之亩的条件下，田亩形状为长条状，每夫百亩，就是宽长各一百步。扩大亩积之后，一步宽的长条亩在实践中面临实践的困难，所以专门规定了"亩二畛"，根据实际情况，可以继续采用一步宽的长条亩——"二畛"相接，也可以采用两步宽的宽亩制——二畛并列，亩积步数相等，是一步宽之亩，还是两步宽之亩，则根据实际情况而定。至于亩积是多少，以二百四十步之亩可能性较大。因为银雀山竹书《孙子兵法·吴问》表明，起码在商鞅变法之前的三晋地区已经实行过二百四十步之亩，岳麓秦简《数》有"除田之术"和"里田术"，其"除田之术"云：

  □田之术曰：以从（纵）二百四十步者，除广一步，得田一亩；除广十步，得田十亩；除广百步，得田一顷；除广千步，得田【十顷】。

即设定二百四十步长，一步宽为田一亩，十步宽为田十亩，百步宽为田一顷，千步宽为田一千亩。其"里田术"云：

  里乘里，（里）也。因而参之，有（又）参五之，为田三顷七十五亩。①

按周制，六尺为步，步百为亩，三百步为里，方里九万平方步，二百四十步为亩，一方里为田三百七十五亩。张家山汉简《算数书》计算方法与此相同而更丰富：

  里田术曰：里乘里，里也，广从（纵）各一里，即直（置）一因三之，有（又）三五之，即为田三顷七十五亩。其广从（纵）不等者，现里相乘，已乃因而三之，有（又）三五之，乃成。今有广二百廿里从（纵）三百五十里，为田廿八万八千七百五十顷。置提封以此为之。里乘里，里也，壹三而三五之，即顷亩也。有（又）曰：里乘里，里也，以里之下即予廿五因而三之，亦其顷亩数也。曰：广一里，从

---

① 朱汉民、陈松长主编：《岳麓书院藏秦简（贰）》，上海：上海古籍出版社2011年版，第66页。

（纵）一里为田三顷七十五亩。①

张家山汉简《算数书》列举各种算法，较之岳麓秦简《数》丰富得多，可能与成书时代不同有关，但基本原理一致：都是先把平方里还原成平方步，而后按照二百四十步之母的标准计算。而张家山汉简《算数书》最后归结为"广一里，从（纵）一里为田三顷七十五亩"这一个标准，体现了计算方式的简化。《九章算术》的"方田术""里田术"就是在这个基础上的发展。②岳麓秦简《数》成书于秦朝统一之前，张家山汉简《算数书》成书时间应该稍后，二书起码反映了统一前后的田亩制度，为基层官府或者小吏所收藏，作为日常工具书，说明了起码在统一之前秦朝实行的是二百四十步之亩。

战国时代齐国亩制和三晋、秦国又有不同。银雀山竹书《田法》有云："一人而田大亩二十四者亡，一人而田十九亩者朝（霸），一人而田十四亩者存，一人而田九亩者亡。"这大亩是多少步？史载缺文，无从知晓，但谓一人能耕十九亩者就可称霸，看来这个亩积不小。按当时称霸的起码条件，就是人人都能有一百亩土地，所以诸子纷陈百亩之地五口之家是如何重要，提出均地分力的主张。当时诸子们所说的百亩亩积多为泛指，或者沿用西周制度，指百步小亩，或者指当时各国实际实行的大亩（具体亩积不统一）。如果以西周小亩计，这十九大亩和百亩之小亩相当，那么每亩有五百三十步弱。银雀山竹书《田法》还提到了小亩："岁收：中田小亩亩二十斗，中岁也。上田亩二十七斗，下田亩十三斗，大（太）上与大（太）下相复以为率。"这是齐国的小亩，究竟是多少步之亩，是否周制之百步之亩，大小亩关系如何，不得而知。根据其小亩亩产量高于魏文侯之魏国推测，竹书的小亩应超过百步之亩。竹书是学者的著述，不是现实制度，但是有其依据是没有疑问的，在一定程度上反映了齐国的历史实际。"齐地负海舄卤，少五谷

---

① 张家山二四七号汉墓竹简整理小组：《张家山汉墓竹简（二四七号墓）》（释文修订本），北京：文物出版社2006年版，第157页。
② 《九章算术》："方田术曰：广从步数相乘得积步，以亩法二百四十步除之，即亩数，百亩为一顷。""里田术曰：广从里数相乘得积里，以三百七十五乘之，即亩数。"钱宝琮点校：《算经十书》上册，北京：中华书局1963年版，第93、94页。

而人民寡"①，地多丘陵盐碱，耕作多用漫田法，比较粗放，在生产中采用较大的亩积是完全可能的。当然，齐之大亩究竟是多少步还有待于新资料的出土。这里仅仅是说明战国时代亩积的复杂而已。

三、土地计算：提封田法

西周时代，小国寡民，生产技术落后，土地开发多限于可耕地，土地计算以方里为单位，也就是方里为井，范围主要限于平原沃土。战国时代，原来的宗族城邦发展为中央集权的领土国家，国土广袤，垦田范围扩大，平原沃野固然是垦种对象，那些山川林泽也逐步纳入了经济开发的视野，成为国家经济资源的重要组成部分，一并纳入了土地测算的范围。那么原来方里而井的计算方法难以适应新的需求，土地计算于是由原来的方里为井发展为方百里为单位，把可垦地、不可垦地统算，先计算出总面积，而后区别土地质量，剔除非耕地，就得出可耕地数量，然后再授予农民，这就是史书上常说的"制土分民"。这个计算方法，在当时称之为提封田法②，并一直沿用到汉代。上举《汉书·食货志》记载李悝在魏国行尽地力之教、计土分民时使用的就是此法，所谓"地方百里，提封九万顷，除山泽邑居参分去一，为田六百万畮，治田勤谨则畮益三升（斗），不勤则损亦如之"。其具体算法，《礼记·王制》有明确说明：

> 方一里者，为田九百亩；方十里者为方一里者百，为田九万亩；方百里者为方十里者百，为田九十亿亩。方千里者，为方百里者百，为田九万亿亩。自恒山至于南河，千里而近；自南河至于江，千里而近；自江至于衡山，千里而遥；自东河至于东海，千里而遥。自东河至于西河，千里而近；自西河至于流沙，千里而遥。西不尽流沙，南不尽衡山，东不尽东海，北不尽恒山。凡四海之内，断长补短，方三千里，为

---

① 《汉书》卷28下《地理志下》，北京：中华书局1962年版，第1660页。

② 把"提封"作为战国西汉土地计算方法由田昌五先生提出，并且根据提封田方法对井田制度做出了新的阐释，认为井田制度是土地计算、户口编制、军赋制取三位一体的制度体系，这一见解获得了出土资料的证明，见氏著《解井田制之谜》，《历史研究》1985年第3期；《中国古代社会的土地问题》，《平准学刊》第三辑，北京：光明日报出版社1989年版，收入氏著《中国古代社会发展史论》，济南：齐鲁书社1992年版。本节即在田先生的基础上展开。

田八十万亿一万亿亩。方百里者，为田九十亿亩，山陵林麓、川泽沟渎、城郭宫室涂巷，三分去一，其余六十亿亩。①

《礼记》之书晚出，到汉代才最终形成定本，但其素材大多来源于先秦，因系汉儒编订，错简凌乱甚多，这一段文字就有明显的错乱，既有制度的真实记录，也有儒生个人的设计想象。这里的"自恒山至于南河，千里而近；自南河至于江，千里而近；自江至于衡山，千里而遥；自东河至于东海，千里而遥。自东河至于西河，千里而近；自西河至于流沙，千里而遥。西不尽流沙，南不尽衡山，东不尽东海，北不尽恒山。凡四海之内，断长补短，方三千里，为田八十万亿一万亿亩"云云，只是作者的想象，并非历史的真实。但是有两点是客观存在的制度：一是土地计算方法，"方一里者，为田九百亩；方十里者为方一里者百，为田九万亩；方百里者为方十里者百，为田九十亿亩。方千里者为方百里者百，为田九万亿亩"。按当时单位，十万为亿，"方百里者为方十里者百，为田九十亿亩"即九百万亩，其基本计算单位是一方里九百亩（百步之亩）。二是耕地与非耕地的折算比例，即百里之地"山陵林麓、川泽沟渎、城郭宫室涂巷，三分去一"，其余三分之二为耕地，包括已垦地和可垦而未垦地。在这里，虽然没用提封之名，其方法则是提封田法。上举《汉书·刑法志》记述周代"因井田而制军赋"之法时谓：

> 地方一里为井，井十为通，通十为成，成方十里；成十为终，终十为同，同方百里；同十为封，封十为畿，畿方千里。……一同百里，提封万井，除山川沉斥，城池邑居，园囿术路，三千六百井，定出赋六千四百井，戎马四百匹，兵车百乘，此卿大夫采地之大者也，是谓百乘之家。一封三百一十六里，提封十万井，定出赋六万四千井，戎马四千匹，兵车千乘，此诸侯之大者也，是谓千乘之国。天子畿方千里，提封百万井，定出赋六十四万井，戎马四万匹，兵车万乘，故称万乘

---

① 阮元校刻：《十三经注疏》，北京：中华书局1980年影印版，第1347页。

之主。①

这里的提封方法和《礼记》完全一致。不过，提封田法的非耕地与耕地的比例要根据实际情况确定，"山陵林麓、川泽沟渎、城郭宫室涂巷，三分去一"，只是以后总折算比例，实际状况要复杂得多。《商君书·徕民》云：

> 地方百里者，山陵处什一，薮泽处十一，溪谷流水处十一，都邑蹊道处十一，恶田处什二，良田处十四。以此食作夫五万，其山陵溪谷薮泽可以给其材，都邑蹊道足以处其民，先王制土分民之律也。②

所谓"先王制土分民之律"只是托辞，这就是当时计算人地比例的方法，土地分类、折算比例较之李悝更细一些。这个方法，西汉依然延续。《汉书·地理志》在叙述西汉土地总面积时谓：

> 凡郡国一百三，县邑千三百一十四，道三十二，侯国二百四十一。地东西九千三百二里，南北万三千三百六十八里。提封田一万万四千五百一十三万六千四百五顷，其一万万二百五十二万八千八百八十九顷，邑居道路，山川林泽，群不可垦，其三千二百二十九万九百四十七顷，可垦不可垦，定垦田八百二十七万五百三十六顷。民户千二百二十三万三千六十二，口五千九百五十九万四千九百七十八。汉极盛矣。③

《地理志》的耕地与非耕地比例没有按照"三分去一"的标准计算，但是，这里的"垦田八百二十七万五百三十六顷"是按照提封田法"定"出来的，

---

① 《汉书》卷23《刑法志》，北京：中华书局1962年版，第1081—1082页。
② 《商君书·徕民》，世界书局编《诸子集成》第五册，中华书局1980年影印版，第25—26页。
③ 《汉书》卷28下《地理志下》，北京：中华书局1962年版，第1640页。

并非农户实际耕种土地数量的郡县乡里逐级统计的结果。

出土资料记载了提封田法的存在状况，说明文献记载的提封田法不是思想家们的主观设计。连云港东海县尹湾汉墓一号木牍《集簿》在记述西汉后期东海郡土地统计数时也有"提封"一词，其文云"提封五十一万二千九十二顷八十五亩二□……人如前，□国邑居园田廿一万一千六百五十二□□十九万百三十二"①。这儿"提封"的性质和《地理志》相同，是根据东海郡的疆域计算出来的。上引张家山汉简《算数书·里田》有"置提封以此为之"之语。岳麓书院藏秦简《数》有云：

> 田五十五亩，租四石三斗而三室共叚（假）之，一室十七亩，一室十五亩，一室廿三亩，今欲分其租。述（术）曰：以田提封数。②

这个"以田提封数"之"提封"为专门术语，"以田提封数"就是按照提封田法计算出来的田亩数。提封田亩就是计算出耕地数量，也就计算出了田租总数，而后把土地分配给农民，再根据每家实际耕种的土地数征收田租。《数》所举的"田五十五亩，租四石三斗而三室共叚（假）之"虽属计算例题，其五十五亩耕地应缴纳田租四石三斗由三家分摊，正反映了提封田之下的土地占有和田租征收的历史讯息，这"一室十七亩，一室十五亩，一室廿三亩"不一定具有普遍性，但是在当时，一个提封单位之内的耕地分给若干家、每家多寡不等的现象应是经常的事情。里耶秦简第四八八号简文云：

> 户曹计录：
> 乡户计
> 繇（徭）计
> 器计
> 租质计
> 田提封计□

---

① 连云港博物馆、中国社会科学院简帛研究中心、东海县博物馆、中国文物研究所：《尹湾汉墓竹简》，北京：中华书局1997年版，第77—78页。

② 朱汉民、陈松长主编：《岳麓书院藏秦简（贰）》，上海：上海辞书出版社2011年版，第8页。

鬃计☐
鞠计☐
凡七计。①

"计"是"计书"之省，是各级官府、各个部门的统计报告，分门别类，供考核之用。里耶秦简反映，秦朝的计书极为详细，每个部门都分为许多类别，上举七类是县户曹的计书，"田提封计"是其一种。尽管简文不全，无法知晓户曹所属"田提封计"的具体内容，但是，可以肯定，这儿的"提封"是专有名词，"田提封计"是"提封田"的统计文书，这是秦朝正在实行的制度，说明"提封田"制度的真实性。

关于"提封"的含义，汉代以后，学者们已经不知其详，今人也还存在着误解，需要做出说明。颜师古在注《地理志》时谓"提封者，大举其封疆也"。对《刑法志》的"提封"一词，注家做出了比较详细的解释。苏林谓："提音衹，陈留人谓举田为衹。"李奇谓："提，举也，举四封之内也。"苏林以方言为据读"提"为"衹"，谓"陈留人谓举田为衹"，从方言的角度解释了"提封"即"提举封疆"的意思，和李奇的意思一致。颜师古比较之后认为："李说是也。提读如本字，苏音非也。说者或以为积土而封谓之隄封，既改文字，又失义也。"颜师古认为苏林从方言的角度谓"提音衹"不成立，但认同"提封"即"举四封之内"，"提封田"即四封之内的土地。批评"积土而封谓之隄封，既改文字，又失义也"。根据颜师古注释，正面解释"提封"的实际上只有两种意见，一种是李奇的意见，释"提"为"举"，谓"提封"是"举四封之内也"；另一种是"积土而封谓之隄封"。按"提封"在史籍中又写作堤封、隄封，提写作堤、隄，提、隄、堤形近音同通假，古人不是为了迁就自己的理解而改"提"为"堤""隄"。班固《西都赋》云："下有郑、白之沃，衣食之源，隄封五万，疆埸绮分，沟塍刻镂，原隰龙鳞，决渠降雨，荷臿成云，五谷垂颖，桑麻敷棻。"李贤注云："《前书》曰：'天子畿方千

---

① 湖南省文物考古研究所编著：《里耶秦简（壹）》，北京：文物出版社2012年版，第35页。

里，隄封百万井。'《音义》曰：'隄谓积土为封限也，音丁奚反。'"①《文选》卷一《西都赋》，李善注云："天子畿方千里，提封百万井。臣瓒案：旧说云'提，提凡也，言大举顷亩也'。韦昭曰：'积土为封限也。'"颜师古赞同李奇之说，否定韦昭和臣瓒之说。

清人王念孙认为以往解释均误，"提封"是"都凡"的音转。《读书杂志·汉书第十五·连语》条云：

> 念孙案，诸说皆非也。《广雅》曰：堤封，都凡也。都凡者犹今人言大凡诸凡也。堤与提古字通，都凡与提封一声之转，皆是大数之名。提封万井，犹言通共万井耳。《食货志》曰地方百里，提封九万顷，《地理志》曰提封田一万万四千五百一十三万六千四百五顷，《匡衡传》曰乐安乡本田提封三千一百顷，《王莽传》曰遂营长安城南，提封百顷，义并与此同。若训提为举，训封为四封，而云举封若干井、举封若干顷，则甚为不词。又《东方朔》传曰乃使太中大夫吾丘寿王与待诏能用算者二人，举籍阿城以南、盩厔以东、宜春以西，提封顷亩，及其贾直。亦谓举籍其顷亩之大数，及其贾值耳。②

王念孙根据《广雅》"堤封，都凡也"，以文字通假和音转之说谓"都凡与提封一声之转，皆是大数之名"，文献所云之提封"义并与此同"，都作"都凡"解。王念孙是小学大家，其说一出，遂为定谳，王先谦《汉书集解》采用王说。近人朱启凤则从文字学的形近通假的角度对王念孙之说做了进一步的论证和补充。朱氏《辞通·提封》条云：

> 提字古多误读本音，惟《刑法志》苏林注音祇。祇与都同声。提亦作都，移左旁阝，属之右旁；者与是汉隶形似（周书洪范五者来备，后汉书李云传作五是），如此左右移易，即成都字。……广言之曰都凡……又按：都字左右互易，即成为陼，形与堤似，沿隄之形与声而转

---

① 《后汉书》卷40上《班彪传附班固传》，北京：中华书局1965年版，第1338—1339页。
② 王念孙：《读书杂志》，北京：中国书店1985年版，中册，第32页。

为堤，或为隄，皆睹字所孳乳，亦都字之化生。封凡声相近，犹泛泛通作汎汎也，犹舟帆呼作船篷也。颜氏《匡谬正俗》谓提封之提不当作隄，此误之甚者。王氏读书杂志之都凡与提封一声之转，其释封凡字是矣，而于都、提两字指为声之通，则犹未为塙诂耳。①

朱启凤认为王念孙"于都、提两字指为声之通，则犹未为塙诂"，从字意上说，释"提"为"都"似无不可，但是"提"读为"都"不是同声通假，而是形近通假，"于都、提两字指为声之通，则犹未为塙诂耳"就是批评王氏的声转说。二者孰是孰非，这里不去细究。我们明白王念孙、朱启凤都解"提封"为"都凡""大数之名也"就行了。今本《辞源》《汉语大词典》等工具书即以王氏之说为据释提封为"通共"。现代学者以王念孙之说为依据，或者继续颜师古的理解，没有意识到作为土地计算方法的提封田法的存在。②

姑且抛开上举出土资料不论，就从文献解读层面看问题，只要对文献稍

---

① 朱启凤：《辞通》，上海：上海古籍出版社1982年版，第1104页。
② 田昌五先生认为提封田是"田亩计算方法"，即统算封疆内土地面积，除去不可垦土地，得出垦田和可垦田数，是由井田制的方田而井发展而来，见前揭氏著《解井田制之谜》《中国古代社会的土地问题》两文。王熙华先生依据王念孙的解释，认为"提封"是连绵词，是"都凡"的"一声之转"，认为"战国西汉未曾实行提封田的田亩制度"。见氏著《战国西汉未曾实行"提封"的田亩制度》，《历史研究》1986年第4期。张金光先生则批评田先生的"提封田"说"是谬说"，认为所谓的"提封田"是田先生为了解释其井田制度故意"置传统训诂于不顾，而竟自为定义"的结果，提封田"根本就不是一种什么制度。更确切些说，'提封'二字本就不能与'田'字相连成词。虽然有时可以相连构成句中的一部分，然而却是各自独立的，然而其意义也绝非如田氏所说。其之所谓'提封田'，乃是牵强附会的强为解说之词，是一个非历史、非逻辑的东西"。提封田"乃是一根本不存在的东西，是学者的掩耳盗铃、牵强附会之强为造说"。"其非解开井田之谜，而实为否定了井田制的历史存在，并且造成了更多的谜团"。见氏著《秦制研究》，上海：上海古籍出版社2004年版，第344、345、346页。张家山汉墓竹简整理小组注释《算数书·里田》"置提封"云："提封，大规模封疆。《汉书·地理志》注：'提封者，大举其封疆也'.《匡衡传》：'提封，举其封界内之总数'。"张家山汉墓竹简整理小组：《张家山汉墓竹简（二四七号墓）》（释文修订本），北京：文物出版社2006年版，第157页。谢桂华先生《尹湾汉墓所见东海郡行政文书考述》、高恒先生《汉代上计制度考论——兼评尹湾木牍〈集簿〉》、高海燕先生、乔健先生《从尹湾简牍〈集簿〉谈汉东海郡的人口、土地、赋税》等文均将连云港尹湾汉墓一号木牍《集簿》的"提封五十一万二千九十二顷八十五亩"解为东海郡共有土地五十一万二千零九十二顷八十五亩，谓这儿的"提封"是通共的意思。从数学意义上来看，这没有错，但是忽略了"提封"作为土地计算方法的历史存在。以上诸文具刊连云港博物馆、中国文物研究所编：《尹湾汉墓综论》，北京：科学出版社1999年版。

加分析，王念孙之说的不能成立是显而易见的。王念孙的解释除了《广雅》之外，没有其他依据，在训诂学上系孤证，而读"封"为"凡"更缺少任何依据。如果"提封"是"都凡"的"一声之转，皆大数之名"，那么在汉代的统计用语中，表示数字总数的都应该起码是多数使用"提封"二字才合词例。但是，细读史籍就不难发现："提封"只和土地统计数字相连，在表述其他统计数据总数时则用"凡"字表示而不用提封。如上举《汉书·地理志》在记述汉平帝元始年间郡国数和土地数时，分别云："凡郡国一百三，县邑千三百一十四，道三十二，侯国二百四十一……提封田一万万四千五百一十三万六千四百五顷。"如果是"封、凡相通"，上书"凡郡国一百三"，下书"凡田"多少不是更简洁明白？尹湾二号木牍是东海郡吏员统计簿，在历数上至郡守、都尉，下迄县、邑吏员数字之后，无一例外地均用"凡"字表示郡守、都尉、县、邑吏员总数，如东海郡太守府吏员"凡廿七人"，都尉吏员"凡十二人"，海西县吏员"凡百七十人"等，总计四十三条，全郡"凡吏员二千二百二人"。一号木牍《集簿》有云"令七人、长十五人、相十八人、丞廿廿四人、尉廿廿三人、有秩卅人、斗食五百一人、佐使亭长千一百八十二人，凡千八百四人"等等。而独独记载东海郡土地总数时云"提封五十一万九千二十二顷八十五亩……"[①]，正说明"提封"不是什么"都凡"的"一声之转，皆大数这名"，而是土地统计的专用术语。

若孤立地看，解"提封"为"都凡"的"一声之转"，系"大数之名也"，与意亦可通，在数字上可以将"提封"若干顷理解为通共若干顷，但是只要从历史学的角度对王念孙所举的资料稍加分析，就不难发现其声转之说不成立。就以《汉书·地理志》来说，提封田顷数、山川林泽顷数、可垦不可垦顷数、垦田顷数，都精确到个位，都是"定"出来的，谓之"大数之名"显然不辞。至于《刑法志》已将"提封"的由来说得很清楚了，"百里之地，提封万井"由方里而井扩大而来，更不存在什么"大数之名"的问题。《汉书·东方朔传》云汉武帝要兴建上林苑：

---

① 连云港博物馆、中国社会科学院简帛研究中心、东海县博物馆、中国文物研究所编：《尹湾汉墓竹简》，北京：中华书局1997年版，第77—81页。

乃使太中大夫吾丘寿王与待诏能用算者二人，举籍阿城以南、盩厔以东、宜春以西，提封顷亩，及其贾直，欲除以为上林苑，属之南山。又诏中尉、左右内史表属县草田，欲以偿鄠杜之民。①

汉武帝要把阿城以南、盩厔以东、宜春以西至终南山的广大地区划为皇家狩猎场，要把居住其中的人口外迁，要求有司任用"能用算者二人""提封顷亩，及其贾值"。这一地区物产丰富，土地肥沃，号为"陆海"，"其山出玉石，金、银、铜、铁，豫章、檀、柘，异类之物，不可胜原，此百工所取给，万民所卬足也。又有杭稻梨栗桑麻竹箭之饶，土宜姜芋，水多蛙鱼，贫者得以人给家足，无饥寒之忧。故酆镐之间号为土膏，其贾亩一金"②。因此之故，才需要"能用算者二人""提封顷亩"，准确计算禁苑内的土地面积和耕地数量以及价格多少，由官府补偿给外迁人口。当然，仅仅付给金钱是不够的，因为只有妥善安置这些移民才能避免矛盾。移民数目不少，他们被迁离原籍本来就不情愿，如果得不到有效安置，官府给予的补偿金再高，他们无处安身，在社会上流荡，势必带来社会不安定。所以，汉武帝又命令中尉、左右内史"表属县草田"，也就是用属县可垦而未垦的土地授予鄠、杜之民，既是补偿，也是安置手段。显然，这儿的"提封"不是什么"大数之名"，而是划定疆界、计算面积的意思，颜师古解释"举籍"为"举计其数而为簿籍"，"提封"为"亦谓提举四封之内，总计其数也"，虽未达"提封"之确诂，但在文意上还是通顺的。若谓"提封"是"都凡"的"一声之转，皆大数之名"则扞格不通。王念孙有见于此，把"举籍阿城以南……"和"提封顷亩，及其贾直"并合释之，直接释"提封"为"大数"，谓"举籍其顷亩之大数及其贾直耳。若云举封顷亩，则尤为不词。且上言举籍，下不当复言举封，以此知诸说之皆非也"。从行文不难看出"举籍"和"提封"均为动词，"举籍"云云是根据簿籍划定上林苑范围，"提封"云云则是指计算耕地顷亩与价值数字，"顷亩及其贾直"系"提封"的宾词，而非"举籍"的宾词。王念孙之说显属牵强之词。《汉书·匡衡

---

① 《汉书》卷65《东方朔传》，北京：中华书局1962年版，第2847页。
② 《汉书》卷65《东方朔传》，北京：中华书局1962年版，第2850页。

传》云：

> 初，衡封僮之乐安乡，乡本田堤封三千一百顷，南以闽佰为界。初元元年，郡图误以闽佰为平陵佰。积十余岁，衡封临淮郡，遂封真平陵佰以为界，多四百顷。至建始元年，郡乃定国界，上计簿，更定图，言丞相府。衡谓所亲吏赵殷曰："主簿陆赐故居奏曹，习事晓知国界，署集曹掾。"明年治计时，衡问殷国界事："曹欲奈何？"殷曰："赐以为举计，令郡实之。恐郡不肯从实，可令家丞上书。"衡曰："顾当得不耳，何至上书？"亦不告曹使举也，听曹为之。后赐与属明举计曰："案故图，乐安乡南以平陵佰为界，不从故而以闽佰为界，解何？"郡即复以四百顷付乐安国。衡遣从史之僮，收取所还田租谷千余石入衡家。①

乐安乡本来四至边界明确，郡图标注清楚，"乡本田堤封三千一百顷"。后误把平陵陌当作闽陌，使南部边界外移，增加四百顷。匡衡受封乐安乡，遂将错就错，"封真平陵佰以为界，多四百顷"，从而把多出来的四百顷田税收入私囊。建始元年，临淮郡发现郡图错误，改正之后，上计中央。匡衡利用丞相职权，指使亲信，说临淮所上郡图有误，临淮郡只好继续使用原来的错图，四百顷土地继续作为匡衡的封邑，匡衡追收田租千余石。此事后来被揭发，匡衡以"专地盗土"的罪名免官归家。显然，这儿的"乡本田提封三千一百顷"和误增的四百顷一样，是根据乐安乡的边界宽长计算出来的，这儿的"堤封"之"封"是指边界，而不是因为什么"封、凡声相近"而"书凡为封"。颜师古说"提封，举其封界内之总数"无疑是正确的。《汉书·王莽传》谓王莽要修建王氏宗庙：

> 乃下书曰："予受命遭阳九之厄，百六之会，府帑空虚，百姓匮乏，宗庙未修，且袷祭于明堂太庙，夙夜永念，非敢宁息。深惟吉昌莫良于今年，予乃卜波水之北，郎池之南，惟玉食。予又卜金水之南，明

---

① 《汉书》卷81《匡衡传》，北京：中华书局1962年版，第3346页。

堂之西，亦惟玉食。予将亲筑焉。"于是遂营长安城南，提封百顷。九月甲申，莽立载行视，亲举筑三下。司徒王寻、大司空王邑持节，及侍中常侍执法杜林等数十人将作。①

王莽是个复古狂，处处以周制为依据，为建宗庙，煞费苦心，左卜右占，亲自选定地点，亲自参与开工仪式，指定亲信大臣主持。这百顷之地根据建筑需要划定，长短宽窄，均有定制。这儿的"提封"是指划定疆界，而不是什么"大数之名"。区区百顷，是不存在"大数"问题的。

政府划定的专用土地，面积再小也名之为提封田。崔豹《古今注》记载东汉光武帝至质帝九位皇帝陵墓占地亩数，均称为"堤封田"。如光武帝原陵占地"堤封田十二顷五十七亩八十五步"，明帝显节陵"堤封田七十四顷五十五亩"，章帝敬陵"堤封田二十五顷五亩"，和帝慎陵"堤封田三十一顷二十亩二百步"，殇帝康陵"堤封田十三顷十九亩二百五十步"，安帝恭陵"堤封田一十四顷五十六亩"，顺帝宪陵"堤封田十八顷十九亩三十步"，冲帝怀陵"堤封田五顷八十亩"，质帝静陵"堤封田十二顷五十四亩"。② 帝陵用地，精确到多少亩、多少步，而名之为"堤封田"。这儿的"堤封"显然是划定的陵墓用地疆界，疆界内的土地是为"堤封田"，"堤封"之内是为禁区，闲杂人等不得入内。这儿的"堤封田"显然不是什么"大数之名"。

要探明"提封"本意，要从提、封的字意说起。按《说文》："提，挈也，从手是声。"即以手携物。封的本意是疆界，其初文通丰，甲骨文、金文均作✡、✡、✡，置草木为标志意。《说文》谓封为"爵诸侯之土"，是其引申意，其本意则是疆界的标志物。《周礼·小司徒·封人》云："封人，掌诏王之社壝，为畿封而树之。凡封国，设其社稷之壝，封其四疆，都邑之封域者亦如之。"郑玄注："壝，谓坛及埒埓也。畿上有封，若今时界矣；不言稷者，稷社之细也。"衡以上举青川秦牍《更修为田律》和云梦秦简《法律答问》对"封"的解释，郑注是符合"封"字本意的。韦昭和《汉

---

① 《汉书》卷99《王莽传下》，北京：中华书局1962年版，第4161页。
② 《后汉书·礼仪志下》，李贤注引，北京：中华书局1965年版，第3149—3150页。

书音义》对"提封"解释是对的,即"积土为封限也"。这是"提封"的本意。"积土为封限"要按规定进行,高低宽窄皆有定制,遂进而名词化,"提封"成为封界的专称,故而《算数书》有"置提封以此为之"之语,置为动词,提封为宾词;当名词动词化时,则引申为设立疆界,划定范围。因此之故,在后世史籍中,提封则有管辖、治理之意。如:

> 今以并州之太原上党西河乐平新兴雁门、司州之河东平阳弘农、雍州之冯翊凡十郡,南至于华,北至于陉,东至于壶口,西逾于河,提封之数,方七百里,皆晋之故壤,唐叔受之,世作盟主,实纪纲诸夏,用率旧职。①

> 后年,赫连屈孑蔑,太武征之,取新秦之地,由是征伐四克,提封万里。②

> 日月之所临,风雨之所至,圆首方足,禀气食毛,莫不尽入提封,皆为臣妾。③

> 高宗时,平高丽、百济,辽海已东,皆为州,俄而复叛,不入提封。④

> 郡守提封千里,生聚万众,所系休戚,而不察能否,一以资格用之,凡再为半刺、有荐者三人,则得之矣。⑤

> 今中国提封万里,精兵百万,法令修明,上下一心,北朝欲用兵,能保其必胜乎?就使其胜,所亡士马,群臣当之欤,抑人主当之欤?若通好不绝,岁币尽归人主,群臣何利焉?⑥

> 今克复之地,悉为荒墟,河南提封三千余里,郡县星罗棋布,岁输钱谷数百万计,而今所存者,封丘、延津、登封、偃师三四县而已。⑦

---

① 《晋书》卷2《世宗景帝纪》,北京:中华书局1974年版,第41页。
② 《魏书》卷105《天象志三》,北京:中华书局1974年版,第2400页。
③ 《隋书》卷59《炀三子传序》,北京:中华书局1973年版,第1439页。
④ 《旧唐书》卷38《地理》一,北京:中华书局1975年版,第1385页。
⑤ 《宋史》卷160《选举》六《保任》,北京:中华书局1977年版,第3747页。
⑥ 《宋史》卷313《富弼传》,北京:中华书局1977年版,第10251页。
⑦ 《元史》卷186《张桢传》,北京:中华书局1976年版,第4266页。

废坠罔不修，万里咸提封。①

　　上举资料，除了《宋史·选举六》的"郡守提封千里，生聚万众，所系休戚"的"提封"作管辖解，其余用法相同，均作疆域解。此类用法甚多，除了史部文献之外，集部多有，本文不再一一列举，只要明白"提封"本意是设立田界、疆界，引申为疆域，有时又用作"管辖"解，而不是什么"都凡"的"一声之转"就行了。

　　要指出的是，提封田法的目的是为了计算土地数量，根据户籍人口制土分民，以最大限度地开垦土地，把农民束缚在土地上，收之以税、役之以徭，保证国家财政收入的最大化和稳定化，在兼并战争中立于不败之地。计算出来的土地数量只是理论上的可能的土地资源，并非实际授予农民的土地数字。因为提封田法所计算出来的田亩数是包含阡陌封疆道路系统在内的，以方里为单位如此，以方百里为单位更是如此。而在实际的田亩制度中，阡陌封疆要占相应土地面积，所以，不能把提封田数当作实际的可以用作授予农民的田亩数。上举李悝说的"地方百里，提封九万顷"，《商君书·徕民》说的"地方百里者，山陵处什一，薮泽处十一……"《礼记·王制》说的"方百里者，为方十里者百，为田九十亿亩（引者按：十万为亿）"云云，都是理论上的数字。

---

① 《清史稿》卷100《乐志七·乐章五》，北京：中华书局1976年版，第2955页。

第 二 章
秦朝授田制度的统一及其实态

提要：商鞅在总结六国制度基础上推行严格的授田制，开阡陌是实行新的田亩制。"名田宅"是按照名籍授予田宅而非有名籍者即可占有田宅，"授田"和"占田"有质的差别。秦朝统一，把秦国田制推行全国，授田标准仍然是庶人一顷，但是实际耕作的土地形态则因地而异，其方式也灵活多样，体现了统一之后经济结构的新特点。

如所周知，董仲舒对秦朝土地制度有过一段著名的评论："至秦则不然，用商鞅之法，改帝王之制，除井田，民得卖买，富者田连仟伯，贫者亡立锥之地。"班固则以一个史学家的视角谓"秦孝公用商君，坏井田，开仟伯，急耕战之赏，虽非古道，犹以务本之故，倾邻国而雄诸侯。然王制遂灭，僭差亡度。庶人之富者累巨万，而贫者食糟糠；有国强者兼州域，而弱者丧社稷"①。班固没有直接说土地买卖始于商鞅变法，但是，两极分化即"庶人之富者累巨万，而贫者食糟糠"起码和商鞅变法有着直接关联，为什么会出现"庶人之富者累巨万，而贫者食糟糠"这样的局面？自然是土地兼并的结果。这曾经是千百年来人们评论商鞅变法的立论基础，也被现代史学看作中国土地私有制开始的证明。随着1975年云梦睡虎地秦墓法律文书的面世，人们重新审视董仲舒和班固的论述，特别是近年来一系列秦汉简牍

---

① 《汉书》卷24上《食货志上》，北京：中华书局1962年版，第1137、1126页。

的出版，人们认识到商鞅变法实行的并不是什么土地私有制，而是土地国有制之下的授田制或者说是"名田制"。这已经成为学界共识，无需一一缕述。但是，如果我们细究董仲舒和班固的话，不难发现这样一个问题：董仲舒和班固都认为商鞅变法曾"除井田""坏井田"，这是两极分化的共同起点。那么，商鞅变法究竟推行了什么样的土地制度，这一套土地制度在统一之后是否继续实行，实行的结果究竟如何，这个结果和秦始皇的主观愿望是否一致，如果不一致，原因又是什么，有什么样的历史影响。这些，还需要深入探讨才能得出明晰的结论。这不仅关系到对历史真相的把握，也关系到在古代史研究中对存在歧义的历史记载以及古人的分析如何考而后信的问题。所以本文需要从商鞅变法推行的土地制度的理解说起。

第一节 商鞅"开阡陌"析疑

尽管学界关于商鞅变法变革秦土地制度的记述已经耳熟能详，但是为了分析的需要，还要将相关资料引述于下。这除了上举《汉书·食货志》的董仲舒和班固评论以外，先秦两汉时代的文献还有如下一些。《史记·秦本纪》和《六国年表》谓孝公十二年：

> 为田，开阡陌。①

《史记·商君列传》：

> 明尊卑、爵秩、等级各以差次，名田宅、臣妾、衣服以家次。
> 为田，开阡陌封疆，而赋税平。②

《战国策·秦策三》蔡泽云：

---

① 《史记》卷5《秦本纪》，北京：中华书局1959年版，第203页；《史记》卷15《六国年表》，北京：中华书局1959年版，第723页。

② 《史记》卷68《商君列传》，北京：中华书局1959年版，第2230、2232页，作者重新标点。

> 商君为孝公平权衡、正度量、调轻重，决裂阡陌，教民耕战，是以兵动而地广，兵休而国富，故秦无敌于天下，立威诸侯。①

《史记·蔡泽列传》云：

> 夫商君为秦孝公明法令，……决裂阡陌，以静生民之业而一其俗。②

《汉书·地理志》：

> 孝公用商君，制辕田，开仟伯，东雄诸侯。③

《汉书·王莽传》王莽评论云：

> 秦为无道，厚赋税以自供奉，罢民力以极欲，坏圣制，废井田，是以兼并起，贪鄙生，强者规田以千数，弱者曾无立锥之居。④

《汉书·王莽传》区博语王莽云：

> 井田虽圣王法，其废久矣。周道既衰，而民不从。秦知顺民之心，可以获大利也，故灭庐井而置阡陌，遂王诸夏，讫今海内未厌其敝。今欲违民心，追复千载绝迹，虽尧舜复起，而无百年之渐，弗能行也。⑤

这些是现代史家认识商鞅变法所推行土地制度的全部依据。综合而言，可以概括为如下几项内容：一是"名田宅、臣妾、衣服以家次"；二是阡陌制

---

① 《战国策》卷5《秦三》，上海：上海古籍出版社1985年版，第216页。
② 《史记》卷79《范睢蔡泽列传》，北京：中华书局1959年版，第2422页。
③ 《汉书》卷28下《地理志下》，北京：中华书局1962年版，第1641页。
④ 《汉书》卷99中《王莽传中》，北京：中华书局1962年版，第4110页。
⑤ 《汉书》卷99中《王莽传中》，北京：中华书局1962年版，第4129—4130页。

度，或以为"为田，开阡陌""开阡陌封疆"，或以为"决裂阡陌"，或以为"置阡陌"；三是"制辕田"。而共同点是商鞅废除了井田制。关于"制辕田"已见第一章，这里不再重复。现在先讨论阡陌制度问题。

"开阡陌"问题是后世学者讨论商鞅土地制度的核心，直接关系到商鞅推行的土地制度的性质，古今论者变化甚大。汉唐学者大都把商鞅的开阡陌理解为设置阡陌，也就是区博所言的"置阡陌"。张晏注《汉书·地理志》"制辕田"云"商鞅始割裂田地，开立阡陌"。颜师古注"开阡陌"云"南北曰仟，东西曰伯，皆谓开田之疆亩也"。何谓"开田之疆亩"？颜师古没有做进一步说明。白居易《策林三·议井田阡陌》谓："井田废则游惰之路启；阡陌作，则兼并之门开。"杜佑《通典》卷一《田制上》谓："秦孝公任商鞅……废井田，制阡陌，任其所耕，不限多少。"这制阡陌和废井田是并举的。但是，这样理解有三个矛盾：一是按照传统理解，阡陌本来是井田制下的田界系统的统称，是井田制度的组成部分，若谓阡陌是商鞅所"制"，也就是"置"的意思，就在逻辑上否定了井田制下阡陌系统的存在，等于否定井田制的存在，也就不存在什么"废井田"问题。二是如果承认井田制下存在阡陌系统，其阡陌是用来限制、防止私占土地行为以严格社会等级的，商鞅设立阡陌却导致了土地兼并，那么商鞅所立之阡陌和传统阡陌差异何在？为什么会导致土地兼并？三是与蔡泽"决裂阡陌"的关系问题。蔡泽是战国末年著名辩士和政治活动家，"居秦十余年，事昭王、孝文王、庄襄王。卒事始皇帝，为秦使于燕，三年而燕使太子丹入质于秦"①，对秦国历史和制度极为熟悉，以当事人言当时事，所说的"决裂阡陌"当然有其历史依据，这显然不能和"开阡陌""开置阡陌"等量齐观。而司马迁是两说并存，已经说明蔡泽的"决裂阡陌"是有其特定内容的。也就是说，仅仅把商鞅开裂阡陌解为设置阡陌是不够的，还要分析"决裂阡陌"问题。

朱熹有鉴于此，做《开阡陌辨》，试图调和二说，认为商鞅的开阡陌是削减井田制之下的阡陌宽度而设置新的阡陌，因为井田制之下的阡陌系统占地太广，影响耕作和土地开垦，为马端临《文献通考·田赋考一》全文转引，影响深远。马氏引其文云：

---

① 《史记》卷79《范雎蔡泽列传》，北京：中华书局1959年版，第2425页。

《汉志》言秦"废井田，开阡陌"，说者之意皆以"开"为"开置"之开。言秦废井田，而始置阡陌也。……按阡陌者，旧说以为田间之道，盖因田之疆畔，制其广狭，辨其从横，以通人物之往来，即《周礼》所谓遂上之径、沟上之畛、洫上之涂、浍上之道也。然《风俗通》云："南北曰阡，东西曰陌。"又云："河南以东西为阡，南北为陌。"二说不同。今以《遂人》田亩、夫家之数考之，则当以后说为正。盖陌之为言百也，遂洫从而径，涂亦从，则遂间百亩，洫间百夫，而径涂为陌矣。阡之为言千也，沟、浍横而畛，道亦横，则沟间千亩，浍间千夫，而畛道为阡矣。阡陌之名，由此而得。至于万夫有川，而川上之路周于其外，与夫匠人井田之制，遂沟洫浍，亦皆四周，则阡陌之名，疑亦因其横从而得之也。然遂广二尺，沟四尺，洫八尺，浍二寻，则丈有六尺矣。径容牛马，畛容大车，涂容乘车一轨，道二轨，路三轨，则几二丈矣。此其水陆占地，不得为田者颇多。先王之意非不惜而虚弃之也，所以正经界，止侵争，时蓄泄，备水旱，为永久之计，有不得不然者，其意深矣。商君以其急刻之心，行苟且之政，但见田为阡陌所束，而耕者限于百亩，则病其人力之不尽；但见阡陌之占地太广，而不得为田者多，则病其地利之有遗；又当世衰法坏之时，则其归授之际，必不免有烦扰欺隐之奸；而阡陌之地，切近民田，又必有阴据以自私，而税不入于公上者。是以一旦奋然不顾，尽开阡陌，悉除禁限，而听民兼并买卖以尽人力。垦辟弃地，悉为田畴，而不使其有尺寸之遗以尽地利。使民有田即为永业，而不复归授，以绝烦扰欺隐之奸。使地皆为田，而田皆出税，以核阴据自私之幸。此其为计正与杨炎疾浮户之弊而遂破租庸以为两税，盖一时之害虽除，而千古圣贤传授精微之意于此尽矣。故《秦纪》、《鞅传》皆云"为田开阡陌封疆而赋税平"。蔡泽亦曰："决裂阡陌，以静生民之业而一其俗。"详味其言，则所谓开者，乃破坏划削之意，而非创置建立之名。所谓阡陌，乃三代井田之旧，而非秦之所制矣。所谓赋税平者，以无欺隐窃据之奸也；所谓静生民之业者，以无归授取予之烦也。以是数者合而证之，其理可见，而蔡泽之言尤为明白。且先王疆理天下，均以予民，故其田间之道有经有纬，不得无法。若秦既除井授之制矣，则随地为田，随田为路，尖斜屈曲，无所不可，又何必取其东西南北之正以为阡陌,而后可以通往来哉!此又以物情事理推之,而益见其说之无疑者。或乃以汉世独有阡陌之名,而疑其出于秦之所置。殊不知秦之所开,亦其旷僻而非通路者耳。若其适当冲要,而便于往来,则亦岂得而尽废之哉!但必稍侵削之,不复使如先王之旧耳。或者又以董仲舒言富者连阡陌而请限民名田,疑田制之坏由于阡陌,此亦非也。盖曰富者一家兼有千夫、百夫之田耳。至于所谓商贾无农夫之苦,有阡陌之得,亦以千夫、百夫之收而言。盖当是时去古未远,此名尚在,而遗迹犹有可考者,顾一时君臣乃不能推寻讲究而修复之耳,岂不可惜也哉。①

之所以不顾冗长,将朱熹之说全文引录,是为了全面把握朱熹的观点和依据。概括而言,朱熹之说,主要为如下几点。一是解释阡陌的由来,将《周礼·冬官·匠人》的沟洫之制和阡陌并合一体,"所谓阡陌乃三代井田之旧",虽然"其水陆占地,不得为田者颇多",但"先王非不惜而虚弃之也,所以正经界,止侵争,时蓄泄,备水旱,为永久之计,有不得不然者"。二是"所谓开者,乃破坏划削之意,而非创置建立之名",是商鞅"但见田为阡陌所束,而耕者限于百亩,则病其人力之不尽;但见阡陌之占地太广,而不得为田者多,则病其地利之有遗;又当世衰法坏之时,则当归授之际,必不免有烦扰欺隐之奸;而阡陌之地,切近民田,又必有阴据以自私,而税不入于公上者"。目的是"垦辟弃地,悉为田畴,而不使其有尺寸之遗以尽地利"。三是谓商鞅"开阡陌"之后"无欺隐窃据之奸","无归授取予之烦",实现了"赋税平"而"生民之业静"的历史效果。四是谓汉代阡陌是商鞅"侵削"之后的"先王之旧",也就是说,商鞅仅仅是根据需要,有的"破坏划削",有的则予以保留,不能把汉代的阡陌当作商鞅始置的理由。

从历史的层面看,朱熹的分析确实有过人之处,对阡陌由来的考辨超出了汉儒,跳出了经学家的思维羁绊,看到了传统阡陌设计与生产实践的矛盾,指出了商鞅开阡陌的目的是为了开发地力,使赋税公平,也看到了汉代以来学者解"开阡陌"与蔡泽"决裂阡陌"的矛盾,认为商鞅"开阡陌"是"破坏划削"原来的阡陌,而不是"创置建立之名"。从此以后"使民有

---

① 《文献通考》卷1《田赋一》,北京:中华书局1986年影印版上册,第31页。

田即为永业，而不复归授，以绝隐欺烦扰之奸。使地皆为田，而田皆出税，以核阴据自私之幸"。关于"使民有田即为永业，而不复归授"关系到授田的还授制度，待下文再谈，现在先谈"破坏划削之意，而非创置建立之名"的理解问题。

正因为朱熹的分析兼顾了传统的阡陌制度和商鞅新制的关系、弥缝了"开阡陌"和"决裂阡陌"的矛盾，同时对汉代存在的阡陌问题做出了解释，又因为其理学家的历史地位，其说始出即为学者所采纳，原来的"置阡陌"之说逐步淡出学者的视野，一直延续到当代，直到云梦睡虎地秦律的面世人们才开始重新认识朱熹的观点。睡虎地秦律特别是青川秦牍《更修为田律》面世以后，人们明白"开阡陌"确实如区博所言就是"置阡陌"，有的学者进一步提出商鞅变法以前文献未见阡陌的记载，而明确主张阡陌是商鞅创置[①]。

笔者以为，出土秦律固然证明了商鞅变法以后秦一直存在阡陌系统，说明汉人的理解没有错，商鞅开阡陌确实有置阡陌的内容，但并不能因此否定其"决裂阡陌"的意义。也就是说，商鞅开阡陌有两重内容：一是决裂旧阡陌，二是设立新阡陌。朱熹所说固然有其局限，但是他注意到了"决裂阡陌"的存在是我们应予以充分注意的。[②]

从目前文献记载来看，确实未见商鞅变法以前有阡陌制度的记载，但是并不能据此断定此前没有阡陌制度的存在。阡陌的性质是田界，有规划设计的土地制度，就有相应的田界。上举《周礼·地官·大司徒》《遂人》，以及《汉书·食货志》等授予土地的记载都是规划后的土地制度，都以相应的田界为前提。《尚书·梓材》云："惟曰若稽田，既勤敷菑，惟其陈（田）修，为厥疆畎。若作室家，既勤垣墉，惟其涂塈茨。""曰若稽田"与"若作室家"并举，则"稽田"即准备开垦之田无疑，"作室家"是慎而又慎的事，要"既勤垣墉，惟其涂塈茨"；"稽田"当然也是如此，"既勤敷菑，惟其陈（田）修，为厥疆畎"，要规划修整疆界沟洫。《国语·周语上》曾云：

---

① 持此说者以李解民先生为代表，见氏著《"开阡陌"辨正》，《文史》第11辑，北京：中华书局1981年版，第47—60页。

② 徐喜辰先生曾指出朱熹之说的合理性，谓："'为田开阡陌'的'开'字，既有'开辟'之意，也有'开置'的内涵。前者指辟除三代旧有的公社阡陌，而后者则指建立二百四十步一亩的公社新阡陌。"见氏著《"开阡陌"辨析》，《吉林大学社会科学学报》1986年第2期。

"民用莫不震动,恪恭于农,修其疆畔,日服其镈,不解(懈)于时。"这"修其疆畔"之"疆畔"就是田界。只是在井田制度下,疆畔根据面积不同还有沟、洫、途、径、道等不同名称,《周礼·地官·遂人》就有径、畛、途、道等称谓。进入战国以后,原来的宗族土地所有制发展为国家土地所有制,授田制度普遍化,以提封田的方式计算土地,按照每夫百亩的标准,授予民众,自然也有相应的田界系统。区别在于,战国时代不再是百步之亩,而是大亩制,尽管各国亩积并不相同,但都突破传统的百步之亩是没有任何疑问的;田亩形制也根据具体环境和生产需要不再局限于传统的长条亩。这个过程并非始于商鞅变法,三晋早已开其端绪。说已见上一章。井田制下,疆畔之设以百亩为单位,其基本功能就是区分每夫份地。当亩积改变,新百亩之面积远远超出旧百亩,原来的疆畔或弃而不用,或处于田亩之中,这就要决裂旧的疆畔而设置新的疆畔了。这个过程应该是和春秋战国时代的土地关系的变革同步的,是自然的过程,而不是始于哪一个人的改革。李悝行善平籴之法以尽地力,其基础是每夫百亩的授田制度,采用的是大亩制,势必决裂旧疆畔、设置新疆畔。

秦人后起,久处西垂,曾染有戎狄之俗。但是,秦人主观上,则以华夏正统自居,向慕西周礼乐文化。被封为诸侯之后,因周人故地,立国伊始,即"与诸侯通使聘享之礼,乃用骊驹、黄牛、羝羊各三,祠上帝西畤",随后"收周余民有之"。西周时代,祭祀有严格的等级,祭祀天帝是天子的专利,诸侯只能祭祀境内的山川之神。秦襄公立国,竟然公开祭祀天帝,显然违背了礼乐等第,太史公曾经据此说秦人刚被封为诸侯就充满野心,露出了"僭"的端倪。以刚刚立国之诸侯即祭祀上帝,确实有"僭"的嫌疑,但是,我们可以看出秦人不仅向慕西周礼乐文明,而且以西周继承人自居:周室既然东迁,故地归秦,秦人也就成为周的天然继承者,原来由周人祭祀的上帝也就由秦人来祭祀了。所以,我们有理由推定,秦人自立国开始,无论其产业结构,还是制度建设、文化建设,都尽可能地学习西周。井田制是西周经济制度的核心,自然也在秦的采纳范围之内。不过,此时西周的礼乐文明、政治经济制度已经开始落后于历史前进的步伐了,秦国照搬西周制度自然会束缚自身发展的脚步。这是秦国在春秋时代发展缓慢的原因之一。到战国前期,秦国发展更是落后,保留的传统远远多于东方各国,陷于被动挨打的境地，才有秦孝公的发奋图强而求贤天下，才有商鞅入秦而推行新法。也就是说，直到战国中期，东方各国早已采用新的政治、经济、军事制度，国势发展突飞猛进的时候，秦国依然延续着西周的传统——起码土地制度还延续着井田制，还没有从西周的井田制度中走出来，商鞅变法才彻底废除原来的井田制度，实行新的授田制，虽然继续了每夫百亩的授田标准，但是已经不是百步之亩而是大亩了，同时也废除了原来的还授制度，即一经授予即世袭占有（详下）。这自然要决裂旧阡陌，设置新阡陌。所以，无论从逻辑还是史实的不同层面分析，无论是把商鞅"开阡陌"诠释为废除阡陌还是设置阡陌，都是不完整的，而是二者的并举，既废除旧阡陌也设置新阡陌。①

商鞅"开阡陌"是一个历史的进程，并非一蹴而就。1979年出土的青川秦牍是秦武王二年颁布的《更修为田令》，所规定的亩积形制、封埒阡陌等是更修以后的制度，此前是否如此难以遽定，此后因为国土的扩大、土地条件的改变，也必然处于不断调整之中。《史记·秦始皇本纪》附大事记谓秦昭王"昭襄王生十九年而立。立四年，初为田开阡陌"。古往今来的学者，对此大多视而不见，好像秦昭王即位，新的土地阡陌制度早已家喻户晓、遍及全国，根本不存在什么"初为田开阡陌"的问题。②但是，《秦始

---

① 云梦秦律面世以后，学界对秦的土地、阡陌制度有过持续的讨论，但是，就笔者所见，是高敏先生对"开阡陌"问题首先进行了辩证分析，提出是决裂和设置阡陌相统一的过程。高敏先生云："关于商鞅'开阡陌'的问题，应理解为'决裂阡陌'与'开立阡陌'的统一过程。因为井田是方块田，其亩积是以方百步为亩来计算的；又井田与井田之间有田界，若干井与若干井之间有封疆，这些田界封疆，又是与田间的纵横道路及排灌系统相一致的。当商鞅改变井田制的剥削方式时，他也改变了亩积。""由于亩积的改变，必然要改变原来井田的经界。因此，在'废井田'而实行'授田'制时，首先就得掘掉原有井田的阡陌封疆。但当他重新'授田'时，有的田界与田间道路即在破旧阡陌的过程中立新阡陌。这就是古人说的'开立阡陌'、'立阡陌'和'制阡陌'的由来。所以，蔡泽的'决裂阡陌'说与张晏、杜佑等人的'开立阡陌'说，并无矛盾，不过是各执一端而已。"见氏著《云梦秦简初探》（增订本），郑州：河南人民出版社1981年版，第152—153页。林剑鸣先生认为，秦国历史有其特殊性，在商鞅变法以前的秦国不存在井田制，商鞅变法不存在"废井田"之举，谓"开阡陌封疆"是"把标志着国有土地的阡陌封疆去掉，所以也称为'决裂阡陌'。这就彻底废除了奴隶社会的土地国有制"。见氏著《秦史稿》，上海：上海人民出版社1981年版，第187—188页。

② 注意到这一条史料价值的是高敏先生和林剑鸣先生。高敏先生认为，"昭襄王时期仍在为田开阡陌封疆"，"说明商鞅时并没有把秦国的全部井田都改变为合乎新亩积的田地，废井田，开阡陌，实际上有一个较长的过程"。见氏著《云梦秦简初探》（增订本），郑州：河南人民出版社1981年版，第153页。林剑鸣先生仅列出这一记载，没有做出分析，见氏著《秦史稿》，上海：上海人民出版社1981年版，第204页。

皇本纪》所附诸事，来自于未经焚书之难的《秦记》，应该说是秦人历史的完整记录，并非后人的附会，其历史价值不能轻易否定。这"初为田开阡陌"和商鞅变法之"为田开阡陌"固然不能等量齐观，但也应当予以足够的重视。笔者以为，昭王的"初为田开阡陌"是指昭王之"初为田开阡陌"，此前、此后都有"为田开阡陌"的事发生，前举青川秦牍秦武王二年的《更修为田律》之"更修"二字说明武王时有过"更修"之举，昭王之"初为田开阡陌"可以看作是"更修"的继续。正是在这不断的"为田开阡陌"的进程中，秦的田亩制度才不断地完善。这些无需赘叙，我们只要注意秦的田亩形制变迁过程就行了。

出土资料表明，秦的田亩形制处于不断变迁过程之中。秦武王二年的田亩形制是"更修"以后的形制，实行的仍然是长条亩。但封、埒、阡、陌系统已经发生了较大的变化。武王二年《更修为田律》的田界阡陌系统由阡道、陌道、封、埒四部分构成。阡道和陌道都是"广三步"，"封高四尺，大称其高。埒（埒）高尺，下厚二尺"。这阡、陌、封、埒又统称为"疆畔"，每年八月要按规定整修："以秋八月，修封埒（埒），正强（疆）畔，有发（芟）千百之大草。九月，大除道及阪险。十月，为桥，修波（陂）堤，利津梁，鲜草离（离）。非除道之时而有陷败不可行，辄为之。"① 睡虎地秦简《法律答问》云："'盗徙封，赎耐。'可（何）如为'封'？'封'即田阡陌。顷半（畔）'封'殹（也），且非是？而盗徙之，赎耐，可（何）重殹（也）？是，不重。"② 起码在秦武王时期，封自封、阡陌自阡陌，"封"是长、宽、高都在四尺左右的土堆，与之并行的还有高一尺、宽二尺的"埒"，阡陌则是千亩与千亩之间、百亩与百亩之间的道路，而宽度都是三步。到了统一前夕，埒已经消失，作为土台的"封"也在田间消失，人们只知道有阡陌而不知道什么是"封"，所以要专门解释，明确阡陌就是"封"。之所以如此，就是因为田亩制度的变迁，原来的封、埒、阡、陌在不断变动，趋势是越来越简单，在"为田"也就是建步立亩的过程中，封、埒逐步取消，只保留阡陌。张家山汉简《二年律令·田

---

① 四川省博物馆、青川县文化馆：《青川县出土秦更修田律木牍》，《文物》1982年第1期。
② 睡虎地秦墓竹简整理小组：《睡虎地秦墓竹简》，北京：文物出版社1978年版，第178页。

律》规定：

> 田广一步，袤二百四十步，为畛，亩二畛，一佰（陌）道；百亩为顷，十顷以千（阡）道。道广二丈。恒以秋七月除千（阡）佰（陌）之大草，九月大除道□阪险，十月为桥，修波（陂）堤，利津梁。①

这里亦然是长条亩，但是不见封、埒的存在，阡、陌和秦有所不同，明确规定"百亩为顷，十顷一千（陌）道。道广二丈"，顷的两端为陌道，十顷与十顷之间为阡道，纵横相接，道广二丈。这已经不是一般的田界，而是交通道路了。西汉多见以阡陌作为乡界，就是因为汉代的阡陌是交通道路。②

但是，秦汉一统，疆域辽阔，地区差异甚大，农作物结构因地而异，有水田，有旱田，有山地，有平原，在生产实践中的田亩形态自然要根据实际情况而灵活多变，不可能统一采用长条亩。所以，无论是云梦秦律的《田律》还是张家山汉律之《田律》所规定的长条亩制只能是制度设计，生产实践中的田亩形态与之并不一致。岳麓秦简《数》是统一前后的算术书，张家山汉简《算数书》也成书于统一前后，两者都是基层官吏日常使用的工具书，所以带在手边，其中有关于计算土地面积的各种算题。从这些算题我们可以看出，当时在生产实践中的田亩形制具有多样性，远非长条亩了。岳麓秦简《数》云：

> 田广六步半步四分步三，从（纵）七步大半步五分步三，成田五十九步有（又）十五分步之十四（五十五）。
>
> 田广十六步大半步，从（纵）十五步少半步，成田一亩卅一步有（又）卅六分步之廿九（五十六）。

---

① 张家山二四七号汉墓竹简整理小组：《张家山汉墓竹简（二四七号墓）》（释文修订本），北京：文物出版社2006年5月版，第42页。

② 李解民先生对汉代阡陌的存在和含义有过详细论证，见氏著《"开阡陌"辨证》，《文史》第11辑，中华书局1981年版，第47—60页。

箕田曰：并舌踵步数而半之，以为广，道舌中丈彻踵中，以为从（纵），相乘即为积步（六十四）。

周田述（术）曰：周乘周，十二成一；其一述（术）曰，半周半径，田即定，径乘周，四成一；半径乘周，二成一（六十五）。①

"田广六步半步四分步三，从（纵）七步大半步五分步三"云云，是指大小不同的矩形田块，箕田指梯形田块，周形指圆形田块。这些都说明了长条亩在生产实践过程中已经退出了历史舞台，反映了土地开发和土地计算的进步。

1989年湖北云梦龙岗六号墓出土的秦简是秦统一以后颁布的法律条文，其中有《田律》部分律文。因为简牍残损，简文缺失漫漶严重，理解简文有很大困难，但是有些内容还是清楚的。第108号简文云："盗田二町当遗三程者……"110号简文"一町当遗二程者"②。古人对"町"的含义曾做出种种解释，如《左传》襄公二十五年楚蒍掩治赋有"町原防"的举措，杜预注谓"堤防间地，不得方正如井田，别为小顷町"。《疏》贾逵云："原防之地，九夫为町，三町而当一井也。""别为小顷町"即不规则田块，贾逵《疏》系穿凿之词，不足为训，说已见前。长沙走马楼三国吴简《吏民田家莂》在记述农民租佃官府土地时均云"佃田若干町、若干亩"。如第四·五十九号简文云："小赤丘男子吕吉，佃田十町，凡六十亩。"第四·八五号简文云："夫丘男子卢仲，佃田七町，凡二十三亩。"第五·一六号简文云："下伍丘男子严追，佃田八町，凡二十一亩百四十步。"等等。③ 这些为学界所熟知，不予赘引。小赤丘男子吕吉租种十町土地总计六十亩，每町平均六亩；夫丘男子卢仲租种七町，总计二十三亩，平均每町三亩一分弱；下伍丘男子严追租种八町，总计二十一亩百四十步，平均每町不到三

---

① 朱汉民、陈松长主编：《岳麓书院藏秦简（贰）》，上海：上海辞书出版社2011年版，第10—11页。
② 简文最初见《云梦龙岗秦墓及出土简牍》一文，中国社会科学院考古研究所编：《考古学集刊》第八辑，北京：科学出版社1994年版。刘信芳、梁柱《云梦龙岗秦简》（北京：科学出版社1997年版）一书予以进一步的考订。本文引文见《云梦龙岗秦简》一书。
③ 走马楼简牍整理小组：《长沙走马楼三国吴简·嘉禾吏民田家别（上）》，北京：文物出版社1999年版。

亩。这些文意甚明，无需多说。显然，这里的"町"都是指不规则小田块，没有统一的亩数标准。这并非汉末三国时代的事情，秦朝已经如此了，为我们理解秦朝和汉初田亩制度提供了新的视角，而不能拘泥于长条亩的设计。

第二节 "名田"与"授田"性质问题

《史记·商君列传》记载商鞅变法的内容时有云：

> 令民为什伍，而相牧司连坐……有军功者，各以率受上爵；为私斗者，各以轻重被刑。大小僇力本业耕织致粟帛多者复其身，事末利及怠而贫者举以为收孥。宗室非有军功，论不得为属籍。明尊卑、爵秩、等级各以差次，名田宅、臣妾、衣服以家次。①

---

① 《史记》卷68《商君列传》，北京：中华书局1959年版，第2230页。关于这一段记载有不同标点，中华书局1959年点校本标点如下："有军功者，各以率受上爵。为私斗者，各以轻重被刑大小。僇力本业耕织致粟帛多者复其身，事末利及怠而贫者，举以为收孥。宗室非有军功论，不得为属籍。明尊卑爵秩等级，各以差次名田宅，臣妾衣服以家次。"这是目前通行的读法。朱绍侯先生对此提出三点不同看法。第一，"为私斗者，各以轻重被刑大小"的"大小"应该下读。所谓"各以轻重被刑"就是根据情节予以相应处罚，在语言上应以轻重表明刑罚等第，而不应该用大小来表示。这儿的"大小"并非"轻重"的同义语，而是户籍统计专用术语"大男""大女""小男""小女"的简称，应该下读，作"大小僇力本业耕织致粟帛多者复其身，事末利及怠而贫者举以为收孥"。这儿的"大小"是"僇力本业耕织致粟帛多者"和"事末利及怠而贫者"的共同主语，"僇力本业耕织致粟帛多者"和"事末利及怠而贫者"是"大小"的组成部分。其二，将"宗室非有军功"与"论"连读于逻辑不通，"宗室非有军功"是"论"的主语，二者连读，则"论"无宾词。应将"论"下读，作"论不得为属籍"或者读作"论，不得为属籍"，"不得为属籍"是"论"的结果，则逻辑完整。其三，"明尊卑爵秩等级，各以差次名田宅，臣妾衣服以家次"也存在主语不明、逻辑不通的问题，"明尊卑爵秩等级"的"明"是动词，即明确人的爵位高低的贵贱等级差别，"各以差次"应该上读，是"明尊卑爵秩等级"的补充说明，也就是语法上的补语。若将"各以差次"和"名田宅"单独成句，则缺少主语，而下文"臣妾衣服以家次"既无谓语也无主语，故正确的读法只能是"明尊卑爵秩等级各以差次，名田宅臣妾衣服以家次"，二者并列，共同省略主语。见氏著《关于〈史记·商君列传〉中两条律文句读问题商榷》，刊《中华文化研究》2013年第1期。笔者深然朱先生之说。笔者曾经将这句话读作"宗室非有军功，论不得为属籍"；"明尊卑爵秩等级各以差次，名田宅臣妾衣服以家次"（见拙文《共同的历史道路不同的发展进程——秦国社会结构与秦文化散论》，刊《秦文化论丛》第3辑，西安：西北大学出版社1994年版；拙著《周秦社会结构研究》，西安：西北大学出版社1996年版，第150页），暗含了朱先生的句读，但没有这么深刻的认识，仅仅是觉得这样句读比较顺畅，没有从制度、逻辑的层面思考其合理性，更没有注意到"大小僇力本业……"之句的训释。读了朱先生的分析，理解深刻多了，特此说明，以志不忘。同时在朱先生的启示下，将"尊卑、爵秩、等级""田宅、臣妾、衣服"分读，以进一步明其含义。

这是商鞅变法的基本方针,具体措施则要细得多,待下文再谈。现在先谈"名田宅"的理解和性质问题。

在云梦睡虎地秦律出土之前,学界根据董仲舒说的"至秦则不然,用商鞅之法,改帝王之制,除井田,民得买卖,富者田连阡陌,贫者无立足之地"来理解秦的土地制度,认为商鞅的"名田宅臣妾衣服以家次"是"以名占田宅",实行的是土地私有制,根据是颜师古和司马贞的解释。《汉书·食货志》谓董仲舒见于土地兼并、农民破产严重,建议汉武帝"古井田法虽难卒行,宜少近古,限民名田,以澹不足,塞并兼之路"。颜师古谓"名田,占田也。各为立限,不使富者过制,则贫弱之家可足也。"① 《史记·平准书》谓汉武帝令"贾人有市籍者,及其家属,皆无得籍名田,以便农。敢犯令,没入田僮。"《索隐》解释"无得籍名田"是"贾人有市籍,不许以名占田也"。"若贾人更占田,则没其田及僮仆,皆入之于官也。"② 就是凡是在户籍上注明商人身份的不得占田,商人私改户籍占田者,一律没收其土地和奴隶,这儿的"占"是"占有"的意思,其渊源就是商鞅的"名田宅臣妾衣服以家次"。所谓"名田宅臣妾衣服以家次"即根据名籍门第高低占有相应的土地和住宅、奴隶,董仲舒说的"限民名田"就是限制占有土地数量。

云梦睡虎地秦律出土以后,人们发现了秦存在"受田"——农民从官府所受之田,即存在授田制。这就存在着"名田宅、臣妾、衣服以家次"与"受田"的关系问题。对此,学界有三种意见。

第一种意见也是大多数学者的意见,认为"授田"制和"名田"制有联系又有区别,但在本质上是相通的:"授田"是普通编户民的占田,标准是每夫百亩、住宅若干;"名田"是指军功爵者增加的占田,其数量则根据爵位高低而不同。因为无论是普通编户民的授田还是军功爵者的"名田",都以户口名籍为依据,都是国家赐予的,都属于"以名占田",所以"名田"包括了"授田"在内,秦和西汉的土地制度即为"名田"制或"名田宅"制。商鞅变法"名田宅臣妾衣服以家次"、董

---

① 《汉书》卷24《食货志上》,北京:中华书局1962年版,第1137—1138页。
② 《史记》卷30《平准书》,北京:中华书局1959年版,第1430—1431页。

仲舒的"限民名田"等说的都是名田制。张家山汉简《二年律令·户律》明确规定"诸不为户,有田宅,附令人名,及为人名田宅者,皆令以卒戍边二岁,没入田宅县官"①,更从法律的层面证明了名田宅制度的存在,广义地说,"授田"可以包含在"名田"之中。②

第二种意见认为"名田"和"授田"是性质不同的两种土地制度。"名田"是"以名占田",而"名"通"命","命"是"自命","名"是"自名";"占"是"自隐度",也就是自我估算的意思;"以名占田"就是自我申报所占土地,由官府登记之后,所占土地即具有合法性。而授田制是国家授予农民土地的制度,和"名田制"是平行的关系。持此观点的学者,对名田制施行时间,尚有分歧:一种看法认为,商鞅"名田宅臣妾衣服以家次"即为土地登记制度的开始,就其性质而言,是土地国有向土地私有制的转变形态,到秦始皇三十一年"使黔首自实田",

---

① 张家山二四七号汉墓竹简整理小组:《张家山汉墓竹简(二四七号墓)》(释文修订本),北京:文物出版社2006年版,第53页。

② 朱绍侯先生最早在《名田浅论》一文中认为商鞅实行的辕田和名田既有联系又有区别,辕田即废除了井田制下定期还授的制度(引者按:朱先生在这里没有使用授田一词,但是实际上承认辕田即授田,因为井田的还授制度是建立在授田基础上的。辕田仅仅废除还田制度,并没有废除授田制度,农民的土地还是由官府授予),所谓辕田制"可能是承认普通农民永久占有土地,实际上承认土地私有"。名田"可能是允许贵族、官僚、地主等统治阶级占有比一般农民多得多的土地,但要受到'家次'(门第)的限制",见《中国古代史论丛》第一辑,上海:上海人民出版社1981年版。后来在《试论名田制与军功爵制的关系》一文中,朱先生明确商鞅实行授田制,"秦国老百姓都有授田权利",而"名田制的建立,主要是为了赏赐军功,它有按爵秩级别赐田,也有按'家次'限田的双重作用"。"与军功爵制相关的'名田'与老百姓的'受田'是有所不同的。如果再明确一点说'名田'是在老百姓受田基础上对军功爵者的赏赐。""'名田'的含义较宽,它既有'以名占田'的内容,又有按等级占田、限田的精神,老百姓的'辕田'或'受田'完全可以包括在'名田'之中。""名田制是一种具体的土地制度。它刚建立时,是按军功爵的级别占有不同顷数的土地制度。其次,就字面上讲,名与占在古代有相同的含义。从这种意义讲,名田也就是占田。从秦代土地占有情况分析,不管是商鞅变法所建立的军功赐田及所谓作辕田,还是秦简《田律》中的'受田',都是有'受'无'还'。农民一旦得到'受田',或国家按军功爵级别赐田之后,土地就被长期占有,这才是名田制的原始含义。但是,土地一经长期占有,必然发展为土地私有,明确地说:土地私有是名田制破坏的结果,并不是名田制本身就是土地私有制。"见《许昌师专学报》1985年第1期。在以后的著作和文章中朱先生分别就这一问题进行深入讨论,见氏著《秦汉土地制度与阶级关系》,郑州:中州古籍出版社1985年版;《军功爵制研究》,上海:上海人民出版社1990年版;《论汉代的"名田"(授田)制及其破坏》,《河南大学学报》2004年第1期。杨振红先生对名田包含授田(辕田)说进行了进一步的论证,见氏著《秦汉"名田宅制"说——从张家山汉简看战国秦汉的土地制度》,《中国史研究》2004年第3期。

农民取得土地所有权。① 另一种意见认为名田制是在秦始皇"使黔首自实田"之后对农民土地私有权的的进一步认可,始行于西汉。②

第三种意见认为,"名田"不是独立的土地制度,因为"名田"源自于"行田宇""行田"制度,也就是国家授田或授田宅制度,"名田"既可以存在于国家授田制之下,也可以存在于土地私有制之下,自身不能独立地反映土地所有权的性质。存在于国家授田制下,"名田"表示的是"以名籍授田"的意思;在土地私有制之下,"名田"表示的是对土地的客观占有。③

以上意见,各有合理性,都抓住了名籍与土地的关系,突出了"名籍"与土地的一致性。但是,从历史和逻辑相一致的角度分析,对土地制度的判定应因实命名,而非因文生训,古人对"名田"的解释正是因文生训的结果,今人据以命名秦汉土地制度是有违史实的。事实是,秦汉土地制度是战

---

① 此说最早以苏诚鉴先生为代表。苏诚鉴先生认为名田即占田,占田是申报所占有的土地数量,是"土地财产登记制度的创始":"商鞅此令是规定人民各自申报其田宅、臣妾、衣服等土地财产。"这与按夫授田、一家百亩以及按军功爵位赐田并行不悖,"各家'田宅'也因军功多寡而有差别,都在'名'之列。""商鞅'名田宅'法令的颁行,是中国历史上实行土地财产登记制度的创始。不过,从土地制度来说,商鞅实行'受田'制,土地所有权仍在国家,'受田'农民还须向国家交纳地租。'名田宅'登记制度保留了国家对土地的所有权,同时又保障了农民的永久使用权。到秦始皇三十一年'使黔首自实田'农民才取得土地所有权,土地也成了私有财产",见氏著《"名田宅"、"专地盗土"与"分田劫假"》,《中国经济史研究》1986 年第 3 期。

② 殷崇浩和李建国先生主张此说。殷崇浩先生认为名田实行于汉初,"汉代的名田制就是凭户口名籍占田的制度,具体的做法就是以自己的姓名将田亩呈报上籍"。"名田制就显然是一种私有土地制度。也就是说,田制既不是国家授田予民,又不是民人认耕国有土地。它所体现的是这样一种情况:即在秦代推行'使黔首自实田'政策以承认土地私有之后,封建政权进一步对私人占有的土地予以有条件的认可,并使这种占有具备一定程序和制度所做出的努力。因此,名田制的推行,既表明私有地权真正得到了法律上的承认,又表现封建政权基本稳定之后,在承认私有地权的同时还在一定程度上加强了对私有土地的控制。"见氏著《汉代名田制与限名田管见》,《江汉论坛》1987 年第 7 期。武建国先生认为名田和授田是汉初开始实行的两种"性质不同内容各异的制度","汉代的名田显然与授田毫无干系,其与国家授田并非一回事。汉代的名田制的实质就是'占田'制,它是由臣民自己去占有土地,尔后将所占有的土地数额呈报上籍。臣民如何占田呢,那就是凭户籍占田"。汉初农民名田没有数量限制,武帝以后才有数量限制,终两汉之世,始终是名田和授田并举,并构成了西晋占田制的先河,见氏著《汉代的名田和授田析论》,《思想战线》1993 年第 4 期。

③ 张金光:《普遍授田制的终结与私有地权的形成》,《历史研究》2007 年第 5 期;拙文《西汉授田制度与田税征收方式新论》,《江海学刊》2003 年第 3 期。

国的发展，应该名之为授田制。① 诚如论者所指出的那样，"名田"不能反映其时土地关系的本质，不能反映国家力量在土地关系中的主导作用，商鞅变法时的"名田宅"是国家力量主导之下的"以名籍授田"或者"以名籍受田"，与后世所理解的"以名占田"所反映的土地关系有着质的差别。② 但是，仅在理论层面上正面阐释"名田制"存在的不周之处是不够的，还要对古今分歧的训诂依据、史料理解做出相应的分析，在学理和史实的不同层面做出相应的说明，以正本清源、释疑解惑，在尽可能还原历史真相的前提下，据实命名。下文即从"名田""占田"的训释入手，以对商鞅"明尊卑爵制等级各以差次，名田宅臣妾衣服以家次"的系统分析为基础，说明"授田"与"名田"的区别，明晰其时土地制度的性质，以补既往之不足。

一、"名田宅"是"以名籍授田宅"

粗粗看去，说"名田宅"是"以名占田宅"似乎没有什么问题，"名田宅、臣妾、衣服以家次"，意思就是按照"名"的"家次"占有田宅、臣妾、衣服，"家次"明确，各家各户的土地、住宅也就明确了。但是，若仔细分析，这样理解仅停留在表象层面，不足以反映当时土地权属关系的历史实质，没有反映国家在土地分配过程中的作用。如所"名"之田宅，是农民自行开垦而来，还是官府分配而来？这关系到国家对土地和人口的控制方式、土地所有制性质的认识，仅仅谓"以名占田"并不能说明这个最为本质的问题。如果是国家依据名籍家次分配而来，则表明土地制度的性质是国有；如果是农民先占有田宅后申报官府、官府予以法律认可，则说明土地制度的性质是私有。究竟如何"名田"、所"名"之田究竟从何而来，这就要从历史的角度分析商鞅变法的土地制度的性质。

---

① 现代意义上的"授田制"概念系刘泽华先生在20世纪70年代末提出和论证，见氏著《论战国时期"授田"制下的"公民"》，《南开学报》1978年第2期。至80年代逐步为学界接受，代表性论著有袁林：《战国授田制试论》，《社会科学》1983年第6期，李瑞兰：《战国时代国家授田制的由来、特征及作用》，《天津师大学报》1985年第3期；吴荣曾：《战国授田制研究》，《思想战线》1989年第3期；张金光：《试论秦自商鞅变法后的土地制度》，《中国史研究》1983年第2期；《银雀山汉简中的官社经济体制》，《历史研究》2001年第5期；田昌五、臧知非：《周秦社会结构研究》，西安：西北大学出版社1996年版，第97—160页。

② 张金光：《普遍授田制的终结与私有地权的形成》，《历史研究》2007年第5期。

第一章已经说明,战国时代是土地国有制的时代,与领土国家的形成是同步的,国家授田是普遍制度,授田的目的不是为了使农民致富、藏富于民、使农民过上田园诗般的生活,去实现什么"王道",而是为了"使民"——役使民众,把人口束缚在土地上,固定在既定的乡里内,使社会秩序符合国家权力的需要,实现国家对人口的绝对控制,征之以税,役之以徭。战争兴起,这些五家为伍的农夫应征参战成为伍人一组——伍人为伍的战斗小组。这些制度早已实行于六国,但是因为各国历史传统和社会结构的差异,实践的力度和效果有所不同。

秦是后进之国,商鞅变法才使秦成为中央集权的领土国家。商鞅变法的目的是富国强兵,是在总结各国成败得失的基础上,抓住富国强兵的核心内容——人口和土地,把国家对人口与土地的控制和分配功能发挥到极致,把户口名籍和土地分配合一,把人口束缚在土地上,用行政手段使民众尽力于农战,保证兵源和役源的稳定。其措施首先是建立严密的户籍制度。《商君书·境内》云"四境之内,丈夫女子皆有名于上,生者著,死者削"。《商君书·去强》云:"举民众口数,生者著,死者削。""强国知十三数:境内仓口之数,壮男、壮女之数,老、弱之数,官、士之数,以言说取食者之数,利民之数,马、牛、刍、稿之数。"《商君书·算地》云:"圣人之为国也,入令民以属农,出令民以计战。夫农,民之所苦;而战,民之所危也。犯其所苦、行其所危者,计也。故民生则计利,死则虑名。名利之所出,不可不审也。利出于地,则民尽力;名出于战,则民致死。入使民尽力,则草不荒;出使民致死,则胜敌。"这并非纸上谈兵,而是付诸实践的,授田制和军功爵制就是"入令民以属农,出令民以计战"的方法。这些都得到了云梦睡虎地秦律和里耶秦简等出土资料的证实,众所周知,无需赘述。

其次是清查土地资源。为了使民"尽力",就要了解土地资源,掌握土地之所宜,从而合理地安排人地比例,以最大限度地"尽地力",使编户民最大可能地为国家创造财富。《商君书·算地》云:"故为国任地者,山林居什一,薮泽居什一,溪谷流水居什一,都邑蹊道居什四,此先王之正律也。故为国分田,数小亩五百,足待一役,此地不任也;方土百里,出战卒万人者,数小也。此其垦田足以食其民,都邑遂路足以处其民,山林薮泽、溪谷足以供其利,薮泽堤防足以畜。故兵出,粮给而财由余;兵休,民作而畜长足。此所谓任地待役之律也。"百里之地的人地比例关系，除去非耕地，每人可以有五百小亩，也就是二百四十步大亩两百亩，百里之地可以征发一万名战士的话，尽管物力、人力足够打一场战役，但这仍然是地力不尽的体现，也就是地多人少了，应该设法增加人口。因为只有这样，才能保证国家财政富足，兵源充足，"兵出粮给而财由余"是指国家的仓储财富有余；"兵休民作而畜长足"是指和平年代国家仓储有着长足的积累，这就是"任地待役之律"。《商君书》曾反复讨论"强国""弱民"之道，其目的都是为了一民于农战。

其三是按照名籍分配土地。《商君书·徕民》说三晋地少人密，百姓"上无通名，下无田宅"。而秦则相反，地广人稀，地力不尽，提出"来民"的主张，即招来三晋人口，由政府给予土地，并使之"复之三世，无知军事"，专心农耕。也就是说秦和三晋一样，制度上都是"上有通名，下有田宅"，三晋因为人口密集，做不到"上有通名，下有田宅"，故而"来之"。这只能是以授田制为基础。《商君书·境内》云："能得甲首一者，赏爵一级，益田一顷，益宅九亩，除庶子一人。"这"益田一顷，益宅九亩"就是在原有的土地之外增加一顷和九亩；土地增加了，需要劳动力耕种，故"除庶子一人"。这儿的"庶子"就是依附民。云梦睡虎地秦律《田律》有云"入顷刍稿，以其受田之数，无垦不垦，顷入刍三石，稾二石"。"受田"指农民受之于官府之田，以百亩为基本单位，普通农户，每夫百亩。所以，从土地来源看，商鞅所实行的无疑是授田制。

商鞅通过户籍制度和授田制度，把农民置于国家控制之下，农战合一，农民要改变自己地位只有耕战之路，和平年代，"大小僇力本业，耕织致粟帛多者复其身"。农民受田宅之后，必须完成国家额定的亩产量和养蚕纺织的任务，超过了规定可以免除劳役义务。这"耕织致粟帛多者"之"多"就是针对国家额定标准来说的。但是，"多"出国家标准再多，农民不可能另外获得土地，要想增加土地，只有通过军功得爵，用鲜血和生命才能换取爵位和土地，除了军功爵制，没有什么途径能够既富且贵，"宗室非有军功，论不得为属籍，明尊卑、爵秩、等级各以差次"。如果不务正业，放弃耕织，想通过工商等途径快速致富，结果穷困者，或者懒惰而导致贫困者，统统编入官奴隶的行列,这就是"事末利及怠而贫者,举以为收孥"①。从而把农民的生产生活与国家战争需求紧紧捆在一起。荀子曾经总结说:"秦人,其生民也陿阸,其使民也酷烈,劫之以执,隐之以阸,忸之以庆赏,鰌之以刑罚,使天下之民所以要利于上者,非斗无由也。阸而用之,得而后功之,功赏相长也,五甲首而隶五家,是最为众强长久,多地以正。故四世有胜,非幸也,数也。"②"生民"之所以"陿阸"就是因为农民的土地由国家授予,要增加土地只能通过军功爵这一条途径,在战场上获得"五甲首",回到家乡就能多获得五顷土地和四十五亩宅田,要役使五个庶子之家为之耕种。

  商鞅变法,内容丰富,涉及社会结构的方方面面,是社会结构的大重组,实际制度之细密远非我们今天所能想象,仅仅云梦睡虎地秦律的出土就说明了这一点。而司马迁对商鞅变法内容的记述限于当时的记录手段只能是一般性的原则概括,并非具体制度的记录。"名田宅、臣妾、衣服以家次"就是变法的原则之一,就当时的田宅分配制度来说,并不称为"名田宅"。就目前文献所见,商鞅的土地制度是"辕田",所谓"制辕田"就是制定、实行辕田,也就是改变井田制之下的授田制,实行新的授田制。这个"新授田制"的"新"体现在三点:一是平民授田仍然是每夫百亩,但是采用的是大亩制,农民实际获得的土地面积远远多出以往;二是按照军功爵制增加授田数量,而不是按照血缘亲疏;三是土地一经授予即固定在每户名下,可以世袭、继承,彻底废除了井田

---

① 司马贞《史记索隐》谓"事末利及怠而贫者,举以为收孥"的含义为:"末谓工商也。盖农桑为本,故上云'本业耕织'也。怠者,懈也。《周礼》谓之'疲民'。以言懈怠不事事之人而贫者,则纠举而收录其妻子,没为官奴婢,盖其法特重于古也。"现代学者均据此解读"事末利及怠而贫者,举以为收孥",认为是把"事末利"者和"怠而贫者"及其父母妻子全部"举以为收孥"。这是不能成立的,无论是从秦国的经济结构,还是历史的逻辑层面,此解均不能成立,而简牍资料所显示的秦工商制度和政策,都说明商鞅变法以后的秦国,私营工商业是国民经济不可或缺的组成部分。参见拙文《"事末利及怠而贫者举以为收孥"试析——兼谈秦的"抑末"政策》,《徐州师院学报》1983 年第 3 期。
② 《荀子·议兵》。王先谦:《荀子集解》,北京,中华书局,新编诸子集成,1988 年,第 273——274 页。

制下的定期还授制度。① 明乎此，只有用授田制才能说明"名田宅、臣妾、衣服以家次"之"田宅"的由来，才能说明土地所有制的性质。司马迁之所以把"名"和"田宅"连在一起，是为了说明户籍等地和土地数量的一致性，是要说明国家根据名籍授予土地，是为了突出名籍上"家次"的重要，秦民必须先明确名籍上的"家次"而后受田宅于官府，不能把"名田宅"抽象地理解为"以名占田"。

二、"名田宅"之"名"是"名籍"之省

从训诂层面看，名、命互训是说得通的，但是并不能据此得出"名田"是自我申报田宅的结论，因为"名"不等于"自名"。谓"名田"之"名"为"自名"的依据是《说文解字》对"名"的解释。《说文》云："名，自命也，从口夕。夕者冥也，冥不相见，故以口自名。"史籍中，"命""名"相通者多见，如秦汉时期常见"亡命"一词，是指没有户籍四处流亡的人，"亡命"即"亡名"。又如《管子·幼官》："三年，名卿请事。"《墨子·尚贤中》："乃名三后，恤功于民。"这儿的"名"都是"命"的意思。但是，名、命互训，并不等于"名"就是"自名"，而"自命"更不是"命"的唯一解释。许慎谓"名，自命也，从口夕。夕者冥也。冥不相见，故以口自名"是有特定语境的，是以经学家的眼光，以《周礼》的祭统为依据对"名"做出的解释，是就祭仪而言的，并非"名"的确诂。段玉裁已经指出这一点：

> 祭统曰：夫鼎有铭，铭者自名也。此许所本也。《周礼·小祝》故书作铭，今书或作名。《士丧礼》古文作铭，今文皆为名。按死者之

---

① 罗镇岳先生在《秦国授田制的几点辨析》（载《求索》1985年第1期）中明确认为商鞅的"制辕田"是授田制，其特点一是"废弃了三年一换土易居的旧制，每个男子一生只一次受田，一次还田"，二是"把小亩改为大亩，借以扩大耕地面积"；三是加大亩积是放弃休耕的结果，而放弃休耕又是以当时生产技术的进步、生产效率的提高为条件"。罗文认为，这种授田"本身朝着私有制急剧转化"，"实际上土地一旦授予便很少干预，甚至'垦不垦'也不过问。虽然当时还有免老还田的规定，但每当自身免老之际，又到了儿子受田之时。只要省去父子间的还受，土地就会变成耕作者所私有。这一步，在秦始皇统一全国后终于完成了"。笔者按：谓辕田制为授田制是对的，谓授田处于私有化进程之中也大体正确，但是谓授田之后还要还田、统一以后即完成了私有化，则缺少必要的事实支撑，只是逻辑推论。张家山汉简已经说明了西汉依然实行授田制。

铭，以缁长半幅，𫄧末长终幅，广三寸，书名于末曰：某氏某之柩。此正所谓自名。其作器刻铭，亦谓称扬其先祖之德，著己名于下，皆祇云名已足，不必加金旁。故许君于金部不录铭字，从《周官》今书、《礼》今文也。许意凡经、传铭字皆当作名矣。①

也就是说，许慎说的"自命"是指"铭者自名也"，无论是"作器刻铭"之"名"还是书"死者之铭"之"铭"都是"自名"或者"自命"，翻译成现代汉语就是署上自己的名字。祭祀是为了表达生者对死者的怀念、感恩、祈盼，祭祀者与受祭者的关系不同，对其怀念、感恩、祈盼的内容和程度是不同的，受祭者对祭祀者的回应也是各不相同的，在祭祀过程中祭祀者必须表明身份，让受祭者明白祭祀者是谁、应该给予什么样的回应，故而要"自命"即自己报上名字。但在现实生活中，"名"可不一定是"自命"，更多的是"他命"，"命名"也好，"命爵"也好，都是"他命"——尊者对卑者、上位对下位之"命"。王筠《说文句读》谓许慎的"名，自命也"是"《淮南子·缪称训》文也"。征诸其他文献就不是"自命"，王筠举例说《左桓六年传》"'命之曰同。'则命者父所命也。许君为夕字计，故云自命"。也就是说，许慎之所以把"名"训为"自命也"是为了解释名字从"夕"的原因，因为"夕者冥也，冥不相见，故以口自名"。王筠认为这不过是许慎的牵强之言耳。"他命"之例，文献习见，如《礼记·内则》有云："执子之右手，咳而名之。"这里的"名"就不是"自名"而是"他名"。《管子·幼官》的"名卿请事"、《墨子·尚贤中》的"乃名三后"之"名"都是"他名"。

那么，既然"自名"不是"名"的唯一含义，就不能把"名田宅"解为"自名田宅"。"名田宅、臣妾、衣服以家次"之"名"不是动词，而是名词，是"名籍"的简称，也就是户口簿，这个户口簿以家庭为单位，内容包括家庭人口姓名、身份、性别、年龄、体貌特征、财产构成等内容，由基层官吏依照法定程序编制而成，藏之县乡，每年都要核对查实，这儿的"名"和"自名"，毫无瓜葛。

---

① 段玉裁：《说文解字注》，上海：上海古籍出版社1981年版，第56页。

三、"自占"之"占"是验证、核实之意

颜师古谓董仲舒提出的"限民名田,以澹不足,塞并兼之路"云:"名田,占田也。各为立限,不使富者过制,则贫弱之家可足也。"司马贞谓"诸贾人末作贳贷卖买,居邑稽诸物,及商以取利者,虽无市籍,各以其物自占,率缗钱二千而一算"云:"按:郭璞云,'占,自隐度也'。谓各自隐度其财物多少,为文簿送之官也。若不尽,皆没入于官。"①《尔雅·释言》:"隐,占也。"《疏》:"占者,视兆以知吉凶也。必先隐度,故曰:隐,占也。"今人综合颜师古和司马贞的解释,用司马贞的解释训释颜师古的注,认为"名田"是自我申报所占田宅。其实,只要对颜师古、司马贞的解释稍做分析,就不难发现其训诂和实践上的矛盾。

从文字学上看,"名田"自"名田","占田"自"占田",二者风马牛不相及,颜师古谓"名田,占田也"是以秦人衣冠描虞夏之相貌,是用后世制度附会秦制,以上分析已经说明了这一点,而司马贞之说更不成立。

其一,谓"各以其物自占"为"各自隐度其财物多少,为文簿送之官也"系增字解经,"为文簿送之官也"是司马贞推导出来的,"各以其物自占"之文看不出这项内容。

其二,田宅也好,浮财也罢,自家财产,自己总是清楚的,特别是田宅,周边四至,面积大小,清清楚楚,何须"隐度"而后上报?众所周知,汉武帝因连年用兵,军费浩大,乃扩展税源,实行"算缗令"。这个"算缗令"是针对工商业者的专门法令,不是对普通地主、官僚、农民的。按照制度规定,工商业者是不能拥有土地的,也就不承担田税和普通农民的徭役。但是,现实中,工商业者起码在文帝时代已经在兼并农民、广占土地,到了汉武帝时代并没有终止其占田的步伐。因为汉代赋役制度的特点是轻田税、重人口税,徭役更是根据人口征发。所以在战争年代,工商之家富甲一方而人口有限,赋税徭役负担要比农民轻得多,汉武帝才实行算缗令,区分情况征以不同数量的税收。这分为四种情况,一是恢复"异时算轺车、贾人缗钱皆有差"的制度;二是无论有无"市籍",只要"末作贳贷卖买,居

---

① 《史记》卷30《平准书》,北京:中华书局1959年版,第1430页。

邑稽诸物，及商以取利者"，均"各以其物自占，率缗钱二千而一算，轺车以一算。商贾人轺车二算，船五丈以上一算"。三是"匿不自占，占不悉，戍边一岁，没入缗钱。有能告者，以其半畀之"。四是"贾人有市籍者，及其家属，皆无得籍名田，以便农。敢犯令，没入田僮"①。显然，"各以其物自占""匿不自占，占不悉"之"占"都不能解为"隐度"，如果是"自隐度"而后上报，则等于在制度上允许隐瞒财产以避税，申报人可以以"隐度"失误为由逃避逃税漏税之咎，也就不会发生"告缗"所带来的严重后果。即使被发现有隐瞒行为，也可以和官吏勾结开脱责任，不致于导致后来杨可主持"告缗"所带来的"商贾中家以上大率破"的局面。②

其三，从训诂学的角度看，"占"字并没有"申报"的义项。在甲骨文中，"占"作卜骨形，表示占卜以判断吉凶。因而《说文》云："占，视兆问也。从卜从口"即观察兆象判断吉凶。完整的卜辞包括前辞、命辞、占辞和验辞四个部分，前辞是占卜时间和占卜人，命辞是命龟之词，占辞是根据兆象判定吉凶之词，验辞是兆辞应验的事实追记，故占卜是一个系统过程，"占"字本身即含验证之义，所以"占"首先是观察的意思。杨雄《方言》云："占，视也。凡相窥视，南楚或谓之占。"南楚之地把窥视称之为"占"，所用的就是"占"的本意。观察而后判断，故"占"又引申出判断、验证诸意。如《法言·五百》："史以天占人，圣人以人占天。"这儿的占是判断的意思。《荀子·赋》云："臣愚而不识，请占之五泰"。杨琼注谓："占，验也。"这儿的"五泰"是指五帝，用五帝之作为验证之。由判断、验证引伸出估计、计算的意思。如《墨子·号令》云："度食不足，令民各自占家五种石斗数，为其期。"这"令民各自占家五种石斗数"就是令百姓自己估计家中粮食数量（五种，五谷别称，泛指各种粮食）。汉武帝算缗、告缗的方式是"自占"，用的就是估计的意思。《史记·平准书》谓汉武帝推行算缗、告缗令："诸贾人末作贳贷卖买，居邑稽诸物，及商以取利者，虽无市籍，各以其物自占，率缗钱二千而一算……匿不自占，占不悉，戍边一岁，没入缗钱。有能告者，以其半畀之。"《索隐》引："郭璞云

---

① 《史记》卷30《平准书》，北京：中华书局1959年版，第1430页。
② 《史记》卷30《平准书》，北京：中华书局1959年版，第1435页。

'占，自隐度也'。谓各自隐度其财物多少，为文簿送之官也。"颜师古注《汉书·食货志》同郭璞之说，都是自行"隐度其财物多少"呈送官府，官府据以收税。在这里，郭璞和颜师古释"占"为"隐度"，即估算的意思，"自占"就是自我估算。《汉书·昭帝纪》始元六年秋七月，"令民得以律占租"。如淳注云："律，诸当占租者家长身各以其物占，占不以实，家长不身自书，皆罚金二斤，没入所不自占物及贾钱县官也。"颜师古云："占谓自隐度其实，定其辞也……下又言占名数，其义并同。"所谓"占租"就是户主自行估计应该纳税财物的实际价值以确定交税数量，自己书写在册，而后呈报官府；估计不实、不自书在策者，罚金二斤，同时没收所占资财。张家山汉简《二年律令·□市律》云："市贩匿不自占租，坐所匿租臧（赃）为盗，没入其所贩卖及贾钱县官，夺之列。列长、伍人弗告，罚金各一斤。啬夫、吏主者弗得，罚金各二两。"① 整理小组注释"市贩匿不自占租"云："占，申报。自占，自己申报。《史记·平准书》'各以其物自占'索隐：'自隐度也。'"引《索隐》"自隐度也"作为"自己申报"的依据，是不符合律文含义的。秦汉时代，不乏"自占"之制，最著名者就是"自占年"，这儿的"占"就是验视、核实之意——自行到乡政府所在地由负责官吏核对年龄、身高、相貌，登记在户籍簿上。这是每年八月都要进行的常制，是"八月算民"的核心内容。②

退一步说，即使"各以其物自占""匿不自占，占不悉"之"占"在训诂上解为"隐度"能够成立，也不能用来解释"名田"——"以名占田"之"占"。因为起码在秦和西汉前期，田宅是有着专门名籍的。龙岗秦简第104号简云："田及为诈（诈）伪［宅］［田］籍皆坐臧（赃）与盗。"③ 这"宅田籍"就是住宅用地之籍。张家山汉简《二年律令·户律》记载的名籍有"宅园户籍、年细籍、田比地籍、田命籍、田租籍"五种，其中田比地籍记录的是田地具体位置，比邻状况；田命籍即田名籍，记录的是土地类别及其由来，"田命"指国家命名的身份与相应的土地；田租籍则

---

① 张家山二四七号汉墓竹简整理小组：《张家山汉墓竹简（二四七号墓）》（释文修订本），北京：文物出版社2006年版，第44—45页。
② 参阅拙文《说"自占年"》，《史林》2011年第1期。
③ 刘信芳、梁柱编著：《云梦龙岗秦简》，北京：科学出版社1997年版，第37页。

是田租记录簿，土地类别不同，缴税数量和内容有别，需要分类登记。这些都有严格的保管制度，官吏如因公需要，必须按照规定程序查看、修改，违者依法惩处。"谨副上县廷，皆以篋若匦匵盛，缄闭，以令若丞、官啬夫印封，独别为府，封府户；节（即）有当治为者，令史、吏主者完封奏（凑）令若丞印，啬夫发，即襍治为；臧（藏）府已，辄复缄闭封臧（藏）。不从律者，罚金各四两。其或为詐（诈）伪，有增减也，而弗能得，赎耐。"①至于住宅用地，则按照爵位高低和田地同步授予，在空间上田、宅分开，相同或相近身份的人住宅连在一起，这"宅园户籍"就是住宅面积、位置、四邻登记簿。张家山汉简《二年律令·户律》规定："自五大夫以下，比地为伍，以辨券为信。居处相察，出入相司。"② 五大夫是第九级爵，五大夫以下者都要"比地为伍"。这些，众所周知，无需赘举。这里只是明确当时田、宅多少及其所在位置等，都在户籍上记录得清清楚楚，并不存在"隐度"而后上报的问题。而这些都是西汉初期制度，是秦律的改进版，商鞅时代更是严格。所以，不能把"名田"简单地解为"以名占田"，进而依据"占，自隐度也"，谓"名田"是自行申报土地于官府。

当然，我们不能把这个责任记在郭璞、颜师古、司马贞的头上，因为郭璞、颜师古、司马贞解释的是算缗令，尽管其说意有未逮，但并不是指土地制度，还情有可原。今人据以辗转解释"名田"，是有失察之处的。

四、"名田宅臣妾衣服以家次"的历史分析

人们把"名田宅臣妾衣服以家次"作为名田制的开始似乎没有任何疑议：从文字上看，说"名田宅"是"以名占田宅"，没有什么问题；商鞅推行的"明尊卑爵秩等级各以差次，名田宅臣妾衣服以家次"，意思不就是按照爵位等级，也就是"名"的"家次"占有"田宅臣妾衣服"吗？"家次"明确，各家各户的"田宅臣妾衣服"也就明确了。但是，稍加分析，就不难发现，此解简单化了，没有深入分析"名田宅臣妾衣服以家次"的内涵

---

① 张家山二四七号汉墓竹简整理小组：《张家山汉墓竹简（二四七号墓）》（释文修订本），北京：文物出版社2006年版，第54页。

② 张家山二四七号汉墓竹简整理小组：《张家山汉墓竹简（二四七号墓）》（释文修订本），北京：文物出版社2006年版，第51页。

和如何"以家次""名田宅臣妾衣服"。

长期以来,人们都是从商鞅实行军功爵制的角度理解"明尊卑爵秩等级各以差次,名田宅臣妾衣服以家次"的含义的,谓"尊卑爵秩等级各以差次"是指商鞅实行的军功爵制的尊卑等级而言,"名田宅臣妾衣服以家次"是以军功爵制的尊卑、等级为依据的,这里的"尊卑爵秩等级"是用来说明军功爵制的"差次"的。但是,若把"明尊卑爵秩等级各以差次"和"名田宅臣妾衣服以家次"对读,就不难发现,其含义并非如此简单:"明尊卑爵秩等级各以差次"和"名田宅臣妾衣服以家次"逻辑结构一致,"明"与"名"相对,"尊卑爵秩等级"和"田宅臣妾衣服"相对,"各以差次"和"以家次"相对;"田宅臣妾衣服"是"以家次"所"名"的三项并列的内容,"尊卑爵制等级"是"各以差次"所"明"的内容,"尊卑""爵制""等级"各有所指,"尊卑""等级"并非"爵秩"的修饰语。也就是说,应该把"明尊卑爵秩等级各以差次,名田宅臣妾衣服以家次"读作"明尊卑、爵秩、等级各以差次,名田宅、臣妾、衣服以家次","各以差次"就是分别指"尊卑、爵秩、等级"的"差次"而言,"尊卑、爵秩、等级"的"差次"各不相同,各有其历史内涵,要分别"明"之,所以说是"各以差次"。这儿的"明"是明确、公开的意思,向全社会公开,使全社会都知道各类"尊卑、爵秩、等级"的差别、次序。"名田宅、臣妾、衣服"就是按照"尊卑、爵秩、等级"的规定,根据"家次"之"名"确定其"田宅、臣妾、衣服"的多寡和品类,这儿的"名"兼有动词和名词的属性,既是"名籍"之省,也包含了以"名籍"等第确定其应有之"田宅、臣妾、衣服"的含义,并随着"家次"的变动而变动。①

商鞅变法,是一次社会结构大整合,基本特征是把所有资源尽可能置于国家控制之下,确立新的尊卑等级标准,由国家统一配置。这除了军功爵制

---

① 一般理解"家次"即家与家的等级,苏诚鉴先生在《"名田宅"、"专地盗土"与"分田劫假"》(载《中国经济史研究》1986 年第 3 期)中认为"家次"为"家舍"。其依据有:《商君书·弱民》"法有,民安其次"。朱师辙《商君书解诂定本》注引《广雅》"次,舍也"。云梦秦律《田律》"百姓居田舍者"。《左传》庄公三年"凡师出,一宿为舍,再宿为信,过宿为次"。这里的次、舍都是居所之意。笔者按:苏先生之说值得重视。张家山汉简《二年律令·户律》关于授田宅以及"五大夫以下比地为伍"的规定证明了苏先生的看法有依据。

的等级以外，还有官僚系统的秩级差别，不同身份的社会地位及其待遇，户籍制度的分门别类如属籍、弟子籍、宦籍、市籍，等等，都是明确不同阶层尊卑等级的题中之义，以分别配置其待遇，所谓的"明尊卑爵秩等级各以差次"就是确定不同身份、不同职业、不同官秩的尊卑等级差别，这里的"爵秩"不能简单地理解为爵位等级，而应该理解为爵、秩的等级，爵指爵位，秩指职官秩级，尽管在商鞅时代，官、爵尚未完全分离，但其历史趋势则是二分的。

以往由于资料的阙如，难以了解"明尊卑爵秩等级各以差次"的具体内容，张家山汉简《二年律令》使我们了解这一问题成为可能。众所周知的《二年律令·户律》之授田宅的规定、《秩律》之关于官员秩级的规定、《赐律》之衣物棺椁赏赐规定等，都是"明尊卑爵制等级"的体现。关于田宅、秩级的"差次"为学界熟知，无需赘述，本文要补充的是关于"衣服"的"差次"所透露出来的历史信息，以补论者之阙如，即通过"衣服"的赏赐与领取，说明"名田宅"之"名"的含义。《二年律令·赐律》云：

> 赐衣者六丈四尺、缘五尺、絮三斤，襦二丈二尺、缘丈、絮二斤，绔（袴）二丈一尺、絮一斤半，袷五丈二尺、缘二丈六尺、絮十一斤。五大夫以上锦表，公乘以下缦表，皆帛裹；司寇以下布表、裹。二月尽八月赐衣、襦，勿予裹、絮。二千石吏不起病者，赐衣襦、棺及官衣常（裳）。郡尉，赐衣、棺及官常（裳）。千石至六百石吏死官者，居县赐棺及官衣。五百石以下至丞尉死官者，居县赐棺。
>
> 赐棺享（椁）而欲受赍（赀）者，卿以上予棺钱级千、享（椁）级六百；五大夫以下棺钱级六百、享（椁）级三百。毋爵者棺钱三百。
>
> 赐不为吏及宦皇帝者，关内侯以上比二千石，卿比千石，五大夫比八百石，公乘比六百石，公大夫、官大夫比五百石，大夫比三百石，不更比有秩，簪褭比斗食，上造、公士比佐史。毋爵者，饭一斗、肉五斤、酒大半斗、酱少半升。司寇、徒隶，饭一斗，肉三斤，酒少半升，

盐廿分升一。①

以上是赏赐衣物、棺椁、食品的部分律文，大体上可以分为四项：第一项是关于赐给有爵位者衣物的规定。人与人之间因爵位不同身份有尊卑之分，地位有高低之别，但是人的身材不会因为尊卑等级的不同而不同，衣、襦、袴、衿等所用材料尺寸、轻重并无差别，无法在衣、襦、袴、衿的用料数量上区分其等级差异，所以都是"衣者六丈四尺、缘五尺、絮三斤，襦二丈二尺、缘丈、絮二斤，绔（袴）二丈一尺、絮一斤半，衿五丈二尺、缘二丈六尺、絮十一斤"。至于身份尊卑则用"表"的材质相区别，"五大夫以上锦表，公乘以下缦表，皆帛裏；司寇以下布表、裏"，不同的"表"，表明不同的身份地位。

第二项是赐予在职官吏棺椁衣物的规定。在职官员生病或者病故，按秩级分别赏赐棺、椁、衣、襦、裳，秩级高的棺、椁、衣、襦、裳具赏，秩级低的递减。共分为二千石、千石至六百石、五百石以下几个等级：秩级二千石吏"不起病者，赐衣襦、棺及官衣常（裳）"，"郡尉，赐衣、棺及官常（裳），千石至六百石吏死官者，居县赐棺及官衣。五百石以下至丞尉死官者，居县赐棺"。

第三项是棺椁折合成铜钱的数量规定，"赐棺享（椁）而欲受賣（贳）者，卿以上予棺钱级千、享（椁）级六百；五大夫以下棺钱级六百、享（椁）级三百。毋爵者棺钱三百。""卿"是第十级左庶长至第十八级大庶长的统称，每级棺钱一千、椁钱六百，第九级五大夫以下每级棺钱六百、椁钱三百。没有爵位的庶民，有棺无椁，每人棺钱三百。从逻辑上分析，官吏有爵位者，赐钱时除了秩级以外，还要参照爵位级差，同样是千石秩级，爵位可能不同，如果爵位的钱数高于秩级，应该是按照爵位级别计算。

第四是赐予食物的规定，其标准划分细于棺椁，分为二千石、千石、八百石、六百石、五百石、三百石、有秩、斗食八个级别，十九级关内侯和第二十级的彻侯参照二千石秩级，卿级参照千石秩级，五大夫参照八百石，公

---

① 张家山二四七号汉墓竹简整理小组：《张家山汉墓竹简（二四七号墓）》（释文修订本），北京：文物出版社2006年版，第48—49页。

乘参照六百石，公大夫、官大夫参照五百石，不更参照有秩，簪袅参照斗食，上造、公士参照佐史。那些没有爵位的庶人以及徒役，也有数量标准："毋爵者，饭一斗，肉五斤，酒大半斗，酱少半升。司寇、徒吏，饭一斗，肉三斤，酒少半升，盐廿分升一。"这个标准并非仅仅针对在职官吏和服役官府的人而言，而是对全社会的，体现了国家力量对社会控制的细密以及彰显尊卑等级的政治原则。

纵观上述律文，除了以"表"表明军功爵者身份尊卑之外，一个突出的特点就是秩级本位，对军功爵者衣物、食品、棺椁的发放是以职官制度的秩级为基础的，军功爵者的棺椁、衣物、食品参照秩级执行（即"比"），不同爵级对应不同的秩级，在既定秩级基础上，根据爵位，或加或减。这说明当时各级官吏，有的有爵位，有的没有爵位，军功爵者可以为官，但是并非都能为官，有爵位无官职者所在多有，国家赏赐棺椁、衣物、食品面向全社会，故考虑到军功爵者的权利，遂以职官秩级为基础制定发放标准。

上述律文虽然是汉初规定，和秦制特别是商鞅时代的制度自然会有不同，但是有一点是毋庸置疑的：这些内容大多是沿袭秦制而来，在一定程度上反映了商鞅变法的制度内涵，起码是以萎缩的形式保留了商鞅变法的基本精神。由此推论商鞅之"明尊卑爵制等级各以差次"的内容，去历史事实不会太远，起码说明商鞅之"名田宅臣妾衣服以家次"之"衣服"是有明文规定的，所"名"之"衣服"是有实质内容和"等级"标准的。所以，可以进一步认定，"明尊卑爵秩等级各以差次"之"尊卑、爵秩、等级"并非仅仅指军功爵之尊卑等级，而是各有其内容，至少"爵"有其尊卑等级，"秩"有其尊卑等级，"爵、秩"两分，各有所指，不能混而为一。社会各阶层就是按照法律所"明"内容，"名田宅、臣妾、衣服以家次"于官府的。这儿的"名"不能简单地理解为以名占有，而是向官府领取，"衣服"如此，田宅、臣妾也是如此。云梦秦律《田律》谓："入顷刍稾，以其受田之数，无豤（垦）不豤（垦），顷入刍三石、稾二石。"① 《二年律令·田律》规定："田不可田者，勿行，当受田者欲受，许之。"② 一个"受"字

---

① 睡虎地秦墓竹简整理小组：《睡虎地秦墓竹简》，北京：文物出版社1978年，第27—28页。
② 张家山二四七号汉墓竹简整理小组：《张家山汉墓竹简（二四七号墓）》（释文修订本），北京：文物出版社2006年版，第41、42页。

已经说明了土地来源是受之于官府的。《二年律令·户律》有社会各阶层受田于与官府的详细规定,为学界所熟知,无需赘举。

遗憾的是,限于资料,对赐予"臣妾"情况不知其详,但是,从逻辑上判断,一定有其标准。云梦睡虎地秦律《金布律》有关于"都官有秩吏及离官啬夫"及其属吏"赐养"即配置伙夫的规定:"都官有秩吏及离官啬夫,养各一人,其佐、史与共养;十人,车牛一两(辆),见牛者一人。都官之佐、史冗者,十人,养一人;十五人,牛车一两(辆),见牛者一人。"① 这些由官府配置的"养"、"见牛者",其身份很可能是官奴隶,以法律的形式规定各级部门"养"和"见牛者"人数,应是"明尊卑爵制等级各以差次"的内容之一,从中可以折射出"名田宅臣妾衣服以家次"之"臣妾"的部分信息:国家按照"家次"赐予衣物的同时,也按照"家次"赐予"臣妾",至于田宅,自然是由国家赐予。也就是说,田宅、臣妾、衣服都是"名"的宾词,都是由国家分配的,因为"名"的等级尊卑不同,田宅、臣妾、衣服有别。

依上所述,若进一步探究"名田宅臣妾衣服以家次"之"名"的由来,对"明尊卑爵秩等级各以差次,名田宅臣妾衣服以家次"历史内涵的理解可能更加深刻。用长时段眼光看问题,所谓"名田宅臣妾衣服以家次"之"名"不仅仅如学者所理解的那样仅仅是"名籍"之省,而是有其历史渊源。这里的"名"和"册命"之"命"有相通之处,是由"册(策)命"之"命"转变而来。按周代册命制度,周天子或诸侯国君封爵赐土、授官任职,要将爵位、官职之名及相应的器物、服饰等内容书之于册,按照一定程序颁布给受命者,是为册命。这儿的"命"是"命书","命书"所录之爵称、职位之"名"为国君所"命",故而命、名相通。文献中"命""名"相通者多见,如上举《管子·幼官》"三年,名卿请事",《墨子·尚贤中》"乃名三后,恤功于民",这儿的"名"都是"命"的意思。秦汉时期常见"亡命"一词,是指没有户籍四处流亡的人,"亡命"即"亡名"。"名田宅臣妾衣服以家次"就是根据"明尊卑爵制等级各以差次"的规定,由国家"命"编户民的"尊卑、爵秩、等级"之"名",而后赐予相应的

---

① 睡虎地秦墓竹简整理小组:《睡虎地秦墓竹简》,北京:文物出版社1978年版,第58页。

"田宅、臣妾、衣服"。

当然，商鞅变法之"明尊卑爵秩等级各以差次，名田宅臣妾衣服以家次"和周制有性质的差异，本文仅就按照国家所定的"尊卑爵制等级"配置其权益、确定其义务而言，谓其有相通之处。上举《二年律令·户律》有汉初户籍的"田命籍"之"命"，正是"名田宅臣妾衣服以家次"之"名"的初文。司马迁生当汉武时代，限于当时的记录手段，只能是原则性地概括商鞅变法的基本原则，使用的是当时语言，并非具体法律条文的转述，"明尊卑爵秩等级各以差次，名田宅臣妾衣服以家次"就是其概括的原则之一，而非律条。而《二年律令》中"田命籍"之称，正揭示了"名田宅臣妾衣服以家次"之"名"的历史样态。所以，我们应该站在历史的高度，从思想上整体地、系统地理解其含义，不能视之为具体的法条，更不能孤立地就事论事。

五、"限民名田"所反映的土地关系

上已指出，从文字上看，说"名田"是"以名占田"似无不妥，用来说明授田制也可通：授田制的特点就是名籍和田宅相统一，编户民田宅多少根据名籍的身份而定，上有通名，下有田宅，国家按户口名籍分配土地，编户民各按名籍占有土地。站在国家立场，这是按名籍授田宅；站在受田者立场，是按名籍占有田宅。从编户民角度看，谓"名田"为"以名占田"自然可以。[①] 但是，若从土地所有制性质的角度分析，就不难发现此解的不足："以名占田"体现不出国家在土地分配过程中的主导作用，体现不出土地国有制的性质。其时国家垄断一切资源，农民的生产和生活均处于国家力量的严格控制之下，其田宅受之于官府，不仅数量有严格限制，具体地点也有严格限制，是没有什么自由可言的。所谓"名田宅臣妾衣服以家次"，即国家按照"名"（名籍）、"家次"授予编户民"田宅、臣妾、衣服"，编户民按照各自之"名"从国家领取"田宅、臣妾、衣服"并固定于"家次"之下，体现的就是国家垄断一切的历史特点。农民所受之田是国家的，在这

---

① 王彦辉：《张家山汉简〈二年律令〉与汉代社会研究》，北京：中华书局2012年版，第12—13页。

里，农民完全是被动的，其身份是隶属于国家的，国家是居于主宰地位的。对这种土地制度的命名，必须把握国家和编户民两者的主次关系，要体现出国家的主导地位、编户民从属地位的历史特征。如果为了突出"名"在土地关系中的重要性，或者站在国家的角度，只能称之为"以名授田"，或者站在编户民的角度称之为"以名受田"，只有这样才能体现出当时土地国有制的性质，而"以名占田"是不能反映这些历史属性的。

　　明白了"名田"的历史内涵，现在看董仲舒说的"限民名田"的理解问题。上已指出，董仲舒见于"富者田连仟伯，贫者亡立锥之地"的现实，建议汉武帝"宜少近古，限民名田，以澹不足，塞并兼之路"。颜师古谓："名田，占田也。各为立限，不使富者过制，则贫弱之家可足也。"① "名田"就是"占田"，"限民名田"就是限制编户民占田数量，富人占田不准过限，可以改善贫弱之家的土地状况。董仲舒的时代，土地私有化已经高度发达，土地兼并严重，所以董仲舒提出"限民名田"的主张。故颜师古谓"名田，占田也"反映了土地私有化的现实，但是，若系统分析，颜师古此解还有不周之处。董仲舒提出"限民名田"的目的有二：一是"以澹不足"，二是"塞并兼之路"，也就是要解决"富者田连仟伯，贫者亡立锥之地"这个两极分化问题。所谓"限民名田"既是对"田连仟伯"之"富者"的限制，也是对"亡立锥之地"之"贫者"的扶持。"富者田连仟伯"的来源无非是兼并农民土地和化公为私即勾结官府把公田非法占在自己名下；"贫者之所以"亡立锥之地"，要么是被迫把所受之田卖掉，要么是虽然应该受田于国家却无法实现，"限民名田"的目的就是要一举两得。以"占田"解释"名田"，对于限制那些富人占田容易理解，即按照名籍限额占田，超出者收归国有；对于无地农民来说就费解了：农民如何获得土地？是自行占田还是国家分配？答案只能是后者，由政府提供土地。因为普通农民是没有能力自行占田的，制度也不允许自行占田，否则就不存在"富者田连仟伯，贫者亡立锥之地"的问题了。所以，"以澹不足"既包含农民对土地的需求，也包含了国家要采取行政手段以授田或者变相授田的方式解决农民无地问题。而"限民名田"的实行，要先公开民户田宅标准，也就是"限民名田"

---

① 《汉书》卷 24 上《食货志上》，北京：中华书局 1962 年版，第 1137—1138 页。

之"限",让不同身份、不同地位的人知道自己可以有多少田宅,而后是核查登记。这个"限"的数量,是董仲舒提出还是固有之"限",根据张家山汉简《二年律令》规定的西汉授田制度的规定,起码我们可以从逻辑上判定:应该是固有之"限",也可能是对固有之"限"的调整而定新的标准。但是,无论"限"如何产生,均说明国家一直有用行政手段调节土地关系的主动权。所以,对"限民名田"的完整理解是:明确土地标准,按照民户名籍核查各家各户土地状况,超过规定者收归国有,不足者由国家分配,不符合条件者剥夺其土地,简单地说,就是循名责实,看各家各户实际所有的土地和标准是否一致。否则,把"名田"解为"以名占田","占"的含义是"隐度""申报","限民名田"就是限制民户自己估算、申报田地,是无法起到按标准占田效果的,也无法达成"限民名田,以澹不足,塞并兼之路"的目的。因为既然是限制申报土地,那就意味着可以少申报或者不申报,只要登记的土地数字符合国家标准,多余土地不登记在册,国家也就无从确认是否过"限"的问题;这个"限民名田,以澹不足,塞并兼之路"还有什么意义?这决非董仲舒的意思,汉武帝更不会愚笨至此。

事实上,无论是西汉初期,还是汉武帝时代,土地都要登记在名籍上,《二年律令·户律》对土地买卖、继承、赠送等名籍变更的规定说明了这一点,只是变更名籍时并不按照授田标准限制土地持有人的土地数量,也就是说,当土地受之于国家也就是向官府领取时,只能按照标准;而民间买卖、馈赠、继承则不受授田等级标准的限制,自然产生田宅逾制的现象,并随着时间的推移,这类现象日益突出,农民失地严重。普通农民也好,官僚地主也好,富商大贾也好,实际拥有的土地和制度规定的标准都不一致,董仲舒才提出"限民名田,以澹不足"的建议。汉武帝设刺史以六条问事,第一条是"强宗豪右,田宅逾制",这个"制"也就是各个阶层的土地数量标准,和董仲舒的"限民名田"之"限"是一致的,反映了国家力量在土地关系中的强制作用。在这种土地关系中,编户民是不存在自行占田而后上报官府以取得合法性的问题的。这里的"限民名田"强调的是按照名籍标准核查民户土地,超过规定的国家收回,不足的国家分配,所谓"古井田法虽难卒行,宜少近古"已经说明了这一点。这"近古"之法和井田是有相通之处的,所以才与井田法排在一个历史序列,这个"近古"之法只能是授田。因为当时授田制度虽然存在，但早被束之高阁，董仲舒才老调重弹，建议"限民名田"，使名籍规定和实际占有的田宅相一致。当然这个建议的作用是有限的，汉武帝凭借其铁腕手段，以雷霆之力，推行筭缗、告缗令，又以刺史严查郡守二千石的的种种不法行为，一度打击了土地兼并势力，又采用"假民公田"等方式解决农民的土地问题。但是，鉴于授田制的性质，土地私有化的必然性，官僚利益集团化，国家力量调节土地关系的作用越来越弱，土地兼并不可遏制，最终成为王朝崩溃的根本原因。

其实，按照名籍授田，法律上是有专门术语的，这就是"行田"。《吕氏春秋·乐成》云："魏氏之行田也以百亩，邺独二百亩，是田恶也。"这里的"行田"就是授田。云梦秦简《魏户律》规定："叚门逆旅，赘壻（婿）后父，勿令为户，勿鼠（予）田宇。"①"勿鼠（予）田宇"，即不授予田宅，从法律上印证了"魏氏行田"的真实含义。龙岗秦简《田律》有"行田"的明确规定："廿四年正月甲寅以来，吏行田赢□□……"②这里的"行田"就是授田。西汉前期授田依然称之为"行"。张家山汉简《二年律令·田律》明确规定："田不可田者，勿行；当受田者欲受，许之"③。这"勿行"之"行"即授予的意思。《户律》明确规定："未授田宅者，乡部以其为户先后次次编之，久为右。久等，以爵先后。有籍县官田宅，上其廷，令辄以次行之。"④这"行""授"才是当时的法律用语。汉律中的"名田宅"也要置于这个制度框架内来理解，《户律》有云："诸不为户，有田宅附令人名，及为人名田宅者，皆令以卒戍边二岁，没入田宅县官。为人名田宅，能先告，除其罪，有（又）畀之所名田宅，它如律令。"⑤授田制度下，立户是受田的前提，但是在现实生活中，存在着先有土地而后立户的情况，因为立户每年八月统一进行，而事实上，分户也好、继承也好，不一

---

① 睡虎地秦墓竹简整理小组：《睡虎地秦墓竹简》，北京：文物出版社1978年版，第292—293页。
② 刘信芳、梁柱编著：《云梦龙岗秦简》，北京：科学出版社1997年版，第37页。
③ 张家山二四七号汉墓竹简整理小组：《张家山汉墓竹简（二四七号墓）》（释文修订本），北京：文物出版社2006年版，第41页。
④ 张家山二四七号汉墓竹简整理小组：《张家山汉墓竹简（二四七号墓）》（释文修订本），北京：文物出版社2006年版，第52页。
⑤ 张家山二四七号汉墓竹简整理小组：《张家山汉墓竹简（二四七号墓）》（释文修订本），北京：文物出版社2006年版，第53页。

定在八月发生，就会出现家庭成员没有立户已有田宅的现象，于是规定在八月立户时统一确认。因为授田制的目的是以授保税，授田的同时，民户不仅要承担田税（租）而且要承担相应的徭役，这是强制性的。所以有人虽然有田宅但是不愿立户，也就是不愿意把土地"名"在自己的户籍之下，而"附令人名"即登记在别人名下。"附令人名"和"为人名田宅者"都导致田宅和名籍背离，统统戍边二岁。能主动揭发他人把田宅名在自己名下的，免罪，所名田宅即归其所有。这儿的"名田宅"不是独立的概念，更不是制度名称，而是一种违法行为。

现在可以得出结论：既然"名田"非"占田"，"名田宅"并非"以名占田宅"，不是自我申报田宅；"名田宅臣妾衣服以家次"是司马迁对商鞅实行的土地制度的原则概括，不能理解为土地制度，那么谓"名田"和"授田"是并行不悖的两种土地制度自然不能成立，也不存在"名田"包含"授田"的问题。商鞅变法实行的是授田制，一直延续到汉代。以往因为文献阙如，对此不得其解，现在可以清楚了。

最后分析下颜师古谓"名田，占田也"的历史由来。西晋统一，实行占田课田制度，规定："男子一人占田七十亩，女子三十亩。其外丁男课田五十亩，丁女二十亩，次丁男半之，女则不课。"以核心家庭计，一个五口之家，夫妇占田一百亩，其中有课田七十亩，无论是否占足百亩之地，都要缴纳七十亩课田的田税，这七十亩田的田税是以一对夫妇作为征收单位的。因为长期战乱，人口锐减，脱籍严重，西晋统一即严格户籍，尽量把人口登记在册，按年龄确定其义务。西晋规定："男女年十六已上至六十为正丁，十五已下至十三、六十一已上至六十五为次丁，十二已下六十六已上为老小，不事。"[①] 这是征发徭役、兵役依据，也是占田、课田的依据。户籍上的丁男、次丁男、丁女、次丁女都有依额占田的权利，同时也要依额缴纳田税。所以这占田制的实质是以占保课，同时也有促进垦荒的目的在内。这儿的"占田"并非国家授予农民土地，而是农民把固有土地上报登记，不足限额者可以自行垦荒，只要登记在官府，国家就承认其合法占有，占满限额为止。这在大乱之后，人少地多的条件下，是具有实践基础的。但是，无论

---

① 《晋书》卷26《食货志》，北京：中华书局1974年版，第790页。

农民实际占田是否达到法定数量,都要如数缴纳额定田税,也就是完成规定的"课田"税收。所以,占田课田的本质是以"占"保"课",其实行依据则是户口名籍,按户口名籍确定占田情况,同时确定应该纳税的情况。颜师古据此逆推汉代土地制度,谓"限民名田"为"名田,占田也。各为立限,不使富者过制,则贫弱之家可足也"。殊不知董仲舒说的"限民名田"是针对实际占有的土地超过其"家次"规定而言的,和西晋占田制度性质有别。

颜师古不了解汉晋制度的演变和差别,以为董仲舒是"限民名田"的发明者,根据西晋实行的占田课田,比附汉代制度,望文生义地认为"名田,占田也。各为立限,不使富者过制,则贫弱之家可足也"。司马贞同样以晋制解汉制,为了弥缝"名田"与"占田"在训诂学上的裂隙,谓"占,自隐度也"。这在古人可以理解,今人则不可不察。

第三节 秦简所见土地制度

直接记载秦土地制度的秦简主要有青川秦简、云梦睡虎地秦简、龙岗秦简和里耶秦简,分别反映了秦武王时期到统一前后不同历史时期的土地制度,使我们对秦土地制度的演变有一个比较具体的了解。青川秦简即秦武王二年《更修为田律》,记载的是田亩制度,即亩积形制和封、埒、阡、陌设置。云梦秦简和龙岗秦简均有《田律》专章,但内容有异,云梦秦简主要是田税征收、田间管理、谷物储藏与使用的相关规定,内容相对完整,反映的主要是统一前夕的土地制度;龙岗秦简《田律》是统一以后土地授予的律文片段。里耶秦简则间接地记录了统一以后国营土地的管理和生产情况。对这些内容,学界有过深入的研究,特别是对青川田律和云梦秦律,研究尤其深入。但是,缺少纵向的综合分析,因此之故,本节不避冗赘之讥,综合不同时期的简牍内容,讨论秦土地制度的演变问题,为分析秦朝统一以后社会矛盾奠定土地制度的基础。

一、青川秦牍土地制度的实行范围

关于秦武王二年《更修为田律》的亩积制度的研究,已见前述,这里要补充的是《更修为田律》记述的田亩制度的实行范围。纵观以往研究，所有讨论均集中在《更修为田律》的田亩制度方面，对《更修为田律》的施行范围也就是针对秦国所有农田而言还是部分农田而言，如果是部分农田，其性质又是如何？学界尚无明确讨论。笔者以为，《更修为田律》并非是针对农民所有农田而言，而是针对官府直接经营的农田的规定，是指官营土地的标准亩积，而不是农民日常生产过程中普遍采用的田亩制度，其实行的范围有一定的条件限制。因为从生产实践层面看，田律所规定的长条亩制和阡陌封疆系统费时费工而无利于生产效率的提高，尽管这是农业发展初期阶段的普遍现象，体现的是国家权力对农业生产过程的控制与管理，但是这只能适用于那些平原沃野、精耕细作的土地，对于正在开发过程中的大片土地来说是无法实施的。试想在当时的耕作条件之下，农民们从政府接受了草莱之田，实际面积不止百亩，如何能按照标准整齐亩积和阡陌体系？地块大小、田亩面积多少是要受到实际环境和人口分布等多种因素影响的，就一个乡、一个里来说，人口和土地的比例并不一定恰好是人均百亩，即使规划乡里的时候可以按照授田的标准做到人地比例关系的一致，但是，人口是变量，即使人口数量不变，现有人口可能授予的土地也是变量，因为随着军功爵位的变动，军功爵者所拥有的土地数量在增加。再者，授予每家每户的土地因为自然环境、土地质量的差异，不一定恰好就是一个地块，很可能分布在不同的区域，东边三十亩、西边三十亩不等。如此等等，不一而足，不可拘泥于田律规定的亩积制度。对《更修为田律》所规定的田亩制度做如是看，对以后的法律如云梦睡虎地秦律、张家山汉律等相关规定也应如是看。

二、云梦睡虎地秦律所见土地制度补论

云梦睡虎地秦简的秦律各篇基本上制定于统一之前，统一之后继续施行。其中有《田律》专章，涉及土地制度及其生产管理的有《厩苑律》《金布律》《仓律》等；在《语书》中有《田令》之名，在《法律答问》中有对《田律》的解释。这些为学界所熟知。现就其要者撮述于下，以明秦土地制度变迁的历史过程。

按出土《田律》律文共有六条，仅是《田律》部分条文，主要内容可以分为四点：

第一是田税征收，即按顷征收刍稿税及其保管的规定：

>　　入顷刍稾，以其受田之数，无垦（垦）不垦（垦），顷入刍三石、
>稾二石。刍自黄䴡及蘑束以上皆受之。入刍稾，相输度，可殹（也）。
>禾、刍稾彻（撤）木、荐，辄上石数县廷。勿用，复以荐盖。①

刍稿是田税的一部分，按照授田数量，以顷为单位征收，每顷收刍三石、稿二石，能捆扎成束的茎叶都可以作为刍稿，收缴以后和粮食一起都运送到指定地点统一保管，底层垫上木板，顶层覆盖草帘，具体数字上报县廷备查。

第二是田间管理的内容，律文规定：

>　　雨为澍〈澍〉，及诱（秀）粟，辄以书言澍〈澍〉稼、诱（秀）
>粟及垦（垦）田畼毋（无）稼者顷数。稼已生后而雨，亦辄言雨少多，
>所利顷数。早〈旱〉及暴风雨、水潦、螽（蟊）蚰、群它物伤稼者，
>亦辄言其顷数。近县令轻足行其书，远县令邮行之，尽八月□□之。②

尽管授田制的目的是以授促垦、以授保课，土地一经授予，农民必须缴纳规定的田税，从逻辑上说，官府没有必要过问农民的生产过程。但是，法律明确规定各县要随时掌握农作物的生长状况，了解农田的受雨、谷物抽穗以及开垦以后没有播种的土地顷数，庄稼生长过程中下雨的要随时报告雨量大小、受雨面积，如果有旱灾、涝灾、蝗灾以及其他灾害者都要以书面形式随时上报，近县派行走迅速的人送抵中央，远县通过驿站传送。这体现了秦自商鞅变法以来重农的政治传统，不仅仅重视农业生产的结果，也重视农业生产的过程，把重农政策贯穿于农业生产的全部过程之中，了解农作物生长状况，发现异常才能采取应对措施，从而保证税收的有效完成。

第三，严格农田水利设施，规范山川林泽的使用，将节令法律化，既保

---

① 睡虎地秦墓竹简整理小组：《睡虎地秦墓竹简》，北京：文物出版社1978年版，第27—28页。
② 睡虎地秦墓竹简整理小组：《睡虎地秦墓竹简》，北京：文物出版社1978年版，第24—25页。

护国家资源又兼顾农民利益需求。《田律》规定：

> 春二月，毋敢伐材木山林及雍（壅）堤水。不夏月，毋敢夜草为灰，取生荔、麛䴢（卵）鷇，毋□□□□□□毒鱼鳖，置穽（阱）罔（网），到七月而纵之。唯不幸死而伐绾（棺）亭（椁）者，是不用时。邑之紤（近）皂及它禁苑者，麛时毋敢将犬以之田。百姓犬入禁苑中而不追兽及捕兽者，勿敢杀；其追兽及捕兽者，杀之。河（呵）禁所杀犬，皆完入公；其他禁苑杀者，食其肉而入皮。①

在授田制之下，农民耕种各自的受田，但是农田水利是公共设施，山川林泽处于国家控制之下。官府的职能之一是保证公共设施正常发挥作用，同时控制农民使用山林川泽。所以规定在七月之前"毋敢伐材木山林及雍（壅）堤水。不夏月，毋敢夜草为灰，取生荔、麛䴢（卵）鷇，毋□□□□□毒鱼鳖，置[穽]（阱）罔（网）。到七月而纵之"。只有"唯不幸死而伐绾（棺）亭（椁）者，是不用时"。因为砍伐木材、渔猎、"夜草为灰"等影响动植物的生长繁殖、违反时令，同时正是春耕、夏管时节，影响农耕，而"雍（壅）堤水"则影响正常排灌。这反映了官府在农田和资源管理方面的责任，也是商鞅变法一民于农的施政方针的体现，体现了国家对自然资源控制的严格，体现了自然资源的国有属性。至于那些由官府直接经营的禁苑和土地，任何时候私人都不得染指，私家猎犬进入禁苑捕猎动物，一经发现，无论狗的主人是否知晓，一律打死，连同猎物一并入公。

第四，规定生产运输的马牛饲料领取的程序，严格限制农民生活的内容。《田律》规定：

> 乘马服牛禀，过二月弗禀、弗致者，皆止，勿禀、致。禀大田而毋（无）恒籍者，以其致到日禀之，勿深致。
> 百姓居田舍者毋敢酤（酤）酉（酒），田啬夫、部佐谨禁御之，有

---

① 睡虎地秦墓竹简整理小组：《睡虎地秦墓竹简》，北京：文物出版社1978年版，第26页。

不从令者有罪。①

律文中的"大田"是主管农事之官,"服马乘牛"是官府用作农业生产和运输的马和牛,在田官处都按照规定制作名籍,其饲料于每年二月根据登记数字领取,过期不领者不得补领,不得超过规定。农民居住在田舍不得卖酒,田啬夫和部佐等基层官吏要严格监督。按当时的基层行政编制和社会结构,农民并非如后世那样分散居住于乡村,而是集中居住于城邑,农忙时节则相对集中居住于田野之中,都有官府按照人口编制集中于指定地点,农民并没有选择的自由。律文中的"田舍"就是农忙季节农民居住的房屋。农耕时节,农民的任务是耕作,而造酒买卖一来浪费粮食,二来农民饮酒容易滋生是非,所以严格禁止。我们由此明白,秦对农民生产生活管理的严格就行了。而所有这一切,只能是以土地国有为基础。

农民仅仅有土地是不够的,因为耕种需要畜力、生产工具和籽种。无论是迁居来的移民还是新生人口,领取土地之后没有牲畜、工具和籽种等生产资料,生产活动就无法进行,也就无法保证社会秩序的稳定和税收的实现,对此,官府是有充分考虑的。因而秦律还对籽种、农具、牲畜的借用做出相应规定。《厩苑》规定"叚(假)铁器,销敝不胜而毁者,为用书,受勿责"。这儿的铁器是指农具,农民借用铁质农具,在正常使用过程中自然磨损不能使用的,做一个书面说明,交还原物,不需农民赔偿。但是在使用耕牛时,如果饲养不当致使耕牛变瘦是要受罚的,《厩苑律》规定:

> 以四月、七月、十月、正月膚田牛。卒岁,以正月大课之,最,赐田啬夫壶酉(酒)束脯,为旱〈皂〉者除一更,赐牛长日三旬;殿者,谇田啬夫,罚冗皂者二月。其以牛田,牛减絜,治(笞)主者寸十。有(又)里课之,最者,赐田典日旬殿,治(笞)卅。②

---

① 睡虎地秦墓竹简整理小组:《睡虎地秦墓竹简》,北京:文物出版社1978年版,第29—30页。
② 睡虎地秦墓竹简整理小组:《睡虎地秦墓竹简》,北京:文物出版社1978年版,第30—31页。

一年四次审查评定耕牛饲养状况,其中正月为年终考课,名列前茅、成绩优秀的,奖励给田啬夫酒一壶、干肉一束,免除饲养员一次更役、牛长三十天的劳绩。成绩下等、排名最后者,田啬夫要受训斥,罚饲养员劳绩两个月。用牛耕田时,牛的腰围减瘦,每减瘦一寸,鞭笞当事人十下。在乡里考核的,成绩优秀的,奖励里典劳绩十天;成绩低劣的,鞭笞三十。耕牛是最主要的畜力,饲养状况直接决定着耕作效率,保证饲养质量也就是保护劳动力。这些耕牛均为官牛,耕作于官田的同时也耕作于农民所受之田。关于借贷籽种,没见直接得法条规定,但是从相关条款中可以做出判断。《仓律》规定:"种:稻、麻亩用二斗大半斗,禾、麦亩一斗,黍、荅亩大半斗,叔(菽)亩半斗。利田畴,其有不尽此数者,可殹(也)。其有本者,称议种之。"① 《仓律》规定的播种量应该是就官府直接耕种的土地而言,但是,并不排除按照这个标准给农民提供籽种。因为,在授田制之下,农民新受土地之后,不仅需要农具、畜力耕作,也需要种子。授田的目的是促进垦荒,保证税收,把农民固定在土地上,就要提供相应的生产条件,籽种是生产的前提,只能由官府提供。这在西汉时代依然,待下文详谈。

三、龙岗秦简所见田制

在对龙岗秦简有关田制内容进行分析之前,要对相关文字的考释做一个简单的说明。

龙岗六号秦墓竹简发现于1989年,其全部文字最早公布于《考古学集刊》第八辑《云梦龙岗秦墓及出土简牍》一文,其内容是秦朝统一以后的法律。因为竹简残损严重,文字漫漶不清,律文文意不全,给考释和理解带来较大困难和分歧。其中第102号(考释编号,下引简文同此)简文有云:"廿四年正月甲寅以来,吏行田赢□□……"② 《云梦龙岗秦墓及出土简牍》一文将"田赢"连读,认为是法律名称,但对其内容没有做出解释;同时推测其后的两个漫漶不清的文字为"假法"。胡平生先生认为,《云梦龙岗秦墓及出土简牍》一文对这条律文的考释和文字隶定有误,简文"赢"字

---

① 睡虎地秦墓竹简整理小组:《睡虎地秦墓竹简》,北京:文物出版社1978年版,第43页。
② 湖北省文物考古研究所、孝感地区博物馆、云梦县博物馆:《云梦龙岗秦墓及出土简牍》,《考古学集刊》第八辑,北京:科学出版社1994年版。原简释文无法认清的字用省略号代替。

之后的两个漫漶不清的文字应释作"律","田赢"二字不应连读,而应将"田"上读,读作"行田",认为"'行田'即行猎,是进行田猎的意思。'赢'下应是律字。'赢律'见于睡虎地简",意思是"过律,超过律,超过法律规定"。所谓"'吏行田赢律'应当是官员进行田猎超过法律规定次数或规模,需论罪处罚"。又举《月令》和《吕氏春秋》十二纪的资料为据,谓"古人田猎有时节约束,如孟春之月,'毋覆巢,毋杀孩虫,胎夭飞鸟,毋麛毋卵',禁止田猎;孟夏之月,'驱兽毋害五谷,毋大田猎'。只有季秋之月,'天子乃教于田猎';仲冬之月,'山林薮泽,有能取蔬食田猎禽兽者,野虞教道之'"。同时举睡虎地秦简《秦律十八种·田律》的"不夏月……毋毒鱼鳖,置阱网,到七月而纵之"为佐证,谓《月令》和《吕氏春秋》所说的确实是以法律的方式付诸实践了,"但具体的有关官吏行田的法律如何,今已不得而知"①。

1997年,刘信芳、梁柱先生的《云梦龙岗秦简》一书面世,书中沿用了《云梦龙岗秦墓及出土简牍》一文的观点,认为"田赢"是秦律篇名,将"田赢"和"驰道""马牛羊""厩苑"都作为律名对简文进行分章考释,同样没有对其分章的依据做出必要的说明。②

对律文"廿四年正月甲寅以来,吏行田赢□□……"的准确解读,关系到对统一以后秦朝土地制度的理解问题,看上去不过是字词之辩,但其意义非同一般。笔者以为,《云梦龙岗秦墓及出土简牍》以及刘信芳、梁柱先生的《云梦龙岗秦简》对"吏行田赢□□"的考释是不能成立的,将"田赢"连读,定为律名缺乏依据和必要的说明,将"赢"以下的两个字推定为"假法",于文意不通。胡平生先生认为律文"吏行田赢□□"中的未释之字应为"律",将"行田"连读较前者具有事实依据,在逻辑上也通顺得多。但是,谓"行田"是进行田猎活动则大成问题。从训诂的角度看,"田"确有田猎的意思,如《诗·郑风·叔于田》:"叔于田,巷无居人。"《周礼·秋官·士师》:"士师之职,掌国之五禁之法……四曰野禁,五曰军禁。"郑玄注:"野有田律,军有器饎夜行之禁。"《夏官·马质》:"马质掌

---

① 胡平生:《云梦秦简考释校正》,西北师范大学历史系、甘肃省文物考古研究所编:《简牍学研究》第一辑,兰州:甘肃人民出版社1996年版,第50页。
② 刘信芳、梁柱编著:《云梦龙岗秦简》,北京:科学出版社1997年版,第37页。

质马。马量三物：一曰戎马，二曰田马，三曰驽马。"这儿"叔于田""田律""田马"之"田"都是田猎的意思。"叔于田"意思是"叔前往田猎"，"田律"是关于田猎的法律，"田马"是田猎所用的马。但是，我们不能因"为田"有田猎的含义、对田猎活动有严格的时节规定而将"吏行田赢律"理解为"官员进行田猎超过法律规定次数或规模，需论罪处罚"，这儿的"田"绝不是田猎之田。如龙岗秦简共出现"田"字二十六次，其中有一处指的是官名即田典，可以略而不论，其余的"田"字除了"行田"二字以外，从字面上绝大多数都无法理解为田猎。如第 108 号简"盗田二町"、117 号简"程田，田一町"、122 号简"匿田"、125 号简"徙其田"、142 号简"田以其半"，等等，显然是指农田，否则，无论如何也是读不通的。其余诸简，虽然有的从字面上看可以理解为田猎，但同样可以理解为农田之田。如 124 号简"盗田"可以理解为盗猎，但也可理解为私占土地；163 号简"田，不从令者……"之田可以理解为不按照规定田猎，也可以理解为不按照规定耕种土地。显然不能因为"田"有田猎之意而将这些"田"统统解释为田猎。笔者以为，除了田典之田以外，龙岗秦简中包括"行田"之田在内的所有"田"字都是田地之田，律文都是关于农田生产的规定，"行田"不是"进行田猎"，而是授田的意思。

上已指出，授田是战国通制。在将土地授予农民之前，要对全国土地状况进行调查丈量，确定不同地区、不同类别的土地的实际授予数量，是按照每夫百亩还是按照每夫二百亩、三百亩……的标准授予。这个调查统计、确定方案的过程称为"行田"。"行田"之"行"是巡视的意思，《左传·昭公十八年》云郑国大火，子产使"商成公儆司宫，出旧宫人，置诸火所不及。司马、司寇列居火道，行火所燄"。这"行火所燄"就是巡视大火焚烧情况，随时救助，其"行"是巡视的意思。"行田"的目的是授予农民，所以又将授田直接称为行田。上举《吕氏春秋·乐成》云"魏氏之行田也以百亩，邺独二百亩，是田恶也"的"行田"就是授田。云梦秦简《魏户律》规定："叚门逆旅，赘壻（婿）后父，勿令为户，勿鼠（予）田宇"，从法律上印证了"魏氏行田"的真实含义。

龙岗秦简是统一以后制定的法律，其内容是统一以前的延续而增加了时代的内容，如黔首、驰道等名词都是统一以后才有的法律用语。但是，增加新的内容并不等于替代原内容，其土地制度就是原《田律》的延续，"廿四年正月甲寅以来，吏行田赢□□……"之"行田"显然是指相关官吏授田超过法律规定的要求而言，如超标准授予、超出规定时间授予，等等，具体情况因简文残缺不得而知，但对"行田"的理解可以定谳。张家山汉简《二年律令·田律》明确规定："田不可田者，勿行；当受田者欲受，许之。"① 这"勿行"之"行"即授予的意思。这是秦律的延续，正说明"吏行田赢"之"行田"是授田的意思。②

明白了"行田"的含义，《云梦龙岗秦简》所拟定的秦律篇名《田赢》应改为《田律》，对简文所反映的某些土地问题可以有个大概的了解，即龙岗秦简所涉及的土地内容，都是授田以及有关土地的使用、管理法规，和云梦睡虎地秦简《田律》的规定及其精神相一致，而可以补充云梦睡虎地秦律《田律》的不足。这起码体现在如下几个方面：

第一，土地分为不同种类和用途，有不同名称，分别登记和管理。第104号简云"田及为诈（诈）伪［宅］田籍皆坐赃与盗……""田"的具体内容不清楚，"诈伪宅田"即将不是宅田作为宅田，或者私自增加宅田数量。"宅田"即住宅用地，《周礼·地官·载师》："以廛里任国中之地，以场圃任园地，以宅田、士田、贾田任近郊之地。"根据简文，《周礼》所记并非虚语，秦律之"宅田籍"就是《周礼》所说的宅田登记簿。但是，古今学者对《周礼》的解释不同，也就影响到对秦律的理解。郑司农注《周礼》谓："廛，市中空地未有肆，城中空地未有宅者。民宅曰宅。宅田者，以备益多也。士田者，士大夫之子得而耕之田也。贾田者，吏为县官卖财予之田。"郑玄谓："宅田，致士者之家所受田也"。刘信芳、梁柱先生在《龙岗云梦秦简·简文考释》文中引郑玄语注简文，虽然未加按语，显然是按照郑注理解简文的。按郑玄的解释是不通的，"致士"为退休的专称，循名责实，退休官僚家人所受之田无论如何和"宅田"也拉不上关系。按授田制度，耕地和宅地都是分开授予的，先秦诸子异口同声说的百亩之田、五亩

---

① 张家山二四七号汉墓竹简整理小组：《张家山汉墓竹简（二四七号墓）》（释文修订本），北京：文物出版社2006年版，第41页。

② 参阅拙文《龙岗秦简"行田"解》，中国秦汉史研究会、咸阳师范学院：《秦汉研究》第一辑，西安：三秦出版社2007年版。

之宅清楚地表明了这一点,这百亩之田和五亩之宅是分开的。当时建城立邑、划分乡里,都有严格规划,人口集中居住于划定的里邑之内,统一出入,比邻而居,同伍连坐,相互监督。① 这居邑所用之地就是宅田。《商君书·境内》云:"能得甲首者,赏爵一级,益田一顷,益宅九亩,一除庶子一人。"这"益田一顷,益宅九亩"就是在原来标准之外增加一顷和九亩,则商鞅变法以后所定的标准宅田是九亩,统一以后,是否还是如此不得而知,从逻辑上判断,不会有什么改变。宅田是非生产性用地,不需要向国家纳税。而普通农田无论耕种与否,收成如何,都要按顷为单位交纳固定数量的田租(税),如果把普通土地算成宅地,则可以逃避田租。所以,秦律规定:"田及为诈[伪][宅]田籍皆坐赃与盗……"尽管因为简文残断,无法完整了解律文,但有一点可以肯定:律文"田"之前有缺文,应释为"……田","……田"和"诈伪宅田籍"都属于"赃"和"盗"的行为。这里"……田"的具体内容虽然不清楚,但"……田"的行为与"赃"同论,其含义当有特指而不是指一般的耕种土地或者是田猎,应当是类似于某种侵占公物的行为而言。"诈伪宅田籍"是"盗"的行为,"盗"的量刑要重于"赃","诈伪宅田籍"的违法情节重于"……田"。从张家山汉简《二年律令·户律》看,当时户籍分类十分详细,户籍制定由乡里官吏具体执行,分别封藏于县、乡,有专门机构和官吏保管,按照一定程序核实检验,规定十分严格,是官吏的公务行为,一般平民是不存在"诈伪宅田籍"问题的。所以,这条律令的适用对象应是相关官吏。

第二,农民要按照规定的时间从事生产及田间管理活动,违反规定者受罚。第155号简文云:"一盾。非田时也,及田不□□坐……"这"非田时"就是没有按照规定的时间从事农事或者与农事有关的活动。上举睡虎地秦简《田律》有关于田间管理的时间要求,如"春二月,毋敢伐材木山林及壅堤水。不夏月,毋敢夜草为灰,取生荔、麛鷇(卵)鷇,毋□□□□□□毒鱼鳖,置阱网,到七月而纵之。唯不幸死而伐棺椁者,是不用时"②。这"唯不幸死而伐棺椁者,是不用时"也要通过相关官吏的批准

---

① 关于秦汉里制,参见拙文《秦汉里制与基层社会结构》,《东岳论丛》2005年第6期。
② 睡虎地秦墓竹简整理小组:《睡虎地秦墓竹简》,北京:文物出版社1978年版,第26页。

同意才能进山砍伐棺木。在平时的日常生活中，农民也要按规定时间出入所居之里，张家山汉简《二年律令·户律》云："田、典更挟里门籥（鑰），以时开；伏闭门，止行及田作者；其献酒及乘置乘传，以节使，救水火，追盗贼，接得行，不从律，罚金二两。"① 里门钥匙由田典和里典轮流保管，按规定时间开门和关门，也就意味着居住在里中的居民必须在规定的时间出入。在"伏日"因为被认为是厉鬼活动的日子，除了公务和特殊使命之外，其他人员终日禁止出行。汉初去秦不远，这个规定都是秦律的延续。

第三，授田在实际执行过程中，并非整齐划一的百亩之田。因为地理条件不同，农民实际耕种的土地往往分散在多处。第108号简文云："盗田二町当遗三程者……"110号简文："一町当遗二程者。"刘信芳、梁柱《考释》分别引《左传》襄公二十五年"町原防"杜注："町堤防间地，不得方正如井田，别为小顷町。"《疏》贾奎云："原防之地，九夫为町，三町而当一井也。"《文选·西京赋》："编町成篁。"薛综注："町谓田亩。"并举东汉徐胜买地卷中的"陌田一町，贾二万五千"为证，认为町是土地面积单位。笔者按，这儿的"町"以薛综理解为是，町就是地块的意思，这是《长沙走马楼三国吴简·吏民田家莂》中的普遍用语，说已见前。律文"盗田二町"就是盗田两处。不过，从上下文看，秦律所说的"町"似乎有一定的数量标准，才有"盗田二町当遗三程""一町当遗二程"之语，"程"指标准，若干町和若干程相对，町也应该有相应的数量标准。但，无论町的面积是否有数量标准、标准是多少，我们都可以清楚地知道农民实际耕种的土地面积并非整齐划一的百亩之地，不一定连在一起。

第四，土地一经划定，以阡陌为界，不得私自变动。第157号简云："侵食道、阡陌及斩人畴企，赀一甲。"160号简文云："黔首皆从阡陌疆畔之其……"这儿的"侵食道"之"道"指道路。前举青川秦牍秦武王二年《更修为田律》云："九月大除道及陂险，十月，为桥修波（陂）堤、利津梁、鲜草离。非除道之时而有陷败不可行，辄为之。"② "侵食道"之"道"

---

① 张家山二四七号汉墓竹简整理小组：《张家山汉墓竹简（二四七号墓）》（释文修订本），北京：文物出版社2006年版，第51页。

② 李均明、林梅村：《散见简牍合辑》，北京：文物出版社1990年版，第51页。

和这儿的"道"的意思相同,指的是道路。私占道路、阡陌,和侵占他人的土地一样,都"赀一甲"。"斩人畴企"之"畴"指的是已耕地,《说文》:"畴,耕治之田也。""企"指田埂,"畴企"泛称耕地,"斩人畴企"即直接侵占他人土地。所谓"黔首皆从阡陌疆畔之其……"云云,大约是为了保护他人耕地不受践踏而特别规定的,只能从阡陌上通行,而不得从田间穿行,否则受罚。

第五,除了按照规定授田以外,可以通过"假田"的方式使用土地。第166号简文云:"黔首钱假其田已……"第168号简文云:"诸以钱财它物假田……"《汉书·食货志》载王莽批评汉家土地制度时说汉家田租虽然很轻,但土地兼并严重,"豪民侵陵,分田劫假"。颜师古注曰:"分田,谓贫者无田而取富人田耕种,共分其所收也。假亦谓贫人赁富人之田也。劫者,富人劫夺其税,侵欺之也。"假者,赁也,颜师古的注释是对的。但并不等于只能"假"富人土地,也可以"假"国家土地。西汉为解决农民土地问题,曾假民公田。如《汉书·宣帝纪》,地节三年诏:"前下诏假公田,贷种、食。其加赐鳏寡孤独高年帛。"这"假民公田"就是把国家土地租赁给无地农民,国家税收很轻,而地主豪强和地方官吏沆瀣一气,把应该假给贫民的土地据为己有,再转租给农民,从中获取高额地租,这就是王莽所说的"分田劫假"。这里不去讨论西汉"假民公田"的实施效果,我们只要明白,无论租借公田还是私田,都可以称之为假田就可以了。因为简文残断,这儿的"黔首钱假其田已"和"诸以钱财它物假田"云云的具体内容难以全部把握,但是,有一点可以肯定,"黔首钱假其田已""诸以钱财它物假田"和西汉的"分田劫假"以及"假民公田"之假田不同。西汉是在无地的情况下,耕种国家土地交纳"假税",或者租种地主土地交纳地租,因为是在无地条件下耕种的,其假税也好、地租也好都要先耕种后交纳。而龙岗秦简规定的是用钱、物"假"田的行为规范,这必须以有相应数量的钱物为前提,这些"假田"者不一定是农民,更不一定是无地农民;所假之田来自何处,是私人的,还是国家的,都无法认定。而在授田制之下,有名于上即有田于下,无地农民可以通过正常的授田程序获得土地,不存在要用钱、物"假田"问题。所以,从逻辑上判断,秦简"黔首钱假其田已"、"诸以钱财它物假田"可能不是针对无地农民规定的。按当时制度，工商有专门户籍，没有资格像普通农民那样授田，但是，随着技术的进步，商品生产的发展，山林川泽逐步地成为商品生产的自然资源，而这些山林川泽处于官府控制之下，工商业者没有使用权，遂采用"假"——租借的方式，出一定的资金，租赁山川林泽，从事商品生产，既满足了工商业者的土地需求，也扩大了官府的财政收入，一举两得，在逻辑上是完全可能的，所以，笔者推测，这里的"黔首钱假其田已""诸以钱财它物假田"很可能是针对工商业者的，当然，普通农民有能力出钱"假田"也是允许的。惜乎律文有缺，是否如此只能等待新的资料了。

四、里耶秦简、岳麓秦简所见土地制度的几个问题

《里耶秦简（壹）》对土地制度的记载集中于三个方面：一是继续实行授田，二是公田即官田的大量存在和管理，三是田租（税）征收方式。田租（税）征收方式问题待专门讨论秦汉田税征收方式时再分析，现在先谈授田和公田经营问题。

《里耶秦简（壹）》第八层第二零七号简云："庚申颍阴相来行田宇。"颍阴是地名，相是官名，来是人名。"行田宇"即授予田宅，"颍阴相来行田宇"即叫作来的颍阴相授予农民土地住宅。对"颍阴相来行田宇"之"相"的理解要做一个必要的说明：秦无分封制，这儿的相不能理解为侯国、王国之相，其具体职掌不清楚。但是，可以肯定的是不能理解为人名，因为如果相和来是同一个人，则"行田宇"的主体不明，因为"行田宇"是官府行为，经手人必须是官吏，颍阴是地名，"相来"则不可能是人名，只能是"相"为官名，"来"为人名。

从历史的逻辑上说，在土地国有制时代，除了授予农民耕种以外，大部分土地包括山川林泽等均在官府直接经营和管理之下，官府为了实现利益最大化，也以各种方式经营农业，《周礼》中设计的各种和农业生产相关的官吏反映了这一历史精神，但是《周礼》毕竟有太多的设计成分，真正的官营农业状况还要出土律令或者官府文书记录的实践状况才能说明。云梦睡虎地秦律的出土曾证明秦在商鞅变法以后一直存在着发达的官营经济，有专门的机构和官吏负责官营农业生产，上已陆续述及。上举云梦睡虎地秦律

《厩苑律》规定耕牛评比时有对田啬夫、田典奖惩的规定。所述的田啬夫和乡啬夫平级,田典和里典对应,可知田部是和乡部平行的管理公田生产的组织系统。①《里耶秦简(壹)》有三十余枚简牍记录了公田、田官及其生产的具体实况,为我们认识秦朝土地制度提供了新的资料。这主要体现在如下几点。

第一,秦朝广泛存在着公田、官田,也就是官府直接经营的土地,公田分区管理,称为"田部"。这田部相当于"乡部",即一县设若干乡的同时设若干田部。公田官吏统称田官,主吏称为田啬夫,属吏有田佐、令史、史等,构成一个管理班子。如:

1. 廿六年三月壬午朔癸卯左公田丁敢言之:佐州里烦故为公田吏,徒属,事荅不备,分负各十五石少半斗,直钱三百一十四。烦冗佐署迁陵。今上责校券二,谒告迁陵令官计者,定以钱三百一十四受旬阳左公田钱,问可计付署计年为报,敢言之……　　　　　　　8—63
2. 去田官　　　　　　　　　　　　　　　　　　　　　8—74
3. 田佐贺二甲　　　　　　　　　　　　　　　　　　　8—149
4. □官田一□
……
　□令田令史□审　　　　　　　　　　　　　　　　　8—165
5. 发田官不得□　　　　　　　　　　　　　　　　　　8—194
6. 资中令史阳里釦阀阅
十一年九月隃为史
为乡史九岁一日
为田部史四岁三月十一日
为令史二月
　□计　　户计
年三十六

---

① 王彦辉:《田啬夫、田典考释——对秦及汉初设置两套基层管理机构的一点思考》,《东北师大学报》2010年第2期。

可直司空曹	8—269
7. 貳春乡佐壬　今田官佐	8—580
8. 田官别貳春亭唐亭	8—1114

根据一号简简文，公田有分左右者，"公田"即官田，"左公田"应该是左部公田的简称，"左公田吏"即左部公田吏的泛称。烦曾为公田吏，因为"冗佐"即所在公田管理人员超编而"冗佐署迁陵，"但有欠账没还，"事苔不备，分负各十五石少半斗，直钱三百一十四"，于是根据上级要求移书迁陵"谒告迁陵令官计者定以钱三百一十四受旬阳左公田钱，问可计付署计年为报敢言之"。则公田吏有相应的编制，离任时必须钱物两讫，不得有欠，即使到了外地，依然要还归官府。可见公田的财务审计考课自成系统。六号简记载的是"资中令史阳里釦阀阅"，"阀阅"是做官为吏的履历，喻先"为乡史九岁一日"，后"为田部史四岁三月十一日"，又"为令史二月"。田部史和乡史同级，先为乡史，后为田部史，最后才做到令史，这个令史很可能是四号简说的田令史。经过这一系列的实践锻炼之后，拟"直司空曹"。这个司空曹应是县司空曹。七号简谓"貳春乡佐壬今田官佐"，即壬原来是貳春乡乡佐，现在是田官佐，田官与乡官相对，属于平调。这不仅透露出秦朝基层小吏的升迁路径，也透露出了基层生产组织结构。其余诸简的田官都是公田管理机构的统称。

第二，公田生产多用刑徒和奴隶。云梦睡虎地秦律有众多隶臣妾从事手工业生产的规定，也有关于从事农业生产的规定。如《仓律》规定：

　　隶臣妾其从事公，隶臣月禾二石，隶妾一石半；其不从事，勿稟。小城旦、隶臣作者，月禾一石半石；未能作者，月禾一石。小妾、舂作者，月禾一石二斗半斗；未能作者，月禾一石。婴儿之毋（无）母者各半石；虽有母而与其母冗居公者，亦稟之，禾月半石。隶臣田者，以二月月稟二石半石，到九月尽而止其半石。舂，月一石半石。隶臣、城旦高不盈六尺五寸，隶妾、舂高不盈六尺二寸，皆为小；高五尺二寸，皆作之。①

"隶臣妾其从事公"即服役于官府的隶臣妾,有官府供给粮食,因男女大小和季节各有不同数量。"田"即在官田上从事生产劳动,是"从事公"的内容之一。这儿的"隶臣田者"是个别现象还是普遍情况,以往缺少充分认识,大多认为秦朝已经进入封建社会,土地私有制居于主导地位,国有土地数量有限,国有土地的生产经营在国民经济中的比重微不足道,因而对"隶臣田者"注意不够。其实,"隶臣田者"是"隶臣妾其从事公"的一部分,是隶臣妾役事的一部分,起码从逻辑上说,"隶臣田者"是普遍状况。里耶秦简有众多隶臣妾和刑徒耕作公田的记载。如:

1. 廿九年尽
岁田官徒簿　　　　　　　　　　　　　　　　8—16
2. 凡八十七人
其二人付畜官
四人付贰春
廿四人付田官
二人除道沅陵
……
小城旦九人
其一人付少内
六人付田官
一人捕羽强
一人与吏上计
小舂五人
三人付田官
一人徒养姊
一人病□　　　　　　　　　　　　　　　　8—145

---

① 睡虎地秦墓竹简整理小组:《睡虎地秦墓竹简》,北京:文物出版社1978年版,第49页。

3. □城旦十人

其八人付田官

三人载粟输　　　　　　　　　　　　　　　　　　8—162

4. 付 小臣妾八人

□六人付田官

一人牧鴈豫　　　　　　　　　　　　　　　　　　8—444

5. 小舂五人

其三人付田　　　　　　　　　　　　　　　　　　8—239

6. 一人付司空牧

一人作务臣

一人求白翰羽章

一人廷守府快

其二十六人付田官☒　　　　　　　　　　　　　　8—663

7. 卅十年六月丁亥朔甲辰田官守敬敢言之疏书日食牍北上敢言之

城旦鬼薪十八人

小城旦十人

舂廿二人

小舂三人

隶妾居赀三人　　　　　　　　　　　　　　　　8—1566

据上举诸简，隶臣妾是官田的主要劳动力，其次是刑徒。一号简文的"田官徒簿"就是秦始皇二十九年年终审定的耕作于官田的"徒"的人数、工作情况、衣食供应等的总账本。二号简是"徒簿"的一种，记载官徒服役的分配状况。在87人中，2人"付畜官"，24人"付田官"，其余大多是一两个人，分散在官府各个部门。这87人的身份虽然没有明确记载，可以推定为隶臣妾，四号简小臣妾8人，其中6人"付田官"。六号简"付田官"的26人身份不明，可能也是隶臣妾。城旦、舂是刑徒，大部劳作于公田，二号简的小城旦9人，6人"付田官"；小舂5人，3人"付田官"。三号简文记载"□城旦十人"（□字不识，应当是"小"字），8人"付田官"；五号简小舂5人，3人"付田官"。七号简是田官的"日食"簿，也就是一天食品供应账簿，33人是刑徒，3人是隶妾"居赀"者即以劳役偿还欠账者。简牍记载真实但有凌乱之蔽，无法以现代统计眼光视之，但是，窥一斑而知全豹，从中分析秦朝公田劳动力的来源是可信的。

第三，有严格的考课制度。秦自商鞅变法以来，建立严密的考核体系，官田的生产管理自不例外。如：

1. 田课志☐
漆园课☐   8—383
2. 田官课志
田☐☐课   8—479
3. 田官计   8—481
4. 卒死亡课
司寇田课
卒田课   8—482
5. 卅二月乙丑朔壬寅田官守敬敢言之
官田自食簿谒泰守府☐☐   8—672
6. 田提封计   8—488

这儿的"田课志""漆园课""田官课志""田官计""田提封计"等都是用作考核的专门文书。"课"是某一方面的统计文书，"计"是综合统计文书。其性质相同，分别名为"课"与"计"，则是功能不同，"课"是部门内部考课记录，"计"是向上级部门汇报、接受整体考核的文书，也就是上计计书的简称。具体内容不详，但是透露出公田管理的严格。第八层第1763号简文有这样的记载："当垦田十六亩，已垦田十九亩。"农田开垦是有指标的，应当垦田十六亩而实际垦田十九亩，超出了定额。这显然是针对公田开垦而言的，从中可以窥见公田管理的一斑。

岳麓秦简《数》对土地制度的记载主要是其土地面积计算题，反映了当时土地使用的实际样态，为我们了解秦统一前后土地制度提供了新的材料。上文在分析田亩面积和形制时已经引用过，为了分析的需要，再引如下：

田方十五步半步，为田一亩四分步一　　　　　　　　　　52

　　甲（田）广三步四分步三，从（纵）五步三分步二，成田廿一步
有（又）四分步之一　　　　　　　　　　　　　　　　　　　53

　　☐广五十五步大半=（半）步，从（纵）十六步少半=（半），成
田卅二步卅六分步五。述（术）曰：同母，子相从，以分子相乘。　54

　　田广十六步大半=（半）步，从（纵）十五步少半=（半）步，
成田一亩卅一步有（又）卅六分步之廿九　　　　　　　　　　　56

　　里田述（术）曰：里乘里=，（里）也，因而参之，有（又）参五
之，为田三顷七十五亩　　　　　　　　　　　　　　　　　　　62

　　☐田之术（术）曰：以从（纵）廿百卌步者，除广一步，得田一
亩，除广十步，得田十亩，除广百步，得田一顷，除广千步，得田　63

　　箕田曰：并舌䐈步数而半之，以为广，道舌中丈彻䐈中，以为从
（纵）相乘即成积步。　　　　　　　　　　　　　　　　　　　64

　　周田术（术）曰：周乘周，十二成一；其一述（术）曰：半周半
径，田即定，径乘周，四成一；半径乘周，二成一。　　　　　　65

《数》是一部具有实用性质的算术书，所举例题在生产生活中可以直接使用而无需换算，均来源于现实生产生活需求，是在日常生产生活实践中逐步形成的，其成书时间的下限不迟于秦始皇三十五年，其上限很可能是在战国时代，很可能在统一之前已经流传；可能是秦国之物，也可能是六国之物。但无论统一前流传地域如何，统一之后则是基层官吏必备的数学工具书。

　　前已指出，秦朝授田的标准是每夫百亩，有着严密的阡陌道路系统，田亩形制、封疆设置有着严格的规定。但是，在生产实践过程中，农民实际耕作的土地分布、地块形式是丰富多彩的，一顷之地不可能连在一起，更不能都是中规中矩的方块田，农民实际耕种的土地面积也不可能就是一百亩，往往是分散的、不规则的，奇零现象是普遍存在。龙岗秦简一家有田数"町"的记载已经说明了这一点，《数》的算题进一步证明了这一事实。法律规定农民授田百亩，并不是说实际授予农民的就是一百亩，更不是像上举《田律》规定的方块田。农民实际耕种的土地数量因土地质量不同而异，形状

多样,大小不同,其分布更是无一定之规,才有各种应用题的流行,先计算每个地块的面积,而后再累计总面积。这在统一以后,尤其突出。因为自然条件的多样性,农业结构各地有别,土地质量差别巨大,无论是官府用来分配的土地还是农民实际领到的土地,都是因地而异,必然呈现多样性特点。这些,点到即明,无需多说。

第 三 章

汉代授田及其私有化

提要：西汉前期继续秦朝授田制度，《二年律令》中的授田制是实际施行的制度，并非"自制定之日起就是一纸具文"。汉代授田一经授予即归私有，可以继承和买卖，处于私有化过程之中，是由授田性质和经济政策所决定，是一个历史的发展过程，并非因为汉文帝改变、废除授田制使然。"假民公田"是授田制的孑遗和补充，和土地租赁性质有别。刘秀"度田"没有因为兵变而废止，而是严格执行下去，并以此整顿社会秩序。东汉的"赋民公田"是授田的继续。

随着云梦秦简的面世，对秦朝土地认识的深入，人们开始认识到汉初继承了秦朝的土地制度，但是，因为对秦始皇三十一年"使黔首自实田"性质认识的不同，人们对汉初所实行的土地制度的认识也存在着分歧，在西汉初年是否存在着授田制，刘邦"复故爵田宅"诏是否意味着继承秦朝土地制度，西汉初年工商势力兴起与土地制度有什么样的逻辑联系等事关社会结构变迁各个方面的重大问题的认识，都还存在差异，有的问题还没有进入研究者的视野。张家山汉简公布以后，人们逐步认识到汉代继续秦朝授田制度，同时处于迅速瓦解之中，其体现就是农民受田之后在法律层面即归于私有，土地兼并兴起。但是，如果立足于西汉初期政治结构的层面思考，还有许多问题需要进一步的探索：汉代授田制度实践状况，何时废止和如何废止，如何理解土地兼并与农民破产及其与授田制的关联，如何认识"假民公田"、"赋民公田"与授田制的关系,等等,需要进一步的解答。只有对这些问题有科学的把握,才能对汉代田税征收方式和农民的田税负担以及农民的历史命运有符合历史实际的把握。笔者以为,西汉在制度层面继承了秦朝的授田制,从制度规定来说,授田制度并没有明令废止,只是随着土地私有化历史脚步的加速而逐步地成为一纸空文,但在制度设计上,构成了后世土地制度的历史基础。

第一节　土地授予的标准与程序

董仲舒曾经对秦的土地制度有过经典的表述：

> 至秦则不然,用商鞅之法,改帝王之制,除井田,民得卖买,富者田连仟伯,贫者亡立锥之地。又颛川泽之利,管山林之饶,荒淫越制,逾侈以相高。邑有人君之尊,里有公侯之富,小民安得不困?[①]

千百年来,学者们都是以此为据认识秦朝土地制度的,云梦秦简、银雀山汉简等简牍资料面世以后,对秦朝土地制度的认识日益深入,但是秦朝是土地私有制的社会仍然是多数学者的认识,这就直接影响了对西汉土地制度的理解,直接决定了对刘邦"复故爵田宅令"历史意义的解读。上文依据出土资料,部分地揭示了秦朝土地制度的本原,从而使我们重新认识西汉土地制度有了历史基础。现在从刘邦的"复故爵田宅"诏说起。

一、"复故爵田宅"与秦土地制度的延续

刘邦称帝伊始,暂都洛阳时,即复原军队,令"兵皆罢归家",随后下诏"复故爵田宅":

> 夏五月,兵皆罢归家。诏曰:"诸侯子在关中者,复之十二岁,其

---

① 《汉书》卷24上《食货志上》,北京:中华书局1962年版,第1137页。

归者半之。民前或相聚保山泽，不书名数，今天下已定，令各归其县，复故爵田宅，吏以文法教训辨告，勿笞辱。民以饥饿自卖为人奴婢者，皆免为庶人。军吏卒会赦，其亡罪而亡爵及不满大夫者，皆赐爵为大夫。故大夫以上赐爵各一级，其七大夫以上，皆令食邑，非七大夫以下，皆复其身及户，勿事。"

又曰："七大夫、公乘以上，皆高爵也。诸侯子及从军归者，甚多高爵，吾数诏吏先与田宅，及所当求于吏者，亟与。爵或人君，上所尊礼，久立吏前，曾不为决，甚亡谓也。异日秦民爵公大夫以上，令丞与亢礼，今吾于爵非轻也，吏独安取此！且法以有功劳行田宅。今小吏未尝从军者多满，而有功者顾不得，背公立私，守尉长吏教训甚不善。其令诸吏善遇高爵，称吾意。且廉问，有不如吾诏者，以重论之。"①

这是刘邦称帝以后面对全国发布的第一道诏令，以优抚复员军人和安抚逃亡吏民为核心内容，大体说来，有如下几个方面：

第一，"兵皆罢归家"，也就是复原军队。凡是复员回家的士卒免除十二年或者六年的徭役。"诸侯子在关中者，复之十二岁，其归者半之。"诸侯子即东方六国士卒的代称，凡跟随刘邦入关的原六国士卒，定居关中者，免除十二年徭役；返回故里者，免除六年徭役。当时刘邦准备建都洛阳，并没有建都关中的打算，而刘邦却鼓励"诸侯子"复员后定居关中，是因为刘邦的江山是从项羽手中夺下来的，凭借的是关中之地、关中之人、关中之物，而项羽是六国宗室的代表，六国贵族起兵反秦的目的是恢复故国。楚汉战争，实际上是刘邦凭借秦人、秦地之力和六国贵族争夺天下，刘邦粉粹的不仅仅是项羽的霸王梦，也是六国贵族的复国梦，其依托的是关中的人力、物力。刘邦称帝，接过了秦朝的天下，关中吏民付出的代价是巨大的，人口减损严重，所以鼓励"诸侯子"定居关中。

第二，凡是复原的"军吏卒"，全部依法赐予爵位田宅。"军吏卒会赦，其亡罪而亡爵及不满大夫者，皆赐爵为大夫。故大夫以上赐爵各一级。其七

---

① 《汉书》卷1下《高帝纪下》，北京：中华书局1962年版，第54—55页。

大夫以上,皆令食邑,非七大夫以下,皆复其身及户,勿事。"那些曾经违反军令的"军吏卒"全部赦免,没有违反军令但也没有爵位的普通士卒、虽然有爵位但在大夫以下的低爵位者,复原以后一律赐爵为大夫;原来有大夫爵位的升为七大夫;七大夫以上者都有食邑;七大夫以下,终身免除全家徭役。

第三,招还流民,承认其原来爵位、田、宅的合法性。"民前或相聚保山泽,不书名数,今天下已定,令各归其县,复故爵田宅,吏以文法教训辩告,勿笞辱。"这些为了逃避战争而"聚保山泽"脱离户籍即"不书名数"之民,只要回到原籍,重新登记入户,其原来的爵位、土地、住宅依然合法有效。这"故爵"是秦朝之爵,田宅自然是秦王朝根据法律赏赐的田宅,其中既有有爵位者,也有普通平民。刘邦特别强调,地方官吏不得责备、刁难——即使是按照法律规定来惩罚这些曾经"聚保山泽"的人,也不允许。因为,秦律严禁人口擅自迁移,违者法办,那些地方官吏大多是秦朝文法吏的延续,出于历史的惯性,对逃离原籍的人自然要施以颜色。刘邦为了收揽人心、增加编户,才特别强调这一点。从当时的历史背景分析,"聚保山泽"的不止是那些有爵位的人,也有没有爵位的庶民。因为秦朝统一以后,有爵位的主要是秦人,而秦人是刘邦统一天下的支持者,刘邦依靠的是秦人之力、秦地之财取得最后胜利。项羽入关,率领六国贵族军队,在咸阳大报亡国之恨、快意恩仇的时候,秦地吏民逃亡者甚多。故当刘邦还定三秦,和项羽争夺天下时,关中吏民为免再遭涂炭而支持刘邦。萧何在关中始终能够有条不紊地统计人口、征集军队、调集军粮,保证刘邦的需求,盖因于此。而秦人的特点是"勇于公战,怯于私斗",在当时的历史条件下,关中吏民是别无选择地支持刘邦,但是,"聚保山泽"者仍然存在。而对于六国地区而言,特别是中原地带,处于楚汉战争的核心地区,生活于腥风血雨之中的农民首选的生存方式是逃亡山林。关中也好,洛阳也罢,既经逃亡,其田宅成为无主之地,天下已定,即收归国有。刘邦定都洛阳,自然希望百姓回归故里,同时更要安抚关中吏民,所以诏令"复故爵田宅",以示关中、关东一体化。刘邦明确,只要他们回到原籍,原来的土地、住宅仍然归他们所有,这正表明了汉初对秦朝授田的继承。

第四，恢复自卖为奴者的庶人身份。"民以饥饿自卖为人奴婢者，皆免为庶人。"这些"自卖为人奴婢者"本来是普通农民，是国家的编户齐民，因为战乱无以为生而沦为奴隶，不仅使其自身命运悲惨，而且增加了在战乱中兴起的地方豪强的实力，减少了国家的编户。所以要将他们免为庶人，列为编户，授以土地，征以徭赋，扩大国家的赋役来源。

第五，新兴军功地主的土地兑现问题。刘邦对军功爵者的待遇要高于秦，在秦朝是第七级"爵公大夫以上，令丞与亢礼"，汉家则是"其七大夫以上（第七级公大夫的简称），皆令食邑，非七大夫以下，皆复其身及户，勿事"。在"以功劳行田宅"的过程中，要求地方政府满足这些"甚多高爵"的"诸侯子及从军归者"，反复"诏吏先与田宅，及所当求于吏者，亟与"。但是，地方官吏却有法不依，不按诏书办事，自己虽然没有从军、没有军功，却先把好田好地占在自己名下，而那些复员回乡的有军功爵位的人却不能按照法律分得应该得到的田宅，又无可奈何，以至于"久立吏前，曾不为决"。这些回乡的诸侯子"久立吏前"是这些基层官吏们故意拖延所致。这可能是个比较普遍的现象，刘邦才下令"有不如吾诏者，以重论之"，追究"守尉长吏教训甚不善"之责。何以如此？刘邦认为是"守尉长吏教训甚不善"所致。为什么存在着"教训"问题？这就是新朝与旧吏之间的矛盾。王朝鼎革，郡县长吏自然是开国功臣出任，但是基层小吏还是秦朝旧人，他们熟悉法律制度。在战争年代，这些小吏蛰居一方，"未尝从军"。但是，他们在秦朝可能有爵位，当"复故爵田宅"之后，他们自然要恢复原来的田宅。汉家建立，基层行政离不开这些旧吏，户口登记、田宅分配都需要他们落实。那些回乡的军功爵者本来就是这些小吏的治下，现在荣归故里，地位虽然变了，但是田宅分配还得依靠这些小吏来办。小吏在这些汉家新贵面前自然志得意满，傲慢待之，以煞新贵们的威风，防止这些具有高爵的新贵们将来骑在自己头上作威作福，才有刘邦所说的现象发生。尽管这是笔者的逻辑分析，但是，笔者相信，这个分析是经得起史实检验的。

二、《二年律令》所见的授田制

上述分析说明，刘邦完全延续秦朝的军功赐田宅制度，保护秦朝军功地主的既得利益，依靠秦朝文法吏维护基层社会秩序，同时提高汉朝军功爵者的待遇，并引起秦朝故吏的不满而消极抵抗。诏令虽然没有提到普通农民的授田问题，但是军功赐田是以每夫百亩授田制为基础的，"复故爵田宅"包括没有爵位的普通农户的田宅在内，这些普通农户的田宅是受之于官府的，承认他们田宅之合法，表明了继续秦朝的授田制度。张家山汉简《二年律令》的公布，说明西汉完全继承秦朝的授田制度。

张家山汉简《二年律令》首先明确西汉授田实行二百四十步之亩，以百亩为基本授予单位。张家山汉简《二年律令·田律》云：

> 田广一步，袤二百卌步，为畛，亩二畛，一佰（陌）道；百亩为顷，十顷一千（阡）道，道广二丈。恒以秋七月除千（阡）佰（陌）之大草，九月大除道□阪险；十月为桥，修波（陂）堤，利津梁。虽非除道之时而有陷败不可行，辄为之。乡部主邑中道，田主田道。道有败不可行者，罚其啬夫、吏主者黄金各两。[①]

比勘上举青川郝家坪出土秦武王二年《更修为田律》律文，我们不难发现，西汉亩制几乎完全因袭秦制，只是田间封疆道路系统有所简化，较之秦亩减少了封、埒（埒）的设置，扩大了阡陌的规格，道宽两丈，而秦武王二年《更修为田律》规定的阡陌是"道广三步"即一丈八尺。这是土地规划进步的体现，也是生产发展的需要。根据云梦睡虎地秦简《法律答问》关于"封"的解释，起码在统一之前已经废掉了封、埒（埒）。《法律答问》云：

[①] 张家山二四七号汉墓竹简整理小组：《张家山汉墓竹简（二四七号墓）》（释文修订本），北京：文物出版社2006年版，第42页。

"盗徙封，赎耐。"可（何）如为封？"封"即田阡陌也。顷半（畔）封也，且非是？而盗徙之，赎耐，可（何）重也？是，不重。①

按规定，私自移动"封"者也处以"赎耐"之刑。什么是"封"？"封"就是田阡陌。那么，"顷畔封"算不算作"封"？有人移动顷畔之封处以"赎耐"之刑，重不重？回答是，顷畔封也是封，应该"赎耐"。依照秦武王二年《更修为田律》规定，田间疆界道路由封、埒、阡、陌四项内容构成，封自封，阡陌自阡陌。到了统一前后，"田阡陌"也成为封了，以致在司法实践过程中需要对"封"的含义做出专门的解释。《二年律令》之《田律》只见阡陌，没有了封、埒的设置，起码是秦朝田律的延续。

授田时，原则上授予可耕地。不过，这里的耕地并非是已经垦种的熟田，而是适宜农耕的可垦田。如果农民自己要求授予那些不适宜农耕的土地也可以，但一旦接受这些不适宜农耕的土地，就不能因为不能耕种而要求重新授予，即使因为不能耕种而归还国家，也不得要求重新授予。也就是说，一个普通农民，只能受田一次。《二年律令·田律》规定：

  田不可田者，勿行，当受田者欲受，许之。
  田不可垦而欲归，勿受偿者，许之。②

律文的"行"即授予，"勿行"即不要把不可垦的土地授给农民。按《汉书·地理志》，汉代把土地分为已垦、可垦而未垦、不可垦三类，不可垦之地包括山川林泽、居邑、道路，授给农民的是已垦和可垦地，不能把那些不可垦的土地强制性地授予民众；但是，允许农民自愿接受不可垦的土地，如果无法经营，可以再归还政府，但不得要求补偿，也就是不得要求重新授予

---

① 睡虎地秦墓竹简整理小组：《睡虎地秦墓竹简》，北京：文物出版社1978年版，第178页。
② 张家山二四七号汉墓竹简整理小组：《张家山汉墓竹简（二四七号墓）》（释文修订本），北京：文物出版社2006年版，第41、42页。

可以垦种的土地。需要特别强调的是，这里的"勿受偿者"之"偿"是指重新授田，并非如学者所理解的是接受其他的经济补偿。①

授田时，每家授田多少，以户口名籍为准。《二年律令·户律》规定：

> 未受田宅者，乡部以其为户先后次次编之，久为右。久等，以爵先后。有籍县官田宅，上其廷，令辄以次行之。②

乡是县政府的派出机构，具体负责土地授予等事宜。授田时，按立户先后次序；在立户时间相同的条件下再以爵位高低为序，即爵位高者先授，爵位低者次之，都要根据上报县官的户籍次序进行。不著名户籍、使用他人户籍，

---

① 按《汉书》卷77《孙宝传》载，成帝"时帝舅红阳侯立使客因南郡太守李尚占垦草田百数顷，颇有民所假少府陂泽，略皆开发，上书愿以入县官，有诏郡平田予直，钱有贵一万万以上。师古曰：'增于时价。'宝闻之，遣丞相史按验，发其奸，劾奏立、尚怀奸罔上，狡猾不道。尚下狱死"。师古注释"有诏郡平田予直"云"受其田而准偿价直也"，就是诏令地方政府接受红阳侯王立的归田请求，给予相应的金钱，也就是用购买的方式把红阳侯王立的土地收归国有。但是，王立所"占垦草田百数顷"并非都是新开垦的"草田"，相当一部分是"民所假少府陂泽"，"少府陂泽"本来是中央直属的国有土地，已经"假"与农民耕种了，也就是说，红阳侯强占了农民租于少府的土地，也强占了国有土地。不仅如此，红阳侯还和太守李尚相互勾结，故意抬高收购价格，高出国家制定的价格达一万万以上。所谓"诏郡平田予直"之"平田"即指土地的"平贾"，也就是官定价格，颜师古谓"钱有贵一万万以上"是"增于时价"达一万万以上，将"平田予直"之"平"理解为"时价"意有未达，不是"时价"而是"平贾"（关于"平贾"，参见拙文《说"平贾"》《史林》2011年第1期）。杨振宏先生一方面根据"田不可田者，勿行；当受田者欲受，许之"认为"如果耕地过于贫瘠，不能授给受田者，除非受田者自己愿意接受"，同时根据律文"田不可狠（垦）而欲归，毋受偿者，许之"认为"接受这种田可能得到一定补偿，如果没有补偿，受田者可以退回，要求重新授予"。并谓"勿受偿者"之"偿"和红阳侯王立受偿于官府的性质相同，是国家给予的补偿，云"即当时百姓可以通过占垦草田来获取土地，一旦土地被开垦，其占有权即归其所有，如果国家因故予以收回时，要偿付其价值"（见氏著《秦汉"名田宅制"说——从张家山汉简看战国秦汉的土地制度》，《中国史研究》2003年第3期）。笔者按：根据王立案，说当时"百姓可以通过占垦草田来获取土地，一旦土地被开垦，其占有权即归其所有，如果国家因故予以收回时，要偿付其价值"是可以成立的，但是并不能据此说明《田律》的授田是农民自行开垦而来，否则户籍制度在授田制中的意义就不存在了。因为秦和西汉初期授田制是严格按照名籍，也就是户籍登记的身份等级授予土地的，如果是农民开垦在先，国家即追认其合法占有，其"名籍"的作用不复存在，这与授田制的本质是相违背的。律文"田不可垦而欲归，勿受偿者，许之"是指农民在不要求重新领取土地、请求交还所受之田的情况下，政府可以接受其请求。也就是说，农民只能受田一次，放弃受田，不得再要求，律文并不包含"要求重新授予"的内容，官府也不会"许之"。杨先生的理解正好相反。

② 张家山二四七号汉墓竹简整理小组：《张家山汉墓竹简（二四七号墓）》（释文修订本），北京：文物出版社2006年版，第52页。

或代替他人占田者则课以重罚：

> 诸不为户，有田宅，附令人名，及为人名田宅者，皆令以卒戍边二岁，没入田宅县官。为人名田宅，能先告，除其罪，有（又）畀之所名田宅，它如律令。①

这里规定了三种违法行为：一是"不为户"即不登记户口者；二是"有田宅附令人名"者，即自己有土地而附在别人名籍之下的；三是替别人领取土地者。这三种行为有其一者"皆令以卒戍边二岁，没入田宅县官"。授田以名籍为准，为别人受田于官府，就意味着自己失去了受田资格，也就失去了安身立命的根本，土地毕竟是农民最基本的生产资料。这在当时的历史条件下，这种行为多非个人本愿，而有其不得已的原因。所以法律鼓励那些被迫为他人"名田宅"者主动揭发这种不法行为，只要揭发属实，个人不仅免罪，而且"所名之田"即以其名籍受于官府的田、宅均归其合法占有。

正因为授田以户口为基础，故《户律》对年龄登记、户籍管理有着严密的规定：

> 民皆自占年，小未能自占，而毋父母、同产为占者，吏以□比定其年。自占、占子、同产年，不以实三岁以上，皆耐。产子者恒以户时占其……②

"自占年"即自己前往指定地点核实登记年龄③，因年幼不能自己登记者由父母兄弟代为登记，无父母兄弟者由基层官吏推定其年龄，谎报达三岁者则

---

① 张家山二四七号汉墓竹简整理小组：《张家山汉墓竹简（二四七号墓）》（释文修订本），北京：文物出版社2006年版，第53页。
② 张家山二四七号汉墓竹简整理小组：《张家山汉墓竹简（二四七号墓）》（释文修订本），北京：文物出版社2006年版，第53页。
③ 关于"自占年"的理解，一般理解为"自行申报年龄"，这固然有一定理由，简便易懂，也能通释文意，但是作为一项制度，"自占年"远非"自行申报年龄"那样简单，其内涵要复杂得多，准确训释应为"核实登记"，见拙文《说"自占年"》，《史林》2011年第1期。

处以耐刑。百姓产子则在每年统一办理户籍时（即"户时"）申报户口。所谓的"户时"即每年八月统一办理户籍的时间，主要由乡政府职能官吏具体负责，《户律》云：

> 恒以八月令乡部啬夫、吏、令史相襍案户籍，副臧（藏）其廷。有移徙者，辄移户及年籍爵细徙所，并封。留弗移，移不并封，及实不徙数盈十日，皆罚金四两；数在所正、典弗告，与同罪。乡部啬夫、吏主及案户者弗得，罚金各一两。
>
> 为人妻者不得为户。民欲别为户者，皆以八月户时，非户时毋许。①

按律文，乡部官吏每年八月都要核校人口、办理新户和户口迁移手续，审定户籍档案。不按时办理者，"罚金四两"；里正、里典知情不报，"与同罪"。这些档案包括每户的人口数量、年龄、户主、田宅数量及其位置顺序、租税数量等内容。所有这些，都要按其性质分别立籍，统一报到县廷收藏。《户律》对此有详细的规定：

> 民宅园户籍、年细籍、田比地籍、田命籍、田租籍，谨副上县廷，皆以箧若匣匵盛，缄闭，以令若丞、官啬夫印封，独别为府，封府户；节（即）有当治为者，令史、吏主者完封奏（凑）令若丞印，啬夫发，即襍治为；臧（藏）府已，辄复缄闭封臧（藏）。不从律者罚金各四两。其或为訮（诈）伪，有增减也，而弗能得，赎耐。②

这宅园户籍、年细籍、田比地籍、田命籍、田租籍由乡部官吏登记制作完成以后，上交县廷，有专门官吏收藏在专用的柜子里，放在专用的房间，由县令、县丞或者是其他负责人封闭门户，加上封条，盖以玺印。因特殊原因如

---

① 张家山二四七号汉墓竹简整理小组：《张家山汉墓竹简（二四七号墓）》（释文修本），北京：文物出版社2006年版，第54页，56页。
② 张家山二四七号汉墓竹简整理小组：《张家山汉墓竹简（二四七号墓）》（释文修本），北京：文物出版社2006年版，第54页。

要更正、补充簿籍内容等需要打开时，由令史和负责保管的官吏共同检查封印完好无损后，由县令、县丞或者其他主要负责人打开，在集体参与之下完成修订内容，再按照程序封存。不按照法定程序，"罚金四两"。弄虚作假、增减数目而不能发现者，相关官吏统统"赎耐"。以往我们对汉代户籍制度的了解仅限于居延汉简戍卒名籍簿的格式和内容，据此可知汉代的户籍制度要复杂得多。这些，将在户籍部分展开，这里暂不讨论。这里只要明白，所有这一切，都是和当时的授田制度分不开的，是授田的前提，目的是为了实现税收。

授田的基本标准是每夫百亩田、一区宅，有军功者按爵位高低依次增加。《户律》规定：

> 关内侯九十五顷，大庶长九十顷，驷车庶长八十八顷，大上造八十六顷，少上造八十四顷，右更八十二顷，中更八十顷，左更七十八顷，右庶长七十六顷，左庶长七十四顷，五大夫廿五顷，公乘廿顷，公大夫九顷，官大夫七顷，大夫五顷，不更四顷，簪袅三顷，上造二顷，公士一顷半顷，公卒、士五（伍）、庶人各一顷，司寇、隐官各五十亩。不幸死者，令其后先择田，乃行其余。它子男欲为户，以为其□田予之。其已前为户而毋田宅、田宅不盈，得以盈，宅不比，不得。
>
> 宅之大，方卅步。彻侯受百五宅，关内侯九十五宅，大庶长九十宅，驷车庶长八十八宅，大上造八十六宅，少上造八十四宅，右更八十二宅，中更八十宅，左更七十八宅，右庶长七十六宅，左庶长七十四，五大夫二十五宅，公乘二十宅，公大夫九宅，官大夫七宅，大夫五宅，不更四宅，簪袅三宅，上造二宅，公士一宅半宅，公卒、士五（伍）、庶人一宅，司寇、隐官半宅。①

这段律文规定了各个等级的田宅标准和授予次序。按社会等级可分为三大类别：军功爵者、庶人、特殊人群。军功爵者第一级公士可占田一顷宅一区

---

① 张家山二四七号汉墓竹简整理小组：《张家山汉墓竹简（二四七号墓）》（释文修订本），北京：文物出版社2006年版，第52页。

半,第十九级占田九十五顷、宅九十五区。从第一级到第十九级之间又分为三个大的级差:从关内侯到左庶长是高爵,级差为田两顷、宅两区;从左庶长到公大夫为第二个级差,级差悬殊,五大夫较左庶长一级之差,田少四十九顷、宅少四十九区,公乘较五大夫少田五顷、宅五区,公大夫较公乘少十一顷、十一区;公大夫以下大约就是低爵了,级差也是两顷、两区。公卒、士伍、庶人的身份应有所区别,但在占田数量上都是田一顷、宅一区;司寇、隐官是特殊人群,较庶人田宅减半。授田时,要让死者的法定继承人(律文的"后"即法定继承人)优先选择土地,以示对其不幸的同情,然后再依次授予他人。如果分居立户,即从其原来家庭所占的土地中分割授予(律文"他子男欲为户,以为其□田予之"。"田"之前缺文,含义不明,但从逻辑上分析应是其原家庭所占有的土地,随着立户分居而分割)。那些虽然立户而无田宅或者占田不足者,依律授足;住宅不足者就不再补足。根据田、宅同步的原则,彻侯有宅一百零五区,其土地也应该是一百零五顷。在先秦诸子心目中,理想的田宅比例是百亩田、五亩宅,商鞅变法执行的是百亩田、九亩宅。这里的亩都是大亩,而不是百步之小亩。而西汉沿袭商鞅的授田百亩的同时,其住宅面积则是方三十步,也就是九百平方步,是当时的三点七五亩。

如所周知,二十级军功爵制施行于秦,统一之初有爵位者主要是原秦国人,关东地区的绝大多数人口无论是六国官僚、贵族,还是富商巨贾之后,统统成为庶人;刘邦虽然率关东子弟也就是所谓的"诸侯子"起兵反秦,但其统一天下依靠的是秦人之力,其所授军功爵的主体自然以秦人为主,这是其继承秦制、"复故爵田宅"的原因之一。也就是说,汉初有军功爵的特权阶层只占全国人口的一少部分,主要是随刘邦入关的"诸侯子"和帮助刘邦统一天下的秦人,绝大多数人口如关东地区的社会各阶层都在庶人之列,他们的授田标准都是一顷。军功爵者的授田就是在这一标准之上依次增加的。

当然,这一切都是就制度论制度得出的结论,农民实际占有的土地状况和制度规定是存在着距离的,这些,将在下文展开。

第二节　土地继承与买卖

笔者曾经指出，无论是战国的授田，还是秦朝的授田，其目的都是为了把农民束缚于土地之上，是为了以授保税，就是用授田的方法保证田税（租）的实现，土地一经授予，除非户绝或者户主逃亡，是不再收回，子孙相袭，久之即为私有。因而授田制度是一种有土地国有制向土地私有制的过渡形态。① 董仲舒曾经谓"至秦则不然，用商鞅之法，改帝王之制，除井田，民得卖买，富者田连仟伯，贫者亡立锥之地"②。这里"至秦则不然"之"秦"是指秦朝。云梦秦律问世以后，人们已经普遍地认识到这是董仲舒在"过秦"的名义下借古讽今，"民得卖买，富者田连仟伯，贫者亡立锥之地"并非商鞅之法使然，而是汉家制度的运行结果。但是，董仲舒的话并非完全的空穴来风，也从一个侧面提醒人们要辩证地、发展地看待战国、秦朝的授田制度。张家山汉简面世一方面说明了汉初授田制度的严格，另一方面也从法律制度层面说明汉初授田处于私有化的进程之中，这就是土地在法律规定范围内的继承和买卖。

先谈土地继承问题。因为土地和身份相一致，土地继承与身份继承合一，所以本文所说的土地继承要从身份继承开始。

西汉和秦朝一样，都是身份性等级社会，其身份的标志就是二十级军功爵制。所谓土地继承、身份继承的核心即爵位继承，实行的是降级不均等继承制。张家山汉律关于身份的种种继承主要是就爵位继承而言的，分为法定继承和遗嘱继承两种，庶民可以采用遗嘱继承，也可以适用法定继承，有爵位者均为法定继承。先谈法定继承。

一、法定继承

法定继承是指继承人依照法律规定而不是按照被继承人的意愿而发生的继承行为，法定继承人的继承权是基于其身份由法律明确赋予的。这首先要

---

① 田昌五、臧知非：《周秦社会结构研究》，西安：西北大学出版社1996年版，第155—160页。
② 《汉书》卷24上《食货志上》，北京：中华书局1962年版，第1137页。

确定被继承人和继承人的法律资格,认定被继承权和继承权的法定条件,然后再认定继承顺序和权利。《二年律令》有《置后律》专章,在《户律》和《傅律》等篇中也有相关规定。《置后律》云:

> 爵当即而有物故,夺□,以其数减后爵。其自贼杀,勿为置后。
> 尝有罪耐以上,不得为人爵后。诸当挟(拜)爵后者,令典若正、伍里人毋下五人任占。①

这儿的"物故"是因违法而死亡。将授而未授予爵位时,当事人因违法而死亡者,不再授予爵位,已授予的夺去其新授予爵位;"以其数减其后爵"之"后"是死者的法定继承人,被继承人新授予的爵位被废除之后,按照降级继承的规定决定其继承人所继承的爵位级别;如果是自杀身亡,即剥夺其被继承权,"勿为置后"。有罪被处以耐刑以上者,不得作为爵位的法定继承人。被继承人有爵位者,其继承人要有基层官吏里典或者里正以及同里者五人以上担保,"任占"即担保,以保证继承人身份的准确合法。

"置后"是地方政府的职责,不按时"置后"或者"置后"有误,都要受罚,《置后律》云:

> □□□不审,尉史主者罚金各四两。
> 当置后,留弗为置后过旬,尉、尉史主者罚金各□两。②

不按时"置后",拖延超过十天者,尉和具体承办"置后"事务的尉史都要被罚金。根据上下文意和竹简的排列顺序推测,"□□□不审,尉史主者罚金各四两"应是关于"置后"的律文,很可能是"置后不审"的缺文,即确定继承人有误,尉和具体承办的尉史要被罚金四两。

---

① 张家山二四七号汉墓竹简整理小组:《张家山汉墓竹简(二四七号墓)》(释文修订本),北京:文物出版社2006年版,第60、61页。
② 张家山二四七号汉墓竹简整理小组:《张家山汉墓竹简(二四七号墓)》(释文修订本),北京:文物出版社2006年版,第61页。

继承人的顺序，按血缘亲等来确定，但因被继承人的身份和继承发生的原因不同，同一继承人的继承顺序则有异。被继承人有爵位，其继承顺序如《置后律》规定：

> 疾死置后者，彻侯后子为彻侯，其无适（嫡）子，以孺子[子、良人] 子。关内侯后子为关内侯，卿侯〈后〉子为公乘，[五大夫] 后子为公大夫，公乘后子为官大夫，公大夫后子为大夫，官大夫后子为不更，大夫后子为簪褭，不更后子为上造，簪褭后子为公士。其无适（嫡）子，以下妻子、偏妻子。①

"疾死置后"即被继承人因病死亡后依法确定其继承人；"后子"是诸子中之为"后"者。按律文，继承人按血缘亲等关系确定，亲子都是第一顺序，以嫡长子为第一继承人。彻侯的继承顺序为：嫡子——孺子子、良人子，关内侯以下各爵级则是嫡子——下妻子、偏妻子。按汉代制度，孺子、良人是列侯偏妻的名号，但孺子地位虽在良人之上，孺子之子和良人之子则同属于第二继承顺序。同样，关内侯等爵级的下妻之子和偏妻之子也同属于第二继承顺序。

上述是关于军功爵者的身份继承而言的，若是一般意义上的户主继承虽然也是按血缘亲等确定，但继承人的范围要大得多。《置后律》云：

> 死毋子男代户，令父若母，毋父母令寡，毋寡令女，毋女令孙，毋孙令耳孙，毋耳孙令大父母，毋大父母令同产子代户。同产子代户，必同居数。弃妻子不得与后妻子争后。②

---

① 张家山二四七号汉墓竹简整理小组：《张家山汉墓竹简（二四七号墓）》（释文修订本），北京：文物出版社2006年版，第59页。释文原作"以孺子□□□子"，根据整理小组注释作"以孺子[子、良人] 子"。

② 张家山二四七号汉墓竹简整理小组：《张家山汉墓竹简（二四七号墓）》（释文修订本），北京：文物出版社2006年版，第60页。

按律文，其继承人的顺序依次是：子男—父、母—妻—女儿—外孙（耳孙）—祖父母—"同产子"。所有子男无论是正妻还是偏妻之子，都是第一顺序继承人。若"同产子"代户必须是"同居数"即其本人与被继承人没有析产分居、单独立户，而是共同生活于一个家庭之中。若被继承人死亡时，其妻已怀孕，则要等到新生儿出生之后再确定其继承人，保护遗腹子的继承权利。《置后律》云：

> 死，其寡有遗腹者，须遗腹产，乃以律为置爵、户后。①

若遗腹子不是子男，则由第二顺序继承人继承。《置后律》又云：

> 同产相为后，先以同居，毋同居乃以不同居，皆先以长者。其或异母，虽长，先以同母者。②

"同产"即兄弟为继承人时，需满足三个条件：一是"同居"优先，二是同母优先；三是在以上条件相同的条件下，年长者优先。在户主死亡、无亲属为后的条件下，其继承人的范围可以扩大到奴婢。《置后律》规定：

> 死毋后而有奴婢者，免奴婢以为庶人，以庶人律□之其主田宅及余财。奴婢多，代户者毋过一人，先用劳久、有□□子若主所言吏者。③

死而无后，所有奴婢均免为庶人，选择其"劳久"者一人继承其原来主人的户主身份。

---

① 张家山二四七号汉墓竹简整理小组：《张家山汉墓竹简（二四七号墓）》（释文修订本），北京：文物出版社2006年版，第60页。
② 张家山二四七号汉墓竹简整理小组：《张家山汉墓竹简（二四七号墓）》（释文修订本），北京：文物出版社2006年版，第60页。
③ 张家山二四七号汉墓竹简整理小组：《张家山汉墓竹简（二四七号墓）》（释文修订本），北京：文物出版社2006年版，第61页。

上述继承人是被继承人正常死亡而发生的继承顺序,若有特殊原因,其继承人顺序则另有规定。《置后律》云:

> □□□□为县官有为也,已其故死若伤二旬中死,皆为死事者,令子男袭其爵。毋爵者,其后为公士。毋子男以女,毋女以父,毋父以母,毋母以男同产,毋男同产以女同产,毋女同产以妻。诸死事当置后,毋父母、妻子、同产者,以大父,毋大父以大母与同居数者。①

"县官"是官府的代称,因公事而死是为"死事",即以身殉职,其子男继承其爵位,死者没有爵位则赐予其子男为公士,以示优抚。若无子男则由第二继承人继承其爵位,其继承人的顺序是:子男—女—父—母—兄弟—姐妹—妻—祖父—祖母。祖母为继承人者,与被继承人必须是共同生活关系。这里"毋子男以女"之"女"是指未婚女子,其继承顺序由正常"置后"的第四提前为第二。汉代未婚女子有继承权,出嫁之后,其土地财产相应地转移到夫家,《置后律》云:

> 女子为户毋后而出嫁者,令夫以妻田宅盈其田宅。宅不比,弗得。其弃妻,及夫死,妻得复取以为户。弃妻,畀之其财。②

女子为户主,一旦出嫁,没有人继承其田宅,即转入丈夫名下,算作从官府领受的田宅,若住宅位置不相毗邻,不归其夫所有。丈夫死亡,妻子继承丈夫遗产,并为户主,重新立户;若死者生前有"弃妻",妻子立户以后,要将原来属于"弃妻"的财产还给"弃妻"。这说明在夫妇关系中妇女处于从属地位,但仍有一定的独立性。

在确定继承人继承权利的同时,法律也规定了相应的义务,用现在的法律术语说,也就是注意到了权利和义务相一致的原则。《户律》规定:

---

① 张家山二四七号汉墓竹简整理小组:《张家山汉墓竹简(二四七号墓)》(释文修订本),北京:文物出版社2006年版,第59页。
② 张家山二四七号汉墓竹简整理小组:《张家山汉墓竹简(二四七号墓)》(释文修订本),北京:文物出版社2006年版,第61页。

> 孙为户，与大父母居，养之不善，令孙且外居，令大父母居其室，食其田，使其奴婢，勿贸卖。孙死，其母而代为户。令毋敢遂（逐）夫父母及入赘，及道外取其子财。①

户主必须尽到赡养老人的义务，否则即剥夺其财产的享用权。孙子为户主，对祖父母赡养不善者不得居住于家中，其土地、住宅、奴婢都归其祖父母享用；孙子死亡，其母亲做户主，不得驱逐其公婆，不得招夫入家，不得用其他方式转移家财。这不仅仅是因为这些家财是其儿子所有，自己只是代管，更主要的是因为这些财产的重要目的是赡养老人，一旦坐家招夫或者转移财产都会导致赡养的中断，故予以专门的规定禁止之，正体现了权利和义务相一致的立法思想。

汉初，战乱甫定，不完整家庭较多，寡妇为户主并不鲜见。若寡妇为户主之后坐家招夫、重新组建家庭，其继承人的顺序与男子为户主者有异。《置后律》云：

> 寡为户后，予田宅，比子为后者爵。其不当为户后，而欲为户以受杀田宅，许以庶人予田宅。毋子，其夫；夫毋子，其夫而代为户。夫同产及子有与同居数者，令毋贸卖田宅及入赘。其出为人妻若死，令以次代户。②

这条律文，共有五层意思。第一，"寡为户后，予田宅，比子为后者爵"。这是对上举律文"死无子男代户，令父若母，无父母令寡"的补充，说明丈夫死后，妻子虽是第三顺序继承人，但其继承权利——继承的土地、爵位和第一继承人相同。第二，"其不当为户后，而欲为户以受杀田宅，许以庶人予田宅"。丈夫死后，无论是其子为户主，还是其公、婆为户主，寡妻都可以分居立户；如果分居，无论其丈夫原来的爵位高低、田宅多少，只能按

---

① 张家山二四七号汉墓竹简整理小组：《张家山汉墓竹简（二四七号墓）》（释文修订本），北京：文物出版社2006年版，第55页。
② 张家山二四七号汉墓竹简整理小组：《张家山汉墓竹简（二四七号墓）》（释文修订本），北京：文物出版社2006年版，第61页。

庶人的标准授予其田宅。第三,"毋子,其夫;夫毋子,其夫而代为户"。此条规定当是指为户主之寡妇重新组建家庭之后的情况而言,寡为户主而再嫁者仍为户主,因为其财产是继承其前夫的,其前夫之子是第一顺序继承人,这儿的"毋子,其夫"之"子"应是指前夫之子,在前夫无子的情况下,才考虑其后夫的继承问题,但这并不等于其后夫就是第二顺序继承人,还要看是否"夫毋子"——和后夫是否生子,只有在前夫无子、与后夫也没生子的条件下,后夫才能"代为户"。也就是说,"寡为户后"而再嫁者,其继承人的顺序是:前夫子—与后夫所生之子—后夫。第四,"夫同产及子有与同居数者,令毋贸卖田宅及入赘"。这儿的"夫"是指后夫,后夫的兄弟姐妹及其子女与后夫虽然是共同生活关系,但是任何人不得出卖田宅,也不得坐家招夫,以保证户主对财产的支配权。第五,"其出为人妻若死,令以次代户",重新组建家庭之后,妻子虽然是户主,对家产拥有支配权,但其财产属于家庭共享,如果再改嫁,不能将财产带走,而是像正常死亡一样,按继承顺序由继承人继承。这起码表明,在汉初夫妇继承权利具有对等性,上举律文"死毋子男代户,令父若母,毋父母令寡",丈夫为户主,妻子位于第三继承顺序;妻子为户主,丈夫也是位于第三继承顺序。

从上述继承人的顺序来看,可以看出汉代继承制度的一个明显特点是以血缘关系为中心,尽量做到财不出户,兼顾权利与义务相一致的原则。婚姻关系在继承关系中处于次要地位,妻子的继承人身份在一般情况下位于第三顺序;被继承人之子和父母与被继承人有血缘关系,故处于第一和第二继承顺序。上举为"死事县官""置后",将女儿由正常"置后"的第四继承顺序提前为第二,就是因为女儿是"死事"者的直系血亲。户主正常死亡,未婚女儿与被继承人虽然是直系血亲,但因为其未婚,其财产要随其出嫁而转移到夫家,要被他姓所分割,故其为第四顺序继承人,这既兼顾了血缘亲等关系,又考虑到财不出户的原则。其"寡为户后"者,以其前夫之子和与后夫新生之子为第一、第二顺序继承人也是基于血缘关系。而在被继承人因"死事"县官时,妻子则处于第七继承顺序,可见婚姻关系与血缘关系在继承关系中的轻与重。这反映了汉代父家长制的观念及其法律实践。

汉代法定继承的内容是身份及其所属的财产。身份继承又可分为爵位继承和一般意义上的户主继承，对于庶民而言，身份继承没有什么特别的意义，而对于军功爵者的意义就非同一般了。如所周知，爵位是因战功或者事功得来的，而以军功为主体，无功者无爵位。汉初的赐爵制度是秦朝的延续，严格地循名责实，爵位是不能世袭的。当然，因为军功爵制的权利之一是在正常的授田标准之外增加授田数量，而土地一经授予，没有特殊原因不再收回，从理论上说，其爵位不能继承，其财产应该可以世袭。汉初，为了表示对开国功臣的优抚，军功爵的身份除了彻侯和关内侯两级采用原级继承之外，其余均降级继承。上举《置后律》律文云："彻侯后子为彻侯……关内侯后子为关内侯，卿后子为公乘，五大夫后子为公大夫，公乘后子为官大夫，官大夫后子为不更，大夫后子为簪裹，不更后子为上造，簪裹后子为公士。"这儿的"卿"是第十级左庶长至第十八级大庶长的统称，从左庶长到大庶长的"后子"一律为公乘，从第九级五大夫到第三级簪裹的"后子"均降两级继承，最低的两级上造和公士的"后子"无爵位、自动降为庶人。

众所周知，在古代社会里，多子多福是普遍的社会观念。汉初为了增加人口，更鼓励早婚多育；又因战争过程中男子战死者众，男女性别比例失调，一夫一妻多妾制是合法的普遍存在，那些新兴的军功地主更是因其政治地位和经济实力而广蓄妻妾，上举律文说的"偏妻""下妻"云云即其适例，多子女家庭是普遍的。而财产继承是附属于身份继承的，若户主的爵位不能分割继承，则其财产的分割继承也就失去了法律基础，"后子"之外的其余子女也就不能分得家产，必然导致嫡长子和其余诸子之间政治地位和财产差别过大，诸子之间因争夺财产必然发生冲突，影响家庭的稳定。为解决这一矛盾，就要有相应的法律以解决同一继承顺序有多个继承人之间的权利和财产分割问题，既要确保嫡长子优先继承权，又要兼顾多子女的财产分割。对此，汉律采用的是不均等继承，即除了法定之"后"降级继承外，其余诸子再降级继承，这种继承制度的完整的表述应是降级不均等继承。《傅律》云：

> 不为后而傅者，关内侯子二人为不更，它子为簪裹；卿子二人为不更，它子为上造；五大夫子二人为簪裹，它子为上造；公乘、公大夫子

二人为上造，它子为公士；官大夫及大夫子为公士；不更至上造子为公卒。当士（仕）为上造以上者，以適（嫡）子；毋適（嫡）子，以扁（偏）妻子、蘖子，皆先以长者若次其父所以，所以未傅，须其傅，各以其傅时父定爵士（仕）之。父前死者，以死时爵。当为父爵后而傅者，士（仕）之如不为后者。①

按传统解释，"傅"是指到规定年龄登记于官府，正式服徭役，也就是成丁开始服役的意思。《汉书·高帝纪》汉二年五月"萧何发关中老弱、未傅者悉诣军"。颜师古注云："傅，着也。言著名籍，给公家徭役也。"现在看来，傅籍的意义不仅仅是服徭役，也伴有其他的权利和义务。傅籍之后，无论被继承人是否死亡，继承人是否在继承期间，都可以行使继承权。除"后子"之外，其余诸子无论是正妻还是"偏妻""下妻"之子，按照嫡子优先、年龄次之的顺序，先确定诸子中的两位高出其余兄弟一级、其余兄弟均再降一级继承。其降级继承可分为五个档次：关内侯为一个级别，其二子为不更，其余为上造；从大庶长到左庶长（即"卿"）是第二个级别，其二子为不更，其余为簪褭；公乘、公大夫为第三个级别，其二子为上造，其余为公士；官大夫、大夫之子均为公士，不更至上造子均为公卒。在众兄弟中确定不同级别继承人的依据依然是血缘亲等，嫡子优先，庶子次之。也就是说在确定了"后子"之后，再于嫡子中间按年龄确定两人较"后子"降级继承，无嫡子者则于庶子中间按年龄长幼确定两名较"后子"降级继承，其余诸子再降级继承。为表述的方便，可以用"后子""准后子""次后子"来表达爵位的等级继承，即爵位降级继承按"后子""准后子""次后子"的关系确定诸子的继承等级。"后子"一人，"准后子"二人，其余均为"次后子"。其继承等级按继承人"傅"时被继承人的等级计算。若被继承人已先期死亡，则按其死亡时的爵级计算。需要指出的是，这些继承人所得到的爵位，虽然与继承权有关，但并不是严格意义上的继承，因为无论被继承人是否死亡，只要达到傅籍年龄，就能得到爵位。所以这些"不为后

---

① 张家山二四七号汉墓竹简整理小组：《张家山汉墓竹简（二四七号墓）》（释文修订本），北京：文物出版社2006年版，第58页。

而傅者"所得到的爵位和财产，不是分割被继承人的权益所得，而是凭借被继承人的地位从官府那里获得的。若从法理层面分析，继承是在被继承人死亡之后发生的依法进行的财产转移和分割，《傅律》的规定是以继承人的傅籍为标准而不是以被继承人的死亡为前提，是在继承期待期间得到的政治经济权益，这只能看作是法定继承权利的延伸，是国家对有爵位者子孙的优待。

汉代军功爵者可以享有众多的政治经济特权，如可以减刑、可以免役，等等。如《亡律》规定："吏民亡，盈卒岁，耐。不盈卒岁，系城旦舂；公士、公士妻以上作官府，皆偿亡日。"《具律》规定："上造、上造妻以上及内公孙、外公孙、内公耳玄孙有罪，其当刑及当为城旦舂者，耐以为鬼薪、白粲。"① 公士和上造是最低的两级爵位，普通吏民逃亡不到一年者要"系城旦舂"即判刑一年，而公士及其妻只要在官府服徭役顶替逃亡的天数就可以了；上造的妻子和内公孙、外公孙、内公耳玄孙一样减免刑罚，"其当刑及当为城旦舂，耐以为鬼薪白粲"。至于高于上造的各个爵级拥有者的减免特权自然更多。除此之外，有爵位者在平时可以入仕为官，当同一个家庭多人符合为官条件时，则按照继承顺序确定人选，上举律文"当士（仕）为上造以上者，以適（嫡）子；毋適（嫡）子，以扁（偏）妻子、蘖子，皆先以长者若次其父所以，所以未傅，须其傅，各以其傅时父定爵士（仕）之"云云，表达的就是这个意思。即使不为官，平时享受和现任官吏相应的政治经济待遇。如《赐律》规定：

> 赐不为吏及宦皇帝者，关内侯以上比二千石，卿比千石，五大夫比八百石，公乘比六百石，公大夫、官大夫比五百石，大夫比三百石，不更比有秩，簪裹比斗石，上造、公士比佐史。毋爵者，饭一斗、肉五斤、酒大半斗、酱少半升。司寇、徒隶，饭一斗，肉三斤，酒少半斗，盐二分升一。②

---

① 张家山二四七号汉墓竹简整理小组：《张家山汉墓竹简（二四七号墓）》（释文修订本），北京：文物出版社2006年版，第30、20页。

② 张家山二四七号汉墓竹简整理小组：《张家山汉墓竹简（二四七号墓）》（释文修订本），北京：文物出版社2006年版，第49页。

《赐律》是官府赏赐吏民，包括有爵位者和无爵位的庶民在内的各个阶层酒食衣物的专门法。官府赏赐百官及平民衣物酒食按等级高低决定数量多少，绝大多数有爵位的人不是在职官吏，但其待遇按爵位和现任官吏相对应。彻侯和关内侯相当于二千石官即相当于郡守和九卿，由左庶长到大庶长的卿级爵位相当于千石级官，其余各级均有对应，最低级的不更、簪褭、上造、公士相当于基层的斗食佐史等小吏。庶人以下也各有标准。刘邦曾经下诏，谓"异日秦民爵公大夫以上，令丞与亢礼。今吾於爵非轻也……其令诸吏善遇高爵，称吾意"①。刘邦所言是得到严格执行的。继承了爵位，自然享有相应的特权。

当然，军功爵者的权益更主要体现在田宅方面。按照制度规定，庶民立户以后即可受田于官府，但是，标准是每夫一顷。而这些军功爵者之后，则可以凭借着父祖的身份获得更多的田宅。法律没有明确规定这些"后子"、准后子、次准后子的土地是分割其父、祖的田宅还是由国家另行赐予，从逻辑上判断，他们的田宅应该是后者，否则难以体现国家对军功爵者的厚待。

二、遗嘱继承

遗嘱继承是就平民的财产而言。《户律》规定：

> 民欲先令相分田宅、奴婢、财物，乡部啬夫身听其令，皆参半券书之，辄上如户籍。有争者，以券书从事；毋券书，勿听。所分田宅，不为户，得有之，至八月书户。留难先令，弗为券书，罚金一两。②

"先令"即遗嘱。③ 律文表明，遗嘱内容只限于田宅、奴婢、财物的分割继承，不含户主的身份；立遗嘱时要有乡部啬夫等基层官吏在场，以示其公正

---

① 《汉书》卷1下《高帝纪下》，北京：中华书局1962年版，第54—55页。
② 张家山二四七号汉墓竹简整理小组：《张家山汉墓竹简（二四七号墓）》（释文修订本），北京：文物出版社2006年版，第54页。
③ 《汉书·景十三王传·赵肃敬王传》：武帝时大鸿胪弹劾缪王，谓缪王"病，先令令能为乐奴婢从死，胁迫自杀者凡十六人，暴虐不道"。颜师古注云："先令者，预为遗令也。"

和立遗嘱人意思的真实；遗嘱一式三份，像户籍簿一样分别由乡部和县廷保管，以防止篡改；当对财产分割发生异议时，以券书所写遗嘱为准；券书所无或者没有券书者，不予采纳。继承人虽然没有单独立户，但仍然合法拥有按照遗嘱所分的田宅、奴婢等财物，到八月再统一登记立户。和"置后"一样，为当事人立遗嘱、保管遗嘱是乡部官吏的法定职责之一，若乡部啬夫扣留"先令"、不写券书则罚金一两。这是汉代遗嘱的确立及其生效的基本程序和要件，但在实际生活中，除了乡部啬夫之外，还有其他基层小吏和亲戚邻里作为见证，遗嘱的内容也因立嘱的原因而有繁简。江苏仪征胥浦西汉墓曾出土平帝元始年间关于土地继承的"先令"券书一件，可具体说明上述《户律》的施行状况。现引如下：

> 元始五年九月壬辰朔辛丑，□高都里朱凌凌庐居新安里。甚疾，其死，故请县乡三老，都乡有秩、佐，里师、田谭等为先令券书。凌自言：有三父（夫），子男女六人，皆不同父。欲令子各知其父家次子女。以君、子真、子方、仙君，父为朱孙；弟公文，父吴衰近君；女弟弱君，父曲阿病长实。
>
> 姬言：公文年十五去家自出为姓，遂居外，未尝持一钱来归。姬子子真、子方自为产业。子女仙君、弱君等贫毋产业。五年四月十日，姬以稻田一处、桑田二处，分予弱君，波（陂）田一处分予仙君。于至十二月，公文伤人为徒，贫无产业。于至十二月十一日，仙君、弱君各归田于姬，让于公文。姬即受田，以田分于公文：稻田二处、桑田二处，田界易如故，公文不得移卖田于他人。时任知者：里师、伍人谭等及家属孔聚、田文、满真。先令券书明白，可以从事。①

这份"先令券书"完全符合法定程序，先向县乡三老和都乡有秩、乡佐、里师等基层官吏提出请求，请他们主持建立遗嘱；实际立遗嘱时，则由里师主持，有亲属、邻里数人见证。这份遗嘱，因为在立嘱之前请示了县乡三

---

① 李均明、林梅村：《散见简牍合辑·江苏扬州胥浦 101 号汉墓竹简、木牍、封检》，北京：文物出版社 1990 年版，第 105—106 页。

老、都乡有秩，虽然最后是由里师主持而不是像上举律文那样有"乡部啬夫身听其令"，但仍有法律效力。该"先令"云户主朱凌先后有三个丈夫，共生有三男公文、真、方和三女以君、弱君、仙君。公文十五岁时即"自出为姓"——大约是入赘女方，"未持一钱来归"，和家中素无经济往来；其余二子真、方均"自为产业"即单独立户；三个女儿已经出嫁，但"贫无产业"。朱凌乃以"稻田一处、桑田二处分予弱君，波（陂）田一处分予仙君"。后公文犯罪家贫，弱君、仙君把分得的土地退回给母亲，"让于公文"。朱凌遂将"稻田二处、桑田二处"分给公文，确定田界，并约定"公文不得移卖田于他人"。这说明户主朱凌生前与其子女是分居的，朱凌有财产处分权，其子、女均有财产继承权；土地分予子女之后，子女有权出卖土地。券书之所以约定"公文不得移卖田于他人"是因为公文自十五岁"自出为姓"后与母亲、兄妹一直没有往来，与其母亲兄妹已不是一个家庭，本来没有土地继承权，在其犯罪、家贫无以为生的情况下，按照《户律》"子谒归户，许之"①的规定才回到母亲家，其获得的"稻田二处、桑田二处"本是其姐妹的土地，属于非正常继承，具有临时济贫性质，故约定"不得移卖田于他人"。这也是遗嘱继承和法定继承的区别，继承的内容、分割方式、份额的划分均按被继承人的意愿执行。

在财产继承上，有遗嘱按遗嘱执行，若无遗嘱还可以协商继承。《户律》云：

> 民大父母、父母、子、孙、同产、同产子，欲相分予奴婢、马牛羊、它财物者，皆许之，辄为定籍。
>
> 诸后欲分父母、子、同产、主母、叚（假）母，及主母、叚（假）母欲分孽子、叚（假）子田以为户者，皆许之。②

人死之后，包括其祖父母、父母、子（这里的"子"是子男、子女的统

---

① 张家山二四七号汉墓竹简整理小组：《张家山汉墓竹简（二四七号墓）》（释文修订本），北京：文物出版社2006年版，第56页。
② 张家山二四七号汉墓竹简整理小组：《张家山汉墓竹简（二四七号墓）》（释文修订本），北京：文物出版社2006年版，第55页。

称)、兄弟、侄子在内的家人经协商,欲分割其奴婢、畜产和其他动产者,官吏要予以登记。至于土地,因是不动产,是国家授予的,分割之后要单独立户,也允许协商分割立户。律文中的"诸后"就是指有权继承死者土地的继承人,和法定继承制的依法所置之"后"有所不同。法定继承之"后"只能是一个人,其继承权的大小均决定于法律的有关规定,不存在协商问题。

财产继承的基本原则是诸子均分。上述爵位的不均等继承制度本身已包含了一定范围内的均等继承,上举《傅律》在规定爵位不均等继承的同时,也规定了部分的均等继承制,律文的"它子"也就是本文所说的"次后子"所继承的爵级虽然低于"后子"和"准后子",但彼此之间所继承的爵级是相同的,这可以说是有限的平均继承制。至于单纯的财产继承则是诸子均分。吕后时,陆贾以"病免。以好畤田地善,往家焉。有五男,乃出所使越橐中装,卖千金,分其子,子二百金,令为生产。贾常乘安车驷马,从歌鼓瑟侍者十人,宝剑值百金,谓其子曰:'与女约:过女,女给人马酒食极欲,十日而更。所死家,得宝剑车骑侍从者。'"① 按汉初标准,中民之产是十金,二百金是大地主的财产了。② 陆贾给予其子各两百金的财富,他们的义务就是轮流供应其消费。陆贾此举是为了躲避诸吕专权可能带来的政治危险,向吕氏表明自己无意于朝中的政治纷争而一意于声色犬马,但是,他与诸子的约定则反映了财产继承的一般原则,即诸子均分和权利与义务相一致。这可以说是一份非正式的口头"先令"。③

---

① 《汉书》卷43《陆贾传》,北京:中华书局1962年版,第2114页。
② 《汉书》卷4《文帝纪》文帝云"百金,中人十家之产也",北京:中华书局1962年版,第134页。
③ 诸子均分是汉代财产继承的基本原则,在两汉书及其他文献资料多有记载。如《后汉书》第七十六卷《循吏传》云许荆"祖父武,太守第五伦举为孝廉。武以二弟晏、普未显,欲令成名,乃请之曰:'礼有分异之义,家有别居之道。'于是共割财产以为三,武自取肥田广宅奴婢强者,二弟所得并悉劣少。乡人皆称弟克让而鄙武贪婪,晏等以此并得选举。武乃会宗亲,泣曰:'吾为兄不肖,盗声窃位,二弟年长,未预荣禄,所以求得分财,自取大讥。今理产所增,三倍于前,悉以推二弟,一无所留。'于是郡中翕然,远近称之。"这是一则沽名钓誉的故事。许武沽名钓誉之所以获得成功,就是因为"礼有分异之义,家有别居之道"的"义"和"道"是平分家产。许武身为长子,虽然把家产一分为三,但"自取肥田广宅奴婢强者,二弟所得悉劣少",违背了均分的原则,所以才有"乡人皆称弟克让而鄙武贪婪"的事情发生。汉代如此,以后历朝皆然。对此,时贤曾有论述,参见马新:《两汉乡村社会史》,济南,齐鲁书社,1997年,第318—331页。

三、土地买卖的法律化

上举仪征胥浦出土的"先令"券书载朱凌将"稻田二处、桑田二处"分给公文的同时,约定"公文不得移卖田于他人",一方面说明西汉末年土地买卖普遍合法,另一方面说明当时的土地买卖可以约定条件。《二年律令》规定受田可以有条件买卖。《二年律令·户律》云:

> 受田宅,予人若卖田宅,不得更受。
> 代户、贸卖田宅,乡部、田啬夫、吏留弗为定籍,盈一日,罚金各二两。①

农民可以把所受田宅赠人和卖掉,但不能重新向官府申请授田。更换户主、买买田宅,要由基层官吏办理相关手续,乡啬夫、田啬夫等主管小吏拖延不办则受罚,说明国家对土地买卖的保护和支持。当然,这些主管官吏不仅仅办个手续那么简单,他们还要审查土地买卖是否合法。《户律》云:

> 欲益买宅,不比其宅,毋许。为吏及宦皇帝,得买室舍。
> 孙为户,与大父母居,养之不善,令孙且外居,令大父母居其室,食其田,使其奴婢,毋贸卖。孙死,其母而代为户。令毋敢遂(逐)夫父母及入赘,及道外取其子财。②

《置后律》有云:

> 寡为户后,予田宅,比子为后者爵。其不当为户后,而欲为户以受杀田宅,许以庶人予田宅。毋子,其夫;夫毋子,其夫而代为户。夫同产及子有与同居数者,令毋贸卖田宅及入赘。其出为人妻若死,

---

① 张家山二四七号汉墓竹简整理小组:《张家山汉墓竹简(二四七号墓)》(释文修订本),北京:文物出版社 2006 年版,第 53 页。

② 张家山二四七号汉墓竹简整理小组:《张家山汉墓竹简(二四七号墓)》(释文修订本),北京:文物出版社 2006 年版,第 53、55 页。

令以次代户。①

上举律文说明对土地买卖有两点限制。第一，除现任官吏外，购买住宅必须符合身份等级要求，现有住宅没有达到等级标准的，可以买足，但不得超过。第二，只有户主拥有田宅的全部处置权。律文列举了两种情况都说明了这一点。《户律》规定，孙为户主，因为不尽或者没有完全尽到赡养祖父母的义务而被责令出户居住，其祖父母对其土地财产只有使用权而不能"贸卖"；子死，其母代为户主后，也不得驱逐其公婆、不得招夫，不得以其他方式转移财产。《置后律》规定，寡妇为"后"而无子，其夫代为户主；其夫兄弟姐妹及其子女虽然与其夫同居共财，都是同一家庭成员，但无权买卖土地。这既保护了户主的财产处分权，又照顾到继承权利和义务相一致的原则，也说明汉代既保护土地私有权，同时规范土地买卖，使土地买卖秩序化。

这种有条件的土地买卖是从汉初开始还是秦律的沿续，从法律文本上无法确认。但是从文献记载中可以判断应是汉朝才有的制度。这只要对王翦和萧何的事迹稍加对比即可明白。《史记·王翦传》谓秦始皇命王翦伐楚：

> 于是王翦将兵六十万人，始皇自送至灞上。王翦行，请美田宅园池甚众。始皇曰："将军行矣，何忧贫乎？"王翦曰："为大王将，有功终不得封侯，故及大王之向臣，臣亦及时以请园池为子孙业耳。"始皇大笑。王翦既至关，使使还请善田者五辈。或曰："将军之乞贷，亦已甚矣。"王翦曰："不然。夫秦王怚而不信人。今空秦国甲士而专委于我，我不多请田宅为子孙业以自坚，顾令秦王坐而疑我邪？"②

《史记·萧相国世家》谓汉十二年黥布反叛，刘邦御驾亲征，萧何坐镇关中，保障刘邦军事供给：

---

① 张家山二四七号汉墓竹简整理小组：《张家山汉墓竹简（二四七号墓）》（释文修订本），北京：文物出版社2006年版，第61页。

② 《史记》卷73《白起王翦列传》，北京：中华书局1959年版，第2340页。

> 上自将击之，数使使问相国何为。相国为上在军，乃拊循勉力百姓，悉以所有佐军，如陈豨时。客有说相国曰："君灭族不久矣。夫君位为相国，功第一，可复加哉？然君初入关中，得百姓心，十余年矣，皆附君，常复孳孳得民和。上所为数问君者，畏君倾动关中。今君胡不多买田地，贱赊贷以自污？上心乃安。"于是相国从其计，上乃大说。
>
> 上罢布军归，民道遮行上书，言相国贱强买民田宅数千万。上至，相国谒。上笑曰："夫相国乃利民！"民所上书皆以与相国，曰："君自谢民。"①

王翦和萧何都是以多取田宅以自污的方式打消君王的疑虑，以避免功高震主之祸，但是二人采取的方式不同。王翦是当面向始皇"请园池为子孙业"，随后"还请善田者五辈"。而萧何则是"贱强买民田宅数千万"。王翦的"园池"也好，"善田"也罢，都是"请"而后得，说明王翦功劳再大，并不能自行获得土地，必须得到秦始皇的批准。这怕不完全是王翦故意做给始皇看，还应该有着制度的因素，就是当时王翦没有其他获得"园池""善田"的途径，无法像后世那样通过强买的方式掠取民田，否则通过后者以自污的效果可能更好一些，起码可以双管齐下，一方面多向始皇"请园池以为子孙业"，一方面强买民田，这样更能给始皇形成田舍翁的印象，更能打消始皇的疑虑。萧何之贱价强买，导致"民道遮行上书"，正说明汉初允许土地买卖，但是买卖是有条件的，农民一旦卖出田宅，就不能重新领取，将无处安身；而买地者也有条件限制，所买田宅数量应该和身份相等。萧何爵为彻侯，封邑于鄼，有赐田一百零五顷、宅一百零五区，另有食邑八千户，同时身为相国，位极人臣，但是从法律上讲，买田宅也必须遵守法律："欲益买宅，不比其宅，毋许。为吏及宦皇帝，得买室舍。"要多买住宅必须和原有住宅相比邻，否则即违法。只有出仕汉廷、因工作需要才能脱离原住宅所在地购买"室舍"即住房。这只是田宅买卖的限定之一，还应有其他限定，限于资料，不知其详而已。萧何"贱强买民田宅数千万"肯定有违规的地方，才有"民道遮行上书"的事情发生。尽管我们无法确知秦朝

---

① 《史记》卷53《萧相国世家》，北京：中华书局1959年版，第2018页。

和汉朝关于田宅买卖的详细内容，但是，从王翦和萧何的行为，可以推断，授田的买卖应该是在汉代才合法化并普遍化的，随之而起的就是土地兼并的到来。这些，众所周知，无需赘言。

第三节 农民受田实态与土地兼并

上已指出，以往在讨论战国、秦汉授田制的时候大都是以每夫百亩立说的，对于秦汉时期田亩形态则普遍认为是一步宽、若干步长的长条亩。张家山汉简《田律》的公布，则证明了西汉前期田亩形制是一步宽、二百四十步长的长条亩。则农民所受之百亩田地理所当然就是百亩并排、千亩并置，方方正正的方块田。然而，当我们跳出传世文献和法律文本的束缚，就不难发现，这种由一百个长条亩并排构成的方块田在生产实践中是行不通的。这种整齐划一的方块田在纸上画画可以，在生产实践中充其量只能应用于平原沃野的熟田，而无法施行于有待开垦的荒地，更难以施行于那些丘陵坡地、池沼林泽。对秦授田制的理解如此，对西汉初期授田制的理解也是如此。

一、农民占田零散多样

西汉前期农民受田实况，在法律文本上没有反映，但江陵凤凰山十号汉墓出土的《郑里禀（廪）簿》则为我们了解当时农民土地占有状况提供了实例。江陵凤凰山十号汉墓出土的《郑里禀（廪）簿》是官府借贷给郑里二十五户农民籽种的记录，也记录了这些借贷籽种的农民的土地状况：

郑里廪簿，凡六十一石七斗
户人圣能田一人口一人　田八亩　□移越人户　贷八斗　二年四月乙□
户人㝎能田一人口三人　田十亩　贷一石
户人击牛能田二人口四人　田十二亩　贷一石二斗
户人野能田四人口八人　田十五亩　贷一石五斗
户人厌冶能田二人口二人　田十八亩　贷一石八斗

户人□能田二人口三人　田廿亩　今□奴□　　贷二石
户人立能田二人口六人　田廿三亩　贷二十三斗
户人越人能田三人口六人　田卅亩　贷三石
户人不章能田四人口七人　田卅亩　贷三石七斗
户人胜能田三人口五人　田五十四亩　贷五石四斗
户人房能田二人口四人　田廿亩　贷二石
户人橫能田恶人口六人　田廿亩　贷二石
户人小奴能田二人口三人　田卅亩　贷三石
户人□能田三人口四人　田廿亩　贷二□
户人定□能田四人口四人　田卅亩　贷三石
户人青肩能田三人口六人　田廿七亩　贷二石七斗
户人□奴能田三人口□人　田卌亩　贷四石
户人□□能田四人口六人　田卅三亩　贷三石三斗
户人公士田能田三人口六人　田廿一亩　贷二石一斗
户人骈能田四人口五人　田卅亩
户人朱市人能田三人口四人　田卅亩
户人□奴能田三人口三人　田□四亩
户人□□能田三人口三人　田廿亩
户人公士市人能田三人口四人　田卅二亩①

这是一份人们经常使用、耳熟能详的资料，但是，木牍记载的土地状况的分析还有待深入。十号墓葬于景帝四年九月，简牍所记为景帝四年之前的事情，这是人所共知的，但是，人们使用这段资料时，忽略了牍文的"二年四月乙"，特别是"四月"所透露的历史信息。这儿的二年是景帝二年，没有什么特别的意义；"乙"是干支记日之"乙某"之缺文，具体日期这里不去推算；本文关注的是"四月"所透露的特别意义。张家山汉简《二年律令·田律》规定：

---

① 裘锡圭：《湖北江陵凤凰山十号汉墓出土简牍考释》，《文物》1974年第7期。李均明、何双全主编：《散见简牍合辑》，北京：文物出版社1990年版，第70—71页。

县道已垦田，上其数二千石官，以户数婴之，勿出五月望。①

各县、道在每年"五月望"即五月十六之前要将辖区内农户的垦田状况详细呈报所属二千石官，既有总数，也要表明每户的垦田情况，以"户数婴之"就是把垦田系于各户名下，表明各户垦田明细。这儿的"已垦田"是新开垦的土地，并非农户原有土地。因为农户每年八月都要核查户口田宅，原来的土地都详细记录在案，无须于"五月望"之前再"以户数婴之"，"上其数二千石官"。鼓励、组织垦荒是官府的重要职能，也是上计的核心内容，故而每年开春以后，组织垦荒是政府最重要的农事活动，所以要借给农民农具和籽种，鼓励农民垦荒，增加种植面积。到了四五月份，新垦土地面积确定，农作物已经种植完毕，苗情大体清楚，一年税收也就确定了，故登记造册，"上其数二千石官"，到秋后按章收税就是了（关于田税问题，详下章）。"五月望"以后农事重心转向田间管理和抗旱排涝等活动。《郑里廪簿》是郑里 25 户农户向官府借粮的档案文书，有统一的格式和内容，包括每户户主、劳动力数、人口数、垦田数、借贷数量，时间是"四月乙"，也就是说借贷发生在"四月乙"之前。对牍文稍加分析，我们不难发现，每户借贷数量和人口多寡无关，和垦田数则完全一致，每亩一斗，说明官府不是按照人口而是按照垦田数量借贷，这每亩一斗的粮食显然不是用于生活消费，而是用作垦田的种籽。这正体现了"县道已垦田，上其数二千石官，以户数婴之，勿出五月望"的历史实践。只是《郑里廪簿》是郑里 25 户农民借贷籽种的账簿，其性质和《田律》所说的"县道已垦田，上其数二千石官，以户数婴之，勿出五月望"有所不同，但是，因为所"廪"之粮食是新垦土地的籽种，是按照每户新开垦的土地面积借贷的，因而《郑里廪簿》又反映了垦田内容，尽管我们不能说《田律》"以户数婴之"的内容就是《郑里廪簿》所登记的每户户主、人口、劳动力、垦田数、借贷数等内容，但是，我们可以由此推测《田律》"以户数婴之"的部分内容，也可以说，《郑里廪簿》的内容结构起码是部分地按照《田律》的要求执行的。当

---

① 张家山二四七号汉墓竹简整理小组：《张家山汉墓竹简（二四七号墓）》（释文修订本），北京：文物出版社 2006 年版，第 42 页。

然，郑里是没有资格把廪簿汇总到郡守二千石那里的，要由乡汇总到县，而后由县统计再汇总于郡。以往所有论著都把这段资料作为西汉文景时期个体农民拥有土地的实况，认为《郑里廪簿》之"田卅亩""廿七亩"等就是农民拥有的全部土地，平均每户不过24.68亩，每个劳动力不过耕种九亩不到的土地①，说明晁错所说"今农夫五口之家，其服役者不下二人，其能耕者不过百畮"②之不实。其实，这是对牍文性质的误解，牍文记录的是需要向官府借贷籽种的新开垦的土地，而不是农民所有土地。有的农户需要全部借贷种子，有的只需要一部分，有的则不需要。所以，尽管我们不能把晁错说的"今农夫五口之家，其服役者不下二人，其能耕者不过百畮"当作普遍的真实，"能耕者不过百亩"不等于农民实际上就是耕种百亩，但是也不能把《郑里廪簿》当作文景时期农民实际拥有土地的完整记录。文景时代，仍然是地广人稀的时代，文帝十六年诏云："夫度田非益寡，而计民未加益，以口量地，其于古犹有余，而食之甚不足者，其咎安在？无乃百姓之从事于末以害农者蕃，为酒醪以靡谷者多，六畜之食焉者众与？"③"度田非益寡，而计民未加益，以口量地，其于古犹有余，而食之甚不足者"起码在一定程度上说明当时不存在后世人地关系紧张的问题，至于农民生活艰难，文帝认为可能是"以末害农者众"所致，这是文帝一再躬耕籍田、减免田租、鼓励垦荒的认识原因。

文帝所述是否完全符合实际，暂且不论，从文帝的话中我们至少可以明白当时即使存在人多地少的矛盾，这个矛盾和后世相比也不算突出。所以，我们有理由认定，《郑里廪簿》所记载的田亩数不是农户所拥有的土地总数，而是新开垦的田亩数，他们实际土地数量不止于此。但是，无论农户实际土地是多是少，通过上述分析，我们可以对西汉前期农户实际占有的土地状况有新的认识：所谓每夫百亩的授田标准仅仅是制度设计，这一百亩指的是标准良田，农民实际占有的土地样态是各式各样的，有的分散多处，有的大片相连，有的不足百亩，有的则远远超过百亩，而这些与授田制度都是有着因果关系的，从一个方面说明授田制下农民垦田实况，《郑里廪簿》登记

---

① 案牍文个别文字漫漶缺失，亩数不详。本文计算系根据六十一石七斗推定有田617亩。
② 《汉书》卷24上《食货志上》，北京：中华书局1962年版，第1132页。
③ 《汉书》卷4《文帝纪》，北京：中华书局1962年版，第128页。

的 25 户农民所耕之 617 亩土地就是新开垦的授田。

二、授田制与工商兼并农民问题

第一章曾经指出，战国时代授予农民的土地固然有已垦地，也有可垦而未垦的土地，后者所占比例更大，至于那些质量低劣的土地则通过增加授田数量以调节其质量的差异，即良田按百亩授予，劣地则增加授田数量，或加倍、再倍、四倍、五倍……具体情况因时因地而异。战国时代采用的提封田法就是为了大规模计算土地面积以制土分民。这种方式秦汉时代仍然在沿用。上举简牍"里田术"——以方里为计算单位的方法，就是为了计算土地以分民的需要，所计算的土地既有已垦地，也有可垦而未垦地。授予农民的既有已垦地，也包括可垦而未垦的土地，这里的已垦地并非国家直接经营的土地，而是把农民已经耕种的土地登记在册，满足每夫百亩标准的不再授予，否则授满百亩；地处良田者，每夫百亩；而处于劣地者，自然要增加授田数量，而后按照国家规定的产量征收田税。尽管出土律文和传世文献无论是秦朝还是汉初都没有增加授田数量的直接记载，但是，还是间接地透露出了这一历史信息。上举张家山汉简《二年律令·田律》云："田不可田者，毋行；当受田者欲受，许之。"这"田不可田者"之"田"是指不适宜农耕之田，"田不可田者，毋行"是指不要强行把不可垦的土地授给农民，但是"当受田者欲受，许之"，即符合授田条件的农民自愿接受这些"不可田"之"田"时，要满足农民要求。之所以有这条规定，说明现实中存在着基层官吏强迫农民接受"不可田"之"田"的现象，也存在着有农民主动要求"不可田"之"田"的事情。这就提出这样一个问题：强迫农民接受"不可田"之"田"是为了政绩，可以理解，但是为什么会有农民主动要求这些"不可田"之"田"？这些"不可田"之"田"的授予标准也是每夫百亩吗？显然，这是不可能的。如果那样，谁也不会提出如此愚蠢的要求，这条律文就毫无意义。所以，我们有理由推定，秦和汉初是存在着战国时代的以土地数量调节土地质量差异的制度的。明白这一点，我们对西汉初年那些种植业主、牧业主、矿冶业主、渔业主土地的来源就可以有明晰的认识。

《史记·货殖列传》记述了西汉前期"与千户侯等"的民间富豪的构

成,云:

>陆地牧马二百蹄,牛蹄角千,千足羊,泽中千足麃,水居千石鱼陂,山居千章之材。安邑千树枣;燕、秦千树栗;蜀、汉、江陵千树橘;淮北、常山已南,河济之间千树萩;陈、夏千亩漆;齐、鲁千亩桑麻;渭川千亩竹;及名国万家之城,带郭千亩亩钟之田,若千亩卮茜,千畦姜韭:此其人皆与千户侯等。然是富给之资也,不窥市井,不行异邑,坐而待收,身有处士之义而取给焉。①

这些"与千户候等"的富豪们都需要大片的土地,都是依靠其土地从事特种种植、放牧、养殖业,他们土地来源也是各种各样的,有的是继承而来,有的是购买,有的是凭借其家世或者财力沟通官府占有大片山川林泽,等等。但是,有一点不能排除,就是通过授田从官府得到了大片的山川林泽。

在普通农民眼里,山川林泽是不可垦之地,不适宜农耕,而土地一经授予无论耕种与否、收成如何,都是要如数缴税的,所以普通农民不愿意接受。但是,对于那些头脑灵活、有技术专长和善于经营的人来说,这些不适宜农耕之地却蕴藏着那些良田所不具有的经济价值,其收获要远远超出农田。如蜀地卓氏、程郑、南阳孔氏、鲁地曹邴氏都是以冶铸而富甲一方,就是因为拥有矿冶资源。《史记·货殖列传》记其事云:

>蜀卓氏之先,赵人也,用铁冶富。秦破赵,迁卓氏。卓氏见房略,独夫妻推辇,行诣迁处。诸迁虏少有余财,争与吏,求近处,处葭萌。唯卓氏曰:"此地狭薄。吾闻汶山之下,沃野,下有蹲鸱,至死不饥。民工于市,易贾。"乃求远迁。致之临邛,大喜,即铁山鼓铸,运筹策,倾滇蜀之民,富至僮千人。田池射猎之乐,拟于人君。
>程郑,山东迁虏也,亦冶铸,贾椎髻之民,富埒卓氏,俱居临邛。
>宛孔氏之先,梁人也,用铁冶为业。秦伐魏,迁孔氏南阳。大鼓

---

① 《史记》卷129《货殖列传》,北京:中华书局1959年版,第3272页。

铸，规陂池，连车骑，游诸侯，因通商贾之利，有游闲公子之赐与名。然其赢得过当，愈于纤啬，家致富数千金，故南阳行贾尽法孔氏之雍容。①

卓氏在迁徙途中，在别人贿赂秦吏为自己找个近一点的地方就近在葭萌安家的时候，却主动要求远迁，本来是要找一个农副产品丰富以方便谋生的地方，到了临邛以后意外地发现了铁矿，于是"即铁山鼓铸，运筹策，倾滇蜀之民，富至僮千人"。卓氏因为其家"用铁冶富"而被迁于秦的腹地——蜀，按照当时法律，至多以普通农户的身份受田于官府，种地纳税，可是却能够"即铁山鼓铸"，以至于"倾滇蜀之民，富至僮千人"，那么，卓氏是如何获得铁山的使用权的？以秦朝对基层社会控制之严格，怕不能用自行开采来解释，而应有制度的依据，也就是说，卓氏之使用铁山是有制度依据的，起码是经过官府同意的，是有法律保障的。所以，笔者以为，卓氏之"铁山"是通过授田途径得到的，在普通农民和基层官吏眼里，这个"铁山"仅仅是荒山而已，没有什么经济价值，但对于冶铁世家的卓氏来说，这可是棵摇钱树，遂主动要求授予，官府自然应允，这正可以作为上举张家山汉简《田律》"田不可田者，勿行；当受田者欲受，许之"的历史注释，也就是说，汉初《田律》之"田不可田者，勿行；当受田者欲受，许之"很可能是渊源有自，也是由秦律沿续而来。

那么，"当受田者欲受"官府"许之"的时候，所"许"之"不可田"之实际授予量当然不可能是每夫百亩，而是要多得多。这就像当代土地承包一样，普通耕地是一个标准，荒山是另一个标准，荒山面积虽大，其承包费用远远低于普通农田。程郑、孔氏，都是秦朝"迁虏"，他们在秦朝以冶铸致富的前提也是拥有矿山，其途径和卓氏一样，也是在制度的许可之内获得。如所周知，秦朝以重农抑商著称，秦始皇三十三年曾惩罚性地"发诸尝逋亡人、赘婿、贾人略取陆梁地，为桂林、象郡、南海，以适（谪）遣戍"②。之所以把"贾人"和那些曾经逃亡的人、赘婿一同发往岭南，就是

---

① 《史记》卷129《货殖列传》，北京：中华书局1959年版，第3277—3278页。
② 《史记》卷6《秦始皇本纪》，北京：中华书局1959年版，第253页。

因为"贾人"是非农业人口。而卓氏、程郑、孔氏并不在"以適遣戍"之列，就是因为他们不属于"贾人"之列，在户籍簿上，他们的身份是授田民，他们从事的是"本业"，他们是在利用官府授予的土地资源发家致富，不仅不在抑制之列，而且是国家表彰的对象。乌氏倮畜牧有方，"畜至用谷量马牛。秦始皇帝令倮比封君，以时与列臣朝请"。而"巴寡妇清，其先得丹穴，而擅其利数世，家亦不訾。清，寡妇也，能守其业，用财自卫，不见侵犯。秦皇帝以为贞妇而客之，为筑女怀清台"。秦始皇为什么对他们如此礼遇？就是因为他们是以本业致富的典型，礼遇他们，是号召天下以他们为榜样。司马迁评论说："夫倮鄙人牧长，清穷乡寡妇，礼抗万乘，名显天下，岂非以富邪？"① 可谓一语中的。如果说，乌氏倮和寡妇清之牧场和丹穴的由来系因其"鄙人牧长"的身份和先人留下的产业，有其特殊性的话，那么，卓氏、程郑、孔氏的资源只能是由官府授予。

西汉立国，刘邦下"复故爵田宅"诏，承认秦朝的土地财产制度合法，卓氏、程郑、孔氏、乌氏倮、寡妇清等继续其富甲一方的生活。随着汉初与民休息治国方针的实行，"弛商贾之律"②，"弛山泽之禁"③，人们可以名正言顺地经商致富，并为人们从事工商业提供了经济资源，民户不仅不必像以前那样只能在规定的时间内采伐渔猎，而且可以从事各种经济活动。当然，这种开发使用并非完全的自由，而是在法律许可的范围内，农民要使用山林川泽必须要取得官府的批准，通过授田制度，取得大片山林川泽，起码是其途径之一。也就是说，上举全国各地涌现的各式各样的"与千户侯等"的富豪之家所拥有的大片牧场、林场、矿山，等等，和授田制度是有内在联系的。

至此，我们可以明白，汉初授田制之下，普通农民的实际授田数量也是各不相同的，有的可能是百亩，有的则远远不止。明白这一点，对汉初土地兼并的发展可以在制度层面有进一步的理解，而不是仅仅归结为军功地主、工商地主、官僚地主的阶级本性。

西汉前期，是我国传统商品经济大发展的时代，司马迁曾形象地概括

---

① 《史记》卷129《货殖列传》，北京：中华书局1959年版，第3260页。
② 《史记》卷30《平准书》，北京：中华书局1959年版，第1418页。
③ 《史记》卷129《货殖列传》，北京：中华书局1959年版，第3261页。

说:"用贫求富,农不如工,工不如商,刺绣文不如依市门,此言末业,贫者之资也。"① 在经济残破到"天子不能具醇驷,而将相或乘牛车"② 的西汉初年,弛商贾之律,开山泽之禁的目的是为了恢复经济,在尽可能短的时间内解决民生问题。这个目的是达到了。史称至武帝即位时,"汉兴七十余年之间,国家无事,非遇水旱之灾,民则人给家足,都鄙禀庾皆满,而府库余货财。京师之钱累巨万,贯朽而不可校。太仓之粟陈陈相因,冲溢露积于外,至腐败不可食。众庶街巷有马,阡陌之间成群,而乘字牝者傧而不得聚会"③。这是大家所熟知的事实。但是,就在这经济繁荣的背后,则是弃农经商的普遍化,商业资本和高利贷资本迅速吞噬着个体农民的财产,导致农民破产,原来以军功爵为基础的等级社会处于解构之中。对此,晁错有着极为深刻的概括:

> 今农夫五口之家,其服役者不下二人,其能耕者不过百亩,百亩之收不过百石。春耕夏耘,秋获冬藏,伐薪樵,治官府,给徭役;春不得避风尘,夏不得避暑热,秋不得避阴雨,冬不得避寒冻,四时之间无日休息;有私自送往迎来,吊死问疾,养孤长幼在其中。勤苦如此,尚复被水旱之灾,急政暴赋,赋敛不时,朝令而暮改。当具有者半贾而卖,无者取倍称之息,于是有卖田宅鬻子孙以偿责者矣。而商贾大者积贮倍息,小者坐列贩卖,操其奇赢,日游都市,乘上之急,所卖必倍。故其男不耕耘,女不蚕织,衣必文采,食必梁肉;无农夫之苦,有仟伯之得。因其富厚,交通王侯,力过吏势,以利相倾;千里游敖,冠盖相望,乘坚策肥,履丝曳缟。此商人所以兼并农人,农人所以流亡也。④

晁错这段话,重点说明:第一,一个五口之家,最大耕作量不超过百亩,劳作辛苦,收入甚微,为完成国家的赋税徭役,时常落入高利贷的陷阱而破产;第二,工商业主通过鬻贱卖贵和高利贷剥削,牟取暴利而致富,大肆兼

---

① 《史记》卷129《货殖列传》,北京:中华书局1959年版,第3274页。
② 《汉书》卷24上《食货志上》,北京:中华书局1962年版,第1127页。
③ 《史记》卷30《平准书》,北京:中华书局1959年版,第1420页。
④ 《汉书》卷24上《食货志上》,北京:中华书局1962年版,第1132页。

并农民。关于农民赋税徭役负担,待下文详说。这里只是指出,这些工商业主兴起之路和授田制度之间是有着逻辑联系的,这就是大部分工商业主本来也是授田民,是授田制度使他们获得了经济资源,通过商品生产发家致富。而在以小农经济为国民经济基础的社会里,不存在商业资本转化为产业资本的条件,工商业者特别是那些大商人的财富是靠价格不对称、"积贮倍息","坐列贩卖,操其奇赢,日游都市,乘上之急,所卖必倍"[①] 积累而来,也就是靠不停地流通来增值的;随着财富的不断增加,必然要有一部分退出流通领域以货币的形态贮藏起来。但是,把货币贮藏起来是不能增值的,要实现这一部分财富的增值,在当时的条件下,只有两种选择:一是购买土地,土地既能生息,又是最有保障的财富;二是转化为高利贷资本,通过重利盘剥以增加货币数量,最终还是把货币投向土地。所以,无论做出何种选择,其结果都是兼并农民,导致农民的破产。而高利贷资本对农民的盘剥尤其严重,直接导致小农经济的瓦解。因为商业资本不能转化为产业资本,破产农民也就不可能转化为产业工人,其出路只有两条,要么成为奴隶,要么离乡背井。这是汉文帝深感忧虑却又无可奈何的制度根源。

第四节　《二年律令》的时效与授田制的废止问题

《二年律令》的面世,使我们认识到汉初是按照身份等级的高低分配土地住宅的,一个以二十级军功爵为轴心的井然有序的等级图景展现在我们面前。但是,这个井然有序的等级社会到了文帝时代就处于迅速解体之中,典型体现就是涌现大量的"与千户侯等"的"素封"之家,土地兼并、个体农民破产严重。其原因何在?晁错和贾谊都将这一变化归结为工商业主对农民土地兼并的结果,晁错所述已见上举;贾谊分析也为学人所熟知,无需赘引。他们是当时人说当时事,所举现象都是客观的存在,其原因分析,也都有目共睹,但是都没有从土地制度的层面分析土地兼并、农民破产的原因。汉武帝时,针对土地集中问题,董仲舒提出"限民名田"的建议;至西汉末年,师丹又再一次提出限田建议,并一度以制度的形式颁布实施。那么,

---

[①]　《汉书》卷24上《食货志上》,北京:中华书局1962年版,第1132页。

土地兼并与《二年律令》规定的授田制关系如何？或者说，如何理解《二年律令》的授田与土地兼并、农民破产、两极分化的关系？汉文帝去《二年律令》实行时代未远，其时的社会经济尚在复苏过程中，汉初的各项法令均在因循之中，土地兼并究竟是制度设计存在缺陷，还是制度有所改变？遂导致对张家山汉简记载的授田制实行时效问题的讨论。

一、授田制废止问题的分歧

讨论授田制实行时效，首先要从师丹"限田"奏议说起。《汉书·食货志》云：

> 哀帝即位，师丹辅政，建言："古之圣王莫不设井田，然后治乃可平。孝文皇帝承亡周乱秦兵革之后，天下空虚，故务劝农桑，帅以节俭。民始充实，未有并兼之害，故不为民田及奴婢为限。今累世承平，豪富吏民訾数巨万，而贫弱俞困。盖君子为政，贵因循而重改作，然所以有改者，将以救急也。亦未可详，宜略为限。"天子下其议。丞相孔光、大司空何武奏请："诸侯王、列侯皆得名田国中。列侯在长安，公主名田县道，及关内侯、吏民名田皆毋过三十顷。诸侯王奴婢二百人，列侯、公主百人，关内侯、吏民三十人。期尽三年，犯者没入官。"时田宅奴婢贾为减贱，丁、傅用事，董贤隆贵，皆不便也。诏书且须后，遂寝不行。①

师丹认为，"孝文皇帝承亡周乱秦兵革之后，天下空虚，故务劝农桑，帅以节俭。民始充实，未有并兼之害，故不为民田及奴婢为限"，意思是文帝即位以后因为官民具困，以劝课农桑为施政核心，不设民户占有土地和奴隶的数量限制，放任自流、任民所耕、任民所占。此后土地兼并、农民破产为奴的现象日趋严重，所以到了非限不可的地步了。当时朝野都明白土地兼并、农民破产问题的严重性，所以孔光、何武旋即提出了具体的限田限奴方案，但仅仅是昙花一现。按照师丹的逻辑，文帝之前存在过"民田及奴婢"之

---

① 《汉书》卷24上《食货志上》，北京：中华书局1962年版，第1142—1143页。

"限"的，是汉文帝不再设立"民田及奴婢"之"限"，导致土地兼并一发而不可收拾。张家山汉简《二年律令》的出土，说明了文帝之前确实有过"民田"之"限"：庶人一顷，军功爵者依次增加。这就是"民田"的最高限额。文帝即位，"不为民田及奴婢为限"，这个限额取消了。

除了师丹说的文帝"不为民田及奴婢为限"之外，郑玄则明确谓"汉无授田之制"。《周礼·地官·载师》云："凡任地，国宅无征，园廛二十而一，近郊十一，远郊二十而三，甸稍县都，皆无过十二，唯其漆林之征，二十而五。"许慎《五经异议》认为："汉制收租，田分上中下，与周礼同义。"郑玄认为汉家没有授田制，也就不存在与《周礼》同义的问题。贾公彦《疏》引许、郑之议云：

> 《异议》第五田税："今《春秋》公羊说，十一而税，过于十一，大桀小桀；减于十一，大貉小貉。十一税，天子之正，十一行而颂声作。故《周礼》国中园廛之赋二十而税一，近郊十二税一，远郊二十而税三。有军旅之岁，一井九夫，百亩之赋，出禾二百四十斛，刍秉二百四十六釜。米十六斗。案《公羊》十一税远近无差。汉制收租，田有上中下，与《周礼》同义。""玄之闻也，《周礼》制税法，轻近而重远者，为民城道沟渠之役，近者劳远者逸故也。其授民田，家所养者多，与之美田，所养者少，则与之薄田，其调均之而是，故可以为常法。汉无授田之法，富者贵美且多，贫者贱薄且少；美薄之收不通相倍徙，而上中下也与《周礼》同义，未之思也。"①

郑玄是经学通家，尤其长于以汉制注释《周礼》，自然是通晓汉家制度，对土地制度自然也是了解的，郑玄明确谓"汉无授田之法，富者贵美且多，贫者贱薄且少"。人们自然有理由相信"汉无授田之法"。联系师丹的奏议，人们就不得不思考张家山汉简《二年律令》有关授田制或者名田制的废止问题。主要有三种意见：

第一种意见认为，授田（名田）制废止于文帝，以杨振红先生为代表。

---

① 阮元校刻：《十三经注疏》，北京：中华书局1980年影印版，第726页。

杨振红先生依据师丹"不以民田及奴婢为限",认为汉文帝废止了名田制,但其原因不是师丹说的"承亡周乱秦兵革之后,天下空虚,故务劝农桑,帅以节俭。民始充实,未有并兼之害"①,因为刘邦和惠帝、吕后时代较之文帝时期更加"天下空虚",而是从秦就实行的普赐爵位进行分析,认为"赐爵的溢滥应该是一个重要原因","爵可以无限制地赐予,但土地资源却是有限的,它不可能源源不断地供给,因此,爵的轻滥必然会动摇以爵位为基础的田宅名有制度。事实上,从高帝五年诏已经可以看出西汉初年名田宅制已经遭到侵蚀,授田难以运作,还田更不可行,否则以高帝之尊何以要对行田宅之事一再下诏督办。文帝时鉴于名田宅制已名存实亡,索性不再加以限制,听之任之"。认为汉武帝时刺史"六条问事"之一的"强宗豪右,田宅逾制"之"田宅逾制"只是观念的存在,不能理解为现实制度。②

第二种意见认为授田(名田)制的废止是土地私有化、土地兼并的必然结果,并非哪一位帝王诏令使然,这以朱绍侯先生为代表。朱先生指出,"历史文献和《二年律令》都说明秦汉的受田宅制是一种有受无还的长期占有制度,即政府一经把田宅授人,在一般情况之下不再收回。因为根据有关文献资料还看不到政府收回田宅的规定,田宅已经授出即归受者长期占有"。朱先生认为,"土地制度有一个不以人的意志为转移的发展规律,即土地一经确定为长期占有制,必然迅速地演变为土地私有制,而土地私有制又必然导致土地兼并","到武帝时期就出现了第一次土地兼并高潮"。"自商鞅变法以来,所建立的名田制(受田制)却彻底被破坏了。因为土地兼并高潮的主要兼并对象有两种人。一种是名田制下一家授田百亩的自耕农。""第二个对象,就是以军功大小、爵位高低而获得大量田宅的军功地主。他们的子孙靠其父祖以军功得来的大量土地,过着世袭和半世袭的寄生生活,最容易腐朽破产。""汉武帝时代出现的第一次土地兼并高潮

---

① 《汉书》卷24上《食货志上》,北京:中华书局1962年版,第1142页。
② 杨振红:《秦汉"名田宅制"说——从张家山汉简看战国秦汉的土地制度》,《中国史研究》2003年第4期。另,武建国先生《汉代名田和授田析论》一文依据师丹叙述,认为汉初就"推行名而无限的政策",尽管其将名田、授田作为两种性质不同的土地制度存在着史实和逻辑上的矛盾,不能成立,但是可以看作是依据师丹诸语谓汉初即"名田无限"的始发明者,见《思想战线》1993年第4期。

所兼并的土地,都是名田制下的土地,即根据军功爵位的高低及其他身份由政府所授给的土地。这类性质的土地一经兼并,名田制就已名存实亡。"①

第三种意见认为《二年律令》的授田制根本就是吕后颁布的一纸具文,原本就没有实行过。张金光先生力主此说。张先生认为《二年律令》的授田制是"待授制和生荒授垦制。从'已前为户'而尚'无田'或'不盈'(笔者按:即《户律》"其已前为户而无田宅,田宅不盈,得以盈。宅不比,不得"的概括)来看此前便已无足量份地授田之事。刘邦五年诏亦可为证。刘诏不是普遍授田诏,而是重复以有功劳行田宅、满足高爵的原则。刘邦的安民诏也只是对外逃人员的'复故爵田宅',而不亡者便是当然的占有"。"汉初刘邦已不谈普遍授田,至吕后时竟有如此可观授田之额以满足民之所需,实大可疑。从总的方面看,基本上可以说是一纸空文,尤其是对庶人的授田制,可以称之为待授制。""《二年律令》之授田数据实际上为具文",不过是"一个不能兑现的旧规""被重复提起罢了"。之所以如此,"是因为对庶民给予百亩份地,乃是一个具有悠久历史,也是非常蛊惑人心的口号。自孟轲猛烈抨击战国时期君主不能满足农民百亩田,使仰不足以事父母,俯不足以畜妻子,因而提出'恒产'说之后,社会舆论上便形成了一种定势,即不能满足庶人维持温饱的百亩份地的起码要求,便不是一个合格的政府与君主","所以汉代的统治者尽管在实际上不能兑现,而在理论上还是得承认必须给予农民以足够量土地的"。针对师丹所云汉文帝"不以民田及奴婢为限"之说,张先生认为师丹之言,"是以汉末的现实,来逆推并解释汉文帝时的田地占有历史状况,然而他却未真正触及文帝时田制变革的真相","文帝彻底废除自战国以来的国家普遍授田制,而同时却无所谓'限'、'不限'的政令推行,只是因为普遍授田制的废止,才自然走到了放任即

---

① 朱绍侯:《论汉代的名田(受)制及其破坏》,《河南大学学报》2004 年第 1 期。朱先生这篇文章是就张家山汉简《二年律令》的名田(受)制立论的,其基本观点在 20 世纪 80 年代初已经提出,见前揭氏著《"名田"浅论》《军功爵制试探》。在《论名田制与军功爵制的关系》一文中,朱先生在进一步明确名田制与军功爵制的关系时,系统说明了名田私有化的过程;在《秦汉土地制度与阶级关系》(郑州:中州古籍出版社 1985 年版)一书中又做了进一步的系统论证。于振波在《名田制在汉代的实施及其式微》一文中针对杨振红先生就名田制在汉代的实行问题也予以叙述式的说明,见《中国史研究》2004 年第 1 期。

任耕无限的地步。国家普遍授田制因无田可授而终止,而且随着吕氏政治集团的垮台,就连此等授田空文也烟消云散,其本身并未自然发展出一种如后世之'限田'制来。限田乃是在授田制废止相当长时间后,土地占有失衡已构成严重社会问题之时,才提出和设计出来的抑兼并的政策和制度。至武帝年间,才由董仲舒首开'塞并兼之路'而'限田'之议。师丹之言,充分反证待'有并兼之害'时,方出'限田'之事。汉人皆是如此确认限田之起因与制度之设计的,与《二年律令》中普遍授田制并无关系"。①

贾丽英先生和张金光先生有相近的观点,其论证则具有实证性。贾先生认为"名田宅制在一开始就出现了问题。高祖颁诏的当年即出现了'小吏未尝从军多满而有功者顾不得'的情况,也就是对有军功的高爵者不能授予足够的田宅",说明"名田宅制在高祖后期就已名存实亡了";而"自惠帝时开始频繁地普赐民爵","在天下初定,国家掌握较多土地之时尚不能满足高爵者的足额田宅,在户户都有爵的情况下还能保证授予吗?"因为成文法有着滞后于社会现实的属性,《二年律令》中的律文并非都是现行法律,某些律文很可能是"奉高祖之法"不敢删削而被原封不动地保留下来。《二年律令·户律》应该是"高祖五年的诏令经过修订而入律"。所以,如果僵化地把《二年律令》中的律文都认定为吕后二年所施行的法律,必然不利于揭示汉初历史的真实"。贾丽英同时认为,汉武帝元封五年"究劾强宗豪右的'田宅逾制'之'制'就是武帝本朝的限田之制"②。

这些分歧,既有对传统文献的理解问题,也有对出土资料的解读问题,既关系到对汉代土地制度变迁的认识,也关系到如何看待张家山汉简《二年律令》的史学价值,同时关系到如何辩证统一地使用出土资料和历史文献问题。故而综合分析如下。

二、授田制废止是个历史的过程

笔者以为,朱绍侯先生的看法是符合历史和逻辑的,授田制的废止是个

---

① 张金光:《普遍授田制的终结与私有地权的形成》,《历史研究》2007年第5期。
② 贾丽英:《汉代"名田宅制"与"田宅逾制"论说》,《史学月刊》2007年第1期。

历史过程，是授田制的性质所决定的，即授而不还，由长期占有发展为私有的必然结果，并非因为汉文帝的"不为民田及奴婢为限"，《二年律令》更非吕后颁布的一纸具文。

第一，上已指出，秦朝授田严格，刘邦的"复故爵田宅诏"是对秦制的沿袭和发展。当时存在着复原回乡的军吏卒"久立吏前，曾不为决"的现象，但是这绝非因为无田可授或者授田困难，而是基层官吏刁难的结果。秦末先是陈胜吴广起义，继之以六国之后的复国运动，后是楚汉之争，男女老幼，殒命沙场、转死沟壑者，不计其数，至刘邦称帝，人口锐减，根本不存在人地矛盾、无田可授的问题。其时之国家，缺的是人口，多的是土地，当务之急是使逃亡人口重归故里、尽可能地休养生息，才有"复故爵田宅诏"的颁发，故刘邦时代根本不存在无田可授问题。而"且法以有功劳行田宅"是以授田制为基础的，是在每夫百亩田、一区宅的授田基础上按照军功爵级增加授田数量的，在当时的历史条件下，二者不可分割，怎能剥去其基础，仅仅把"且法以有功劳行田宅"解为是"重复以有功劳行田宅、满足高爵的原则"？

第二，《户律》之"其已前为户而无田宅，田宅不盈，得以盈。宅不比，不得"与"无田可授"无关。律文所说的"为户"是每年八月登记立户而言。不过，立户并非现在意义上的登记而已，而是要根据户主身份确认其田宅多少、调整其居住空间；立户的原因除了成年人成家立业以外，还有着析产分居等多种情况，这不仅仅和家庭田宅及其他财产分割有关，还和爵位变动、依法调整新立之户的田宅及居所以及其他政治经济权利和义务等问题相关。从理论上讲，为户和授田宅应该同步，为户之后，就要调整田宅。但是，因为当时民居是按照身份高低，依地缘五家为伍，分区居住，划为不同的居住空间，这在执行上就要有个过程。《户律》明确规定：

自五大夫以下，比地为伍，以辨券为信。居处相察，出入相司。有为盗贼及亡者，辄谒吏、典。

隶臣妾、城旦舂、鬼薪白粲家室居民里中者，以亡论之。①

五大夫是二十等爵位的第九级，属于高爵，五大夫以下属于低爵。五大夫以下和没有爵位的人一样都要按照五家为伍的制度编制起来，每户人家都以券书为凭证，以防止冒充。彼此之间，互相监督，互相检举，发现有偷盗、逃亡等行为和可疑现象，立即向里典和相关官吏报告。从逻辑上分析，五大夫以上的人群，是不"比地为伍"的，也就不存在"以辨券为信。居处相察，出入相司，有为盗贼及亡者，辄谒吏、典"的问题。隶臣妾、城旦舂、鬼薪白粲都是罪犯，其家庭不能和平民以及有爵位的人居住在一起，否则"以亡论之"，就是以逃亡论处。为什么以逃亡罪论处？就是因为这些罪犯家属有专门的居住区，和平民、有爵位的人分开居住，他们离开专门居住区、住到普通人的居住区，就等于逃亡。这至少说明，当时居民按照身份分为三个居住区：一是五大夫以上的高爵人群，二是五大夫以下的低爵人群和庶人，三是隶臣妾、城旦舂、鬼薪白粲等特殊人群。当然居民区的划分，实际上不止这三个，这些因为和这里讨论的问题无关，不予多说。这里只要明白，汉初居民按照身份分区居住就行了。② 按照身份分区居住，立户以后，身份如有变动，就要按照新的身份调整土地和住宅，但是，因为居住区一经设定，调整住宅就会受到空间限制，这需要重新规划调整，或者在法律上有所说明，这就需要一个过程。"其已前为户而无田宅，田宅不盈，得以盈。宅不比，不得"就是针对这一状况而言的。"已前为户"即已经单独立户者，"为户"者可能是无爵之士伍，也可能是有爵位需要增加田宅者，如果是后者，原来土地不够，依法补足，即"田宅不盈，得以盈"。因为，住宅区已经划定，居民住宅用地也就是宅基地要受到空间制约，居民按照这身份毗邻而居，所以一户人家的宅基地必须相连为一个整体才能不违背"比地为伍"的原则，故而当应该增加的宅基地和原来宅基地不在一起的时候，就不再补足，

---

① 张家山二四七号汉墓竹简整理小组：《张家山汉墓竹简（二四七号墓）》（释文修订本），北京：文物出版社 2006 年版，第 51 页。

② 关于秦汉户籍、民户居住形态、基层社会秩序，参见拙文《先秦什伍乡里制度试探》，《人文杂志》1994 年第 1 期；《秦汉里制与基层社会结构》，《东岳论丛》2005 年第 6 期；《简牍所见汉代乡部的建制与职能》，《史学月刊》，2006 年第 5 期。

即"宅不比，不得"，这儿的"比"是"比邻"的意思。所以，律文"其已前为户而无田宅，田宅不盈，得以盈。宅不比，不得"，正说明授田制的存在和严格执行，这里的"不盈"不是国家无田可授，而是为户和授田宅过程中出现的特有现象，否则也就不存在"得以盈"的问题——既然因为土地不足而"不盈"在前，后来土地因为人口增加可用以分配的更少，就更不存在"得以盈"的条件。至于"宅不比，不得"和宅田多少更没有关系。

第三，师丹说的汉文帝"不以田地及奴婢为限"不能说明汉文帝废止授田制。师丹谓"孝文皇帝承亡周乱秦兵革之后，天下空虚，故务劝农桑，帅以节俭。民始充实，未有并兼之害，故不为民田及奴婢为限"①。这是论者主张汉文帝废除授田制的主要依据，故需做出较详分析。

杨振红先生曾正确地指出师丹谓文帝时代因为"天下空虚"而"不以田地及奴婢为限"是不符合实际的，因为刘邦、惠帝、吕后时期较之文帝时期更加"天下空虚"，刘邦、惠帝、吕后都没有"不为民田及奴婢为限"，显然不能把"天下空虚"作为汉文帝"不为民田及奴婢为限"的原因。但是，杨先生依然认为师丹说的"不为民田及奴婢为限"是文帝采取的制度性变革，其原因是赐民爵导致无田可授，贾丽英先生也持相同看法②。这有一定道理，普赐民爵必然会导致无地可授的结果，但是并不能据此认为文帝废止授田制。

无论是在汉代学者心中还是在后世史家眼里，文帝时期是汉家治世的黄金时代，是农民生活的黄金时代，之所以如此，是因为文帝治国以重农为核心，轻徭薄赋、普赐民爵，都是在重农方针指导下采取的措施，文帝因此成为一代明君。师丹认为，文帝虽然"不为民田及奴婢为限"，但在当时的历

---

① 《汉书》卷24上《食货志上》，北京：中华书局1962年版，第1142页。
② 张金光先生对师丹"不以田地及奴婢为限"之"限"的性质有不同看法，认为"授田制本身份地之限 与 '以田地及奴婢为限'是建立在不同类土地制度基础上的不同类性质的事情，前者是份地授田制中内在自然之限，'限田'之'限'乃是一个最高限额，是在限内的任意占有，它是在土地私有制之下的占田限额。因之不能把'逾限'之'限'同《二年律令》之授田数量标准联系起来"。在注释中，张先生进一步补充谓师丹"虽系从汉末限田立场言文帝'不为民田为限'事，然足以反正，文帝时，更无比之粗略限田具有更严格标准界限的国家份地授田制之存在。可见，《二年律令》授田制律文充其量维持至吕后政权的消失。文帝即位后，此等几如空头支票式的授田文亦烟消云散"。见上揭《普遍授田制的终结与私有地权的形成》文末注释，《历史研究》2007年第5期。

史条件下，国家有的是土地，"不为民田及奴婢为限"对普通农民没有什么不利影响，是惠民举措，而经过百余年的发展，"不为民田及奴婢为限"距离文帝初衷越来越远，以致完全走向了反面，土地兼并、两极分化已经导致社会危机，需要做出改革，必须设"限"了，不能因为文帝"不为民田及奴婢为限"而置现实矛盾于不顾。从历史逻辑分析，当时朝廷上对"限田"问题是存在不同意见的，有人以文帝"不为民田及奴婢为限"为由反对"限田"，师丹才有这一番反驳。但是，无论师丹如何看待文帝"不为民田及奴婢为限"，我们都得不出文帝废止授田制的结论。因为授田制可以分为广狭二义："狭义"的授田制是就普通民众的每夫百亩田、宅一区授予而言，只要有名籍于官府就有田宅于家庭，这就是"有名于上即有田于下"；广义的授田制除了普通农民授田百亩之外，还包括爵位赏田——"以功劳行田宅"在内，即在原来的百亩田、一区宅之外按照标准增加田宅。按照杨振红先生意见，这是"以身份名田宅"，应称之为"名田制"。这里且不论名田和授田何者更贴切，其原则是一致的：身份与田宅相一致。从历史实践的层面考察，这种身份和田宅相一致的原则对于不同阶级不同身份的人有着不同的意义：对于军功爵者而言，田宅的数量标准有着上限的含义；对于普通农民来说，这百亩田、一区宅则是占田要求，是政府分配给农民的田宅标准，因为在当时条件下，每夫百亩是一个五口之家的最大耕作量，一般农民是难以突破这个限额的，百亩田、一区宅是行政强制性质的政府授予，同时也是国家征收田税的依据。即使农民能够突破百亩田的限额，也不能得出废止授田制、任民所耕、不限多少的结论，因为政府还要授予那些新立户者、刚刚免除奴隶身份的人等以土地住宅，同时将他们纳入赋役系统之中。这是每年"算民""立户"的目的。

如所周知，文帝在位期间曾有一系列制度性变革，文帝十五年九月，晁错在贤良对策中有过概括：

> 今陛下配天象地，覆露万民，绝秦之迹，除其乱法；躬亲本事，废去淫末；除苛解娆，宽大爱人；肉刑不用，罪人亡（无）孥；诽谤不治，铸钱者除；通关去塞，不孽诸侯；宾礼长老，爱恤少孤；罪人有期，后宫出嫁；尊赐孝悌，农民不租；明诏军师，爱士大

夫，求进方正，废退奸邪。除去阴刑，害民者诛。忧劳百姓，列侯就都，亲耕节用，视民不奢。所为天下兴利除害，变法易故，以安海内者，大功数十，皆上世之所难及，陛下行之，道纯德厚，元元之民幸矣。①

晁错所言，当然有溢美之词，但是所举诸事，则是事实，属于制度性变革者，都有明确年代。如"罪人亡（无）孥"即废除连坐制度在文帝元年十二月②；"诽谤不治"在文帝二年二月③；"诸侯至国"在二年冬十月④；"铸钱者除"即废除禁止私人铸造钱币的禁令在五年四月⑤；"通关去塞"即废除检查出入关塞者身份及其携带物品的制度在十二年三月⑥；"尊赐孝悌"在十二年三月⑦；"肉刑不用"即废除肉刑在十三

---

① 《汉书》卷49《袁盎晁错传》，北京：中华书局1962年版，第2296—2297页。

② 《史记》卷10《孝文本纪》：元年十二月，"上曰：'法者，治之正也，所以禁暴而率善人也。今犯法已论，而使毋罪之父母妻子同产坐之，及为收帑，朕甚不取。其议之。'……除收帑诸相坐律令"。见《史记》，北京：中华书局1959年版，第418—419页。《汉书》卷4《文帝纪》云："尽除收帑相坐律令。"北京：中华书局1962年版，第110页。

③ 《史记》卷10《孝文本纪》文帝诏云："古之治天下，朝有进善之旌，诽谤之木，所以通治道而来谏者。今法有诽谤妖言之罪，是使众臣不敢尽情，而上无由闻过失也。将何以来远方之贤良？其除之。民或祝诅上以约结而后相谩，吏以为大逆，其有他言，而吏又以为诽谤。此细民之愚无知抵死，朕甚不取。自今以来，有犯此者勿听治。"见《史记》，北京：中华书局1959年版，第423—424页。又见《汉书》卷4《文帝纪》，北京：中华书局1962年版，第118页。

④ 《汉书·文帝纪》二年冬十月，"丞相陈平薨。诏曰：'……其令列侯之国，为吏及诏所止者，遣太子。'"三年冬十一月，诏曰："前日诏遣列侯之国，辞未行。丞相朕之所重，其为朕率列侯之国。""遂免丞相勃，遣就国。"见《汉书》，北京：中华书局1962年版，第115、119页。

⑤ 《汉书》卷4《文帝纪》：五年"夏四月，除盗铸钱令，更造四铢钱"。北京：中华书局1962年版，第121页。

⑥ 《汉书》卷4《文帝纪》：十二年三月"除关无用传"。北京：中华书局1962年版，第123页。张家山汉简《二年律令·津关令》面世后，我们可以了解此前出入关塞人员的证件、物品检查情况，详见张家山二四七号汉墓竹简整理小组：《张家山汉墓竹简（二四七号墓）》（释文修订本），北京：文物出版社2006年版，第83—88页。对《津关令》的研究参见李均明《汉简所反映的关津制度》，《历史研究》2002年第3期。

⑦ 《汉书》卷4《文帝纪》十二年三月诏："孝悌，天下之大顺也。力田，为生之本也。三老，众民之师也。廉吏，民之表也。朕甚嘉此二三大夫之行。今万家之县，云无应令，岂实人情？是吏举贤之道未备也。其遣谒者劳赐三老、孝者帛人五匹，悌者、力田二匹，廉吏二百石以上率百石者三匹。及问民所不便安，而以户口率置三老孝悌力田常员，令各率其意以道民焉。"北京：中华书局1962年版，第124页。这"户口率置三老孝悌力田常员"是为常制。

年夏①;"农民不租"在十三年六月。② 这些都是除旧布新的制度性变革,并非恩赐性质的临时举措。如"通关去塞"也就是"除关无用传",直到景帝四年才"复置诸关用传出入"③。从文帝十二年三月到景帝四年总计十七年,都是自由出入关塞,不需检查证件。文帝十三年肉刑废除以后,终两汉之世没有恢复。文帝五年"除盗铸钱令,更造四铢钱"以后一致允许民间铸造货币,直到武帝时才收归国家统一铸造。同理可证,文帝如果废止授田制度,任民所占,不限多少,放弃了国家对土地的控制,如此重大的制度变革,划时代的举措,影响着千家万户和国家对社会的控制,比那些肉刑不用、罪人亡(无)孥、诽谤不治,铸钱者除、通关去塞、后宫出嫁、尊赐孝悌等等要重大得多,史书不可能一字不提,以深切关注现实、改革现实弊端为己任的晁错不可能不知道,在其奏议中不可能毫无涉及。

文帝时期,土地兼并、农民破产确实成为社会关注的问题。但是,此时的土地兼并、农民破产并非因为人多地少,而是因为赋税徭役制度的不合理导致工商业主对农民的高利贷盘剥和农民的弃农经商,和后世的土地兼并、农民破产有所不同。上引晁错上文帝书已经说明这一问题。

晁错谓,"今农夫五口之家,其服役者不下二人,其能耕者不过百亩,百亩之收不过百石"是当时存在。一个五口之家,"能耕者不过百亩"有两层含义:一层含义是以五口之家、两个劳动力的劳动效率而

---

① 《史记》卷10《孝文本纪》十三年文帝诏云:"盖闻有虞氏之时,画衣冠异章服以为僇,而民不犯。何则? 至治也。今法有肉刑三,而奸不止,其咎安在? 非乃朕德薄而教不明欤? 吾甚自愧。故夫驯道不纯而愚民陷焉。《诗》曰'恺悌君子,民之父母'。今人有过,教未施而刑加焉,或欲改行为善而道毋由也。朕甚怜之。夫刑至断支体,刻肌肤,终身不息,何其楚痛而不德也,岂称为民父母之意哉。其除肉刑。"北京:中华书局1959年版,第427—428页。详见《汉书》卷23《刑法志》,北京:中华书局1962年版。

② 《汉书·文帝纪》十三年六月,诏云:"农,天下之本,务莫大焉。今廑身从事,而有租税之赋,是谓本末者无以异也,其于劝农之道未备。其除田之租税。赐天下孤寡布帛絮各有数。"北京:中华书局1962年版,第125页。按:关于文帝十三年免除田税是免除当年一年还是此后一律免除,学界有争议。笔者以为此系制度性变革,直到景帝即位才恢复,但税率降低一半。详见拙文《汉文帝十三年免除田税新证——兼谈汉文帝经济政策》,《中国农史》2011年第2期。

③ 《汉书》卷5《景帝纪》:"四年春,复置诸用传出入。"颜师古注引应劭云:"文帝十二年除关无用传,至此复置传,以七国新反,备非常。"北京:中华书局1962年版,第134页。

言，最多耕种一百亩地；另一层含义，按照当时制度规定，一个没有任何爵位的人也只能占有一百亩地。这样的农户生产艰辛、生活困苦，要承担各种徭役赋税，而赋税的征收是"急政暴赋，赋敛不时，朝令而暮改"；正常年景下，维持生活已经十分困难，稍有灾祸，就要借高利贷缴纳赋税，一旦陷入高利贷的陷阱，只有卖儿卖女、流亡他乡。而那些商人却不然，"商贾大者积贮倍息，小者坐列贩卖，操其奇赢，日游都市，乘上之急，所卖必倍。故其男不耕耘，女不蚕织，衣必文采，食必梁肉；无农夫之苦，有阡陌之得"。不仅如此，商人更可以操纵官府，在农夫头上作威作福，"因其富厚，交通王侯，力过吏势，以利相倾。"在这里，晁错把农民破产的原因归结为两个：一是农民劳作苦、获利微而赋役重①，二是商人没有劳作之苦而获利丰厚，转而兼并农民。为了稳定农民和农业，晁错建议入粟拜爵，为文帝所接受。入粟拜爵并非普通农户所能，得益者是那些地主权贵，为了表示重农，文帝又普赐民爵。赐予农民以爵位是伴随着相应的经济和政治内涵的，增加授田数量是其主要目的。这正是以授田制为基础的，起码从一个方面说明了授田制仍然有其制度意义。

其实，文帝后元三年的诏书说明了当时授田制的存在。文帝诏云：

> 间者数年比不登，又有水旱疾疫之灾，朕甚忧之。愚而不明，未达其咎。意者朕之政有所失而行有过与？乃天道有不顺，地利或不得，人事多失和，鬼神废不享与？何以致此？将百官之奉养或费，无用之事或多与？何其民食之寡乏也。夫度田非益寡，而计民未加益，以口量地，其于古犹有余，而食之甚不足者，其咎安在？无乃百姓之从事于末以害农者蕃，为酒醪以靡谷者多，六畜之食焉者众与？细大之义，

---

① 《汉书》卷24上《食货志上》，北京：中华书局1962年版，第1132页。这儿说的"赋役重"不仅仅是数量上的多少，而是包括了税收方式的不合理给农民增加的负担在内，晁错说的"急政暴赋，赋敛不时，朝令而暮改"内涵是非常丰富的，不仅仅指官吏恣意妄为，实际上还有着制度的因素，是制度设计为"急政暴赋，赋敛不时，朝令而暮改"提供了支持。参见拙文《西汉授田制与田税征收方式新论——对张家山汉简的初步研究》，《江海学刊》2003年第3期；《张家山汉简所见西汉矿业税收制度试析——兼谈西汉前期弛山泽之禁及商人兼并农民问题》，《史学月刊》2003年第3期。

吾未能得其中。①

"度田"与"计民"是为了"以口量地",即计算人地比例,以制土分民,这是先秦以来授田制传统。如果文帝废除了授田制,"以口量地"也就没有任何意义,文帝也就不必为"计民未加益,以口量地,其于古犹有余,而食之甚不足"担忧。"食之甚不足"是相对于"以口量地,其于古犹有余"而言的,谓按照人地比例,人人都有地可种,各户土地数应该超过过去,而现实是"食之甚不足",即依靠土地为食的人也就是普通农民的土地数量没有达到"古人"的标准,"不足"是就每夫百亩的标准而言,古人之井田,战国、秦朝和汉初之授田都是每夫百亩,区别在于亩积大小而已。按照人地比例,农民占田是应该超过古人,现实是"甚不足",正说明了当时是存在着"足"的标准和条件的。所以,笔者有理由判定,即使文帝曾经"不为民田及奴婢为限",至多是部分修改而不是废止授田制,修改的目的是希望农民占有较多的土地,不能只有那些军功爵者、权势之家广占田宅,从而体现"重农"的治国方针。但是,让文帝没想到的是,虽然"以口量地,其于古犹有余"而现实是"食之甚不足"。文帝百思不得其解,遂有一系列的慨叹和疑问,所谓"天道有不顺,地利或不得,人事多失和,鬼神废不享"不过是自我感叹之词,文帝自己并不相信;"百官之奉养或费,无用之事或多与"也只是假设式的自问,因为文帝自省之后并不存在这个问题。所以,文帝把最大的可能性归结为"百姓之从事于末以害农者蕃,为酒醪以靡谷者多,六畜之食焉者众"。

文帝把"食之甚不足"归结于"百姓之从事于末以害农者蕃"是有一定道理的,晁错早已指出这一事实,这和授田制本来就有着因果关系。早在战国时代,那些商人、手工业者本来就是通过授田制获得经济资源而富甲一方,后因为秦朝的"徙豪"而一度受挫,刘邦立国也曾"重租税以困辱之"。但是"孝惠、高后时,为天下初定,复弛商贾之律"②,文帝延续了孝

---

① 《汉书》卷4《文帝纪》,北京:中华书局1962年版,第128页。
② 《史记》卷8《平准书》,北京:中华书局1959年版,第1419页。

惠、高后时的工商政策并进一步放宽对工商业的限制，其典型体现就是"除盗铸钱令，使民放铸"①。司马迁谓"汉兴，海内为一，开关梁，弛山泽之禁，是以富商大贾周流天下，交易之物莫不通，得其所欲，而徙豪杰诸侯强族于京师"②。"开关梁，弛山泽之禁"是指放宽对商品流通和山川林泽使用的限制，这和文帝的经济政策紧密相连，"除关无用传"和"除盗铸钱令"实际上就是"开关梁，弛山泽之禁"的核心内容，从而为工商发展打开了方便之门。而这和授田制度是有着内在联系的，原来由国家控制的山川林泽等自然资源现在授予私人，使得那些工商业主获得了经济资源，西汉前期数量众多的"素封"之家，以及那些广占山川林泽的矿冶业主、畜牧业主、种植业主、养殖业主等等的经济资源在其起步阶段主要是通过授田方式从官府获得的③。而文帝时代则是这些工商业发展迅速的时代，"除关无用传""除盗铸钱令"无疑推动了私营工商业的发展。为此，贾谊曾经痛陈私铸钱币对农民和农业的影响，而主张由官府垄断冶铜业，禁止使用铜钱。这当然行不通，文帝没有接受。但是，这说明文帝君臣都意识到工商业的发展导致农民破产。只是工商业发展是社会经济恢复与繁荣的组成部分，文帝希望农业稳定发展，也需要工商业的发展，重农而不抑商，所以才有以上的种种举措。

至此，关于普赐民爵对授田制的影响可以有个明确的认识。从理论上说，普赐民爵，爵位与田宅同步，长期以往，必然导致无田可授，从普赐民爵的角度说明文帝时授田困难在逻辑上是有道理的。但从历史和逻辑相统一的层面分析，在文帝时代，仅此还不足以导致授田困难。因为除了侯爵（关内侯和彻侯）以外，其余爵位都是降级不均等继承或者叫降级差序继承，一般低爵之家不过三、两代即成为平民，所以当时不存在普赐民爵、爵位累加导致农民授田过多以至于无田可授的问题，文帝之"夫度田非益寡，而计民未加益，以口量地，其于古犹有余"已经说明了这

---

① 《汉书》卷 24 下《食货志下》，北京：中华书局 1962 年版，第 1153 页。
② 《史记》卷 129《货殖列传》，北京：中华书局 1959 年版，第 3261 页。
③ 关于授田制与私营工商业发展的关系，参见拙文《试论战国山林管理制度与私营工商业的关系》，《苏州大学学报》1994 年第 4 期；《张家山汉简所见西汉矿业税收制度试析——兼谈西汉前期弛山泽之禁及商人兼并农民问题》，《史学月刊》2003 年第 3 期。

一点。

第四，在中国历史上，法律条文和社会现实始终存在差距，有时差距还是相当的遥远，确实存在过流于具文的法律规定，西汉也是如此。但是，不能据此判断《二年律令》之《田律》《户律》等有关授田的内容"基本上可以说是一纸空文，尤其是对庶人的授田制，可以称之为待授制"。笔者以为，称之为"待授制"没有什么不可以，从授田资格审定到授田完成有一个等待过程，在这个意义上，完全可以称之为"待授制"。但是，这个"待授"是有时间限制的，并非无限期地"待"下去。至于"生荒授垦"本来就是授田的题内之义，不成其为制度，不存在"生荒授垦制"的问题。无论是井田制下的土地分配，还是银雀山竹书《守法守令十三篇》之《田法》的土地授予，还是商鞅变法推行的土地制度，授予农民的绝不仅仅是那些已垦地，事实上国家也不会把已垦地授予农民，已经垦种成熟的土地，国家直接经营就是了，自有官奴隶、刑徒为之耕作，收获全部归国家，较之授予农民而后收税要简单划算得多。所以，官府授予农民的主要是那些可垦而未垦之地，这些上文有详细论述，这里不去重复。这里只是指出不能因为授予农民的是荒地就否认授田制度的真实性。

"二年律令"之名是简牍出土时固有之题名，是墓主人抄录身边日常使用的法律条文，确系吕后二年颁布的法律文本。其时陈平为丞相，治国方针一仍萧何、曹参之旧，所颁布的律令自然以原有法律为基础，同时根据变化了的形势调整旧内容、补充新内容。但调整也好，补充也罢，基本原则是适应现实需要，不存在、也不需要故意把已经失去实现基础、仅剩"社会舆论"价值的每夫百亩之说法律化，从而把自己打扮成为"合格的政府和君主"。要知道，孟子所云之百亩田、五亩宅之理想在秦国早已成为现实；而吕后的辅臣们大都出身下层，熟悉的是现行的文法，了解民生疾苦和现实社会，而对孟子所宣传的仁政理论则未必了解和认同，孟子以百亩田、五亩宅为核心的"仁政"主张在汉初怕还没有成为"社会舆论"的"定势"，所以不能据此推测《二年律令》之《田律》《户律》"基本上是一纸具文"。照此推测，同时颁布的其他律令条文是否也可以判定为"一纸具文"？

第五，无论是把汉武帝之"田宅逾制"之"制"理解为"立法的滞后性"所产生的对旧制度的保留，还是理解为武帝新立之"制"，均缺少必要的事实支撑。任何社会、任何时代，法律条文的形成总是落后于社会现实的，都是在总结现实问题及其应对之道的基础上制定而成的。但是，有一点是古今相通的，就是立法的目的是规范现实，而不是为了保留旧制度；即使法条规定的内容在现实中已经失去实践的基础，只要没有废除，对现实仍有着强制意义，区别在于执法人员的选择而已。汉代司法特点是"前主所是著为律，后主所是疏为令，当时为是[①]"。律、令具有同等的效力，即使"前主所是"和"后主所是"相互矛盾，二者也并行不悖，外加各种案例也有同等的法律效力，法条累积越来越多，相互抵牾所在多有，到了汉武帝时已经是"律令凡三百五十九章，大辟四百九条，千八百八十二事，死罪决事比万三千四百七十二事。文书盈于几阁，典者不能遍睹。是以郡国承用者驳，或罪同而论异。奸吏因缘为市，所欲活则傅生议，所欲陷则予死比"[②]了。之所以如此，就在于历代律、令、故事的积累，因为这些律令案例都有同样的法律效力，"典者"要"遍睹"才能做到明白所以，但实在太多，客观上不能"遍睹"。所以，即使汉武帝所颁布的"六条问事"中的"强宗豪右、田宅逾制"之"制"滞后于现实，也说明这个"制"在当时仍有法律效力，所以才和其他五条一起作为刺史"问事"的要求，而不能视之为已经废除之"制"。

谓"田宅逾制"之"制"为汉武帝新制的依据是董仲舒的限田议。《汉书·食货志》载董仲舒建议"古井田法虽难卒行，宜少近古，限民名田，以澹不足，塞并兼之路。盐铁皆归于民；去奴婢，除专杀之威；薄赋敛，省徭役，以宽民力"[③]。董仲舒此议提于哪一年，史籍缺载，从"盐铁皆归于民"一语来看，应是在盐铁专营以后。无论是哪一年提出，董仲舒所言仅仅是个建议，汉武帝是否采纳、是否制定限田标准，没见任何记载，难以确定汉武帝因此制定了限田之"制"。将董仲舒建议置于汉武帝执政思想体系之中考察，汉武帝未必采纳此议。因为起码从盐铁官营开始，汉武帝

[①] 《汉书》卷60《杜周传》，北京：中华书局1962年版，第2659页。
[②] 《汉书》卷23《刑法志》，北京：中华书局1962年版，第1101页。
[③] 《汉书》卷24上《食货志上》，北京：中华书局1962年版，第1137页。

采用的是一系列强制措施打击兼并势力，在汉武帝看来董仲舒的"限田"之议太过和缓迂阔，难以达到抑制兼并、丰裕国库的目的，而汉家原来的授田标准已经超过所谓的井田之限，根本无需制定新的占田标准。所以，从历史逻辑推断，汉武帝的"田宅逾制"之"制"只能是汉家旧制，这个"制"在当时仍有法律效力，所以才和其他五条一起作为刺史"问事"的权限。

最后，谈谈郑玄"汉无授田之法"的理解问题。上已述及，郑玄一代通儒、经学大家，了解汉家制度，所云"汉无授田之制"自有其历史依据。但是，郑玄是在注《周礼》时批评许慎《五经异义》语时说"汉无授田之制"的，这个"授田制"是有特指的，是指井田制下的授田制而言的，汉家当然不存在这样的授田制度。郑玄毕竟是东汉晚期人，其时汉家之授田也好、名田也罢，早已无存，"赋民公田"仅仅是临时举措，和井田制下的授田是两回事，故谓"汉无授田之制"。故不能用郑玄之语否定汉代曾经存在过授田制度。以贾《疏》所引许、郑诸语而言，二人说的不是一回事。许慎是指税收方式而言，章帝把秦彭在山阳太守任上的经验推行全国，根据土地肥瘠，分为上、中、下三等而后税之，以求农民田税负担相对公平，所以引《公羊》说为铺垫，《周礼》制土分民曾把田地分为不易、一易、再易三等，不易之地按照百亩授予，一易、再易增加授田数量，农夫无论是领取不易之地，还是一易、再易之地，负担都是相同的，这样通过调节农夫土地数量达到负担均平的目的，所以许慎说汉家"田有上、中、下，与《周礼》同义"。郑玄认为田分上中下是《周礼》授田制所特有的，汉代不存在这个制度，故批评说"汉无授田之法……而上中下也与《周礼》同义，未之思也"。实际上，许慎的田分上中下和郑玄说的授田法下的田分上中下是两种制度。这些不予多说，只要明白如何理解郑玄"汉无授田之法"就行了。

三、"假民公田"系授田制孑遗无"租赁"性质

"假民公田"是汉武帝以后国家假田予贫民的统称，或简称"假田制"，赋民公田即授田给无地农民。学界对其实行过程有过系统论述，这

里不做重复。① 本文仅对"假民公田"之"假"的含义加以分析，以明西汉授田制度的历史延续。

对于"假"的含义，传统注家有两种理解。一是临时借给，宣帝地节元年"三月，假郡国贫民田"。师古注"权以给之，不常与"②。这"权以给之，不常与"即临时借给的意思。东汉安帝永初三年三月癸巳，"诏以鸿池假与贫民"。李贤注"假，借也。令得渔采其中"③。另一解释是租赁，元帝初元五年"罢角抵、上林宫馆希御幸者、齐三服官、北假田官、盐铁官、常平仓"。李斐注"北假田官"谓"主假赁见官田与民，收其假税也。故置田农之官"④。按照李斐注解，"假"为"假赁"，也就是租赁的意思。和帝永元五年诏"其官有陂池，令得采取，勿收假税二岁"。李贤注"假犹租赁"⑤。现代学者即根据这两种解释理解汉代的"假民公田"，认为临时借予、租赁是假民公田的两种方式，并对二者的税额、租额做出种种分析。

笔者以为，从文字学上看，"假"本来没有租赁义项，《说文》："假，非真也，从人叚声。一曰至也。《虞书》曰假于上下。"段玉裁注："又部曰，'叚，借也'。然则假与叚义略同。"《说文》又云："借，假也。"假、借互训，说明假字本意只有借的意思，是临时借给，而非真的给予。出土资料说明，叚是假的初文，如云梦睡虎地秦律《厩苑律》"叚铁器，销敝不胜而毁者，为用书，受勿责。"云梦秦律所附魏《奔命律》《魏户律》之"叚门逆旅"均为"假"之初文。所以，把"假民公田"理解为租赁公田给无地农民是值得商榷的。就以李斐对"北假田官"的注释来说，是经不起历史推敲的。北假田官和齐三服官、盐铁官、常平仓均为机构名称，李斐是注

---

① 学界对"假民公田"或"假田"问题讨论甚多，代表性著作有柳春藩：《论汉代"公田"的"假税"》，《中国史研究》1983年第2期；《西汉土地制度的几个问题》，《史学集刊》1988年第1期，收入氏著《秦汉魏晋经济制度研究》，哈尔滨：黑龙江人民出版社1993年版。朱绍侯：《秦汉土地制度与阶级关系》，郑州：中州古籍出版社1985年版，第116—148页；《两汉的假田制与假税制》，《河南大学学报》2004年第1期；林甘泉、童超：《中国封建土地制度史》，北京：中国社会科学出版社1990年版，第245—257页。
② 《汉书》卷8《宣帝纪》，北京：中华书局1962年版，第246页。
③ 《后汉书》卷5《安帝纪》，北京：中华书局1965年版，第212页。
④ 《汉书》卷9《元帝纪》，北京：中华书局1962年版，第286页。
⑤ 《后汉书》卷4《和帝纪》，北京：中华书局1965年版，第177页。

释其得名由来时说"假赁见官田与民,收其假税也"。谓"假见官田与民,收其假税也"是可以的,增加一个"赁"字性质就变了,"假"成为"赁"的同义词,如此解释,犯了增字解经之忌,更不符合北假地区的社会特点。"北假"指河套以北、阴山以南地区,本来处于匈奴控制之下,地虽肥沃,但多为牧场。汉武帝元朔二年为卫青收复,而后移民垦种,由政府提供土地并借给籽种和相关工具,以充实边防。这些移民带有一定的强制性,他们并非自愿移居北边,政府的目的就是把他们稳定在边地,除了行政强制之外,就是提供优惠的生产条件,在其移居边地之初无偿提供其土地、籽种、工具,待其生产水平提高、生活稳定以后再收之以税,这是汉代移民实边的一贯方针,而不可能采用租赁的方式。北假田官就是为了解决这些移民以及公田经营而设,田官所采用的只能是授田的方式,把土地授予那些移民。而租赁和授田不同,租赁以自愿为基础,所交之物为田租,田租额要高于假税,否则,租赁就没有意义。在当时的条件下,显然不具备租赁的条件,那些移边之民可不愿意到这苦寒之地租种这些荒地,用租赁手段是难以稳定边疆秩序的。所以,"假民公田"之"假"只能是颜师古所说的"权以给之,不常与",即临时授予,或者解释为借给农民耕种。至于李贤解"勿收假税二岁"为"假犹租赁",更不足为训。这儿的"假税二岁"不是指租赁土地之田租,而是田税。假民公田,免收两年田税。和帝永元五年诏:"自京师离宫果园上林广成囿悉以假贫民,恣得采捕,不收其税。"[①] 这儿明令"悉以假贫民,恣得采捕,不收其税",其词例和"勿收假税二岁"相同,这儿的"假"绝非租赁之义。

《汉书·酷吏传》谓宁成"贳贷陂田千余顷,假贫民,役使数千家。数年,会赦,致产数千万,为任侠,持吏长短,出从数十骑。其使民,威重于郡守"。师古谓:"贳,贷假取之也。""假,谓雇赁也。"《汉书·食货志》载王莽语云:"汉氏减轻田租,三十而税一,常有更赋,罢癃咸出,而豪民侵陵,分田劫假,厥名三十,实什税五也。"师古曰:"分田,谓贫者无田而取富人田耕种,共分其所收也。假亦谓贫人赁富人之田也。劫者,富人劫夺其税,侵欺之也。"这是人们解"假"为租赁的最为重要的依据。颜师古

[①] 《后汉书》卷4《和帝纪》,北京:中华书局1965年版,第175页。

对"分田"的解释就是错误的,"分田劫假"不是"贫者无田而取富人田耕种,共分其所收",而是指豪民利用自己的权势把官府应该假给贫民的土地控制在自己手中,而后转租给农民,向农民收取高出假税很多的田租,从而把贫民应该享受的田税优惠也就是假税优惠——劫归自己。也就是说,这些豪民在假民公田的过程中,自己成为二地主,"分田劫假"批评的是假民公田在执行过程中成为豪民敛财的途径,揭示了假民公田何以不能惠民的原因,不能据此认为汉代有租赁型假田制。

现在再来看宁成"贳陂田千余顷,假贫民,役使数千家"的性质问题。这儿的"陂田"是公田的一种,授给农民耕种时田税甚少,有时为了安置无地农民,鉴于其开垦艰难,根本不收田税,元帝时就曾下诏"江海陂湖园池属少府者以假贫民,勿租赋"①。这"假贫民"就是暂时给予贫民耕种,不收田税。元帝之所以强调"勿租赋"就是因为一般情况下,假田于民是要收取租赋的。宁成与官府相勾结,以租赁方式获得陂田千余顷,然后以官府名义把所"贳"千余顷陂田"假"给贫民,收取高额的假税。宁成不仅富甲一方,而且以任侠闻名,社会势力庞大,"出从数十骑",又"持吏长短",地方官吏因为短处捏在宁成手里,不敢不听宁成的话,普通平民当然只能俯首帖耳!以至于"其使民,威重于郡守",农民交的假税再高,也不敢有半点反抗。当然,宁成的行为是非法的,后来被另一位酷吏义纵抓住把柄,满门抄没。故而宁成的行为属于典型的二地主,是个横行乡里、称霸一方的二地主而已,绝不能把他的"以假贫民"之"假"解为租赁,"贳陂田千余顷"之"贳"才是租赁。

《盐铁论·园池篇》有一段话,对于我们理解"分田劫假"可以有直接的帮助:

> 今县官多张苑囿公田池泽,公家有彰假之名,而利归权家。三辅迫近于山河,地狭人众,四方并臻,粟米薪菜,不能相赡。公田转假,桑榆菜果不殖,地力不尽,愚以为非。先帝之开苑囿池御,可赋归之于

---

① 《汉书》卷9《元帝纪》,北京:中华书局1962年版,第279页。

民，县官租税而已。假税殊名，其实一也。①

这儿"县官多张苑囿公田池泽"是指国家拿出许多苑囿公田池泽假给贫民，获得假民公田的美名，所以说是"公家有彰假之名"。但是，假田之利并没有到农民手中，而是落到权势之家手中。三辅地区本来就"地狭人众，四方并臻，粟米薪菜，不能相赡"，假田被权家把持，"利归权家"，难以解决农民生计问题，故以之为非。正确的做法应该是直接把"苑囿池御，可赋归之于民"，国家直接向农民收取租税。假田给农民，要向农民收取假税，把土地授予农民的目的也是向农民收取田税，假税和田税都直接向农民收取，对农民来说，性质都是交税，但是所交税收要少得多；对国家来说，收税都是一样的，站在国家立场上"假税殊名，其实一也"。站在农民立场上，可以避免权势之家"公田转假"所增加的田税负担。所谓"公田转假"就是指权势之家借助"假田"制霸占大片土地，而后以公家名义再转假给农民，向农民收取高额"假税"，自己则按照官定标准缴纳假税给官府，甚至是不交。也就是说，"公田转假"也是指二地主的行为。明乎此，以往对"假税"性质的种种分歧可以释然了。②

现在，我们可以肯定地说，"假民公田"就是"权以给之，不常与"，是临时借予。既然是临时借予，在逻辑上说，农民是要归还土地的，但在事实上怕是有借无还的。因为农民是在无地的条件下才"假田"于国家的，国家是为了解决农民无地、缓解社会矛盾才"假田"与民的。如果所假之田归还国家或者国家主动收回，农民无以为生，只能铤而走险，社会矛盾势必激化。也就是说，"假民公田"虽名为"假"实际上是"假"而不还的。那么，为什么还要称为"假田于民"，直接名之为授田于民或者赋民公田不

---

① 马非百：《盐铁论简注》，北京：中华书局1984年版，第101页。笔者重新标点。
② 关于"分田劫假"，学界争论甚多，而以苏城鉴先生最得其意，认为"假"的本意是借，颜师古把王莽说的"分田劫假"之"假"解为"贫人赁富人之田"是错误的。确是不刊之论。但是，苏先生对颜师古、李贤所说的"租赁"意思还有所保留，以为是引申义。见氏著《"名田宅"、"专地盗土"与"分田劫假"》，《中国经济史研究》1986年第3期。本文即在苏先生基础上申论之。区别在于，对秦汉土地制度性质看法有别，苏先生以为秦汉"名田宅"是"土地财产登记制度的创始"，没能从假田制的层面解析假税问题，笔者以为名田制的本质是授田制，是在系统把握假田的由来、功能的前提下考释"假税"性质的，既采用苏先生之说，又有所补充。

更简单明了吗？在明白了授田制不可重复的规定以后就不难明白了。上举《二年律令·田律》明确规定："田不可垦而欲归，勿受偿者，许之。"《户律》亦规定"授田宅，予人若卖田宅，不得更授"。农民自愿归还所受田宅，把所受田宅赠人、卖出以后，都不得要求再授田，官府也不再授予。也就是说，一个普通农民，一生中只能合法地受田一次。然而，因为天灾人祸，农民几乎无法摆脱卖田宅、鬻子孙的历史宿命。但是，人口是赋税徭役的载体，民数是国家财政的根本，农民稳定是王朝稳定的基础，农民破产流亡直接影响到王朝兴衰，而要稳定农民就要解决农民的土地问题，驱民归农，途径只有分配土地给无地农民。这些无地者大都是失地农民，他们失地的原因可能多种多样，但是，他们都曾经受田于官府，在法律上，他们不能再受田，为了避免法律和现实矛盾的冲突，于是名之为假田于民，而不是授田于民。名称变了，实质没变，正体现了授田制萎缩了的存在：授田是常态，假田是临时；授田是普遍制度，假田只能施行于特定地域空间。

至此，我们可以得出结论，既然假田是授田制的孑遗，假税和授田制之下的田税性质相同，税额因为各种原因的减免还要有所减少。

第五节 刘秀"度田"与东汉土地管理

东汉建立以后，刘秀治国，"解王莽之繁密，还汉室之轻法"①，以恢复汉家制度自诩，当然是有选择性的恢复——恢复那些有益于稳定社会、稳定统治之法。但是，就土地制度而言，如何"还汉室之轻法"不得而知，鉴于记载的与土地问题有关的仅仅是"度田"——清查土地和人口，并引发社会动乱。这就是"度田"事件。分析"度田"事件的发生过程和结果，是我们了解东汉土地制度的窗口。

对东汉"度田"问题，学界多有研究，大都集中在其结果分析方面，多认为"度田"因兵长大姓的反对而不了了之，是一次彻底失败的行动。

---

① 《后汉书》卷76《循吏列传》，北京：中华书局1965年版，第2457页。

有的史家则认为从此之后,东汉政府完全放弃了度田,不敢再检查户口土地了。[①] 笔者以为,这些结论是从东汉政权代表豪强地主利益这一既定前提出发所做的逻辑推论,不是深入分析史实的结果,是有违历史实际的,需要重新考察。事实上,刘秀的"度田令"是严格执行的,不仅有效地整顿了经济秩序,而且消除了社会不安定因素,肃清了军阀割据的残余势力,稳定了东汉初年的政局,同时部分地解决了农民的土地问题,其意义是重大的,必须重新探讨。

一、"度田"没有因动乱而废止

先谈度田事件的经过。《后汉书·光武帝纪》云建武十五年秋"诏下州郡检核垦田顷亩及户口年纪,又考实二千石长吏阿枉不平者"。十六年秋九月,"河南尹张伋及诸郡守十余人,坐度田不实皆下狱死"[②]。关于"度田不实"问题,李贤注引《东观汉记》云:"刺使太守多为诈巧,不务实核,苟以度田为名,聚人田中,并度庐屋里落,聚人遮道啼呼。[③]"《后汉书·刘隆传》的记载最为详细,其文云:

[①] 这个观点最早是由范文澜先生提出来的,认为"在解决土地问题上,汉光武帝完全失败了","从此以后,东汉朝廷向豪强势力完全屈服,不再检查垦田与户口的实数",见氏著《中国通史》第2卷,北京:人民出版社1979年版,第178页。此后的各种通史、专史著作均持此说,即使是专门研究这一问题者也沿用这一观点。如韩连琪先生在《汉代的田租、口赋和徭役》一文中就认为,"到这次叛乱(即度田引起的叛乱)平定后,光武即向大姓让步,检核户口的事也就终止,以后终东汉之世,也再没有检核土地户口之事",见氏著《先秦两汉史论丛》,济南:齐鲁书社1986年版,第395页。林剑鸣先生《秦汉史》(上海:上海人民出版社1989年版,下册,第216页)认为度田是"一次失败的尝试",因地主豪强的反对"使刘秀无计可施,最后只有让步,度田之举也就不了了之"。张鹤泉先生在《刘秀传》(哈尔滨:黑龙江人民出版社1993年版,第254页)一书中虽然列举了刘秀为实施度田而采取的种种镇压叛乱的措施,谓刘秀曾严厉推行度田,但仍然认为度田"是一次彻底失败的行动",迄今为止,首先是孟素卿先生在《谈谈东汉初年的度田骚动》(中国秦汉史研究会编:《秦汉史论丛》第3辑,西安:陕西人民出版社1986年版)一文对传统观点提出质疑,后有曹金华先生《试论刘秀度田》(《扬州师院学报》1986年第4期)一文进行进一步的论证。高敏先生《度田斗争与光武中兴》(《南都学坛》1996年第1期)一文肯定了刘秀度田在"光武中兴"过程中的积极作用,为重新认识"度田"问题提供新的思考,但是高先生没有就"度田"实施状况做出进一步的说明。笔者曾经对此有过系统讨论,见拙文《刘秀"度田"新探》,《苏州大学学报》1997年第2期。

[②] 《后汉书》卷1下《光武帝纪下》,北京:中华书局1965年版,第66页。

[③] 《后汉书》卷1下《光武帝纪下》,北京:中华书局1965年版,第66页。

（建武）十一年，（隆）守南郡太守，岁余，上将军印绶。十三年，增邑，更封竟陵侯。是时天下垦田多不以实，又户口年纪互有增减。十五年，诏下州郡检核其事，而刺使太守多不平均，或优饶豪右，侵刻羸弱。百姓嗟怨，遮道号呼。时诸郡各遣使奏事，帝见陈留吏牍上有书，视之，云"颍川、弘农可问，河南、南阳不可问"。帝诘吏由趣，吏不肯服，抵言于长寿街上得之。帝怒。时显宗为东海公，年十二，在幄后言曰："吏受郡敕，当欲以垦田相方耳。"帝曰："即如此，何故言河南、南阳不可问？"对曰："河南帝城多近臣，南阳帝乡多近亲，田宅逾制，不可为准"。帝令虎贲将诘问吏，吏乃实首服，如显宗对。于是遣谒者考实，具知奸状。明年，隆坐征下狱，其畴辈十余皆死。帝以隆功臣，特免为庶人。①

细究以上史实，我们可以得出如下认识：

第一，东汉度田和人口普查并非始于建武十五年，在此之前已经实行。正是因以往"垦田多不以实，又户口年纪互有增减"，弄虚作假现象普遍，隐瞒土地、人口者严重，刘秀才亲自下诏度田，并亲自主持其事。显宗说的"吏受郡敕，欲垦田相方耳"就是指和过去比较而言，郡守要求上计吏在上报时按过去的数字做计书，避免出入太大，以掩盖过去度田不实的真相。

第二，强宗豪右、权贵勋戚占田多少是有制度规定的，只是难以执行。"近臣""近亲"虽然"田宅逾制"，也"不可为准"。然而，从制度史角度看，"不可为准"是一回事，"田宅逾制"是另一回事，"不可为准"并不否定"制"的存在，说明了其时之占田是有"制"的。这个"制"从何而来？从逻辑上判断，只能是西汉旧制或者在西汉旧制的基础上调整而来，其内容既有刘秀对功臣近亲的赏赐数额限制，也包括对功臣近亲自行占有土地的限制，这个限制正是授田制的遗存。

第三，度田不实不仅仅体现在优容豪右上，更体现在对普通农民利益的侵害上。地方官吏既要保护豪右利益，又要保证自己政绩，一方面

---

① 《后汉书》卷22《刘隆传》，北京：中华书局1965年版，第781页。

隐瞒地主豪右所占土地、人口，另一方面虚增普通农民垦田数字，"苟以度田为名，聚人田中，并度庐屋里落"，这些土地一经上报，农民就要按章纳税，从而把地主豪右的田税转嫁到农民头上。农民不胜其苦，"聚人遮道啼呼"，造成新的社会矛盾。这是刘秀下令彻查度田不实的原因。

第四，刘秀对度田不实问题极为重视，在核清实情之后，一改自己的"欲以柔道治天下"的方针，严惩那些敢于违抗诏书，继续"优饶豪右，侵刻羸弱"的二千石长吏，整肃吏治，以矫积弊。在建武十五年，处死河南张伋等十多个郡守二千石，此外还有一些被免职。如南郡太守刘隆因系功臣出身，曾为将军，身封竟陵侯，才没有被处死。又如，名儒牟长也是因为度田不实被免职。《后汉书·儒林传》谓："（牟）长少习《欧阳尚书》，不仕王莽世。建武二年，大司空（宋）弘特辟，拜博士，稍迁河内太守，坐垦田不实免。长自为博士及在河内，诸生讲学者常有千余人，著录前后万人。著《尚书章句》，皆本之欧阳氏，俗号为《牟氏章句》。"牟长是一代名儒，"诸生讲学者常有千余人，著录前后万人"，可见其影响之大，刘秀以重儒见誉，才减轻对牟长的惩处，予以免职，否则，是难免一死的。牟长之"垦田不实"就是因为度田所上垦田数字失实。

但是刘秀处死河南尹张伋等人、严格度田以后，就爆发了一场波及全国的武装骚乱。《后汉书·光武帝纪》建武十六年云：

> 郡国大姓及兵长群盗处处并起，攻劫在所，害杀长吏。郡县追讨，到则解散，去复屯结，青、徐、幽、冀四州尤甚。冬十月，遣使者下郡国，听群盗自相纠擿，五人共斩一人者，除其罪。吏虽逗留回避故纵者，皆勿问，听以禽讨为效。其牧守令长坐界内盗贼而不收捕者，又以畏愞捐城委守者，皆不以为负，但取获贼多少为殿最，唯蔽匿者乃罪之。于是更相追捕，贼并解散。徙其魁帅于它郡，赋田受禀，使安生业。自是牛马放牧，邑门不闭。①

---

① 《后汉书》卷1下《光武帝纪下》，北京：中华书局1965年版，第67页。

显然，这些兵长大姓之起兵是针对刘秀处死河南尹张伋等人、严格度田而来的。在以往度田时，由于有张伋之流的刺史太守做保护伞，郡国大姓、地主豪强得以隐瞒土地和人口，规避赋税摇役；现在因为刘秀严惩张伋等人，刺史太守们不敢再像以往那样优饶豪右了，地主豪强无法再像以往那样隐瞒土地和人口，遂兴兵为乱，反抗新政府。这些"兵长大姓"就是地主豪强的一部分。叛乱初起，郡县长吏镇压不力，迅速发展成一场声势浩大的动乱，青、徐、幽、冀四州特别突出，一时间，黑云压城城欲摧，对刚统一不久的新王朝构成严重威胁。刘秀乃采用征剿和安抚相结合的方略，一方面赦免地方长吏的"逗留回避故纵"等罪，调动他们的积极性，安抚人心，"听以禽讨为效"，"但取获贼多少为殿最"；另一方面，"听群盗自相纠谪"，分化瓦解骚乱的参加者，旬月之间，叛乱平定。"徙其魁帅于它郡，赋田受禀，使安生业"，消除其叛乱的基础。叛乱平定，度田的阻力消除，起码是减少了，具备了严格实施度田令的条件，度田只会得到进一步贯彻，而不会相反，农民不再遭受地方官吏和豪右的"侵劾"之苦，可以安居乐业。"自是牛马放牧，邑门不闭"。在这里，无论如何是得不出度田因此而失败的结论的。

那么，人们为什么说度田失败了呢？这是从东汉政权是豪强地主利益的代表这一既定前提出发所做的推论，认为东汉代表了豪强地主的利益，其政令损伤豪强地主利益并招致反对时，必须与之妥协，停止施行，这是由他们阶级本质的一致性所决定的。所谓"听群盗自相纠擿，五人共斩一人者除其罪""其牧守令长坐界内盗贼而不收捕者，又以畏懦捐城委守者，皆不以为负"云云就是对地主豪强妥协退让的体现。这显然犯了形而上学的毛病，是形而上学的逻辑推论，不合史实。这些起兵者虽然也是地主大姓，和刘秀同属地主阶级，但并不是一个集团，在本集团的利益受到威胁和损伤时，在争夺天下、争夺统治权时，同样是你死我活，不存在什么必然妥协的问题。所谓对镇压不力的地方长吏的赦免及对叛乱者"五人共斩一人除其罪"，仅是平乱方略，与妥协退让不是一回事，不可混为一谈。

《后汉书·五行志六·日蚀条》云："十六年三月辛丑晦，日有蚀之……时诸郡太守坐度田不实，世祖怒，杀十余人，然后深悔之。""然后深悔之"似乎反映了刘秀内心对度田的后悔，之所以如此，是因为度田导致了兵乱这个严重后果。其实不然。这里说的"然后深悔之"至多是刘秀对于那些因度田被处死的大臣们的惋惜而已。《资治通鉴》卷43《汉纪》建武十六年九月条云:"秋,九月,河南尹张伋诸郡守十余人皆坐度田不实,下狱死。后上从容谓虎贲中郎将马援曰:'吾甚恨前杀守相多也。'对曰:'死得其罪,何多之有!但死者既往,不可复生矣。'上大笑。"这段对话不见于《后汉书》马援本传,也不见于其他记载。但和《五行志》之刘秀"然后深悔之"相合,其时马援确实在虎贲中郎将任上,说明司马光所载必有所本,其记载是可信的。仔细体味刘秀和马援的对话,刘秀的"吾甚恨前杀守相多也"不过是以自责的方式试探马援对自己诛杀大臣的态度而已,是御臣之术,所以在马援"死得其罪,何多之有"的明确表态之后,"大笑"而已。

  东汉自光武之后,度田成为常制,每年都要进行,这是史有明证的。《后汉书·百官志五》云各县邑道要于每年"秋冬集课,上计于所属郡国",注引胡广说:"秋冬岁尽,各计县户口垦田、钱谷入出,盗贼多少,上其集簿。"这儿的上计又称为"算人"或"案比"。《后汉书·安帝纪》元初四年诏云:"方今案比之时。"注引《东观汉记》:"方今八月案比之时,谓案验户口、次比之也。"《皇后纪》云:"汉法,常因八月算人。"算人即检查户口年纪、身体状况,防止诈老诈小,保证役源的准确性。算人的同时清查土地,这是一个问题的两个方面。刘秀的度田令即包括了"检核垦田顷亩及户口年纪"两项内容。实际上,刘秀的度田令是针对以往案比不实的情况而发,张伋等人就是因为案比不实而被惩处的。《刘般传》云刘般上书明帝云:"郡国以牛疫、水旱,垦田多减,故诏种区种,增进顷亩,以为民也。而吏举度田,欲令多前,至于不种之处,亦通为租。可申敕刺史二千石,务令实核,其有增加,皆使与夺田同罪。"明帝采纳了这一建议,"悉从之"。"夺田"即隐瞒不报,脱于版籍的意思,华峤《后汉书》作"脱田",隐瞒不报和强以民宅为耕地都是非法的。《循吏传》云秦彭为山阳太守,"兴起稻田数千顷,每于农月,亲度顷亩,分别肥堉,差为三品,各立文簿,藏之乡县。于是奸吏局蹐,无所容诈。彭乃上言,宜令天下齐同其制。诏书以其所立条式,班令三府,并下州郡"。农月即农耕之月,"亲度顷亩"即秦彭亲自核查土地多寡、质量优劣,并立为文簿,作为县乡定式,有效地制止了不法官吏在度田过程中颠倒优劣、侵刻百姓的行为，保证了度田的严肃性。章帝有见于此，下诏将秦彭之法推行全国，秦彭因此而入循吏传。

1989 年在甘肃武威柏树乡下五畦大队旱滩坡一座东汉墓中发现竹简十七枚，第十四号简文云：

> 乡吏常以五月度田，七月举畜害，匿田三亩以上坐①

简文不全，但可以肯定，这是当时正在执行的律或者令的一部分。从中可以明白三项：一是度田在每年五月进行，由乡吏具体负责。其时间和西汉初年相同，张家山汉简《二年律令·田律》规定："县道已垦田，上其数二千石官，以户数婴之，勿出五月望。"② 比较分析，"乡吏常以五月度田"应是指在五月完成度田。二是度田之后，乡吏们要在七月份上报"畜害"，也就是家畜饲养有无疫病。三是度田过程中"匿田"达到三亩者要受法律惩处。旱滩墓出土简文明确纪年是建武十九年，则所录律令为建武十九年以前制定。③ 2010 年，湖南长沙五一广场地下一号窖藏内出土大批东汉简牍，内容主要是长沙郡和临湘县各机构往来公文，有大量司法内容，初步整理和公布的二十枚简牍中有一枚记录的因度田引发的度田吏和农户争斗的案例，简文如下：

> 元兴元年六月癸未朔六日戊子，沮乡别治掾伦叩头死罪敢言之：伦以令举度民田。今月四日，伦将力田陈祖、长爵番仲、小史陈冯、黄虑及蔡力度男子郑尤、越袭、张昆等□田；力别度周本、伍设昭田。其日昏时，力与男子伍纯争言斗，力为纯所伤，凡创四所。辄将祖、仲诣发所，逐捕纯，不得。盖力与亭长李道并力逐捕纯，必得为故。伦职事无

---

① 武威地区博物馆：《甘肃武威旱滩坡东汉墓》，《文物》1993 年第 10 期。
② 张家山二四七号汉墓竹简整理小组：《张家山汉墓竹简（二四七号墓）》（释文修订本），北京：文物出版社 2006 年版，第 42 页。
③ 关于简文考释，参见李均明：《武威旱滩墓出土简牍考述——兼论"契令"》，《文物》1993 年第 10 期。

状,惶恐叩头死罪死罪敢言之。

橄即日起贼廷（J1③：264—294A）

邮行（J1③：264—294B）①

这是一份因度田引起吏民纠纷、请求上级官府缉拿打伤度田官吏的的报告文书,事情发生在和帝末年（元兴元年即公元105年,四月改元元兴,十二月和帝崩,殇帝即位）。基本案情是：元兴元年六月六日,乡别治橼伦按照惯例带领力田陈祖、长爵番仲、小史陈冯、黄虑及蔡力一行六人度田。其中陈祖身份是力田,番仲是长爵,陈冯、黄虑、蔡力三人是小吏。六人分为两组：伦、陈祖、番仲、陈冯、黄虑为一组,丈量男子郑尤、越袭、张昆等"□田"；蔡力单独一组,负责丈量周本、伍设昭田。到了黄昏时候,蔡力和男子武纯发生争吵和武力冲突,蔡力被武纯打伤四处。伦获悉之后立即带领陈祖、番仲到事发地缉拿武纯,但是武纯已经逃离现场,随后又与亭长李道一起追捕武纯无果。度田是伦的例行公事,伦带领部下度田时发生了部下受伤事件,伦当然要负责任,所以立即缉拿肇事者,但是没能成功,这是失职的体现,故伦上书县廷一方面陈明原委,一方面请求县廷通缉伤人者,同时表明自己的态度。案情明白,没有什么费解之处。这里要指出的,一是"以令举度民田",说明伦的度民田是根据"令"的例行公事,说明度田是常制；二是伦的"以令举度民田"是在六月六日进行的,说明"五月度田"在具体执行过程中并非铁律,地方政府可以变通,这与地域差别、度田对象即所度之田的种类可能有关。这些限于资料,难明其详。但是,这则案例,明白无误地说明了东汉度田的常态化。

《后汉书·百官志》云乡啬夫、有秩的职掌是"知民善恶,为役先后,知民贫富,为赋多少,平其差品"。这"平其差品"即综合土地、房产、资财诸项而言,以土地最为重要。奸吏颠倒优劣,以劣地算好地,不仅仅是导致农民多交田税,更主要的是要多交资产税即赀算。四川郫县出土的东汉残碑记载王汶、杨汉、张王、长彦长等十余人的土地、房屋、奴婢、耕牛等拥有状况,也就是这十几户人家的资产簿,虽然因为文字残损严重,但是可以

---

① 长沙市文物考古研究所：《湖南长沙五一广场东汉简牍发掘简报》,《文物》2013年第6期。

辨识的土地数有 8 亩、30 亩、80 亩、90 亩、130 亩、260 亩。碑文所记的土地数是用作质押或者出卖的亩数①，不一定是每户实际所有的土地数量，但说明了无论各户所有土地多寡，都有精确的统计，既作为征收田税的依据，也是县乡每年秋冬集课的依据。《后汉书·郡国志五》李贤注引《帝王世纪》记载了五个不同时期的垦田数字②，均精确到多少亩多少步，就是乡里郡县逐级统计的结果。

当然，核查数字再精确，与实际还是有距离。在刘秀亲自下诏度田之前，"河南帝城多近臣，南阳帝乡多近亲，田宅逾制，不可为准"的情况固然存在，就是在刘秀处死河南尹张伋等人之后，这种情况依然存在，并随时间推移、政治腐败而日趋严重，郡国大姓、地方豪强占田不报者也比比皆是，郡守县令弄虚作假、侵刻细民者更无日无之，《殇帝纪》谓郡国"多张垦田，不揣流亡，竟增户口，掩匿盗贼"，就是指上计虚假而言。但是，我们不能因此谓东汉自光武之后度田就废止了。制度与事实的背离是中国古代社会普遍存在的问题，并非东汉独然，绝不能因为东汉度田不实而谓之废止度田制度，东汉一代，度田制度是始终存在的。

---

① 高文《汉碑集释》（郑州：河南大学出版社 1985 年版，第 272—273 页）著录碑文云："田八亩，质四千。上君迁、王岑鞫田……舍六区，直卅四万三千。属叔长……田卅亩，质六万。下君迁故……五人，直廿一万；牛一头，直万五千；田□顷……五亩，贾□十五万。康眇楼舍，质五千。王奉坚楼舍……王岑田□□，直□□万五千；奴田、婢□、奴多、奴白、奴鼠，并五人……田顷五十亩，直卅万。何广周田八十亩，质……五千；奴□、□□、□生、婢小、奴生，并五人，直廿万；牛一头，万五千。元始田八□□，质八万。故王汶田，顷九十亩，贾卅一万故杨汉……奴立、奴□、奴鼠，并五人，直廿万，牛一头，万五千；田二顷六十……田顷三十亩，□□□万；中亭后楼，贾四万。苏伯翔谒舍，贾十七万。故张王田卅□亩，质三万；奴俾、婢意、婢最、婢营、奴调、婢剂，并……"。这里"质"的意思是质押、典押，"直"是卖出的价格。碑文所记可能是各户的全部土地，也可能是一部分，各户不一定把全部土地都质押或出卖，但无论是一部分还是全部，都说明其时农户土地有着精确的统计。

② 李贤注引《帝王世记》曾录光、明、章、和、安、顺、冲、质八帝的人口数，从和帝到质帝有垦田数。和帝到质帝时期的人口数和垦田数如下："和帝永兴元年，户九百二十三万七千一百一十二，口五千三百二十五万六千二百二十九，垦田七百三十二万一百七十顷八十亩百四十步。安帝延光四年，户九百六十四万七千八百三十八，口四千八百六十九万七千百八十九，垦田六百九十四万二千八百九十二顷一十三亩八十五步。顺帝建康元年，户九百九十四万六千九百一十九，口四千九百七十三万五百五十，垦田六百八十九万六千二百七十一顷五十六亩一百九十四步。冲帝永嘉元年，户九百九十三万千七百八十，口四千九百五十二万四千一百八十三，垦田六百九十五万七千六百七十六顷二十亩百八步。质帝本初元年，户九百三十四万八千二百二十七，口四千七百五十六万六千七百七十二，垦田六百九十三万一百二十三顷三十八亩。"见《后汉书》卷 113《郡国志五》，北京：中华书局 1965 年版，第 3533 页。

二、"度田"与东汉初年社会秩序

一般认为,刘秀度田的目的是为了扩大税源和役源,增加财政收入。这当然是正确的,但不全面。度田绝不仅仅意味着增加赋税这个经济目的,还有着更为重要的政治目的,这就是通过度田,强化国家对土地、人口的控制,剥夺地方大姓、军阀余孽所控制的土地、人口,打击其势力,消除因军阀割据而遗留下来的潜在的动乱因素,实现对基层社会的有效控制。

众所周知,早在西汉末期,郡国大姓、地主豪强已经开始豢养家兵,筑坞自保,王褒《僮约》中就有"犬吠当起,警告邻里。枨门柱户,上楼击鼓。荷盾曳茅,还落三周"之语。新莽时,因社会动荡,地主大姓拥兵自据者所在多有。新莽灭亡之后,地主大姓起兵割据者更不计其数,或者和军阀结为联盟欲争夺天下,或者想自保一方,其共同的基础都是控制了相应的土地和人口。

刘秀建立东汉政权之后,经过十多年的战争,削平和兼并了大大小小数十支割据武装,才统一全国。但是,这种统一远未稳固,中央对基层社会的的统治、对人口的控制力远不如地主大姓,这也是度田不实的根本原因。这是因为:

第一,众多的割据势力是迫于军事压力归顺刘秀的,不是从内心拥护刘秀的统治,而是为了保住自己的既得利益和传统影响。刘秀为扩大同盟,减少统一阻力,采用征讨和安抚相结合的方法,把诸多割据势力纳入自己队伍之中。为了表示自己仁厚,对于主动归附者,刘秀委以重任;对那些被迫归附者依然待以厚礼,与其部众之间关系紧密。这些被迫归附的割据首领,或者被击溃的割据领袖,对其部众影响依旧,在民间亦有相当影响,一有风吹草动就有东山再起的可能。桓谭曾说刘秀云:"臣伏观陛下用兵,诸所降下既无重赏以相恩诱,或至虏掠夺其财物,是以兵长渠帅,各生狐疑,党辈连结,岁月不解。"[①] 这是基于劝说刘秀加强安抚以推进统一进程而言的,是专就刘秀军队战争过程中残酷的一面说的,是劝诫之论。事实上在统一战争

---

① 《后汉书》卷28《桓谭传》,北京:中华书局1965年版,第960页。

中，刘秀对归降的头面人物还是有重赏的，如割据临菑的张步被耿弇击败后归顺刘秀，就被封为安丘侯，居于洛阳，至于其十余万部众，因人数众多，不能也不应有所封赏，他们大多是贫苦农民，希望回乡团聚，耿弇将他们遣散回乡。但是，其中有些渠帅或是大姓出身，或是兵痞无赖，他们已过惯了割据一方、威福乡里的生活，他们是不满于回乡这一结局的，更不愿做个顺民，而是要等待时机，重整旗鼓。建武六年，李忠为丹阳太守，"是时海内新定，南方海滨江淮，多拥兵据土，忠到郡，招怀降附，其不服者悉诛之，旬月皆平"①。"旬月皆平"当然只能是表面上的。建武八年，刘秀认为东方已经安定，乃亲提大军，西征隗嚣，车驾刚到上邽，后方鼓角即鸣，"颖川盗贼寇没属县，河东守守兵亦叛，京师骚动"。刘秀只好"晨夜东驰"以保护京师。这叛乱的"盗贼"和"河东守守兵"，虽有普通农民在内，但主要是降附的军阀旧部和地方豪强大姓，如张步就趁机叛归琅邪，被琅邪太守陈俊镇压。②张步为何会叛归琅邪？就是因为其部众是这次反叛的参加者，张步叛归琅邪的目的是招集部众，东山再起。杜林对此曾有所分析，认为"仓卒时兵长擅权作威，张氏虽皆降散，犹尚有遗脱，长吏制御无术，令得复炽，元元侵陵之所至也"，并上书光武说："草创兵长，卒无德能，直以扰乱，乘时擅权，作威玉食，狙猱之意，徼幸之望，曼延无足，张步之计是也。小民负县官不过身死，负兵家灭门殄世。陛下昭然独见成败之端，或属诸侯官府，元元少得举首仰视，而尚遗脱，二千石失制御之道，令得复昌炽纵横。"③这次叛乱虽然被镇压下去了，但为刘秀敲响了警钟，后方虽然统一，还远未巩固。刘秀当时的首要任务是统一陇蜀，对东方执行的是以和安为主的方针，力求稳定，故仅仅采取军事手段平定之，尚未采取其他措施消除动乱因素，割据势力仍有存在。

第二，刘秀称帝以后，欲以柔道治天下，偃武兴文。建武七年，下诏罢遣"轻车骑士材官楼船士及军假吏，令还复民伍"④。罢遣的主要是在统一战争中收编的割据武装，防止地方失御，发生不测。这些郡兵，固然有相当

---

① 《后汉书》卷21《李忠传》，北京：中华书局1965年版，第756页。
② 《后汉书》卷1下《光武帝纪下》，北京：中华书局1965年版，第54页。
③ 《后汉书》卷105《五行志三》注引《东观书》，北京：中华书局1965年版，第3306—3307页。
④ 《后汉书》卷1下《光武帝纪下》，北京：中华书局1965年版，第51页。

部分是急切盼望回乡的农民，但也有不少以战争掠夺为生的兵痞和地方恶势力。他们和刘氏政权本非一家，被罢遣之后，要靠耕田为生，自食其力，更加心存不满，遂转而依附兵长大姓，构成了新的不安定因素。刘秀西征伊始，河东守兵即叛，盗贼横发，与此不能说没有关系。①

第三，由于刘秀好儒术，每占领一地，"未及下车而先访儒雅，采求阙文，补缀漏遗"，那些在战乱中"遁逃林薮"的四方学士，"自是莫不抱负坟策，云会京师"②。凡是投附儒士，莫不处以显职，地方郡县乡里官吏亦选儒术之士。这些儒士绝大多数是地主大姓，重用他们亦即把在野的地主儒士拉入了官僚队伍。这固然扩大了东汉政权的统治基础，但也导致了一个新的矛盾，这就是为地主豪强占有更多的土地和人口提供了权力的保障，削弱了国家对人口、土地的控制力，促进了在施政过程中的"优饶豪右"的发展。上举明帝说的"吏受郡敕，当欲以垦田相方耳"就透露了这一历史信息。所谓"垦田相方耳"就是指各地长吏在垦田的统计数量上已达成了默契，上计数字和以往不要有大差别，避免引起怀疑，难以继续优饶豪右。优饶豪右，奉旨不严，虽然和兵长渠帅的拥兵自重、为乱地方的性质不同，但

---

① 《后汉书·光武帝纪下》建武十七年十月，刘秀"幸章陵，修园庙，祠旧宅，观田庐，置酒作乐，赏赐。时宗室诸母因酣悦，相与语曰：'文叔少时谨信，与人不款曲，唯直柔耳，今乃能如此。'帝（刘秀）闻之，大笑曰：'吾理天下，亦欲以柔道行之。'"（《后汉书》卷1下《光武帝纪下》，北京：中华书局1965年版，第68页）。这里刘秀所说的"柔道"的内涵，用范晔的话概括，就是"退功臣而进文吏，戢弓矢而散马牛，虽道未方古，斯亦止戈之武焉"（《后汉书》卷1下《光武帝纪下》，北京：中华书局1965年版，第85页）。所谓文吏就是儒生，功臣即开国元勋。刘秀自诩的"柔道"内涵可分为三：一是退功臣，实际上是用赎买的政策，给予开国元勋高爵厚禄，使之交出军政权力；二是进文吏即任用儒生为各级官僚；三是尽力减少战争，轻徭薄赋，予民休息。但是，刘秀的"柔"是有特定目的的，就是强化君权，便于严格督课群臣、严惩渎职和以权谋私行为。如果功臣在典权过程中发生不法行为，不予惩治则有伤国法，严格惩治又有伤君臣之间共同打天下之谊，故而"退"之；而以"文吏"任职，则没有这一层顾虑，可以严格课以"吏职"。也就是说，对刘秀重儒的目的需要重新分析。刘秀在打天下过程中，每到一地，"未及下车，而先访儒雅，采求阙文，补缀漏遗。先是四方学士多怀协图书，遁逃林薮。自是莫不抱负坟册，云会京师。""建武五年，乃修起太学，稽式古典，边豆干戚之容，备之于列，服方领习矩步者，委它乎其中"（《后汉书》卷79上《儒林传上》，北京：中华书局1965年版，第2545页），表现的是对儒生的尊重，待以客礼，但是这些儒生一旦任职，成为刘秀之臣，就不再是儒学经师，就要尽心职守、严格秉承刘秀的意旨办事，稍有违忤，就要受到法律的惩处。所以，刘秀重儒的目的是为了实现对儒学、儒生的控制，是为了"吏化"儒生。对"度田"不力、弄虚作假的郡守二千石的惩处，就是这一方针的体现。参见拙文《两汉之际儒生价值取向探微》，《史学集刊》2003年第2期。

② 《后汉书》卷79上《儒林传上》，北京：中华书局1965年版，第2545页。

这弱化了中央权威，激化了社会矛盾，引起贫民的不满，在客观上增加了不稳定因素。

对上述不安定因素及中央统治权威未立的原因，刘秀是清楚的。但在建国之初，陇蜀未定、北边又有匈奴等族寇掠不断的情况下，刘秀是无暇解决这一问题的。直到建武十五年，陇蜀已定，北边稍安，功臣宗室封赏已毕，上层秩序已经调整有序的情况下，刘秀才顾及基层统治秩序问题，针对地方二千石优饶豪右、地主豪强隐瞒土地和人口这一最为突出的社会问题，严格度田，清查户口，强化国家对土地和人口的控制，采用釜底抽薪的方式，打击地主大姓势力，消除不安定因素。在这一过程中，刘秀一改以柔道治天下的传统为铁腕政治，处死十几个郡守二千石，同时罢免了刘隆、鲍永等功臣的郡守、国相的职务，坚决查清土地和人口的实际状况。因为张伋等人被杀，其余刺史郡守县令不敢像以往那样接受贿赂，优饶豪右，难以继续充当地主大姓的保护伞，这些地主大姓、兵长渠帅为保持其既得利益，遂起兵作乱。由于地方长吏和地主豪强本来有着千丝万缕的联系，在动乱初起时，镇压不力，没有采取果断措施，将动乱消弥于发生阶段，以至于"处处并起"，而以"青徐幽冀四州尤甚"。所谓"郡县追讨，到则解散，去复屯结"，故然说明叛乱分子的狡诈，但也说明了郡县官吏与兵长渠帅之间的关系，官兵方动，消息就传到了叛乱者那里，才会有"到则解散"的事情发生。杜林说的"二千石失制御之道，令得复昌炽纵横"，这"失制御之道"四字的含义是十分丰富的，远非指镇压之一端。按照惯例，平乱不力，遇敌退缩，临阵脱逃，回避敌情，都是违法行为，要定"逗留、回避、故纵"之罪，应一律处斩，但刘秀没有按法行事，而是统统赦免，"听以禽讨为效"，"但取获贼多少为殿最"。这是因为，第一，若严格执法，那些对中央心存狐疑的郡守县令可能会倒向叛乱的兵长渠帅，壮大贼势，激发新的动乱，这对国势粗安、人心未稳的东汉政权来说是十分不利的。第二，叛乱者的成分十分复杂，其首领固然是郡国大姓、兵长渠帅，但参加者则有相当一部分是农民，其中有些是因在度田过程中不堪官吏侵刻而聚众造反的，更多的则是被兵长大姓裹挟进来的。杜林说的"小民负县官不过身死，负兵家灭门殄世"就深刻地揭示了这一真相。这些被裹挟之小民和兵长渠帅、地主豪强并不一心，不愿与官府为敌，若施以抚慰，表明官家镇压的是首恶分子,而非协从,他们会自动地站到官府一边,可以收到瓦解、削弱叛乱势力的效果。否则,一味地严刑峻法,将迫使这些协从者死心踏地和兵长渠帅们站在一边。第三,这次的叛乱分子不仅仅是一般的"盗贼",而是带有军阀割据势力卷土重来的势头。叛乱势力最大的青州本是张步的势力范围,徐州是董宪的地盘,冀州是王郎的根据地,幽州是彭宠和张丰的旧巢,张步、王郎、董宪、彭宠等人固然不在了,但其旧部则散居民间,他们向往过去作威作福的生活,不甘做东汉的顺民,无不伺机而动,这些人破坏性强,危害性大,必须坚决镇压。正是鉴于以上因素,刘秀才不拘于成法,便宜行事,采用武力镇压和分化瓦解相结合的办法,仅用了一个月不到的时间就平定了叛乱。

平定叛乱,并不等于动乱因素就此消失,"五人共斩一人者除其罪"的方法固然瓦解了叛军,为协从者的自新提供了机会,但也为兵长渠帅等首恶分子的逃避制裁提供了掩护。他们在不敌官兵进剿的情况下,为了自保,也可以"五人共斩一人者除其罪"为掩护开脱罪责,伪装自己,使自己逍遥法外。上举《光武帝纪》说的"于是更相追捕,贼并解散",说明郡国大姓、兵长渠帅被杀者不多而解散者不少,也就是又隐蔽成良民了。只要这些人存在一天,其势力不能彻底剥夺,就存在着动乱的可能性,那些原来受其控制的农民也就无自由可言,甚至遭到报复,对此刘秀十分清楚。但若将他们通通绳之以法,似乎有违平叛过程中的宽大政策。为了显示自己仁厚,刘秀乃沿用秦始皇和汉高祖的徙豪政策,"徙其魁帅于它郡,赋田受禀,使安生业"。徙之于他郡,就剥夺了这些"魁帅"原有的土地资产和对族人乡里的控制,失去了兴风作浪的基础;"赋田受禀,使安生业",表达了刘秀宽大为怀,有利于归附人心。当然,刘秀将为乱魁帅徙于他郡是不能和西汉初年的徙豪相提并论的。刘邦之徙关东六国大姓于关中是防患于未然,虽然没收了他们原有的田产资财,但在关中又给予了相应的补偿;在防止他们为乱的同时,又倚之为对外用兵的力量。而东汉则不然,这些"魁帅"实际上是罪犯,迁之于他郡实际上相当于施以迁刑,"赋田受禀,使安生业",不过是使之自食其力而已。他们的一言一行都将处于官府的严密监视之下,想东山再起是不可能了。那些没有参加叛乱的豪强地主看到了这些"魁帅"的下场,也看到了皇恩的浩荡,出于戒惧,也出于信任,或者是出自内心的自愿，或者是无可奈何，都要与中央保持一致，中央的统治权真正深入到基层，基层统治秩序真正建立并正常运转，政令通达，政局稳定，才形成了"自是牛马放牧，邑门不闭"的太平景象。以往学者对此不加深究，认为刘秀"度田"因地主豪强的反对而失败，显然失实。

第四，严格度田有利于田税负担公平，减轻农民田税负担。这起码体现在两个方面：一是农民从兵长大姓的控制之下解脱出来。原来控制于郡国大姓、兵长渠帅的人口是不在版籍的，他们不服国家的赋税徭役，但郡国大姓、兵长渠帅对他们的压迫剥削则比国家沉重得多，上引杜林说的"小民负官家不过身死，负兵家灭门殄世"，已充分说明了这一点。度田之后，特别是平定了因度田引起的武装叛乱之后，打击了地主豪强的势力，剥夺了兵长渠帅的财产，原来深受其压迫剥削之苦的农民成了真正的国家小农，摆脱了兵长大姓的奴役。又因刘秀对"优饶豪右"的郡国二千石的严厉惩处，迫使多为诈巧、不务实核而一味压榨农民的贪官污吏有所收敛，提高了农民的生产积极性。二是，缓解农民田少税多问题。度田之后，核实了土地、人口，使田税、人口税特别是田税的征收实事求是，改变了自西汉后期以来农民田少而税多的传统。汉代田税征收方式都是定额税制，即每亩交纳的田税额是固定不变的，但两汉征收方式有所不同。西汉是采用提封田法先计算出全国耕地总数，依据标准亩产量，定出全国田税总额，而后再分摊给各郡，由郡依次分摊各县，各县分摊各乡，至于每户农民交纳多少田税则由地方官吏决定，所以对国家来说，田税有标准定额，对农民来说则没有统一数字可循。地方长吏在具体征税过程中，不是按每户实有土地状况，而是以户为主、以田为次的人地结合的征税方式，即有户斯有税，土地占有状况并不起决定作用。秦朝和汉初都实行授田制，农民无地者甚少，但随着土地私有化的行进，土地兼并横行，这种税收方式的不合理性日趋严重，无地、少地农民的实际田税负担比法律规定的税额不知高出多少，农民破产者日益增多。地方长吏为了保住禄位和升迁，并不管农民死活，一方面假造计书，欺骗中央，一方面刻剥细民、中饱私囊，加重了农民的苦难。汉武帝就曾批评丞相石庆说："今流民愈多，计文不改。"[①] 计文不改就要如数交纳田税、人口税

---

① 《汉书》卷46《石奋传》，北京：中华书局1962年版，第2198页。

等各项赋税,更加重了无地、少地农民的负担。《盐铁论·未通》云:"大抵逋流,皆在大家,吏正畏惮,不敢笃责,刻急细民;细民不堪,流亡远去,中家为之绝出,后亡者为先亡者服事。"农民投在地主势家门下沦为依附民,地方官吏不敢得罪这些权势豪门,转而加重其余农民的赋税徭役,导致恶性循环。这种情况愈到后来愈严重,是造成西汉末年农民起义的基本原因。这固然有吏治败坏的原因,也有制度的因素。这个问题,起自民间的刘秀是清楚的,但在建武初年并没有得到解决,"吏举度田,欲令多前,不种之处,亦通为租"正是西汉的继续。为了从制度上解决这一流弊,刘秀才严格度田,清查土地和人口的实际数字,解决农民的田税过重问题。尽管税率和税额没有改变,一仍西汉之旧,但由于农民是按实际占田数字纳税,其田税负担和西汉相比要合理得多,使税收体制趋于合理。尽管这种改进还存在着弊端,不管年成丰歉,土质优劣,都要纳相同的定额税,但和西汉相比已是一个巨大的进步了。上举章帝时,秦彭为山阳太守"亲度顷亩,分别肥堉,差为三品,各立文簿,藏于乡县"①,并推行全国,将农民的实纳田税额和土地质量联在一起,较刘秀时代又有改进,其基础是度田制度的推行。关于两汉田税征收方式和农民田税负担,将在下一章详论,此处从略,这里只要明白度田的历史作用就行了。

三、东汉的"赋民公田"

明白了授田制废止的过程,理解了西汉假田制的由来和性质以及刘秀度田真相以后,对东汉"赋民公田"的理解就容易多了。一般说来,东汉是大土地所有制时代,刘秀集团就是大地主的代表。这是有其理由的,因为刘秀优容开国元勋,给予功臣优厚的赏赐,使之颐养天年,所谓"退功臣而进文吏"的实质就是用赎买的方式让功臣们交出权力,由"文吏"——儒生出身的官僚管理国家事务。不消说,功臣们自然是大地主,是贵族地主,这些"文吏"也大都是大地主,所以说,东汉开国伊始,大地主所占土地比例远多于西汉初年,无地农民所在多有。但是,毕竟经过多年战乱,人口存者十之二三,较之西汉末年土地问题缓解多了。经过"度田"骚乱以后,

---

① 《后汉书》卷76《循吏列传》,北京:中华书局1965年版,第2467页。

国家掌握了较多的土地,从明帝开始即经常性地把土地直接授予贫民,有时称为假民公田,有时称为赋民公田,而以赋民公田之称居多。如:

> 明帝永平九年,"夏四月甲辰,诏郡国以公田赐贫人各有差"。
>
> 永平十三年,"诏曰……今五土之宜,反其正色,滨渠下田,赋与贫人,无令豪右得固其利"。①
>
> 建初元年,"秋七月辛亥,诏以上林池籞田赋与贫人"。
>
> 章帝元和元年二月,"其令郡国募人无田欲徙它界就肥饶者,恣听之。到在所,赐给公田,为雇耕佣,赁种饷,贳与田器,勿收租五岁,除算三年。其后欲还本乡者,勿禁"。②
>
> 元和三年二月诏:"今肥田尚多,未有垦辟。其悉以赋贫民,给与粮种,务尽地力,勿令游手。所过县邑,听半入今年田租,以劝农夫之劳。"③
>
> 和帝永元五年,"二月戊戌,诏有司省减内外厩及凉州诸苑马。自京师离宫果园上林广成囿悉以假贫民,恣得采捕,不收其税"。
>
> 秋九月,"壬午,令郡县劝民蓄蔬食以助五谷。其官有陂池,令得采取,勿收假税二岁"。
>
> 九年六月诏:"其山林饶利,陂池渔采,以赡元元,勿收假税。"④
>
> 永元十一年春二月,"遣使循行郡国,禀贷被灾害不能自存者,令得渔采山林池泽,不收假税"。
>
> 十二年春二月,"诏贷被灾诸郡民种粮。赐下贫、鳏、寡、孤、独不能自存者,及郡国流民,听入陂池渔采,以助蔬食"。
>
> 永元十五年,"六月,诏令百姓鳏寡渔采陂池,勿收假税二岁"。⑤
>
> 安帝永初元年:"二月丙午,以广成游猎地,及被灾郡国公田假与

---

① 《后汉书》卷2《明帝纪》,北京:中华书局1965年版,第112、116页。
② 《后汉书》卷3《章帝纪》,北京:中华书局1965年版,第134、145页。
③ 《后汉书》卷3《章帝纪》,北京:中华书局1965年版,第154页。
④ 《后汉书》卷4《和帝纪》,北京:中华书局1965年版,第175、177、183页。
⑤ 《后汉书》卷4《和帝纪》,北京:中华书局1965年版,第185、186、191页。

贫民。"①

"永初之初，连年水旱灾异，郡国多被饥困，准上疏曰……太后从之，悉以公田赋与贫人。"②

明白了西汉授田制以后，我们可以理解，这些赐予、假予、赋予贫民之公田的具体构成不尽相同，有的是皇家苑囿，有的是郡县荒地，有的是郡国山川林泽。尽管称谓不同，或称赐予，或称假予，或称赋予，其性质则一：都是把公田分给农民，收取田租（税）。这里要说明的是，以往研究认为假田制之"假"有临时借给和租赁两重含义，认为汉代存在着两种性质的假田制，一种是授田型，一种是租佃型，前者收取的是田税，后者收取的是田租。从这一既定观念出发，认为东汉的赋民公田也存在着租佃型赋民公田，如元和三年二月诏之"今肥田尚多，未有垦辟。其悉以赋贫民，给与粮种，务尽地力，勿令游手。所过县邑，听半入今年田租，以劝农夫之劳"，就是租佃型赋民公田的适例，"听半入今年田租"是有别于"假税"授田型假田制之"假税"的"租"，其数额远高于"税"。现在明白了汉代授田制的渊源流变以及"假田制"的由来以后，我们可以明确地认定，"听半入今年田租"之"租"就是假田之民所交之田税。如章帝元和元年二月"其令郡国募人无田欲徙它界就肥饶者，恣听之。到在所，赐给公田，为雇耕佣，赁种饷，贳与田器，勿收租五岁，除算三年"。既是"赐给公田，为雇耕佣，赁种饷，贳与田器"，当然不能看作是出租公田给农民，这"勿收租五岁"之"租"只能是田税，为了鼓励农民迁往宽乡，政府赐给公田，免除五年田税和"除算三年"。这些上文已经述及，点到即可，无需多说。

---

① 《后汉书》卷5《安帝纪》，北京：中华书局1965年版，第206页。
② 《后汉书》卷32《樊准传》，北京：中华书局1965年版，第1127—1128页。

第 四 章

田税征收方式与农民田税负担

提要：授田以顷为单位，田税也是根据簿籍土地数以顷为单位收取，农户具体交纳多少、如何缴纳则由基层政府决定。其具体征收方式，目前所见，秦朝采用"税田"制：在民户所占土地中"定"一部分为"税田"，"税田"所产全部缴税，按户平均征收。汉朝起码部分地沿用"税田"制，"田虽三十而以顷亩出税"就是税田制下以顷计征的概括，东汉之"田分上中下"保留着税田制的遗存。吴简《吏民田家莂》之定"熟田""旱田"正是"税田"的发展。田税构成主要是禾、刍、稿，此外还有枲等，根据作物不同和时代不同而异，根据财政需要可收实物，也可收货币，。这是农民负担加重的制度原因。汉文帝农商并重，连续免除十二年田税，体现了西汉前期经济结构变动的一般特点。

农业社会，田税是核心税种，田税征收方式、农民田税负担是把握社会结构和社会矛盾变迁的核心问题，而田税征收方式和农民的田税负担随着土地制度、国家对土地管理方式的变动而变动。即使从秦统一算起，秦汉历史达四百余年，其土地制度经历了由土地国有制到土地私有和国有并存的历史转变，其田税征收方式自然会有不同，农民的田税负担也会因时而异。但是，限于资料的缺乏，人们对秦汉田税问题的认识特别是田税征收方式的认识始终是有限的。自从云梦秦简问世以后，一系列秦汉简牍资料纷纷发现，为我们了解秦汉田税征收方式和农民田税负担成为可能。本章即在前贤时哲研究基础上，就此展开讨论。①

第一节 传统认识与"以顷计征"的历史考察

从20世纪30年代开始，受当时中国社会史性质讨论的影响，部分学者已经开始注意秦汉田税征收方式和田税负担，但是仅仅是对传世文献的一般解读，没有做出系统的分析。1949年以后，大陆学者对这一问题的研究才逐步深入。大体说来，学界对秦汉田税制度认识的一致之处在于对税率变迁的认识，认为秦汉田税率经历了十税一、十五税一、三十税一的变迁，也就是收取农民所种土地产量的十分之一、十五分之一、三十分之一。至于田税征收办法和农民交纳的田税数量都依据传世文献虽然尽可能地予以分析，但存在着诸多分歧。这是进一步研究的认识基础，故本章先从传统认识谈起。

一、田税征收方式分歧述要

杜佑在《通典·食货四·赋税上》谓秦田税制度时说："夫夏之贡，殷之助，周之藉，皆十而取一，盖因地而税。秦则不然，舍地而税人，故地数未盈，其税必备。是以贫者避赋役而逃逸，富者务兼并而自若。"这可谓最早概括秦朝田税方式的观点。但是，以历史学眼光分析，杜佑的所谓"夏之贡，殷之助，周之藉，皆十而取一，盖因地而税"云云系受经学思想的影响，所说之税率与历史距离甚远，已为现代史学所证实，无需多辩；谓"秦则不然，舍地而税人，故地数未盈，其税必备。是以贫者避赋役而逃逸，富者务兼并而自若"对现代史学则有一定影响。不过稍加分析，杜佑所说秦朝田税制是以土地私有说为依据的，才有"是以贫者避赋役而逃逸，富者务兼并而自若"之说。在明白秦朝的土地国有制性质以后，对这一问题自然要重新探讨。这首先要对学界分歧做一简要

---

① 从现代经济学意义层面分析，田租和田税性质不同，田租是土地所有权的经济体现，田税是行政主权的经济体现。战国和秦朝是土地国有的时代，田租和田税是合一的，西汉以降，授田制瓦解，国家授予农民的土地迅速私有化，从经济学角度分析，田租和田税分离。但从国家的立场看，二者仍是合一的，在当时人的心目中，租、税无别，概念上通用。本文为叙事方便，统称田税。

梳理。

以目前所见，大体上有三种意见。第一种意见，也是学界比较普遍的认识，认为是定额税制，即政府确定统一的亩产量，根据税率确定统一的田税额。具体税率在秦朝和汉初是十分之一，文帝时期改为十五分之一，景帝又降为三十分之一，成为汉代定制。《盐铁论·未通》记载文学语云"田虽三十，而以顷亩出税，乐岁粒米狼戾而寡取之，凶年饥馑而必求足"，学者们认为这里的"田虽三十"是三十分之一的田税率，所谓"田虽三十，而以顷亩出税，乐岁粒米粱粝而寡取之，凶年饥馑而必求足"是指汉景帝以后汉家田税征收方式而言，即国家虽然规定三十税一的税率，但并不是按每亩收获物的实际产量做标准，而是"较数岁之中以为常"，即一定时段的平均亩产量作为标准产量，再按三十税一的税率确定统一赋额而后征收。无论农民耕种的土地质量差别如何，也不论丰收还是灾年，实际产量多少，统一按照标准征收。年无分丰歉，产量不计多寡，政府按统一法定数额来征收。具体税额，因为对汉代亩产量的估计不同，有亩税三升，或以为四升，或以为一斗。征收内容，则根据官府需要，有时征收谷物布帛，有时征收货币。①

第二种意见认为是浮动税制，即根据亩产量高低，依照税率确定每亩田税额，因为收成的丰歉因时而异、土地质量因地而异，收税必须将面积和产量相结合，每户农民缴纳的每亩田税数量是不固定的，随着亩产高低而定。至于农民实际耕种的亩产量如何确定，学者进一步认为既然单位产量千差万别，在当时条件下，官府不可能挨门逐户地核实，只能由政府估定当年的平均亩产量，定出每亩地的田税额，而后按照每户实际耕作的土地亩数征收。也就是说，作为纳税基础的亩产量，无论是确定于实际收成还是官府估定，

---

① 韩连琪先生最早提出这一看法。韩先生《汉代的田租口赋和徭役》一文曾对汉代田税徭役制度予以系统研究，对汉代田税征收方式、田税数额做了明确的表述，谓"田虽三十而以顷亩出税，乐岁粒米粱粝而寡取之，凶年饥馑而必求足"可以"证明汉代田税的征收，是地无分肥瘠，年无论丰欠，产量不计多寡，按政府统一法定的赋额来征收的"，"汉代田租的征收量，除汉初实行的'什五而税一'，剥削量较景帝后的三十税一加重一倍外，其每亩的征收量约为三升"。原刊《文史哲》1956 年第 7 期，收入氏著《先秦两汉史论丛》，济南：齐鲁书社 1986 年版，第 464—519 页。引文见该书第 472 页。韩先生提出这一观点以后，引起众多学者响应，并且根据汉代亩产量重新推算田税额，或以为四升，或以为一斗，等等。

农民的田税额每年都在变动，故称之为浮动税制。①

第三种意见认为秦、汉田税征收方式有别，不能笼统视之。秦朝的田税采用的是"按顷计征"的办法，西汉改为按照亩数计算征收。云梦秦律规定"以其受田之数，无垦不垦，顷入刍三石、稿二石"。其田税征收以每户有田百亩"假设"为依据，按人户征收，无论是否有田百亩，都要缴纳"顷田之租"。降至西汉，则变为土地和产量相结合的方式，根据税率计算征收。②

以上三种意见，除对秦朝田税征收方式的认识有分歧以外，其余并无本质区别。定额税、浮动税，其核心相同：田税都有定额，农民田税负担均按

---

① 此说的代表是高敏先生。高先生在《秦汉赋税制度考释》一文中认为："汉代田租，是按田亩与产量相结合征收的办法进行的，而田亩与产量的结合，可以在每亩产量这一点上得到统一。如某甲有田地二十亩，每亩单产假定为一石，按十五税一或三十税一计算，则某甲每年应摊田租为一石三斗多或六斗多。这既体现了'租税之法，皆依田亩'所产的精神，又符合十五税一与三十税一这种按产量征收田租的定率。""所谓'田虽三十'，是说田租按三十税一的税率征收；'而以顷亩出税'则又是按田亩计算之意。"见氏著《秦汉史论集》，郑州：中州书画社1982年版，第62—63页。林甘泉、童超、柳春藩等先生认为官府是根据每年估定的平均亩产量确定每亩税额的。林甘泉、童超先生云："不论是十五税一或三十税一，都是按土地每年的收获征收。但年成丰歉与土地丰度不同，单位面积的产量也千差万别。在当时条件下要计算各户土地实际的年收获量是有很大困难的。唯一可行的办法，是由政府估定正常的平均亩产量，而后按每户土地亩数征收田租。"见氏著《中国封建土地制度史》，北京：中国社会科学出版社1990年版，第357—358页。柳春藩先生认为："由于各户土地收获量不好准确核定，政府只要估定年平均亩产量，然后再依照税率按每户拥有的土地亩数征收。"见氏著《秦汉魏晋经济制度研究》，哈尔滨：黑龙江人民出版社1993年版，第162页。

② 此说由黄今言先生首先提出。黄先生认为："秦代征收田租的办法，是以一户有田百亩的假设，而按人户交纳的。它主要是基于'地'，但又与'户'有关。'田亩'是约数，'人户'是实数。那些有田百亩的人，固然要按田亩纳租，而不够顷田的农户，或没有'授足'百亩份地的农民，同样要交顷田之租。"见氏著《秦代租赋徭役制度初探》，中国秦汉史研究会编：《秦汉史论丛》，西安：陕西人民出版社1981年9月版，第63页。"关于汉代田租的征课，史籍只说了'十五税一'或'三十税一'的税率，没有明确交代征收办法。是否和秦代一样？回答是否定的。我们认为，随着所有制的发展，它在秦的基础上，做了某些调整和改革。史实说明，当时，作为主要资产的土地，仍然有人民自行呈报、注册，叫做'自占'。它明确规定不得隐瞒，否则要课以隐匿之罪。又从'十五税一'或'三十税一'的税率看，似乎国家对农产量的计算也确很注意。这就说明，汉代田租征课已经是以土地（田亩）为基准，同时又是着眼于农产量的。产量的计算，当是以'较数岁之中以为常'。因此，汉代田租，既不是只基于田亩的定额税，更不是什么只基于每年每亩产量的浮动税，而是根据规定的税率，实行依照田亩与产量相结合的方式计征的。"见氏著《秦汉赋役制度研究》，南昌：江西教育出版社1988年版，第80—81页。笔者曾在《汉代田税征收方式和农民田税负担新探》一文认为秦和西汉都是"以顷计征"田税的制度。当时没有看到黄先生的论著，不知道黄先生是这一观点的首倡者，现在特别予以说明，以示笔者无掠美的故意，并在此向黄先生和学界同仁致歉。拙文见《史学月刊》1997年第2期。

照土地面积和亩产量依据税率而定，区别在于亩产量是恒定不变还是一年一变。若国家确定的亩产量恒定不变，农民缴纳的田税数量取决于土地数量的变动；若每年确定亩产量，则农民田税数额既取决于土地数量也取决于实际亩产量，但是二者共同点都是按照田亩数、标准产量、税率缴纳田税，若以亩产大石一石半而论[①]，以三十税一计算，均亩税数升。这个看法主要是依据土地私有制的逻辑分析：在土地私有制之下，各家各户土地多寡不同，自然是按照土地、亩产、税率收税。其不足之处明显：即使从历史的逻辑层面分析，同一个乡、里，农民所种之田的产量因为土质、墒情以及劳作的不同而有差别，不同地区农作物的构成、产量更是不同，这亩税数升的标准如何施之于全国各地？如果说这在秦汉授田制未明的条件下，做出上述分析可以理解，现在授田制既已昭然，自然需要重新认识；而两汉历史四百余年，土地私有化发展迅速，国有土地、私有土地的比重此消彼长，尽管在国家法权上还有其不变的内容延续下来，其田税征收方有其一致性，但是其制度设计和实践之间的距离各地区间的差异具有多样性。

比较而言，第三种意见无疑是有启发性的创见，是建立在秦行授田制基础上的，把秦汉田税制度的认识推进了一大步，但依然存在着如下问题：一是对秦、西汉授田制度认识不足，秦朝"一户有田百亩"不是"假设"，而是客观存在，秦朝田税的"以顷计算"、按人户百亩缴纳是有土地保障的，汉承秦制，田税制度亦然；二是谓西汉初期以后是根据税率、田亩数与产量收定额税，亦然是以土地私有制为基础的逻辑推论；三是和亩税数升的认识一样，没有考虑到农民实际耕种土地的多样性，简单地谓统一以顷计算、按户百亩征收失之制度的合理性和实践的可操作性。事实上，汉代依然采用"以顷计征"的方法，只是这个"以顷计征"，是在授田制基础上国家计算田税的总原则，无论是在秦朝还是在汉朝，基层政府在征收过程中，均具有多样性。下文即以此为开端，论述秦汉田税征收方式问题。

---

① 关于汉代亩产量，文献和出土资料记载不一，学者理解不同，而以宁可先生的讨论最为系统，见氏著《有关汉代农业生产的几个数字》，《北京师院学报》1980 年第 3 期，收入《宁可史学论集》，北京：中国社会科学出版社 1999 年版，第 529—552 页。

二、"以顷计征"与田税的分类计算

这里所说的"以顷计征",是指在授田制之下,田税按顷计算、按户征收,即国家根据登记在册的土地,以顷为单位,计算出应收的田税数量,分解给郡,郡分解给县,最终由乡官里吏确定到每家每户,按户征收,国家只要求完成定额,至于具体每户交多少,一年交几次,每次收多少,那是地方的事。也就是说,从国家制度上说,农民的田税负担是有统一标准的,但是这个标准是有地区差异的,郡与郡有别,同一郡的县也不尽相同,具体到农民个人头上这个标准就更不统一了。这首先要明白授田制之下的每夫百亩既是授田单位也是征税单位,而后要厘清所征之田税的形态,即田税不仅仅指谷物,而是包括了谷物、刍、稾等不同形态。

第一章已经说明,无论是《周礼》所说的九夫为井、十夫为沟,还是孟子所说的八家共井,或者是《汉书·食货志》《刑法志》所说的井田制,以及其他子书和银雀山汉墓竹简《田法》所述土地制度,尽管都是主观设计的结果,在实践上存在着这样那样的矛盾,但是有一点是相同的,就是立足现实,制土分民,实行国家授田制,其基本标准是每夫百亩良田。这个良田是政府设定的,有其质量标准,不合质量者则增加土地数量以保证农民实际收获和百亩良田相当,凡是受田于官府者都要共耕于"公田"或者"大田",作为田租。这就是所谓的"藉法"。藉法的具体实施,不去讨论,这里要说明的是,这个"藉法"是以每夫百亩为前提的,是劳役地租(其时租税合一,也可称之为劳役税),从征收田税的意义上来说,这是"以顷计征"的原始版。当劳役地租演变为实物地租之后,仍然是以"顷"作为计算单位。李悝行尽地力之教,就是在这一历史背景之下展开的。

魏文侯时,李悝在魏行尽地力之教、善平籴之法,曾为国家和农民各算过一笔收支账,前文已经引过,但是为了分析的需要,再引如下:

> 李悝为魏文侯作尽地力之教,以为地方百里,提封九万顷,除山泽邑居参分去一,为田六百万晦,治田勤谨则晦益三升(斗),不勤则损亦如之。地方百里之增减,辄为粟百八十万石矣。又曰籴甚贵伤民,甚贱伤农。民伤则离散,农伤则国贫。故甚贵与甚贱,其伤一也。善为国

者，使民毋伤而农益劝。今一夫挟五口，治田百晦，岁收晦一石半，为粟百五十石，除十一之税十五石，余百三十五石。食，人月一石半，五人终岁为粟九十石，余有四十五石。石三十，为钱千三百五十，除社闾尝新春秋之祠，用钱三百，余千五十。衣，人率用钱三百，五人终岁用千五百，不足四百五十。不幸疾病死丧之费，及上赋敛，又未与此，此农夫所以常困，有不劝耕之心，而令籴至于甚贵者也。是故善平籴者，必谨观岁有上中下孰。上孰其收自四，余四百石。中孰自三，余三百石。下孰自倍，余百石。小饥则收百石，中饥七十石，大饥三十石。故大孰则上籴三而舍一，中孰则籴二，下孰则籴一，使民适足，贾平则止。小饥则发小孰之所敛，中饥则发中孰之所敛，大饥则发大孰之所敛，而粜之。故虽遇饥馑水旱，籴不贵而民不散，取有余以补不足也。行之魏国，国以富强。①

这是对现实存在的制度分析。所谓"地方百里之增减，辄为粟百八十万石矣"，是就国家授田制之下"地方百里"之地的收入而言的，说明农夫勤谨与否对于财政收入的重要。而要使民"勤谨"就要有一定的生产保障，因为在当时的一般条件下，农民生产和生活是谈不上保障的，"一夫挟五口"是农民家庭的一般结构，"治田百晦"是授田制之下农民的百亩良田，"岁收晦一石半，为粟百五十石"是国家估定的百亩良田的一般产量，"除十一之税十五石"是国家根据估定的产量按照十一税率确定的定额税。一个五口之家、百亩之田的农民，在正常条件下生产、生活极为艰苦而入不敷出，遇到灾荒可以想见，国家也就难以稳定地把农民稳定在土地上，从而保证赋税徭役的实现，所以要采用"善平籴"之法——也就是政府通过财政"取有余以补不足"的手段稳定粮价，避免"籴甚贵伤民，甚贱伤农"。从李悝的分析可知，无论农民实际耕种状况如何、收成高低，都要完成十五石的定额税。这不是思想家的制度设计，而是现实的制度，后世一直执行。

云梦睡虎地秦简《魏户律》规定：

---

① 《汉书》卷24上《食货志上》，北京：中华书局1962年版，第1124—1125页。

> 民或弃邑居壄（野），入人孤寡，徼人妇女，非邦之故也。自今以来，叚（假）门逆吕（旅），赘婿后父，勿令为户，勿鼠（予）田宇。三枼（世）之后，欲士（仕）士（仕）之，乃（仍）署其籍曰：故某虑赘婿某叟之乃（仍）孙。①

这是魏僖王二十五年（前252年）颁布的法令，较之李悝的时代，相去几近两百年，和商鞅变法也相去近百年。律文和秦国制度有相通之处，才为秦墓主人抄录身边以作参考，其内容和李悝时代应有着历史的连续性。"叚（假）门逆吕（旅），赘婿后父"是不务正业的特殊人群②，因其有"弃邑居壄（野），入人孤寡，徼人妇女"等不良行为，败坏社会风气，不利于社会秩序的稳定，所以规定"勿予田宇"，就是不再授予田宅，也不允许出任公职，三代以后方能出仕，但仍然要注明是某赘婿之孙。律文"予田宇"是有标准的，就是良田百亩。"田宇"之"宇"指住宅，这里是指住宅用地，其具体面积史文缺载，但有标准是毋须置疑的。授予田宅的目的是什么？当然不是为了实现什么"仁政"，而是为了实现田税。

云梦睡虎地秦律《田律》云：

> 入顷刍、稾，以其受田之数，无垦不垦（垦），顷入刍三石、稾二石。刍自黄穤及蘑荪束以上皆受之。入刍、稾，相输度，可殹（也）。③

律文规定，刍、稾按顷征收，按照农民受田数量，无论耕种与否，都按照每顷地刍三石、稾二石的标准征收，只要能够捆扎成束的庄稼茎叶都可以交纳。其时田税分为三种实物形态：禾、刍、稾。禾是谷物，是田税的主体；刍稾是庄家茎叶，用作饲料，所占比重远小于谷物。律文只规定了刍、稾按

---

① 睡虎地秦墓竹简整理小组：《睡虎地秦墓竹简》，北京：文物出版社1978年版，第292—293页。
② 对"叚（假）门逆吕（旅）"的解释，学界存在分歧，见拙文《"叚门逆旅"新探》，《中国史研究》1997年第2期，又见本稿第八章。
③ 睡虎地秦墓竹简整理小组：《睡虎地秦墓竹简》，北京：文物出版社1978年版，第27—28页。

项计算，并没有提到谷物的计算标准。但是从历史和逻辑相统一的层面分析，禾、刍、稾三位一体，都是田税的组成部分，禾的计算也离不开农民之百亩受田。

禾、刍、稾之征起码始于春秋末期，其时之"禾"与"稾"是一体的。《国语·鲁语下》云："其岁收，田一井，出稯禾、秉刍、缶米，不是过也。"根据韦昭注引《聘礼》，六百四十斗为稯、一百六十斗为秉、十六斗为缶，"稯禾、秉刍、缶米"是"田一井"所征缴的军赋，计禾六百四十斗、刍一百六十斗、米十六斗。《说文》："禾，嘉谷也……从木，象其穗。""刍，刈草也。象包束草之形。""稾，秆也。从禾高声。""秆，禾茎也。""秆，或从干，作杆。""禾"是带秸秆的谷物，"稯禾"兼有稾的性质，谷为人所用，秸秆作为饲料，相当于稾，所以只云"稯禾、秉刍、缶米"，而未将稾单列。到秦朝统一前后，仍然保留这一历史特征。云梦秦简《仓律》有云：

> 入禾稼、刍稾，辄为廥籍，上内史。刍、稾各万石一积，咸阳二万一积，其出入、增积及效如禾。
>
> 禾、刍、稾积索（索）出日，上赢不备县廷。出之未索（索）而已备者，言县廷，廷令长吏杂封其廥，与出之，辄上数廷；其少，欲一县之，可殹（也）。①

这儿的禾、刍、稾并举，一同入仓，建立账户，即"辄为廥籍"而后上报内史。管理要求相同，"刍、稾各万石一积，咸阳二万一积，其出入、增积及效如禾"。需要使用出仓时，要一一核查每"积"的实际数量，多余也好，不足也罢，都要上报县廷备案，"令长吏杂封其廥，与出之，辄上数廷"。这"刍稾万石一积"之"石"是重量，"各万石一积"是指无论刍、稾体积大小都以重一万石为"积"。岳麓秦简《数》有"刍新积廿八尺一石，稾卅一尺一石，茅卅六尺一石"之例②，适证刍、稾"积"之别。云梦

---

① 睡虎地秦墓竹简整理小组：《睡虎地秦墓竹简》，北京：文物出版社1978年版，第38—39页。
② 朱汉民、陈松长主编：《岳麓书院藏秦简（贰）》，上海：上海辞书出版社2011年版，第90页。

秦律《仓律》规定："入禾仓，万石一积而比黎之为户。"① 这禾"万石一积"之"石"也是重量单位，其"积"大小异于刍、稾。岳麓秦简《数》有算题云："【仓广】二丈五尺，问袤几可（何）容禾万石？曰：袤卅丈。术（术）曰：以广乘高法，即曰，禾石居十二尺，万石，十二万。"② 这是一道求禾"积"长度的算题，"禾石居十二尺"即重一石禾"居十二尺"，这"居十二尺"是一石禾的体积，此处之"禾"是带秸秆的谷物，正说明禾、刍、稾的历史特征。

西汉立国，继续"以顷计征"的制度。前举晁错上书文帝谓小农生活艰辛时有云"今农夫五口之家，其服役者不下二人，其能耕者不过百亩，百亩之收不过百石"③，这里的"能耕者不过百亩"指的是授田制之下每夫百亩良田，"百亩之收不过百石"则是国家制定的标准产量，每亩一石，较战国和秦朝为轻，这是计算征收田税的依据，是文帝时代轻徭薄赋的体现。但是，田税仍然是按照百亩计算的，否则没有必要以百亩总产量说明农民负担的沉重、生活的艰难。这为出土简牍所证实。张家山汉简《二年律令·田律》云：

> 入顷刍、稾，顷入刍三石；上郡地恶，顷入刍二石；稾皆二石。令各入其岁所有，毋入陈，不从令者罚黄金四两。收入刍稾，县各度一岁用刍稾，足其县用，其余令顷入五十五钱以当刍稾。刍一石当十五钱，稾一石当五钱。④

显然，这是秦朝制度的延续和发展，都是按顷计算，税额和秦相同，只是因为"上郡地恶，顷入刍二石"，其余一致。不同之处是汉初缴纳刍稾的要求和形态有变化：一是只能缴纳当年的茎叶，不得交陈草，否则

---

① 睡虎地秦墓竹简整理小组：《睡虎地秦墓竹简》，北京：文物出版社1978年版，第35页。
② 朱汉民、陈松长主编：《岳麓书院藏秦简（贰）》，上海：上海辞书出版社2011年版，第126页。
③ 《汉书》卷24上《食货志上》，北京：中华书局1962年版，第1132页。
④ 张家山二四七号汉墓竹简整理小组：《张家山汉墓竹简（二四七号墓）》（释文修订本），北京：文物出版社2006年版，第41页。

罚金四两；二是根据需要征收实物或者货币，当实物满足需要之后，把刍、稾折合成货币缴纳，每顷征收五十五钱，其中刍一石十五钱、稾一石五钱，这是汉初商品经济发展的体现和结果，这里暂不讨论。《二年律令·行书律》为我们了解汉初田税形态提供了法律支撑，律文云：

> 邮人毋令繇（徭）戍，毋事其户，毋租其田一顷，毋令出租、刍、稾。①

邮人是专门的职役阶层，不能像普通农民那样服役种田，故不仅邮人本人不服徭戍，而且免其全家的普通劳役，同时免除一顷田的田租。律文"毋租其田一顷"之"租"是指一顷地应交的田税，"毋令出租、刍、稾"之"租"是"毋租其田一顷"之"租"的具体内容，包括谷物、刍、稾三项，是"毋租其田一顷"的三项内容。这既说明谷物、刍、稾都是田税的具体形态，也说明是按顷计算。《二年律令·户律》云：

> 卿以上所自田户田，不租，不出顷刍稾。②

"卿"是第十级左庶长至十八级大庶长的统称，从第十级到十八级的军功爵者的"自田户田"不交田租，也不缴"顷刍稾"。这"顷刍稾"就是每顷刍三石、稾二石之田税，这个"不出顷刍稾"是对"不租"的补充，指既不缴谷物，也不缴刍、稾，此处之"租"也是包含了刍、稾在内的。秦汉军功爵者的土地分为两部分，一部分为"自田户田"，是由百亩受田和其他方式如购买等而来，另一部分为军功赐田；军功赐田免税，"自田户田"则要照章缴税；为示对高爵者的优待，免除十级以上军功爵者"自田户田"

---

① 张家山二四七号汉墓竹简整理小组：《张家山汉墓竹简（二四七号墓）》（释文修订本），北京：文物出版社2006年版，第46页。
② 张家山二四七号汉墓竹简整理小组：《张家山汉墓竹简（二四七号墓）》（释文修订本），北京：文物出版社2006年版，第52页。

的田税。①

明白了汉初田税制度的真相以后，我们对《淮南子》等文献的理解就清楚了。《淮南子·氾论训》云"秦之时高为台榭，大为苑囿，远为驰道。铸金人，发谪戍，入刍、稁，头会箕赋，输于少府"。《淮南子》成书于汉武帝时期，有着一定的借古讽今的成分在内，表面上批评秦朝，实际上是在批评现实，所谓"高为台榭，大为苑囿，远为驰道"暗含着批评汉武帝多欲政治的成分，而"输于少府"的绝不止于刍、稁两项，所谓"头会箕敛，输于少府"是就秦朝赋税剥削的总体而言的，应当包括谷物在内。以往人们认为"铸金人，发谪戍"是秦朝在正常制度之外的暴政之举，把"入刍、稁，头会箕敛"也认为是农民正常负担之外的暴政内容，简牍资料说明这"刍、稿"之收是常态，而"头会箕敛"也是常态。元帝时贡禹上书谓当时"农夫父子暴露中野，不避寒暑，捽屮杷土，手足胼胝，已奉谷租，又出稁税，乡部私求，不可胜供"②。王充《论衡·谢短》批评文吏只知道按章办事，不能"究达其义"时云："古人井田，民为公家耕，今量租、刍，何意？"③ 贡禹把谷租和稁税并列，王充把租、刍同举，就是因为在法理上刍、稁、禾都是田税的组成部分。

在历史文献中，在减免田租时，或者是单称田租，或者是田租、刍、稁并提。单称田租者如：

> 明帝永平五年，行幸邺，"其复元氏县田租、更赋六岁，劳赐县掾

---

① 在文献和出土资料中，"自田户田"仅此一见，其内涵不明，只能从当时的土地制度的内在逻辑判定。笔者以为，"自田户田"是指军功赐田以外的土地，即国家授田和自行购买之田。如所周知，其时之授田和军功赐田，庶人每夫授田百亩，但土地一经授予即可买卖，乡吏要及时办理更籍手续并上报县廷；有爵位者依爵位高低赐田。对于军功爵者来说，其土地可由三部分构成：爵位赐田、百亩受田和购买之田。为示区别，故将土地分类登记，"自田户田"就是指军功爵者的百亩受田和通过购买等途径增益之田，也就是军功赐田之外的土地。学者或解"卿以上自田户田，不租，不出顷刍稁"之"不租"为"不出租自家田地"，谓律文的意思是"卿以上爵位者，如果自己（包括是同自家的奴隶）耕种自家的土地而不是把土地出租给别人就可以不缴纳刍稁税"，可备一解。参见朱红林：《张家山汉简〈二年律令〉集释》，北京：社会科学文献出版社2005年版，第199页。
② 《汉书》卷72《贡禹传》，北京：中华书局1962年版，第3075页。
③ 北京大学历史系《论衡》注释小组：《论衡注释》第2册，北京：中华书局1979年版，第727页。

史，及门阑走卒"。①

元和三年，章帝出巡，"所过县邑，听半入今年田租，以劝农夫之劳"。②

和帝永元六年，"诏流民所过郡国皆实禀之，其有贩卖者勿出租税，又欲就贱还归者，复一岁田租、更赋"。③

安帝永初七年，"郡国被蝗伤稼十五以上，勿收今年田租，不满者，以实除之"。

元初元年，"诏除三辅三岁田租、更赋、口算"。

元初六年，"夏四月，会稽大疫，遣光禄大夫将太医循行疾病，赐棺木，除田租、口赋"。

建光元年，"郡国三十五地震，或坼裂……除今年田租。其被灾甚者，勿收口赋。

丙午，诏京师及郡国被水雨伤稼者，随顷亩减田租。

延光元年，"京师及郡国二十七雨水，大风，杀人。诏赐压溺死者年七岁以上钱，人二千；其坏败庐舍、失亡谷食，粟，人三斛；又田被淹伤者，一切勿收田租；若一家皆被灾害而弱小存者，郡县为收敛之"。

延光三年，"凤皇所过亭部，无出今年田租"。

延光四年，"诏先帝巡狩所幸，皆半入今年田租"。④

将田租和刍稾并举者，如：

建武二十二年九月，诏曰："日者地震，南阳尤甚。夫地者，任物至重，静而不动者也。而今震裂，咎在君上。鬼神不顺无德，灾殃将及吏人，朕甚惧焉。其令南阳勿输今年田租、刍、稾。"

---

① 《后汉书》卷2《明帝纪》，北京：中华书局1965年版，第108页。
② 《后汉书》卷3《章帝纪》，北京：中华书局1965年版，第154页。
③ 《后汉书》卷4《和帝纪》，北京：中华书局1965年版，第178页。
④ 《后汉书》卷5《安帝纪》，北京：中华书局1965年版，第220、221、230、234、236、238、242页。

建武三十二年（中元元年），"大赦天下，复嬴、博、梁父、奉高，勿出今年田租、刍、稾。"①

章帝即位，"京师及三州大旱，诏勿收兖、豫、徐州田租、刍稾，其以见谷赈给贫人"。

元和二年，"大赦天下，诸犯罪不当得赦者，皆除之。复博、奉高、嬴，无出今年田租、刍、稾"。②

和帝永元四年，十二月壬辰，诏："今年郡国秋稼为旱蝗所伤，其什四以上勿收田租、刍、稾；有不满者，以实除之。"

永元十三年九月壬子，诏曰："荆州比岁不节，今兹淫水为害，余虽颇登，二多不均决，深惟四民农食之本，惨然怀矜。其令天下半入今年田租、刍、稾。有宜以实除者，如故事。贫民假种食，皆勿收责。"

永元十四秋七月，"诏复象林县更赋、田租、刍稾二岁"。

永元十四年冬十月，诏："兖、豫、荆州今年水雨淫过，多伤农功。其令被害什四以上皆半入田租、刍稾；其不满者，以实除之。"

永元十六年，"诏令天下皆半入今年田租、刍稾；其被灾害者，以实除之。贫民受贷种粮及田租、刍、稾，皆勿收责。"

殇帝即位，"二千石长吏其各实核所伤害，为除田租、刍、稾"。③

安帝延光三年二月："告陈留太守，祠南顿君、光武皇帝于济阳，复济阳今年田租、刍、稾。"④

顺帝永建六年十一月诏："连年灾潦，冀部尤甚。比蠲除实伤，赡恤穷匮，而百姓犹有弃业，流亡不绝。疑郡县用心怠惰，恩泽不宣。《易》美'损上益下'，《书》称'安民则惠'。其令冀部勿收今年田租、刍、稾。"⑤

---

① 《后汉书》卷1下《光武帝纪下》，北京：中华书局1965年版，第74、82页。
② 《后汉书》卷3《章帝纪》，北京：中华书局1965年版，第132、150页。
③ 《后汉书》卷4《和帝殇帝纪》，北京：中华书局1965年版，第174、188、190、193、198页。
④ 《后汉书》卷5《安帝纪》，北京：中华书局1965年版，第238页。
⑤ 《后汉书》卷6《顺帝纪》，北京：中华书局1965年版，第258页。

论者或根据上述记载，认为田租（税）仅指谷物，刍、稾是田租附加税或者是单独的税种，所谓减免田租仅仅是减免谷物，农民照样缴纳刍稾税；减免刍稾者则照常缴纳谷物。明白了禾、刍、稾的关系和性质之后，我们不难纠正这样理解的片面了：租、刍、稾三位一体，彼此指代，田租包括了刍、稾在内，减免田租自然也减免刍、稾，不存在减免田租之后，农民还要缴纳刍、稾，谷物是主体，习惯上以谷物代指田租，不能机械地谓减免田租者仅指谷物，不及刍、稾，减免刍、稾者不及谷物。但是，谷物、刍、稾形态不同，具体征收方式有别（详下第二节），基层政府、乡官里吏在征收过程中利用概念和程序的不同以渔利，减免谷物而不减免刍、稾。因此之故，为了强调刍、稾也包含在减免范围以内，所以明确是租、刍、稾同时减免。

通过上述分析，不难明白，田租也好，刍、稾也好，都是基于"田"所收之"租"（税）——都是土地收益的一部分。田租和刍、稾分列，是因为三者的实物形态不同，具体用处不同，储藏方法不同，在征收过程中，三者无法同步进行，粮食有粮食的征收方式和时间，刍、稾有刍、稾的征收方式和条件，要分开征缴。而在经济学的意义上，谷物、刍、稾是田税的三种表现形态，是同一块土地权属的经济实现，三者性质相同，都是田税。而从方法论层面看，田税征收方式决定于土地制度，不能脱离土地制度讨论田税问题，既然实行授田制，授田有其统一标准，其田税征收与之自有一致性，否则这个标准就失其经济意义。这是我们认识田税内容及其征收方式的基本前提。

上已指出，所谓以顷计征是就国家制度设计而言的，国家根据登记的土地数字以顷为单位计算田税总数而后征之于民，至于每户具体交多少、如何缴纳，决定于基层官吏的操作。从理论上说，在授田制之下，特别是在秦朝和西汉前期，人少地多，国家控制足够的土地，授田制能够严格执行的时候，每家每户都能如数受田于官府，基层官吏只要按照税率"以顷计征"就行了。这种设计有其实践基础。但是，事情并非如此简单，从生产实践的层面考察，情况则要复杂得多。因为如上所述的那样，农民所受的百亩之田不一定如规划的那样整齐划一，实际耕种的土地形态更是各种各样；其作物构成、产量更是因地而异，这一切都决定于自然条件。而国家授田的目的是以授促垦、保证税收，众所周知的每年进行的"上计"绝不仅仅是为了考核地方政府是否完成了税收任务，而是为了督促地方增加税收。也就是说，地方政府为了在上计"课殿最"的过程中获得好政绩，必然千方百计保证、增加税收，起码防止偷税漏税的发生。那么，在征收田税的过程中，如何做到使农民田税负担公平、避免农民劳逸不均而又能确保田税的实现，是制度设计者必须考虑的问题。而随着土地私有化的发展，农民土地不足百亩的现象越来越普遍，农民实际占有的土地数量和"以顷计征"的基础渐行渐远，基层政府究竟采取什么样的方式保证、增加税收？究竟采用什么样的方式把田税征缴任务分解到各个农户？乡官里吏如何向各家各户收取田税？这个过程存在着什么样的弊端？以往限于资料，无从得知。近年陆续公布的简牍资料中有关田税的内容，特别是里耶秦简、岳麓秦简、张家山汉简有关"税田"的记录为我们揭开这一谜底提供了历史的说明。

第二节　秦和西汉的"税田"制度

张家山汉简《算数书》和《岳麓书院藏秦简（贰）》的数学文献《数》均多次列举"税田"算题，这就昭示我们"税田"类算题有比较普遍的应用性，学者们曾据以分析秦汉田税征收方式问题。① 但是，数学书不是档案，对其应用情况还是难以做出明确的说明，对具体含义的理解存在模糊之处。而里耶秦简第8—1519号简是秦始皇三十五年迁陵县的一份土地和田税征收统计文书，其中记录了"税田"的具体实施，为我们具体理解秦朝的田税征收方式提供了样本，现引录如下：

迁陵卅五年垦田舆五十二顷九十五亩，税田□顷□□

---

① 根据岳麓秦简《数》、张家山汉简《算数书》研究秦田税制度的代表作有杨振红：《从新出简牍看秦汉时期的田租征收》，刊武汉大学简帛研究中心主办《简帛》第3辑，上海：上海古籍出版社2008年版；肖灿：《从〈数〉的"舆（与）"田"、"税田"算题看秦田地租税制度》，《湖南大学学报》2010年第4期；彭浩：《谈秦汉算书〈数〉中的"舆田"及其相关问题》，武汉大学简帛网2010年8月6日首发，http://www.bsm.org.cn/show_article.php?id=1281。讨论里耶秦简中的"税田"问题以于振波先生为代表，见氏著《秦简所见田租的征收》，《湖南大学学报》2012年第5期。

> 户百五十二，租六百七十七石，衔（率）之亩一石五
> 户婴四石四斗五升，奇不衔（率）六斗
> 启田九顷十亩，租九十七石六斗。　六百七十七石
> 都田十七顷五十一亩，租二百卅一石。
> 贰田廿六顷卅四亩，租三百卅九石三。
> 凡田七十顷卅二亩・租凡九百一十。　　　　　8—1519 背①

这是迁陵县的启陵乡、都乡、贰春乡"垦田舆""税田"、户数和田税数额的统计，是目前考察秦朝田税征收方式的原始记录。通过对这段简文的疏解，尤其是对"税田"的分析，有助于拨开田税征收方式的迷雾。关于"税田"含义，学者曾有过分析，认识存在分歧：或以为是从农民受田中划出征收田租之田②；或以为是国营农耕地③；或以为是"舆田"的别称即授予农民之田④。而对于"垦田舆"性质及其与"税田"关系，尚无系统讨论。笔者认为，学者们谓"税田"是征收田租之田是对的，但是意有未达，还需要进一步讨论，而要完整把握其制度意义，还要对"垦田舆""舆田"有准确训释。现在先明"垦田舆""舆田"含义，再及其他。

一、"垦田舆"与"税田"

先讨论"垦田舆"。"垦田舆"之名为出土和传世文献首见，仅仅从简文是难以明白其由来的。但是，简文中有"舆田"之称，通过对"舆田"的讨论可以把握"垦田舆"的由来和性质。

"舆田"之称，岳麓书院藏秦简《数》和张家山汉简《算数书》计算田税的算题中屡见，略举如下：

---

① 湖南文物考古研究所编：《里耶秦简（壹）》，北京：文物出版社2012年版，第75页。
② 彭浩：《谈秦汉算数书中的"舆田"及其相关问题》，2010年8月6日首发，http://www.bsm.org.cn/show_article.php?id=1281。于振波：《秦简所见田租的征收》，《湖南大学学报》2012年第5期。
③ 肖灿：《从〈数〉的"舆（与）田"、"税田"算题看秦田地租税制度》，《湖南大学学报》2010年第4期。
④ 马彪：《〈算数书〉之"益耎""与田"考——从〈龙岗秦简〉到〈张家山汉简〉的考察》，2006年11月22日，http://www.bsm.org.cn/show_article.php?id=467。

舆田租枲述（术）曰：大枲五之，中枲六之，细七之，以高乘之为贾（实），直（置）十五，以一束步数乘之为法，贾（实）如法得（一六）

租枲述（术）曰：置舆田数，大枲也，五之，中枲也，六之，细枲也，七之，以高乘之为贾（实），左置十五，以一束步数乘十五为法，如法一两，不盈两者，以一为廿四，乘之，如法一朱（铢），不盈朱（铢）者，以法命分（一七、一八）

大枲田三步大半步，高五尺＝，（尺）五两，三步半步一束，租一两十七朱（铢）廿一分朱（铢）十九。（二二）

枲舆田，周廿七步，大枲高五尺，四步一束，成田六十四步四分步三，租一斤九两七朱（铢）半朱（铢）。（二三）

细枲舆田十二步大半步，高七尺，四步一束，租十两八朱（铢）有（又）十五分朱（铢）四。（二五）

禾舆田十一亩，【兑】（税）二百六十四步，五步半步一斗，租四石八斗。其述（术）曰：倍二【百六十四步为】……▨① （四〇）

误券　租禾误券者，术曰：毋升者直（置）税田数以为实，而以券斗为一，以石为十，并以为法，如法得一步。其券有【斗】者，直（置）舆田步数以为实，而以券斗为一，以石为十，并以为法，如法得一步。其券有升者，直（置）舆田步数以为实，而以券之升为一，以斗为十，并为法，如·[法]得一步。

租吴（误）券　田一亩租之十步一斗，凡租二石四斗。今误券二石五斗，欲益奭其步数，问益奭几何？曰九步五分步三而一斗。术曰：以误券为法，以舆田为实。②

很明显，简文中的"舆田"是土地登记中普遍使用的专门名词，因为种植

---

① 朱汉民、陈松长主编：《岳麓书院藏秦简（贰）》，上海：上海古籍出版社2011年版，第5、6、8页。

② 张家山二四七号汉墓竹简整理小组：《张家山汉墓竹简（二四七号墓）》（释文修订本），北京：文物出版社2006年版，第145页。引者按：整理小组将"舆田"之"舆"释为"与"。彭浩先生隶定为"舆"，今从之，改原释文"与田"为"舆田"。彭说见前揭文《谈秦汉算书〈数〉中的"舆田"及其相关问题》。

作物不同而有不同的称谓。"枲舆田"是种植枲的"舆田",因为枲的生长状况不同而分为大枲、中枲、细枲三类,大枲五步一束,中枲六步一束,细枲七步一束。"束"是计算产量的单位;先计算出枲的种植亩积的步数,根据枲生长的大、中、细情况,以束的步数除亩积,就得出了总产量的束数,而后税之。"禾舆田"是种植谷物的"舆田",算题列举的是十一亩,其中"税田"是二百六十四步,按照"五步半步一斗",收税(租)四石八斗。现在先要明确"舆田"的由来而后才能理解其性质。

按"舆田"之名,传世文献所无,欲明其含义,需从"舆""舆地"的含义入手。对"舆"字的释读、"舆田"的性质学界有分歧。一种意见认为,"舆田"之"舆"通"与","舆田"即"与田","与"即给予,所谓"与田"即授予的土地①。一种意见认为舆、与有别,并不相通,释"舆田"为"与田"不合文意;"舆田"之"舆"与"舆地"之"舆"用法、字义相同,"舆田"是与土地登记制度有关的专有名词,是指登记在图册上的土地,也是受田者得到的土地。②笔者以为,谓"舆田"是登记在册的土地是对的,谓之为受田者得到的土地则是错的。这需要从"舆"字的含义说起。

"舆"本车厢,引申为车辆,本为贵族专用,乘舆者均为治人者,乘舆所至,是为君土,要登记于册,因而引申出土地之义,而有"舆地"之词。

---

① 张家山汉简二四七号汉墓竹简整理小组释"舆田"为"与田"。马彪先生和肖灿先生从其说,但对"与田""税田"的性质理解不同。马彪先生认为"与田"和"税田"性质没有分别,"所谓'与田',即按照契约已经授与承租人的田亩。也就是说'与田'并非什么专有名词,所以在文献和出土数据中也查不到它的踪影。而且即便在同一算题中如有时称为'已经给与之田'('与田'),有时又称为'已经课税之田'('税田'),也不会产生误解。二者都是相待于后来所追加土地("埂田")的对称,即政府业已授与人民的土地",氏著《〈算数书〉之"益耎""与田"考——从〈龙岗秦简〉到〈张家山汉简〉的考察》,2006 年 11 月 22 日,http://www.bsm.org.cn/show_article.php?id=467。肖灿先生认为"与田"和"税田"性质有别,"与田"之"与"通"予","与田"是"私人有使用权的农耕地,按一定税率缴纳租税","'与田'的意思就是授予的田地,即睡虎地秦简中的'受田'"。"'税田'是由国家政府机构直接经营管理的农耕地,就是'公田'","也是按亩和产量收取实物税,不同的是,'税田'田租率很高","约为百分之百"。"国有'税田'和私有'舆(与)田'(即'受田')的性质不同,田租率差别也就很大。"氏著《从〈数〉的"舆(与)田"、"税田"算题看秦田地租税制度》,《湖南大学大学学报》2010 年第 4 期。

② 此说以彭浩先生为代表,氏著《谈秦汉数书中的"舆田"及相关问题》,2010 年 8 月 6 日,彭浩:《谈秦汉算数书中的"舆田"及其相关问题》,2010 年 8 月 6 日首发,http://www.bsm.org.cn/show_article.php?id=1281。

《周礼·地官·司徒》云："大司徒之职，掌建邦之土地之图与其人民之数，以佐王安扰邦国，以天下土地之图，周知九州之地域广轮之数，辨其山、林、川、泽、丘、陵、坟、衍、原、隰之名物。"郑玄注："土地之图，若今司空郡国舆地图。"①《史记·淮南衡山列传》云淮南王刘安曾谋划起兵，"日夜与伍被、左吴等案舆地图，部署兵所从入"。《集解》引苏林曰："舆，犹尽载之意。"《索隐》按："《志林》云：舆地图，汉家所画，非出远古也。"②《后汉书·光武帝纪》建武十五年群臣上书请封皇子为王，有云"臣请大司空上舆地图，太常择吉日，具礼仪"。李贤注："《广雅》曰：'舆，载也。'言载在地者，皆图画之。司空掌土地，故命上之。"③ 这儿的舆地图并非一般理解的狭义的地图，其内容要丰富得多，包含了土地状况、物产构成等内容。这当然不是汉代才有的制度，起码在秦朝已经存在了。《史记·萧相国世家》云："沛公至咸阳，诸将皆争走金帛财物之府分之，何独先入收秦丞相御史律令图书藏之。沛公为汉王，以何为丞相。项王与诸侯屠烧咸阳而去。汉王所以具知天下阨塞，户口多少，强弱之处，民所疾苦者，以何具得秦图书也。"④ 这儿的"图书"并非后世书籍的含义，而是指地图和各种文书档案。里耶秦简有如下简文：

其旁郡县与接界者毋下二县以……
御＝史＝按雠更并定位舆地图……⑤   8—412

因为简文有漫漶之处，详细内容不得而知。但是有一点可以肯定，那就是秦朝郡县各有地图，是地方行政的空间基础。

如所周知，汉代分封，既有政区大小，又有人口多少，王国广狭、侯国大小都是由封地和人口两个基本要素决定。而匡衡"专地盗土"案典型地说明了郡国舆地图的内容。《汉书·匡衡传》云：

---

① 阮元校刻：《十三经注疏》，北京：中华书局1980年影印版，第702页。
② 《史记》卷118《淮南衡山列传》，北京：中华书局1959年版，第3085页。
③ 《后汉书》卷1下《光武帝纪下》，北京：中华书局1965年版，第65页。
④ 《史记》卷53《萧相国世家》，北京：中华书局1959年版，第2014页。
⑤ 湖南文物考古研究所编：《里耶秦简（壹）》，北京：文物出版社2012年版，第30页。

初，衡封僮之乐安乡，乡本田堤封三千一百顷，南以闽佰为界。初元元年，郡图误以闽佰为平陵佰。积十余岁，衡封临淮郡，遂封真平陵佰以为界，多四百顷。至建始元年，郡乃定国界，上计簿，更定图，言丞相府。衡谓所亲吏赵殷曰："主簿陆赐故居奏曹，习事晓知国界，署集曹掾。"明年治计时，衡问殷国界事："曹欲奈何？"殷曰："赐以为举计，令郡实之。恐郡不肯从实，可令家丞上书。"衡曰："顾当得不耳，何至上书？"亦不告曹使举也，听曹为之。后赐与属明举计曰："案故图，乐安乡南以平陵佰为界，不从故而以闽佰为界，解何？"郡即复以四百顷付乐安国。衡遣从史之僮，收取所还田租谷千余石入衡家。司隶校尉骏、少府忠行廷尉事劾奏"衡监临盗所主守直十金以上。《春秋》之义，诸侯不得专地，所以壹统尊法制也。衡位三公，辅国政，领计簿，知郡实，正国界，计簿已定而背法制，专地盗土以自益，及赐、明阿承衡意，猥举郡计，乱减县界，附下罔上，擅以地附益大臣，皆不道"。于是上可其奏，勿治，丞相免为庶人，终于家。①

乐安乡属于临淮郡僮县，本来四至边界明确，南边以闽陌为界，"乡本田堤封三千一百顷"，郡图标注清楚。元帝初元元年（前48年）临淮郡错把平陵陌当作闽陌，使南部边界外移，多出四百顷土地。后来匡衡官至丞相，被封为乐安侯，以乐安乡为封国，在主持一年一度的上计过程中发现了临淮郡郡图的错误，遂将错就错，没有将临淮郡郡图更正过来，而是继续"封真平陵佰以为界，多四百顷"，从而把多出来的四百顷田税收入私囊。建始元年（前32年），临淮郡发现郡图错误，遂改订郡图，重新确定匡衡封国边界，就是把乐安乡南部边界由平陵陌改回闽陌，重新编制计书，与修正后的郡图一起上报丞相府，并说明原委。匡衡不乐意自己封国受损，与亲信赵殷商议对策。赵殷建议年终上计时让主簿陆赐具体负责，让临淮郡把图再改回去，因为陆赐曾经做过奏曹掾，熟悉郡图。匡衡遂任命陆赐为集曹掾，负责上计。陆赐知道自己调任集曹的目的，担心临淮郡不肯改郡图，建议赵殷让

---

① 《汉书》卷81《匡衡传》，北京：中华书局1962年版，第3346页。

匡衡家丞上书申诉，要求把郡图重新改过来。匡衡认为无需家丞上书申辩，上计时直接叫临淮郡改图就是了。陆赐只好秉承匡衡意思，质问临淮郡新图有误，应该以旧图为准。临淮郡上计吏知道这背后的缘由，只好继续使用原来的错图，四百顷土地继续作为匡衡封国的一部分。匡衡遂派从史到僮县，把已经上交临淮郡的四百顷的田税千余石取回家中。此事后来被揭发，匡衡以"专地盗土"的罪名受到弹劾，应该治以"不道"罪。汉成帝认可弹劾的"专地盗土"事实成立，但并没有按"不道"论处，因为"不道"是重罪，匡衡是老臣，有功于己，仅仅将匡衡免官归家。这些无需多论。本文关注的是郡图的内容：这里的郡图就是郑玄所说的舆地图，并非一般意义的政区图，包括了土地状况，决定着田税多少，其功能既是行政区划图，也是土地分布图，这里的"舆"与"地"是合一的，李贤说的"言载在地者，皆图画之"是有历史依据的。《史记·三王世家》谓丞相青翟等人请立汉武帝之子闳、旦、胥三人为王，云"臣请令史官择吉日，具礼仪上，御史奏舆地图，他皆如前故事。"《索隐》云："谓地为'舆'者，天地有覆载之德，故谓天为'盖'，谓地为'舆'，故地图称'舆地图'。疑自古有此名，非始汉也。"[①] 司马贞不了解舆、地关系，谓"天地有覆载之德，故谓天为'盖'，谓地为'舆'"云云显然是穿凿之词，但谓舆、地相通，倒是成立的，之所以相通，舆地即登记于册的土地，以图显示其分布，故而名为舆地图。

"舆地"含义既明，"舆田"的由来也就清楚了。"舆地"之"地"是指政区内所有土地，固然有已垦田，但更多的是没有开垦的荒地，像那些山川林泽池沼荒滩牧场等还处于待开发的状态。国家划定政区、编制户籍的目的是为了实现赋税徭役，而对于田税而言，只有那些已经开垦的土地才有意义。也就是说，仅仅有"地"还不等于有税，变"地"为"田"之后才有田税。《说文》："树谷曰田。"这儿的"谷"是农作物的统称，"田"是已经开垦、种植农作物的"地"。只有把这些"田"登记于官府，国家才能收之以税。这登记于官府之"田"是"舆地"的组成部分，是能够收税的"地"，所以名为"舆田"，以示与"舆地"的不同，

---

① 《史记》卷60《三王世家》，北京：中华书局1959年版，第2110页。

也就是说，"舆田"就是登记于官府、需要缴税之田。里耶8—1519号简文之五十二顷九十五亩之"垦田舆"就是登记在官府的需要纳税的新开垦的"舆田"。①

"垦田舆"性质既明，现在讨论"税田"性质。关于"税田"的记载除了上举简文"禾舆田十一亩，【兑】（税）二百六十四步，五步半步一斗，租四石八斗。其述（术）曰：倍二【百六十四步为】……"之外，岳麓书院藏秦简《数》和张家山汉简《算数书》对"税田"多有记述。岳麓书院藏秦简《数》云：

> 租误券。田多若少，粻令田十亩，税田二百卌步，三步一斗，租八石。今误券多五斗，欲益田。其述（术）曰：以八石五斗为八百。（一一）
>
> 禾兑（税）田卌步，五步一斗，租八斗，今误券九斗，问几可（何）步一斗？得曰：四步九分步四而一斗。述（术）曰：税田为贲（实），九斗为法，除，实如法一步（一二、一三）
>
> 租禾。税田廿四步，六步一斗，租四斗，今误券五斗一升，欲奊……几可（何）步一斗？曰四步五十分步卅六一斗，其以所券租数为法，即直（置）舆田步数，如法而一步，不盈步者，以法命之（一四、一五）②

张家山汉简《算数书》有完整的"税田"例题：

> 税田　税田廿四步，八步一斗，租三斗。今误券三斗一升，问几何步一斗。得曰：七步卅七〈一〉分步廿三而一斗。术（术）曰：三斗

---

① 关于"舆田"之"舆"的含义，张家山二四七号汉墓竹简整理小组解释作"与"，认为"舆田"即"与田"。彭浩先生在注释张家山汉简时释"舆"为"与"，后来在《谈秦汉书数中的"舆田"及其相关问题》一文中修正了原先看法，指出简文中舆、与有别，并不相通，释"舆田"为"与田"与文意不合，认为舆田的得名可能和当时的土地登记相关，根据古人"舆，犹尽载之意"的训释，认为"舆田是指登记在图册上的土地，也就是符合受田条件者得到的土地"。这是很有见地的论断，本文为了理解的系统性，即在彭浩先生的基础上对"舆田"由来做出系统的考察。

② 朱汉民、陈松长主编：《岳麓书院藏秦简（贰）》，上海：上海辞书出版社2011年版，第4页。

一升者为法，十税田【为实】，令如法一步。

　　误券　租禾误券者，术（術）曰：毋升者直（置）税田数以为实，而以券斗为一，以石为十，并以为法，如法得一步。其券有【斗】者，直舆田步数以为实，而以券斗为一，以石为十，并以为法，如法得一步。其券有升者，直（置）舆田步数以为实。①

对简文稍加分析就不难明白，这里的"税田"是指用于缴纳田税之田。所谓"秸令田十亩，税田二百卌步，三步一斗，租八石"，是说有田十亩，其中有二百四十步即一亩是税田，"三步一斗，租八石"是指二百四十步税田总产量而言。下文所列举的"五步一斗""六步一斗"以及张家山汉简《算数书》所举之"八步一斗"都是指"税田"产量的计算标准，即下文要述及的"程"，即按照"八步一斗"计算税田产量。这儿的"税田"是"舆田"的一部分，所以当出现"租误券"即田租券书有误需要重新计算"舆田"步数时，即"以误券为法，以舆田为实"。其具体算法，"其券有【斗】者，直（置）舆田步数以为实，而以券斗为一，以石为十，并以为法，如法得一步。其券有升者，直（置）舆田步数以为实而以券之升为一，以斗为十，并为法，如法得一步"。很显然，这里的"税田"是从"舆田"中划定的用于纳税之田②。

"垦田舆"和"税田"性质既明，对里耶第8—1519号简文可以有明确

---

①　张家山二四七号汉墓竹简整理小组：《张家山汉墓竹简（二四七号墓）》（释文修订本），北京：文物出版社2006年版，第141页。引者按：简整理小组将"误券""租误券"的"舆田"之"舆"释作"与"，今改为"舆"。

②　彭浩先生曾对岳麓秦简《数》"租误券"简文"田多若少，秸令田十亩，税田二百四十步"做出正确解读，认为这儿的"'税田'的全部收成就是'田十亩'的田租"，但是又把"税田"概括为"应税之田的简称"，云："综观秦简《数》和汉简《算数书》'税田'算题，其中的全部田地都纳入应税范围，与《数》简0939相同（笔者按：即《数》"租误券"简），可见'税田'是应税之田的简称。"见前揭文《谈秦汉数书中的"舆田"及其相关问题》。今按：彭先生的表述欠准确，既然"全部田地都纳入应税范围"，就不能谓"税田是应税之田的简称"，因为"税田"只是应税之田的一部分，"税田二百四十步"所收是"秸令田十亩"应该缴纳的田税，"税田"之收全为田税，所以"税田"的准确表述是"用于缴税之田的简称"。肖灿先生认为"舆（与）田"是"私人有使用权的农耕地，按一定税率缴纳租税"，"税田"是"国营农耕地，收益入国库公仓"，见前揭文《从〈数〉的"舆（与）田"、"税田"算题看秦田地租税制度》。笔者按：肖先生此解不确，8—1519号简文之"税田"非"国营农耕地"。

的理解。8—1519号简记载的是启、都、贰春三个乡一百五十二户农户，总计新开垦土地五十二顷九十五亩，平均每户三十四点八亩强。其中有"税田□顷□□"，每亩"税田"收租一点五石，总计收租六百七十七石，由一百五十二户均分，每户四石四斗五升，另结余六斗。因简文漫漶，"税田"亩数不清，按照每亩"税田"一石五斗标准计算，税田应为四百五十一亩稍强，税田约占垦田舆百分之八点五二，平均每户"税田"二点九八亩弱。这五十二顷九十五亩土地和"税田□顷□□"分属三个乡，其中启乡九顷十亩，收租九十七石六斗，其"税田"约六十四点七亩，约占垦田的百分之七点一；都乡十七顷五十一亩，收租二百四十一石，其"税田"一百六十一亩弱，占垦田百分之九点二弱；贰春乡二十六顷三十四亩，收租三百三十九石三斗，其"税田"二百二十六点二亩，约占垦田百分之八点六稍强。三个乡的田租合计是六百七十七石六斗，较简文给定的"租六百七十七石"多出六斗，这六百七十七石就是六百七十七石六斗的略写。"凡田七十顷卌二亩，租凡九百一十"与上述三个乡垦田、田租的关系不明，限于资料，暂不讨论。

要补充的是，按照其时之授田制和乡里制度，这五十二顷九十五亩"垦田舆"并非这一百五十二户农户实际占有土地的全部，而是其一部分；一百五十二户农户亦非启、都、贰春三个乡农户的全部。从纯粹的统计学意义看，尚不足以反映三个乡的户数、每户土地数和缴纳的田税数。但是，从田税征收方式看，则具有着制度性价值：这是迁陵县保存的三个乡的一百五十二户五十二顷九十五亩"垦田舆"的缴税文书，起码说明该税收方式在迁陵县是合法的，根据秦朝行政体制，这个制度恐非孤立的个案，可以透视其时田税征收方式之一斑。

二、"税田"制

通过上文分析，我们不难发现其田税征收方式有两项内容值得深入探讨：一是"税田"制，二是按户平均征收田税。现在先讨论"税田"制。

上举岳麓书院藏秦简《数》和张家山汉简《算数书》例题说明，"税田"所交田税的数量以"程"为计算单位，"程"的多少，没有统一标准，以谷物而论，以斗为单位，有三步一斗、五步一斗、六步一斗、八步一斗等；对于枲则以"束"为单位，若干步一束，有"大枲高六尺七步一束"

"大枲高八尺六步一束""大枲高五尺四步一束""中枲高七尺八步一束""高七尺四步一束""枲高丈一尺三步少半步一束"等。同为"大枲""中枲",每束步数不同。说明谷物也好,枲也好,其"程"因地而异,没有统一标准。可以推知,其他农作物亦自有其"程"。需要说明的是,例题所述的"程"并不是实际的收税标准,而是列举数字以说明计算方式,但是,这些算题均来自于生产实践,具有针对性和实用性,是基层小吏必备的使用手册,和现实制度距离不会太远。列举不同的数字标准,是因为现实的税收制度尽管同为"税田制",但是不同"舆田"的"税田"所占比例不同,其"税田"产量不一。故而在征收过程中,首先要核定"税田"产量,以适应实际生产过程中农作物生长好坏及其产量的多样性。这个程序叫作"取程"。岳麓秦简《数》有"取程"算题:

> 取程,八步一斗,今干之九升。述(术)曰:十田八步者,以为贳(实),以九升为法,如法一步,不盈步,以法命之　　(三)
> 取程,禾田五步一斗,今干之为九升,问几可(何)一斗?曰:五步九分步五而一斗。①　　(四)

张家山汉简《算数书》也列有取程之法:

> 取程　取程十步一斗,今乾之八升,问几何步一斗。问得田〈曰〉:十二步半一斗。术曰:八升者为法,直(置)一升〈斗〉步数而十之【为实】,如法一步。②

"程"的标准不同,但方法一致。其准确与否,直接关系到税收准确问题,既不能高于实际产量,也不能低于实际产量,更不能遗漏,取程时弄虚

---

① 朱汉民、陈松长主编:《岳麓书院藏秦简(贰)》,上海:上海辞书出版社2011年版,第3页。
② 张家山二四七号汉墓竹简整理小组:《张家山汉墓竹简(二四七号墓)》(释文修订本),北京:文物出版社2006年版,第143页。

作假，以"盗田"罪论处。云梦龙岗秦简第117号简是《田律》残文，云"程田以为臧与同法"。"同法"的具体内容不明，但可以推知这是对"程田以为臧"的惩处规定。"程田以为臧"也就是在"程田"过程中弄虚作假，截留应该上交的田税，所以称之为"臧"。第116号简云："不遗程败程租者【刻】，不以败程租上，【以败程租上】，赀租者一甲……""遗程"是缺少程，"败程"是指取程不准，所取之程不符合收税要求；没有程，固然不得收取，取程不准也不得收取，明知"败程"依然以之收取者，"赀租者一甲"。第111号简有"诈一程若二程"①之语，也是针对弄虚作假的取程行为所做出的惩处规定。惜乎律文残缺，难窥全豹，但仅此可见取程与收税之严格，制度设计之严密，对各种作弊环节都有防范。②

"取程"目的是计算"税田"产量，其依据则是苗情，无论是禾的三步一斗、五步一斗，还是"大枲五之，中枲六之，细七之"，都是指苗情而言，在苗情长势明朗的前提下，确定"程"的步数，计算"税田"产量，确定田税数量。岳麓书院藏秦简《为吏治官及黔首》有"部佐行田，度稼得租""举苗□不□"③诸语。这里的"部佐"是指田部、乡部之佐，"行

---

① 刘信芳、梁柱编著：《云梦龙岗秦简》，北京：科学出版社1997年版，第38页。
② 杨振红先生分析龙岗秦简和张家山汉简《算数书》中的取程资料后认为，秦和汉初的田租征收方式是"程租制"，简文的"所谓'取程'或'程租'即测算得到一斗田租的田亩步数，以此'程'作为标准，将240平方步换算为若干亩，程数与一斗之积，即为每亩之'租'、'税'"。"程租制是以亩为单位来计算田租率的，因此，田租征收单位是亩而非顷"，见前揭文《从新出简牍看秦汉时期的田租征收》。今按：杨先生对"程租"或"取程"的分析精到，谓"程租"或"取程"以亩为单位是正确的，但是并不能因此完全否定"以顷计征"的存在。因为"程租"是就征纳谷物而言，作为田租组成部分的刍、稾则是以顷计征，这是其时田税分类计征使然，说详下文。于振波先生认为里耶秦简8—1519号简的"税田"是从垦田中划出以收租之田，其方式是分成租，"这种分成租是粮食收获之前按照规定的比例划分田地的方式确定的，而不是在收获之后估算产量根据规定的比例收取粮食"。见前揭文《秦简所见田租的征收》。笔者按：谓田税征收是在"粮食收获之前按照规定的比例划分田地的方式确定的，而不是在收获之后估算产量根据规定的比例收取粮食"是十分正确的，但是，谓之为"分成租"尚有欠妥之处。因为仅仅从"税田"和"垦田舆"的关系来看，似乎是分成租，但是，若和"户百五十二，租六百七十七石，率之亩一石五，户婴四石四斗五升"联系起来分析，就不能简单地视之为分成租。"垦田舆五十二顷九十五亩，税田□顷□□"分属于一百五十二户人家，从生产实践层面看，这一百五十二户人家的"垦田舆"不可能平均，而田税是平均缴纳，而简文说明三个乡的"税田"与"垦田舆"的比例并不相同，这每家每户如何分成？如果说分成，也只能是就某级官府所统计的"垦田舆"或者"舆田"与"税田"比例而言，对于农民来说，不存在分成制。
③ 朱汉民、陈松长主编：《岳麓书院藏秦简（壹）》，上海：上海辞书出版社2010年版，第113、115页。

田"即授田，"度稼得租"即根据农户所受之田的垦种情况确定田租。这是相接续的两个环节，"度稼"尤其关键。"度稼"即判定庄稼长势，目的是确定田租。这儿的"度稼"是在秋收时节还是之前？史无明文，但是"举苗□不□"一语似乎表明是在秋收之前，"举苗□不□"和苗情有关是没有疑问的，和"度稼得租"联系理解，"举苗"是"度稼"的环节，"度稼"而后"得租"，田租以"程"为据，则"举苗"是"取程"的内容。

张家山汉简《二年律令·田律》有关于统计、上报垦田时间的规定，间接说明"度稼"的时间，律文云：

> 县道已垦田，上其数二千石官，以户数婴之，勿出五月望。①

其时去秦未远，这条律文与秦律应有相通之处，可以逆推秦制一斑。"婴"者系也。云梦睡虎地秦律《金布律》有云："有买及卖殹（也），各婴其贾（价）；小物不能各一钱者，勿婴。"② "婴其价"就是在货物上用标签标明价格，"以户数婴之"即按户标明垦田数量。"五月望"之前既要把"县道已垦田，上其数二千石官"，还要"以户数婴之"。之所以规定"五月望"之前上报二千石官，是因为所授之田，不仅有已垦熟田，更多的是未垦荒地，只有垦荒植稼即变"舆地"为"舆田"才有经济意义，至五月，农民受田的垦种面积清楚，苗情长势明朗，"税田"面积也就清楚了，田税数量确定，故而一并上报二千石官。"以户数婴之"则是为了秋后按户收田税，是"得租"需要。这里的"度稼"就是"取程"，目的是"得租"。也就是说，五月望之前上报二千石的不仅仅是县道已垦田和户数，还包括了每户的田税：既有需要缴纳的田税数，也有"税田"数，上报垦田的目的除准确了解垦田数之外，就是为了确定田税数，"以户数婴之"的内容就是田税数和税田面积。这并非望文生义的推定，龙岗秦简《田律》征缴田租残文至少间接地说明了这一点。龙岗秦简第 137 号简云："租者且出，以律告典、

---

① 张家山二四七号汉墓竹简整理小组：《张家山汉墓竹简（二四七号墓）》（释文修订本），北京：文物出版社 2006 年版，第 42 页。
② 睡虎地秦墓竹简整理小组：《睡虎地秦墓竹简》，北京：文物出版社 1978 年版，第 57 页。

田典，典、田典令黔首皆知之，及……"①律文残断，大意还是明确的。这儿的"租"指田租（税），典、田典是指里典、田典，"租者且出"是应该缴纳或者将要缴纳的田租数。律文规定，确定田租数以后，要以法律的形式告诉里典、田典，由里典、田典通知各家各户："令黔首皆知之。"这里典、田典"令黔首皆知之"的内容，就是黔首应该缴纳的"租"。显然，"租者且出"之"租"是预先确定的田租，而后通知各农户必须完成，在"五月望"之前"以户数婴之"上报二千石。之所以如此，是因为其时农户受田数与实际垦田数不一致，采用预先定税的方式，是为了有效实现税收和以课促垦，根据农户垦田的实际情况征收不同数额的田税以鼓励其生产积极性：耕良田者出力少而产量高，缴纳的田税额就高；耕劣地者出力多而产量低，缴纳的田税相应减少；即使一户农民所受之田部分是已垦熟田，部分是未垦荒地，同样分类计算，从而保护农民垦荒积极性，收到以课促垦的效果。8—1519号简文记载的"垦田舆"的"税田"比例都低于十税一的原因就在这里：垦田舆是新开垦之田，劳动强度大而产量低，所以降低"税田"比例，至于其他垦田，税田的比例可能低于十分之一，也可能高于十分之一，要根据土地类别而定。

至此，我们可以对税田制做出一个明确的概括："税田"制是征缴"禾"即谷物和其他农作物的计算方式，其程序是在每年五月份根据农作物长势"取程"，依"程"确定产量；把官府额定的应该缴纳的税额，按照"税田"标准产量，在民户垦田中划定"税田"面积，"税田"之收均为田税，在秋季依额收取。其目的是在完成国家设定田税任务的前提下，既能体现田税按户平均征收的特点，又能反映出垦田实情，体现地方官吏督促农事情况。

明乎此，可以进一步理解8—1519号简文的性质。这是迁陵县根据户均田税相同的原则制作的"税田"文簿：每户四石四斗五升是迁陵县"垦田舆"之户都要缴纳的统一数字，一石五斗是"税田"标准产量；启陵、都、贰春三个乡的"垦田舆"和人户数字并不相同，每户"垦田舆"数量和产量也有差别，于是在户均四石四斗五升这个原则之下，通过"税田"的不同比例显示这三个乡"垦田舆"的数量和质量差别。启陵、都、贰春三个

---

① 刘信芳、梁柱编著：《云梦龙岗秦简》，北京：科学出版社1997年版，第39页。

乡"税田"与"垦田舆"比例各不相同的原因就在这里。

三、按户平均征收田税

现在讨论按户征收田税问题。8—1519号简文表明,"垦田舆五十二顷九十五亩税田□顷□□"之田税六百七十七石不是根据每户"税田"的实际面积按照"率之亩一石五"逐户累计而来,而是平均到一百五十二户人家,每户四石四斗五升,还多余六斗,即"户婴四石四斗五升,奇不率六斗"。这一百五十二户农民人口有多有少,各家各户劳动力、多少强弱有异,垦田能力有差别,垦田数量不可能相同,实际产量必然有差异,而田税却是按户平均征收,这不是人为地制造了田税负担和实际垦田、产量不一的矛盾吗?这是我们要特别关注的问题。笔者以为,在当时的历史条件下,这种田税负担和实际垦田不一致的情况起码还不是普遍问题。秦自商鞅变法开始就强制分户,使家庭小型化,起码在制度设计上,普通农民的家庭规模基本相当,所受土地大体相同,按户平均征收田税有其制度基础,其目的就是为了提高征税效率,实现以税促垦的目的。

前已指出,授田制的目的是为了保证税收,是以授促垦,以授保税,授予的土地无论耕种与否、收成如何,都要按章纳税。从程序上看,政府在授出土地的同时也就明确了税收任务,官吏们按照指标征收就是了,年终上计时一一考核完成情况,超者有奖,反之则罚。也就是说,地方政府每年是有田税征收任务的,这个任务根据上一年的上计情况确定。为了在上计时取得好的成绩,地方官吏遂以行政手段推进垦荒。土地一经开垦,即纳入收税范围,明确每家每户应该缴纳的田税数量。比照张家山汉简《二年律令·田律》"县道已垦田,上其数二千石官,以户数婴之,勿出五月望"[①] 和里耶8—1519简"户婴四石四斗五升",就不难发现,"户婴四石四斗五升"是"以户数婴之"的历史实践,"以户数婴之"是"户婴四石四斗五升"的法律依据,说明秦汉法律的延续性。

上举云梦睡虎地秦律《田律》和张家山汉简《二年律令·田律》关于

---

① 张家山二四七号汉墓竹简整理小组:《张家山汉墓竹简(二四七号墓)》(释文修订本),北京:文物出版社2006年版,第42页。

按顷征收刍、槀的规定，也说明了田税的按户征收。授田标准是每夫百亩，五口之家、百亩之地是受田民的标准家庭结构，按顷征收刍、槀是按户平均征收田税的体现。《二年律令·田律》云：

> 卿以下，五月户出赋十六钱，十月户出刍一石，足其县用，余以顷刍律入钱。①

这里的"赋"是抵充刍、槀的钱。"卿"以下的军功爵者和普通受田民，每年五月、十月分别按户缴纳十六钱和刍一石，保证县政府需求之后，再按照"顷刍律"规定把其余应该缴纳的刍、槀折钱上交。所谓"顷刍律"即上举《田律》按顷征收刍、槀的规定："收入刍槀，县各度一岁用刍槀，足其县用，其余令顷入五十五钱以当刍槀。刍一石当十五钱，槀一石当五钱。"②将这两条律文比照分析，我们不难发现刍稿税的征收以县为单位，既确定基本原则，又赋予实际执行的灵活性。其基本原则是按户征收，"卿"以下都要缴纳十六钱和一石刍，"足其县用"。但是这每户十六钱和一石刍的具体征收情况还要看县"用"的需要而定，要统一考虑，有的民户按规定"五月户出赋十六钱，十月户出刍一石"，有的民户则不一定，可能全部折钱缴纳。在县用已足的情况下，就不缴纳实物，而一律收钱。律文的"顷入五十五钱以当刍槀"已透露这一信息。这"顷入五十五钱以当刍稿"可有两种理解：一是普通受田民完全交钱，二是那些军功地主、普通地主除了按规定每年分别于五月、十月交钱和实物之外，其余土地则按每顷五十五钱的标准缴纳。也就是说，在西汉初期刍槀之征已经迅速货币化，并且随着土地私有化的进展，在按户平均征收的同时，也按照土地占有状况以顷计征，呈人户、土地并举状况，这既是汉初商品经济发展的体现，也是土地兼并的必然结果。

江陵凤凰山 10 号汉墓木牍记载按户征收刍槀稿的实例，其文云：

---

① 张家山二四七号汉墓竹简整理小组：《张家山汉墓竹简（二四七号墓）》（释文修订本），北京：文物出版社 2006 年版，第 43 页。
② 张家山二四七号汉墓竹简整理小组：《张家山汉墓竹简（二四七号墓）》（释文修订本），北京：文物出版社 2006 年版，第 41 页。

平里户刍廿七石

田刍四石三斗七升

凡卅一石三斗七升

八斗为钱，六石刍稾

定二十四石六斗九升当□

田稾二石四斗四升半

刍为稾十二石

凡十四石二斗八升半

稾上户刍十三石

田刍一石六斗六升

凡十四石六斗六升

二斗为钱

一石当稾

定十三石六斗六升当□

田稾八斗三升

刍为稾二石

凡二石八斗三升①

平里和稿上是里名，平里共收刍三十一石三斗七升，其中"户刍二十七石，田刍四石三斗七升"，其中八斗折合成铜钱征收，六石算稾，最后"定二十四石六斗九升当□"，因缺文，难以明确这"定二十四石六斗九升当□"的性质，从文意推断，应该就是平里的刍。法律规定刍、稾并收，是出于实物构成的考虑，如果只规定收一种实物，则和农作物多样性的现实相脱节。合理的规定是既收刍，也收稾，宜刍则刍，宜稾则稾。但是，在实际征收过程中，则是根据需要，把六石刍折合为十二石稾，就是为了饲料需要考虑，加上田稾二石四斗四升半，稾的总数是十四石二斗八升半。这正是刍、稾"相输度"的体现。在实物满足需要时，则折合成货币征收，平里的"八斗为钱"是实

---

① 裘锡圭：《湖北江陵凤凰山十号汉墓出土简牍考释》，《文物》1974年第7期。李均明、何双全编：《散见简牍合辑》，北京：文物出版社1990年版，第69页。引者按：牍文中的"稾"，《散见简牍合辑》出于印刷的原因写作"稿"，今统一作稾。

物货币化的体现。稿上里情况和平里相同,户刍十三石,田刍一石六斗六升,总计十四石六斗六升,其中两斗缴钱,一石当稾,稾总数是二石八斗三升,其中田稾八斗三升,由刍折合两石。以往学界对"户刍"的性质曾经感到迷惑:刍、稾之征是以土地为基础、按顷计算的,但却分为户刍、田刍,户刍比重远大于田刍,是何道理?有的学者认为是汉代征收"户赋"的体现[①]。明白了其时按户征收田税制度以后,这个疑问就迎刃而解了:田税本来是按户平均征收的,刍、稾是田税的组成部分,也是按户平均征收;之所以分解一部分按田征收,可能是因为随着土地私有化的发展,各户之间实际占田差别变大,故登记时分解一部分于土地,名为"田刍",以明各户土地占有不均的事实。就编户民来说,无论是名为田刍还是户刍,都是按户缴纳。

通过上述分析,我们对秦、西汉的田税征收方式可以有一个大体完整的理解:田税征收方式以每夫百亩的授田制为基础,国家在授田的同时,即明确百亩之田的田税任务,根据田税内容分类计算,征收方式因实物形态而别。刍、稾有全国性的统一数量标准,即刍三石、稾二石,无论耕种与否,收成如何,都必须缴纳;谷物虽有统一数量标准,但具体执行则根据地域差异而调整,不同郡县的谷物数量有别。按照当时的行政体制,中央制定统一数量标准,根据地域情况分解给郡,郡分解给县,县分解给乡。郡与郡、县与县的具体数字并不相同。县是一级财政单位,一个县的田税数量统一。乡是具体的完税单位,乡吏的任务就是根据税率、采用"税田"方式确定各家各户应税数量,而后平均"以户数婴之"以满足设定的田税标准。因为各乡垦田和庄稼生长有别,产量不一,所以

[①] 学界对"户赋"有无和性质存在争论。高敏先生原先持存疑态度,将其"存疑待考",张家山汉简公布以后,认为是人头税的代称,分别见氏著《秦汉史论集》,郑州:中州书画出版社1982年版,第107—109页;《关于汉代有"户赋"、"质钱"和各种矿产税的新证》,《史学月刊》2003年第4期。田泽滨先生认为"所谓户赋当是徭赋的总概括,并非具体单一的税目",见氏著《汉代的"更赋"、"赀算"与"户赋"》,《东北师大学报》1984年第6期。目前学界多认为户赋为单独税目,但是对其性质有不同看法,除了高敏先生认为是人头税代称以外,于振波先生认为凤凰山10号汉墓木牍记录的"户刍"是缴纳户赋的实例,"卿以下,五月户出赋十六钱,十月户出刍一石"就是征收户赋的规定,见氏著《从简牍看汉代的户刍与刍稾税》,《故宫博物院院刊》2005年第2期。朱德贵先生则认为是按户等收钱的制度,见氏著《从二年律令看汉代户赋和以訾征赋》,《晋阳学刊》2007年第5期。

用调整"税田"比例的方式,既满足户均田税数的需要,又反映各乡垦田情况。在这里,谷物、刍、稾的按顷计算与按亩计算统一起来了:谷物就国家而言按顷计算,实际征收则按亩计算,刍、稾则统一按顷计算,谷物、刍、稾均统一按户征收。因而,国家虽有以授田百亩为基础的统一标准,但不同地区农户的实际负担并不统一,一切均在基层官吏具体执行之中。

这种分类计算、按户收取的征收方式,在当时的历史条件下合理而高效,既体现了田税征收的公平性,又能起到以课促垦的作用。因为谷物是田税主体,农民实际受田和垦种情况千差万别,按统一标准收谷物,既不公平,也挫伤农民垦田积极性,采用税田方式以体现区域差别,使农民缴纳的谷物数量和实际受田、垦田相一致;而各家各户的缴纳数量是五月份确定的,秋后按户收取,一个夏季庄稼生长因为气候等原因充满变数,农户自然要尽心农事,加强田间管理,以便在完成纳税任务的前提下,提高收入;县乡官吏也会运用行政力量督促农户,以保证完成田税任务,提高政绩。刍、稾在田税构成中处于次要地位,数量有限,无论受田及其垦种状况如何,对于有田百亩的农户来说,三石刍、二石稾的负担都能完成,全国统一标准,按户征收,就设计理念来说,其公平差异微乎其微。

但是,这也为基层政府和乡官里吏盘剥百姓、中饱私囊提供了制度上的便利:"税田"的多寡、刍稾征收时间、实物与货币的折算,均在基层政府、乡官里吏的掌握之中,都有牟利空间。龙岗秦简第104号简云"田及为詐(诈)伪[宅][田]籍皆坐臧与盗"①。其时土地分类登记,极为详细,"宅田籍"即为一种,"诈伪宅田籍"即登记宅田时故意造假,这显然是基层小吏的行为,黔首们是没有这个方便的。上引龙岗秦简第117号简云"程田以为臧与同法"、122号简文云"坐其所匿税臧与法没入其匿田之稼"。②官吏隐匿田税,按照贪污罪论处,根据所匿税额量刑,同时没收"其匿田之稼"。都反映了官吏在"程田",也就是确定"税田"之"程"的过程中造假牟利的存在。云梦睡虎地秦律《法律答问》有云:"部佐匿者(诸)民

---

① 刘信芳、梁柱编著:《云梦龙岗秦简》,北京:科学出版社1997年版,第37页。
② 刘信芳、梁柱编著:《云梦龙岗秦简》,北京:科学出版社1997年版,第38页。

田，者（诸）民弗智（知），当论不当？且可（何）为？已租者（诸）民弗言，为匿田。未租，不论。"这里的"已租诸民"之"租""未租"之"租"都是收取田租的意思，"部佐匿者（诸）民田"就是贪污田租。所有这些行为都是在征税过程中发生的。晁错说的"急政暴赋，赋敛不时，朝令而暮改"① 带给农民的痛苦，是包括制度弊端的。如果说在授田制度尚有一定保证的时候，这一弊端还不突出，那么，随着土地私有化的发展，在农民失地严重的时代，这一弊端就更加突出。元帝时贡禹说农民"农夫父子暴露中野，不避寒暑，捽屮把土，手足胼胝，已奉谷租，又出稾税，乡部私求，不可胜供"②。乡官部吏就是在按制度确定田税过程中满足"私求"的，这既可以增加实物，也可以在实物货币化的过程中增加钱数，农民交多少、什么时候交，都由基层政府、乡官部吏说了算，在这个过程中，不一定按照国家标准，而是根据私人需要，农民负担可想而知。③ 这不仅仅是政治黑暗、吏治败坏使然，而是有着制度弊端在焉。

四、"田虽三十而以顷亩出税"解

明白了上述田税征收方式问题，对盐铁会议上文学和御史关于汉家田税征收方式利弊争论的理解可以明晰了。《盐铁论·未通》云：

> 御史曰：古者制田，百步为亩，民井田而耕，什而藉一，义先公而后已，民臣之职也。先帝哀怜百姓之愁苦，衣食不足，制田二百四十步而一亩，率三十而税一。堕民不务田作，饥寒及已，固其理也……。
>
> 文学曰：什一而藉，民之力也。丰耗美恶，与民共之。民勤，已不独衍；民衍，已不独勤。故曰："什一者，天下之中正也。"田虽三十而以顷亩出税，乐岁粒米粱粝而寡取之，凶年饥馑而必求足。加以口赋

---

① 《汉书》卷24上《食货志上》，北京：中华书局1962年版，第1132页。
② 《汉书》卷72《贡禹传》，北京：中华书局1962年版，第3075页。
③ 汉代田税货币化主要体现是刍、稾货币化，具体过程虽然难以缕述，但是到了西汉末年，刍、稾货币化大约没有多大疑问。《后汉书·光武帝纪》谓"初，光武为舂陵侯家讼逋租于尤，尤见而奇之"。李贤注引《东观记》曰："为季父故舂陵侯诣大司马府，讼地皇元年十二月壬寅前租二万六千斛，刍稾钱若干万。"说明当时刍、稾大都折合为铜钱征收。这不是个案，而是普遍现象。

更徭之役，率一人之作，中分其功。①

御史旨在说明汉家田税制度惠民，扩大亩制，实行二百四十步之亩，按三十税一征税；亩制扩大，产量增加，税率降低，农民田税负担减轻，远远轻于"什一而藉"制。②但农民不务田作，以至于入不敷出，是懒惰所至。文学则认为，这是口惠而实不至，仅仅是个表面现象，因为税率虽然很轻，但是，实际征收是按照"顷亩"计算执行的，农民并未得到好处。

这一段文学和御史的对话，为研究秦汉田税制度者所常用，无论是对秦汉田税征收方式持何种看法，均将这儿的"顷亩"理解为"田亩"，即实际耕种的亩数。这显然是不成立的，果如此，文学们的反驳是站不住脚的。因为无论亩积多少，都按实际耕种亩数的产量缴纳三十分之一，有多少地交多少税，无论是浮动税制，还是定额税制，每亩都不过数升而已，即使凶年，这个数量也微不足道，按税率来说远轻于"什一而藉"，有什么理由实行什一而藉制？再者，"十一而藉"指的是以十家为单位，农民自耕百亩私田、共耕百亩公田而言，前提是农民要有百亩土地，然后共耕百亩，才能谈得上"天下之中正"，而在当时土地兼并已经成为严重的社会问题，不存在这一基础。农民没有百亩之田却要以十家为单位共耕百亩以完税，何来"天下之中正"可言？但是，文学是批评"田虽三十而以顷亩出税，乐岁粒米粱粝而寡取之，凶年饥馑而必求足"这一现实制度的不合理性而提出"十一

---

① 马非百：《盐铁论简注》，北京：中华书局1984年版，第113页。
② 二百四十步之亩的实行时间，学界曾有争议。许慎《说文》："秦田二百四十步为亩。"这儿的秦过于抽象，是秦朝还是秦国，如果是秦国又始于何时，无法判定。杜佑认为是始于商鞅变法，《通典·州郡四·古雍州·风俗》谓"周制步百为亩，亩百给一夫。商鞅佐秦，以一夫力余，地力不尽，于是改制二百四十步为亩，亩百给一夫"。段玉裁《说文解字注》谓"秦孝公之制也，商鞅开阡陌封疆。则邓展曰：'古百步为亩，汉时二百四十步为亩。'按：汉因秦制也"。这应是采自杜佑。1979年四川青川县郝家坪50号秦墓出土秦武王二年《更修为田律》木牍之后，大多数学者认为《更修为田律》之"田广一步袤八则为畛亩二畛"就是二百四十步之亩，也有学者提出不同意见，认为是四百八十步的大亩制（详参田昌五、臧知非：《周秦社会结构研究》，西安：西北大学出版社1996年版，第132—140页）。张家山汉简《二年律令·田律》《算数书》的出土，说明二百四十步之亩起码在秦统一之前已经实行，西汉沿而未改。御史所云"先帝哀怜百姓之愁苦，衣食不足，制田二百步为一亩，率三十而税一"系对汉初以来亩制和税制的概括。

而藉"的主张的,"十一而藉"固然是食古不化的书生之见,但是相对于"田虽三十而以顷亩出税"的弊端来说一定有其合理性,御史才无言以对。那么,文学所说的"顷亩"的含义究竟是什么?有鉴于此,笔者曾认为这儿的"顷亩"是"顷田"也就是一顷田的意思,根据是《后汉书·南蛮传》记载的秦昭王"复夷人顷田不租,十妻不算"之"顷田"。李贤注:"一户免其一顷田之税,虽有十妻,不输口算之钱。"衡以秦的授田制度,这里的"顷田"即一顷之田,其词例和"以顷亩出税"之"顷亩"相同,"顷亩"即一百亩。"田虽三十而以顷亩出税"意思是说田税税率虽然是三十税一,但是田税数量是以"顷亩"——百亩来计算的,"不管农民有无'顷亩'之地,也不管实际收获多少,都要交纳'顷亩'即一顷地的田税"。这是授田制之下田税征收方式的沿续。这里所说的"以顷亩出税"是在宏观层面就国家计算田税征收而言,即国家以顷为单位计算田税总量分解于郡县,具体每户缴纳多少,则由乡官里吏认定,并不是说每户农民都是按顷交田税。①这一解释,相对于传统理解虽然合理,但是,对于今人的理解来说仍然存在着疑问:当时既然大多数农民不存在百亩之田,也就不存在"以顷亩出税"——以"顷田"出税的基础,无论是御史还是文学都是清楚的,怎能把"以顷亩出税"理解为"以顷计征"、按户收取的证据?这显然还有待于进一步的讨论。现在明白了授田制下田税的分类计算、按户征收制度以后,谜底就不难揭开了:这儿的"顷亩"是就国家下达田税指标以顷计算、基层征收按亩计算而言。国家下达的任务是必须完成的,而其时土地私有化高度发达,授田制度名存实亡,农民根本无法得到百亩之地,田税计算采用"税田"制,五月定税、秋后兑现,一个夏季,自然灾害随时发生,但无论丰歉,设定的"税田"之入是必须缴纳的,而刍、稾亦然是以顷计算,二者都是按户征收,农民时常因此而陷入困境,这是"田虽三十而以顷亩出税"带给农民的实际负担。也就是说"田虽三十而以顷亩出税"之"顷亩"应该读为"田虽三十而以顷、亩出税"。这就是"乐岁粒米粱粝而寡取之,凶年饥馑而必求足"的制度依据,文学们才持批评意见。这是个客观存在,御史才无言以对。如果采用"藉法",无论丰歉少多,农民和政府共

---

① 臧知非:《汉代田税征收方式与农民田税负担新探》,《史学月刊》1997年第2期。

同承担，就不存在"乐岁粒米粱粝而寡取之，凶年饥馑而必求足"的问题，相对于"税田制"，起码在理论上要公正得多，所以说是"天下之中正也"。

文学的批评是有现实依据的。因为尽管土地兼并严重，农民占田普遍不足百亩，遇到荒年，卖儿卖女，四散流亡，但是国家田税是必须完成的，那些逃亡农民的田税只好由在籍者代缴，又加重了农民破产流亡的速度，陷入恶性循环。不仅如此，这种"税田"制度还为地方官吏转嫁田税、增加农民田税负担提供了可能，因为对于那些大都是文盲的普通农民来说，并不知道"税田"亩数应该是多少、到底应该缴纳多少田税，一切都由官吏说了算。《盐铁论·未通》文学云：

> 往者军阵数起，用度不足，以訾征赋，常取给见民。田家又被其劳，故不齐出于南亩也。大抵逋流皆在大家，吏正畏惮，不敢笃责，刻急细民，细民不堪，流亡远去。中家为之色出，后亡者为先亡者服事。录民数创于恶吏，故相仿效，去尤甚而就少愈多。①

文学所云，虽然是就"以訾征赋"而言，但是这个"訾"是包括土地在内的，普通农民也在"征赋"之列。以往人们在分析这段话时，大都认为这"大抵逋流皆在大家……后亡者为先亡者服事"云云是吏治败坏、赋役繁重的结果，这当然正确。但在明白了当时的田税征收方式之后就不难发现，仅此是不够的，农民之苦难除了官吏之恶以外，还有制度的因素，就是官吏必须完成税收任务，又不敢得罪权势之家，只好转嫁给那些正挣扎在破产边缘、还没有逃亡的农民头上。当然，这些"恶吏"也趁机层层加码，或者巧立名目，中饱私囊。我们以往把农民负担不断加重的原因大都归结于官僚、地主的剥削本性上，这虽然有道理，但还不够全面，这除了人性之恶以外，还有着制度的因素，是制度为那些官僚地主相互勾结、上下起手提供了空间，促进其向恶的一面发展。

---

① 马非百：《盐铁论简注》，北京：中华书局1984年版，第115—116页。

第三节　东汉田税征收方式

东汉田税制度一直是一个若明若暗的问题。谓其"明",是因为学界一直认为两汉制度相同,西汉明确了,东汉自然是沿而未改;谓之"暗",是因为这是一个从来没有真正讨论过的问题。现在既然对西汉田税制度有了新的了解,那么就不得不回答东汉是否沿续西汉制度这个问题。这是一个不容回避,又十分困难的问题,因为就西汉而言,笔者的认识也只是一个框架,所以对东汉制度,只能做线条式的探讨。

如所周知,东汉是土地私有制高度发展的时代,土地占有两极分化,从理论上说,其田税征收方式难以承西汉之旧。但是,从历史和逻辑相统一的层面看,授田制的瓦解并不意味着田税制度的终结,因为田税征收方式虽然决定于土地制度,但是田税制度一经实行又有着相对独立性,并不随着土地制度的变迁而自行改变,而统治者出于自身利益的考虑,也不会主动地调整;为了有效实现田税和统治集团既得利益的考虑,不到万不得已的地步,国家并不因为土地兼并、两极分化而主动改变田税征收方式以减轻农民负担。汉代土地私有化在汉初已经开始,汉武帝时已经是"富者田连仟佰,贫者亡立锥之地"[①]。汉武帝注意到了土地兼并对政权稳定的影响,但是并没有改变田税征收方式以适应两极分化的现实基础,而是以行政手段打击土地兼并势力,以筹缗告缗等措施把地主、工商业主的土地收归国有,以"假民公田"等方式解决农民土地问题,使无地农民回归土地,一定程度上缓解了农民田税负担与实际土地锐减的矛盾。当然,这只是治标的办法,只能收效于一时,土地兼并必然以更加汹涌的势头吞噬农民,而统治集团限于自身利益,既不能解决农民土地问题,还要继续增加对农民的剥削,最后只能葬身于农民起义的烈焰之中。刘秀立国,以"解王莽之繁密,还汉世之轻法"[②]相标榜,这不仅仅指刑罚,也包括了土地、田税制度在内。尽管不一定完全继续西汉的田税制度,但在一定程度上沿袭西汉旧制是历

[①] 《汉书》卷24上《食货志上》,北京:中华书局1962年版,第1137页。引者按:"富者田连仟佰,贫者亡立锥之地"是董仲舒批评秦制之语,实际上是借"过秦"名义批评现实,指的是现实情况。

[②] 《后汉书》卷76《循吏传》,北京:中华书局1965年版,第2457页。

史的必然。东汉初年的"度田"就为我们理解其时田税制度的连续性提供了依据。

前已指出，建武十五年，刘秀"诏下州郡检核垦田顷亩及户口年纪，又考实二千石长吏阿枉不平者"，次年"秋九月，河南尹张伋及诸郡守十余人，坐度田不实，皆下狱死"，曾引起郡国大姓、兵长的叛乱。刘秀平息骚乱之后，度田继续执行。这里的"检核垦田顷亩及户口年纪"是核查度田文书所登录的"垦田顷亩及户口年纪"是否属实，度田与"检核"是两回事，度田在前，"检核"在后，"检核"结果是河南尹张伋等十余人"度田不实"而予以惩处。从历史逻辑分析，刘秀度田的程序、内容只能是承西汉之旧：度田于五月举行，度田与确定田税同步。甘肃武威柏树乡下五畦大队旱滩坡东汉墓出土的第十四号竹简简文是建武十九年之前颁布的度田令律条，云"乡吏常以五月度田，七月举畜害，匿田三亩以上坐"①。从律文上下文可知，五月度田之后，对所度之田庄稼生长状况要跟踪观察，七月要报告灾害情况。云梦秦律《田律》曾明文规定下了及时雨和谷物抽穗时，要及时报告受雨面积和抽穗顷数、已开垦而没有耕种的顷数、发生虫灾的顷数。庄稼生长过程中下雨，也要随时报告受益顷数，发生暴雨、虫灾、蝗虫以及其他虫灾，使庄稼受害的，既是报告顷数。距离近的县，文书由走得快的人专程传送，距离远的县由驿站传送，最迟八月底之前送达朝廷。律文已见前引，兹不赘述。这是授田制之下田间管理的规定，之所以如此规定，一方面体现了其时国家既控制着土地资源，也承担着组织生产的职能，既是保证社会秩序，也是为了实现税收。这是授田制时代的法律规定，东汉时代还继续其精神：五月度田即确定垦田面积、苗情，确定税田面积，随后要随时了解风雨虫蚀等自然灾害，这里的"畜害"是农业自然灾害包括各种疫病的泛指，既是了解民生，也是为了税收。

明帝时，刘般曾上书批评田税征收弊端：

> 郡国以牛疫、水旱，垦田多减，故诏敕区种，增进顷亩，以为民

---

① 武威地区博物馆：《甘肃武威旱滩坡东汉墓》，《文物》1993年第10期。

也。而吏举度田，欲令多前，至于不种之处，亦通为租。可申敕刺史、二千石，务令实核，其有增加，皆使与夺田同罪。①

明帝因天灾"诏敕区种，增进顷亩"，基层官吏为了政绩，度田时"至于不种之处，亦通为租"。刘般上书明帝要求"刺史、二千石，务令实核，其有增加，皆使与夺田同罪"。"夺田"即脱田，隐瞒垦田不报，虚增和隐瞒同罪。度田是五月举行的，这"不种之处，亦通为租"是在度田时即五月发生的，度田时把没有垦种的土地也纳入交"租"的范围，是定"租"与度田同步的体现。其时谷物一年一熟，五月份只能确定苗情。其方法只能是根据苗情、垦地面积、税率计算各家田税数量，上报郡守二千石，郡守二千石即根据所报文书，秋后考核地方田税完成情况。这和西汉的"县道已垦田，上其数二千石官，以户数婴之，勿出五月望"完全一致。章帝时秦彭为山阳太守：

> 兴起稻田数千顷，每于农月，亲度顷亩，分别肥瘠，差为三品，各立文簿，藏于乡县。于是奸吏跼蹐，无所容诈。彭乃上言，宜令天下齐同其制。诏书以其所立条式，班令三府，并下州郡。②

秦彭任职期间，"兴起稻田数千顷"即垦荒种稻数千顷，为了防止"奸吏"在定税过程中违法牟利、欺诈弱民，秦彭"每于农月，亲度顷亩，分别肥瘠，差为三品"，即亲自丈量土地面积，了解土地质量，根据水稻生长状况，分为三等，分别定出税收标准，制作公文标准样式，颁布县乡，遵照执行，"于是奸吏跼蹐，无所容诈"。这里的"农月"即"勿出五月望""乡吏常以五月度田"之五月。垦田与田税本来是在五月由县、道上报郡守二千石，秦彭了解乡吏在度田和定税过程中常有作弊行为，故而身为二千石官，每到"农时"均"亲度顷亩"——核实垦田，确认苗情，将田税分为三等，也就是三个标准，明确各家田税数量，"各立文簿，藏

---

① 《后汉书》卷39《刘般传》，北京：中华书局1965年版，第1305页。
② 《后汉书》卷76《循吏传·秦彭传》，北京：中华书局1965年版，第2467页。

于乡县",使得"奸吏"既不能虚增、瞒报,也不能改动,所以"无所容诈"。秦彭此举,使农民田税负担公平许多,缓和了官民冲突。只此之故,章帝才下诏颁行全国,成为通制。《后汉书·百官志》谓"乡置有秩、三老、游徼……皆主知民善恶,为役先后,知民贫富,为赋多少,平其差品"①。这"为赋多少,平其差品"因文字简略,难知其详,但秦彭的"差为三品"应当是其主要内容,或者说"为赋多少,平其差品"是由秦彭的"差为三品"发展而来,至于"差品"是否为三品,则可能因地因时而异,有的地方是三品,有的地方可能不是,故名"差品",而不云"差"为几品。只是秦彭地方性"三品"、全国性"差品"的评定是采用西汉的"税田"制,还是直接确定各"品"的谷物数量,不得而知。从当时土地制度性质以及国家统治技术的进步分析,后者更符合历史逻辑:根据苗情、面积、税率,直接确定各家各户缴纳数量,实行起来更加简便。

如所周知,《长沙走马楼三国吴简·吏民田家莂》是孙吴嘉禾四年(235年)、五年官府"佃田"给农民、征纳田租的券书,记录一百四十余丘一千七百二十余户"佃田"民向官府缴纳米、钱、布的情况,为我们理解当时田税收取方式提供了实证,也为了解东汉后期起码是东汉末年的田税征收方式提供了认识基础。现举数例以明一般:

> 上□丘男子陈登,佃田六町,凡卌三亩,皆二年常限。其卅九亩,旱不收,亩收布六寸六分。定收四亩,为米四斛八斗,亩收布二尺。其米四斛八斗,四年十二月廿日付仓吏李金。凡为三丈三尺七寸四分,四年十二月廿日付库吏潘有。其旱田亩收钱卅七,其熟田亩收钱七十。凡为钱一千六百廿三钱,四年十二月二日付库吏潘有毕。嘉禾五年三月三日,田户曹史赵野、张惕、陈通校。
>
> 四·四一
>
> 小赤丘男子邓春,租田三町,凡廿五亩,皆二年常限。其五亩旱败不收,亩收布六寸六分。定收廿亩,为米廿四斛,亩收布二尺。其米廿

---

① 《后汉书》卷118《百官五》,北京:中华书局1965年版,第3624页。

四斛，四年十二月七日付仓吏李金。凡为布一匹三丈三尺，四年十二月十日付仓吏潘有。其旱田亩收钱三十七，其熟田亩收钱七十，凡为钱一千五百一十钱，四年十一月付仓吏潘有毕，嘉禾五年三月三日田户曹史赵野、张惕、陈通校。　　　　　　　　　　　　　　　四·七一

夫丘男子谢赣，佃田五十町，凡九十三亩，皆二年常限。其七十亩旱，亩收布六寸六分。定收廿三亩，亩收米一斛二斗，为米廿七斛六斗，亩收布二尺。其米廿七斛六斗，四年十一月六日付仓吏郑黑。凡为布二匹一丈二尺二寸，准米四斛六斗一升，四年十一月廿七日付仓吏郑黑。其旱田亩收钱卅七，其熟田亩收钱七十。凡为钱四千二百，准米二斛六斗二升五合，四年十一月三十日付仓吏郑黑，嘉禾五年三月十日田户曹史赵野、张惕……　　　　　　　　　　　　　　四·八九

石下丘男子刘方，田十町，凡廿四亩，皆二年常限。其十二亩旱败不收，亩收布六寸六分。定收十二亩，亩收税米一斛二斗，为米十四斛四斗，亩收布二尺。其米十四斛四斗，四年十二月三日付仓吏郑黑。凡为布三丈一尺九寸，准入米一斛五斗，四年十一月二日付仓吏郑黑。其旱田亩收钱卅七，其熟田亩收钱七十。凡为钱两千二百八十四钱，准入米一斛四斗二升五合，四年十二月二日付仓吏郑黑。嘉禾五年三月十日，田户经用曹史赵野、张惕、陈通校。　　　　　　　　　　　　　　　四·二〇四

石下丘男子谢车，田六町，凡十二亩，皆二年常限。旱败不收，亩收布六寸六分，凡为布八尺二寸九分，准入米四斗□升□合。五年闰月十日付仓吏郑黑。亩收钱卅七，凡为钱四百六十二钱，准入米三斗五升。五年闰月十日付仓吏郑黑。嘉禾五年□月□日田户曹史赵野、张惕……　　　　　　　　　　　　　　　四·二〇七

利丘大女烝兼，佃田四町，凡卅三亩，皆二年常限。其廿三亩旱，亩收布六寸六分。定收十亩，亩收米一斛二斗，为米十二斛，亩收布二尺。其米十二斛，四年十一月十八日付仓吏郑黑。凡为布二丈五尺一寸八分，四年十一月三日付库吏潘有。其旱田亩收钱卅七，其熟田亩收钱七十。凡为钱一千五百五十一钱，四年十月廿日付库吏潘有。嘉禾五年

三月十日，田户曹史赵野、张惕、陈通校。① 四·二一六

这些简文，为学界所熟知，不再多举。陈登、邓春、谢赣、刘方、谢车等所佃之田，均为国有土地，数量各不相同，陈登佃田六町四十三亩，邓春佃田三町二十五亩，谢赣佃田五十町九十三亩，都是"二年常限田"。这里的"町"指的是地块，每町亩数不等；"二年常限田"是土地类别名称②。农民所佃土地分为"熟田""旱田"（或记作"旱"，或记作"旱败不收"）两类："旱田"不收米，每亩收布六寸六分、钱三十七文；"熟田"每亩收米一斛二斗、布二尺、钱七十文。缴纳时，可以根据具体情况，将布折合为米，谢赣的"凡为布二匹一丈二尺二寸，准米四斛六斗一升"，就是折布为米。

关于"熟田""旱田"的性质，简牍整理者认为是"当年受旱和正常收获的田亩数"③；或谓"旱田"是种植旱作物之田，"熟田"是种植水稻之田④。这为学界普遍接受。从文字上看，此解似无不可，但是深入分析，则大成问题。土质有优劣，收获有多寡，又同在一个"丘"——相当于里或者自然村，如果发生旱情，怕不会只及村东而不及村西、部分受旱而部分不受旱，而这些没有受旱的地块产量是如此之高，以至于可以缴纳每亩米一斛

---

① 走马楼简牍整理组：《长沙走马楼三国吴简·嘉禾吏民田家莂》，北京：文物出版社1999年版，第77、81、83—84、97、99页。

② 对"二年常限田"性质，整理小组认为是"田租两年不变之田"，为学界普遍接受。笔者认为是"按某二年规定的纳税标准纳税之田"，见拙文《"二年常限田"新释》，中国秦汉史研究会：《秦汉史论丛》第11辑，长春：吉林文史出版社2011年版，第517—530页。

③ 走马楼简牍整理组：《长沙走马楼三国吴简·嘉禾吏民田家莂》，北京：文物出版社1999年版，第71页。

④ 较早明确提出此说者是高敏先生和孟彦弘先生。高敏先生云"是能种植旱地作物如麻、麦等作物"的"可耕地"，"熟田无疑是更高产的水稻田"，见氏著《从嘉禾年间吏民田家莂看长沙郡一带的民情风俗与社会经济状况》，《中州学刊》2000年第5期。孟彦弘先生看法和高敏先生相同，而对"佃田"性质有不同看法，认为不是国家租佃制，而是孙吴的"民屯"，见氏著《〈吏民田家莂〉所录田地与汉晋间的民屯形式》，中国社会科学院历史研究所学刊编委会编：《中国社会科学院历史研究所学刊》第2集，北京：商务印书馆2004年版，第173—192页。笔者以为，孟彦弘先生的民屯说对吴简佃田性质具有启发意义，确实存在一个国家租佃制与屯田制的关系问题需要探讨，但鉴于其时"民屯"和简文记载佃田民的组织体系尚不明确，笔者还是按照"佃田"的文字含义，定性为租佃制。

二斗,外加七十文钱、二尺布的田租!① 此外,对嘉禾四年、五年的租佃券书稍加观察,就不难发现——第一,无论"熟田""旱田"是高产田、低产田,还是水田、旱作物之田,亩产量不可能完全相同,田租额因产量而定,也就不会相同,简文所记恰恰是统一的。其次,旱田占农民所租土地的绝大多数。如陈登佃田四十三亩,三十九亩"旱不收";邓春佃田二十五亩,其中五亩为"旱田";谢赣佃田九十三亩,其中七十亩是"旱田";刘方佃田二十四亩,十二亩"旱田";谢车所佃十二亩都是"旱田",而烝兼佃田三十亩有二十三亩是"旱田"。据笔者的不完全统计,在嘉禾四年、五年的租佃券书中"熟田"一般占所租之地的百分之二十,少者为百分之十,有二十余户所种土地全为"旱田",没有"熟田"。从生产实践层面稍加思考,必然会有这样的疑问:会有这样的旱灾吗?众所周知,长沙处于南方水网地带,湘江穿境而过,大小支流纵横,若简牍所记一百四十余丘一千七百余户农民所租种土地的绝大多数都因干旱而免征租米、租钱减半、租布减去五分之四的话,这必为空前大旱,史书不能不载。但遍检史书,未见嘉禾四年、五年长沙郡大旱的记载,而且细检从秦统一、长沙设郡以来四百余年的历史,涉及长沙郡的旱灾也少而又少。把旱田理解为旱作物之田,熟田理解为水稻田,似乎可以避免旱灾之田带来的矛盾,但是,仍然存在问题:就是"定"的问题。简文的旱田若干、熟田若干都是"定"出来的,并不是根据佃田民实际种植的水稻和旱作物统计的结果,而且,无论是水稻还是旱作物

---

① 关于汉代亩产量文献记载量高低不一,有一石、二石、三石、四石、一钟(六石四斗)、十石、二十八石、五十一石等记载,最高者达到百石。研究表明,所谓亩产一钟以上云云不具有普遍的实践意义,抛开大小亩、大小石和农作物差异之外,这些数据或是某一地区的特殊条件,或是思想家的主观想象,或是农学家设计特殊土地和耕作方法时的预算。从历史实践的层面看,正常年份,以二百四十步之亩而论,以旱作物粟为标准,亩产二至三石,具有普遍意义。关于汉代亩产量的分析,参见前揭宁可:《有关汉代农业生产的几个数字》,《北京师范学院学报》1980年第1期,收入《宁可史学论集》,北京:中国社会科学出版社1999年版,第529—552页;朱绍侯:《秦汉土地制度与阶级关系·汉代亩产量一览表及几点说明》,郑州:中州古籍出版社1985年版,第246—249页。简文没有明确记载熟田、旱田亩产量,但从田租率可以推断出来。汉武帝时董仲舒谓无地农民"或耕豪民之田,见税十五"(《汉书》卷24上《食货志上》,北京:中华书局1962年版,第1137页)。曹魏屯田,民用官牛,官六民四;民用私牛,官四民六。大体上可以推断,田租额为产量的百分之五十,田租率是百分之一百。准此可以推断,熟田亩产量在三石左右,和汉代亩产量大体一致。旱田不交租米,等于绝收。在大旱的条件下,同在村前屋后的土地,无论如何也不会有如此大的差异。如果说熟田是种水稻的、旱田是种旱作物的,就更不会有这样大的差异,农民们也不会去租种这些熟田、缴纳如此高额的田租!

产量都不可能一致，而所征收的米和钱布的数量都是相同的，这不是制造矛盾吗？必然引起佃田民的不满，如何实行？所以，无论把旱田、熟田理解为"当年受旱和正常收获的田亩数"，还是理解为旱作物可耕地和水稻田，都说不通。

在明白了汉代田税征收方式以后，笔者以为，简牍所记之"旱田"和"熟田"，是当时土地登记的专用名词，即把土地分为两类，一类是"旱田"，一类是"熟田"，这"旱田"和"熟田"是官府设定的两种标准田，无论农民租种的土地产量如何，都归入"旱田""熟田"之中，按照相应的标准交租，"旱田""熟田"的具体数量，由官吏根据具体土地质量和庄稼生长情况而"定"。这是东汉田为差品的延续。也就是说孙吴政权把国有土地租给农民时，实行两个田租标准：一是"旱田"，不收米，只收钱三十七文、布六寸六分；一是"熟田"，每亩米一斛二斗、钱七十文、布二尺。每户农民所租土地的"熟田""旱田"数量，由基层官吏来"定"。农民佃种土地质量较好，"定"的"熟田"就多一些，反之就少一些。通过"熟田""旱田"数量的变动，调整农民因所租土地质量差别所导致的收益差异，从而把这些流民稳定地置于国家控制之下。因为这些丘民，既有长沙原居民，也有中原迁移人口，他们或者逃往深山，或者不著户籍，要把他们置于国家控制之下，就必须解决他们的土地问题，同时调动他们的生产积极性，使之归附官府，采用"定"熟田、旱田——通过"旱田""熟田"的不同租额以安辑流民的办法是行之有效的。

如所周知，长沙地处江南，先秦以来，号称卑湿，人寿早夭，直到西汉前期还被视为蛮荒之地，贾谊为长沙王太傅抑郁而死即由于此。到西汉末年，其人口密度还不及中原地区的七分之一，其社会经济发展的缓慢可见一斑。但是，降至东汉，长沙郡发展迅速，到东汉永和年间，在中原地区人口和西汉相比呈负增长或增长缓慢时，其人口是西汉哀帝时的四倍半，人口密度已和当时的中原地区接近。很显然，其人口增长迅速并非自然繁衍的结果，而是中原人口南迁所致。[①] 到东汉末年，政治黑暗，中原战乱不止，江

---

① 关于两汉长沙郡人口变动情况，参见梁方仲：《历代土地、田赋、人口统计表》，上海：上海人民出版社1980年版；田昌五、漆侠：《中国封建社会经济史》第1卷，济南：齐鲁书社1996年版，第350—356页。

南则相对稳定。流民或者依附于强宗大姓，作为豪族的依附民；或者是结队互保而逃难，纷纷向南方迁移，长沙郡的地理环境也就自然地成为流民的汇聚之地。刘表任荆州牧，"招诱有方，威怀兼洽，其奸猾宿贼更为效用，万里肃清，大小咸悦而服之。关西、兖、豫学士归者盖有千数，表安慰赈赡，皆得资全。遂起立学校，博求儒术，綦母闿、宋忠等。撰立《五经》章句，谓之后定。爱民养士，从容自保"①。这些归附刘表的关西、兖、豫"学士"都是当地地主大姓，他们南迁并非一家一姓，而是率领其依附民一起迁移的，"起立学校，博求儒术，……爱民养士，从容自保"云云，就是为了使新附之民自觉地接收其统治，当然也包含着安辑流民的内容在内。长沙郡位于荆州南部，远离中原战火，更是流民汇聚之地。所以，我们有理由推论，《吏民田家莂》所登录的一百四十余丘、一千七百余户佃农的大部分起码有相当一部分是那些来自异乡特别是北方的无地流民。在战乱年代，人口多寡是致胜的重要因素，曹操把黄巾余部编为青州兵的同时，将其老弱编为屯田民是其统一中原的军事基础，这是众所周知的事实。孙吴建国江东，长沙地处防御蜀汉的前沿，其人口的增加和稳定直接关系到国家安全，自然不会听凭流民放任自流，必须要将其著名户籍，租以土地，课以赋役，既稳定社会秩序，又扩大财源，也促进"公田"的开发。虽然历史文献对此缺乏记载，我们从简牍所记各丘居民的构成中尚能窥见一二。

　　《吏民田家莂》中可考见的丘名共一百四十一个，总计一百一十姓氏，一千七百二十余户人家；每丘户数不等，姓氏构成不一。据统计，每丘在十户以下的共有八十七个，有丘名而无户名的三个；每丘在十一至二十户的为二十六个；二十一户以上的二十一个。以十户以下的八十七个丘而言，重姓不多，如三州丘十户七姓，平阳丘、语丘和桐丘均是十户五姓，只有上和丘十户三姓，而公田丘是九户九姓，于上丘是七户七姓，函丘是九户七姓，侠丘是九户八姓。以十一户到二十户的丘而言，同姓者亦然较少，每丘平均同姓人户不足两户。二十一户以上的丘也是如此，如下五丘二十五户十六姓，平丘二十五户十五姓，上俗丘三十户十六姓。只有少数几个丘重姓率较高，最高的是刘李丘，五十七户十二姓，利丘五十三户十一姓；其次是平乐丘，四十

---

① 《后汉书》卷 74 下《刘表传》，北京：中华书局 1965 年版，第 2421 页。

三户十九姓,弦丘四十四户十七姓;其余如度丘二十六户十九姓、郭渚丘三十二户十六姓,林浧丘二十七户十四姓、杨浧丘二十六户十四姓,淦丘则是十四户十四姓。若平均计算,简牍所见各丘佃户的重姓率不到二分之一。这种十家八姓式的姓氏结构,说明了这些佃户并非当地的原居民,而是占着户籍的流民。

东汉自立国以来,宗族关系发达,聚族而居是东汉乡村社会的特点,所以崔寔在《四民月令》中才把"救恤九族"、"存问九族"、家族祭祀等列为平民一年诸事的重中之重。平时聚族而居,战时举族自保,或举族迁徙,其乡村社会的构成是家族血缘关系和地缘关系的合一。[①] 聚族而居,自然是以同姓居多。东汉时代基层行政单位——里的居民构成往往有以某一大姓为主体者,有的宗族大姓可以覆盖一个地区,控制着乡里以至县级政权的运作。按汉代制度规定,一里五十家或百家不等,但在实际上则要取决于农民的聚落状况,很难做到整齐划一。孙吴嘉禾年间,去汉未远,其各项制度基本上承汉而来,其基层组织虽然有改汉代的乡、里为乡、丘,以丘代里者,但其组织结构和汉代相同,如简牍反映的户籍登记制度以县、爵称、身份、年龄、姓名为序即承自汉制。其丘的规模、居民结构和汉代的里相当,以丘易里,大约是针对流民专门的基层行政组织。用历史的眼光看问题,简文中的丘,可能是临时性的,也可能是自古而然,或者是区域性的,但无论是临时性的还是自古而然,抑或是区域性的聚落名称,一经纳入国家基层行政组织系统,成为基层居民组织,具有了制度意义。若简牍所载的丘是先秦丘的延续,两汉时代一直存在,则必然有聚族而居者,应以同姓为主,但《吏民田家莂》所记丘的居民构成并不存在这一现象,十户以下的丘我们略而不论,因为登记户数越少,同姓的概率越低,就以十一户以上的丘而论,除了刘李丘五十七户十二姓中有刘、李、殷三大姓占绝对多数之外,其余诸丘都没有哪一个姓占绝对多数,其重姓较多者如林浧丘、弦丘、下伍丘、平乐丘、利丘、郭渚丘、弹浧丘等,都没有哪一姓居于绝对多数。对这种现象的唯一合理解释,就是这些租种国家土地的丘民不是土著而是流民,四方迁移而来的流民,或聚而成邑,或加入当地的丘民之中,而成为国家佃农。正因为这些丘由流民和原居民构成,不是政府统一规划设立的,所处自然环境各

[①] 马新:《两汉乡村社会史》,济南:齐鲁书社1997年版,第226—254页。

有不同，所以丘的规模有大有小，人户有多有少，租佃国家土地的人户数量也不相同。有的丘只有几户，多者七八十户，最少的只有一户。这些佃户数量的差别固然可能是简牍残缺所致，但更可能因为各丘无地人口户数不同的结果。这些缺地的农民，固然有土著，更多的是占着之后的流民。明乎此，我们不仅可知孙吴政权国有土地的经营方式除了屯田之外，还有出租一途，而且可知孙吴政权基层社会结构的一斑。这是孙吴独有制度还是三国通例，不得而知，但从逻辑上判断，曹魏和蜀汉也不排除类似的情况，体现了汉魏之际基层社会结构变动的一斑。

明白了这些佃田民的来源之后，对"熟田""旱田"在数量上的差异就好理解了。"熟田"之所以少，"旱田"之所以多，是为了鼓励垦荒，用减免田租的方式，调动农民垦荒的积极性的结果。也就是说，农民所租种官田中的"熟田"亩数并不是日常意义上的熟田数，而是"定"出来的应按"熟田"标准纳租的亩数。如果这些"熟田"是农民实际租种的丰美之地或者是没有受旱的土地，券书没有必要"定收"若干亩，直书"熟田"若干亩或直书多少亩按米一斛二斗、布二尺、钱七十的标准收租就行了。反之，着明"定收"若干亩，则说明这些"熟田"不是一般意义上土质肥美的上等地或者水田，"旱田""旱败不收"也不是真的是遭受旱灾或者旱作物之地，而是土地登记的专门术语，也是"定"出来的。官田田租额只有两等，一是所谓的"旱田"，一是"熟田"；"定"熟田、旱田若干亩，就是用"熟田""旱田"数量的差别，调节土地质量的差别所导致的农民田租负担的不公平。

明白了孙吴地租数额的确定方式，对我们进一步理解东汉田税的征收方式是有所启发的，许多或明或暗的问题亦可藉此而逐渐明晰。上已指出，在税田制之下，田税征收是有统一标准的，这个标准就是"税田"所缴纳的数字是统一的、"税田"的面积是按照税率确定的。针对土质有肥瘠、产量有高低的现实，用调整"税田"数量多寡以调节质量高低的办法，从而使田税负担相对公平。当然，就垦田和税田的总体来说，是有比例的，这就是三十税一，但是具体到每家每户"税田"所占比例就不一定了。这一方面决定于乡官里吏的利益需要，一方面还要根据各家各户土地的实际情况，这就为基层官吏从中渔利提供了制度空间。

东汉的两大学者许慎和郑玄在讨论《公羊传》和《周礼》的税制时，

曾提及"汉制收租田有上中下"问题，尽管是抽象的经学解读，但对我们探讨东汉田税征收方式有着参考意义。许慎在《五经异议》中曾云汉制收田租，田有上、中、下，与《周礼》同义，郑玄曾加以反驳。二人的讨论，在前文讨论授田制问题时曾经引证，现在为了分析田税制，还需引证如下。《周礼·地官·载师》贾公彦《疏》引许、郑之议云：

> 《异议》第五田税：……《周礼》国中园廛之赋二十而税一，近郊十二税一，远郊二十而税三……案《公羊》十一税，远近无差，汉制收租，田有上中下，与《周礼》同义。玄之闻也，《周礼》制税，法轻近而重远者，为民城道沟渠之役近者劳，远者逸故也。其授民田，家所养者多，与之美田；所养者少，则与之薄田，其调均之而是，故可以为常法。汉无授田之法，富者贵美且多，贫者贱薄且少，美薄之收不通相倍从，而上中下也与《周礼》同义，未之思也。①

许慎用古文经的眼光非《公羊传》十税一制"远近无差"之说，而是《周礼》田税"轻近而重远"之制，并谓"汉制收租，田有上中下，与《周礼》同义"。郑玄则谓《周礼》之法是以授田制为基础的，汉无授田制，怎能说汉家的上中下"与《周礼》同义"？今人遂是郑玄之说，认为"汉制收租并无上中下之分"②。究竟是许慎的"汉制收租，田有上中下"是无中生有，还是郑玄无视现实？抑或是今人理解的偏差？

笔者以为，章帝已把秦彭之法推行全国，《后汉书·百官志》记载乡啬夫之职已表明秦彭之制成为全国通制，"平其差品"包括了辨别土地肥瘠的内容在内。许慎和郑玄均为一代通儒，均熟悉汉代典章制度并以汉家制度释经义，对田分上、中、下以收田税的制度都是知道的，二人的分歧，不在于肯定和否定汉代是否有"汉制收租田分上中下"之制，而在于对汉家制度和儒家经典关系的理解不同。许慎批评《公羊传》只是强调十税一的公正合理，合符圣人之说，但忽略了因"远近无差"所导致的农夫田税负担不

---

① 阮元校刻：《十三经注疏》，北京：中华书局1980年版，第726页。
② 钱剑夫：《秦汉赋役制度考略》，武汉：湖北人民出版社1984年版，第29页。

均的矛盾，故而赞成《周礼》"轻近而重远"之制，进而认为"汉制收租，田有上中下，与《周礼》同义"。郑玄认为，许慎对《公羊传》的批评固然正确，但把"汉制收租，田有上中下"和《周礼》"轻近重远"之义混为一谈也是错误的。《周礼》轻近重远，是因为居于近郊者劳役多，远者劳役少；其授田的多寡则因人口多寡而以土地数量"调均之"。而汉家已无授田制，"田有上中下"并不是因为"城道沟渠之役近者劳，远者逸故也"，而是根据土地肥瘠、产量高低的不同而确定的，怎能说"与《周礼》同义"呢？也就是说，郑玄批评的是许慎把汉家收税的的田分上中下与《周礼》授田制之下"重远轻近"的税收原则和田分三等的制度混而为一，而不是否定"汉制收租，田有上中下"制度的存在。今人根据郑玄之说否定上中下"差品"的存在，是对许、郑之争的误解。相反，许、郑之争正说明了终东汉一代，土地都是"分别肥瘠，差为三品"以收税的。当然，郑玄说的"汉无授田之法，富者贵美且多，贫者贱薄且少"是有其特定含义的，是指《周礼》所说的授田之法。按照周礼的上中下之制，田税负担相同而实际授予亩数不同，中、下之田的数量多于上等田，是以数量弥补质量差别。在郑玄看来，汉家不存在《周礼》式授田制度的，不能把乡官里吏的"平其差品"和《周礼》的田分上中下相提并论，这是经学家的思维。这一点，说已见前，此不重复。

那么，秦彭首创的"分别肥瘠，差为三品"，地分为上、中、下之后，是分别按三种税额收税，也就是上等地亩税若干、中等地亩税若干、下等地亩税若干，还是把中等地、下等地分别折合成上等地，而后按上等地的标准收税呢？回答应是后者而非前者。因为从战国开始就执行统一的定额税制，秦朝继之，均是用土地数量调节质量的差别，东汉执行的仍然是传统税制，按三十税一的税率定出"税田"而后征之。秦彭以一个山阳太守之尊，是没有擅自减免赋税之权的，不敢把统一的田税标准变一为三，其"分别肥瘠，差为三品"只能是瘠薄之地折合成良田的三个标准，章帝颁行天下之后，成为汉家统一的制度。因为汉制田有上、中、下，《周礼》的授田制度也把土地分为上、中、下三等，无论农夫所受是上等的百亩之地，还是中等的二百亩、下等的三百亩，都缴纳百亩良田之税。东汉时代的田分上、中、下的性质与《周礼》有相通之处，许慎才说"汉制收租，田有上中下与

《周礼》同义",只是许慎未以不易、一易、再易之地为例,而以距国远近税率有别为证,才遭到了郑玄的批评。《吏民田家莂》的面世,为上述理解提供了支持。吴国把出租的公田分为旱田和熟田两类,旱田免收租米,熟田则亩收一斛二斗,熟田数量根据佃户所租土地多少和质量优劣而"定",不正是"汉制收租田有上中下"的发展吗?只是孙吴的旱地虽然免交租米,却要按亩交纳六寸六分的布和三十七文钱。只是东汉田分三等,孙吴田分两类,二者的一致之处在于将土地分等而税。不过,从土地所有权经济实现的层面说,东汉和孙吴土地分等而税的土地性质是不同的:东汉的上中下之田是指私有土地,所收的是田税;《吏民田家莂》所载孙吴之旱田、熟田则是国家公田,所收的租米、布、钱均是田租。古人观念上租税不分,今人不可不辨。

明白了《吏民田家莂》的田租征收方式及其与东汉制度的关系,也就明白了税田制度的历史延续了。可以说,东汉之"平其差品"、《吏民田家莂》之"定"熟田和旱田,都是秦朝"税田"制度的发展版。秦朝从农民所受土地中划定一部分为"税田","税田"每亩交禾一石五斗,刍、稾若干,按户平均征收,反映了授田制下国家税收制度的特点。秦彭则把农民所种公田分等而税,章帝推广全国而后分为三等;孙吴则把农民的"佃田"分为两类,简化了东汉制度,反映了国家租佃制的特点。不过,要指出的是,这儿用来"租佃"的土地不一定都是孙吴政权的"公田",也包括农民自己开垦的土地,即把农民垦种的土地登记造册而税之,所谓农民"佃田"三町、五町、九町,等等,怕并不全是农民自我选佃的结果,而包含了农民自行开荒、登记于官府以缴税的土地在内。从这个意义上看,农民所缴纳的"旱田"每亩收布六寸六分、钱三十七文,"熟田"每亩收米一斛二斗、布二尺、钱七十,具有着田租和田税的双重含义。

从秦朝统一到孙吴嘉禾年间,历时四百余年,社会结构多有变化,区域发展差异巨大,土地制度、田税制度亦然,但是,在土地所有制性质一致的前提下,其田税征收方式不会发生实质性的变化。对孙吴"佃田"制度的分析,既有助于理解东汉田税征收方式,也有助于理解西汉、秦朝的田税征收方式。这诚如马克思所言:"人体解剖对于猴体解剖是一把钥匙。反过来说,低等动物身上表露的高等动物的特征,只能在高等动物本身已被认识之后才能理解。"① 通过上文分析，我们有理由认为简牍记录的"税田制"是孙吴"佃田"制的历史基础，反映了国有土地经营方式和田税制度的发展。当然，这只是秦汉田税制度的一个方面，制度设计和实际执行的距离又很遥远，这里所论仅仅是一个面相，供同好批评而已。

第四节　田税的货币化与农民田税负担

汉代田税之轻，为历代学者所艳羡，也为现代学人所称道。但是，汉人对农民的负担曾有过深刻的论述，前文已经述及的晁错、贾谊对汉文帝时期农民破产流亡的现状陈述和原因分析自不待言，西汉末年的贡禹、鲍宣对农民生活也有过真实的叙述。贡禹云：

> 农夫父子暴露中野，不避寒暑，捽屮杷土，手足胼胝，已奉谷租，又出稿税，乡部私求，不可胜供。故民弃本逐末，耕者不能半。贫民虽赐之田，犹贱卖以贾，穷则起为盗贼。②

鲍宣云：

> 凡民有七亡：阴阳不和，水旱为灾，一亡也；县官重责更赋租税，二亡也；贪吏并公，受取不已，三亡也；豪强大姓蚕食亡厌，四亡也；苛吏繇役，失农桑时，五亡也；部落鼓鸣，男女遮迣，六亡也；盗贼劫略，取民财物，七亡也。七亡尚可，又有七死：酷吏殴杀，一死也；治狱深刻，二死也；冤陷亡辜，三死也；盗贼横发，四死也；怨仇相残，五死也；岁恶饥饿，六死也；时气疾疫，七死也。民有七亡而无一得，欲望国安，诚难；民有七死而无一生，欲望刑措，诚难。此非公卿守相贪残成化之所致邪？③

---

① 《马克思恩格斯全集》第46卷，上册，北京：人民出版社1979年版，第43页。
② 《汉书》卷72《贡禹传》，北京：中华书局1962年版，第3075页。
③ 《汉书》卷72《贡禹传》，北京：中华书局1962年版，第3088页。

贡禹仅就田税而言农民负担和命运，鲍宣则综合言之。鲍宣所言农民"七亡七死"，究其根本，不外赋税徭役两项，其他都是赋税徭役派生而来。就农民的赋税徭役负担来说，古往今来的史家均认为是最轻的。但是，贡禹所言已经说明了此论之非，因为农民的实际负担远远不止国家规定的数量。荀悦曾经批评东汉减轻田税云：

> 昔文帝十三年六月，招除人田租，且古者十一而税，以为天下之中正。今汉人田，或百一而税，可谓鲜矣。然豪富强人占田逾多，其赋太半，官收百一之税，而人输豪强太半之赋。官家之惠，优于三代，豪强之暴，酷于亡秦，是以惠不下通，而威福分于豪人也。今不正其本，而务除租税，适足以资豪强也。①

荀悦所论是针对大土地所有制盛行，农民少地或无地的现状而言的，土地大部分被豪强所有，绝大多数农民没有土地，只能靠租种地主土地为生，国家田税再轻，对农民都没有意义，只会对豪强有利。这是符合东汉后期情况的。但是，把这个账记在汉文帝头上，就时空错位了。汉文帝时代还不存在东汉后期的"威福分于豪强"这种情况，起码不像东汉后期这样严重。但是，谓汉代减轻田税始于汉文帝是没有错的，是汉文帝定下了轻田税的基本方针，但这个方针并没有想象的那样带给农民实惠。荀悦分析其原因是"豪富强人占田逾多"，他们向农民收取的地租超过百分之五十，而自己上交国家的微乎其微。问题在于，农民为什么会失去土地？这才是我们应该深究的问题。

农民失地原因是复杂的，这里不去一一辨析。在明白了上述田税征收方式以后，我们起码可以明白，农民失地和田税征收方式有直接联系：以顷计算、按户征收的制度设计给基层政府、乡里小吏在"税田"过程中做手脚提供了制度上的支持，这起码在两个程序上可以有制度上的保证：一是增加普通农民的"税田"数量，其次是按户征收时，普通农民有地无地，都要

---

① 杜佑：《通典》卷1《食货典一》，上海：上海古籍出版社影印四库全书本，1987年，第602册。

缴纳田税，乡官部吏把自己的"私求"也会加入田税之中，征之于民。这在吏治清明时期，转嫁给农民的田税还有所限制，在吏治败坏的时代，农民田税负担之重，可以想见。这些上文有所分析，现在重点分析田税货币化对农民田税负担的影响。

上文讨论刍藁征收方式时，曾谈到刍藁折钱缴纳的内容，即各县"足其县用"之后，可以全部折合成钱征缴，折算标准是"刍一石当十五钱，藁一石当五钱"。但是刍藁的实际价格是随行就市的，随着季节的不同而变动，当市价超过或低于法定价格怎么办？是按法定标准计算，还是按市场价格计算？而不同的计算标准，对农民的实际负担是不同的，故而又有补充规定："刍藁既贵于律，以入刍藁时平贾（价）入钱。"① 这就有两个价格：一个是"刍一石当十五钱，藁一石当五钱"，一个是"平贾"。"刍一石当十五钱，藁一石当五钱"是顷刍律之价，是国家统一价格，而"平贾"则不是统一价格。统一的法定价格是刚性的，而"平贾"则是柔性的，所以才有"刍藁既贵于律，以入刍藁时平贾（价）入钱"的规定。那么，"平贾"是怎么确定的？实行"平贾"制度以后，对受田民的田税负担有什么影响？就是一个不容回避的问题。

学者们曾经注意到"平贾"制度，对"平贾"制度的作用进行过相应的分析，但是，对"平贾"一词的准确训释则留意不够，还需要进一步说明，才能明白田税征收过程中"平贾"对农民田税负担的影响。②

对律文中平贾的含义，整理小组曾经给予解释："平贾，平均价格。"现代学者或者使用这个解释，或者解释为官定价格。笔者以为，"平均价格"是望文生义之释，自不能成立。学者们对"官定价格"内涵的探讨还有待深入，没有分析这个官定价格的适用领域及其对农民负担的影响。

所谓"平均价格"，从逻辑上讲，要随行就市，处于动态过程，比如是

---

① 张家山二四七号汉墓竹简整理小组：《张家山汉墓竹简（二四七号墓）》（释文修订本），北京：文物出版社2006年版，第41、43页。
② 关于"平贾"的代表性研究，参见宋杰：《西汉的"平贾"》，《首都师范大学学报》1998年第2期；温乐平：《从张家山汉简看西汉初期平价制度》，中国秦汉史研究会编：《秦汉史研究》第9辑，西安：三秦出版社2004年版；安忠义：《从"平价"一词看秦汉时期的平价制度》，《敦煌学辑刊》2005年第2期。

一个郡一个县的一个月或者一年的价格为基础制定出来的平均数，如果是按月确定，则每月不同；如果是按郡县确定，则各个郡县有别。但是，《田律》本身已经对刍稾的"平贾"数量做出了明确的规定，"刍一石当十五钱，稾一石当五钱"。这个规定一经公布，不得更改，根本不存在变动问题。《二年律令》规定按平贾执行的有《盗律》规定："诸盗□，皆以罪所直平贾论之。"① 律文虽然缺失漫漶，大意还是清楚的：根据"平贾"确定赃物数量而后量刑。用"平均价格"解释这儿的"平贾"显然牵强：打击盗窃、确定赃物价值，按照既定标准执行是秦汉法律的基本原则，不存在根据市场行情确定物品"平均价格"而后认定赃物总价，再判刑的程序。果如此，既影响审判效率，也会给司法腐败提供制度支持，官吏可以此为由上下其手，这和汉初沿袭秦朝的轻罪重刑、严惩犯罪的司法原则是相违背的。又如《传食律》规定：

　　使非有事，及当释驾新成也，毋得以传食焉，而以平贾责钱。非当发传所也，毋敢发传食焉。②

按照规定"使非有事，及当释驾新成"并不在传食范围，但是官府已经传食，则要按照"平贾"计算追缴，所谓"以平贾责钱"就是按照"平贾"折合成钱而后追缴。这儿的"平贾"显然不是所消耗物品的"平均价格"，而是官定价格。传食物品本是官府所有，其价格多少早已确定，根本不存在按照"平均价格"计算的问题。

《赐律》为我们理解"平贾"是官府定价提供了实例。《赐律》规定：

　　赐棺亨（椁）而欲受赏者，卿以上予棺钱级千、亨（椁）级六百；五大夫以下棺钱级六百、亨（椁）级三百；毋爵者棺钱三百。

---

① 张家山二四七号汉墓竹简整理小组：《张家山汉墓竹简（二四七号墓）》（释文修订本），北京：文物出版社2006年版，第20页。
② 张家山二四七号汉墓竹简整理小组：《张家山汉墓竹简（二四七号墓）》（释文修订本），北京：文物出版社2006年版，第40页。

>诸当赐，官毋其物者，以平贾予钱。①

《赐律》是赐予衣物、饮食、丧葬用品的专门法律，社会各阶层，根据身份等级，所赐物品的数量多寡、质量区别、赐予程序，都有规定。官府无物赏赐，则将应赐之物按照"平贾"折算成钱赐给当事人，即"诸当赐，官毋其物者，以平贾予钱"。"平贾"就是官府定价，衣物、酒食、棺椁都有"平贾"；官府无物可赐时，固然按照"平贾"赐钱，当事人不愿接受实物，官府也可以按照"平贾"赐钱。律文给出了部分物品的"平贾"数量，即"赐棺享（椁）而欲受赀者，卿以上予棺钱级千、享（椁）级六百；五大夫以下棺钱级六百、享（椁）级三百；毋爵者棺钱三百"。这"卿以上予棺钱级千、享（椁）级六百；五大夫以下棺钱级六百、享（椁）级三百；毋爵者棺钱三百"就是官府确定的不同身份的人所使用的棺、椁的"平贾"。现有律文虽然没有衣物、酒食的"平贾"规定，但是，从逻辑上判断，也应有相应规定。尽管在君主专制时代，前主所是著为律、后主所是疏为令，律令随着君主的意志可以随时变动，但是律令文本一经形成，还是有着相对的稳定性和权威性的，法律规定的"平贾"更是如此，绝不能简单地训为"平均价格"。

张家山汉简《金布律》规定：

>有罚、赎、责（债），当入金，欲以平贾入钱，及当受购、偿而毋金，及当出金、钱而欲以除其罚、赎、责（债），及为人除者，皆许之。各以其二千石官治所十月金平贾予钱，为除。②

这条律文规定了黄金按照"平贾"折合成铜钱的三种情况：第一种是罚金、赎刑、还债；第二种是受赏、赔偿；第三种是为自己和他人免除罚金、赎刑、债务。黄金和铜钱均"各以其二千石官治所十月金平贾予钱"。其时十

---

① 张家山二四七号汉墓竹简整理小组：《张家山汉墓竹简（二四七号墓）》（释文修订本），北京：文物出版社2006年版，第49页。

② 张家山二四七号汉墓竹简整理小组：《张家山汉墓竹简（二四七号墓）》，北京：文物出版社2001年版，第67页。

月为岁首，无论案件发生、执行于哪一个月，都按照二千石所在地年初所定的价格折算。

文献对平贾记载多有，注家对平贾进行过种种说明。《史记·吴王濞列传》云刘濞"居国以铜盐故，百姓无赋。卒践更，辄与平贾"。《索隐》谓："汉律，卒更有三，践更、居更、过更也。此言践更辄与平贾者，谓为践更合自出钱，今王欲得人心，乃与平贾，官雠之也。"《索隐》对"践更"的理解是错误的，"践更"不是"合自出钱"，而是自行服役。吴王为了赢得民心，按照平贾付给服役者工钱。《汉书·沟洫志》谓成帝时"治河卒非受平贾者，为著外繇六月"。苏林注："平贾，以钱取人作卒，顾其时庸之平贾也。"如淳云："律说，平贾一月，得钱二千。"《索隐》和苏林解释的是平贾的运用条件，如淳说的则是平贾的数量，都没有说明何谓平贾。《汉书·食货志下》谓王莽设司市师："诸司市常以四时中月实定所掌，为物上中下之贾，各自用为其市平，毋拘它所。众民卖买五谷布帛丝绵之物，周于民用而不雠者，均官有以考检厥实，用其本贾取之，毋令折钱。万物卬贵，过平一钱，则以平贾卖与民。其贾氐贱减平者，听民自相与市。"按《周礼·天官·小宰》之职有"听卖买以质剂"。郑司农云："质剂，谓市中平贾，今时月平是也。"《周礼·地官·质人》谓："质人掌成市之货贿、人民、牛马、兵器、珍异。"郑玄注："成，平也。会者平物价而来主成其平也。人民，奴婢也。珍异，四时食物也。"王莽制度是模仿《周礼》而来，区别在于西汉和东汉都是按月定平贾，王莽以"四时中月"定平贾。《周礼》中质人的任务是在买卖双方之间主持公正，确定一个双方都能接受的公平价格，目的是保证买卖公平。这些，传统经学家们已经指出，无需多说。

现在要说明的，是汉代实行平贾制度的目的。传统经学观点认为，《周礼》质人以及相关市场管理人员的职务体现了市场公平原则，是王政的体现。现代学者也大都沿着公平、公正的思路理解汉代的平贾制度。但是，仔细分析，这是理想化的理解，并不符合历史实际，忽视了平贾制度的实质是为了保证国家利益，而不是为了保证买卖双方的公平交易。且不去细究《周礼》关于物价管理规定的目的是为了买卖公平、促进贸易，还是为了强化对市场的控制，是历史的客观存在还是后世学者理想化的安排，我们只要对上举汉律律文稍加分析，对此就不难明白。从上举律文可知，所谓平贾，均发生在与官府的经济往来中，官府收税、赏赐、赔偿，在官府不需要实物或实物不足时，就按照平贾折合成铜钱。在这一折合过程中，是以保证国家利益为前提的。如《田律》规定的"刍稾节（即）贵于律，以入刍稾时平贾（价）入钱"，说明了"平贾"政策的这一目的性。律文只规定"刍稾节（即）贵于律，以入刍稾时平贾（价）入钱"，这"以入刍稾时平贾（价）入钱"之"平贾"肯定高于"刍一石当十五钱，稾一石当五钱"的法定比价，否则没有必要专门规定"以入刍稿时平贾（价）入钱"。其余律文中的关于"平贾"的规定都应作如是解。如《金布律》规定："亡、杀、伤县官畜产，不可复以为畜产，及牧之而疾死，其肉革腐败毋用，皆令以平贾偿。入死、伤县官，贾以减偿。""亡、毁、伤县官器财物，令以平贾偿。入毁伤县官，贾以减偿"①，其目的都是为了保证官府利益，市场价格上扬，"平贾"水涨船高；市场价格降低，"平贾"未必降低。至于吴王刘濞和成帝按平贾付给服役者工钱则各有原因，刘濞为的是收揽人心，成帝则是因为治河艰难而奖赏之，二者都是官府行为。

　　汉代商品经济发达，货币流通广泛，赋税徭役货币化趋势明显，除了人口税、资产税征收货币以外，田税、更役都在向货币形态转化。而除了西汉前期曾经弛山泽之禁以外，国家始终控制着最主要的经济资源，从汉武帝开始盐铁业一直由国家垄断经营，农民最主要的生产工具和生活必需品必须向官府购买。所以，无论是计算个人资产以便征税，还是计算官有物品以便索赔，都要有一个标准价格，这个标准价格就是平贾。但是这个平贾绝对不是市场私人之间的交易价格，而是官府的执行价格，即官府在征收赋税、出卖专卖产品、计算司法赔偿时执行的价格。至于民间买卖，依然是随行就市，根据市场行情，或高或低，而不是按照平贾交易，认为平贾制度是当时市场贸易的通行制度是不符合事实的。云梦秦律《金布律》规定："有买及卖也，各婴其贾；校物不能一钱者，勿婴。"②"各婴其贾"即明码标价，保证价格公开，买卖公平，童叟无欺。这所婴之"贾"是商人自定的价格，而不是所谓的平贾。有的论者认为这是秦朝实行平贾制度的体现，是不能成立

---

①　张家山二四七号汉墓竹简整理小组：《张家山汉墓竹简（二四七号墓）》（释文修订本），北京：文物出版社2006年版，第68页。
②　睡虎地秦墓竹简整理小组：《睡虎地秦墓竹简》，北京：文物出版社1978年版，第57页。

的。因此之故，司马迁才总结说"夫用贫求富，农不如工，工不如商，刺绣文不如依市门。此言末业，贫者之资也"①。之所以如此，就在于运用价格差致富的速度远高于农民和手工业者；所谓"日游都市，操其奇赢"之"奇赢"就是善于贱买贵卖、赚取价格差。司马迁还具体把当时的商人分为"贪贾""廉贾"两大类，"贪贾三之，廉贾五之"。这"三之""五之"都是相对于其成本而言的，贪贾利润率是三分之一，廉贾为五分之一，无论是三分之一还是五分之一，都富甲一方，和"千乘之家"相当。② 显然，这些凭靠"依市门"而可以和"千乘之家"相比肩的富商大贾们不是按照"平贾"经营的，而他们都是合法致富，并且成为社会效法的榜样，趋之若鹜，正说明其时之商品贸易价格是自由的。

由于平贾具有官府专属性，在实际执行过程中，自然朝着有利于官府的方向倾斜，征收赋税自不待言，在政府采购时更是如此。居延汉简记载的因违反平贾制度、虚报购买价格而被指违法的两个事例即从反面说明了这一点。简文云：

> 二月戊寅，张掖太守福、库丞承熹兼行丞事敢告张掖农都尉、护田校尉府卒人：谓县律曰：臧它物非钱者，以十月平贾计。案戍田卒受官袍衣物，贪利贵贾，赊予贫困民，吏不禁止，浸益多，又不以时验问。(4·1)
> 国安籴粟四千石，请告入县官，贵市平贾石六钱，得利二万四千，又使从吏高等持书请安，安听入。马七匹，贵九□□□□□三万三千，安又听广德姊夫弘请为入马一匹，贵一千，贾故贵，登故。(20·8)③

这两个事例都说明了平贾只适用于官有物资的买卖。第一个事例是戍卒、田卒擅自卖出廪于官府衣物的事情。官府发放衣物给戍田卒的目的是使戍田卒们安心戍边，这些衣物属于官物，是非卖品。而有的戍卒见市场价高，私自卖掉衣物，这属于盗窃行为，所卖衣物应视为赃物，要"以十月平贾计"

---

① 《史记》卷129《货殖列传》，北京：中华书局1959年版，第3274页。
② 《史记》卷129《货殖列传》，北京：中华书局1959年版，第3274页。
③ 谢桂华、李均明、朱国炤：《居延汉简释文合校》，北京：文物出版社1987年版，第5、33页。

而后赔偿。"十月平贾"是高还是低于戍卒实卖价格，不得而知，但是可以肯定的是：十月平贾和卖出衣物时的市场价是有出入的。第二个事例记载的是为官府购买粮食、马匹过程中运用平贾制度牟取私利的事。为官府购买粮食、马匹，无论市价如何，都只能按照平贾支付。而国安却按高于"市平贾"每石六钱的价格将四千石粮食申报入库，个人牟利二万四千钱。在登记购买马匹时，国安又收受人情，故伎重演，把远贵于平贾的马匹登记入官，从中牟利。简文"国安籴粟四千石，请告入县官，贵市平贾六钱，得利二万四千"，正说明"国安籴粟"的实际价格是"市平贾"即官定价格，而市场买卖自有其价格；国安实际支付的是平贾，而申报入库的是市价，每石比平贾高六钱；马匹虽然不是国安买的，但国安明明知道该马匹高过平贾甚多，仍然予以登记。这些都是违法行为，所以被弹劾。这里要指出的是，国安购买粮食的市价如果低于平贾，国安只需按照平贾申报入库就可以牟利了，不必要高出平贾六钱入库；如果不存在市价高于平贾的事实，国安报的价格就没有任何依据。所以，我们完全可以得出结论：粮食市价高于平贾，国安以政府权力的强制作支撑，平贾买入四千石粮食，却以市价上涨、难以平贾购买为借口而按市价报账，套取公款，结果被揭发。

众所周知，汉代人口的主体是个体农民，他们既无资本也无能力从事大规模的商品生产，他们中的绝大多数只能靠出卖有限的农副产品换取货币，必然要受到商人的中间盘剥。而"刍一石当十五钱，稾一石当五钱。刍稾即贵于律，以入刍稾时平贾入钱"的规定为增加农民田税负担提供了制度上的保证——当刍、稾市场价格低于法定价格时，按法定价格征收货币，农民实际卖出的刍、稾就不止是三石和二石；当刍稾的市场价高于法定价格时，则按平贾——也就是官定的价格折算成实物；这平贾低于市场价，若按市场价格折算，农民卖出的实物就少一些，负担也就轻一些，而按平价折算，折合的实物就要多得多。尤其需要注意的是，刍、稾税的缴纳没有统一固定的时间，官府想什么时候要就什么时候要，农民就得什么时候交。律文谓"十月户出刍一石，足其县用，余以入顷刍律入钱"，也就是说，除了"户出刍一石"于十月收取以外，其余折合货币收取的时间，全由各地自己说了算。逢秋收刚过，物产丰富之时，物价再低，农民也得出卖农产品以交税，要受谷贱伤农之害；若逢青黄不接，无物可卖，农民只好去借高利贷购买实物以宽税，则落入高利贷的陷阱而不能自拔。晁错曾上书文帝云："今农夫五口之家，其服役者不下二人，其能耕者不过百亩，百亩之收不过百石。春耕夏耘，秋获冬臧，伐薪樵，治官府，给徭役；春不得避风尘，夏不得避暑热，秋不得避阴雨，冬不得避寒冻，四时之间亡日休息；又私自送往迎来，吊死问疾，养孤长幼在其中。勤苦如此，尚复被水旱之灾，急政暴赋，赋敛不时，朝令而暮改。当具有者半贾而卖，亡者取倍称之息，于是有卖田宅鬻子孙以偿责者矣。"① 这五口之家、百亩之地是授田制之下个体小农的一般形态，他们之所以"当具有者半贾而卖，亡者取倍称之息"，除了天灾以外，主要是因为"急政暴赋，赋敛不时，朝令而暮改"。这"急政暴赋，赋敛不时，朝令而暮改"是包含了田税征收在内的，田税的货币化和征敛不时使他们不得不"当具有者半价而卖"，没有的时候又不得不"取倍称之息"去购买官府所需要的实物。以往对晁错这段话的理解多不得要领，甚至认为这五口之家、百亩之地、亩产一石不是汉初小农的真实形态，简单地把农民"卖田宅、鬻子孙"的原因归结为商品经济发达的结果，而未见田税制度所起的杠杆作用，现在是应该重新认识的时候了。

第五节 文帝免征田税新证

汉文帝在位期间曾三次下诏减免田租（税）。第一次是即位的第二年，诏曰："农，天下之大本也，民所恃以生也，而民或不务本而事末，故生不遂。朕忧其然，故今兹亲率群臣农以劝之。其赐天下民今年田租之半。"第二次是十二年，诏曰："道民之路，在于务本。朕亲率天下农，十年于今，而野不加辟，岁一不登，民有饥色，是从事焉尚寡，而吏未加务也。吾诏书数下，岁劝民种树，而功未兴，是吏奉吾诏不勤，而劝民不明也。且吾农民甚苦，而吏莫之省，将何以劝焉？其赐农民今年租税之半。"第三次是十三年六月，诏云："农，天下之本，务莫大焉。今廑身从事，而有租税之赋，是谓本末者无以异也，其于劝农之道未备。其除田之租税。赐天下孤寡布帛

---

① 《汉书》卷24上《食货志上》，北京：中华书局1962年版，第1132页。

絮各有数。"① 文帝第一次、第二次都明确记载免除的是当年田租（田税）之半，而第三次发布的"其除田之租税"没有明确时间，是免除当年一年的"田之租税"还是此后的"田之租税"全部免除？难以做出明确的判断。景帝元年五月下诏"令田半租"②，即减半收取田租。因为文帝"除田之租税"的时限不明，从诏令文本难以确认，也就难以确定景帝"令田半租"是指重新征收田租而减半，还是从此以后减半征收。如果是后者，则表明文帝十三年"其除田之租税"是免除当年田税；如果是前者，则表明文帝十三年到景帝继位总计十二年间的田税都是免征的。《汉书·食货志》叙述文、景时期田租变化过程谓文帝接受晁错入粟拜爵以宽减民力的建议之后，"乃下诏赐民十二年租税之半。明年，遂除民田之租税。后十三岁，孝景二年，令民半出田租，三十而税一也"③。按照《食货志》的行文，仍然难以明确判断文帝十三年以后是否征田税，从行文逻辑连贯性来看，似乎是免除了文帝十三年以后的田税。于是学界就有两种理解。第一种理解是从文帝十三年开始到景帝继位共计十二年的田税全免，20 世纪 70 年代以前，学者们大都持此说。20 世纪 70 年代末开始，学者们对此提出异议，认为汉文帝十三年"其除民田之租税"仅仅是免除当年的田税，此后继续征收，税率依然是十五分之一；景帝"令田半租"，是相对于文帝驾崩时的十五税一而言。④ 目

---

① 《汉书》卷 4《文帝纪》，北京：中华书局 1962 年版，第 118、124、125 页。
② 《汉书》卷 5《景帝纪》，北京：中华书局 1962 年版，第 140 页。
③ 《汉书》卷 24 上《食货志上》，北京：中华书局 1962 年版，第 1135 页。《汉书·景帝纪》和《史记·景帝本纪》均谓景帝于即位当年"令民半出田租"。《汉书·食货志》将"令民半出田租，三十而税一"系于孝景二年。笔者按《食货志》的十三年应是十二年之误，"令民半出田租"是景帝元年事。
④ 据笔者所见，最早明确表述这一看法的是高敏先生。高先生认为《史记》《汉书》只记载景帝元年"除田半租"，"既未云复，而有除田半租之事，可见文帝仅除去十三年之田租而已"，见氏著《秦汉史论集·秦汉赋税制度考释》，郑州：中州书画出版社 1982 年版，第 61 页。对传统理解展开否定性论证的是黄今言先生，见氏著《汉代田税征课中若干问题的考察》，《中国史研究》1981 年第 2 期；《秦汉赋役制度研究》，南昌：江西人民出版社 1988 年版，第 61—72 页。彭雨新先生赞同高敏先生、黄今言先生观点，见《关于汉文帝免田租十三年的历史传说》，刊《江汉论坛》1983 年第 3 期。琨奇先生认为景帝元年五月诏令"令田半租"已经"足证文帝时还是有田租的，且根据文帝时诏文所令减税均为当年田租的通例，文帝十三年'除田之租税'必限于当年无疑"，见氏著《秦汉小农与小农经济》，合肥：黄山书社 1991 年版，第 71 页。对这一观点进行进一步论证的则以柳春繁先生《秦汉的赋税徭役制度》一文为代表，见氏著《秦汉魏晋经济制度研究》，哈尔滨：黑龙江人民出版社 1993 年版。另有张景贤《汉文帝十二年不收田租说质疑》也强调这一看法，刊《历史教学》1996 年第 10 期。

前学界，或持新说，或持旧说①，而以新说者居多。这个问题，不仅关系到对文帝税制变革真相的把握，也关系到对西汉前期农业、工商业政策和经济结构的把握，以及对汉文帝经济政策的理解问题。故在已有研究的基础上，从文帝时代经济政策和经济结构变迁的层面，再做探讨。

一、免除田税释疑

笔者认为，传统理解是对的，汉文帝免除的是从十三年到后元七年总计十二年农民的田税，景帝于即位的当年按照三十税一的标准重新征收田税。下文先就现代学者的质疑做出解释，然后从汉文帝时期经济政策和经济发展的层面说明文帝免除农民田税的基础。

否定文帝免除农民十二年田税的依据主要有两点。一是按照两汉书的词例，凡永久性免除租赋徭役者要注明"世世复"或"终身复"；免除农民赋税徭役若干年者则注明具体年份或者年数，如免除三年、五年都注明"复三年""复五年"等；凡是没注明具体年数者通常是指免除当年的赋税徭役。② 二是田税是汉代政府的主要税目，是财政收入的主要来源，是政府运作的财政基础，十二年的农民田税全部免除以后，国家依靠什么支持财政运转？因而不可能长期免除田税。

先谈复除年数的理解问题。细检两汉书，第一点的反对理由确实有一定的事实依据，两汉书中确实存在着免除当年赋役而不注明具体年数的记载，但并不能据此得出结论说未注明具体年数者都是免除当年赋役。因为按两汉书词例：属于制度性变革者大都不注明具体年数，表明从诏令发布之日开始，某项制度开始实施或者改变。赋税徭役制度也是如此。减免田税时，注明具体年数或地区者是指减免该年或者该地区田税，都属于临时举措，否则，即不属于临时举措。尽管也有临时性减免没有注明具体年数，但少而又少。所以，我们绝不能把没有明确记载具体年数的减免赋税徭役的诏令都理解为只减免当年一年的临时举措。对此，我们无需一一举证辨析，只要审视

---

① 主张传统看法、对汉文帝免除农民十余年田租进行系统论证的有罗镇岳：《也谈汉代田税征课中的若干问题——兼与黄今言先生商榷》，《中国史研究》1982年第3期。施伟青：《"文帝十余年不收田租辨"——兼与黄今言同志商榷》，《中国社会经济史研究》1982年第3期。

② 黄今言：《汉代田税征课中若干问题的考察》，《中国史研究》1981年第2期。

一下文帝四年夏五月"复诸刘有属籍，家无所与"①和景帝即位"令民半出田租"两道诏令就够了。文帝四年"复诸刘有属籍，家无所与"，是赐给刘氏宗室的永久性特权，确立了宗室成员复除徭役的制度。至于景帝"令民半出田租"，更不能因为没有说明具体年数，论定三十税一的制度仅仅推行于景帝元年这一年，因为从这一年开始实行三十税一制，终两汉之世没有改变，这是古今公认的事实。②此其一。

其二，文帝十五年九月诏举贤良对策，晁错在对策中列举文帝惠政云："今陛下配天象地，覆露万民，绝秦之迹，除其乱法；躬亲本事，废去淫末；除苛解娆，宽大爱人；肉刑不用，罪人亡（无）孥；非谤不治，铸钱者除；通关去塞，不孽诸侯；宾礼长老，爱恤少孤；罪人有期，后宫出嫁；尊赐孝悌，农民不租；明诏军师，爱士大夫……所为天下兴利除害，变法易故，以安海内者，大功数十……"③晁错所言诸事，属于制度性变革者，都有明确年代，"罪人亡（无）孥"即废除连坐制度在文帝元年十二月④；"诽谤不治"在文帝二年二月⑤；"铸钱者除"即废除禁止私人铸造钱币的禁令在五年四月⑥；"通关去塞"即废除检查出入关塞者身份及其携带物品的

---

① 《汉书》卷4《文帝纪》，北京：中华书局1962年版，第120页。

② 对于两汉书所载复除田税年数的理解，针对黄今言先生的意见，罗镇岳、施伟青二位先生已经给予了否定性的分析。本文为了论证的完整性，而简要论证于此，为避免重复，详细资料举证请参见上举罗镇岳《也谈汉代田税征课中的若干问题——兼与黄今言先生商榷》、施伟青《"文帝十余年不收田租辨"——兼与黄今言同志商榷》文。下文有的内容罗、施二位先生已经论及，出于内容完整性的需要，本文在罗、施基础上再予论证。为了行文简洁，不再一一注出；为避掠美之嫌，特此说明，请有心者比较拙稿与罗、施二文的异同。

③ 《汉书》卷49《袁盎晁错传》，北京：中华书局1962年版，第2296—2297页。

④ 《史记》卷10《孝文本纪》：十二月，"上曰：'法者，治之正也，所以禁暴而率善人也。今犯法已论，而使毋罪之父母妻子同产坐之，及为收帑，朕甚不取。其议之。'……除收帑诸相坐律令"。北京：中华书局1959年版，第418—419页。又见《汉书》卷4《文帝纪》，北京：中华书局1962年版。

⑤ 《史记》卷10《孝文本纪》文帝诏云："古之治天下，朝有进善之旌，诽谤之木，所以通治道而来谏者。今法有诽谤妖言之罪，是使众臣不敢尽情，而上无由闻过失也。将何以来远方之贤良？其除之。民或祝诅上以约结而后相谩，吏以为大逆，其有他言，而吏又以为诽谤。此细民之愚无知抵死，朕甚不取。自今以来，有犯此者勿听治。"北京：中华书局1959年版，第423—424页。又见《汉书》卷4《文帝纪》，北京：中华书局1962年版，第118页。

⑥ 《汉书》卷4《文帝纪》：五年"夏四月，除盗铸钱令，更造四铢钱"。北京：中华书局1962年版，第121页。

制度在十二年三月①;"肉刑不用"即废除肉刑在十三年夏②。这些都是除旧布新的制度性变革,并非恩赐性质的临时举措。如"通关去塞"也就是"除关无用传",直到景帝四年才"复置诸关用传出入"。③从文帝十二年三月到景帝四年总计十七年,都是自由出入关塞,不需检查证件。景帝四年因为七国之乱刚平,出于安全考虑,才"复置诸关用传出入"。④文帝十三年肉刑废除以后,终两汉之世没有恢复。文帝五年"除盗铸钱令,更造四铢钱"以后一直允许民间铸造货币,直到武帝时才收归中央统一铸造。所以,我们有理由相信,晁错说的"农民不租"作为文帝惠政之一,和"盗钱者除""诽谤不治""通关去塞""肉刑不用"等一样,都属于制度性变革,都是指废除相关律令,"农民不租"不是指免除文帝十三年一年田租,而是从十三年之后一直免除。

其实,文帝十三年"除民田之租税"是制度性变革而非临时优抚的举措,在文献上是有明确记载的。《史记·汉兴以来将相名臣年表》记其事为"除肉刑及田租税律戍卒令"。"除肉刑"即用徒刑、笞刑等代替原来的黥、劓、斩左趾、斩右趾等刑罚;除"田租税律"就是文帝诏令所说的"除田之租税";除"戍卒令"则是废止适龄男子戍边一岁的律令。

以往因为资料的限制,人们难以对《史记·汉兴以来将相名臣年表》的"除肉刑及田租税律戍卒令"中的"田租税律"做出明确的解释,随着云梦秦律、张家山汉简《二年律令》的面世,人们对此可以有明确的了解。

---

① 《汉书》卷4《文帝纪》:十二年三月"除关无用传"。张家山汉简《二年律令·津关令》面世后,我们可以了解此前出入关塞人员的证件、物品检查情况,详见张家山二四七号汉墓竹简整理小组:《张家山汉墓竹简(二四七号墓)》(释文修订本),北京:文物出版社2006年版,第83—88页。对《津关令》的研究参见李均明《汉简所反映的关津制度》,《历史研究》2002年第3期。

② 《史记》卷10《孝文本纪》十三年文帝诏云:"盖闻有虞氏之时,画衣冠异章服以为僇,而民不犯。何则?至治也。今法有肉刑三,而奸不止,其咎安在?非乃朕德薄而教不明欤?吾甚自愧。故夫驯道不纯而愚民陷焉。《诗》曰'恺悌君子,民之父母'。今人有过,教未施而刑加焉,或欲改行为善而道毋由也。朕甚怜之。夫刑至断支体,刻肌肤,终身不息,何其楚痛而不德也,岂称为民父母之意哉。其除肉刑。"北京:中华书局1959年版,第427—428页。详见《汉书》卷23《刑法志》,北京:中华书局1962年版。

③ 《汉书》卷5《景帝纪》:"四年春,复置诸关用传出入。"颜师古注引应劭云:"文帝十二年除关无用传,至此复用传,以七国新反,备非常。"北京:中华书局1962年版,第143页。

④ 参见臧知非:《论汉文帝"除关无用传"——西汉前期中央与诸侯王国关系的演变》,《史学月刊》2010年第7期。

云梦秦律有《田律》专章，规定了农民授田，刍、稾征缴、田亩面积、沟洫整治、山林使用等事宜，对征收刍稾的规定是："入顷刍稾，以其受田之数，无垦不垦，顷入刍三石、稾二石。"① 曾有学者援引这条律文说明汉文帝"除田之租税"就是废除"田租税律"，但毕竟是以秦证汉的逻辑推定②，缺少汉律的直接证明，没有引起学界的应有重视。张家山汉简《二年律令》的面世则提供了直接的证据。《二年律令·田律》关于农民授田，刍、稾征缴、田亩面积、沟洫整治、山林使用等事项的规定在具体细节上虽然和秦律相比有改变，但基本制度完全一致，而较秦律丰富得多，对征收刍稾有专门的规定，云："入顷刍稾，顷入刍三石；上郡地恶，顷入二石；稾皆二石。令各入其岁所有，毋入陈，不从令者罚黄金四两。"③ 刍稾是庄稼茎、叶，征收用作牲畜饲料，是田税的构成部分，《田律》规定了刍、稾的征收方式和数量，自然也有谷物征收的相关规定。上已经说明，汉初田税形态和秦朝相同，都由禾、刍、稾三种实物形态构成。所以，我们可以得出结论：司马迁说的汉文帝所除之"田租税律"就是张家山汉简《田律》中的征收田税的规定，直到景帝元年恢复征收田租（税），其数额减半，三十税一，终两汉之世没有改变。

  同理可证，司马迁所说的除"戍卒令"就是废除戍边法令。按云梦睡虎地秦律有《戍律》，是征发戍卒徭役的法律，服役期限是一年。④ 刘邦时代，为医治战争创伤，汉匈和亲，边事缓解，停止了由秦律延续而来的戍边一年的制度。吕后时匈奴威胁加剧，为加强边防，吕后五年"令戍卒岁更"⑤，即恢复戍卒按年轮换的制度。文帝采纳晁错募民实边建议，以代替戍卒轮代的制度，在免除农民田税的同时一并废除了适龄男子戍边一年的制

---

① 睡虎地秦墓竹简整理小组：《睡虎地秦墓竹简》，北京：文物出版社1978年版，第27—28页。
② 罗镇岳：《也谈汉代田税征课中的若干问题——兼与黄今言先生商榷》，《中国史研究》1982年第3期。
③ 张家山二四七号汉墓竹简整理小组：《张家山汉墓竹简（二四七号墓）》（释文修订本），北京：文物出版社2006年版，第41页。
④ 云梦秦律《戍律》规定："戍者城及补城，令姑（嫴）堵一岁。"见睡虎地秦墓竹简整理小组：《睡虎地秦墓竹简》，北京：文物出版社1978年版，第148页。之所以"令姑（嫴）堵一岁"即保证使用一年不坍塌，就是因为戍卒戍守以一年为期，一年期满返乡（当然，一年期满返乡是指法定的正常状态，如有战争或者其他情况就不一定了），一年以后是后继戍卒的事情。
⑤ 《史记》卷22《汉兴以来将相名臣年表》，北京：中华书局1959年版，第98页。

度，所谓除"戍卒令"就是指废除吕后五年开始实行的"令戍卒岁更"的法令。当然这个除戍卒岁更也是根据时代变化而变化的，因为边境冲突的变化，景帝以后又予恢复。

二、农商并重政策的历史基础

现在从经济政策层面讨论文帝免除田税以后财政收入问题。众所周知，在封建社会里，农业是最主要的生产部门，土地是最主要的生产资料，田税是国家最主要的税种，是国家最主要的财政来源。汉文帝免除农民十余年的田税，这十余年国家财政依靠什么？这是人们怀疑汉文帝长期免除田税的逻辑前提。[①] 诚然，从逻辑上判断，这个怀疑是有道理的。但是，当我们深入文帝时代经济政策和经济发展特点时，就会发现，这个担心脱离了当时的实际。因为，汉文帝固然重视农业，高举"重农"的大旗，反复强调农业的重要性，尽可能地减轻农民负担，率领百官、亲耕藉田以作为天下表率，这一点曾为历代学者包括现代学者所盛赞。但汉文帝时代又是西汉私营工商业高歌猛进的黄金时代。这私营工商业的高歌猛进不仅仅是黄老政治之下"无为而治"的结果，也是文帝调整制度以发展经济的结果。也就是说，汉文帝固然重农，但"重农"并不等于"抑商"，汉文帝在主观上并没有"抑商"的自觉。汉文帝之免除田税，目的是减轻农民负担、避免农民破产以稳定社会，而私营工商业的发展所带来的经济繁荣同样是文帝所希望的，私营工商业发展所带来的税收同样丰裕国库，弥补因免除田税所导致的财政收入的不足。对此，我们只要对文帝即位前的工商政策特别是货币制度变迁略加分析就不难明白。

众所周知，刘邦立国，曾继续秦朝抑制私营工商业势力以稳定地方秩序的政策，"令贾人不得衣丝乘车，重税租以困辱之。孝惠、高后时，为天下初定，复弛商贾之律，然市井子孙亦不得为官吏"[②]。应该说，惠帝、高后时代虽然"复弛商贾之律"，"市井子孙"虽然"不得为官吏"，但"贾人"在私下里衣丝乘车怕是客观的存在，市井子孙的租税负担也可能有所减轻，

[①] 详见黄今言：《秦汉赋役制度研究》，南昌：江西教育出版社1988年版，第61—72页；柳春繁：《秦汉魏晋经济制度研究》，哈尔滨：黑龙江人民出版社1993年版，第161页。

[②] 《汉书》卷24下《食货志下》，北京：中华书局1962年版，第1153页。

但是在经济上私营工商业者的牟利空间还要受到相当的挤压，其表现就是货币铸造权国有化，私营工商业主不能继续铸造货币以直接牟利。刘邦曾"以为秦钱重难用，更令民铸荚钱"①，允许民间铸钱，得利的自然是工商业主，后来刘邦虽然"重租税以困辱之"，但私人仍然可以合法地铸造货币。而这一制度在吕后时发生改变。

吕后二年和六年曾两次改革币制，分别"行八铢钱"和"行五分钱"。② 以往因资料限制，人们对这两次币制变革的具体内容知之甚少，张家山汉简《二年律令》为我们提供了丰富的内容。根据张家山汉简《二年律令·钱律》，吕后的两次币制变动不仅仅是货币重量变更问题，更重要的是国家垄断铸币权。《二年律令·钱律》云：

> 钱径十分寸八以上，虽缺铄，文章颇可智（知），而非殊折及铅钱也，皆为行钱。金不青赤者，为行金。敢择不取行钱、金者，罚金四两。
>
> 故毁销行钱以为铜、它物者，坐臧（赃）为盗。
>
> 为伪金者，黥为城旦舂。
>
> 盗铸钱及佐者，弃市。同居不告，赎耐。正典、田典、伍人不告，罚金四两。或颇告，皆相除。尉、尉史、乡部、官啬夫、士吏、部主者弗得，罚金四两。
>
> 智（知）人盗铸钱，为买铜、炭，及为行其新钱，若为通之，与同罪。
>
> 捕盗铸钱及佐者死罪一人，予爵一级。其欲以免除罪人者，许之。捕一人，免除死罪一人，若城旦舂、鬼薪白粲二人，隶臣妾、收人、司空三人以为庶人。其当刑未报者，勿刑。有（又）复告者一人身，毋有所与。诇告吏，吏捕得之，赏如律。
>
> 盗铸钱及佐者，智（知）人盗铸钱，为买铜、碳，及为行其新钱，若为通之，而能颇相捕，若先自告、告其与，吏捕，颇得之，除捕

---

① 《汉书》卷24下《食货志下》，北京：中华书局1962年版，第1152页。
② 《汉书》卷3《高后纪》，北京：中华书局1962年版，第97、99页。

者罪。

诸谋盗铸钱,颇有其器具未铸者,皆黥以为城旦舂。智(知)为买铸钱具者,与同罪。①

这是吕后二年颁布的《钱律》,不一定是律文的全部,但关于货币种类、质量、铸造、流通的规定已经十分详细。根据整理者的注释,"十分寸八"即十分之八寸,也就是八分,"钱径十分寸八"就是吕后发行的八分钱。根据上举律文,吕后二年《钱律》的基本内容有:确定铜钱和黄金的质量标准和法币地位,将铜钱的重量由刘邦时代的三铢改为八铢,再次明确二者都是主币,不得选择黄金而拒绝使用铜钱;打击制造"伪金"和毁钱为器行为,保护黄金和铜钱的货币价值和功能;由国家铸造货币,严厉打击盗铸行为。盗铸及其协助人员、使用盗铸钱币者、家人知情不举者、同伍以及基层相关小吏不检举者、县乡负责官吏没有及时抓捕者、盗铸未遂者,按照情节轻重和责任,都要受到法律的处罚;对检举、追捕盗铸及其同谋的有功人员赐予爵位,终身免除举报人徭役义务;盗铸者或者协助盗铸者自首或者协助抓捕其他案犯,免除自身责任。

《史记·平准书》谓刘邦开放铸钱,让民间铸榆荚钱以后,"不轨逐利之民,畜积余业以稽市物,物踊腾粜,米至石万钱,马一匹则百金"。一句话,是钱多轻滥,物价上涨,刺激了工商业主操纵市场的投机行为,给工商业主提供了发家致富的机会。明乎此,我们不难明白,吕后颁布新《钱律》,禁止私铸,对当时的经济形势的影响是冲击性的。原来的荚钱在法律上成为非法,不能继续流通,工商业主手中的荚钱也就失去其货币功能;因为禁止私铸,想铸轻为重也不可能,盗铸钱币要冒被"弃市"的危险。所以,吕后的《钱律》必然受到工商业主的反对和抵制。

不过,就当时的政治形势而言,吕后《钱律》的施行范围和效果是有限的,这不仅是因为工商业主的抵制,更决定于当时的政治格局。在当时的分封制度下,诸侯王国和朝廷是"国与国"的关系,诸侯王拥有治国全权,

---

① 张家山二四七号汉墓竹简整理小组:《张家山汉墓竹简(二四七号墓)》(释文修订本),北京:文物出版社2006年版,第35—36页。

为了壮大国力,莫不自行其是。① 在这个政治格局之下,禁止铸钱的施行范围不过局限于中央直辖郡县而已,诸侯王自行铸币,中央是奈何不得的。那些在中央直辖郡县受到打击、无法铸钱以牟利或者因为铸钱而犯法者自然地逃往诸侯王国。尽管中央严厉禁止朝廷的人口、财产流入诸侯王国,但是在客观上无法控制诸侯王国力量的迅速壮大。也就是说,吕后颁布的《钱律》虽然有利于国家对社会秩序的控制,打击了朝廷所辖郡县私营工商业的势力,但在客观上则有利于诸侯王国私营工商业的活跃。吕后六年,改八分钱为五分钱,改重为轻以增加货币发行量,希望刺激工商业,但是铸造权依然由官府控制,其效果是有限的。

因此之故,文帝即位,针对吕后时代的经济方针,在亲耕藉田、减民田租以奖励农耕的同时,着手调整工商政策,以满足工商业者的愿望,同时改变朝廷与诸侯王国经济竞争中的不利形势。这就是弛山泽之禁和开放铸币权,从而为免除田税提供了财政保障。

三、"弛山泽之禁"与税收结构变动

史家艳称,文帝厉行节俭,"宫室苑宥车骑服御无所增益,有不便,辄弛以利民"②。然而,"弛以利民"之"民"是农民还是其他人?是泛指还是专指?从中受益的是农民还是达官显贵、私营工商主?以往都没有深究,总是从文帝重农的既定前提出发,认为"弛以利民"以后受益的是农民。事实怕未必如此。"苑宥"是皇家园林,是皇室重臣骑射游猎之所,圈养的是飞禽走兽,种植的是奇花异木,其中固然有适宜农耕之地,而更多的是经济作物以及渔牧资源,了解"苑宥"的怕不是普通农民,而是达官显贵以及与之往来密切的工商富户,普通农民是无法从所弛"苑囿"中获得实际利益的。当然,弛苑囿以利民只是象征性的,实际从中获利之民无论是官僚、工商业主还是农民,数量都有限,对于社会经济的发展都不会产生多大的直接影响。但是,这个象征的意义是巨大的:它标志着国家放松了对山川林泽的控制,皇家苑囿已经"有不便,辄弛以利民",那些地方官府所控制

---

① 关于西汉前期中央和诸侯王国的关系,参阅臧知非《张家山汉简所见汉初中央与王国关系新探》,《陕西历史博物馆馆刊》第 10 辑,西安:陕西人民出版社 2003 年版。
② 《汉书》卷 4《文帝纪》,北京:中华书局 1962 年版,第 134 页。

的山川林泽还有什么不能"弛以利民"的？面对解禁的山川林泽，普通农民固然可以获利，但拥有技术、资金和人力优势的工商业主从中则大获其利，官僚们也利用手中权力近水楼台先得月地将这些山川林泽中的经济资源变成私人财富，或渔、或牧、或开矿、或煮盐、或种植，等等，因地制宜，各显身手以致富。司马迁所说的"海内为一，开关梁，弛山泽之禁，是以富商大贾周流天下，交易之物莫不通，得其所欲"①。到这时才真正有了制度性的保障和实质性的内容，私人可以有较大自由使用山川林泽，从事各种商品生产，加入商品经济大合唱的队伍中来了。

因为"弛山泽之禁"导致经济发展的多样化，私营工商业发展迅速，社会上对货币的需求量大，针对吕后时期的国家垄断铸钱制度导致私营工商业者的不满，文帝遂改变货币制度。"孝文五年，为钱益多而轻，乃更铸四铢钱，其文为半两。除盗铸钱令，使民放铸。"② 从理论上说，金属货币是称量货币，其交换价值决定于其实际质量，但是在流通过程中，作为一般等价物，其价值和价格是分离的，人们是按照铜钱的面值计算价格的，因而盗铸的铜钱重量要小于文重，其质量差于一般标准才能使利益最大化，无论是刘邦时代私人合法铸钱，还是吕后时代私人的非法铸钱，其实际重量都小于文重，才导致文帝初年的"钱益多而轻"的后果。文帝为了刺激经济，改变朝廷和诸侯王国经济竞争中的不利形势，面对盗铸泛滥的客观形势，与其禁而不止，不如因势利导，允许私人铸币，遂"除盗铸钱令，使民放铸"，将私人铸币合法化。值得注意的是，文帝铸钱的文重仍然大于实际重量一倍，这就给那些富商大贾留下了巨大的利润空间，铸钱成为致富的捷径，不仅富商大贾趋之若鹜，一般农民在可能的条件下也千方百计地加入到采铜和铸币的队伍之中。贾谊在给文帝的奏疏中指出：

> 今农事弃捐而采铜者日蕃，释其耒耨，冶熔炊炭，奸钱日多，五谷不为多。善人怵而为奸邪，愿民陷而之刑戮，刑戮将甚不详，奈何而忽！国知患此，吏议必曰禁之。禁之不得其术，其伤必大。令禁铸钱，

---

① 《史记》卷129《货殖列传》，北京：中华书局1959年版，第3261页。
② 《汉书》卷24下《食货志下》，北京：中华书局1962年版，第1153页。

则钱必重；重则其利深，盗铸如云而起，弃市之罪又不足以禁矣。奸数不胜而法禁数溃，铜使之然也。故铜布于天下，其为祸博矣。①

汉文帝放手私人铸钱，但对铜钱的质量是有统一要求的。掺杂使假、以次充好是要被绳之以法的。但是，为了利益，人们普遍地掺杂使假、以次充好。严格执法，则受刑者太众；置若罔闻，则法律失去权威。贾谊提出的根本办法，是禁止私人开采铜矿，禁止铜在社会上流通，铜的开采、流通由国家垄断。这样做对国家有七大好处。贾谊云：

> 上收铜勿令布，则民不铸钱，黥罪不积，一矣。伪钱不蕃，民不相疑，二矣。采铜铸作者反于耕田，三矣。铜毕归于上，上挟铜积以御轻重，钱轻则以术敛之，重则以术散之，货物必平，四矣。以作兵器，以假贵臣，多少有制，用别贵贱，五矣。以临万货，以调盈虚，以收奇羡，则官富实而末民困，六矣。制吾弃财，以与匈奴逐争其民，则敌必怀，七矣。②

国家垄断铜的开采和流通以后，是否就能实现贾谊所设想的效果，这里不去讨论。这里要指出的是，贾谊在这个奏疏中所透露的"农事弃捐而采铜者日蕃，释其耒耨，冶熔炊炭"的一般情况。当然，"富商大贾周流天下，交易之物莫不通，得其所欲"在这个时候还要受到限制，因为从张家山汉简《津关令》看，吕后以来严厉禁止关中的金、铜等贵重金属和马匹流往诸侯王国，当然不存在"交易之物莫不通，得其所欲"的问题。尽管文帝即位以后，朝廷和诸侯王国的敌对关系迅速缓和，津关禁令有所松弛，但是，直到文帝十二年才"除关无用传"，彻底解除对人员、物资流通的限制。"除关无用传"，正从物资流通的层面给我们诠释了文帝时代的工商政策。

"农事弃捐而采铜者日蕃"是"弛山泽之禁"的结果，但"弛山泽之

---

① 《汉书》卷24下《食货志下》，北京：中华书局1962年版，第1155页。
② 《汉书》卷24下《食货志下》，北京：中华书局1962年版，第1156页。

"禁"的结果绝不仅仅是"农事弃捐而采铜者日蕃",而是各种矿冶业和其他手工业以及其他商品生产的全面发展,司马迁在《货殖列传》中所描绘的西汉前期经济繁荣的景象就是从"弛山泽之禁"开始的。贾谊仅仅看到了"弛山泽之禁"所带来的"农事弃捐而采铜者日蕃"的景象,没有看到"弛山泽之禁"所带来的经济复苏和发展的结果,而主张"上收铜勿令布",实际上主张严格山林池泽之禁,和文帝发展经济的初衷是背道而驰的;而在当时的政治格局之下,诸侯王国自行其是,即使能够做到"上收铜勿令布",也仅仅局限于中央直辖郡县,结果必然使朝廷直辖郡县丧失其经济发展的活力,更加有利于诸侯王国势力的壮大,当然不会为文帝所采纳。

文帝"弛山泽之禁"当然不仅仅是为了推动经济复苏和发展那样简单,还有着更深一层的意义,那就是"弛山泽之禁"以后,国家财政收入同样增加。因为无论是采铜,还是开采其他矿业资源,抑或从事经济作物种植、林木开发、畜牧业、煮盐业,等等,都要征之以税,山川林泽开放了,国家税收也就增多了。所谓"山川园池市井租税之入,自天子以至于封君汤沐邑,皆各自为私奉养焉,不领于天下之经费",说明了"山川园池市井租税之入"的财政意义。张家山汉简《二年律令·金布律》云:

> 诸私为卤(卤)盐,煮济、汉,及有私盐井煮者,税之,县官取一,主取五。采银租之,县官给橐(橐),□十三斗为一石,□石县官税□□三斤。其□也,牢橐,石三钱。租其出金,税二钱。租卖穴者,十钱税一。采铁者五税一;其鼓销以为成器,有(又)五税一。采铅者十税一。采金者租之,人日十五分铢二。民私采丹者租之,男子月六斤九两,女子四斤六两。①

这是吕后二年之前对私营煮盐、采银、冶铁、采铅、采金等矿冶业的税收规定,因为简文漫漶和简略,个别词句的含义尚不清楚,但主要内容是清楚的。其时租、税不分,作为动词使用的租和税都是收取的意思,律文

---

① 张家山二四七号汉墓竹简整理小组:《张家山汉墓竹简(二四七号墓)》(释文修订本),北京:文物出版社2006年版,第68页。

"……及有私盐井煮者，税之，……采银租之"之"税之""租之"都是指收税而言。律文规定了四大产业的收税方式和标准。一是对盐业主的税收规定，无论是经营卤盐即海盐，还是经营井盐，或者在济水、汉水流域煮盐者，都是"县官取一，主取五"。这儿的"县官"是国家的代称，"主取五"之"主"当是盐田或盐井的所有权人。盐田或盐井的拥有者不直接经营煮盐业，将其租给他人经营，官府明令经营者将产值的五分之一交给国家、十分之五交给矿主。二是对采银业主的税收，分三种情况：使用官府提供的橐和自备橐者，分别按产值交纳不同比例的税收，用官橐者比例大，自备橐者比例小（因为简文残缺，不知到具体的税收数量，但其含义还是能够推知的）；若将银矿出租或者出卖则"十钱税一"。律文有"租其出金，税二钱"，所指不明，详情待考。三是对冶铁采铅业的规定。只从事冶铁，不从事铁器加工者收五分之一的税，若冶铁兼营铁器制造业，再征收五分之一的累进税；向采铅业主收十分之一。四是对采金和采丹业的规定，因为黄金和丹砂系贵重矿产，故采用按人征收定额税制：采金者按人按天计算，每天每人收黄金"十五分铢二"即十五铢二分；采丹则按人按月收取，男子每月六斤九两，女子每月四斤六两。出土律文，并不是汉初法律的全部，汉初煮盐业、矿冶业的经营和税收方式是否只有这几种，不得而知，但是，仅从上举律文看，惠帝、吕后时代煮盐、矿冶的经营和税收方式已经很复杂，说明了该产业已经很发达，对煮盐、矿冶的管理已经很成熟。文帝即位后，进一步放开对山川林泽的限制，允许私人铸造钱币，商品经济进一步发展，工商税包括矿业税自然增加。文帝十二年，取消关梁之禁，中央郡县和诸侯王国的物资自由流通，进一步刺激山川林泽资源的开发，工商税的收入进一步增多，尽管因为史料的限制，我们难以对工商税做出定量分析以明其在财政收入中比重的变动，但是随着工商业的发展，工商税的数量在不断增加是可以肯定的。

正是具备了这一前提，汉文帝才下令免除农民的田税。免除农民田税，农业税收是减少了，但是，工商税收的增加弥补了这一缺口，并不会像人们担心的那样会影响国家财政运转。明乎此，以往的担心可以释然了。

第 五 章

算赋研究的几个问题

提要："算"有多意，动词指计算，名词为计算单位，作为量词则因事而异，不仅仅是算赋之省。把凤凰山汉简"算"解为算赋，远远超出农民负担能力，与社会特点矛盾，故不能解为算赋省称。"八月初为算赋"是指"八月算民"即算民而后"赋"之——征税与起役，不是八月初次或八月初征收算赋。凤凰山汉简、天长汉牍所记之"算"应是服役和缴纳赋税的人并非算赋。作为人口税的算赋是民户徭役货币化的结果，成为常税经历了一个历史过程，是西汉后期形成的制度，而农民算赋的实际负担要复杂多样。

如所周知，汉代赋税结构特点是人口税重于田税，算赋和更赋均以丁身为本，是汉代基本税种，也是汉代主要的财政收入，受到现代史家的重视，研究成果众多，特别是一系列简牍资料的问世，人们的认识不断深入。但是，依然存在着这样和那样的分歧，这除了对具体制度认识存在分歧之外，还存在着静态地看问题的不足，没能从社会结构、编户民与国家关系的演变——编户民由国家课役农向私人依附民转变所导致的徭役实现方式的变化这个角度动态地看问题。通过上述土地关系、田税方式以及相关问题的分析，我们可以明白秦汉时代编户民身份是随着土地、爵位的变迁而变迁，国家对编户民的人身控制是一个动态的历史过程，以人身为本的徭役实现方式也因为经济结构的变动处于变动之中，可以从新的角度和起点探讨算赋、更赋的由来与演变。本章即在前贤时哲研究的基础上，系统梳理算赋的生成和演变，更赋问题待下一章讨论。

第一节　问题的提出

就历史文献而言，"算（一作筭）赋"一词首见于《汉书·高帝纪》：高帝四年"八月，初为算赋"。如淳注引《汉仪注》云："民年十五以上至五十六出赋钱，人百二十为一算，为治库兵车马。"① 后世学者虽根据如淳注释把"民年十五以上至五十六出赋钱，人百二十为一算"，和高帝四年八月的"初为算赋"之"算赋"相对应，认为汉代算赋制度就是"民年十五以上至五十六出赋钱，人百二十为一算"。

《后汉书·南蛮西南夷传》云：

> 板楯蛮夷者，秦昭襄王时有一白虎，常从群虎数游秦、蜀、巴、汉之境，伤害千余人。昭王乃重募国中有能杀虎者，赏邑万家，金百镒。时有巴郡阆中夷人，能作白竹之弩，乃登楼射杀白虎。昭王嘉之，而以其夷人，不欲加封，乃刻石盟要，复夷人顷田不租，十妻不筭，伤人者论，杀人者得以倓钱赎死。盟曰："秦犯夷，输黄龙一双。夷犯秦，输清酒一钟。"夷人安之。②

李贤注"复夷人顷田不租，十妻不筭"云："优宠之，故一户免其一顷田之税，虽有十妻，不输口筭之钱。"从文字上看，"口算之钱"是指按人口缴纳算钱的意思，结合如淳注，现代学者遂把李贤的"口算之钱"理解为算赋，即免除板楯蛮夷每户一百亩土地税和十位妻子的算赋，说明起码在秦昭王时期已有算赋之征。这是秦国制度还是其他各国皆然，不得而知。晁错历数秦政暴虐时谓"今秦之发卒也，有万死之害，而亡铢两之报；死事之后不得一算之复"③。古今均谓"一算之复"就是免除一个人的算赋，是秦朝实行算赋的证据。汉承秦制，高祖四年八月"初为算赋"就是承秦而来。

---

① 《汉书》卷1上《高帝纪上》，北京：中华书局1962年版，第46页。
② 《后汉书》卷86《南蛮西南夷列传》，北京：中华书局1965年版，第2842页。
③ 《汉书》卷49《晁错传》，北京：中华书局1962年版，第2284页。

《汉书·惠帝纪》谓惠帝六年"女子年十五以上至三十不嫁，五算"。应劭注谓：

> 《国语》越王勾践令国中女子年十七不嫁者父母有罪，欲人民繁息也。汉律人出一算，算百二十钱，唯贾人与奴婢倍算。今使五算，罪谪之也。①

比较惠帝和高祖诏令，惠帝说的"五算"之"算"就是高帝"初为算赋"之"算赋"的省称，则应劭注"汉律人出一算，算百二十钱"自属算赋无疑。

这种"人出一算，算百二十钱"更多的称之为口赋、口钱、口算。《汉书·食货志上》董仲舒云："田租口赋，盐铁之利，二十倍于古。"《汉书·昭帝纪》谓元凤四年大赦天下，"赐中二千石以下及天下民爵。毋收四年、五年口赋"。元平元年春二月诏："天下以农桑为本。日者省用，罢不急官，减外繇，耕桑者益众，百姓未能家给，朕甚愍焉。其减口赋钱。有司奏请减什三，上许之。"②《汉书·宣帝纪》："减天下口钱。"《后汉书·光武帝纪》建武二十二年诏"其口赋逋税而庐宅尤破坏者，勿收责"。《后汉书·安帝纪》永初四年"辛卯，诏以三辅比遭寇乱，人庶流冗，除三年逋租、过更、口算、刍槀"。元初元年"乙卯，诏除三辅三岁田租、更赋、口算"。顺帝永建三年"诏勿收汉阳今年田租、口赋"。阳嘉元年诏"宗室绝属籍者，一切复籍。禀冀州尤贫民，勿收今年更、租、口赋"。永和三年"遣光禄大夫案行金城、陇西，赐压死者年七岁以上钱，人二千；一家皆被害，为收敛之。除今年田租，尤甚者勿收口赋"③。这里的口赋、口算都是按人口算钱、赋钱的意思，是人口税。之所以称之为口钱、口赋，是因为当时人们根据年龄分别缴纳口钱和赋钱。李贤注《后汉书·光武帝纪》"其口赋逋税而庐宅尤破坏者，勿收责"引《汉仪注》云：

---

① 《汉书》卷2《惠帝纪》，北京：中华书局1962年版，第91页。
② 《汉书》卷7《昭帝纪》，北京：中华书局1962年版，第229、232页。
③ 《后汉书》卷6《顺帝纪》，北京：中华书局1965年版，第255、260、267页。

> 人年十五至五十六出赋钱，人百二十，为一算。又七岁至十四出口钱，人二十，以供天子；至武帝时又口加三钱，以补车骑马。①

另有卫宏《汉旧仪》云：

> 算民，年七岁以至十四岁出口钱，人二十三。二十钱，以食天子。其三钱者，武帝加口钱，以补车骑马。又令民男女年十五以上至五十六出赋钱，人百二十为一算，以给（库兵）车马。民田租刍稿，以给经用，备凶年。山泽鱼盐市税，以给私用。②

七至十四岁每年缴纳二十三钱，十五至五十六岁每人缴纳一百二十钱，分别叫作口钱和赋钱，合称口赋。因为按人口收钱，故称口钱。都要先"算"而后收取，故称口算，综合而言，则为口算钱。长沙走马楼三国吴简，在登记按人收钱时，使用的是"口算钱"而非算赋。③ 吴简记录的是嘉禾年间事，其各项制度是东汉的延续，其土地、户籍、基层行政组织、税收等都是汉制的延续，起码在一定程度上反映了东汉后期制度，使用的名称具有法律规范性，结合上举文献中的口赋、口算、口钱等称谓，当时正式名称应该是"口算钱"，即未成年人和成年人的人口税——计算口数、按口收钱之意。本文取其算人而后收钱之意，也是出于回顾学术史的方便，依然使用"算赋"之名。

现在谈算赋数额的理解问题。

20 世纪初，日本学者加藤繁考释高祖四年"八月初为算赋"时对汉代算赋制度做出了系统的解释，谓"两汉时代曾经用算赋这个名目征收过人头税"。"算是指算人的意思。换就话说，就是指人口调查的意思。在汉代

---

① 《后汉书》卷 1 下《光武帝纪下》，北京：中华书局 1965 年版，第 74 页。
② 孙星衍等辑，周天游点校：《汉官六种》，北京：中华书局 1990 年版，第 82—83 页。
③ 据《长沙走马楼三国吴简·竹简（壹）》，记载口算钱简基本格式为"入××口算钱××××"。据高敏先生研究，这里的"口算钱"就是汉代的口钱、算赋，其说甚是，见氏著《从〈长沙走马楼三国吴简·竹简（壹）〉看孙吴时期的口钱、算赋制度——读〈长沙走马楼三国吴简·竹简（壹）〉札记之五》，《史学月刊》2006 年第 2 期，收入氏著《长沙走马楼简牍研究》，桂林：广西师范大学出版社 2008 年版。

每年八月实行人口调查,然后征收人头税。所以把这种人头税就称为算赋。""因为人口调查叫作算,参照人口调查的结果,向一个个人征收租税就称为算赋,它的租税单位也就称为一算了。""汉书中有高祖四年八月始设算赋的记载,但这只是表示汉代始设算赋的年月,不一定能够看作算赋的起源。"认为可以把秦孝公十四年的"初为赋"看作算赋的起源,"孝公的赋和汉代的算赋大体上名实都是一致的"。同时重新分析算赋数额,认为汉代算赋数额并非都是一百二十钱,而是处于变动之中:在宣帝甘露二年以前,每算定额是一百九十钱,甘露二年至成帝建始二年每算是一百六十钱,建始二年以后才稳定为一百二十钱。① 韩连琪先生认为"算赋虽始于高帝四年,或尚在以前,但在汉初,算赋似尚未成为统一的名称,百二十钱为一算,在武帝前,恐亦未成定额"②。此后学者大多继续这一认识。

1973年,湖北江陵凤凰山十号汉墓出土木牍六枚,竹简一百七十余枚。③ 其中的四号、五号木牍是市阳、郑里按算收钱的记录;另有部分简文记载人口、算数、男女的数量,整理者称之为 B 类竹简。该简牍一经公布,即引起学界极大重视,对四、五号木牍记载"算"的性质展开了深入讨论。尽管这些资料为学界熟知,曾被反复引证,但是为了分析的需要,还需引录如下。四号木牍云:

市阳二月百一十二算算三十五钱三千九百廿偃付西乡偃佐缠吏奉受正□二百卌八
市阳二月百一十二算算十钱千一百廿正偃付西乡佐赐口钱
市阳二月百一十二算算八钱八百九十六正偃付西乡偃佐缠传送
市阳三月百九算算九钱九百八十一正偃付西乡佐赐
市阳三月百九算算廿六钱二千八百三十四付正偃付西乡偃佐赐

---

① 〔日〕加藤繁:《关于算赋的小研究》,初刊于《史林》第4卷第4期,1920年10月,后收入氏著《中国经济史考证》第1卷,吴杰译,北京:商务印书馆1959年版,第125—135页。
② 韩连琪:《汉代的田租、口赋和徭役》,《文史哲》1956年第7期,收入氏著《先秦两汉史论丛》,济南:齐鲁书社1986年版。
③ 长江流域第二期考古工作人员训练班:《湖北江陵凤凰山西汉墓发掘简报》,《文物》1976年第6期。

市阳三月百九算算八钱八百七十二正偃付西乡佐偃赐
市阳四月百九算算廿六钱二千八百三十四正偃付西乡偃佐赐
市阳四月百九算算九钱九百八十一正偃付西乡偃佐赐
市阳四月百九算算九钱九百八十一正偃付西乡偃佐赐
市阳四月百九算算九钱九百八十一正偃付西乡偃佐赐
四月五千六百六十八
市阳五月百九算算九钱九百八十一正偃付西乡偃佐悫
市阳五月百九算算廿六钱二千八百三十四正偃付西乡偃佐悫
市阳五月百九算算八钱八百七十二正偃付西乡佐偃悫
五月四千六百八十七
市阳六月百廿算算卅六钱四千三百廿付□得奴
郑里二月七十二算算卅五钱二千五百廿正偃付西乡佐缠吏奉
郑里二月七十二算算八钱五百七十六正偃付西乡佐缠传送
郑里二月七十二算算十钱七百廿正偃付西乡佐赐口钱

五号木牍：

当利正月定算百一十五
正月算卅二转费
正月算十四吏奉
正月算十三吏奉
正月算□传送部
正月算□□□□
当利二月定算百
二月算十四吏奉
二月算十三吏奉
二月算廿□□□缮兵
三月算十四吏奉
三月算十三吏奉
三月算六传送。

有关"算"的竹简即 B 类竹简简文：

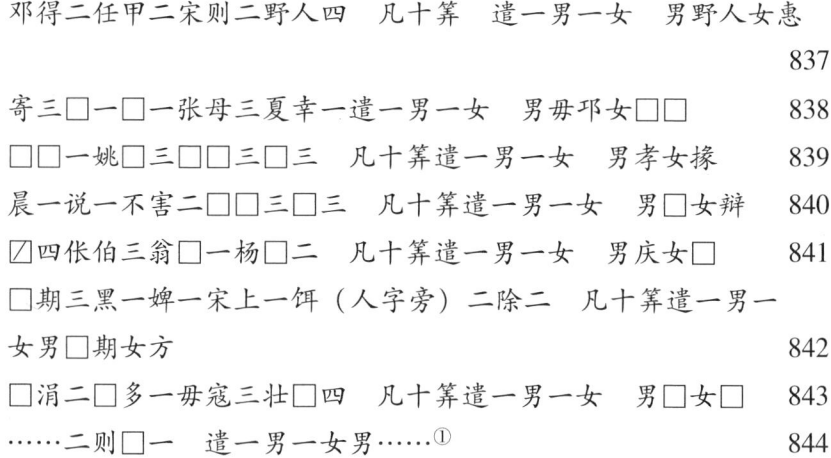

邓得二任甲二宋则二野人四　凡十算　遣一男一女　男野人女惠
　　　　　　　　　　　　　　　　　　　　　　　　　　　837

寄三□一□一张母三夏幸一遣一男一女　男毋邛女□□　838

□□一姚□三□□三□三　凡十算遣一男一女　男孝女橡　839

晨一说一不害二□□三□三　凡十算遣一男一女　男□女辩　840

☑四伥伯三翁□一杨□二　凡十算遣一男一女　男庆女□　841

□期三黑一婢一宋上一饵（人字旁）二除二　凡十算遣一男一女男□期女方　842

□涓二□多一毋寇三壮□四　凡十算遣一男一女　男□女□　843

……二则□一　遣一男一女男……①　　　　　　　　　844

简牍自公布之日起，学界即予以全面考释，对木牍排序、简文中的个别文字厘定有不同认识，笔者系综合各家厘定而后引述，不过这些分歧不影响对算赋问题的分析。

学界对市阳、郑里的"××算算钱××"的"算"有诸多分析，对"算"的性质，或者以为是口钱，或者以为是"杂税"，普遍的看法则以为是算赋。而主张算赋者，对算赋的数额及征收方式存在着分歧。

黄盛璋先生根据四号木牍"付西乡佐赐口钱"的记载，认为这里算钱的性质是口钱，根据是《汉仪注》"民年七岁至十四岁出口钱，人二十三，二十钱以食天子，其三钱者武帝加口钱以补车骑马"。而木牍记录的"市阳

---

① 本文引文在个别简文释读和四号、五号木牍排序与《发掘简报》稍有不同。《发掘简报》将市阳、郑里编为五号，当利编为四号，黄盛璋、弘一先生从之，但《简报》的释文顺序是五号在前、四号在后。裘锡圭先生按照释文顺序调整编号，甚是，本文从之，见裘锡圭：《湖北江陵凤凰山十号汉墓出土简牍考释》，《文物》1974年第7期。文字隶定释读，"筭"系原文，与算相通，故从原文。"遣"字原文有些潦草，黄盛璋先生和弘一先生释为遣，分别见氏著《江陵凤凰山汉墓简牍及其在历史地理研究上的价值》《江陵凤凰山十号汉墓简牍初探》，均刊《文物》1974年第6期。裘锡圭先生释为"徙"，李均明、林梅村《散见简牍合辑》采纳裘锡圭先生说。杨际平先生比较简牍、玺印字形之后认为以"遣"为是，见杨际平：《凤凰山十号汉墓"据筭派役"文书研究》，《历史研究》2009年第6期。本文所用竹简编号，采自李均明、林梅村：《散见简牍合辑》，北京：文物出版社1990年版，第68—69、72页。

二月百一十二算算十钱千一百廿正偃付西乡佐赐口钱"不仅明确是口钱，而且征收钱数总额正是 20 的倍数，相当于五十六人的口钱；"郑里二月七十二算算十钱七百廿正偃付西乡佐赐口钱"也是如此，相当于三十六人的口钱，"正可印证武帝以前确已有口钱，加三钱乃武帝所创"①。

弘一先生认为四号木牍是杂税账单，"这里的税钱是按算征收的，但它不是'算赋'。牍中市阳、郑里二月份各有一笔表明征收的是口钱（即口赋），从二到五月份交到西乡的税钱，共计每算合一百八十五钱，除去口钱仍高于算赋一百二十钱，因此它不是算赋。文献记载秦代有按人头征收杂税的办法，汉代许多制度沿用秦制，所以算字在这里可能被借用为按人头收杂税的单位"。至于其他各个月份账单性质，弘一先生进一步分析认为："市阳、郑里二月份的三笔账分别注明为口钱、吏奉、转徙（送）。市阳二至五月的算数和收税的次数（三次）基本固定，只有四月份追加了一次（六月份的税不是付西乡，当为另一种赋税），这样我们就可以按二月份税赋种类区分其他三个月税钱的性质：大约每算二十钱以上的为吏奉，九或十钱的为口钱，八钱的为转徙。"遂认为吏奉就是地方小吏的薪俸，转徙税不见于史书，可能是维持"传置""传马""传车"等驿站设施运作的专项税收名称。至于竹简记载的"邓得二任甲二宋则二野人四 凡十算"等内容则是算赋。②

裘锡圭先生认为四号木牍记载的市阳、郑里的算钱是征收算赋的记录，但是，在西汉前期没有每算一百二十钱的规定，"按照史料来看，在西汉前期按人征收的算赋并不存在一百二十钱的定额"。根据木牍记载，算钱分多次征收，市阳二月到六月征收十四次共二百二十七钱，"这一年其他六个月收算钱的情况由于材料缺乏无法知道，估计次数也不会少，上半年内十四次所收的赋，每算合二百二十七钱，如果再加上其余半年所收的赋，估计每年要达到四百多钱的样子。这个数字是一百二十钱的四倍左右"。从木牍所反映的算赋征收来看，"所谓轻徭薄赋完全是对封建统治者的美化"。裘先生认为，人百二十为一算"大概是到汉武帝时才规定的，比起四号牍所反映的算赋额，这个数字是比较小的。不过当时在减少按人征收算赋的同时，增

---

① 黄盛璋：《江陵凤凰山汉墓简牍及其在历史地理研究上的价值》，《文物》1974 年第 6 期。
② 弘一：《江陵凤凰山十号汉墓简牍初探》，《文物》1974 年第 6 期。

加了很多按财产征收的赋税，如算车船等。说明这个社会上的贫富分化已经非常严重，从财产很少的一般人民身上榨取算赋，是越来越困难了。因此，才不得不在一定程度上把赋税的重点从人移到财产，以增加封建政府的收入"①。裘先生是系统论述凤凰山汉简算赋问题的第一人，其说一出，影响巨大，此后的认识大都以此为前提。

在已有研究中，高敏先生对凤凰山木牍"算"的研究最为详细，对口钱、口赋、算赋的关系，算赋征收时间、办法与机构，算赋数量，"算"的含义都做了详细的考证，认为木牍记录的"算"是算赋简称，由里典在正月确定应缴纳算赋人数，根据各月人数变化情况及时调整纳算数，每月皆可征收算赋，不限于"八月算民"，"八月算民"是东汉时事。"算"的含义具有多样性，既是算赋，也是具有固定数额的计量单位；之所以把成年人人口税称为算赋，是因为"其税率恰为每人每年一算，因此就获得了算赋之名"，汉初算赋数额是每算二百二十七钱，至于何时演变为一百二十钱一算，还需要进一步探讨；至于贾捐之说的汉文帝"民赋四十"之语是溢美之词。② 但是，西汉文景时代，正是历史上所艳羡的轻徭薄赋的时代，此时之算赋比赋敛沉重的武帝以后高出一倍以上，显然矛盾，应该另寻答案。蒋非非先生即以此为前提，认为"西汉初年算赋征收是有定额的，全年一算为一百二十文（除文帝时一度改收三分之一），部分提前预征，八月算民时正式结算，绝不可以认为各月数字应该累计相加"。认为牍文记录的是把一年内应该缴纳算赋的人数，也就是算数，分解到各个月预征收的情况，具体每月征收多少人（算）、每人（算）交纳多少钱，则根据基层实际需要灵活掌握，到"八月算民"时按照每人（算）一百二十钱累计核算，不能把市阳二到六月十四次征收的算赋数量累计作为西汉前期算赋数额。③

此后的研究者尽管对算赋具体数额有分歧，但普遍地把牍文看作算赋记录，或者称之为"算钱簿"，或者称之为"算赋簿"，并以此为基础解读相

---

① 裘锡圭：《湖北江陵凤凰山十号汉墓出土简牍考释》，《文物》1974年第7期。
② 高敏：《从江陵凤凰山汉墓出土简牍看汉代的口钱制度》，《文史》第20辑，北京：中华书局1983年版，收入氏著《秦汉史探讨》，郑州：中州古籍出版社1998年版。
③ 蒋非非：《算赋制度问题探讨——从江陵凤凰山十号汉墓出土简牍谈起》，《平准学刊》第3辑下，北京：中国商业出版社1986年版。

关简牍内容。只有杨振红先生,明确提出了不同意见,认为汉代存在着人口税,但不存在名为"算赋"的单独税种,"汉代的'算'是国家统计十五岁至老免年龄男女作为赋役征课对象的单位,通常情况下一人为一算,但也有一人为二算甚至五算的情况,所谓'算人'即登记统计国家可征赋役的人数"。其理由一是"算赋"之词仅仅于汉高祖四年八月"初为算赋"一见,在典籍中按人收钱并不称作"算"而是称为"赋"。二是江陵凤凰山木牍说明当时的"杂税"也称为算,"无论就其实质还是征收形式而言,它们都与成年男女的人头税没有质的区别",汉简中的"杂税"也称之为赋。三是"汉代文献中的'算事''算徭赋'的说法证明,算是一种计征徭、赋的方式和单位,所谓'算赋'实际上就是'以算为单位计征赋'的意思"。四是长沙吴简说明"算"是"计征赋和役两者的单位,'复'复除的也是赋和役两项义务,而非两项中的任何一个单一项"。五是如学者已经指出的那样,许多税目都以"算"命名,如算车船、算缗,等等。①

就目前学界来说,除杨振红先生之外,无论对算数征收方式和数额存在着怎样的分歧,都把四号、五号木牍定性为算赋征收簿,市阳、郑里、当利诸里的"算"是算赋的省称,都把《后汉书·南蛮西南夷传》的"十妻不筭"的"算"、晁错说的"一算之复"的"算"也理解为算赋的省称。② 而高帝四年"八月初为算赋"更被视为汉初实行算赋制度的直接证据。在这些研究中,杨振红先生的研究是格外值得重视的,其见解无疑具有创新性,关系到对汉简、吴简诸多内容的重新理解,也关系到对汉代赋税体系生成的理解问题。笔者以为,杨先生对"算赋"的解释是可以成立的,对凤凰山四、五号木牍性质的解读也是正确的。但是,仅此是不够的,一方面没有就相关研究做出系统回应,另一方面仅仅因为"算赋"之名一见和对"算赋"的文字解释而否定作为税种的"算赋"存在,还缺少深入的理论和历史分

---

① 杨振红:《出土"算""事"简与两汉三国吴时期的赋役结构——"算赋"非单一税目》,见氏著《出土简牍与秦汉社会(续编)》,桂林:广西师范大学出版社2015年版,第159—180页。
② 在对凤凰山简牍解读的众多学者当中,只有弘一先生认为木牍的"××算算××"不是"算赋"的征收记录,而是"按算征收"的"杂税账单"。其理由是"除去口钱仍高于算赋120钱"。但,弘一先生依然把算赋作为解读的前提,并没有否认汉初实行每个成年人一百二十钱的算赋制度,见上揭弘一先生文。

析，因为学者们已经注意到算赋名称（如加藤繁）的由来和"算"的含义的多样性，人们将成年人人口税称之为"算赋"就是取意于"算人赋钱"，既含十五岁以上人口赋钱，也含七岁至十四岁的人口赋钱，因"算"的依据是人口，所以统称为口钱、口赋、口算钱。因此，将算赋作为人口税的专称，在法理上是可以成立的。《汉旧仪》所说的"算民，年七岁以至十四岁出口钱，人二十三，二十钱以食天子。其三钱者，武帝加口钱，以补车骑马。又令民男女年十五以上至五十六出赋钱，人百二十为一算，以给（库兵）车马"，就是算赋的数量标准。只是这个标准并非汉初制度，有其形成过程，西汉初年的算赋标准绝非这个数额，更不会高于这个数额。只是资料限制无从知其详情而已。所有这一切，都要对算赋含义、算赋本质、算赋生成和演变等问题，做出系统分析，对传世文献和简牍资料才能有完整的理解。

准此，笔者首先从"八月初为算赋"的理解问题入手，说明"八月初为算赋"之"算"不是算赋之省，再及其他。

第二节 "八月初为算赋"与"算"

人们之所以把牍文的"算"解为算赋之省，根据是高祖四年的"八月初为算赋"。如淳注释引《汉仪注》"民年十五以上至五十六出赋钱，人百二十为一算"。而汉有"八月算人"的制度。《后汉书·皇后纪序》云：

> 汉法常因八月筭人，遣中大夫与掖庭丞及相工，于洛阳乡中阅视良家童女，年十三以上，二十巳下，姿色端丽，合法相者，载还后宫，择视可否，乃用登御。所以明慎聘纳，详求淑哲。李贤注"筭人"（民）云：《汉仪注》曰"八月初为筭赋，故曰筭人"。①

《后汉书·皇后纪下·何皇后纪》云：

---

① 《后汉书》卷10上《皇后纪上》，北京：中华书局1965年版，第400页。

家本屠者，以选入掖庭。李贤注："《风俗通》曰：'汉以八月筭人。'后家以金帛赂遗主者以求入也。"①

因为"初为算赋"和"算人"都在八月，古代注家和现代学者们在讨论算赋问题时，时常将这二者混而为一。但是细绎《高帝纪》之"八月初为算赋"、《皇后纪》"汉法常因八月筭人"、《风俗通》"汉以八月筭人"，和《汉仪注》所说的"民年十五以上至五十六出赋钱，人百二十为一算"并非一回事。《皇后纪》是在叙述东汉选秀女时说到"八月算人"的，在算人的时候，派遣中大夫、掖庭丞以及相工，在洛阳所属各乡"阅视良家童女"，即按照标准逐个检查、挑选年十三岁以上、二十岁以下的"良家童女"，这个标准就是画工所画的标准像和其他条件，有点按图索骥的意思，既要看相貌是否出众合格，还要详查家庭出身、教育背景，所谓"良家"就是指此。这有两点需要注意：一是算人以乡为单位，中大夫、掖庭丞以及相工是"于洛阳乡中阅视良家童女"的，二是所算之人要到所在之乡接受"阅视"。这接受"阅视"的不仅仅是那些"年十三以上，二十已下"的年轻女子，还有其他男男女女，"阅视"官员更不仅仅是"中大夫与掖庭丞及相工"，还有县乡相关官吏。所以，这儿的"汉法常因八月算人"指的是一年一度的"案比"。"案比"和"为算赋"——收取算赋的性质是不同的。选秀在案比时进行，而收取算赋也可以在案比时进行，也可以在他时间进行，案比内涵丰富，不能把收取算赋等同于"案比"，就像不能把选秀等同于"算人"一样。

明乎此，我们需要对刘邦四年"八月初为算赋"的含义重新分析。

笔者以为，刘邦四年"八月初为算赋"之"为算赋"不是收取算赋，而是"为算、赋"，即编制户口、土地、赋税、徭役等簿籍，以了解当年赋税收取、徭役征发、人口增减、土地垦辟等情况，同时作为下一年的依据。这儿的"算"不是算赋之"算"，"赋"亦非算赋之"赋"。这要对"算"的含意做出系统分析。

关于文献和简牍中"算"的含义，学者们陆续有过考证，为了说明问

---

① 《后汉书》卷10下《皇后纪下》，北京：中华书局1965年版，第449页。

题，笔者还需做一叙述性考辨，以明其源流。① 按算通筭，本意是算筹，用作计数的工具，同时把计算之事称之为算。《说文》："筭长六寸，计历数者，从竹从弄，言常弄乃不误也。""算，数也。从竹从具，读若筭。"段注云："汉志云，筭，法用竹径一分，长六寸，二百七十一枚而成六觚为一握，此谓算筹，与算数字各用，计之所谓算也。古书多不别。""筭为算之器，算为筭之用，二字音同而义别。从竹者谓必用筭以计也；从具者，具数也。"也就是说，算的本意是算筹，算筹是计算的工具，遂把计算活动简称为算，算遂具有动词的性质。如征收车船税称之为"算车船"，征收工商税称之为"算缗"，等等，所谓算车船、算缗就是先计算出数量多少而后征之以税。

征收人口税、征发徭役，也要先统计出人口数量、年龄结构、身份等级、身体状况等要素，遂有"算民"之制，即算民之数而后赋敛以钱，数额固定，遂有算赋之称。所谓"汉法常因八月筭人（民）"，《汉仪注》谓"八月初为筭赋，故曰筭人"，即算民是因为"八月初为算赋"而得名。《汉仪注》把"八月初为算赋"作为"算人（民）"之称的由来是可以的，但不能据此认为"八月初为算赋"就是八月初"为算赋"——征收算赋。

因为计算有数量标准，于是算又有了量词的性质，如算赋的标准是一百二十钱，一算就代表一百二十。当然，不同情况下，算的对象不同、内容不同，不能把一百二十钱看作算的唯一数量单位。以征税来说，因为征税以相应的单位为基础，相应地把征税单位也称为"算"。如《汉书·景帝纪》后元二年五月诏："今訾算十以上乃得宦，廉士算不必众。有市籍不得宦，无訾又不得宦，朕甚愍之。訾算四得宦，亡令廉士久失职，贪夫长利。"汉初选官财产标准较高，要"訾算十"以上才有资格，但所选官吏依然贪残，景帝下诏降低选官财产标准以选拔廉士。这儿的"訾算"是算筹的名词化，指计算资产以定户等。所谓的"訾算十"就是财产达到十个计算单位，"廉士算不必众"就是品行高洁之士的最低财产不一定要达到十个计算单位，有四算即四个计算单位就可以应选为官。应劭注："古者疾吏之贪，衣食足

---

① 除了上举加藤繁解释外，高敏先生在《从江陵凤凰山汉墓出土简牍看汉代的口钱制度》一文中对"算"的含义也做了较为详细的考释，但最为详细系统的考释是金少英先生，见氏著《汉简臆谈及其他·释算》，兰州：兰州大学1978年内部油印本，第136—143页。

知荣辱，限訾十算乃得为吏。十算，十万也。贾人有财不得为吏，廉士无訾又不得宦，故减訾四算得宦矣。"师古注："訾读与赀同。他皆类此。"每"算"的标准是一万，这一万就是一个财产单位。服虔注"訾万钱，算百二十七也"，把訾算的"算"解为按算征收资产税，每算收一百二十七钱，其资产税之说虽然存在疑问①，每一万钱收 127 钱的税率标准也令人生疑，但把"算"看作计算单位还是正确的，只是这儿的一算是一万钱。也就是说，文献中的算有名词和动词两个属性：作为动词是计算，作为名词既用作财产计算单位，也用作税收单位。当算用作财产计算单位时有一万钱一算，用作征税数量单位时起码有 120 钱和 127 钱两个数量标准。但是，这并不是算的全部含义。

算作为量词时，不仅用来表示钱数单位，也可以表示其他单位。如汉简中有"得算""负算"的记载。居延汉简：

1. 负二千二百卌十五算　□所负卅六算寄十三算　　　6·12

2. 甲渠候障　大黄力十石弩一右渊强一分负一算
　　　　　八石具弩一右弹生负一算　　　　　　　　52·17
　　　　　六石具弩一空上蜚负一算
　　　　　六石具弩一衣不足负一算
　　　　　坞上望火头三不见所望负三算
　　　　　坞上望火头二不见所望负二算
　　　　　□弦一脱，负二算
　　　　　凡负十一算

3. 万岁候长充
　受官钱定课四千负四算
　毋自言堂煌者第一得七算　相除定得三算　第一　206·4

4. 第四决决　第四决不不相除定相负百廿四算　　　226·23
　弦加巨负三算

---

① 学界对汉代资产税之有无存在分歧，王彦辉先生有过系统考辨，见氏著《秦汉户籍管理与赋役制度研究》，北京：中华书局 2016 年版，第 157—178 页。

5. 辟一箭道不端政负五算　　　　　　　　　　　　　265·1
6. 方相除定负卅五算①　　　　　　　　　　　　　　407·11

这里的算就不是指钱数，更不是一百二十钱或者一百二十七钱，而是考课军吏成绩优劣的计算单位，相当于"分"，所谓得算就是得分，负算就是扣分。当然，这里的算也可能是指若干钱，但是，即使是指若干钱，也绝不可能是一百二十钱即算赋的简称。如果把这儿的算解为算赋的简称，每算一百二十钱，负算解为扣除或者罚款，负一算罚款或者扣除一百二十钱，很难想象那些"负二千二百三十五算"的军吏卒们如何缴纳或者拿什么扣除如此巨大的罚款！那些仅仅因为弓弩不合标准动辄几十算的罚金，在当时的历史条件下，这些戍边吏卒收入有限，无论如何是承担不起的。②

张家山汉简《算数书·医程》云：

医治病者得六十算，□负廿算□□程□弗……得六十而负几何？曰负十七算二百六十九算十一。其术曰：以今得算为法，令六十乘负算为实。③

按这里的"负算""得算"之"算"的性质和上举居延汉简的算的性质相同，不是算赋的简称，也不是用来表示钱数多少的单位，而是表示医生治疗病人多少的单位，这个单位和居延简中的得算、负算之算的内容是不同的。

如上所述，征发徭役赋税以人为单位，凡是应当纳税服役的人也就称为算。《九章算术》卷6《均输》云：

---

① 谢桂华、李均明、朱国炤编：《居延汉简释文合校》，北京：文物出版社1987年版，第10、90、319、365、441、554页。
② 金少英：《汉简臆谈及其他·释算》，内部油印本1978年版，第136—143页。于振波先生根据居延新简资料，对"得算""负算"做了更为详尽的补充，见氏著《简牍与秦汉社会》，长沙：湖南大学出版社2012年版，第225—237页。
③ 张家山二四七号汉墓竹简整理小组：《张家山汉墓竹简（二四七号墓）》，北京：文物出版社2001年版，第141—142页。

今有均输粟，甲县四万二千算，粟一斛二十，自输其县；乙县三万四千二百七十二算，粟一斛一十八，佣价一日一十钱，到输所七十里；丙县一万九千三百二十八算，粟一斛一十六，佣价一日五钱，到输所一百四十里；丁县一万七千七百算，粟一斛一十四，佣价一日五钱，到输所一百七十五里；戊县二万三千四十算，粟一斛一十二，佣价一日五钱，到输所二百一十里；己县一万九千一百三十六算，粟一斛一十，佣价一日五钱，到输所二百八十里。凡六县赋粟六万斛，皆输甲县。六人共车，车载二十五斛，重车日行五十里，空车日行七十里，载输之间各一日。粟有贵贱，佣各别价，以算出钱，令费劳等，问县各粟几何？

答曰：

甲县一万八千九百四十七斛、一百三十三分斛之四十九。

乙县一万八百二十七斛、一百三十三分斛之九。

丙县七千二百一十八斛、一百三十三分斛之六。

丁县六千七百六十六斛、一百三十三分斛之一百二十二。

戊县九千二十二斛、一百三十三分斛之七十四。

己县七千二百一十八斛、一百三十三分斛之六。①

这是一道在均输时为了实现"令费劳等"的目的，根据"粟有贵贱，佣各别价"情况、按照里程远近确定各县实际征收粮食数量的算题，具体算法，这里不去讨论。本文关注的是算题中"算"的含义。算题中甲县四万二千算、乙县三万四千二百七十二算、丙县一万九千三百二十八算、丁县一万七千七百算、戊县二万三千四十算、己县一万九千一百三十六算。这些算显然不是指算赋，而是按照规定、应该运送粮食的人。因为六个县距离粮食储存地远近不同、各县粮食数量不同、运输费用不同，为了做到负担平均，"以算出钱，令费劳等"，即以运送粮食人数多寡调节之，距离近的县所运数量多，距离远的县所运数量少，因为距离远的运输负担重。

《九章算术》卷3《衰分章》在列举徭役计算类例题时有云：

---

① 钱宝琮点校：《算经十书》上册，北京：中华书局1963年版，第184—185页。

今有北乡算八千七百五十八，西乡算七千二百三十六，南乡算八千三百五十六，凡三乡，发徭三百七十八人，欲以算数多少衰出之，问各几何？答曰：北乡遣一百三十五人，一万二千一百七十五分人之一万一千六百三十七；西乡遣一百一十二人，一万二千一百七十五分人之四千四；南乡遣一百二十九人，一万二千一百七十五分人之八千七百九。①

按照一般的解释，这儿的"算"是算赋的省称，所谓北乡"算"多少人、西乡"算"多少人、南乡"算"多少人都是指缴纳算赋的人，交算赋和服徭役同步，所以按照交算赋的名籍征发徭役。② 今按：这样理解，在文字上似无问题，但在实践和制度上存在着矛盾，在实践层面上的矛盾和上述对凤凰山竹简"凡十算，遣一男一女"的理由相同。在制度上则混淆了民年十五岁至二十二岁和二十三岁至五十六岁徭役义务的差别。《九章算术》成书约在公元1世纪后半叶，也就是东汉前期，其时是二十三岁傅籍，若把《衰分章》例题所述之算理解为算赋之省，也就是把十五岁至二十二岁的男女和二十三岁以上男女的徭役义务混而为一；而制度规定，成年人和未成年人的徭役内容有区别，在征发徭役时也要区别对待，不能笼而统之，要核实审查哪些人符合服徭役的条件而后征发。如果把算题中的算理解为算赋之省，则"北乡算八千七百五十八"等是年十五以上人口数，那么所发之"徭"究竟是十五岁以上之"徭"还是二十三岁以上之"徭"？作为指导现实的应用题是不会出现这种制度性错误的。所以，这儿的"北乡算八千七百五十八人、西乡算七千二百三十六、南乡算八千

---

① 钱宝琮点校：《算经十书》，北京：中华书局1963年版，第134页。
② 宋杰先生曾认为《九章算术·衰分》的算是算赋，认为例题说明当时是根据缴纳算赋的人口分派徭役，"言某乡算若干，是说这个乡交纳多少份算赋，也就是说该乡有多少十五岁至五十六岁的人口。汉代征发徭役，是根据官府的需要，从符合服役条件的人中依次调发一部分人应役。照《九章算术》的记载，'凡三乡发徭三百七十八人，欲以算数多少衰出之，问各几何'即每个乡出多少人服徭役，是按交纳算赋的人数多少分派的。这种制度表明当时交算赋的人是徭役征发的对象，也就是说，人们从纳算赋的那一岁（十五岁）起，即开始为国家承担徭役义务了"。同时认为江陵凤凰山十号汉墓竹简"凡十算"之算为算赋之省，见氏著《九章算术记载的汉代徭役制度》，《北京师院学报》（社会科学）1985年第2期。

"三百五十六"的算不是缴纳算赋的人，这儿的"算"是动词的名词化，指经过核实、适合服役条件、应该服役的人，所以下文才给出北乡遣一百三十五人、西乡遣一百一十二人、南乡遣一百二十九人的答案。算与人相对，正说明这里的算是指符合"发徭"条件的人。

至此，我们可以明白，"算"的含义具有多样性，既有名词属性，也有动词属性。作为动词，是指计算，后世的谋划、权衡等又称为算计、谋算就是从计算引申而来。作为名词，本指计算用具，后将计算而得的结果称之为算，系动词名词化，有时用作算赋的省称，有时指缴纳算赋或服徭役的人，有时用作计算单位，其具体含义要具体分析，不能仅仅根据字面含义理解，更不能一律解为算赋。

明白了"算"的词性和含义，我们就不会把刘邦四年"八月初为算赋"简单地理解为初次收取算赋了。其实，只要从当时的历史背景稍加分析就不难明白。刘邦四年八月也就是该年年底（其时沿用秦历以十月为岁首），正处于楚汉决战的前夜，刘邦动员全部力量，调配兵马，准备给项羽最后一击，需要了解人口情况以便征用，同时也为战后建立新政权做准备。这时候的刘邦需要的是招来人口、凝聚人心，而不是向在死亡线上挣扎的民户收取人口税。如果那样，只能是为渊驱鱼，起码会导致民心不满。刘邦集团了解民众生活疾苦，断不会做这样的傻事。同理，《后汉书·南蛮西南夷列传》所说的秦昭王"复夷人顷田不租，十妻不算"之"算"并非如李贤所说"一户免其一顷田之税，虽有十妻，不输口算之钱"。李贤是以后世概念表述秦昭王时代的事实。昭王因为虎患，"乃重募国中有能杀虎者，赏邑万家，金百镒。时有巴郡阆中夷人（即板楯蛮夷），能作白竹之弩，乃登楼射杀白虎。昭王嘉之，而以其夷人，不欲加封，乃刻石盟要，复夷人顷田不租，十妻不算，伤人者论，杀人者得以倓钱赎死。盟曰：'秦犯夷，输黄龙一双。夷犯秦，输清酒一钟。'夷人安之"①。其时之板楯蛮夷以狩猎为主，居住于丛林山岭之中，其部民尚未纳入秦国户籍编制，商鞅变法就推行的"民有二男以上不分异者倍其赋"的政策还没有施及该部，仍然保留着原始部落传统，还不存在授田制之下一家一户有田百亩的问题，也就不存在

---

① 《后汉书》卷86《南蛮西南夷列传》，北京：中华书局1965年版，第2824页。

"一户免其一顷田之税"的问题。这里的"顷田"决不能解为一顷之田，只能是土地的代称，即免除其田税。李贤此解显然是增字解经，不足为训，今人不能据以理解"复夷人顷田不租"。同理，也不能把"十妻不算"解为"虽有十妻，不输口算之钱"，这里的"十妻"应是十妻之徭役。这样和昭王发布的"赏邑万家"在逻辑上才能联系起来："赏邑万家"就是把"万家"田税赏给受封者，受封者对这"万家"享有一定的控制权。相对而言，昭王仅仅因为族类问题，大大降低赏格，把"赏邑万家"——尽管这个"万家"只是约数，变成了免除其已有土地的田税和家人徭役，大大地违背了自己的承诺，连自己也觉得不好意思，意识到这样将失信于周边民族各部，这才加上"伤人者论，杀人者得以倓钱赎死。盟曰：'秦犯夷，输黄龙一双。夷犯秦，输清酒一钟。'"，从而收到"夷人安之"的效果。

如果说因为资料限制我们不了解西汉前期"算民"情况，而把"八月初为算赋"理解为征收算赋还情有可原的话，那么张家山汉简《二年律令》的面世，已经说明了"八月案比"或者"算民"的实况，自然要修正原来的认识。《二年律令·户律》有关于户口登记时间、程序、迁移以及户籍管理的系列规定：

> 民皆自占年。小未能自占，而毋父母、同产为占者，吏以□比定其年。自占、占子、同产年，不以实三岁以上，皆耐。产子者恒以户时占。其……
>
> 恒以八月令乡部啬夫、吏、令史相襍案户籍，副臧（藏）其廷。有移徙者，辄移户及年籍爵细徙所，并封。留弗移，移不并封，及实不徙数盈十日，皆罚金四两；数在所正、典弗告，与同罪；乡部啬夫、吏主及案户者弗得，罚金各一两。
>
> 民宅园户籍、年细籍、田比地籍、田命籍、田租籍，谨副上县廷，皆以箧若匣、匫盛，箴蔽，以令若丞、官啬夫印封，独别为府，封府户；节（即）有当治为者，令史、吏主者完封奏（凑）令若垂丞印，啬夫发，即襍治为；臧（藏）府已，辄复缄闭封臧（藏），不从律者罚

金各四两。①

所谓"自占年",就是在规定的时间即"户时"自行到乡政府所在地登记年龄、检查体貌特征,自己不能前往者由父母、同居的兄长代为报告,负责官吏按照上一年簿籍登记的年龄、体貌特征重新登记(详本书第七章第二节)。这里的"户时"就是每年的八月,所谓"恒以八月令乡部啬夫、吏、令史相襍案户籍,副臧(藏)其廷",就是每年八月要把变更以后的户籍内容统一分为五类——"民宅园户籍、年细籍、田比地籍、田命籍、田租籍",这就是"襍案户籍",制作成册,一式两份,分别藏之于县、乡。需要分家立户的,也在八月统一办理,其他时间不得办理。律文所列的各种"籍"——宅园户籍、年细籍、田比地籍、田命籍、田租籍等和"算"都是密不可分的,都需要"算"而后确定,既要计算多寡,还要核定属实,同时要编组分类。其目的是为了统计本年度的人口、土地、住宅、户等和赋税徭役的实现状况,同时作为下一年度人口、土地、住宅、户等和赋税徭役的考核标准。所有这一切,都是以人身为本的,按人授田、按人授宅、按人立户、按人征税、按人征徭,等等,人是最基本的单位,人是最核心的元素,人是"算"的基本对象,每一个符合纳税服役的人就是一个独立的单位,就是一"算",故而简称为"算民"。也就是说,东汉的八月算民、案比,就是《户律》规定的"恒以八月""襍案户籍"的延续。明乎此,对刘邦四年"八月初为算赋"可以有准确的解释:在当时历史背景之下,刘邦四年"八月初为算赋"应读作"八月,初为算、赋"。这里的"算"是算民的省称,指登记核实人口数量、年龄、身份、财产状况,确定赋役文簿,按照文簿而赋之——征收赋税、征发徭役包括兵役,不能简单地理解为八月汉家初次征收算赋或者理解为八月初收取算赋。

第三节 凤凰山汉简的"算"非"算赋"之省

"八月初为算赋"和"算"的含义既如上述,我们起码可以明白:不能

---

① 张家山二四七号汉墓竹简整理小组:《张家山汉墓竹简(二四七号墓)》(释文修订本),北京:文物出版社2006年版,第53—54页。

简单地把江陵凤凰山十号墓四号、五号木牍牍文的"算"解为"算赋"。

先说释"算"为"算赋"的不成立。

如上所述，算赋是汉代常税，但是，只要把凤凰山四号、五号木牍定性为算赋征收簿，也就必须正视西乡所属之市阳、当利、郑里民户之算赋额高达120钱的近四倍甚至超过四倍这样一个事实。我们固然可以用制度规定和实际执行的距离解释这一现象，说明文景之世并非史家们所描述的那样轻徭薄赋。这有其逻辑依据，无论是过去还是现实，制度规定和具体执行之间总会有这样那样的距离，但是，作为事关国计民生的制度，在政治尚称清明的时代，这个距离不会太大，起码应符合制度的基本框架。如果这里的"算"是"算赋"之省，农民的实际负担是规定的四倍，这怕难以用实际执行和制度规定的距离来解释。果真如此，按照当时农民实际的收入来说，无论如何是负担不起的。

文帝时，晁错曾经上书，分析当时一个五口之家的生产生活状况，在正常年景下仅能温饱，"其服役者不下二人，其能耕者不过百畮，百畮之收不过百石"①。服役者是要缴纳算赋的，"服役者不下二人"也就意味着至少两个人要缴纳算赋，另外还要有一到两人要交口钱。算赋若按二百钱一算，口钱为二十钱，平均每户两个半人缴纳口钱，则每户人口税的负担最少是四百三十钱；如果按照四百一算，人口税一项将高达八百三十钱；如果按照凤凰山市阳、当利两个里的实际征收数字推算每年四百五十四钱——取其整数按四百五十钱计算，一个五口之家的两个人的算赋为九百钱，加上口钱为九百三十钱。按照当时的粮价，农民是无论如何也无法承担如此沉重的算赋的。

众所周知，文帝时，粮价低廉，尽管具体数字难以尽准，但是还是能做出大致判断的。司马迁谓"历至孝文即位……故百姓无内外之繇，得息肩于田亩，天下殷富，粟至十余钱，鸣鸡吠狗，烟火万里，可谓和乐者乎"②。所谓"粟至十余钱"可能有形容的成分在内，实际粮食未必如此，但应有一定事实依据，每石三十钱则是有法律依据的。李悝行尽地力之教时云"今一夫挟五口，治田百畮，岁收畮一石半，为粟百五十石，除十一之税十

---

① 《汉书》卷24上《食货志上》，北京：中华书局1962年版，第1132页。
② 《史记》卷25《律书》，北京：中华书局1959年版，第1242页。

五石，余百三十五石。食，人月一石半，五人终岁为粟九十石，余有四十五石。石三十，为钱千三百五十，除社闾尝新春秋之祠，用钱三百，余千五十。衣，人率用钱三百，五人终岁用千五百，不足四百五十。不幸疾病死丧之费，及上赋敛，又未与此。此农夫所以常困，有不劝耕之心，而令籴至于甚贵者也"①。按李悝计算，正常年景下，百亩之收百五十石，除去田租十五石，口粮九十石，剩下四十五石，每石三十钱，可以获得一千三百五十钱，还不够"社闾尝新春秋之祠"和一家穿衣费用。

李悝说的石三十钱并非向壁之言，而是具有现实性的，秦朝继续采用这一标准。云梦睡虎地秦简《司空律》规定："系城旦舂，公食当责者，石三十钱。"服城旦舂之役抵债，公家提供粮食的，每石折价三十钱。同律又规定"有罪以赀赎及有责（债）于公，以其令日问之，其弗能入及赏（偿），以令日居之，日居八钱；公食者，日居六钱"。也就是一天食粮价格是两钱，一月是六十钱。按《仓律》规定："隶臣妾其从事公，隶臣月禾二石，隶妾一石半石；其不从事，毋稟。小城旦、隶臣作者，月禾一石半石；未能作者，月禾一石。小妾、舂作者，月禾一石二斗半斗；未能作者，月禾一石。""隶臣田者，以二月月稟，到九月尽而止其半石。"② 按照这个标准，一个成年男子一月的口粮标准是两石，和六十钱的标准正相一致。据此可证，李悝所言并非虚语，起码在秦朝统一前后，李悝所云还是有现实制度的参照。西汉统一伊始，因受战争影响，一度粮价飞涨，达到一石万钱，但不久即回归正常。到了文帝时，经济恢复，民生稳定，粮价低廉，大体上是事实。若江陵凤凰山所记的"算"是算赋之省，按每户算赋总额九百钱计算，文帝时代的粮价高于秦律所示的每石三十钱，按照每石谷物五十钱的标准，也需要卖出十八石粮食，占百亩之地总产量的百分之十八；如果粮价和法律规定相当或者低于官价，农民需要卖出更多的粮食，就以每石三十钱计算，要卖出三十石粮食，占百亩地总产量的百分之三十。当然，这是以每户实有土地并全部垦种、亩产达到一石为前提的。如果农民所受土地是恶地，不适宜种粮食，或者产量达不到一石，农民卖出的粮食远远超出这个比例。

---

① 《汉书》卷24上《食货志上》，北京：中华书局1962年版，第1125页。
② 睡虎地秦墓竹简整理小组：《睡虎地秦墓竹简》，北京：文物出版社1978年版，第88、84、49页。

果真如此，即使按照李悝所列的基本支出项目，即使免除农民田租，如此高额的算赋，在正常年景下，是难以保证基本生存的，根本谈不上什么"和乐"二字。

晁错精通法律制度，洞悉现实利弊，所说"今农夫五口之家，其服役者不下二人，其能耕者不过百畮，百畮之收不过百石"云云并非向壁虚构，而是以现实制度为依据，张家山汉简之土地制度已经说明了晁错所言非虚。当然，晁错是就制度论制度，在社会现实中农民实际占田不足百亩者所在多有，对于这些占田不足百亩的农民来说，如此高额的算赋负担就更加不可能了。上文在分析汉初农民土地实际占有状况时曾举凤凰山十号汉墓出土的《郑里廪簿》为证，说明其时农民实际占田并非如理解的那样是百亩，而是多少等，大都不足百亩。凤凰山十号墓出土的《郑里廪簿》记载了郑里农民借贷籽种的明细：《廪簿》记载二十五户，约一百零五人，其中"能田"者即能耕作的六十九人，总共有土地六百一十七亩，平均每户二十四亩七分弱，每人有田六亩弱，"能田"者每人九亩弱。以往学者因为资料的限制，不了解西汉前期存在着授田制，以土地私有为前提，认为每户农民所有土地之所以这样少是土地兼并的结果，这有一定道理。现在明确西汉前期存在授田制，我们可以对各家之田的性质做出新的认识，就是这六百一十七亩土地不一定是二十五户人家所有土地的总计，这里的"田"应该解为新开垦的田，即六百一十七亩是这二十五户人家新开垦的土地，每户能田者人数不等，每个人的耕作能力有差别，耕作条件不相同，所以每户开垦的土地数不同；因为是新开垦的土地，原有籽种不足，所以需要从政府借贷。各家各户口数、田数、借贷石数不同，但都是每亩一斗，其原因就是这一斗是籽种，而非食粮。在授田制之下，为了鼓励农耕，地方政府有促进垦田的责任和义务，给予基层一定的垦荒任务。里耶秦简有一则简文：

当垦田十六亩
已垦田十九亩①

---

① 湖南省文物考古研究所：《里耶秦简（壹）》，北京：文物出版社2012年版，第84页。

这"当垦田十六亩"是划定的应垦田任务,"已垦田十九亩"是实际开垦的田地数。把里耶简和《郑里廪簿》联系起来,当有助于我们认识《廪簿》之"田"的性质。但是,无论对《廪簿》之"田"做何种解读,都不影响我们对郑里二十五户人家身份的判断:均为贫弱之家,实际占田都不足百亩,需要向政府借贷籽种以维持生产。① 值得我们注意的是,在这二十五户人家中,有两家注明了"公士"的身份,也在向官府借贷籽种。公士是二十等爵位第一级,按照制度规定应该占田一顷半、住宅一区半,现在也在借贷籽种之列,足证其他农家经济地位之一斑。按照《算簿》统计,郑里二月"算七十二",这六十九"能田"之人无疑在这"算七十二"之列。郑里和市阳、当利同属于西乡之里,其农户身份应该大体相同,市阳之"一百一十二算"、当利之"一百一十五算"也都是贫弱之人,他们实际占田怕大都不足百亩,不乏需要向官府借贷籽种者,只是牍文没有记载或者我们没发现而已。如果牍文所云之"算"是"算赋"之省,仅半年算赋额就高达四百余钱,这些农户是无论如何也缴纳不起的。合理的解释,只能是这儿的"算"不是算赋之省。

其实,上举 B 类竹简"邓得二任甲二宋则二野人四　凡十算　遣一男一女　男野人女惠"云云已经说明了"算"非算赋之省。所谓"遣一男一女　男野人女惠"是说在"邓得二任甲二宋则二野人四　凡十算"中派遣一男一女两个人,男叫作野人,女叫作惠。遣野人和惠的目的不明,从文意上判断,应是应某种徭役,其余简文的"凡十算遣一男一女"云云均作此解。也就是说,既然"遣一男一女"是派遣一男一女服役,则这"一男一女"应是傅籍以后的成年人。秦朝傅籍年龄是十七岁,汉初因而未改,景帝二年改为二十岁始傅,昭帝时改为二十三岁傅籍。那么简文记录的"凡十算"之"算"应是从十七岁起算,抑或是从二十岁起算。而算赋是从十五岁开始征收的,这"邓得二任甲二宋则二野人四　凡十算"之"算"显然不应包括十五岁至傅籍之间年龄段的男女在内。否则,这"一男一女"

---

① 杨剑虹先生认为《郑里廪簿》并非贫弱之家向官府借贷籽种的账簿,而是政府赈贷灾民的记录,赈贷对象不限于贫民,包括了富人在内。"文帝时并没有将贷粮局限在贫民中间,如后元年'发仓庚以赈民',也没有必要仅对贫民放贷,因为贷粮是要还的。""只有在特殊诏令之后才可以不用偿还。"见氏著《"江陵汉简"研究中的若干问题》,《江汉考古》1992 年第 1 期。

是无法"遣"以从役的,因为这"凡十筭"包括了十五岁至傅籍和傅籍至老免两个年龄段的男女,也就是秦汉户籍登记中的"使男""使女"和"大男""大女"两个年龄段的男女,这两个年龄段男女所服之役的内容有异、工作量也有别,若混而为一地均以十算为一个编制单位并且每十算均"遣一男一女"从役,也就意味着将使男和大男合一、使女和大女合一,混淆了使男和大男、使女和大女的制度差别,这与人口按年龄分段登记以收取人口税和征发徭役的基本原则不合。

同一层级、同一部门、同一地点官府文书的同一概念的含义应该是相同的,湖北江陵凤凰山十号汉墓出土的四号、五号木牍文字和竹简文字都是西乡公文,其概念术语的含义亦然,简文有"凡十筭 遣一男一女"之语,根据简文,这"凡十筭 遣一男一女"是统一规定,每十算派遣一男一女从事某项活动,这"凡十筭"之"筭"是指人,十算是十个人,包括男和女。这和上述对八月筭人的分析正相一致。则四号、五号木牍的市阳、郑里若干"筭""筭"若干钱的"筭"的含义无疑也是指人,而不应是税种——算赋的省称。①

鉴于以上分析,笔者以为,上举弘一先生的意见有其合理性,江陵凤凰山十号汉墓出土四号、五号木牍记录的算,不是征收人口税——"算赋"的记录,而是按"算"即按符合交钱条件的人的收钱记录和使用记录,所谓市阳二月一百一十二算、三月一百零九算、四月一百零九算、五月一百零九算、六月一百一十二算以及郑里二月七十二算的"算"是指应该缴钱的人,所交钱的性质不是所谓的"算赋"——人口税,也不是一般意义上的杂税,而是代役钱,是徭役货币化的体现,是指市阳里二月份有一百一十二人、三月至五月有一百零九人、六月有一百一十二人应该服

---

① 杨际平先生认为竹简简文"凡十算,遣一男一女"的性质是"据算派役"文书,名之为《算簿》,认为"此《算簿》的性质,明显不同于四号、五号木牍。四号、五号木牍是里别算钱簿(具体地说,四号木牍为里别每月每次算钱支出簿,五号木牍是里别每月每次算钱入出簿),而此简册统计的则只是某里各户的应算口数,与赋税(或赋税类中之算钱)征纳无关"。杨先生注意到了不能把竹简记载的"算"解为算赋,和四号、五号木牍所记"算"的性质有别,而把木牍牍文之"算"定名为"里别算钱簿"。尽管杨先生没有进一步分析释四号、五号木牍算的含义为算赋之省所存在的问题,但是,从另一个角度支持了弘一先生的解释,对算赋说提出了新的质疑,启发了笔者的思考,特此志谢。见氏著《凤凰山十号汉墓据"算"派役文书研究》,《历史研究》2009年第6期。

役，官府不征发徭役，而是采用货币的形式征收现钱，以钱代役，具体数量根据季节和徭役内容的区别而有不同，分别于各个月份征收。以市阳里为例，二月份征收三次，每人累计征收五十三钱；三月份征收三次，每人累计征收四十三钱；四月份征收四次，每人累计征收五十三钱；五月份征收三次，每人累计征收四十三钱；六月没有记载征收次数，每人三十六钱。这里的"算"指的是人——交钱的人，而不是"算赋"的简称。

人们把四号牍文之"算"解为"算赋"之省的时候，大都忽略了五号牍文"定算"的存在。"定算"是动宾结构，即"确定"算的对象和数量，所谓"当利正月定筭百一十五""当利二月定筭百"之"定算"即此之谓。"算"的对象和数量确定了，依算数收钱，每算收钱多少，决定于实际情况和需要。当利里"正月定筭百一十五"，"二月定筭百"两个月相差十五算，怕并非人口有什么变动，而是二月需求和正月有差别。"正月定筭百一十五"，其中"筭四十二转费""筭十四吏奉""筭十三吏奉""筭□传送部""筭□□□□"。"二月定算百"，其开支较之正月除了吏俸之外，多出了"缮兵"一项，但总的"算"数减少了。三月份仅仅列了吏奉和传送算数，没有给出"定算"数字。比较当利里正月、二月、三月这三个月的开支算数，除了吏奉一致以外，其他各项均不相同。把四号牍和五号牍统一起来看，四号牍记载的市阳、郑里的"××算算钱××"是按照"算"收钱及其用途的具体记录，此外也还应有"定算"的记录。市阳、郑里都把二月份算钱分别"付西乡偃佐缠吏奉""偃付西乡佐赐口钱""偃付西乡佐赐口钱"，比照当利里"定算"列举的各项用途，市阳、郑里此举应该就是按照"定算"所列开支项目分别付与西乡佐的。由此可以推知，市阳、郑里也应有"定算"文书，当利里也应该有依算收钱的具体记录文书。明乎此，我们就不难发现，无论是"定算"之"算"，还是"××算算钱××"之"算"，都不能简单地理解为"算赋"之"算"。这里的"算"只能是指应该纳税服役的"人"。至于每算缴纳多少钱，就根据需要由地方官吏决定，所以各月收钱次数不同、钱数有异。这样解释，在训诂学上既符合"算"的意项，也避免了训作"算赋"所带来的矛盾，同时和西汉前期的时代背景相一致。

鉴于以上分析，笔者以为，人们习称的算赋，作为一个以人身为税基的独立的税种，是徭役货币化的结果，有一个形成、演变的历史过程，其数额标准是逐步形成的。西汉前期的标准是多少，目前还不能断定，但是既不是学者们根据凤凰山简牍推定的二百二十七钱、八百钱，怕也不是《汉旧仪》所述的二十三钱和一百二十钱。《汉旧仪》成书甚晚，依据的材料多为西汉后期事，并不能说明文景时期制度。尽管人们对文景之治多有怀疑，但是，无论是对于秦朝还是对于汉武帝以后，文景时代的赋税徭役肯定是轻的，文景之治并非空穴来风，其算人赋钱的数量不可能高于后世；而其时授田制还在施行之中，官府所承担的组织生产和公共工程的义务要多于土地私有制发达的以后诸世，起码在制度规定上是如此。而在无为政治之下，官府兴建公共工程虽少，但是制度规定的编户民的徭役义务没有减少，徭役可以不兴，但是义务还是要尽的，这就是交钱！凤凰山简牍就是因徭役向适龄民众收钱的记录，收钱并非按照人口税的标准进行，其时怕还没有形成明确人口税标准，这正是人口税形成过程的体现。为进一步理解这一现象，要对秦和汉初的徭役制度略作说明。

关于秦和西汉前期的徭役制度，董仲舒曾谓"至秦则不然，用商鞅之法……又加月为更卒，已复为正，一岁屯戍，一岁力役，三十倍于古。……汉兴，循而未改"①。尽管学界对这段话理解有分歧，但是对徭役种类和期限的认识则一致，认为每一个人在法定年龄内，每年要"月为更卒"，另有屯戍之役、卫戍之役。但是，董仲舒所云仅仅是原则性的概括，实际上徭役内容要比董仲舒所云复杂得多，农民的实际徭役负担也要重得多。云梦睡虎地秦律《徭律》云：

> 御中发征，乏弗行，赀二甲。失期三日到五日，谇；六日到旬，赀一盾；过旬，赀一甲。其得殴（也），及诣。水雨，除兴。兴徒以为邑中之红（功）者，令结（缚）堵卒岁。未卒堵坏，司空将红（功）及君子主堵者有罪，令其徒复垣之，勿计为繇（徭）。县葆禁苑、公马牛苑，兴徒以斩（堑）垣离（篱）散及补缮之，辄以效苑吏，苑吏循之。

---

① 《汉书》卷24上《食货志上》，北京：中华书局1962年版，第1137页。对这段话学界有不同的标点和理解，详见下一章。

未卒岁或坏陜（决），令县复兴徒为之，而勿计为繇（徭）。卒岁而或陜（决）坏，过三堵以上，县葆者补缮之；三堵以下，及虽未盈卒岁而或盗陜（决）道出入，令苑辄自补缮之。县所葆禁苑之傅山、远山，其土恶不能雨，夏有坏者，勿稍补缮，至秋毋（无）雨时而以繇（徭）为之。其近田恐兽及马牛出食稼者，县啬夫材兴有田其旁者，无贵贱，以田少多出人，以垣缮之，不得为繇（徭）。县毋敢擅坏更公舍官府及廷，其有欲坏更殿（也），必瀗（讞）之。欲以城旦舂益为公舍官府及补缮之，为之，勿瀗（讞）。县为恒事及瀗（讞）有为殿（也），吏程攻（功），赢员及减员自二日以上，为不察。上之所兴，其程攻（功）而不当者，如县然。度攻（功）必令司空与匠度之，毋独令匠。其不审，以律论度者，而以其实为繇（徭）徒计。①

律文说明，其时之繇（这里指的是劳役）分为两大类：一类是"御中发征"，就是中央政府所需徭役；一类是"邑中之红（功）"，即由县政府征发的地方徭役。散布在全国各地的禁苑，也就是"县葆禁苑、公马牛苑，兴徒以斩（堑）垣离（篱）散及补缮之"所需劳动力也由所在的地方政府负责，其性质应该算作"御中发征"的一部分。无论是"御中发征"，还是"邑中之红（功）"，农民的应征时间、工程质量都有严格要求，修建的工程必须使用一年，不足一年而损毁者，返工重修，依法追究工程负责人的责任，所谓"兴徒以为邑中之红（功）者，令结（嬯）堵卒岁。未卒堵坏，司空将红（功）及君子主堵者有罪，令其徒复垣之，勿计为繇（徭）"即此之谓。从律文看，无论是"御中发征"还是"邑中之红（功）"都有时间限制，但是农民实际服役时间要超出法律规定。这些都是生产性的或者与生产活动有关的公共工程性的徭役。其中又可以分为两类：一类是常规性的，一类是非常规性的，非常规性的徭役要经过请示批准之后才能征发。无论是常规性还是非常规性的徭役，都要由专业人员对工程量进行尽量精确的计算，计算失误超过规定的范围要受到相应的处罚，所谓"县为恒事及瀗（讞）有为殿（也），吏程攻（功），赢员及减员自二日以上，为不察。上

---

① 睡虎地秦墓竹简整理小组：《睡虎地秦墓竹简》，北京：文物出版社1978年版，第76—77页。

之所兴，其程攻（功）而不当者，如县然。度攻（功）必令司空与匠度之，毋独令匠。其不审，以律论度者，而以其实为繇（徭）徒计"就是指此而言。"恒事"就是常规之事，"及谳有为也"就是非常规而要请示批准之事。二者都有相应的工程标准，即多少工程量和需要的劳动力人数，也就是"程功"，"程功"数量和实际需要的人数不得少于或者超出两个工作日，否则"为不察"，中央征发的徭役也是如此。为了减少"程功"失误，在计算工程量时由司空和技术人员共同进行。

除《徭律》规定的徭役之外，农民还有戍役，也就是军事徭役，主要任务是修筑防御工事，也要保证使用一年。云梦睡虎地秦律《戍律》规定：

> 同居毋并行，县啬夫、尉及士吏行戍不以律，赀二甲。
> 戍者城及补城，令姑（婣）堵一岁，所城有坏者，县司空署君子将者，赀各一甲；县司空佐主将者，赀一盾。令戍者勉补缮城，署勿令为它事；已补，乃令增塞埤塞。县尉时循视其攻（功）及所为，敢令为它事，使者赀二甲。①

《戍律》规定的戍役和《徭律》规定的徭役有别，徭役是非军事工程，戍役是军事工程，戍役的服役地点多是边城，或是其他郡县，远离家乡，以年为期，不像徭役那样役期短、灵活变通，为了避免影响正常的生产活动，戍役的征发原则是"同居毋并行"，也就是不能同时征发同居共财的适龄弟兄服边戍之役。戍者的主要任务是"城及补城"，不得从事与修城无关的工作；所修城垣也要保证使用一年，不满一年而损坏，县司空及其副手要"赀一甲"，具体工程负责人要"赀一盾"；损坏的城墙由戍卒补修，补修完毕要进一步加固。县尉全面监督戍卒服役情况，有令戍卒从事和修城无关活动的一律予以"赀二甲"的处罚。因为律文不全，《戍律》是否像《徭律》那样也规定了工程标准和计算要求不得而知，但是，从逻辑上判断，也应有相似要求，以确定征发的人数。

---

① 睡虎地秦墓竹简整理小组：《睡虎地秦墓竹简》，北京：文物出版社1978年版，第147—148页。

《徭律》和《戍律》都规定了工程保质期为一年，但是并没有明确规定具体服役时间是多少。按照一般理解，根据董仲舒的追述推断，《徭律》规定的相当于"月为更卒"之役，《戍律》规定的相当于"屯戍"之役。不过，秦朝的屯戍之役可不是董仲舒说的"一岁屯戍"，"一岁屯戍"是吕后时定下的制度，此前并非如此，戍役虽然有一岁而更的规定，但并不等于适龄人口只服一次戍役。而从实践的层面看，我们还会提出这样的疑问：征发人员数量和服役时间长短，决定于工程量，每次兴徭之前都要由专业人员计算工程量，计算失误超过规定的范围要受到相应的处罚。这就说明，征发人数决定于工程大小和工程的时间限制，而不是拘泥于是否每个人都要一次性服役一个月或者是否服过一年戍边之役。从历史和逻辑相统一的层面分析，农民的戍边之役期是一年，期满轮代，有军事需要则随时应征。而"月为更卒"是每年常役，因为有的工程如因大雨导致的道路、城垣、沟渠损毁，需要立即抢修，工程量有限而又是农忙或者多雨时节，需要在尽可能短的时间内完成，几天之内必须抢修完毕，否则要耽误农时，应役农民的役期就不存在按月计算的问题，他们的实际服役次数，一年之中可能是三次，也可能是五次、六次，一切根据实际工程需要为准（详下章），无论实际服役天数超过一月多长时间，也只算作一个月，因为不排除服役人员所做的工程没能"嫴堵卒岁"的情况，不能"嫴堵卒岁"而返工者是"勿计为徭"的。

　　秦朝是徭役繁兴的时代，这不仅仅因为统一帝国的边疆线大大增加，需要大规模的兴建边防工程，也因为原六国地区的农田规划、沟渠道路、城垣津梁都要统一于秦国原有的制度，无论是戍边之役还是"月为更卒"，不仅严格执行，而且实际服役量远远超出法律规定，这对于六国地区的农民来说，徭役负担，远远超出其故国历史上的任何一个时代，这也是秦朝二世而亡的原因之一。

　　因此之故，西汉立国以后，即以轻徭薄赋为治国指导思想，但是，轻、薄的程度是因时而异的。从张家山汉简《二年律令》规定来看，在吕后二年之前，戍边之役并没有减轻。《盗律》规定：

　　　　盗出黄金边关徼，吏、卒、徒部主者智（知）而出及弗索，与同罪；弗智（知），索弗得，戍边二岁。①

《捕律》规定：

> 吏将徒，追求盗贼，必伍之，盗贼以短兵杀伤其将及伍人，而弗能捕得，皆戍边二岁。……与盗贼遇而北去，及力足以追逮捕之而官□□□□□逗留畏懦弗敢就，夺其将爵一络（级），免之，毋爵者戍边二岁；而罚其所将吏徒以卒戍边各一岁。
>
> 盗贼发，士吏、求盗部者，及令、丞、尉弗觉智（知），士吏、求盗皆以卒戍边二岁，令、丞、尉罚金各四两。②

《置吏律》规定：

> 有任人以为吏，其所任不廉、不胜任以免，亦免任者。其非吏及宦也，罚金四两，戍边二岁。③

《□市律》规定：

> "诸詐（诈）给人以有取，及有贩卖贸买而詐（诈）给人，皆坐臧（赃）与盗同法，罪耐以下有（又）迁之。有能捕若诇吏，吏捕得一人，为除戍二岁；欲除他人者，许之。④

---

① 张家山二四七号汉墓竹简整理小组：《张家山汉墓竹简（二四七号墓）》（释文修订本），北京：文物出版社2006年版，第19页。

② 张家山二四七号汉墓竹简整理小组：《张家山汉墓竹简（二四七号墓）》（释文修订本），北京：文物出版社2006年版，第28页。

③ 张家山二四七号汉墓竹简整理小组：《张家山汉墓竹简（二四七号墓）》（释文修订本），北京：文物出版社2006年版，第36页。

④ 张家山二四七号汉墓竹简整理小组：《张家山汉墓竹简（二四七号墓）》（释文修订本），北京：文物出版社2006年版，第45页。

《户律》规定：

> 诸不为户，有田宅，附令人名，及为人名田宅者，皆令以卒戍边二岁，没入田宅县官。①

《二年律令》是吕后二年以前在秦律基础上陆续修订颁布的，既保留了秦律的内容也有着汉初的历史特点。上举戍役时间以年为单位，对相关犯法行为的处罚是戍边二岁或者一岁，说明当时戍边起码以一年为期，但是，一生的戍边义务远远不止一年。《□市律》规定"有能捕若诇吏，吏捕得一人，为除戍二岁；欲除他人者，许之"。这儿的"除"是免除的意思，官吏能够抓到一个"诸诈给人以有取"者，可以免除两年的戍边义务，自己不免除的，还可以免除别人的戍边任务。这说明当时戍边任务远非人们理解的一年。因此之故，吕后五年"令戍卒岁更"，减轻了农民的戍边义务，史书才特别地写上一笔。到了文帝十三年，"除肉刑及田租税率、戍卒令"②。除肉刑是以笞刑等刑罚代替伤残肢体的刑罚。除"田租税率"是指免除田租而言。除"戍卒令"废除戍卒戍边义务的相关规定，但是，怕不能理解为取消农民戍边一年的法令。文帝时代，汉匈对中原的威胁并没有什么减轻，文帝一直推行积极防御政策，不可能废除农民的戍边之役。贾捐之曾说"孝文皇帝，悯中国之未安，偃武行文，则断狱数百，民赋四十，丁男三年而一事"③。这"丁男三年而一事"指的是"偃武"之后的事情，应是指戍边之役而言。"月为更卒"是不在减免之列的，因为这是地方性徭役，主要是沟渠、道路、桥梁、城垣等常规性工程。就以戍边之役而论，法律规定和现实实践总是有距离的，所谓"民赋四十，丁男三年而一事"并不等于农民的实际负担，因为"民赋四十"是国家收之于民的，"丁男三年而一事"是指国家的徭役征发，至于地方官府向农民征收的钱数是多少、是否兴役、如何兴役、兴役的性质是什么，则是另外一回事。

---

① 张家山二四七号汉墓竹简整理小组：《张家山汉墓竹简（二四七号墓）》（释文修订本），北京：文物出版社2006年版，第53页。
② 《史记》卷17《汉兴以来将相名臣表》，北京：中华书局1959年版，第1127页。
③ 《汉书》卷64《贾捐之传》，北京：中华书局1962年版，第2832页。

文帝即位，国家少事，地方上也不存在秦朝那样名目繁多的公共工程，如筑城池、修驰道、决川防、建水利等大规模政府工程，农民的徭役负担要轻得多，农民不再像以往那样必须"月为更卒"，也不一定要亲赴边戍。但是在法律规定上，农民的徭役义务还在，不以徭役的形式实现，可以以货币的形式实现，至于具体数量和征收方式则由基层官吏灵活掌握。元帝时，贡禹曾上书谓当时"农夫父子暴露中野，不避寒暑，捽屮杷土，手足胼胝，已奉谷租，又出藁税，乡部私求，不可胜供"①。学界普遍以为这是西汉后期出现的事情，其实，云梦睡虎地秦律和张家山汉简《二年律令》都说明这"已奉谷租，又出藁税"是秦朝以来就实行的制度，则"乡部私求，不可胜贡"的现象也并非汉元帝独然，在汉初就存在了。"私求"的内容也不会限于"谷租""藁税"，而包含了其他的内容，因为"谷租""藁税"是律有明文的，乡部随意程度有限，这"不可胜贡"之"乡部私求"的内容要丰富得多，各种名目的徭役就为"乡部私求"提供了广阔的空间，区别在于"私求"的程度而已。

文景时代，吏治清明，乡部也好，县廷也罢，"私求"程度不像后世那样无度，政府在征收田税、徭役过程中，把实物折合成货币、农民交钱代役时，农民的负担会变相增加，只是和秦始皇、汉武帝时的戍徭繁兴相比，对农时影响甚微，农民能够正常从事农业生产，加之当时人少地多，政策能够顺应人心，故而成为令后世神往的治世。史家艳称其时"国家亡事，非遇水旱，则民人给家足。都鄙廪庾尽满，而府库余财。京师之钱累百巨万，贯朽而不可校；太仓之粟陈陈相因，充溢露积于外，腐败不可食。众庶街巷有马，仟伯之间成群，乘牸牝者摈而不得会聚。守闾阎者食粱肉，为吏者长子孙"②。若仔细分析，当时"轻徭薄赋"并不像后世理解的那样"轻"与"薄"，"非遇水旱，则民人给家足"说明农民只是在正常年景下"人给家足"，遇到水旱之灾就要生活无着了。为什么？就是因为赋役负担是农民的正常支出，没有相应的积累应对灾害。"都鄙廪庾尽满，而府库余财"云云说的是国家财政收入丰厚，即使国家无事，军政支出较少，对农民赋役的征

---

① 《汉书》卷72《贡禹传》，北京：中华书局1962年版，第3076页。
② 《汉书》卷24上《食货志上》，北京：中华书局1962年版，第1135页。

收还是照常法进行。值得注意的是"守间阎者食粱肉,为吏者长子孙"这句话所透露的历史信息。"守间阎者"是基层公职人员,是乡官里吏的统称,具体负责乡里之民徭役、赋税的征收兴作,他们秩位低下,俸禄有限,他们之"食粱肉"并非因为其俸禄收入,而是有别的进项,所谓"乡部私求"就是其"食粱肉"的来源。"私求"要有名目才能开展,以服徭役之名收钱,就成为他们聚敛财富的正常手段。

说西汉前期存在收钱代役,并非笔者的逻辑判断,而是有历史佐证的。如所周知,吴王刘濞"居国以铜盐故,百姓无赋,卒践更,辄与平贾"①。"平贾"就是官府制定的价格,"卒践更,辄与平贾",是指百姓服更徭时按照官价付给报酬,这些"践更"者等于官府雇来的雇工,这样做的目的是收揽民心,使吴国编户民明白:服役是自己应尽的义务,"平贾"是吴王的恩典。那么,官府可以付给应役者工资,那么也可以向"践更"者收取货币代替"践更"。张家山汉简《二年律令·田律》规定,"收入刍稾,县各度一岁用刍稾,足其县用,其余令顷入五十五钱以当刍稾。刍一石当十五钱,稾一石当五钱"。"刍稾节(即)贵于律,以入刍稾时平贾(价)入钱"。《赐律》规定官府在赏赐吏民衣物、葬具时"诸当赐,官毋其物者,以平贾予钱"。刍稾是田税的组成部分,可以把刍稾折合成货币,谷物也可以折合成货币。也就是说,无论是国家向农民征收田税,还是向吏民赏赐实物,都是实物和货币并举,具体征收或者发给多少实物、多少货币则由地方政府根据需要和实际情况确定。汉初虽然轻徭薄赋,但这是相对于秦朝的徭役繁兴、赋敛无度而言,就制度来说,汉初和秦朝差别不会太大,所谓汉承秦制,也包括了赋税徭役在内。徭役也好,田税也罢,都是国家统治权的经济体现,是农民的法定义务,土地田税沿袭秦制,徭役制度也是如此,区别在于施行的差别。汉初少事,徭役不兴,并不等于制度上改变了秦朝的徭役体系,而是执行的轻重不同,服役方式不同,以货币的形式实现徭役,就像以货币的形式实现田税一样。

从历史发展角度看,比较服役而言,交钱代役是一个历史性进步。因为交钱代役,可免受劳役之苦,农民的自由多了一些,有了较多的人身自主,

---

① 《史记》卷106《吴王濞传》,北京:中华书局1959年版,第2823页。

农民的生产生活可以避免服役所带来的耽误农时的影响，有相应的时间从事家庭副业以及其他生产活动，从土地上解放出来。西汉前期商品经济大合唱，与当时的以钱代役是有内在关联的。

作为人口税的算赋是汉代常税，是汉代主要税种，上举《汉仪注》"民年十五以上至五十六出赋钱，人百二十为一算"自非虚语。《汉书·惠帝纪》谓："女子年十五以上至三十不嫁，五算。"应劭谓："《国语》越王勾践令国中女子年十七不嫁者父母有罪，欲人民繁息也。汉律人出一算，算百二十钱，唯贾人与奴婢倍算。今使五算，罪谪之也。"卫宏《汉旧仪》谓"算民，年七岁以至十四岁出口钱，人二十三，二十钱以食天子。其三钱者，武帝加口钱，以补车骑马。又令民男女年十五以上至五十六出赋钱，人百二十为一算，以给（库兵）车马"云云，自然有其历史依据。但是，算赋的数额、征收方式有一个演变过程，有一个发展、规范、统一的过程。因此，笔者以为，算赋和下面将要谈到的更赋一样，是编户民对国家承担的徭役义务货币化的结果，换句话说，国家将编户民的徭役变为货币的结果。

上举云梦秦律和张家山汉律《二年律令》已经说明了当时徭役的繁杂和沉重，而这些是以国家对土地和编户民的人身控制为前提的，随着土地私有化的发展，经济结构的变化，国家对编户民的控制弱化，原来的徭役剥削逐步地转变为货币剥削，由原来的按人征发徭役变为按人征收货币。在开始的时候，具体数额和征收时间由基层政府自行决定，国家只给原则性的规定，即可以把徭役折合成钱征之于民，至于何时征收、征收多少由地方政府说了算。这也是一个实事求是的选择，各地环境不同，社会发展各异，徭役内容、徭役量都有不同，无法做出统一规定，否则，硬性规定统一的徭役任务和内容，必然导致编户民实际负担的差异而激化社会矛盾。秦二世时，关东兵起，如火如荼，"右丞相去疾、左丞相斯、将军冯劫进谏曰：'关东群盗并起，秦发兵诛击，所杀亡甚众，然犹不止。盗多，皆以戍漕转作事苦，赋税大也。请且止阿房宫作者，减省四边戍转。'"[①] 关中吏民也有"戍漕转作事"的负担，李斯等人单单把"戍漕转作事"作为关东兵起的原因，就是因为"戍漕转作事"带给关中吏民负担和带给关东吏民的实际负担不一

[①] 《史记》卷6《秦始皇本纪》，北京：中华书局1959年版，第271页。

样,农民深深"苦"之。之所以如此,区域差别是其原因之一。汉承秦制,但汉政不同于秦政,徭役体系没有改变,而徭役的实现方式改变了,由硬性的征发改为根据情况需要收缴货币,此举既丰裕国库收入,又减少对农时的耽误。其执行之初,可能是地方性的,后来演变为全国性的,最后成为统一的税种。这虽然有一定的逻辑推演成分在内,但是,这个推演可以对各种矛盾现象做出合理的解释,避免就事论事的不足,符合我国古代社会赋税发生演变的一般规律。

卫宏是东汉人,《汉旧仪》成书于东汉,所依据的材料至多是西汉后期事。而《汉仪注》成书于东汉后期,应劭则是东汉末年人,他们所依据的材料以东汉制度为主,对于西汉前期的诸多制度不一定清楚,有的制度很可能根本不了解。而赋税制度是处于不断变化过程中的,实际执行又有相应的距离,这个距离也因时而异,所以一定要用发展、变化的眼光看问题,把历史和逻辑相统一,联系地系统分析各种可能之后才能接近历史真相。就历史发展规律而言,农民在王朝前期的赋役负担总是轻于后期,两汉历史也是如此。每算一百二十钱的算赋额是后来的事情,是税目固定化、税额固定化以后的制度,是赋税加重以后的结果。在西汉前期,算赋数额可能还没有固定的数量标准,汉文帝之"民赋四十"并非对旧制度的改变,而是当时还没有确立每算一百二十钱的制度,当然,贾捐之所说的"民赋四十"不一定仅止于后世所理解的算赋,很可能是就农民交给国家的某项货币数而言。

第四节 天长"算簿"性质分析

2004 年,在天长市安乐镇纪庄村西汉中期偏早墓葬中发现了木牍四十余枚,其中编号为 M19:40—1 木牍记录的是临淮郡东阳县《户口簿》和《算簿》。A 面《户口簿》为:

·户凡九千一百六十九,少前;
口四万九百七十,少前;
·东乡户千七百八十三,口七千七百九十五;
都乡户二千三百九十八,口万八百一十九;

杨池乡户千四百五十一，口六千三百廿八；

鞠（？）乡户八百八十，口四千五；

垣雍北乡户千三百七十五，口六千三百五十四；

垣雍东乡户千二百八十二，口五千六百六十九

B面《算簿》为：

集八月事算二万九复算二千卌五
都乡八月事算五千卌五
东乡八月事算三千六百八十九
垣雍北乡户八月事算三千二百八十五
垣雍东乡八月事算二千九百卅一
鞠（？）乡八月事算千八百九十
杨池乡八月事算三千一百六十九
　·右八月
　·集九月事算万九千九百八十八复算二
千六十五①

《户口簿》和《算簿》题记是原牍所有。《算簿》明确时间为八月，则《户口簿》也应在八月写定，应属于八月"案比"文书的组成部分。对比这六个乡的户、口、"事算"数字，我们不难知晓"事算"人数约占人口数的一半稍弱，和晁错说的五口之家、能耕者二人相近，对此学者们已有研究②，此处不赘。本文指出这一点是为了分析"事算"含义的需要。

目前所有论著都把这里的"事"解为徭役即可以服徭役的人，"算"为算赋，所谓"事算"就是根据能"事"的人征收算赋，"复算"就是免除算赋。所谓"八月事算二万九复算二千卌五"就是八月份统计的结果是缴纳算赋的人总计是两万零九人，其中免除算赋的人数是两千零四十五。

---

① 天长市文物管理所、天长市博物馆：《安徽天长西汉墓发掘简报》，《文物》2006年第11期。"集八月事算二万九复算二千卌五"之"卌"原释文不清，根据《简报》图片解为卌。

② 袁延胜：《天长纪庄木牍〈算簿〉与汉代算赋问题》，《中国史研究》2008年第2期。

笔者以为，释"事"为徭役是正确的，至于"算"是否为算赋则需要重新审视。只要把"事算"和"复算"统一分析就不难发现释"算"为算赋所存在的问题。这还要先从"事"的含义谈起。

释"事"为徭役，有着充分的训诂依据。《汉书·高帝纪下》，高祖五年诏复故爵田宅有云："军吏卒会赦，其亡罪而亡爵及不满大夫者，皆赐爵为大夫。故大夫以上，赐爵各一级。其七大夫以上，皆令食邑；非七大夫以下，皆复其身及户，勿事。"如淳注"皆复其身及户，勿事"谓："事谓役使也。"师古注曰："复其身及一户之内皆不徭赋也。"高祖七年："民产子，复勿事二岁。"师古注曰："勿事，不役使也。"《史记·靳歙列传》载靳歙死后，"子亭代侯。二十一年，坐事国人过律，孝文后三年，夺侯，国除"。司马贞《索隐》案："刘氏云'事，役使也'。谓使人违律数多也。"《汉书·宣帝纪》载本始三年五月"大旱。郡国伤旱甚者，民毋出租赋。三辅民就贱者，且毋收事，尽四年"。晋灼注："不给官役也。"师古曰："收谓租赋也，事谓役使也。尽本始四年而止。"《史记·秦始皇本纪》秦始皇三十五年："因徙三万家丽邑，五万家云阳，皆复不事十岁。"《汉书·高帝纪》载高祖八年："春三月，行如雒阳。令吏卒从军至平城及守城邑者皆复终身勿事"。高祖十二年十二月诏曰："秦皇帝、楚隐王、魏安厘王、齐愍王、赵悼襄王皆绝亡后。其与秦始皇帝守冢二十家，楚、魏、齐各十家，赵及魏公子亡忌各五家，令视其冢，复亡与它事。"这儿的"事"均指徭役。不过，要说明的是，这里的"事"也是农民的本职，是农民的义务。因为农民的土地、住宅都是国家授予的，服"事"于国家和官府是天经地义的，因而"事"的本意就是"职"。《说文》："事，职也，从事省声。"这里的"职"即本职、岗位规定的义务。《尚书·立政》云："任人、准夫、牧，作三事。"这里的"三事"就是任人、准夫、牧三者的本职。当官者享受国家给予的权力和待遇，要尽力本职，普通农民接受官府授予的土地、住宅，也要尽其本职，这个本职除了尽力生产、按时足额完税之外，就是要给国家提供劳役，是为"服事"。《诗·周颂·噫嘻》："亦服尔耕，十千维耦。"郑玄注："服，事也。"《周礼·地官大司徒·司徒》："颁职事十有二于邦国都鄙，使以登万民：……十有二曰服事。"郑众注："服事谓为公家服事者。"不同的人所"服"之"事"不同。属于统治地位的国人"事"的核心是

"祀与戎"，处于被统治地位的庶人的"事"是各种生产或与生产相关的活动，"亦服尔耕"是庶人之"事"，他们是没有参与"祀与戎"的资格的。"十有二曰服事"之"事"是臣僚之"事"，他们是不参与"耕"的。战国以降，昔日专事"祀与戎"者和"亦服尔耕"者都成为专制国家的编户民，他们都成为国家的授田民，他们除了耕作，都要"服事"于国家，只是其"事"的内容变了：既有劳役，也有兵役，也就是广义的徭役，人人都要服徭役。授田有标准，其"事"也有标准，根据年龄和身体状况确定，成年、未成年，标准有别，又因为年龄和身体状况的变动而变动，所以每年都要确认、登记，是为算民。故"事、算"相通，二者一致。

　　明白了事、算关系，天长《算簿》的性质就好理解了，并非收取算赋簿，而是"算事簿"，牍文作"事算"若干人，就是按照"事"的标准核定人数，即"算"能"事"或应"事"的人数。上文已经说过，算赋从十五岁开始交纳，而十五岁还是未成年人，未成年的"事"是有别于成年的，傅籍之前和傅籍之后的"事"有别，"事算"当然有别。事、算一致才能因事算人，《算簿》"事算"并举、"事"先"算"后、依"事"而"算"，表明了"事算"一致。否则，无法区别十五岁至傅籍之前和傅籍之后"事算"的不同①。所以，无论是从逻辑上还是制度上，牍文的"事算"应读为"事、算"，不能将二者合为一词，这里的"事"与"算"是并列关系，并非主从性的"修饰"关系，"事"不是"算"的修饰语，而是"算"的前提②，即按"事"而"算"，确定能"事"人数、核定应"事"人数，"复"若干人就是核定应"事"人数的结果。"复"是包含"事"在内

---

① 按发掘简报根据出土器物推定天长汉墓时间为西汉"中期偏早"，至多是汉武帝初期之物，也有可能晚一些，不是"中期偏早"而是中期偏晚。因为所依据的陶器漆器不能说明是"中期偏早"。汉代傅籍年龄景帝二年改为二十岁，昭帝改为二十三岁。无论是二十岁还是二十三岁始傅，都是十五岁开始交纳成人人口税，但是15岁至傅籍前和傅籍后的徭役负担是不同的。因无法确定《算簿》具体时间，也无法确定傅籍年龄，故笼统以傅籍前后言之。

② 袁延胜先生认为："'事'是修饰'算'的。尽管我们上面论述了基于人身的算赋、徭役的'算'、'事'的一致性，但在天长纪庄木牍《算簿》中，这里的'事'除了含有'徭役'之意外，更主要的作用是修饰'算'的，是算赋前的一个修饰性语言。换句话说，《算簿》中的'事算'，可以理解为'事'、'算'一致性下的'算赋'，这里的'事'尽管含有'徭役'的性质，但并不具有独立的意义，它是用来修饰'算'的，是'事'、'算'一致性下的'算'的修饰语。"见上揭氏著《天长纪庄木牍〈算簿〉与汉代算赋问题》，《中国史研究》2008年第2期。

的，而不是专门指免除算赋。所以，"事算"之"算"不是算赋的省称。

古人不了解"事算"的经济关系，不了解算赋由来，在注释文献中的"事算"时，往往把算解为算赋之省，影响后人的理解。如刘邦复故爵田宅诏有"非七大夫以下，皆复其身及户，勿事"，这"非七大夫以下"是七大夫以下的军功爵者，其本人和家人的赋役全免，既免除徭役，也免除算赋，而不是只免除徭役、保留算赋，或者相反。师古注曰："复其身及一户之内皆不徭赋也。""不徭赋"即免除全部徭役、赋税，颜师古的这个理解是对的。①《汉书·贾山传》谓孝文帝："礼高年，九十者一子不事，八十者二算不事。"颜师古曰："一子不事，蠲其赋役。二算不事，免二口之算赋也。"显然，解"二算不事"为免除两个人的算赋是错误的，贾山明言是"二算不事"，"不事"即不服徭役，怎能把"不事"等同于免除算赋？师古此解大约是鉴于"九十者一子不事"和"八十者二算不事"相矛盾：礼敬高年，年龄越长所受礼遇也就越高，而八十岁的待遇却高于九十岁的人，与情理不通，而穿凿释之。其实，"九十者一子不事"之"一子"并非指一个人，应是指"一子之家"，"一子不事"是免除一子之家的徭赋。《礼记·王制》云："八十者一子不从政（征）；九十者其家不从政。"《荀子·大略》云："八十者一子不事；九十者举家不事。"都说明九十岁之家的优抚大于八十岁之家。《汉书·武帝纪》载建元元年"春二月，赦天下，赐民爵一级。年八十复二算，九十复甲卒"。张晏谓："二算，复二口之算也。复甲卒，不预革车之赋也。"张偃谓"甲卒"为"革车之赋"系望文生义。比对贾山和《王制》所言，这儿的"八十复二算"即贾山说的"二算不事"，"九十复甲卒"是有九十岁老人之家免除全家的"甲卒"之役。这里的"甲卒"应该分训，"甲"指兵役，"卒"指劳役，"九十复甲卒"即九十之家免除全家人的赋役，亦即"举家不事"。

就目前所见传世和出土资料，《算簿》所载的"事算"概念为首见，但在汉律中有"算事"一词，时代要早于纪庄《算簿》。《二年律令·具律》：

---

① 袁延胜先生认为"刘邦时规定七大夫以下的有爵者（不含七大夫），皆免除其本人及家庭的徭役。但高祖五年诏书未言免除算赋"。其实，免除徭役是包括免除算赋的，见氏著《天长纪庄木牍〈算簿〉与汉代算赋问题》，《中国史研究》2008年第2期。

> 庶人以上，司寇、隶臣妾无城旦舂、鬼薪白粲罪以上，而吏故为不直及失刑之，皆以为隐官；女子、庶人，毋筭（算）事其身，令自尚。
>
> 整理小组注："算，算赋。事，徭役。"①

律文规定了三种人：庶人以上、司寇和隶臣妾之无城旦舂、鬼薪白粲罪以上者，其中因为"吏故为不直及失刑"导致身体残疾者，由官府安置，"皆以为隐官"。其中身体正常的的女子、庶人"毋筭（算）事其身，令自尚"。即不把他们列入服役的名籍之中，给他们人身自由，由他们自己决定去向。这是对冤狱者的补偿。反之，对于平常民户来说，都是要纳入服役名籍的，相关官吏按照名籍"事"之——按籍征役。这里的"筭"是核定登记的意思，和算赋无关。整理小组释"算"为"算赋"是不成立的。②

既然传世文献中的"复算"不是专指免除算赋，法律中的"算事"之"算"亦非算赋之省，也就不能把天长纪庄《算簿》中的"集八月事算二万九复算二千卅五""集九月事算万九千九百八十八复算二千六十五"之"复算"理解为免除算赋。所以这个《算簿》的性质并非算赋征收簿，而是经过核实的应该服徭役的人数统计簿，这里的"算"是核实年龄、身体条件符合"事"的要求的人和应该"服事"的人。

至此，我们可以进一步理解算赋的由来："事"是编户民的义务，不同年龄段的编户民"事"的内容不同，当"事"以货币的形态体现的时候，不同年龄段的货币数量自然有别。先秦时代，从七岁开始即有"事"的义务，十五岁开始服成年人之"事"；西汉以后，尽管傅籍年龄迭有变更，不断推迟，但在徭役货币化并逐步成为固定制度、将"事"变为常税的时候，遂按照周制按年龄役事制度而货币化，根据年龄分为口钱和赋钱收之于民，七岁至十四岁为口钱，十五岁至老免为赋钱，当时没有统一的名称，因为按

---

① 张家山二四七号汉墓竹简整理小组：《张家山汉墓竹简（二四七号墓）》（释文修订本），北京：文物出版社2006年版，第25页。

② 宣帝地节三年十月诏"池籞未御幸者，假与贫民。郡国宫馆，勿复修治。流民还归者，假公园，贷种、食，且勿算事"。师古曰："不出算赋及给徭役。"（《汉书》卷8《宣帝纪》，北京：中华书局1962年版，第249页）整理小组的注释或本于此。但，这里"算事"之"算"解为动词更加符合逻辑：流民回乡，刚从官府领得土地，借得种籽和农具，要全力投入生产以自给，故而免除其"事"的义务，"且勿算事"即不要把这些回乡流民计入赋役名籍。

口收取，故有"口算钱""口赋""口钱""口算"等称谓，因为要算而后赋，遂有算赋之称，是常税的一种。《汉旧仪》《汉仪注》的口钱二十三、算钱一百二十并非两汉通制，而是徭役货币化以后逐步形成的某一时期或者某一地区施行的制度。当然，除徭役货币化、由"事"变为人口税之外，汉代还有由月为更卒演变而来的更赋，将在下一章讨论。

第五节　松柏53号牍文性质辨析

明白了算赋的由来，可以进一步理解松柏53号木牍牍文的性质。2004年底湖北省荆州市荆州区纪南镇松柏村挖掘的一号汉墓出土了63枚木牍，其中包括各类簿。荆州博物馆《湖北荆州纪南松柏汉墓发掘简报》谓木牍内容包括南郡及江陵西乡等地的户口簿、正里簿、免老簿、新傅簿、罢癃簿、归义簿、复事算簿、见（现）卒簿、置吏卒簿等，公布了35号牍记录的《南郡免老簿》《南郡新傅簿》《南郡罢癃簿》。2009年荆州博物馆编著《荆州重要考古发现》新公布了另外4枚木牍的图版，即发掘编号为47号的南郡所属县道国的《卒更簿》、48号的《二年西乡户口簿》、53号的荆州所属县道国小男、小女、大男、大女和"复"的统计数字，57号是《令》①。对53号牍文"复"字的理解关系到对牍文性质和汉代徭役、算赋制度的认识。牍文云：

> 江陵：使大男四千七百廿一人，大女六千七百六十一人，小男五千三百一十五人，小女二千九百卅八人，凡口万九千七百卅五人。延（死）大男八百卅九人，延（死）大女二百八十九人，延（死）小男四百卅三人，延（死）小女三百六十八人，延（死）口千九百卅九人。

---

① 对牍文的释读与分析，参见彭浩：《读松柏出土的西汉木牍（二）》，简帛网2009年4月4日，http：//www.bsm.org.cn/show_article.php? id=1013；《读松柏出土的西汉木牍（三）》，简帛网2009年4月11日，http：//www.bsm.org.cn/show_article.php? id=1017；《读松柏出土的西汉木牍（四）》，简帛网2009年4月12日，http：//www.bsm.org.cn/show_article.php? id=1019。胡平生：《松柏汉简五三号木牍释解》，简帛网2009年4月12日，http：//www.bsm.org.cn/show_article.php? id=1020。陈伟：《简牍资料所见西汉前期的"卒更"》，《中国史研究》2010年第3期。杨振红：《松柏西汉墓簿籍牍考释》，《南都学坛》2010年第5期；氏著《出土简牍及秦汉社会（续编）》，桂林：广西师范大学出版社2015年版。

其千五百卅七人外越。

宜成：使大男四千六百七十二人，大女七千六百九十五人，小男六千四百五十四人，小女三千九百卅人，凡口二万二千七百五十九人。其廿九人复，二百卅人祇（？）中。

临沮：使大男二千三百六十人，大女四千廿六人，小男二千四百一十一人，小女千九百七人，延大男一人，凡口

安陆：使大男四百七十五人，大女八百一十八人，小男五百五十八人，小女三百六十九人，凡口二千二百廿人，其二百廿九人复。

沙羨：使大男五百八十五人，大女九百五十九人，小男六百七十二人，小女四百枭五人。凡口二千六百六十一人，其八人复。

州陵：使大男三百九十三人，大女六佰卅四人、小男六百七十六人、小女三百八十八人，凡口二千九十一人，其卅九人复。

显陵：使大男三百卅二人、大女六百一十一人、小男三百九十五人、小女二百六十人。凡口千六百八人，复

便侯国：使大男千七百八十一人，大女二千九百九十四人，小男千九百卅二人，小女千七百三十人。凡口八千四百四十七人，其十六人复。

邔侯国：使大男三千六百廿四人，大女五千六百六十四人，小男五千一百六十人，小女三千四百八十九人，凡口万七千九百卅七人，其千三百五十二复。

襄平侯中卢：使大男千四百九人，大女二千四百七十八人，小男千七百五十一人，小女千七十人。凡口六千七百八人。其百廿三人复。①

牍文中的个别文字，学界有不同的辨识，如"延""死"之辨，或释为"延"，或释为"死"②；"使大男"之"使"的含义，学界都有不同看法，

---

① 彭浩：《读松柏出土的西汉木牍（三）》，简帛网 2009 年 4 月 11 日，http：//www.bsm.org.cn/show_article.php？id=1017。胡平生：《松柏汉简五三号木牍释解》，简帛网 2009 年 4 月 12 日，http：//www.bsm.org.cn/show_article.php？id=1020。本引文重新标点。

② 胡平生：《松柏汉简五三号木牍释解》，简帛网 2009 年 4 月 12 日，http：//www.bsm.org.cn/show_article.php？id=1020。

或解为使大男、使大女之省，或解为动词①。笔者以为，解"使"为动词比较近乎实际，意思是可以役使、征用的大男、大女、小男、小女，指南郡各县可以征发的大男、大女、小男、小女的人数。

牍文除了江陵和临沮没有"复"的记录，其余均注明"其若干人复"，如安陆"其二百二十九人复"、州陵"其卅九人复"、便侯国"其十六人复"、邵侯国"其千三百五十二复"等。按行文顺序，大男、大女、小男、小女、"凡口"多少，最后是"其若干人复"。这儿的"复"是复除之意甚明。但是，"复"的内容是什么？则需要认真思考。如上所述，小男、小女是七岁至十四岁未成年人，从七岁开始缴纳口钱，十五岁开始缴纳算赋即成年人的人口税，即成为大男、大女，但是只承担部分徭役，傅籍以后承担全部徭役。如果牍文"其若干人复"是就"凡口若干"而言，也就是针对小男、小女、大男、大女总数而言，所"复"内容应当是指人口税，因为小男小女承担的徭役和大男、大女的内容和量是不同的。那么，既然统计的是所"复"人口的总数，则被复人口所享受的"复"的内容也要相同，否则就失去统计意义，而能够使不同年龄段相通的只有人口税。杨振红先生即如此认为。杨先生指出："53 号木牍簿籍中的'使大男'不包括免老和罢癃，只能是十五岁以上至免老的健康男子。相应地，此簿中的'大女'也应当和'使大男'一样，指十五岁以上至免老的健康女子，即有'算'义务的女子。""此簿中的小男、小女，笔者认为应当指七岁至十四岁需交纳口钱的使男、使女，而不包括六岁以下的幼儿。""53 号木牍簿籍的性质应为专门登记南郡各县道侯国有算和口钱义务的人口数以及复除数的簿籍，汉魏三国时期承担赋役泛称为'事'，故此簿或应称作《南郡事复口算簿》。"②

杨先生对 53 号木牍牍文性质的认定是建立在对长沙走马楼三国吴简"算""事"性质分析基础上的，认为吴简中"凡口×事×算×事×"之"事"是"服事"的意思，是动词；"算""是一种计算征徭、赋的方式和

---

① 此解由凌文超先生提出，氏著《使大男——汉晋赋役制度识小之二》，简帛网 2010 年 11 月 29 日，http://www.bsm.org.cn/show_article.php?id=1340。

② 杨振红：《松柏四汉墓簿籍牍考释》，《南都学坛》2005 年第 5 期；氏著《出土简牍及秦汉社会（续编）》，桂林：广西师范大学出版社 2015 年版，第 221—242 页，引文见第 227，228—229 页。

单位",并非算赋之省。① 这个分析是有启发性的,笔者完全认同杨先生对吴简"算事"简之"算""事"的分析,对松柏53号木牍木纹定性尤具启发性,其分析符合逻辑。只是细析之下仍有未周。其一,杨先生将53号牍定为《南郡事复口算簿》,但牍文并没有提到"算",其"口算"是推定出来的,似乎有增字解经之嫌。其二,就秦汉文献记载来说,复除内容有田租、刍稾、口赋、更赋等实物和货币形式表达的租赋,也有徭役。徭役内容复杂,复除时,有时专指某一种,有时数种俱免,不同内容有不同文例:凡有特定内容的,免除实物和货币即现代意义上的赋税者,则明言复(或除)××年、××地区、××身份的人田租、刍稾、口赋、算钱、更赋等,或今年,或明年;单独免除徭役者,则明确复除期限,是一年还是两年以至于终身;如果是赋税和徭役同时免除,则单言"复"。结合牍文"使大男……大女……小男……小女"的词例,将牍文定为《复事簿》周全一些。窃以为,牍文之统计小男、小女、大男、大女,是为了起役的需要,才突出"使"字,而不是使小男、使小女、使大男、使大女之省。这个"使"是动词的名词化,既有名词属性,也有动词功能,在牍文中是指可以役使、应该服事的人。从已公布的松柏一号汉墓出土牍文来看,内容都和徭役密切相关,如35号牍记载的是《南郡免老簿》《南郡新傅簿》《南郡罢癃簿》,48号牍为《户口簿》,47号牍为《南郡卒更簿》,其中47号牍的《南郡卒更簿》将各县之"卒"分为若干"更",分批服役(详下章),和53号牍文之间应该存在着逻辑关联。故把53号牍列入徭役类簿籍比较合理。

---

① 杨振红:《出土"算""事"简与两汉三国吴时期的赋役结构——"算赋"非单一税目》,《出土简牍与秦汉社会(续编)》,桂林:广西师范大学出版社2015年版。

第 六 章

更役与更赋

提要："月为更卒"不完全是一年在郡县服役劳役一次、一次以一月为期，而具有多样性，随着社会经济结构的变动而异。"正卒"以荀悦解释为是，是傅籍之后役龄男子的统称。无论汉代还是先秦都不存在"戍边三日"的制度。汉代更赋是"月为更卒"的代役钱，是徭役货币化的结果，其数量因时而异，就目前所见，有三百钱、两千钱之别，三百钱应是西汉制度，两千钱应为东汉时事。传统注解多有错乱，应辩证分析而后信。

更役与更赋是古今学者研究汉代服役制度分歧最多的内容，源自对《汉书·食货志上》董仲舒语的不同理解。董仲舒云：

> 古者税民不过什一，其求易共。使民不过三日，其力易足。民财内足以养老尽孝，外足以事上共税，下足以畜妻子极爱，故民说从上。至秦则不然，用商鞅之法，改帝王之制，除井田，民得卖买，富者田连仟伯，贫者亡立锥之地。又颛川泽之利，管山林之饶，荒淫越制，踰侈以相高。邑有人君之尊，里有公侯之富，小民安得不困？又加月为更卒，已复为正，一岁屯戍，一岁力役，三十倍于古。①

---

① 《汉书》卷24上《食货志上》，北京：中华书局1962年版，第1137页。

这一段话尽管简略，却是对秦和西汉前期土地徭役制度最早、最系统的概括，是中外学者研究秦汉土赋役制度的起点。董仲舒用古今对比的方式说明秦朝以来的徭役、土地制度的不同。关于土地问题的分析，已见前述。本章讨论徭役，即"月为更卒，已复为正，一岁屯戍，一岁力役，三十倍于古"问题，也就是"月为更卒"和"为正"的内容与实现方式。"月为更卒"即人们常说的更役，更赋就是更役的货币体现。

秦汉更役与更赋，从文字标点到字意理解和对制度体系的认识，古今中外学者有着各种分歧。① 为避免枝节繁琐，本文就"月为更卒""为正"和"更赋"这三个核心问题讨论如下。

首先要说明的是，"月为更卒"和"为正"即"更卒"和"正卒"说的是"役"，而"更赋"指的是"赋"，是由更役演变而来的代役钱，这里的"役"和"赋"虽然有关系但性质是不同的。只是因为更赋由更役演变而来，才置于一篇考察。同时要补充说明，秦汉徭役有广狭之分。广义的徭役包括劳役和兵役，狭义的徭役仅指劳役。本节讨论的更卒之役是狭义的徭役，即劳役。

第一节　"月为更卒"的历史分析

学界对董仲舒说的"又加月为更卒，已复为正，一岁屯戍，一岁力役，

---

① 国外以日本学者滨口重国为代表，见《践更と过更—如淳说の批判》《秦汉时代の徭役劳働に关する一问题》，均收入氏著《秦汉隋唐史の研究》一书，东京大学出版会1966年版。《践更と过更—如淳说の批判》一文收入刘俊文主编：《日本学者研究中国史论著选译》第三卷，北京：中华书局1993年版。国内代表性论著有：韩连琪：《汉代的田租口赋和徭役》，《文史哲》1965年第7期。崔曙庭：《汉代更赋析辨》，《中国历史文献研究集刊》第2集，武汉：湖南人民出版社1981年版。钱剑夫：《试论秦汉的"正卒"徭役》，《中国史研究》1982年第3期；《秦汉赋役制度考略》，武汉：湖北人民出版社1984年版。高敏：《秦汉赋税制度考释》，收入氏著《秦汉史论集》，郑州：中州书画社1982年版；《秦汉徭役制度辨析》上，《郑州大学学报》1985年第3期；《秦汉徭役制度辨析》下，《郑州大学学报》1986年第4期；《秦汉的徭役制度》，《中国经济史研究》1987年第1期。黄今言：《秦汉租赋徭役制度初探》，中国秦汉史研究会编：《秦汉史论丛》，西安：陕西人民出版社1981年版；氏著《秦汉赋役制度研究》，南昌：江西教育出版社1988年版。拙文《汉代更赋辨误》，《徐州师院学报》1987年第2期。张家山汉简、安徽天长纪庄西汉木牍、湖北松柏西汉木牍公布以后，研究更役问题的代表性论著有张金光：《论秦徭役制中的几个法定概念》，《山东大学学报》2004年第3期；杨振红：《徭、戍为秦汉正卒基本义务说》，《中华文史论丛》2010年第1期，总第97期；陈伟：《简牍资料所见西汉前期的"卒更"》，《中国史研究》2010年第3期。

三十倍于古"有不同的句读，对秦汉徭役体系如"为正"的含义等也有不同的理解，但各家对"月为更卒"为句没有异议。本节先讨论"月为更卒"，"为正"待下节分析。

目前学界对"月为更卒"的理解是根据颜师古的解释。颜师古谓"更卒，谓给郡县一月而更者也。正卒，谓给中都官者也。率计今人一岁之中，屯戍及力役之事三十倍多于古也"①。谓"给郡县一月而更者"为卒更。而就目前来说，最早系统解释董仲舒"月为更卒"是三国时人如淳。《汉书·昭帝纪》元凤四年诏"三年以前逋更赋未入者，皆勿收"。如淳注云：

> 更有三品，有卒更，有践更，有过更。古者正卒无常人，皆当迭为之，一月一更，是谓卒更也。贫者欲得雇更钱者，次值者出钱雇之，月二千，是谓践更也。天下人皆值戍边三日，亦名为更，律所谓徭戍也。虽丞相子亦在戍边之调。不可人人自行三日戍，又行者当自戍三日，不可往便还，因便住一岁一更。诸不行者，出钱三百入官，官以给戍者，是谓过更也。律说，卒践更者，居也，居更县中五月乃更也。后从尉律，卒践更一月，休十一月也。②

如淳的这段注解问题很多，其戍边三日说、对践更的解释均不合事实，不是汉家制度，学者早已指出③，下文还要提到。但是他的"一月一更，是为卒更""卒居更一月，休十一月"的解释则为后世接受，颜师古的解释很可能就是受了如淳的影响，只是并未完全采信而含糊其辞地说"更卒，谓给郡县一月而更者也"。

按更的本意是改、易，卒是役事于人的人。许慎《说文解字》云："更，改也"；"卒，隶人给事者衣为卒。卒，衣有题识者"。卒隶事于他人，身份低下，衣服上有专门标识。所谓"更卒"即轮换为卒的意思，"月为更卒"即按月轮换为卒。这从文字上理解字通意顺。但是，如果从实践的层面分析，则不是这样简单。"月为卒更"，为卒的期限可以是一个月，一月

---

① 《汉书》卷24上《食货志上》，北京：中华书局1962年版，第1138页。
② 《汉书》卷7《昭帝纪》，北京：中华书局1962年版，第229—230页。
③ 钱剑夫：《秦汉赋役制度考略》，武汉：湖北人民出版社1984年版，第141—143页。

期满则轮代；也可以是十天、八天，一年之中服役满一个月就是了。一年之中，可能服役一次，也可能几次，甚至每个月都要到官府为卒，根据实际需要而定。就像上文指出的那样，农民田宅受之于国家，就要承担"事"的义务，"月为更卒"是"事"的一部分，国家有事，编户民就要尽义务，不一定只限于一个月，并不能形式地逻辑地得出每年只在郡县服役一月的结论。正是基于这一考虑，颜师古注董仲舒的这段话时只是含糊地说："更卒，谓给郡县一月而更者也。正卒，谓给中都官者也。率计今人一岁之中，屯戍及力役之事三十倍多于古也。"① 颜师古说的"给郡县一月而更"究竟是每月或者数月更代一次、累计服役一个月，还是一次服役一个月，没有做出明确的回答，从字面上也无法做出具体的肯定。今人则普遍地把颜师古的注解等同于如淳注，不加任何的怀疑。

张家山汉简二年律令为我们理解"月为更卒"问题提供了新的佐证，所谓的"月为更卒"并不是每年给事郡县一次。张家山汉简《徭律》云：

> 诸当行粟，独与若父母居老如睆老，若其父母罷癃（癃）者，皆毋行。金痍、有□病，皆以为罷癃（癃），可事如睆老。其非从军战痍也，作县官四更，不可事，毋事。②

律文中的"行粟"是指运粮之役；"睆老"是指免除一半劳役义务的老人群体，庶人六十二岁以上为"睆老"，有爵位者则按爵位高低而定。③ 罷癃是残疾人，"金痍"指为兵器所伤者。为兵器所伤可能是为国征战所致，也可能有其他原因，如缉拿盗贼等；其伤轻者可以服役，其重者则不能服役，故要区别对待。"金痍"之轻者，若是从军受伤则免役，否则仍要从事力所能及的徭役，律文谓"其非从军战痍也，作县官四更"即此之谓。这"四更"

---

① 《汉书》卷24上《食货志上》，北京：中华书局1962年版，第1138页。
② 张家山二四七号汉墓竹简整理小组：《张家山汉墓竹简（二四七号墓）》，北京：文物出版社2001年版，第64页。
③ 张家山汉简〈《傅律》〉规定："不更年五十八，簪褭年五十九，上造六十，公士六十一，公卒、士五（伍）六十二，皆为睆老。"《徭律》规定："睆老各半其爵繇（徭），□入独给邑中事。"张家山二四七号汉墓竹简整理小组：《张家山汉墓竹简（二四七号墓）》，北京：文物出版社2006年版，第57、64页。

的意思是什么？答案只能理解为四次更役。

张家山汉简《二年律令·史律》有云：

（卜学童）其能诵三万以上者，以为卜，上计六更。

以祝十四章试祝学童，能诵七千言以上者，乃得为祝，五更。

史、卜年五十六，佐为吏盈廿岁，年五十六，皆为八更；六十为十二更。五百石以下至有秩为吏盈十岁，年当睆老者，为十二更，践更□□。畴尸、茜御、杜主乐皆五更，属大祝。祝年盈六十者，十二更，践更大祝。①

律文中的"六更""五更""八更""十二更"的意思令人费解，从文字意义上看，这儿的"更"可以理解为"更卒"之"更"，所谓"六更""五更""八更""十二更"等都是指更役次数而言，即"践更"次数，张家山汉简整理小组注释谓"六更"是"践更六次"。但是，从实践层面分析，这样理解存在着矛盾。张家山汉简《二年律令·傅律》："大夫以上年五十八，不更六十二，簪袅六十三，上造六十四，公士六十五，公卒以下六十六，皆为免老。"②"免老"就是到了年龄以后不再服劳役，一般农民的最大服役年龄是六十六岁。若"月为更卒"是每年在郡县服一月之役一次，即如淳所说的"居更一月，休十一月"，就不存在免除那些年满六十岁的史、卜、祝十二更的问题。因为即使这些史、卜、祝没有爵位，他们到六十六岁也就"免老"不再服役了，最多免除其六更就可以了，何须十二更？同样，免除那些"秩五百石、年当睆老者十二更"也无意义。因为按规定，五百石之吏相当于第七级爵公大夫和第六级爵大夫③，而第五级大夫五十八岁就免役

---

① 张家山二四七号汉墓竹简整理小组：《张家山汉墓竹简（二四七号墓）》（释文修订本），北京：文物出版社2006年版，第81、82页。

② 张家山二四七号汉墓竹简整理小组：《张家山汉墓竹简（二四七号墓）》（释文修订本），北京：文物出版社2006年版，第57页。

③ 《赐律》云："赐不为吏及宦皇帝者，关内侯以上比二千石，卿比千石，五大夫比八百石，公乘比六百石，公大夫、官大夫比五百石，大夫比三百石……"则公大夫、官大夫的政治经济地位和五百石吏相等。张家山二四七号汉墓竹简整理小组：《张家山汉墓竹简（二四七号墓）》（释文修订本），北京：文物出版社2006年版，第49页。

了。这些五百石之吏不会迟于58岁免役，其为"睆老"的年龄则小于58岁。如果这些五百石之吏年龄已近"睆老"或免老，免除他们十二年更役有何意义？大约有鉴于此，张家山汉简整理小组在修订版中删除了这条注释。

律文的"六更""五更""八更""十二更"并不是指要服六次、五次、八次、十二次更役，而应是免除更役次数而言。"祝学童"即专门学习为祝的学童，祝学童能背诵"祝十四章"中的七千言以上"乃得为祝五更"即可以免除五次更役，轮到第六次的时候才服更役；卜学童是专门学习为卜的学童，能背诵三万言者可免除六次更役，轮到第七次的时候再服更役。同理，"史卜年五十六，佐为吏盈十二岁，皆为八更；六十为十二更"云云都是指免除其更役次数而言。年满五十六并为吏满十二年的史、卜可以免除八次更役，若年满六十则免除十二次更役。这儿的更役就不可能是每年一月、一月期满而轮代之役，只能是按月计算，一年要践更多次直至十二次之役。律文中的免除五更、六更、八更、十二更云云均是一年免除更役的次数，免八更者只服四次更役，免十二更者不服更役。明乎此，董仲舒说的"月为更卒"的意思就清楚了，所谓"月为更卒"就是做一个月更卒，服一个月更役；至于这一个月更役是一次性服完还是分为多次，则要根据具体需要而定。

以上是把"更"作为更役解释的，但是这并非"更"的唯一含义。除了更役之外，"更"还有等第、资历的含义。《礼记·文王世子》有"设三老五更群老之席位焉"。《正义》云："三老五更各一人也，皆年老更事致仕者也。天子以父兄养之，视天下之孝悌也，名以三五者，取象三辰五星，天所因以照明天下者"。《汉书·礼乐志》谓"躬行其礼，宗祀光武皇帝于明堂，养三老五更于辟雍"。师古注引郑玄说云"三老五更谓老人更知三德五事者也。"王莽"居摄元年正月，莽祀上帝于南郊，迎春于东郊，行大射礼于明堂，养三老五更，成礼而去"。《后汉书·舆服志》云"养三老五更于三雍，于时致治平"。《后汉书·儒林传》云："袒割辟雍之上，尊养三老五更。"这"三老五更"的"更"指的是年高德昭之人，设三老五更是为了表明对年高德昭者的尊敬，表示国家尊老敬老之意。引申之，这儿的"更"就有了等地、资历的含义。如果《史律》规定的"五更""六更""八更""十二更"的"更"表示的是史、卜、祝的资历、学识等级，就不能据以解释"月为更卒"的含义。

汉代是等级社会,特别是在西汉前期等级分明,不同等级、不同身份、不同职业的人所服更役的内容和方式是不同的。综览《史律》,史、卜、祝是祭祀系统的文化技术人员,其文化技能有相应的要求而分为不同的等第。其入学有资格限制,十七岁才能入学。如:

> 史、卜子年十七岁学。史、卜、祝学童学三岁,学佴将诣大史、大卜、大祝,郡史学童诣其守,皆会八月朔日试之。
>
> 试史学童以十五篇,能风(讽)书五千字以上,乃得为史。有(又)以八体试之,郡移其八体课大史,大史诵课,取冣(最)一人以为县令史,殿者勿以为史。三岁一并课,取冣(最)一人以为尚书卒史。
>
> 卜学童能风(讽)书史书三千字,诵卜书三千字,卜六发中一以上,乃得为卜。以为官□。其能诵三万以上者,以为卜,上计六更。缺,试修法,以六发中三以上者补之。
>
> 以祝十四章试祝学童,能诵七千言以上者,乃得为祝,五更。大祝试祝,善祝、明祠事者,以为冗祝,冗之。不入史、卜、祝者,罚金四两,学佴二两。①

史、卜职业世袭,其时十七岁已经傅籍,是成年人了,要正常承担徭役。"史、卜子年十七岁学"即傅籍以后才有资格学史、卜,这里的"学"是学为史、卜。掌握了相应的知识之后经过考核合格,根据不同知识技能水平任以相应岗位和官职。② 所以,卜学童"其能诵三万以上者,以为卜,上计六更"、祝学童"能诵七千言以上者,乃得为祝,五更"之"六更""五更"理解为知识、技能水平也是说得通的,表示其知识技能达到了五更、六更的水平,这里的"更"是等第标准。"史、卜年五十六,佐为吏盈廿岁,年五十六,皆为八更,六十为十二更"云云是就其年资而言,到了一定年资,

---

① 张家山二四七号汉墓竹简整理小组:《张家山汉墓竹简(二四七号墓)》(释文修订本),北京:文物出版社2006年版,第80—81页,82页。

② 关于《史律》的性质和功能,参阅拙文《史律新证》,《史学月刊》2008年第11期。

提升其技术等第。年资虽然较低，但是为吏时间到了一定年限的也要晋升，"史、卜年五十六，佐为吏盈廿岁，年五十六，皆为八更。五百石以下至有秩为吏盈十岁，年当睆老者，为十二更，践更□□"，都是综合年龄和任职情况而定。"畴尸、茜御、杜主乐皆五更，属大祝。祝年盈六十者，十二更，践更大祝"则是任职岗位要求，"畴尸、茜御、杜主乐"必须有五更以上资格者才能任其事。而任大（太）祝之事者，则要十二更的资格。①

这一解释，就律文和汉代养老制度来说，虽然有其依据，但是并不能把律文中的"更"均解释为资历、技术等级。律文中的"更"起码有两个含义，一个是年资、等第，一个是更役。如律文"践更太祝"之"更"就无法理解为年资、等第，否则"践更大祝"就无法理解。"践更"是服更役的意思。《史律》的"践更大祝"之"践更"只能是服更役，指到太祝处服更役，无法做出别的解释。明乎此，则《史律》的五更、六更、八更、十二更之"更"也应是指更役而言，这里的五更、六更、八更、十二更既是指资历，也是指服更役的间隔，服更役次数随着年资、等第的增加而减少，年资越长，等第越高，践更的间隔时间也越长，也就是免除更役次数越多，至于其更役内容和普通农民自然有别。

尽管对上举律文"更"有不同的理解，对"月为更卒"的内容还难以做出准确的说明，但通过上述分析，我们庶几可以得出结论：董仲舒的"月为更卒"并非如人们所理解的是一年在郡县服劳役一次、为期一个月那样简单，农民的劳役负担要复杂得多。

人们释"月为更卒"为一月之役的历史依据大约是汉惠帝曾两次征发长安周围六百里内农民筑长安城都是"三十日罢"。一次是惠帝三年、一次是惠帝五年，两次都是正月农闲时节。② 因为农民法定服役期限是一个月，汉惠帝以身作则，按法行事，故"三十日罢"。笔者以为，这"三十日罢"是作为特例记录的，并不能成为"月为更卒"是一月之役的依据。按司马迁的记载，筑长安城共有四次："三年方筑长安城，四年就半，五年、六年

---

① 此说由曹旅宁先生提出，为解读"月为更卒"提供新的思路，本文从而申之，以期深化对这一问题的讨论，曹说见氏著《〈史律〉中有关践更规定的再探讨》，简帛网，2007年5月12日，http://www.bsm.org.cn/show_article.php?id=565。

② 《汉书》卷2《惠帝纪》，北京：中华书局1962年版，第89、90页。

城就。"《索隐》按:"《汉宫阙疏》'四年筑东面,五年筑北面'。"① 总计四次筑城,大约是一年筑一面。而班固特别记述了三年和五年这两次,并不是因为这两次都是按照"月为更卒"的制度行事,而是因为这两次的筑城时间都是在春正月,出了正月春耕就开始了,继续筑城要影响农时,必须"三十日罢"。这两次征发劳动力最多,范围最广,都是长安周围六百里内男女达十四万人以上,规模空前浩大,时间特别长,超出了正常的服役时间,故予特别记述。而从上举张家山汉简《二年律令》可知,汉初农民的劳役负担可不是限于修都城,这六百里内男女在修都城的同时,各自县内的大小劳役还是要正常从事的,修桥筑路、整理阡陌、县邑城墙修补等等,都要照常进行,都是算入他们的日常义务之中的。

筑长安城属于举世瞩目的大工程,农民不可能经常性地从事这样大规模的劳役,农民从事的经常性的徭役是地方工程。《徭律》云:

> 补缮邑□,除道桥,穿波(陂)池,治沟渠,堑奴苑,自公大夫以下(上),毋以为徭。市垣道桥,命市人不敬者为之。②

公大夫是高爵,是免于像"补缮邑□,修道桥,穿波(陂)池,治沟渠,堑奴苑"这样的地方劳役的。而"补缮邑□,修道桥,穿波(陂)池,治沟渠,堑奴苑"等有不同的时间要求,《田律》对此有明确规定:

> 田广一步,袤二百四十步,为畛,亩二畛一佰(陌)道;百亩为顷,十顷一千(阡)道,道广二丈。恒以秋七月除千(阡)伯(陌)之大草,九月大除道□阪险;十月为桥,修波(陂)堤,利津梁。虽非除道之时而有陷败不可行,辄为之。乡部主邑中道,田主田道。道有陷败不可行者,罚其啬夫、吏主者黄金各二两。③

---

① 《史记》卷9《吕太后本纪》,北京:中华书局1959年版,第398页。
② 张家山二四七号汉墓竹简整理小组:《张家山汉墓竹简(二四七号墓)》(释文修订本),北京:文物出版社2006年版,第64页。
③ 张家山二四七号汉墓竹简整理小组:《张家山汉墓竹简(二四七号墓)》(释文修订本),北京:文物出版社2006年版,第42页。

七月清除阡陌即道路上的大草，秋收之后再系统整修道路，所谓"九月大除道□阪险"即大规模整修毁坏的道路、修建新道路；十月份则进行水利工程，疏浚河道，整治堤防，修缮桥梁。这是法定的程序。若平时发现道路、桥梁、堤防损坏，则随时征发农民修理整治，否则，处罚主管官吏。显然，农民除了要在七月、九月、十月应征从事修路筑桥之役之外，平时也要随时应役。而这些还不包括"补缮邑"之役在内。"补缮邑"即修建城垣，这既包括修缮郡县之城，也包括邑里的墙垣以及其他公共建筑在内。上举秦《徭律》已见秦城垣之役的繁杂，西汉前期亦然。张家山汉简《襍律》有云："越邑里、官市院垣，若故坏决道出入，及盗启门户，皆赎黥。"① 上引《徭律》有"市垣道桥，命市人不敬者为之"诸语，说明西汉无论是如市场这样的公共场所还是邑里这样的居民区，也都有城垣建筑，每年也要像秦制那样定期修缮，若有损毁则随时修复。诸如此类的徭役，随时随地要征发农民服役，哪里有什么"居更一月，休十一月"的制度！而这些还远远不是更卒之役的全部，其他如运粮委输、煮盐冶铁、牧马养牛等都要征发农民来做，都属于更卒之役。如上举《徭律》之"诸当行粟"云云就是运粮之役。《徭律》又云："发传送……吏及宦皇帝者不与给传送。事委输，传送重车重负日行五十里，空车七十里，徒行八十里。免老、小未傅者、女子及诸有除者，县道毋敢徭使。"② 反之，不在官府和朝廷为吏者都要"给传送"，除了女子、老小和享有免役特权的人都要"事委输"。至于那些官府经营的牧苑、手工业作坊等部门也要以"更卒"作为劳动力。③ 至于更卒们的服役期限则根据官府需要，所谓"月为更卒"是指按月服更役，一年的更数，并非只有一次，上举《徭律》"其非从军战痍也，作县官四更，不可事，毋

---

① 张家山二四七号汉墓竹简整理小组：《张家山汉墓竹简（二四七号墓）》（释文修订本），北京：文物出版社2006年版，第33页。

② 张家山二四七号汉墓竹简整理小组：《张家山汉墓竹简（二四七号墓）》（释文修订本）（释文修订本），北京：文物出版社2006年版，第64页。

③ 《盐铁论·禁耕篇》云"故盐冶之处，大傲皆依山川，其势咸远而作剧。郡中卒践更者，多不堪"。《水旱篇》云"今县官作铁器，多苦恶，用费不省，卒徒烦而力作不尽……发征无限，更徭以均锯，故百姓疾苦之"。这些是文学们对汉武帝盐铁官营的批评之词。但是官府经营盐铁业非开始于汉武帝，汉初即存在官营盐铁业，汉武帝时期仅仅是官府垄断经营而已。文学们所说的调更卒劳作于官营盐铁业非始于汉武帝，是汉初就有的制度。其他经济部门当然也以更卒为劳动力。参看钱剑夫：《秦汉赋役制度考略》，武汉：湖北人民出版社1984年版，第157—168页。

事"能够说明这一点。

上文提到2004年在湖北荆州纪南松柏西汉墓曾出土六十三枚木牍，发掘简报中公布了其中35号木牍牍文，内容为南郡所属各县道新傅簿、免老簿、罢癃簿。2009年，荆州博物馆公布了其中四枚木牍图片①，其中第47号木牍是关于南郡所属各县"卒"编组而"更"的统计，有助于我们对更役的理解，其文如下：

> 巫卒千一百一十五人，七更，更百卌九人，余卅九人。
>
> 秭歸千五十二人，九更，更百一十六人，其十七人助醴陽，余八人。
>
> 夷陵百廿五人，參更，更卅六人，余十七人。
>
> 夷道二百五十三人，四更，更五十四人，余卅七人。
>
> 醴陽八十七人，參更，更卅二人，受秭歸月十七人，余十二人。
>
> 孱陵百八人，參更，更百卌六人，不足五十一人，受宜成五十八人、臨沮卅五人
>
> 州陵百廿二人，參更，更卌七人，余十一人。
>
> 沙羨二百一十四人，參更，更六十人，余卅四人。
>
> 安陸二百七人，參更，更七十一人，不足六人。
>
> 宜成千六百九十七人，六更，更二百六十一人，其五十八人助孱陵，余八十九人。
>
> 江陵千六十七人，參更，更三百二十四人，余九十五人。
>
> 臨沮八百三十一人，五更，更百六十二人，其三十五人助孱陵，二十九人便侯，余三十一人。
>
> 顯陵百卌三人，參更，更卌四人，余十一人。
>
> 邔侯國二千一百六十九人，七更，更二百八十一人，其卌一人助便侯，廿九[人]軑侯，余二百二人。
>
> 中廬五百廿三人，六更，更八十四人，余十九人。

---

① 朱江松：《罕见的汉代松柏木牍》，荆州博物馆编著：《荆州重要考古发现》，北京：文物出版社2008年版，第210—211页。

便侯三百七十一人，参更，更百八十六人，受邔侯卌一［人］、临沮廿九［人］，余二十三人，当减。

軚侯四百卌六人，参更，更百七十人，受邔侯廿九人，余二十三［人］，当减。

凡萬四七十人

月用卒二千一百七十九人①

对牍文性质，学者们或称之为《南郡卒更簿》，或称之为《南郡卒编更簿》、《卒更簿》。名称不同，但都谓牍文所说的"卒"若干人指的是适合服役的人数，"若干更更若干人"是谓各县、国该年度要有多少批次服役的"卒"和每一批用卒数量；牍文最后的"凡万四七十人。月用卒二千一百七十九人"是指各县国所有适合服役人数和每个县、国一个月实际用卒数，牍文中的"卒"就是服徭役者。而对牍文"三更""四更""五更""六更""七更"的理解则分歧甚大。陈伟先生认为西汉前期卒更普遍实行三更之制，即每隔两个月就更一月，或到郡或到县就更。木牍可能属于在南郡郡中就更的簿籍，四更以上的县，更卒分四更、五更、六更、七更或者九更践更郡中；其他的当更时间，则大概是在县中就更。他们在郡县就更的合计，仍应是三更，即休更二月、践更一月。②杨振红先生认为"此簿中的卒应指傅籍者，此簿是记录南郡所属县道侯国各自拥有的卒数，以及如何安排服更役的簿籍"③。张金光先生以"月为更卒"是适龄人口，每年服役一月为前提，将牍文性质定名为《南郡卒编更簿》，认为"秦汉的'月为更卒'即月更之役，是以一年为国家制度周期的，也就是说，一个更卒在一年之中，为国家践服的更役期总量为一个月。此即秦汉徭役制度中的年度'月为更卒'之

---

① 本引文参考彭浩：《读松柏出土的西汉木牍（四）》，简帛网2009年4月12日，http://www.bsm.org.cn/show_article.php?id=1019。杨振红：《松柏西汉墓簿籍牍考释》，《南都学坛》2010年第5期，氏著《出土简牍与秦汉社会（续编）》，桂林：广西师范大学出版社2015年版。张金光：《说秦汉徭役制度中的"更"——汉牍〈南郡卒更簿〉小记》，《鲁东大学学报》2011年第2期。本文标点略有不同。

② 陈伟：《简牍资料所见西汉前期的"卒更"》，《中国史研究》2010年第3期。

③ 杨振红：《松柏四汉墓簿籍牍考释》，《南都学坛》2010年5期，氏著《出土简牍与秦汉社会（续编）》，桂林：广西师范大学出版社2015年版。

制。研究秦汉更徭,这是不可突破的理论制度红线"。"此等簿籍的编制带有预算性,是一种大徭役的预算制度,为具体而又宏大之役的征调提供宏观理论数据。""此簿籍编制主体是更卒整体,而不是单一个体。南郡各县被编制主体是全县更卒的分组编制,而绝非指每一个更卒个体。在此'三更'编制之下,必须保证国家一年十二个月皆得役每'更'月役更卒之量。"①

各家理解各有道理,但是系统分析,则有不足。按张金光先生分析,谓牍文是更卒编制簿书是没有问题的,谓这"三更""四更"即各县、国把本县、国的更卒编为三组、四组、五组,余以类推,每一小组只服役一个更次,从文意上可以说得通,也符合"月为更卒"的文字规定。但是当把各县编制和"凡万四七十人,月用卒二千一百七十九人"统一分析就出现了这样的矛盾:"凡万四七十人"是各县、国在籍的更卒总数,"月用卒二千一百七十九人"是各县国每个月实际征发的更卒数。但是,做这样累积的时候,忽略了这样一个问题:各个县国"更"数是不一样的,有的"三更",有的"九更",从逻辑上讲,"月用卒"是每个月的实际用卒,但是如果"三更"之县和"九更"之县的更期都是一个月的话,那么这个"月用卒二千一百七十九人"是不成立的,因为"三更"之县只有三个月有更卒服役,有九个月是不征发更卒之役的,而"九更"之县则九个月都有更卒服役,有三个月无服役之更卒,如何统计出"月用卒二千一百七十九人"的数据?若如陈伟先生所云,西汉前期卒更普遍实行三更之制,即每隔两个月就更一月,或到郡或到县,则"月用卒二千一百七十九人"的统计有所依据,但在实践上和制度仍有矛盾,就是每月服更役的天数与每年累计更役总天数不能统一。

笔者以为,针对上述的种种矛盾,不妨换一个思路或许能够跳出矛盾的泥淖。牍文记载的数字是就某一项工程所需劳动力预算而言,十六个县、国(道)是某一个工程所出人力总数以及派出批次和每个批次人力数量,而非这十六个县、国(道)一年中所有工程、所有更卒总数及服役批次和每一

---

① 张金光:《说秦汉徭役制度中的"更"——汉牍〈南郡卒编更簿〉小记》,《鲁东大学学报》2011年第2期。

批次的人数。只要把上举各县卒数换算成人口数就不难理解这一点。以江陵县而论，有卒一千零六十七人，如果这一千零六十七人是江陵全部更卒数，也就是应该服役的人数，则全县人口数也就是一万多人，至于安陆、中卢、显陵等县人口无论如何也不足万人。如醴阳八十七人、屠陵一百零八人、州陵一百二十二人、沙羡二百一十四人、安陆二百零七人，即使这里的"卒"是适宜服役的男性，一家只有一个，其时该地家庭较大，每户都在十五人左右，其全县人口最多三千，少的如醴阳不过一千多人。如果这样，显然有违设县的一般逻辑和制度规定。按制度，在理论上大县地方百里、户一万，实际上不一定如此，没有这么大的规模，但起码有一定的规模要求，特别是南郡这样的重郡，地处楚地腹部，经济发达，人口断然不会这样少。所以合理的解释是，这里的各县卒数是就某一工程各县所派遣服役人数及每批次人数的统计。该工程量是固定的，每月所需劳动力是固定的，分解到各个县，因工程和各县利益关系不一，距离远近不同，各县所派劳动力人数不同。《九章算术·均输》有征发徭役的算题，云：

> 今有均输卒：甲县一千二百人，薄塞；乙县一千五百五十人，行道一日；丙县一千二百八十人，行道二日；丁县九百九十人，行道三日；戊县一千七百五十人，行道五日；凡五县，赋输卒一月一千二百人。欲以远近、户率，多少衰出之。问县各几何？
>
> 答曰：甲县二百二十九人，乙县二百八十六人，丙县二百二十八人，丁县一百七十一人，戊县二百八十六人。
>
> 术曰：令县卒，各如其居所及行道日数而一，以为衰。甲衰四，乙衰五，丙衰四，丁衰三，戊衰五，副并为法。以人数乘未并者各自为实。实如法而一。①

算题说的是根据距离远近、人口多少征发士卒到边塞服役的分配方法。边塞每个月需要一千二百人，由甲乙丙丁戊五个县提供，其中甲县距离边塞最近，有卒即适宜服役人口一千二百人；乙县距离边塞有一天路程，有卒一千

---

① 钱宝琮点校：《算经十书》，北京：中华书局1963年版，第180—181页。

七百五十人；丙县距离边塞有两天路程，有卒一千二百八十人；丁县距离边塞有三天路程，有卒九百九十人；戊县距离边塞五天路程，有卒一千七百五十人。要根据距离远近、有卒多少按比例从各县分别征发士卒服役，以保证各县负担平均。因为各县距离边塞远近不同，而制度规定每一个士卒工程量、服役时间相同，但因为花在路上的时间不同，士卒的实际负担就有差异，就要在征发数量上做出调整：根据距离远近和人数多少征发士卒数量，距离近、士卒多的服役比例高，反之则低，五个县的士卒总量保证一千二百人就行了。两相比较，荆州松柏47号牍文内容，和《均输》算题所述，在逻辑上是一致的：《均输》所述是就某一项工程说明"衰出"之法，47号牍文记录的则是某一项工程"衰出"的实际数字。

当然，就目前来说，对"月为更卒"理解的分歧，还难有明确的解读。但是，从历史实践的角度看问题，这些分歧告诉我们，汉代更役工程量有大小，工程内容有差异，服役地距离有远近，征发多少役卒、如何征发役卒、一年是征发一次还是多次、一次是否一个月，怕不能给出统一的答案，只能因时因地而异。董仲舒的"月为更卒"只是法律性表述。

第二节　"正卒"之役

现在谈正卒之役问题。这要从董仲舒"又加月为更卒已复为正一岁屯戍一岁力役三十倍于古"这段话的句读说起。这段话，学界有三种句读：

①又加月为更卒，已复为正一岁，屯戍一岁，力役三十倍于古。
②又加月为更卒，已复为正，一岁屯戍，一岁力役，三十倍于古。
③又加月为更卒，已复，为正一岁，屯戍一岁，力役三十倍于古。

以上三种读法，实际上是两种，句读③是从句读①演变而来，对于文意没有改变。而①②两种读法，关系到对秦和汉初徭役体系的理解问题，特别是对"为正"的理解。若读为①则"为正"的役期是一年，若读为②则"一岁屯戍，一岁力役"都是"为正"的役期。这首先要明晰"为正"的含义。①

《汉书·高帝本纪》高祖二年"五月，汉王屯荥阳，萧何发关中老弱未傅者悉诣军"。孟康曰："古者二十而傅，三年耕有一年储，故二十三而后役之。"如淳曰："律，年二十三傅之畴官，各从其父畴学之，高不满六尺二寸以下为罢癃。《汉仪注》云民年二十三为正，一岁为卫士，一岁为材官骑士，习射御骑驰战陈。又曰年五十六衰老，乃得免为庶民，就田里。今老弱未尝傅者皆发之。未二十三为弱，过五十六为老。"师古曰："傅，著也。言著名籍，给公家徭役也。服音是。"《史记·孝景本纪》景帝二年"男子二十而得傅"。《索隐》："音附。荀悦云：'傅，正卒也。'小颜云旧法二十三而傅，今改也。"《汉官仪》曰：

> 民年二十三为正，一岁以为卫士，一岁为材官骑士，习射御骑驰战阵。八月，太守、都尉、令、长、相、丞、尉会都试，课殿最。水家为楼船，亦习战射行船。边郡太守各将万骑，行障塞烽火追虏。置长史一人，丞一人，治兵民。当兵行长领。置部尉、千人、司马、候、农都尉，皆不治民，不给卫士。材官、楼船年五十六老衰，乃得免为民就田。应合选为亭长。亭长课徼巡。尉、游徼、亭长皆习设备五兵。五兵：弓弩，戟，楯，刀剑，甲铠。鼓吏赤帻行滕，带剑佩刀，持楯被甲，设矛戟，习射。设十里一亭，亭长、亭候。五里一邮，邮间相去二里半，司奸盗。亭长持二尺板以劾贼，索绳以收执贼。②

《盐铁论·未通》文学云："今陛下哀怜百姓，宽力役之征，二十三始傅，五十六而免。"文学是当时人言当时事，这里的陛下即汉昭帝，可知二十三始傅、五十六老免始于汉昭帝，《汉仪注》和《汉旧仪》记载的是昭帝以后制度。如淳引用的《汉仪注》"二十三为正"以后服役内容和《汉官仪》相同，都属于兵役，《汉官仪》记载详细："一岁为材官骑士，习射御骑驰战阵。八月，太守、都尉、令、长、相、丞、尉会都试，课殿最。水家为楼

---

① 拙文《秦汉"正卒"辨析》曾经对董仲舒这段话的句读有过辨析，但论有未周，特此注出，见《中国史研究》1988年第1期。

② 《后汉书·百官志五·亭里条》，北京：中华书局1965年版，第3624—3625页。

船，亦习战射行船。边郡太守各将万骑，行障塞烽火追虏。""材官、楼船年五十六老衰，乃得免为民就田。应合选为亭长。亭长课徼巡。尉、游徼、亭长皆习设备五兵。五兵：弓弩，戟，楯，刀剑，甲铠"说的都是兵役事情，即傅籍开始到老免都有服兵役的义务。师古曰："傅，著也。言著名籍，给公家徭役也。"所述是广义的徭役。荀悦云："傅，正卒也"，即傅籍以后为"正卒"。

现在看董仲舒这段话的句读。从语法上看，"为正一岁"为句，是可以成立的，但是如此一来，对正卒的理解则不合本义。《汉旧仪》在记载了"民年二十三为正一岁而以为卫士一岁……"之后说"材官楼船年五十六老衰乃得免为庶民，就田里"。如果正卒之役是一年郡兵之役或一年郡兵与卫士役之总称，则和"材官楼船年五十六老衰乃得免为庶民"相矛盾。如只有两年兵役，根本无需到五十六岁才免为庶民；反之，二十三傅籍，五十六老免之后才"为庶民就田里"，则说明正卒的兵役义务不止两年，从傅籍到老免，都是在役人员，老免以后才算是正式退役，但是仍要"合选为亭长"，为地方治安贡献力量。而兵役和劳役合一，劳役是至老免而止，兵役也是至老免而止。荀悦说的"傅，正卒也"，谓傅籍之后，即为正卒。这是由先秦之"正徒"发展而来。先秦时代，徒、卒不分，正徒即正卒。按《周礼·地官·乡大夫》："以岁时登其夫家之众寡，辨其可任者，国中自七尺以及六十，野自六尺以及六十有五，皆征之。""登其夫家之众寡"即登记总数，国中七尺（二十岁）至六十岁，野内六尺（十五岁）至六十五岁都著名役籍，以备征调，这可以说是古代的傅籍制度。《小司徒》云："凡起徒役，毋过家一人，以其余为羡，唯田与追胥竭作。"郑司农云："羡，饶也。田，谓猎也。追，追寇贼也。"贾公彦云："'凡起徒役，毋过家一人'者，为起民徒役作之，毋过家一人。'以其余为羡'者，一家兄弟虽多，除一人为正卒，正卒之外，其余皆为羡卒。"孙诒让《正义》云："凡起徒役毋过家一人者，徒役谓大军大役士徒征调之事。家一人者，正卒之数……家以一人为正卒……受兵则为正卒。"《小司徒》所云是六乡制度，属于"国"内之制，所发之人是谓"国人"，当兵是国人的权利和义务，孙诒让说"徒役谓大军大役士徒征调之事"是对的，因为一般劳役都由"野人"承担。在一般军事行动中，每户只征一人，是谓"正卒"，相对于那些只在大规模田猎（讲武）追寇才从征之羡卒而言。这些"七尺至六十"之国人都有从征的义务，秦汉时期的"正卒"之称就是从此延续而来，才有"二十三为正……五十六老免"之规定。正卒，受兵者之称，役龄男子都有服兵役义务，故正卒是指役龄男子，就其所承担的军事义务而言，而非指现役军人。荀悦说"傅，正卒也"，就是因为正卒不是指某项兵役，而包括了兵役和劳役在内。如秦简《编年纪》载喜在秦始皇元年始傅之后，先后为安陆史、安陆令史、鄢令史、治鄢狱，直到始皇十三年才初次从军，十五年从平阳军。《三国志·魏志·崔琰传》云琰"少朴讷，好击剑，尚武事。年二十三，乡移为正，始感激，读《论语》《韩诗》"。崔琰生在汉末，"乡移为正"是汉制，即移名役籍为正卒。喜和崔琰在傅籍为正卒之后，都没有从军，不正说明正卒不是指具体兵役吗？也正因为如此，我们在秦汉史籍及出土资料中从未见发"正卒"出征的记载。

从军事学角度看，秦汉征兵制度的性质是预备兵役制，农民当一年郡兵和做一年戍卒或一年卫士仅是其兵役义务的一部分，农民从始傅到老免都有当兵的义务，于此同时，还有"月为更卒"的义务。荀悦说的"傅，为正卒"，意思是傅籍以后为正丁，正式服兵役，同时要"月为更卒"。单就兵役而言，当郡兵的主要目的是进行军事训练，以获得必要的军事技能，同时保卫地方治安。训练完毕，回乡务农，成为国家的预备兵，遇有战事，随时应征入伍，直到老免为止。

众所周知，秦汉赋役制度奠基于商鞅变法，而商鞅变法的目的是为了富国强兵，富国的目的也是强兵以东向争霸，方针是"一民于战"，"举国而责之于兵"。《商君书·画策》云：

> 名尊地广，以至于王者，何故？名卑地削，以至于亡者，何故？战罢（疲）者也。不胜而王，不败而亡者，自古及今未尝有也。民勇者战胜，民不勇者战败。能一民于战者，民勇；不能一民于战者，民不勇。圣王见王之致于兵也，故举国而责之于兵。[①]

[①] 蒋礼鸿：《商君书锥指》，北京：中华书局1986年版，新编诸子集成本，第108页。

这是商鞅变法的出发点，变法所立的一系列制度都是为了"一民于战"，"举国而责之于兵"，使利禄官爵皆出于兵，使秦民"当壮者务于战，老弱者务于守"。《商君书》非成于一人之手，有些篇目并非商鞅所作，但这些主张和商鞅一致则是无疑的。商鞅规定："宗室非有军功，论不得为属籍……有功者显荣，无功者虽富无所芬华。"① 宗室有军功才能为"属籍"，只有立军功者才能显荣，说明确实是"利禄官爵皆出于兵"。商鞅建立严密的户籍制度，把人民置于国家的严格控制之下，除了向人民征收赋税之外，就是为了征发人民服役，所有在籍之男子，从始傅到老免，都有服兵役义务。张仪说秦"带甲百余万，车千乘，骑万匹。虎贲之士，跿跔科头，贯颐奋戟者，至不可胜计"②。范雎说秦"奋击百万，战车千乘"③。这些策士之词，难免夸饰，但这是把所有役龄男子都计在内，则属无疑。长平之战，秦发"年十五以上悉诣长平"。王翦伐楚，率六十万大军，"空秦国甲士"④。这年十五以上的男子和六十万大军在"诣长平"和伐楚之前，显然不可能都是现役军人，而是包括役龄男子在内。秦始皇统一六国后，"戍、漕、转、作、事"并举，结果"丁男不足，丁女转输"。这些史实说明，秦所有役龄男子都在应征之列，当兵时间长短，视需要而定，人民的兵役义务远非两年。

汉初延续秦制。如吴王刘濞叛乱时，"悉其士卒，下令国中曰：'寡人年六十二，身自将。少子年十四，亦为士卒先。诸年上与寡人同，下与少子等，皆发'。二十余万人"⑤。十四到六十二皆发，当然是特例。但是所有成年男子都要当兵则不是刘濞独创，而是汉制使然。因为当时诸侯王国所用之法仍是汉法，贾谊说："若此诸王，虽名为臣……虑亡不帝制而天子自为者。擅爵人，赦死罪，甚者或戴黄屋，汉法令非行也。"又说："诸侯犹且人恣而不制，豪植而大强，汉法不得行矣。"⑥ 说明按制度规定，诸侯王国仍要执行汉法，这里的汉法当包括赋役制度。汉武帝用兵四夷，征战数十

---

① 《史记》卷68《商君列传》，北京：中华书局1959年版，第2230页。
② 《史记》卷70《张仪列传》，北京：中华书局1959年版，第2293页。
③ 《史记》卷70《范雎蔡泽列传》，北京：中华书局1959年版，第2408页。
④ 《史记》卷73《白起王翦列传》，北京：中华书局1959年版，第2334、2340页。
⑤ 《汉书》卷35《吴王刘濞传》，北京：中华书局1962年版，第1909页。
⑥ 《汉书》卷48《贾谊传》，北京：中华书局1962年版，第2234、2260页。

年，结果"父战死于前，子斗伤于后，女子乘亭障，孤儿号于道，老母寡妇饮泣巷哭，遥设虚祭，想魂乎万里之外"①。人口耗损，"户口减半"，正说明所有役龄男子都要当兵。又如昭帝时，燕刺王刘旦谋反，"赋敛铜铁作甲兵，数阅其车骑材官卒……旦从相、中尉以下，勒车骑，发民会围，大猎文安县，以讲士马，须期日"②。"车骑材官卒"是经过选拔训练的现役军人，"发民会围"之"民"即退伍返乡的役龄男子，"发民会围，大猎文安县，以讲士马"就是集中所有现役军人和已回乡务农的役龄男子进行军事演习，准备起兵，说明所有役龄男子都要当兵。在秦汉史籍中，类似史料可以说俯拾即是，不再一一列举。

从汉代历史实践看，对戍卒和卫士之役的理解也不能拘泥于古人的注释，实际上戍卒和卫士并不是每一个人都必须为之，而是根据实际需要征发。如汉代卫士一般在二万人左右，对拥有几千万人口的封建大帝国来说，根本不需要每一个役龄男子都做一年卫士。又如戍卒，在边境军情紧急时，不管服过边戍与否，都要戍边，边境无警则不征发民户戍边。如汉武帝元鼎元年，西羌反叛，与匈奴通使，汉为了防止西羌与匈奴合兵，遂发重兵戍守，于"上郡、朔方、西河、河西开田官，斥塞卒六十万人戍田之"③。按当时的人口数推算，这六十万人显然不都是应服一岁戍边任务的人。汉宣帝时，北边无警，戍卒极少，赵充国云："窃见北边自敦煌至辽东，万一千五百余里，乘塞列隧有吏卒数千人。"④ 赵充国是当时名将，极谙边备，他的话是可信的。在一万多里长的边防线上，只有几千名戍卒，可见远非人人都必须戍边一年。因此，所谓戍边一年或做卫士一年，是说凡做卫士或戍卒者一岁而更，而不是说人人都必须做卫士一年或做戍卒一年，尽管人人都有被征为卫士或戍卒的可能。

"力役"的本义是劳役和兵役的统称。《礼记·王制》云："五十不从力政，六十不与服戎。""力政"即力役之征，"政""征"同声通假。郑玄注："力征，城道之役也"，即修城筑路之类的劳役。《王制》所云是就周制

---

① 《汉书》卷64下《贾捐之传》，北京：中华书局1962年版，第2833页。
② 《汉书》卷63《武五子传》，北京：中华书局1962年版，第2753—2754页。
③ 《汉书》卷24下《食货志下》，北京：中华书局1962年版，第1173页。
④ 《汉书》卷69《赵充国传》，北京：中华书局1962年版，第2989页。

之国人而言，执兵卫国是国人义务也是权利，"服戎"即其权利。但执兵卫国的同时也要参加相应的劳役，故郑玄注释说"力征，城道之役也"。降至战国，"力役"的含义广泛得多，《孟子·尽心下》云："有布缕之征，粟米之征，力役之征。君子用其一，缓其二。用其二而民有殍，用其三而父子离。"赵歧注："征，赋也。言国有军旅之事则横兴此三赋也。布，军卒之为衣也。缕，紩铠甲之缕也。粟米，军粮也。力役，民负荷厮养之役也。"① 把力役释为"负荷厮养之役"即军事劳役，后世咸从其说。但是，仔细分析，赵歧的注是不对的，是经学思维使然。因为孟子所云并非是在"国有军旅之事"时才向人民征收的，而是说国家对人民的全部征敛分为这三种。细析孟子的上下文意，这点不难理解。孟子生当战国中期（约公元前335—前304年），其书是孟子与其弟子合编而成，成书于孟子晚年，所述史实多是当时情况。其时，已完成宗族城邦到领土国家的转型，每一个编户民都要向国家交纳赋税、服兵役和服劳役，因此，这里的"力役之征"是向编户民征发兵役和劳役。《盐铁论·未通》说"宽力役之征，二十三始傅，五十六而免"。"力役之征"就是兼指兵役和劳役。汉代的郡兵之役，任务是军事训练、维持治安，是"力役"的一部分，所以董仲舒用"一岁力役"代之。

在汉语中，主语较长时，都可以和谓语断开，以便阅读，"三十倍于古"的主语就是"月为更卒""一岁屯戍""一岁力役"，从汉语语法结构说，这是并列主语，和董仲舒接着说的"田租口赋，盐铁之利，二十倍于古"的句式完全相同，不存在主词不明问题。

可见，读法①于文意、于史实都符合，是正确的。读法②把"力役"属下读，于文意上也是通顺的，但是，这与上述编户民役龄之内都要服兵役的制度、事实不合，故而不宜。

那么颜师古的解释对不对？回答也是否定的。说"正卒"是"给中都官者"，是根据"月为更卒"——"给郡县一月而更"的制度推衍出来的结论，是没有史实根据的。这和"一岁屯戍"的制度就解释不通。按秦汉时代，在京师做卫士也叫屯戍，但更多的是指戍边，说"正卒"是"给中都

---

① 阮元校刻：《十三经注疏》，北京：中华书局1980年影印版，第2778页。

官者"与此就不符。

现在再来考察荀悦的解释。荀悦是东汉人，著名的史学家，《汉纪》的编纂者，对秦汉的典章制度是熟悉的，他的解释和秦汉编户民自始傅到老免都要服力役、兵役的制度相合，因而荀悦之说是正确的："正卒"是指傅籍后的役龄男子，突出其兵役义务而谓"傅，为正卒"。董仲舒说的"月为更卒，已复为正，一岁屯戍，一岁力役"即指此，"月为更卒"是地方之役，"一岁屯戍，一岁力役"是国家层面之役，而谓后者为"正卒"，是表示和地方之役有别。

第三节 "更赋"的演变

更赋是汉代由劳役演变而来的按人头征收的常税之一，是汉代农民负担的重要组成部分，也是汉代帝王表示仁政经常减免的税种之一，当然也是人们批评汉代剥削沉重的理由之一。王莽就曾批评说："汉氏减轻田租，三十而税一，常有更赋，罢癃咸出。"①"罢癃咸出"就是身体有残疾的人也要缴纳。本来，身体有残疾，所服劳役和正常人是有区别的，上举松柏汉简《罢癃簿》专门统计身体残疾者，就是为了征发徭役时区别对待，但是更赋却不加区别，和正常人一样征缴，所以王莽提出特别批评。《后汉书·南蛮传·板楯蛮传》谓："长吏乡亭，更赋至重，仆役棰楚，过于奴虏，亦有嫁妻卖子，或乃至自刭割。"可见更赋之重，而且与长吏乡亭关系密切。东汉一朝免除更赋较多，是与更赋沉重有关系的。但是古今学者对更赋的理解有着诸多的分歧。

学界对汉代更赋的含义有三种理解：一是"月为更卒"的代役钱，数量是三百。② 二是"戍边三日"的代役钱，数量也是三百，"月为更卒"的代役钱是两千。③ 三是一月和三日代役钱的总称，数量分别是两千

---

① 《汉书》卷 24 上《食货志上》，北京：中华书局 1962 年版，第 1143 页。
② 此说以劳干先生《汉代兵制及汉简中的兵制》一文为详，刊《史语所集刊》第十本。韩连琪先生《汉代的田租、口赋和徭役》亦持此说，刊《文史哲》1956 年第 7 期。
③ 目前有关论者多持此说，最具有代表性的是高敏先生《秦汉赋税制度考释》，氏著《秦汉史论集》，郑州：中州书画社 1982 年版。

和三百。① 笔者以为，第一说基本正确，但数量因时而异。本节即就此再加探讨。

最早解释更赋的是三国人如淳，即上举《汉书·昭帝纪》元凤四年诏"三年以前逋更赋未入者，皆勿收"如淳注，已见上引，其内容要而言之：一是提出"更有三品"，即卒更、过更、践更，践更和过更是交钱代役，卒更是居更地方劳役。二是认为汉代有戍边三日制度，叫作"繇戍"制度，"不可往便还，因便住一岁一更。诸不行者，出钱三百入官"。出钱两千代替一月之役者叫作"践更"，出钱三百代替戍边三日之役者叫作"过更"。三是引《律说》谓"为践更者，居也，居更县中五月乃更也。后从尉律'卒践更一月，休十一月'也"。汉初实行的是董仲舒说的"月为更卒，已复为正，一岁屯戍"后来改为"有谪乃戍边一岁耳"。如淳的话，自相矛盾者甚多，错误者不少，已经有众多学者指出，如对"践更"的解释完全是想当然，无论是传世文献还是出土文献都说明践更是自行服役的意思，众所周知，无需多说。但是，就更赋而言，确是人们理解汉代更赋制度的出发点。

本节就戍边三日问题、更赋数额、外繇问题，依次讨论如下。

一、汉代不存在戍边三日制度

第一，众所周知，汉代役龄男子从吕后五年开始戍边以一年为期，高后五年八月"令戍卒岁更"②。晁错说文帝"令远方之卒守塞，一岁而更"③。《盐铁论·执务篇》说"若今则繇役极远，尽寒苦之地，危难之处，涉胡越之域，今兹往而来岁旋"，都反映了"一岁屯戍"的施行状况。董仲舒说的"一岁屯戍"也是指戍边。董仲舒已经明言"古者税民不过什一，其求易共。使民不过三日，其力易足"④。"古者"是经学家眼里的西周制度，所谓"税民不过什一，其求易共。使民不过三日，其力易足"是井田制下的设

---

① 明确提出此说者是翦伯赞先生《秦汉史》，北京：北京大学出版社 1983 年版。范文澜先生《中国通史》第 2 册，北京：人民出版社 1978 年版。详论此说者是崔曙庭先生《汉代更赋辨析》，刊《中国历史文献研究集刊》第 2 集，长沙：湖南人民出版社 1981 年版。
② 《史记》卷 22《汉兴以来将相名臣年表》，北京：中华书局 1959 年版，第 1124 页。
③ 《汉书》卷 49《晁错传》，北京：中华书局 1962 年版，第 2286 页。
④ 《汉书》卷 24 上《食货志上》，北京：中华书局 1962 年版，第 1137 页。

计，不是说古代真的有戍边三日的制度。如按如淳说，这一年仅是少数人的戍边期限，多数人只交三百钱代役，显然和上引戍卒岁更诸语不合。要知道，高后之令、董仲舒之语都是就普遍情况而言，并非对少数人而发。

关于戍边三日问题，汉儒多有引述，如淳之语并非空穴来风，有其文献依据，但是，这个依据是先秦儒生对传说中的圣王时代的猜想而被编入《周礼》，当儒学经学化以后，《周礼》成为经典，也就成为汉儒批评现实的理论依据。事实上，西周时代，社会各阶层均隶属于不同等级的血缘共同体，大别之分为统治宗族和被统治宗族，即"国人""野人"，从政治权利着眼，可以名之为自由民和非自由民。① 被统治宗族隶属于统治宗族，其成员除了世世代代为其主子甚至是主子的主子从事各种生产活动之外，更要提供生产之外的力役，所谓力役之征是当时剥削形态的主体甚至是全部。无论今人把这些被统治宗族成员称之为奴隶还是农奴、"庶人"，但有一点是共同的：这些人是力役主体，一年四季无日休息。《诗》等传世文献所反映的生产和生活内容充分说明这一点，对于他们来说，根本不存在"使民之力岁不过三日"的问题。而国人是统治宗族成员，任务是"执干戈以卫社稷"，他们承担着保护自己宗族地位和权利的义务，也不存在"使民之力岁不过三日"的问题。春秋以降，统治宗族和被统治宗族成员大分化大变动，最终都成为新型君主专制国家的臣民即编户民，被绑在战争的轴心上，为国家提供兵役和劳役亦即广义的徭役，编户民的徭役负担远远超过过去，思想家们才以古讽今，想象出什么古代使民岁不过三日之类的制度以批评现实徭役之重。西汉学者在过秦新思潮中往往以先秦思想家们的理论为依据，经学家们更是以过秦之名批评现实。董仲舒说的"古者使民之力岁不过三日"就是因此而来，并非史实。这一点，在当代复古、信古思潮的背景下，尤其要分析而后采信。

第二，按如淳之法，戍卒居边一年，除去自己应尽的三天义务外，其余时间每天有一百钱的佣费，而戍边期间衣食官给，这样一年下来可净得三万六千多代役钱，就西汉物价而言，是一笔巨大的收益，可谓优厚，人民为何

---

① 参阅田昌五、臧知非：《周秦社会结构研究》第一章"西周社会结构概述"，西安：西北大学出版社1996年版。

还视戍边为畏途？人们为什么还批评汉武帝对外用兵是劳民伤财？

第三，按如淳注文，戍边一年是汉初因袭秦制，后改"有谪乃戍边一岁"，这也是不对的。居延汉简大都是西汉武帝到东汉初年之物，所记戍卒绝大多数是内郡民按更戍制轮番戍边，而非"有谪"者，这些前人论述甚备，此不举证。

有的论者鉴于上述矛盾，认为戍边一岁是实，但非汉代通制，而是追加法，开始施行于高后五年，到文帝十三年"除肉刑田租税律戍卒令"①时废除，武帝时恢复，到昭帝时再废除，而实行每年戍边三日制度，并举赵充国上宣帝疏"窃见北边自敦煌至辽东万一千五百余里，乘塞列隧有吏卒数千人"②为证，说这数千人就是代替全国役龄男子服三日戍边义务的人，否则如以一年为期，则远不止此数。③今按此论非是，理由有三：

第一，汉代征兵制的性质是预备兵役制，自傅籍到老免都有服兵役义务。戍边一年仅是平时规定，战时无论服过边戍与否，都在征发之列，服役长短以战事需要为准。说已见上，无需赘述。

第二，居延汉简中有戍卒轮代的记载，如第一五·二号简文云"万世隧长至其六月甲子调守令史将获罢卒济阴郡成阳县南阳里狄奉"、第一九·三三号简文"应皆署鼓下为罢卒治车至五月甲子罢卒食……"第二○三·三一号简文"罢卒费直"，等等。据研究，简文之"罢卒"即指一年戍边期满当罢遣轮代之卒，如卫士罢遣之制。这是西汉后期行一岁戍边制度之明证。④

第三，《汉书·沟洫志》载成帝建始四年治河，历三十六日功成，诏"卒治河者为著外徭六月"。如淳注："律说，戍边一岁当罢，若有急，当留六月。今以卒治河之故，复留六月。"孟康云："外徭，戍边也，治水不复戍边也。"师古云："如孟二说皆非也。以卒治河有劳，虽执役日近，皆得

---

① 《史记》卷22《汉兴以来将相名臣年表》，北京：中华书局1959年版，第1127页。
② 《汉书》卷69《赵充国传》，北京：中华书局1962年版，第2989页。
③ 《文献通考·兵考》："窃意一岁更戍是秦以待谪戍者，本非正法……汉初亦遵其法，后来有著令，有罪者乃戍边一岁。而凡民之当戍者不过三日……"罗镇岳先生《试析西汉男子"屯戍一岁"与"戍边三日"》一文详论其说（《中国史研究》1984年第1期）。
④ 劳干：《居延汉简考证·内郡人与戍卒》，《史语所专刊》第四十，陈直：《两汉经济史料论丛》，北京：中华书局2008年版，第27页。

比徭戍六月也。"如淳谓"今以卒治河故复留六月"显然是错的，河已治毕，留卒何用？而如淳、孟康、师古都释外徭为戍边也不正确，这待下文详论。如淳所引汉律"戍边一岁当罢，若有急当留六月"，则说明起码在成帝时期戍边仍以一年为期。因此，昭帝没有改戍边一年为戍边三日，西汉后期仍行戍边一年之制。

记载汉代有戍边三日制度者还有《前书音义》一书。李贤注《后汉书·明帝纪》《安帝纪》两引其书，文与如淳注同，不再征引。[①] 有的论者遂据《隋书·经籍志》说李贤所引《前书音义》可能是应劭《汉书集解音义》（二十四卷）、服虔《汉书音训》（一卷）的别称，服虔和应劭都是东汉人，说当有据：如淳有可能采用了他们的成果，不是孤证，其说可信。[②] 今按此论亦非。

第一，李贤所引之《前书音义》不一定是应、服之书的别称，更可能是韦昭《汉书音义》、萧该《汉书音义》（俱见《隋书·经籍志》）之别称，他们都在如淳之后。

第二，颜师古早已指出服虔、应劭之《音义》散失已久，后有晋灼汇集二书，增以己意另撰《汉书集注》一书，但流传不广。后有东晋人臣瓒"总集诸家音义，稍以己之所见，续厕其末"，凡二十四卷，即唐代传世之《汉书集解音义》，"而后人见者不知臣瓒所作，乃谓之应劭等集解。王氏《七志》、阮氏《七录》，并题云然，斯不审耳"[③]。《隋志》所载即臣瓒之《汉书集解音义》。《隋志》系据历代官私目录著作撰成，多采旧说，考证乖误之处甚多。而颜师古几倾毕生精力注释《汉书》，有《汉书》功臣之称，他又曾参加《隋志》之编撰，深知《隋志》之病，其说较《隋志》可信。因此之故，师古注《汉书》采纳服虔、应劭成果时，均详加辨析，标明"服虔曰""应劭曰"字样，而不云某某书。所以《隋志》所载之应劭《汉书集解音义》实是托名之作，不是应劭原书。至于《隋志》所载服虔之《汉书音训》怕也不是原貌。

---

① 张守节《史记正义·刘濞传》亦引戍边三日诸语，当引如淳说或《前书音义》。
② 崔曙庭：《汉代更赋辨析》，《中国历史文献研究集刊》第2集，长沙：湖南人民出版社1981年版。
③ 颜师古：《汉书叙例》，《汉书》第1册，北京：中华书局1962年版，第2页。

第三，《前书》是《前汉书》之简称，相对于《后汉书》而言。我国第一部《后汉书》是孙吴谢承所作，至晋时各家后汉书共有九家，范晔之书晚至刘宋始出。故前书之称最早也在谢承之书问世以后。又据安作璋先生研究，就目前文献所见，《汉书》加"前"字始于南梁元帝时期。① 故李贤所引之《前书音义》成书最早也在孙吴以后，抑或在南梁以后，远晚于如淳注《汉书》，上举如淳注更赋之语不会采自《前书音义》，而是相反，《前书音义》采自如淳注。

其实，汉人早已指出汉代没有"戍边三日"制度。贾山《至言》云："昔者，周盖千八百国，以九州岛之民养千八百之君，用民之力不过岁三日。"② 董仲舒云："古者税民不过什一，其求易供，使民不过三日，其力易足。"③ 贡禹云："古者……使民岁不过三日。"④ 他们说的'古者'都是指周代制度。《周礼·均人》云："凡均力政，以岁上下，丰年则公用旬三日焉。"《礼记·王制》云："用民之力，岁不过三日。"董仲舒等人所言当指《王制》诸语。他们或是西汉初期，或是中期，或是后期，董仲舒更是一代儒宗，其说当然较如淳之说可靠。因此，我们可以肯定，所谓"戍边三日"之制纯属乌有。

东汉末年，战乱数十载，洛阳毁于战火，秘阁典籍皆为灰烬，国家法律文书多残缺不全，而法律制度又不断地发展变化，仅存的断编残简难免有抵牾之处，如淳据以诠《汉书》就会有矛盾的地方，为自圆其说，乃加以附会。后人不审，以为信史，遂导致种种误解。

二、"更有三品"和更赋数额

戍边三日问题既明，现在讨论"更有三品"和更赋数额问题。

"戍边三日"之制既无，则汉代更役为"月为更卒"应无异议，如淳所云"更有三品"之"过更"，当然不再是交钱三百代替三日之役，而只能是交钱代替"月为更卒"之役。服虔注《汉书·刘濞传》时已指出"以当为

---

① 安作璋：《班固与汉书》，济南：山东人民出版社 1979 年版，第 75 页。
② 《汉书》卷 51《贾山传》，北京：中华书局 1962 年版，第 2332 页。
③ 《汉书》卷 24 上《食货志上》，北京：中华书局 1962 年版，第 1137 页。
④ 《汉书》卷 72《贡禹传》，北京：中华书局 1962 年版，第 3069 页。

更卒，出钱三百，谓之过更"。如淳谓交两千钱代替更卒之役谓之践更并非西汉前期事，待下文再说。

《说文》："践，履也，从足戋声。"即亲自前往之意，"践更"即亲自服更役。《史记·游侠列传》云郭解"乃阴嘱尉史曰：'是人吾所急也，至践更时脱之'。每至践更，数过，吏弗求"。《汉书·刘濞传》云吴"以盐铁故，百姓无赋，卒践更，辄予平贾"。服虔云："以当为更卒，出钱三百，谓之过更。自行为卒，谓之践更。吴王欲得民心，为卒者雇其庸，随时月予平贾也。"《史记·游侠传》云："（郭）解出入，人皆避之。有一人独箕倨视之，解遣人问其名姓。客欲杀之。解曰：'居邑屋至不见敬，是吾德不修也，彼何罪。'乃阴属尉史曰：'是人，吾所急也，至践更时脱之。'每至践更，数过，吏弗求。怪之，问其故，乃解使脱之。箕踞者乃肉袒谢罪。少年闻之，愈益慕解之行。"张家山汉简《奏谳书》记载秦始皇元年一个案例：一个叫做毛的盗牛犯说与讲在该年十月、十一月共谋盗牛。讲申诉说自己没有时间和毛盗牛，因为当时自己"践更咸阳，以十一月行"。毛又改口说是"十月中与谋曰，南门外有纵牛，其一黑牝，类扰易捕也。到十一月复谋，即识捕而纵，讲且践更，讲谓毛勉独捕牛，买（卖）分讲钱。到十二月已嘉平，毛独捕，牵买（卖）雍而得"。讲申辩说整个十一月都没有时间和毛谋划盗牛事，因为"践十一月更外乐，月不尽一日下总咸阳，不见毛"。实际离开家则是十月下旬的事情，"十月不尽八日为走马魁都庸，与偕之咸阳，如十一月一日以来，即践更"。① 显然，这里的"践更"只能是自行服更役的意思。

《盐铁论·禁耕》："故盐冶之处，大傲皆依山川，近铁炭，其势咸远而作剧。郡中卒践更者多不堪，责取庸代。"这里的"践更"也是"自行为卒"之义。但后人仍从如淳说，如晋灼注"卒践更老，辄予平贾"云"谓借人自代为卒者官为出钱，雇其时庸平贾也。"颜师古亦是其说。这显然不合情理：官为雇人代役者出钱，那些自行服役者却没有任何赏赐，势必没有人自行服役；而"借人自代为卒者"只能是少数富人，平民怕

---

① 张家山二四七号汉墓竹简整理小组：《张家山汉墓竹简（二四七号墓）》（释文修订本），北京：文物出版社2006年版，第100—101页。

都是要自行服役的,刘濞何以收买民心?古人局限于前人注解,认为"践更"是交钱代役,或情有可原,今人就要纠古人之谬了。所以"卒践更者,辄予平贾"的正确解释是按"平贾"给予服役者一定数量的庸费,使之有所收益以收买民心。至此,可以得出结论:"卒更"是要服更役之人,"践更"是自行服役,"过更"是交钱代替一月之役,所交之钱即为更赋。

既然更赋是一月役的代役钱,钱数应该是相等的。但据上引服虔和如淳注有三百和两千之分,如淳注《汉书·沟洫志》河平三年诏"治河卒非受平贾者,为著外徭六月"时又云"律说,平贾一月,得钱二千"。这该如何解释?有的学者虽然指出了汉代没有戍边三日制度,却因没有解决这一问题而陷入自我矛盾之中。

更赋额是官府根据劳动力的市场价格制定的"平贾"即官价征收的,而劳动力的价值决定于劳动生产率的变化,即取决于生活所必需的生活资料价值的变化。两汉四百余年历史,物价变动甚大,以谷米而论,最高每石万钱,最低每石五钱,劳动力的庸价必然上下浮动,官府的"平贾"也必然不断变化。服虔说"随时月予平贾"。苏林说"平贾,以钱取人作卒,雇其时庸之平贾也"[①]。这"随时月""顾其时庸"都说明"平贾"随时间变动。云梦睡虎地秦律有以劳役抵偿债务的法条,价格按天计算,对我们理解秦劳动力价格有所启发。云梦睡虎地秦律《司空律》规定:

> 有罪以赀赎及有责(债)于公,以其令日问之,其弗能入及赏(偿),以令日居之,日居八钱;公食者,日居六钱。
> 或赎罢(迁),欲入钱者,日八钱。[②]

意思是用钱赎罪或者欠官府钱的,按判决规定的日期予以讯问,到了还钱时间无力还钱的,即自规定之日起以劳役抵偿债务,劳作一天抵偿八钱,有官府提供饮食的一天抵偿六钱。犯罪被判迁刑,可以交钱代替服刑,也是每天

---

① 《汉书》卷29《沟洫志》苏林注,北京:中华书局1962年版,第1690页。
② 睡虎地秦墓竹简整理小组:《睡虎地秦墓竹简》,北京:文物出版社1978年版,第84、91页。

八钱。每天八钱，是官府定价，一月是二百四十钱。这是针对债务人和犯法者的规定，带有惩罚性质，向平民收取的代役钱不会高于这个标准。西汉前期的徭役要轻于秦朝，代役钱不会高于秦朝，断然不会有一月之役收钱两千的规定，三百之数恐怕亦非西汉前期事。

两汉物价变动趋势是越来越高，东汉高于西汉，劳动力价格亦然。《汉书·平帝纪》云元始元年"天下女徒已论，归家，雇山钱月三百"。如淳曰："已论者，罪已定也。令甲，女子犯罪，作如徒六月，雇山遣归，说以为当于山伐木，听使入钱雇功值，故谓之雇山。"应劭曰："旧刑鬼薪，取薪于山，以给宗庙，今使女徒出钱雇薪，故曰雇山也。"师古曰："如说近之，谓女徒论罪已定，并放归家，不亲役之，但令一月出钱三百以雇人也。"注家对"雇山"渊源解说有异，但都谓"雇山"是出钱代役，每月三百钱。这是犯人一月苦役的代役钱，普通百姓一月庸值不会超过此数。衡以秦律每天八钱的标准，平帝时的每月三百钱，上涨是有限的。但到东汉后期，一月庸值则远不止此。崔寔《政论》云："夫百里长吏……一月之禄得粟二十斛，钱二千……假令无奴，当复取客。客庸一月千，刍膏五百，薪炭盐菜又五百……""客庸一月千"不包括饮食之费，否则不止此数，较西汉一月三百钱高出两倍多。此为第一点。

第二，"平贾"既然是官价，在统治者比较开明，对农民剥削尚有一定限度时，这个"平贾"还是比较"平"的；但在主昏臣谬、政治乖乱时，横征暴敛已为常态，"平贾"也就不平了。东汉后期，政治黑暗，贪污成风，以至于卖官鬻爵，搜刮民财，作为各项赋敛之一的更赋，当然不会按什么"平贾"征收，而是决定于统治者的主观愿望，从而把更赋数量定在两千是不足为怪的。因此，笔者以为三百钱是西汉中后期更赋额，两千钱是东汉后期的更赋额。如淳所引之律是东汉后期之律，据以注前汉之事，遂至误解。若两千钱也是西汉一月代役钱和上举"天下女徒已论，归家，雇山钱月三百"是无法解释的：一个罪犯一月苦役的代役钱是三百，一个良家百姓一月却两千，天下绝无此理。如淳不解三百钱和两千钱的关系，遂把周代"使民之力岁不过三日"解为汉戍边制度，说三百钱是三日戍边代役钱，两千是一月代役钱；为弥合戍边三日和戍边一年的矛盾，又谓一年是代人戍边者的居边期限。看似天衣无缝，若勘以史实，则破绽百出。

三、"外徭"训释

《汉书·卜式传》云卜式以牧羊致富，献钱二十万予官，汉武帝为褒其忠义，"赐式外徭四百人"。苏林曰："外徭谓戍边也。一人出钱三百谓之过更，式岁得十二万钱也。一说在徭役之外得复除四百人也。"师古曰："一说是。"按汉武帝时，尚少数百口之家的大家族，卜式家人也不会太多，说在徭役之外得复除四百人显然缺少事实依据。现代学者遂谓外徭为戍边，卜式所得是四百人"戍边三日"的代役钱，并举上引《汉书·沟恤志》如淳、孟康、颜师古对外徭的解释为佐证，有的论者则以此说明汉代有"戍边三日"制度。① 笔者以为外徭是泛指所在郡县之外的劳役②，不是戍边之役的代称，卜式所得不是四百人三日戍边的代役钱，而是四百个劳动力。理由如下：

第一，《汉书·惠帝纪》云惠帝即位大赦天下，"上造以上及内外公孙耳孙有罪当刑及当为城旦舂者，皆耐为鬼薪白粲"。应劭注："城旦者，旦起行治城；舂者，妇人不豫外徭，但舂作米，皆四岁刑也。"这里"外徭"显然不是戍边，而是修城之役，相对舂米之役曰"外徭"。《汉书·贾山传》载贾山上文帝疏云："陛下即位，亲自勉以厚天下，捐食膳，不听乐，减外徭卫卒，止岁贡。"贾山所云是文帝五年以前的事，还没有采用晁错募民实边之议以省戍卒（晁错议在十一年，十三年曾除戍卒令），《文帝纪》文帝二年诏曰："今纵不能罢边屯戍，又伤兵厚卫，其罢卫将军军。"比照这两段文字和贾山上疏的时间背景，其"外徭"也非指戍边之役，而是泛指各种工程。他们都是汉初人，其说较孟康、苏林可信。成帝建始四年，河决东郡"泛溢兖、豫，入平原、千乘、济南，凡灌四郡三十二县，水居地十五万余顷，深者三丈，坏败官亭室庐且四万所"。"河堤使者王延世使塞，以竹落长四丈，大九围，盛以小石，两船夹载而下之。三十六日，河堤成。"成帝下诏褒奖："东郡河决，流漂二州，校尉延世堤防三旬立塞。其以五年

---

① 罗镇岳：《试析西汉男子"屯戍一岁"与"戍边三日"》，《中国史研究》1984 年第 1 期。
② 笔者曾经谓"外徭"是泛指各类室外徭役，而非专指戍边。谓"非专指戍边"是正确的，但是谓"泛指各类室外徭役"则过于宽泛，有欠准确，特此补正。见拙文《汉代更赋辨误》，《徐州师院学报》1987 年第 2 期。

为河平元年。卒治河者为著外繇六月。"① 黄河决堤，受灾严重，河堤使者王延世因为方法得当，用了三十六天就堵住决口，成帝下诏改建始五年为河平元年，以示庆贺，同时嘉奖，"卒治河者为著外繇六月"即所有参与治河士卒一律"著外繇六月"。这里的"著外繇六月"显然是就三十六日治河劳役而言，即实际治河三十六天，在簿籍上登记为六个月，即三十六天的劳役抵充六个月。如淳不解史实，望文生义，谓："律说，戍边一岁当罢，若有急，当留守六月。今以卒治河之故，复留六月。""律说"是东汉律学家对汉律的解释，"戍边一岁当罢，若有急，当留守六月"可能于文献有据，但是这和汉成帝的"卒治河者为著外繇六月"完全是两回事：决口已经堵住，为何"复留六月"？显然是不解外繇含义的牵强附会。孟康谓"外繇，戍边也。治水不复戍边也"。说"治水不复戍边"较如淳有进步，但和如淳一样，都把治河等同于戍边，与制度不合。所以师古谓"如、孟二说皆非也。以卒治河有劳，虽执役日近，皆得比繇戍六月也。著谓著于簿籍也"。释"外繇"为"繇戍"较如淳、孟康是一大进步，庶几近之，因为广义的繇役包括劳役和兵役，但是，这里的"外繇"是劳役，而非戍边之役。因为在执行过程中，繇、戍有别，戍卒数量根据需要而定，边郡有事则多，反之则少；成帝时，边郡少事，戍卒有限，并非人人都要戍边一年，如果这里的外繇是指戍边，则"著外繇六月"对于这些治河有功之卒没有什么实际意义。而地方性劳役是常规的，显然免除六个月的劳役具有实在的内容。这里的外繇不含戍边之役。

第二，汉武帝赐臣下财物时，都是直接说明多少钱、金、帛等，其他历代皇帝也多如此。如果武帝"赐式外繇四百人"是赐十二万钱的代名词，不合武帝赏赐用语惯例，说赐钱十二万不是更简单明白吗？如果说是赐给卜式四百名戍卒，在对外用兵之关键时刻更不可能，也从无史例。故"外繇四百人"不能以十二万钱释之，也不能以四百戍卒释之。

第三，卜式是靠牧羊致富自愿献钱予官而获赐的，他缺少的并不是钱。卜式以一人之力牧羊致富，一次即予官二十万，如果他率领一批人牧羊，致富将更快，予官也将更多。汉武帝有见于此，才"赐式外繇四百人"，即四

---

① 《汉书》卷29《沟洫志》，北京：中华书局1962年版，第1688页。

百名从事各种劳役的人，如官奴隶、刑徒，供卜式驱使，卜式所得是四百个劳动力，这样理解才合情理和史实。有的史家虽然否定了汉代有戍边三日之制，但仍释"外繇"为戍边，谓卜式所得"如戍卒可以过更，当然是卜式得戍卒一年的工资。否则亦是赐当戍边的四百人为卜式工作一年，卜式所得的是四百人一年的劳动"①。此解显然不通。戍边一年的工资是多少？按每月三百钱计，四百人一年工资高达一四四万，这在当时用兵匈奴、财政困难的情况下是不可能的，而汉武帝更不会赐四百戍卒予卜式。故谓卜式所得是四百个人是对的，但这四百人不是戍卒。

综上所述，可总结如下：汉代不存在役龄男子每年戍边三日的制度。"外繇"是戍边、本县之外的劳役总称。所谓"更有三品"实为二品：卒更是更替为役卒之意，不是服役方式，服役方式有二：自行服役曰践更，交钱代役曰过更。更赋是更役代役钱，其数量因时而异，在西汉为三百钱，东汉为两千钱。当然，这三百、两千可能是西汉、东汉某一时期的"平贾"，还可能存在着其他数额的"平贾"；从实践的角度看，即使"平贾"规定是三百、两千钱，农民实际缴纳的怕也不限于此，上引《后汉书·南蛮传·板楯蛮传》的"长吏乡亭，更赋至重，仆役棰楚，过于奴虏，亦有嫁妻卖子，或乃至自刭割"已经说明了这一问题。更赋如此，秦汉以及其他朝代的赋役问题也应作如是观。

---

① 劳干：《汉代兵制及汉简中的兵制》，《中央研究院历史语言研究所集刊》第十本，1948年版。

第 七 章
户籍分类与户等变迁

提要： 在西周时期已经形成系统的人口登记制度，商鞅变法严格执行落死上生制度，在规定时间登记年龄、身高、体貌特征，定大、小标准，以起徭役。汉代统一在八月登记核查人口、年龄、体貌、户等与户数，是为"八月算民"。目的是核定本年度人口、土地、赋役情况，同时作为下一年度考核基础，张家山汉律的户籍分类编制是当时土地制度和社会结构的体现。"自占年"是自行到指定地点核实登记年龄和身体状况，以确定是否应役，并非"自我申报年龄"。"傅籍"是"算民"的核心内容，既是新户籍编制基础又是保证准确征发徭役、征缴赋税的前提，同时对变动的社会等级予以法律的认可，国家控制社会是渗透到每家每户的。

秦汉赋役，无论是田税还是人口税和各项徭役，均以"人"为依据，人数是秦汉赋役的基本依据。这可以从当时政论家对民数重要性的认识说起。徐干《中论·民数》云：

> 夫治平在庶功兴，庶功兴在事役均，事役均在民数周，民数周为国之本也。先王周知其万民众寡之数，乃分九职焉。九职既分，则劬劳者可见，勤惰者可闻也，然而事役不均者未之有也。事役既均，故上尽其心而人竭其力，然而庶功不兴者未之有也。庶功既兴，故国家殷富，大小不匮，百姓休和，下无怨疾焉，然而治不平者未之有也。故泉有源，

治有本，道者审本而已矣。故周礼，孟冬，司寇献民数于王，王拜受之，登于天府，内史、司会、冢宰贰之。其重之也如是。今之为政者，未之知恤已也。譬犹无田而欲树艺，虽有农夫，安能措其强力乎！是以先王制六乡六遂之法，所以维持其民而为之纲目也。使其邻比相保爱，赏罚相延及，故出入存亡臧否逆顺可得而知也。及乱君之为政也，户口漏于国版，夫家脱于联伍，避役逋逃者有之，弃损者有之，浮食者有之。于是奸心竞生而伪端并作，小则滥窃，大则攻劫，严刑峻令不能救也。人数者，庶事之所自出也，莫不取正焉。以分田里，以令贡赋，以造器用，以制禄食，以起田役，以作军旅，国以建典，家以立度，五礼用修，九刑用措，其唯审人数乎？①

徐干是建安七子之一、曹操的军谋祭酒，其《中论》的写作时间在入曹操幕之前。这段文字是汉人站在国家立场论述"民数"重要性的最为精辟的文字，"民数"是"以分田里，以令贡赋，以造器用，以制禄食，以起田役，以作军旅"的基础。要达此目的，必须建立相应的户口登记、人口控制体系，一方面要使民户牢牢地隶属于国家，以保证徭役赋税的稳定；另一方面要在可能的条件下使民户担负的徭役赋税负担公平合理，同时又能有效保证贵族阶级的特权。对此，学者曾给于充分重视。② 但是，因为资料的限制，以往研究仍有模糊不清之处，本章即在学界已有研究的基础上，略作补充，以期研究的深入。

第一节　户口登记及其分类

从理论上说，从进入文明时代之日起，也就有了相应的户口登记，不过内容有别而已。就目前所见，起码在商朝已经有了系统的人口登记制度，否则商王对外用兵、起兵多寡是缺少基础的。降至西周，已经确凿无疑地建立

---

① 杜佑：《通典》卷 3《食货三》，上海：上海古籍出版社，四库全书本，1987 年影印，第 602 册。

② 以笔者所见，最早对徐干所论展开系统分析的是王毓铨先生的《"民数"与汉代封建政权》，氏著《莱芜集》，北京：中华书局 1983 年版，第 33—64 页。

起系统的户口管理体系。《周礼·秋官·司民》云:"司民掌登万民之数,自生齿以上,皆书于版,辨其国中,与其都鄙,及其郊野。异其男女,岁登下其死生。"司民是专门掌管民数之官,所谓"自生齿以上,皆书于版"就是指人口自其出生就要登记在户口簿上,"版"是书写户口的木牍,因其用途而称为户版。这并非战国时代儒生的臆想,而是有其历史依据的。《国语·周语上》云:"宣王既丧南国之师,乃料民于太原。仲山父谏曰:'民不可料也!夫古者不料民而知其少多,司民协孤终,司商协民姓,司徒协旅,司寇协奸,牧协职,工协革,场协入,廪协出,是则少多、死生、出入、往来者皆可知也。于是乎又审之以事,王治农于籍,搜于农隙,耨获亦于籍,狝于既烝,狩于毕时,是皆习民数者也,又何料焉?"韦昭注"料,数也"。"司民,掌登万民之数,自生齿以上皆书于版。协,合也。无父曰孤。终,死也。合其名籍,以登于王也。"古今均释"料民于太原"为进行户口调查,是符合实际的。司民全面负责户口登记,另有司商、司徒、司寇以及牧人、场人和工官通过各自所司掌握民数。国王通过籍田和大蒐之礼考核民数,平时是不问户口登记事务的。籍田和大蒐礼有既定的程序内容和时间,只有在这个时候国王才考察一下户口总数的多寡。"料民于太原"违背常制,擅改成法,故仲山父谏之。这一段记载晚出,不一定就是周宣王时的实际制度,但当时有其户籍制度当无问题,否则制军和生产组织都没有着落。这些点到即明,无需多说。

一、秦户籍分类

秦立国于周人故地,收周余民而有之,向慕周人礼乐文明而学之,自然也会吸收周人的管理制度和理念,只是当时在战争状态下建国,所立制度以及在实施过程中难免以军事需要为前提,和东方各国会有所不同,起码处于后发状态。[①] 当东方各国已经完成宗族城邦到领土国家的最终转变的时候,

---

① 秦人起源东方,商朝显为诸侯,被周征服,迁于西北,其文化特点一直被认为带有西戎特色。笔者看法稍有不同,见拙文《共同的历史道路,不同的历史进程——秦文化与秦社会结构散论》,刊于秦始皇兵马俑博物馆《论丛》编委会:《秦文化论丛》第 4 辑,西安:西北大学出版社版 1994 年版;《秦人受命意识与秦国发展——秦公钟铭文探微》,秦始皇兵马俑博物馆《秦文化论丛》编委会:《秦文化论丛》第 8 辑,西安:西北大学出版社 2000 年版。

到献公十年（前375年）才正式"为户籍相伍"即实行五家为伍制①，到商鞅变法，建立起系统的户口登记制度。《商君书·去强》谓"举民众口数，生者著，死者削"。"强国知十三数：境内仓、口之数，壮男、壮女之数，老、弱之数，官、士之数，以言说取食者之数，利民之数，马、牛、刍藁之数。"这十三数首先是登记年龄。里耶秦简8—550号简简文云：

赠：皙色，长二尺五寸，年五月。典私占
浮：皙色，长六尺六寸，年卅岁。典私占。

这两条简文是有关秦户籍制度的一个新发现，对我们理解秦的户籍制度有着非同一般的意义。秦始皇十六年九月曾"初令男子书年"②，学者常谓这是秦男子登记年龄之始。其实，稍加思索就不难发现，秦始皇之"初令男子书年"是指秦始皇继位特别是亲政之后的"初令男子书年"，目的是为战争动员做准备，以保证"大兴兵"的后续支持③，并不是说从此以后户籍上才登记年齿。简文"赠：皙色，长二尺五寸，年五月 典私占"，"浮：皙色，长六尺六寸，年卅岁。典私占"，正是年龄登记的实例，二人都皮肤白皙，赠是婴儿，出生五个月，身长二尺五寸；浮三十岁，身高六尺六寸。云梦睡虎地《编年记》记载十一号墓墓主喜及其家人的出生、傅籍、自占年的时间。秦昭王四十五年"十二月甲午鸡鸣时喜产"、昭王五十六年正月"速产"。秦王政元年"喜傅"，三年喜出任史，四年喜任安陆御史，六年四月喜"为安陆令史"，七年正月甲寅喜为"鄢令史"；十一年十一月"获产"，十二年四月癸丑"喜治狱鄢"，十三年喜"从军"，十五年喜"从平阳军"，十六年"公终，自占年"；十八年正月"恢生"，二十年"妪终"；二十七年"八月己亥廷食时产穿耳"。④从行文看，速、获是喜的弟弟，恢、穿耳

---

① 《史记》卷6《秦始皇本纪》，北京：中华书局1959年版，第289页。
② 《史记》卷6《秦始皇本纪》，北京：中华书局1959年版，第232页。
③ 《史记·秦始皇本纪》十五年"大兴兵，一军至邺，一军至太原，取狼孟。地动。十六年九月，发卒受地韩南阳假守腾"。这"大兴兵"即揭开统一六国的大幕，故而继之以"初令男子书年"，为随后的摧枯拉朽式的统一战争提供兵源。
④ 睡虎地秦墓竹简整理小组：《睡虎地秦墓竹简》，北京：文物出版社1978年版，第5—7页。

是喜的子女,"公"和"妪"是喜的父母。《编年纪》记载的主要是军国大事,对家庭事务除了记载喜出生、傅籍、为史、从军和"自占年"时间之外,记载了速、获、恢、穿耳的出生时间和父母去世即"公终""妪终"的时间,怕不是为了后代子孙准确记住家人生死日期,而是商鞅变法以来"生者著,死者削"的制度实践,是喜的职务行为。里耶秦简有年籍的记载,第16—9简云:

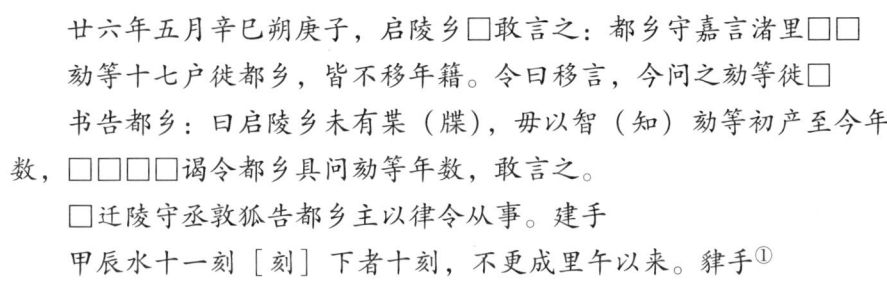

这是迁陵县启陵乡和都乡关于劾等十七户年籍问题的公文。劾等十七户由启陵乡迁到都乡的渚里,手续不全,年籍没有随同其他材料一起转移到都乡,不符合法令规定,故都乡追问启陵乡这十七户年籍,即"皆不移年籍",要求补上。启陵乡回复是这十七户本来就没有年籍,也就不知道劾等十七户人自出生以来的年龄,即"未有枼(牒),毋以智(知)劾等初产至今年数",只能由都乡具体问询这十七户人家。可见,"年籍"登记的是出生以来的年龄,上引8—550号简就是"年籍"。其登记年龄和制作文本都有统一时间,上举"嬛:皙色,长二尺五寸,年五月",说明嬛是在五个月大的时候登记在册的,之所以到了五个月才登记,就是因为户口登记有统一时间。

秦朝是等级社会,不同身份的人权利义务有别,户籍管理自然要体现这一历史特征。因而除了年籍、财产之外,爵位身份、什么权利义务,自然是单独立籍。这种户籍,以官府而言,可以称之为起役户口簿;就家庭而言可以称之为应役户口簿。里耶秦简有记录:

---

① 湖南省文物考古研究所编著:《里耶发掘报告》,长沙:岳麓书社2007年版,第194页。

卅二年日酉阳成里小男子	8—713
丹子大女子巍并为人中大女子青黑□	8—1070
出禀冗作大女子䤾十月十一月十二月食	8—1334
江陵慎里大女子可思	8—1444
南里小女子	8—1504
南里小女子母苗　卅五年徙为阳里户人大女子婴隶	8—1546①

简文登记的是个人，有小男、大女、小女，"大"指成年人，"小"指少年之能从事一定体力劳动的人。在里耶古城北护城壕中段的凹坑内曾出土以家庭为单位的户籍简，残断严重，经整理拼合之后得到整简十枚，现引录内容完整者如下：

1. 第一栏　南阳户人荆不更蛮强
   第二栏　妻曰嗛
   第三栏　子小上造□
   第四栏　子小女子驼
   第五栏　臣曰聚
   　　　　伍长
2. 第一栏　南阳户人荆不更黄德
   第二栏　妻曰嗛
   第三栏　子小上造台
   　　　　子小上造
   　　　　子小上造定
   第四栏　子小女虏
   　　　　子小女移
   　　　　子小女平
   第五栏　五长

---

① 湖南省文物考古研究所编：《里耶秦简（壹）》，北京：文物出版社2012年版，第47、59、67、70、74、76页。

3. 第一栏　南阳户人荆不更大□
　　　　　弟不更 庆
　　第二栏　妻曰孁
　　　　　庆妻规
　　第三栏　子小上造视
　　　　　子小上造□
4. 第一栏　南阳户人荆不更黄□
　　第二栏　妻曰负刍
　　第三栏　子曰小上造□
　　第四栏　子小女子 祠　　毋室
5. 第一栏　南阳户人荆不更黄□
　　　　　子不更昌
　　第二栏　妻曰不实
　　第三栏　子小上造悍
　　　　　子小上造
　　第四栏　子小女规
　　　　　子小女移
6. 第一栏　南阳户人不更彭奄
　　　　　弟不更说
　　第二栏　母曰错
　　　　　妾曰□
　　第三栏　子小上造狀
7. 第一栏　南阳户人荆不更繼喜
　　　　　子不更衍
　　第二栏　妻大女子媸
　　　　　隶大女子华
　　第三栏　子小上造章
　　　　　子小上早
　　第四栏　子小女子赵

　　　　　　　子小女子见

8. 第一栏　南阳户人荆不更宋午

　　　　　　弟不更熊

　　　　　　弟不更卫

　　第二栏　熊妻曰□□

　　　　　　卫妻曰□

　　第三栏　子小上造传

　　　　　　子小上造逐

　　　　　　□子小上造□

　　　　　　熊子小上造□

　　第四栏　卫子小女子□

　　第五栏　臣曰这襦①

这八件簿书是秦朝家庭户口簿的完整样式，记录一个家庭成员的身份、地位及其与户主关系，有统一格式，共分五栏：第一栏为户主的籍贯、爵位、姓名；第二栏是户主妻妾名字，兄弟同居者则将弟弟的爵位、名字也著录在第二栏；第三栏是户主儿子爵位、名字；第四栏是户主女儿的身份、名字；第五栏记录上述四栏之外的事项，有则记，无则缺。户主的书写顺序依次为籍贯、爵位、大小、姓名。这些时贤多有研究②，这里不予重复，明白秦朝户籍分类立籍、功能各有不同就可以了。上引八例简文，以爵位、大小、姓名为序，独独没有年龄，就是因为年龄有单独的年籍，爵位表明权利，大、小表明应该承担的徭役义务。从学理上讲，把这类户籍简定名为起役籍更为

---

① 湖南省文物考古研究所编著：《里耶发掘报告》，长沙：岳麓书社2007年版，第203—205页。

② 简文中的南阳学界有不同理解，或者以为是里名，或者以为是郡名。《里耶发掘报告》整理者认为"'南阳'在此处可能是里名，也可能是郡名，联系到'荆'字，'南阳'表示郡名的可能性似乎更大。然而，南阳郡人的户籍为什么会出现在这里？却是一个值得探讨的问题"（第208页）。对户籍简的系统研究有张荣强：《秦代迁陵县南阳里版研究》，《北京师范大学学报》2008年第4期。黎明钊：《里耶秦简户籍档案探讨》，《中国史研究》2009年第2期。陈絜：《里耶户籍简与战国末期的基层社会》，《历史研究》2009年第5期。王彦辉：《秦汉户籍管理与赋役制度研究》第二章第一节相关部分，北京：中华书局2016年版，第67—75页。

贴切。

财产是户籍登记的另一项内容。里耶秦简第8—1443+8—1455简云：

> 卅二年六月乙巳朔壬申，都乡守武爰书：高里士五武自言以大奴幸、甘多、大婢言子益等，牝马一匹，予子小男子产。典私占。初手
> 六月壬申，都乡守武敢言上，敢言之／初手
> 六月任申日，佐初以来。／欣发　初手

第8—1554简云：

> 卅五年七月戊子朔乙酉，都乡守沈爰书：高里士五广自言：谒以大奴良、完，小奴嗔、饶，大婢阑、愿、多，禾稼，衣器，钱六万，尽以予子大女子阳里胡，凡十一物，同券齿。
> 典弘占。
> 七月戊子朔乙酉，都乡守沈敢言之：上，敢言之。／沈手
> 七月乙酉日入，沈以来。□手。沈手。①

这分别是都乡高里士伍武、广自愿将奴、婢、粮食、柴禾、衣物、牲畜、现钱等家产给予子女的报告文书，分别由高里里典私、弘登记，由私、沈书写，上报都乡，分别由都乡守（乡守：守乡啬夫，即代理乡啬夫）武、沈审核。奴隶、粮食、衣物、现钱都是动产，是个人私产，父亲给予子女，完全是父亲的自由，为什么要由里典登记上报、制作成爰书？就是因为民户动产是户籍登记内容。父亲把财产给予子女，父子双方的登记内容都发生变动，所以要登记上报，修改相关内容。《商君书·垦令》云："以商之口数使商，令之厮、舆、徒、童必当名，则农逸而商劳。"厮、舆、徒、童指私人奴隶和依附人口，是主人的私产，但是，这不同于其他财产，不仅可以买卖，而且可以给主人创造新的财富，不登记在户口簿上，国家也就不存在按

---

① 湖南省文物考古研究所：《里耶秦简（壹）》，北京：文物出版社2012年版，第70、71、77页。

人征派徭役的问题，商家获得的财富更多；登记入籍之后，按照人数征发徭役，减少商家的获利空间，也就减少了经商对农业人口的吸引力。商鞅变法之前，商家的厮、舆、徒、童是不入户籍的，此后开始登记入籍。以往限于资料不知其详，现在可以明确认识到这些厮、舆、徒、童所入之籍的具体内容了。

关于秦朝户籍包括的内容，云梦秦简《封诊式·封守》有所反映：

> 乡某爰书：以某县丞某书，封有鞫者某里士五（伍）甲家室、妻、子、臣妾、衣器、畜产。甲室、人，一宇二内，各有户，内室皆瓦盖，木大具，门桑十木。妻曰某，亡，不会封。子大女子某，未有夫。子小男某，高六尺五寸。臣某。妾小女子某。牡犬一。几讯典某某、甲伍公士某某："甲党（倘）有【它】当封守而某等脱弗占书，且有罪。"某等皆言曰"甲封具此，毋（无）它当封者"。即以甲封付某等，与里人更守之，待令。"①

爰书是办案司法文书的基本样式。"封守爰书"是一份查封当事人家产的格式文本，从中我们可以推知当时户籍登记的基本内容。爰书说的"以某县丞某书，封有鞫者某里士五（伍）甲家室、妻、子、臣妾、衣器、畜产"，这个被查封的士伍甲的家室成员、财产状况，在户籍册上都应该有登记，其内容可以分为四大项：一是室；二是人；三是人的爵位、大小，即户主、妻、子的身份爵位、适合应役情况；四是动产。以往没有细究这"家室、妻、子、臣妾、衣器、畜产"是综合登记在同一个户籍册上还是分开登记，现在可以明确是分开登记的，起码可以确定是上述应役、财产、年籍的综合。

上述应役、财产、年籍是指一个家庭户籍分别立籍而言。而战国时代，依然有着不同职业、不同等级的传统，商鞅变法以后，这个历史遗存依然延续下来，存在着按照职业分别立籍的制度。② 见于记载的，秦的户籍除了普

---

① 睡虎地秦墓竹简整理小组：《睡虎地秦墓竹简》，北京：文物出版社1978年版，第249页。
② 关于商鞅变法以后秦的户籍制度，参阅田昌五、臧知非：《周秦内社会结构研究》，西安：西北大学出版社1996年版，第205—208页。

通受田民也就是人们常说的个体小农之外，还有市籍，就是将手工业者、商人单独立户籍。《商君书·垦令》说："以商之口数使商，令之厮、舆、徒、童者必当名。"之所以专门列出"以商之口数使商"，就是因为商人单独立籍。"厮、舆、徒、童"在以往是不服国家徭役的，现在也要著名户籍，承担国家徭役赋税，从而剥夺了商人的部分利益。秦始皇在发兵戍守岭南时，曾"先发吏有谪，及赘婿、贾人，后以尝有市籍者，又后以大父母、父母尝有市籍者"①。"市籍"就是工商业者户籍。那些跟随官吏学习法律或者跟随老师学习其他知识的人则有"弟子籍"，云梦秦律有《除弟子律》就是任用专人到官学学习的法律，规定"除弟子籍不得，置任不审，皆耐为侯（候）"②。选拔弟子不当，要被"耐为侯（候）"。当官的则有宦籍，《史记·蒙恬列传》云赵高犯罪，"秦王令蒙毅复治之。毅不敢阿法，当高死罪，除其宦籍"。当职业、地位改变以后，其原来的户籍要做相应变更。秦始皇谪戍岭南曾"以尝有市籍者"，"又后以大父母、父母尝有市籍者"，都是曾经隶属市籍、后来改变户籍的人。汉武帝征发七种人戍边，称为"七科谪"，就是秦始皇谪戍制的发展。《史记·大宛列传》载太初三年，武帝为支援贰师将军李广利征大宛，"发天下七科谪"。张守节《正义》引张晏曰："吏有罪一，亡命二，赘婿三，贾人四，故有市籍五，父母有市籍六，大父母有市籍七，凡七科。"《汉书·武帝纪》云天汉"四年春正月，朝诸侯王于甘泉宫。发天下七科谪及勇敢士，遣贰师将军李广利将六万骑、步兵七万人出朔方，因杅将军公孙敖万骑、步兵三万人出雁门，游击将军韩说步兵三万人出五原，强弩都尉路博德步兵万余人与贰师会。广利与单于战余吾水上连日，敖与左贤王战不利，皆引还"。张晏曰："吏有罪一，亡命二，赘婿三，贾人四，故有市籍五，父母有市籍六，大父母有市籍七，凡七科也。"这都说明了户籍身份是可以改变，并为汉代所延续。

二、汉代户籍分类

秦朝登记户口、制作户籍的时间、户籍类别的详细情况不明，汉初则有

---

① 《汉书》卷49《晁错传》，北京：中华书局1962年版，第2284页。
② 睡虎地秦墓竹简整理小组：《睡虎地秦墓竹简》，北京：文物出版社1978年版，第130页。

明确的法律规定，以八月为"户时"，即八月统一办理户籍登记、制作户籍簿籍，分为五大类。张家山汉简《户律》规定：

> 恒以八月令乡部啬夫、吏、令史相襍案户籍，副臧（藏）其廷。有移徙者，辄移户及年籍爵细徙所，并封。留弗移，移不并封，及实不徙数盈十日，皆罚金四两；数在所正、典弗告，与同罪。乡部啬夫、吏主及案户者弗得，罚金各一两。
>
> 民欲别为户者，皆以八月户时，非户时毋许。①

律文规定，每年八月，有乡部啬夫和有关职能部门的负责人、令史共同"襍案户籍"，即根据一年变动情况，重新编订各项户籍文簿，分家立户也在这个时候集中办理，制作成新的户籍文本，一式两份，正本由乡保存，副本藏在县廷。有迁移户口的，把迁移者的年龄、爵位等以公文的形式加上封印迁移到新的所在地，故意不按时办理迁移文书、文书上不加封印、文书日期和实际人户实际迁移时间相差超过十天的，都要罚金四两；原户籍所在地的里正、田典知道当事人没按文书所写时间转移户口不报告者，和当事人同罪，也要罚金四两。户口迁往所在地的乡部啬夫没有及时发觉当事人延迟转移户口者罚金一两。民户分家立户，也统一在八月办理。

这段律文是秦律的延续还是经过修订的汉律不敢遽断，但是和秦律有着一致性是没有任何问题的。上举迁陵县都乡、启陵乡对十七户移民缺少年籍问题的记录就是"有移徙者，辄移户及年籍爵细徙所，并封"的实践。由此可以判定，秦朝户时也是八月。

八月核查登记户口，在东汉称之为"算民"。《后汉书·皇后纪》云："汉法常因八月算人（民）。"传世张迁碑把"八月算民，不烦于乡，随就虚略，存恤高年"② 作为张迁在县令任内的政绩之一。"算民"就是统计数量、区分类别如老弱病残和身份变动等，又称为"案比"。《周礼·地官·小司徒》云"及三年大比"。郑玄注："五家为比，故以比为名，今时八月案比

---

① 张家山二四七号汉墓竹简整理小组：《张家山汉墓竹简（二四七号墓）》（释文修订本），北京：文物出版社2006年版，第54、56页。

② 高文：《汉碑集释》，开封：河南大学出版社1985年版，第507页。

是也。"《后汉书·礼仪志》谓"仲秋之月，县道皆案户比民"。即县、道在每年仲秋之月即八月要按户核对户籍人口。《后汉书·安帝纪》诏曰"《月令》'仲秋养衰老，授几杖，行糜粥。方今案比之时，郡县多不奉行。"案比的时候，各家各户男女老幼都要亲自到官府面检，按照身高体貌核对户籍真伪，防止有诈老诈小事情发生。《后汉书·江革传》记载东汉建武末年，江革和母亲回到故乡，"每至岁时，县当案比，革以母老，不欲摇动，自在辕中挽车，不用牛马。由是乡里称之曰江巨孝"。这些众所周知，毋庸赘言。

张家山汉简《二年律令·户律》表明汉初户籍分为五类。为了分析方便，再引如下：

> 民宅园户籍、年细籍、田比地籍、田命籍、田租籍，谨副上县廷，皆以篋若匣匱盛，缄闭，以令若丞、官啬夫印封，独别为府，封府户；即有当治为者，令史、吏主者完封奏（凑）令若丞印，啬夫发即襮治为；臧（藏）□已，辄复缄闭封臧（藏），不从律者罚金各四两。其或为詐（诈）伪，有增减也，而弗能得，赎耐。官恒先计讎，□籍□不相（？）复者，系劾论之。民欲先令相分田宅、奴婢、财物，乡部啬夫身听其令，皆参半券书之，辄上如户籍。有争者，以券书从事；毋券书，勿听。所分田宅，不为户，得有之，至八月书户，留难先令，弗为券书，罚金一两。①

律文可分为如下几项内容：一是户籍种类，有宅园户籍、年细籍、田比地籍、田命籍、田租籍五种。二是户籍文书的保管，即户籍文书副本有县廷专用匣柜封存，置于专门房间，县令、县丞和职能部门负责人共同封藏，需要打开时，由令史和职能官吏共同检查封印是否完好，由啬夫打开封印，使用完毕，再共同加封。三是对不按规定保管、使用户籍者的惩罚规定：不按规定程序封存、使用户籍文书者"罚金各四两"；有弄虚作假、私改户籍文书而没有发现者，"赎耐"。看来县廷的相关管理不仅仅是负责按照规定保管

---

① 张家山二四七号汉墓竹简整理小组：《张家山汉墓竹简（二四七号墓）》（释文修订本），北京：文物出版社2006年版，第54页。

和使用，还要负责核查真伪。"官恒先计雠，□籍□不相（？）复者，系劾论之"就是针对核查文书真伪问题而言。四是关于新家庭的立户问题。"民欲先令相分田宅、奴婢、财物，乡部啬夫身听其令，皆叁半券书之，辄上如户籍。有争者，以券书从事；毋券书，勿听。"就是民户要按照"先令"即遗嘱分割家产，乡部啬夫要亲自聆听、记录先令的内容，把先令制作成文书，一式三份：一份上报县廷收存；一份留在乡部；一份给当事人。发生争执分歧时，按照券书执行，券书所无者，不予理会。分家的时间，由当事人自行决定，分在个人名下的田产财物及分家之日起即归各人所有，但要等到八月"户时"统一登记在个人名下，制作新的户籍文书，由官府保存。乡啬夫及相关官吏不按照规定执行，"留难先令，弗为券书，罚金一两"。这些前文已经指出，现在要说明的是各类户籍的内容和逻辑关系。

宅园户籍、年细籍、田比地籍、田命籍、田租籍构成一个完整的户籍体系，而法律条文，无论是行文还是篇章的排序，都有其逻辑要求，这五种簿籍的排列自有其主从轻重之分。也就是说，在五种簿籍中，首列宅园户籍，其内容也最丰富，重要性也最突出。笔者曾认为"宅园户籍的内容是住宅园圃的综合登记簿"[①]，显然失之粗疏。王彦辉先生曾详细释读，谓"宅园户籍应是民户的家庭人口、奴婢、以及房屋、家畜等除土地以外的所有财产的总籍"[②]，其说甚是。《韩非子·外储说左上》云："王登为中牟令，上言于襄主曰：'中牟有士曰中章、胥己者，其身甚修，其学甚博，君何不举之？'主曰：'子见之，我将为中大夫'。……王登一日而见二中大夫，予之田宅。中牟之人弃其田耘、卖宅圃而随文学者，邑之半。"弃田耘即不要土地、不再耕种，因为田耘是国家的，个人不能处理，只能扔掉，而宅圃是个人私产，所以卖掉。宅园户籍的"宅园"就是宅圃，是不动产，恩格斯曾谓日耳曼人"变成个人私有财产的第一块土地乃是宅地"[③]。其实，这是私有财产产生的普遍规律，中国历史也是如此。战国时代土地授予农民之后一般情况下是不予收回的，农民的使用权久了，就发展为占有权，最终的结果

[①] 拙文《秦汉"傅籍"制度与社会结构的变迁》，《人文杂志》2005年第1期。
[②] 王彦辉：《张家山汉简〈二年律令〉与汉代社会研究》，北京：中华书局2010年版，第7页；后在《秦汉户籍管理与赋役制度研究》有补充论证，北京：中华书局2016年版，第83—89页。
[③] 〔德〕恩格斯：《德国的历史和语言》，北京：人民出版社1957年版，第138页。

必然是变为所有权,其体现就是允许买卖。这是个历史过程,就目前所见,到汉初,买卖土地才获得法律的认可。而就土地私有的发生来说,第一个私有化对象就是宅园,"卖宅圃"是为体现。但是,这些还不是宅园户籍的全部内容。立户的根本是"人",上举《户律》的"年籍爵细"均指人而言,因而"户"首先要记录的是家庭人口状况。上举秦律《封守》爰书记录查封士伍甲的家产时依次为"家室、妻、子、臣妾、衣器、畜产"。住房之后就是人口,然后才是奴隶、畜产、衣器。所以,要而言之,宅园户籍的完整理解是人口、住宅、园圃、财产的综合登记簿。

年细籍就是一户人口年龄、性别、身份、体貌特征明细,由秦的年籍发展而来,记录的是全家人口的年龄情况、体貌特征。里耶 8—550 简记录的就是年细籍的内容。

田比地籍是民户土地的空间分布和面积,如土地位置、纵横步数、亩积,周边与哪些人家的土地相邻等。第一章曾经指出,在授田制下,农民土地的实际占有样态是多样的,并非百亩相连,而是零星分散。降至汉初,农民占有土地来源开始多样化,或受之于官府,或自己开垦,或购买而来,这些在空间上都不一定相连,面积不等、形状不一,各有其位置,这就要设立田界,详细登记在册,既防止隐瞒,也防止私相侵占。秦律有对"盗徙封"的惩处规定,何以判定"封"之盗与未盗?根据就是田比地籍注明的土地面积、形状、四至和地理位置。传世东汉买地券在记明所买土地纵横长短、面积多少的同时,均著明所买土地的四邻,就是因为官方规定必须著明,这也有助于对田比地籍含义的理解。①

田租籍是每户应交和实际交纳的田租种类和数量。农民实际占有土地质量不同,农作物构成不同,田租的数量和实物构成以及缴纳方式也各不相同,如第四章所述有舆田、税田、禾税田、枲税田、"假田",还有军功赐田、购买之田,有良田,也有劣田,所有这些都要缴纳田租(税),都是在五月份确定下来、记录在册的,到了八月照单征缴;如有意外如天灾人祸,无法如数缴纳,要向官府请示批准而后减免;如果当年不能完成,则累计到

---

① 关于东汉买地券所反映的内容,朱绍侯先生曾有集中而系统的分析,参见氏著《秦汉土地制度与阶级关系》,郑州:中州古籍出版社 1988 年版。林甘泉、童超先生也有比较详细的引证,见氏著《中国封建社会土地制度史》第 1 卷,北京:中国社会科学出版社 1990 年版,第 322—330 页。

下一年。秦律有"匿田"的规定，隐瞒截留农户上交的田租为"匿田"，没有隐瞒或者截留的不算"匿田"，判断的依据就是田租籍。所以，田租籍就是每年初夏确定和八月实际完成的田租登记簿。

关于田命籍，整理小组没有给出说明，学者曾颇多分歧，或以为是因特权不需要缴纳田租的土地册①，或以为是记载土地质量和休耕田的登记簿②，或以为是个人名下的田籍③，或者以为"命含有赐予且不可改变之意"，"把'田命籍'理解为表示土地所有权的文书，比较合理"④。前三种理解没有训诂学和事实支撑，仅仅是推测，不足为训。第四种理解是有训诂学依据的，在逻辑上也说得通。从训诂学上看，"命"确有赐予之意，如《周礼·春官·序官》"典命"郑玄注"命，谓王迁秩群臣之书"。《周礼·天官·序官》："五曰听禄位以礼命。"孙诒让《正义》引《春官·序官》注："命，谓迁秩群臣之书。"这里的"命"就是命书。土地均受之于国家，故曰田命籍，表示其由来和所属，解为"表示其土地所有权的文书"，自然说得通。但是，若仔细分析，仍有未妥，因为授田制下，土地所有权属于国家，授田民在法律上是没有所有权的，也就不存在为每家每户专门建一个表示"所有权"的账簿。笔者以为，把"田命籍"解为"田名籍"更贴切些。"田命籍"之"命"通名，田命籍就是田名籍，是指农户实际占有的各种不同类别的土地名籍。文献中，命通名，田命籍即田名籍，注明各户所授田宅的多寡及其根据如爵级等。《广雅·释诂三》："命，名也。"《吕氏春秋·察今》："冬、夏之命，古今之法，言异而典殊。故古之命多不通乎今之言者，今之法多不合乎古之法者。""冬夏之命"即"冬夏之名"。《史记·天官

---

① 此说由杨振红先生提出："推测田命籍可能是记录那些具有赦免特权不需要交纳田租者的土地册。"氏著《秦汉"名田宅制"说——从张家山汉简看战国秦汉土地制度》，《中国史研究》2003年第3期。

② 此说由曹旅宁先生提出："我们初步推定张家山汉简《户律》中的田命籍可能记载农民耕种土地质量及休耕土地情况的簿籍。"氏著《张家山汉简你〈户律〉'田命籍'释义》，收入氏著《张家山汉律研究》，北京：中华书局2005年版，第131页。

③ 张荣强先生认为："'田命籍'疑系个人名下的田籍，其与'田比地籍'的区别，或许在形式上前者是以田系人，后者则是以人系田。"氏著《孙吴简中的户籍文书》，《历史研究》2006年第4期。

④ 朱红林：《张家山汉简〈二年律令〉集释》，北京：社科文献出版社2005年版，第209页；《张家山汉简〈二年律令〉研究》，哈尔滨：黑龙江人民出版社，2008年版，第250页。王彦辉：《张家山汉简〈二年律令〉与汉代社会研究》，北京：中华书局2010年版，第10页。

书》:"兔七命:曰小正、辰星……"司马贞《索隐》云"命者,名也"。从历史和逻辑相统一的层面分析,这里的"田命籍"应解为"田名籍"。

上文讨论土地制度和田税制度时,曾谓农民受田有垦田舆、舆田等名目,是就农民所受土地性质类别而言的;若就农作物构成而言,还有禾舆田、枲舆田、细枲舆田、细枲田等名目;若就社会各阶层的土地来源来说,有公卒、士伍的普通授田,有军功赐田、有"假田"(这里的"假田"指第一章所述龙岗秦简《田律》规定的"假田")等名目。在数学书中,还有根据土地形状命名的箕田、周田等。除了为说明计算方法按照形状命名的土地不需要登记在册之外,其他的都是要登记在册的,这些田和田税的征纳都是连在一起的。这些名称是国家法律统一规定的,要经过乡官里吏核实、官方认可而后登记于册,所以称之为"田命籍"。命者,名也,上名下也,田命籍所系之田系官方认定,为了突出官方权威,而名为田命籍。

从出土资料来看,西汉前期的户籍分类要复杂得多,所谓宅园户籍、年细籍、田比地籍、田命籍、田租籍仅仅是大类,在实际登记、编制过程中,则根据功能和需要,分为更多的细目。上已提及,2004 年在湖北荆州纪南松柏西汉墓曾出土 63 枚木牍,整理者在发掘简报中公布的 35 号木牍牍文,内容为南郡所属各县道新傅簿、免老簿、罢癃簿。新傅簿记在 35 号木牍正面:

巫新傅二百三人;

秭归新傅二百六十一人;

夷道新傅卅七人;

夷陵新傅卅五人;

醴阳新傅廿五人;

孱陵新傅廿六人;

州陵新傅十五人;

沙羡新傅五十人;

安陆新傅十九人;

宜成新傅五百卅六人;

临沮新傅百一十六人;

显陵新傅十二人;

江陵新傅二百五十五人；

襄平侯中庐新傅七十八人；

邔侯国新傅二百廿人；

便侯国新傅百廿三人；

軑侯国新傅五十六人；

凡新傅二千八十五人。

"免老簿"也记在35号木牍的正面：

南郡免老簿

巫免老二百七十八人；

秭归免老二百卌六人；

夷道免老六十六人；

夷陵免老卌二人；

醴阳免老六十一人；

孱陵免老九十七人；

州陵免老七十四人；

沙羡免老九十二人；

安陆免老六十七人；

宜成免老二百卌二人；

临沮免老三百卌一人；

显陵免老廿人；

江陵免老五百卌八人；

襄平侯中庐免老百六十二人；

邔侯国免老二百六十七人；

便侯国免老二百五十人；

軑侯国免老百三十八人；

凡免老二千九百六十六人。

"罢癃簿"记在35号木牍的背面：

南郡罢癃簿

巫罢癃百一十六人，其七十四人可事；

秭归罢癃百六十人，其百卅三人可事；

夷道罢癃卅八人，其卅人可事；

夷陵罢癃廿二人，其十七人可事；

醴阳罢癃廿六人，其十五人可事；

孱陵罢癃七十六人，其六十二人可事；

州陵罢癃六十一人，其卅八人可事；

沙羡罢癃五十一人，其卅人可事；

安陆罢癃廿八人，其廿四人可事；

宜成罢癃六百卅三人，其五百七十人可事；

临沮罢癃百六十九人，其百卅四人可事；

显陵罢癃卅五人，其卅人可事；

江陵罢癃三百六十三人，其三百一十六人可事；

襄平侯中庐罢癃二百一十九人人，其百六十九人可事；

邔侯国罢癃二百七十五人，其二百廿三人可事；

便侯国罢癃三百七人，其二百六十四人可事；

轪侯国罢癃七十人，其五十九人可事；

凡罢癃二千七百八人，其二千二百廿八人可事，四百八十人不可事。①

所谓"新傅"即"算民"时刚刚符合傅籍标准的人。"免老"是算民时超过服役年龄而免除徭役的人；"罢癃"是适龄人口但是身体有残疾服役条件受限的人。新傅簿、免老簿、罢癃簿是傅籍需要服役、因年老免役、因身体原因需要减役人数的分类统计，就功能而言，是用作征发徭役依据。2009年，荆州博物馆又公布了松柏汉墓出土的四枚木牍图片②，其中是编号为47号的现卒簿、48号的江陵西乡户口簿、53号的南郡户口簿。对其内容和性

---

① 荆州博物馆：《湖北荆州纪南松柏汉墓发掘简报》，《文物》2008年第4期。
② 朱江松：《罕见的汉代松柏木牍》，荆州博物馆编著：《荆州重要考古发现》，北京：文物出版社2008年版，第210—211页。

质，学者们有过深入细致的讨论。① 本节为了解西汉前期户口登记、统计的多样性，引录如下。其中47号和53号牍文在讨论更赋和算赋问题时，曾予以引证，本章予以节引。第47号木牍云：

> 巫卒千一百一十五人，七更，更百卅九人，余卅十九人。
> 秭归千五十二人，九更，更百一十六人，其十七人助醴阳，余八人。
> 夷陵百廿五人，参更，更卅六人，余十七人。
> 夷道二百五十三人，四更，更五十四人，余卅七人。
> 醴阳八十七人，参更，更卅二人，受秭归月十七人，余十二人。
> 孱陵百八人，参更，更百卅六人，不足五十一人，受宜成五十八人、临沮卅五人
> 州陵百廿二人，参更，更卅七人，余十一人。
> 沙羡二百一十四人，参更，更六十人，余卅四人。
> 安陆二百七人，参更，更七十一人，不足六人。
> ……

第48号木牍云：

> 二年西乡户口薄（簿）
> 户千一百九十六
> 息户七十
> 耗户卅五

---

① 彭浩：《读松柏出土的西汉木牍（二）》，简帛网2009年4月4日，http：//www.bsm.org.cn/show_article.php？id＝1013；《读松柏出土的西汉木牍（三）》，简帛网2009年4月11日，http：//www.bsm.org.cn/show_article.php？id＝1017；《读松柏出土的西汉木牍（四）》，简帛网2009年4月12日，http：//www.bsm.org.cn/show_article.php？id＝1019。胡平生：《松柏汉简五三号木牍释解》，简帛网2009年4月12日，http：//www.bsm.org.cn/show_article.php？id＝1020。陈伟：《简牍资料所见西汉前期的"卒更"》，《中国史研究》2010年第3期。杨振红：《松柏西汉墓簿籍牍考释》，《南都学坛》2010年5期，氏著《出土简牍以秦汉社会（续编）》，桂林：广西师范大学出版社2015年版。张金光：《说秦汉徭役制度中的"更"——汉牍〈南郡卒更簿〉小记》，《鲁东大学学报》2011年第2期。

相除定息卅五户
大男九百九十一人
小男千卅五人
大女千六百九十五人
小女六百卅二人
息口八十六人
耗口卅三人
相除定息口卅三
凡口四千三百七十三人

第 53 号木牍云：

> 江陵，使大男四千七百廿一人、大女六千七百六十一人、小男五千三百一十五人、小女二千九百卅八人，凡口萬九千七百卅五人。延大男八百三十九人，延大女二百八十九人，延小男四百卅三人，延小女三百六十八人，延口千九百卅九人，其千五百卅七人外越。
>
> 宜成，使大男四千六百七十二人、大女七千六百九十五人、小男六千四百五十四人、小女三千九百卅八人，凡口二萬二千七百五十九人，其二十九人復，二百四十四人涅中。
>
> 臨沮，使大男二千三百六十人、大女四千二十六人、小男二千四百一十一人、小女千九百七人，延大男一人，凡
>
> ……

这三枚牍文性质功能各不相同，47 号木牍是南郡分批征调更役的记录，48 号木牍记录的是西乡一个乡的户数和适宜服役人口的年终统计，和上一年比较，原有的户数减少了三十五户，也就是有三十五户因为迁移等等原因从户籍簿中移除，同时又有七十户新户登记入籍，户数净增三十五户，现籍总户数一千一百九十六；原户籍登记的口数有四十三人除籍，新登记八十六人，净增人口四十三，在籍口数为四千三百七十三。这个口数不包括老免、罢癃和未傅在内。53 号木牍记录的是南郡所属各县国适合服役的人口总数。

连云港东海尹湾六号汉墓出土的《集簿》是西汉后期东海郡人户总数统计簿，云：

> 户廿六万六千二百九十，多前二千六百廿九，户万一千六百六十二获流。
>
> 男子七十万六千六十四人，女子六十八万八千一百卅二人，女子多前七千九百廿六。
>
> 年八十以上三万三千八百七十一，六岁以下廿六万二千五百八十八，凡廿九万六千四百五十九。
>
> 年九十以上万一千六百七十人，年七十以上受杖二千八百廿三人，凡万四千四百九十三，多前七百一十八。①

这是东海郡总人口、户数及其分项统计，现有户数二十六万六二百九十，较上一年多二千六百二十九，其中一万一千六百六十二户是新登记的流民；男女总数为一百四十五万九千一百九十六，其中男七十六万六千零六十四，女六十八万八千一百三十二，女性人数较上一年多七千九百二十六，全郡六岁以下男女二十六万二千五百八十八，八十岁以上的三万三千八百七十一，七十岁以上受王杖人数是二千八百二十三，九十岁以上的有一万一千六百七十。稍加分析就不难得知，这种集部是为了考核需要，首先是说明人户增加数字，特别注明"获流"，因为占著流民是考核政绩的重要指标；其次是突出六岁以下儿童数，是为了说明重视恤幼、鼓励生育的成绩卓著，然后是八十、九十以上以及七十以上受杖者人数，是为了突出尊老成就。②

秦汉时代，虽然天下一统，但是区域之间的民族构成、经济发展、社会风俗差异甚大，不同区域民户所承担的赋役内涵和轻重自然不同，中央考较地方政绩标准亦异，因而不同地区郡县户籍统计内容也就存在差异。20世纪90年代，在朝鲜平壤贞柏洞三百六十四号墓出土三枚木牍，标题为《初元四年乐浪郡户口簿》，现将释文引录如下，《甲牍》：

---

① 连云港市博物馆、中国社会科学院简帛研究中心、东海县博物馆、中国文物研究所：《尹湾汉墓简牍》，北京：中华书局1997年版，第77—78页。
② 参阅拙文：《"王杖诏书"与汉代养老制度》，《史林》2002年第2期。

乐浪郡初元四年县别户口多少□簿

朝鲜户九千六百七十八，多前九十三；口五万六千八百九十，多前千八百六十二。

訾邯户二千二百八十四，多前卅四；口万四千三百卅七，多前四百六十七。

增地户五百卅八，多前廿；口三千三百五十三，多前七十一。

黏蝉户千卅九，多前十三；口六千三百卅二，多前二百六。

駟望户千二百一十三，多前十一；口七千三百九十一，多前二百七十八。

屯有户四千八百卅六，多前五十九；口二万一千九百六，多前二百七十三。

带方户四千三百卅六，多前五十三；口二万八百九百卅一，多前五百七十四。

列口户八百一十七，多前十五；口五千二百卅一，多前百七十。

长岑户六百八十三，多前九；口四千九百卅二，多前百六十一。

《乙牍》：

海冥户三百卅八，多前七；口二千四百九十二，多前九十一。

昭明户六百卅三，多前十；口四千四百卅五，多前百卅七。

提奚户百七十三，多前四；口千三百三，多前卅七。

含资户三百卅三，多前十；口二千八百一十三，多前百九。

遂成户三千五，多前五十三；口万九千九十二，多前六百卅。

镂方户二千三百卅五，多前卅九；口万六六百廿一，多前三百卅三。

浑弥户千七百五十八，多前卅八；口万千二百五十八，多前三百五十五。

浿水户千一百五十二，多前廿八；口八千八百三十七，多前二百九十七。

吞列户千九百八十八，多前卅六；口万六千百卅，多前五百卅七。

《丙牍》：

> 东暆户二百七十九，多前八；口二千一十三，多前六十一。
> 蚕台户五百卅四，多前十七；口四千一百五十四，多前百卅九。
> 不而户千五百六十四，多前五；口万二千三百卅八，多前四百一。
> 华丽户千二百九十一，多前八；口九千一百一十四，多前三百八。
> 邪头昧户千二百卅四，如前；口万二百八十五，多前三百卅三。
> 前莫户五百卅四，多前二；口三千二，多前卅六。
> 夫租户千一百五十，多前二；口万□百七十六，多前□十八。
> 凡户四万三千八百卅五，多前五百八十四，口廿八万□千二百六十一，其户三万七千□□卅四，口廿四万二千……①

乐浪郡是汉武帝元封三年（前108年）灭卫满朝鲜后设置的四郡（乐浪郡、临屯郡、玄菟郡、真番郡）之一，下辖二十五县，木牍记载的是西汉元帝初元四年（前45年）所属各县的户数、口数增减情况。和东海郡的集簿相比，乐浪郡的户口簿没有东海郡《集簿》所录八十、九十以上高年数字，也没有七十岁以上受杖人数。这既可能是统计簿书的目的不同所致，也可能是边郡和内郡的差异使然。但是，无论何种原因，都说明汉代户籍类别的复杂，远远超出了我们以往的知识。我们以往凭借西北汉简资料，根据戍、田卒名籍和西北边郡名籍登记，推论汉代户籍的一般制度，现在是重新认识的时候了。关于西北汉简所见户籍制度，自居延汉简面世以来，学界研究众多，笔者不予赘述，有兴趣者，可以参看比较。

第二节 "自占年"与户籍登记

"自占年"首见于云梦睡虎地秦简《编年记》。《编年纪》云喜"（秦王政）十六年……自占年"②。《史记·秦始皇本纪》云秦王政十六年"初令

---

① 杨振红、尹在硕：《韩半岛出土简牍与韩国庆州、扶余木简释文补正》，卜宪群、杨振红主编：《简帛研究》，桂林：广西师范大学出版社2010年版。参以原牍影印件修正。
② 睡虎地秦墓竹简整理小组：《睡虎地秦墓竹简》，北京：文物出版社1978年版，第7页。

男子书年"。喜就是因为"初令男子书年"而"自占年"的。睡简整理小组注云:"自占年,即《史记·秦始皇本纪》本年所记'初令男子书年',命境内男子普遍申报年龄。"张家山汉简《户律》规定:"民皆自占年。小未能自占,而毋父母、同产为占者,吏以□比定其年。自占、占子,不以实三岁以上,皆耐。产子者恒以户时占其……"① 张家山汉简整理小组采纳睡简整理小组的意见,谓"自占年,自行申报年龄"。这是目前学界的共同看法。

笔者以为,将"自占年"解为"自行申报年龄"不确,既缺少训诂依据,也与事实矛盾;"自占年"之"占"并非"申报",而是"验视、核实"的意思。这一字之差,体现着不同的人口管理方式和国家对人身控制程度的差别。"占"的训诂意义,在第二章已经做出说明,本节从人口登记的程序讨论"自占年"问题。

把自占年解为自我申报和上举云梦秦简《编年纪》记载的喜从出生、到傅籍、再到自占年的经历是矛盾的。秦昭王四十五年"十二月甲午鸡鸣时喜产",秦王政元年"喜傅",三年喜出任史,四年喜任安陆御史,六年四月喜"为安陆令史",七年正月甲寅喜为"鄢令史";十二年四月癸丑"喜治狱鄢",十三年喜"从军",十五年喜"从平阳军",十六年"公终,自占年"。仔细思考喜的经历,人们不禁要问:昭王四十五年喜出生时已经将户口登记在案,秦王政元年"喜傅","傅"即成年登记——年龄和身高达到成人标准、移名役籍,担当起成人义务(详下文),而秦王政十六年,喜二十八岁时却又"自占年"。如果"自占年"是"自行申报年龄"的话,那么,既然出生时已经登记,傅籍时又核对年龄身高,为什么在二十八岁还要"自行申报年龄"?如果说秦王政为了统一战争,需要掌握确实的兵源而进行人口普查,命令国民自行申报年龄,仅仅是偶然举措,那还情有可原,可是张家山汉简《二年律令·户律》的规定说明"自占年"是常制,每年都要进行。年龄增长是自然过程,出生日期明确,年龄自然清楚,官府有案可稽,有必要年年"自占"——年年"自行申报"吗?所以,这年年都要进行的"自占年",并非"自我申报年龄"那么简单。

---

① 张家山二四七号汉墓竹简整理小组:《张家山汉墓竹简(二四七号墓)》(释文修订本),北京:文物出版社2006年版,第53页。

众所周知，秦时判断年龄大小，不仅仅根据出生时登记的时间，还要根据身高把人口分为小、大不同年龄段，作为征发徭役的依据。云梦秦律《仓律》云："隶臣、城旦高不盈六尺五寸，隶妾、舂高不盈六尺二寸，皆为小；高五尺二寸，皆作之。""小隶臣妾以八月傅为大隶臣妾，以十月益食。"① 每年八月都要进行人口登记，达到标准的移名役籍，这就是所谓的傅籍。男奴隶身高六尺五寸、女奴隶身高六尺二寸为大隶臣妾，不足者为小隶臣妾；无论男女，身高达到五尺二寸的就要承担力所能及的劳作任务。用身高表示年龄，是先秦传统。《论语·泰伯》云"托六尺之孤"。《荀子·仲尼》云"五尺竖子"。《吕氏春秋·上农》云"凡民自七尺以上属诸三官"。不同身高代表不同年龄，五尺为十四岁下，六尺为十五岁，七尺二十岁。这些耳熟能详，无需多说。秦律的规定正是以身高表示年龄的制度体现，汉律沿而未改。张家山汉简《二年律令·傅律》在规定不同爵位者的傅籍年龄同时，承续秦律的身高标准，《二年律令·傅律》规定"当傅，高不盈六尺二寸以下，及天乌者，以为罢癃"。傅籍年龄则根据身份不同而有别，《二年律令·傅律》云："不更以下子年廿岁，大夫以上至五大夫子及不更以下至上造年廿二岁，卿以上子及小爵大夫以上年廿四岁，皆傅之。公士、公卒及士伍、司寇、隐官子，皆为士伍。"② 士伍是没有爵位的平民，其傅籍年龄是十七岁。身高不足六尺二寸，即使年龄到了，也因为身体条件不合格，属于罢癃，要登记入另册，承担力所能及的劳役。

"占年"是傅籍的核心内容，直接关系到国家征发徭役、兵役的准确性，所以法律有着严格规定。云梦秦律《傅律》云："匿敖童，及占癃不审，典、老赎耐。百姓不当老、至老时不用请，敢为诈伪者，赀二甲；典、老弗告，赀各一甲；伍人户一盾，皆迁之。"③ 隐瞒敖童、不按照标准认定残疾人、把不该免老的人免老，都要受到法律惩处。秦简整理小组将"占癃不审"之"占"解释为申报，谓"占癃不审"是"申报废疾不确实"，既缺乏训诂依据，也与法理不通。审查残疾是否属实，防止隐瞒敖童不报，

---

① 睡虎地秦墓竹简整理小组：《睡虎地秦墓竹简》，北京：文物出版社1978年版，第49、50页。
② 张家山二四七号汉墓竹简整理小组：《张家山汉墓竹简（二四七号墓）》（释文修订本），北京：文物出版社2006年版，第58页。
③ 睡虎地秦墓竹简整理小组：《睡虎地秦墓竹简》，北京：文物出版社1978年版，第143页。

是里典、伍老的职责之一;"占癃不审"和"匿敖童"的发生是里典和伍老履行职责不力或故意隐瞒所致,所以要受到"赎耐"的处罚。典、老是"匿敖童""占癃不审"的行为人,因其职务便利故意或者不负责任而导致"匿敖童"和"占癃不审"的发生而受罚,并不是因为同里、同伍的人"匿敖童"和"占癃不审"而连坐受罚。申报是申报人的自我行为,如果把"占癃不审"理解为"申报废疾不确实",容易导致典、老申请自己"为废疾不确实"的误解,显然与律文不通。上举汉初《户律》说明,其时户口登记于每年八月举行,"民皆自占年",男女老幼只要有行为能力都要亲自到官府接受检核,残疾人也不例外,不存在里典、伍老代替当事人申报残疾的事情。所以,"占癃不审"之"占"不是申报,而是验视、核实的意思,里典、伍老因为检查残疾失察而"赎耐",而不是故意将不符合条件的人申报为残疾人而"赎耐"。

至此,我们可以对"自占年"有一个准确的理解:"自占年"就是"自行到官府验视、核对年龄",简言之,就是"自行核对年龄"。秦王政十六年"初令男子书年",同年喜"自占年",这"自占年"是"初令男子书年"的制度实践,"书年"并非简单地登记年龄,而是核对年龄真伪,"书年"是人口普查的统称,"占年"是"书年"的实践方式。

张家山汉简《奏谳书》有三则记述"占数""自占书名数"的案例,有助于我们对"自占年"的理解,现引如下:

1. 八年十月己未,安陆丞忠刻(劾)狱史平舍匿无名数大男子种一月。平曰:诚智(知)种无[名]数,舍匿之,罪,它如刻(劾),种言如平。问:平爵五大夫,居安陆合众里,属安陆相,它如辞。鞫:平智(知)种无名数,舍匿之,审。当:平当耐为隶臣,锢,毋得以爵、当赏免。令曰:诸无名数者,皆令自占书名数,令到县、道官,盈卅日,不自占书名数,皆耐为隶臣妾,锢,勿令以爵、赏免,舍匿者与同罪。以此当平。南郡守强、守丞吉、卒史建舍治。八年四月甲辰朔乙巳,南郡守强敢言之,上奏七牒,谒以闻,种县论,敢言之

2. 胡丞喜敢谳之,十二月壬申,大夫䜌诣女子符,告亡。符曰:诚亡,诈自以为未有名数,以令自占书名数,为大夫明隶,明嫁符隐官

解妻，弗告亡，它如䔖。解曰：符有名数明所，解以为毋恢人也，取（娶）以为妻，不智（知）前亡，乃后为明隶，它如符。诘解：符虽有名数明所，而实亡人也。律：取（娶）亡人为妻，黥为城旦，弗智（知），非有减也。解虽弗智（知），当以取（娶）亡人为妻论。何解？解曰：罪，毋解。明言如符、解。问解故黥劓，它如辞。鞫（鞠）：符亡，诈自占书名数，解取（娶）为妻，不智（知）其亡，审。疑解罪，毄（系），它县论，敢谳之。吏议：符有【名】数明所，明嫁为解妻，解不智（知）其亡，不当论。或曰：符虽已诈书名数，实亡人也，解虽不智（知）其请（情），当以取（娶）亡人为妻论，斩左止（趾）为城旦。廷报曰：取（娶）亡人为妻论之，律白：不当谳。

3. 十一年八月甲申朔丙戌，江陵丞骜敢谳之。三月己巳，大夫禄辞曰：六年二月中买婢媚士五（伍）点所，贾（价）钱万六千，乃三月丁巳亡，求得媚。媚曰：不当为婢。媚曰：故点婢，楚时去亡，降为汉，不书名数，点得媚，占数复婢媚，卖禄所，自当不当复受婢，即去亡，它如禄。点曰：媚故点婢，楚时亡，六年二月中得媚，媚未有名数，即占数，卖禄所，它如禄、媚。诘媚：媚故点婢，虽楚时去亡，降为汉，不书名数，点得，占数媚，媚复为婢，卖媚当也。去亡，何解？媚曰：楚时亡，点乃以为汉，复婢，卖媚；自当不当复为婢，即去亡，毋它解。问媚：年卅岁，它如辞。鞫之：媚故点婢，楚时亡，降为汉，不书名数，点得，占数，复婢，卖禄所，媚去亡，年卅岁，得皆审。疑媚罪，它县论，敢谳之，谒报，署史厹发。吏当，黥媚颜頯，畀禄；或曰当为庶人。①

案例1记述的是高祖八年事，平身为狱史、爵为五大夫，明明知道大男子种无名数依然私藏家中一个月，被耐为隶臣。判决的法律依据是："诸无名数者，皆令自占书名数，令到县、道官，盈三十日，不自占书名数，皆耐为隶臣妾，锢，无得爵、赏免，舍匿者与同罪。"案例2之"十二月壬申"是高祖十年，一个名字叫䔖的大夫告发女子符逃亡，就是私自逃离原籍。符承认

---

① 张家山二四七号汉墓竹简整理小组：《张家山汉墓竹简（二四七号墓）》（释文修订本），北京：文物出版社2006年版，第97、94、92页。

自己是逃亡人口，谎称自己"无名数"，通过"以令自占"的方式再次获得户籍，成为大夫明的奴隶①，明将符嫁给隐官解为妻，没有告诉符的真实身份，解不知道符是逃亡人口。有关吏员对是否追究解的责任有不同意见：一种意见认为，符是明嫁给解为妻的，符嫁给解时是有合法身份的，解不知道符原来是逃亡人口，不应该追究解的责任；另一种意见认为，无论解是否知道符原来的身份，解是逃亡人口是事实，符娶解为妻是事实，就应该按照娶亡人为妻的罪名追究解的责任。案例3发生在高祖十一年，媚原是点的奴隶，楚汉战争期间逃亡归汉，但是"不书名数"即没有登记入户籍，后来"点得媚，占数，复婢媚，卖褖所"。媚以降汉即免除奴隶身份、"不当为婢"为由，再次逃走。点认为，媚虽降汉，但是没有登记户口，是自己为媚"占数，复婢媚"之后把媚卖给了大夫褖，这是合法的买卖行为。在审理时，对媚的身份认定发生分歧：一方认为媚虽然降汉，但没有自行登记入籍，是点按照原来的主奴关系"占数"的，其主奴关系受到法律保护，对媚应当处以黥刑后再交给大夫褖为奴；另一方则认为媚是楚汉战争期间逃亡归汉的，应当免除其奴隶身份，媚的身份应当是庶人。

上述三则案例中的"自占书名数""书名数""占数"都发生在高祖五年之后。高祖五年令"兵皆罢归家"，"民前或相聚保山泽，不书名数，今天下已定，令各归其县，复故爵田宅，吏以文法教训辨告，勿笞辱。民以饥饿自卖为人奴婢者，皆免为庶人"。② 奏谳书中"自占书名数""书名数"都是高祖诏令实施的具体记录，案例引的"令曰：诸无名数者，皆令自占书名数。令到县、道官，盈卅日，不自占书名数，皆耐为隶臣妾，锢，勿令以爵、赏免，舍匿者与同罪"，就是高祖诏书的具体化，这无需多说。从案例3可知，奴隶逃离主人之后只要在"复故爵田宅令"发布之日起，自行登记——"书名数"，即免除其奴隶身份，成为庶人。"书名数"的方式是"占数"——核实真伪而后登记入籍。从行文上讲，"占数"就是登记入户籍，整理小组谓"占，登录簿籍。数，即名数，指户籍"，于文意是对的，但是没有提供任何训诂学的支持。笔者以为，奏谳书是法律文书，用语严

---

① "为大夫明隶"的"隶"身份不明，整理小组认为是依附人。从明把符嫁给解为妻看，符身份应属于奴隶。

② 《汉书》卷1《高帝纪》，北京：中华书局1962年版，第54页。

格,上文用"书名数",下文用"占数",并不是为了行文的简洁和修辞需要,而是因为二者有着不同的内容:"书名数"是户口登记的总称,"占数"则是"书名数"的方法和程序:按照户口登记的各项内容——核实之后登记在册,必须"占"之后才能"书名数"。简而言之,可以翻译"占数"为"登录簿籍",若深入思考,仅谓"登录簿籍"是不够的,尚不能反映"占数"的内涵。

人口数量、年龄、身体、身份都因时而异,所以每年都要——核实而后登记,修改上一年户籍,制作新户籍,新旧对照,确定一年变动情况,才能有效地防止户口不实,保证役源、税源的准确,同时也保证特权阶层如有爵位者、年高德昭者的权益等,所以《户律》才明确规定"民皆自占年",就是为了保证内容准确可靠。那些年龄太小无法"自占"者,由父母、兄长代"占",称之为"占子、同产年";没有父母兄长者,则由"吏以□比定其年"。这里的自占、占子、占同产之占都是检核、勘验的意思,自行到场后接受官吏检核,代占者则要对所占对象的真实性负责。

如上所述,每年八月举行的户口登记称之为"案比""算民"。这"案比"之"比""算民"之"算"都是考校、计算、核对的意思,是就"自占年"功能而言。《汉书·石奋传》载汉武帝给石庆诏书中有"切比闾里,知吏奸邪"之语。师古曰:"比,校考也。"《后汉书·礼仪志中》:"仲秋之月,县道皆案户比民。年始七十者,授之以王杖,餔之糜粥。八十九十,礼有加赐。王杖长九尺,端以鸠鸟为饰。鸠者,不噎之鸟也。欲老人不噎。是月也,祀老人星于国都南郊老人庙。"《周礼·小司徒》:"乃颁比法于六乡之大夫,使各登其乡之众寡……及三年则大比,则受邦国之比要。"郑玄注:"众寡,民之多少;大比,谓使天下更简阅民数及其财物也。受邦国之比要,则亦受邦隧矣。郑司农云:五家为比,故以比为名,今时八月案比是也。要,谓其簿。"《吕氏春秋·仲秋纪》:"仲秋之月,养衰老,赐授几杖,行糜粥饮食。"高诱注:"今之八月比户赐高年鸠杖粉粢也。"《后汉书·安帝纪》:"今年秋稼茂好,垂可收获,而连雨未霁,惧必淹伤。夕惕惟忧,思念厥咎。夫霖雨者,人怨之所致。其武吏以威暴下,文吏妄行苛刻,乡吏因公生奸,为百姓所患苦者,有司显明其罚。又《月令》'仲秋养衰老,授几杖,行糜粥。'方今案比之时,郡县多不奉行。虽有糜粥,糠秕相半,长吏怠事，莫有躬亲，甚违诏书养老之意。其务崇仁恕，赈护寡独，称朕意焉。"李贤注"案比"引《东观记》曰："方今八月案比之时，谓案验户口，次比之也。"可见，"案比"与"算民"是一回事，既保证赋税徭役的准确性，同时给尊养高年、优恤罢癃、减灾救灾提供依据。

所以，明白"案比""算民"的含义，可以帮助我们对"自占年"含义的理解。反之，明白了八月"民皆自占年"的含义之后，对"案比""算民"的理解也深入得多。"案比"也好，"算民"也罢，都不是一般意义上的人数统计，而包含着人口普查、财产检核、地方治理的众多内容，是一年一度的"上计"的基础工作，"案比""算民"之后才上计。

第三节 傅籍与户等结构的变动

如上所述，傅籍是核实年龄和身体状况，但是，对于"傅"的理解，诸家则有不同的表述。《汉书·高帝纪》云刘邦在彭城之战败于项羽时，萧何曾发"关中老弱未傅者悉诣军"。颜师古注云"傅，著也，言著名籍，给公家徭役也"。《史记·孝景本纪》云景帝二年令"男子二十而得傅"。《索隐》引荀悦注云"傅，正卒也"。即傅籍之后成为国家正卒。现代学者均据颜师古注解释傅籍的含义和功能，认为傅籍就是著名徭役之名籍，开始服役。颜师古的解释并没有错，是有着充分的事实依据的。不过，并不全面，傅籍的功能远不止"给公家徭役"，还有着丰富得多的内涵，全面把握傅籍的意义，是把握秦汉社会结构变迁的重要一环。

先谈汉代傅籍标准变动及阶级差别问题。上举云梦秦简《法律答问》《傅律》《仓律》规定已经说明秦朝傅籍之严格和身高标准。汉初延续秦朝的傅籍制度。《二年律令·傅律》云：

当傅，高不盈六尺二寸以下，及天乌者，以为罢癃。[①]

[①] 张家山二四七号汉墓竹简整理小组：《张家山汉墓竹简（二四七号墓）》（释文修订本），北京：文物出版社2006年版，第58页。

"天乌"指先天残疾。身高不满六尺二寸和"天乌"都属于"疲癃"。秦律规定六尺二寸是女子傅籍的身高标准。但是，汉律所云六尺二寸则应指男子，普通男子的始傅年龄是十七岁，按照年龄和身高对应关系，男子的身高标准是六尺五寸。正常情况下，身高达到六尺五寸为合格，没到六尺二寸的为"疲癃，"六尺二寸至六尺四寸者还应有相应的规定，惜乎律文不全，难知其详。对此，汉律虽然没有直接规定，但从相关条文中可以做出明确的判断。汉简《收律》云：

> 罪人完城旦舂、鬼薪以上，及坐奸府（腐）者，皆收其妻、子、财、田宅。其子有妻、夫，若为户、有爵，及年十七以上，若为人妻而弃、寡者，皆勿收。①

完城旦舂和鬼薪以上罪犯的妻子、儿女（律文之"子"是子、女的通称）、家财、田宅等全部没收归公。但其子女已成家、娶妻或出嫁、有爵位、单独立户以及女儿年满十七岁以上出嫁后被抛弃者，则不在没收为奴之列。为什么规定年十七岁以上"若为人妻而弃、寡者，接勿收"？因为女儿已经出嫁，成为丈夫家人，虽然被弃而寡而和父母生活在一起，但终究是嫁出去的人，故不受父亲连坐。汉简《具律》云：

> 公士、公士妻以及□□行年七十以上，若年不盈十七岁，有罪当刑者，皆完之。②

按汉律，有爵位者、年老者、未成年人犯罪均可减免刑罚。对有爵位者而言，是其特权的实现；对年老者，是尊老的体现；对未成年人则是因其年少不具备完全的责任能力。上引《具律》规定了公士及其妻、年七十以上、不满十七岁这三种人可以减刑："有罪当刑者，皆完之。"值得注意的是未

---

① 张家山二四七号汉墓竹简整理小组：《张家山汉墓竹简（二四七号墓）》（释文修订本），北京：文物出版社2006年版，第32页。
② 张家山二四七号汉墓竹简整理小组：《张家山汉墓竹简（二四七号墓）》（释文修订本），北京：文物出版社2006年版，第20页。

满十七岁这一规定。为什么未满十七岁"有罪当刑者，皆完之"？就是因为满十七岁是成年人，未满十七岁是未成年人。未成年不具备完全责任能力，故减轻刑罚。换言之，年满十七岁，当刑则刑，就不存在因年龄而减免的问题了。这正从法律的层面间接地说明秦和西汉初期都是十七岁始傅，不存在十五岁始傅的制度。① 汉景帝二年令"男子二十而得傅"②。到汉昭帝时又将傅籍年龄推迟到二十三岁。《盐铁论·未通》载文学语云："今陛下哀怜百姓，宽力役之征，二十三始傅，五十六而免。""陛下"即指汉昭帝，此后，二十三岁傅籍、五十六岁老免成为定制。

秦汉是等级社会，特别是秦朝和汉初，严格实行二十级军功爵制，身份的高低因爵位而等级森严，不同等级的人有着不同的政治经济利益，17岁始傅是就一般庶人而言的，对于那些军功贵族的子孙来说，当然要另行规定。惜乎材料阙如，以往对此不得而知，汉简《傅律》终使真相大白于天下，其文云：

> 不更以下子年二十岁，大夫以上至五大夫子及小爵不更以下至上造年廿二岁，卿以上子及小爵大夫以上年廿四岁，皆傅之。③

按律文，从第一级公士到第四级不更之子年二十始傅，第五级大夫到第九级五大夫之子年二十二始傅，第十级左庶长到第十八级大庶长都属于卿级爵位，其子年二十四始傅。律文中的"小爵"是指有爵位还没有傅籍的青年，其傅籍年龄也是按爵位高低而定，第二级上造至不更为二十二岁，第五级五大夫以上者均为二十四岁。

刘邦取得天下，依靠的是秦人之力，有军功爵者主要是秦人，关东地区的人数不多，仅限于随刘邦入关的丰沛子弟，对于关东地区的绝大多数人口

---

① 主张秦为十五岁始傅的学者，以高敏先生的论述最具有为代表性，见氏著《秦汉徭役制度辨析》上、下，分别刊《郑州大学学报》1985年3期、1986年4期；《秦汉的徭役制度》，《中国经济史研究》1987年第 期，收入氏著《秦汉史探讨》，郑州：中州古籍出版社1998年版。
② 《史记》卷11《景帝本纪》，北京：中华书局1959年版，第439页。
③ 张家山二四七号汉墓竹简整理小组：《张家山汉墓竹简（二四七号墓）》（释文修订本），北京：文物出版社2006年版，第58页。

而言，都是普通的庶人，没有任何爵位。这些凭其出身而享受推迟傅籍特权的军功贵族的子孙毕竟只是当时人口的一小部分，绝大多数人口都是十七岁始傅。此制到景帝二年才有所改变，《汉书·景帝纪》谓是年冬"令天下男子年二十始傅"。这里"男子"是指没有爵位的普通男子，本来是第一至第四级爵即公士、上造、簪袅、不更四个级别的人才是二十岁始傅，无爵位者是十七岁始傅，景帝一律推迟至二十岁。当然，从理论上说，有爵位者的傅籍和老免年龄应该另有规定，但是，在以后的汉代历史中，这个因素可以忽略不计。因为汉初的军功阶层因为继承制度的因素到了汉武帝时期，绝大多数都失去其爵位而成为平民；尽管汉武帝时期曾因用兵匈奴而造就一批新的军功阶层，但是这些军功阶层已非昔日可比，随着汉武帝时代的逝去，他们的特权与过去不可同日而语了。

始傅年龄既明，现在谈傅籍的功能。以往认为傅籍的目的是开始"给公家徭役"。这固然正确，但不全面。除此之外，傅籍还关系到每一个人的政治经济权利问题。尽管在专制社会里，上至达官显贵，下至贩夫走卒，都是君主的臣民，谈不上什么"权利"，但是，专制社会按不同等级确定每一个人的政治经济利益，对于个体的人来说，处于什么样的等级之中也就有了相应的权利，或者说是利益更恰当一些。傅籍制度既然直接决定着人们傅籍之后的身份等级，当然也决定着傅籍者的利益实现问题。尽管对普通庶人来说，谈不上多大的政治经济权利，傅籍之后主要是"给公家徭役"，但这仅仅是问题的一个方面，农民还是因此而得到实惠的。至于那些有爵位的特权阶层，其权利的意义就大得多了。就是那些因特殊原因而构成的特殊群体如"司寇""隐官子"。现在先看看傅籍对军功贵族子弟的意义。汉简《傅律》云：

> 不为后而傅者，关内侯子二人为不更，它子为簪袅；卿子二人为不更，它子为上造；五大夫子二人为簪袅，它子为上造；公乘、公大夫子二人为上造，它子为公士；不更至上造子为公卒。当士（仕）为上造以上者，以适（嫡）子；毋适（嫡）子，以扁（偏）妻子、蘖子，皆先以长者若次其父所以，所以未傅，须其傅，各以其傅时父定爵士（仕）之。父前死者，以死时爵。当为父爵后而傅者，士（仕）之如不

为后者。①

"不为后而傅者"之"后"是法定继承人。汉有《置后律》专章,规定军功爵者的爵位继承问题。其时之爵位继承采用的是嫡长子降级继承、诸子再降级继承的制度。即按照嫡长子继承原则,先在诸子之中确定嫡长子为"后",按相关规定降级继承被继承人的爵位;其余诸子则在傅籍之后可以直接得到爵位,而不必等到被继承人死亡之后继承爵位。上举律文具体规定了上至第十九级爵关内侯、下至第二级上造之子在傅籍之后获得爵位的具体内容。据律文,除了"后"即法定继承人之外,其余诸子的爵位授予状况是:关内侯二子为不更,其余诸子为簪袅;从第十级左庶长到十八级大庶长也就是律文的"卿"之子二人为不更,其余均为上造;第九级五大夫之子二人为簪袅,其余为上造;第八级公乘、第七级公大夫之子二人为上造,其余为公士;第四级不更至第二级上造之子全部为公卒。其中缺少第六级官大夫和第五级大夫之子的爵位赐予的规定,当是漏抄,从逻辑上判断,第六、第五两级爵位之子可能都是公士。无论哪一个爵级之子,凡是授予上造以上爵位者都要按照嫡子优先、年长优先的原则进行。这是专门针对第七级公大夫以上各级爵位之子的规定,第六级以下之子要么全为公士,要么全为公卒,不存在嫡、长优先的问题。在傅籍时,如果父亲已经死亡,则按其死亡时的爵位计算应授予的爵级;父亲健在的则按傅籍时其父亲的爵位计算、授予爵级。这里的"当为父爵后而傅者,士(仕)之如不为后者"需要略加说明。按《置后律》规定,父死之后才按嫡长子继承制依法确定一人为"后";父亲健在,即使按照制度规定已经明确了"后"的人选,也到了傅籍的年龄,但不存在继承的前提,无法实现继承权,所以特别规定"当为父爵后而傅者,士(仕)之如不为后者",即"后"在继承期待期间,傅籍之后也可以得到爵位,其爵级如"不为后者";父亲死亡之后再按规定继承应当继承的爵位。②但是,所有这一切,都必须傅籍之后才能实现,若未傅

---

① 张家山二四七号汉墓竹简整理小组:《张家山汉墓竹简(二四七号墓)》(释文修订本),北京:文物出版社2006年版,第58页。

② 关于汉代继承制度,《二年律令》中《户律》《置后律》《傅律》等有着详细的规定,参阅拙文《张家山汉简所见西汉继承制度初论》,《文史哲》2003年第6期。

籍,"须其傅"以后再"各以其傅时父定爵士(仕)之"。

上述是针对第二级军功爵上造以上各爵级之子的傅籍及其身份的规定,对于第一级公士及其以下各阶层之子傅籍以后的身份另有规定。《二年律令·傅律》云:

> 公士、公卒及士五(伍)、司寇、隐官子,皆为士五(伍)。畴官各从其父畴,有学师者学之。①

公士是最低一级爵位,公卒介于公士和士伍之间,士伍是无爵位者,司寇是二年徒刑的轻刑犯,隐官是受肉刑之后虽然获释但因肢体残废不便和庶人同伍而役事于官府的特殊人群。公士、公卒、士伍之子傅籍之后为士伍,司寇、隐官之子傅籍后也为士伍,不必受其父亲刑徒身份的影响而成为平民;若出身世业之家,可以随父学家传之业而隶名专门的名籍("畴官"之"畴"即世业的意思。《史记·历书》集解引如淳云:"家业世世相传为畴。律:年二十三傅之畴官,各从其父学。"),有学师者可以正式随师学习。张家山汉简有《史律》专篇,是对史、卜、祝三类人员的学业要求及其待遇的专门法律,其中卜和祝都是世袭职业者,效力于官府,其子女必须得到官府的允许才能学其父业。②

在等级社会里,国家在划定社会成员身份的同时,也确定了每一个社会成员的经济政治待遇。傅籍之后,身份变了,其待遇也发生了相应的变化。最基本的体现是按身份获得相应数量的土地和住宅,凡是父亲有军功爵者,在傅籍之后即分别得到了不更、簪袅、上造、公士的爵位并按爵级得到相应的土地和住宅,成为军功贵族地主;公卒、士五、庶人之子可以向政府领取土地一顷、住宅一区;司寇、隐官之子傅籍之后为士伍,摆脱其原来的罪犯之子的耻辱身份,获得平民的授田资格,这些已见前述,此不重复。

爵位是富与贵的基础,富是因爵位而有田宅,贵是因爵位而有各种特权。军功爵者之后因其父辈的荫庇而得爵,在得到田宅而富的同时也获得了

---

① 张家山二四七号汉墓竹简整理小组:《张家山汉墓竹简(二四七号墓)》(释文修订本),北京:文物出版社2006年版,第58页。

② 关于《史律》的解读,参阅拙文《史律新证》,《史学月刊》2008年第8期。

一系列的特权。要而言之，约如下数端：其一是可以得到较多的物质赏赐。前引《二年律令·赐律》，已见其基本规定。

无论是丧葬费，还是国家赏赐的食品，其数量都按爵位等级和官职品秩的级别划定，爵位和官职之间一一对应。在没有傅籍之前，这些军功爵者之子虽然出身贵胄，也只是按未成年的庶人标准赐予酒食，傅籍之后则按爵级赐予。

其二，有提前免除徭役的特权。《二年律令·傅律》云：

> 大夫以上年五十八，不更六十二，簪袅六十三，上造六十四，公士六十五，公卒以下六十六，皆为免老。
>
> 不更年五十八，簪袅五十九上造六十，公士六十一，公卒、士伍六十二，皆为睆老。①

第五级大夫以上者五十八岁免除服役义务，不更以下以次推迟，普通庶人则六十六岁才能免老。不更五十八岁可以简半服役（"睆老"即减办服役），无爵者则要到六十二岁才能为"睆老"。

其三，有减免刑罚的特权。《二年律令·具律》云：

> 上造、上造妻以上，及内公孙、外公孙、内公耳玄孙有罪，其当刑及当为城旦舂者，而以为鬼薪、白粲。②

内公孙、外公孙是宗室、外戚之孙，内公耳玄孙是宗室曾孙。上造及其妻以上和宗室、外戚之孙以及宗室曾孙、玄孙一样减刑。爵位越高，减刑的幅度越大。这里不去一一列举，我们只要明白，有爵位者有减刑特权就行了。

按秦制，官爵相关，有爵位也就获得了仕宦的资格。《韩非子·定法》云商君之法"斩一首者爵一级，欲为官者为五十石之官；斩二首者爵二级，

---

① 张家山二四七号汉墓竹简整理小组：《张家山汉墓竹简（二四七号墓）》（释文修订本），北京：文物出版社2006年版，第57页。

② 张家山二四七号汉墓竹简整理小组：《张家山汉墓竹简（二四七号墓）》（释文修订本），北京：文物出版社2006年版，第20页。

欲为官者为百石之官。官爵之迁与斩首之功相称也"。斩首授爵还有其他的限制,并非完全如韩非所云"斩一首者爵一级"。对此,这里不去讨论。但说"官爵之迁与斩首之功相称"则是符合秦制的基本原则的。西汉继承了这一原则。爵位是仕宦的条件,有爵位者未必一定为官,但只要愿意,就可以为官。即使不为官,其政治经济待遇也按爵位高低——和现任官吏相对应,上引《赐律》对"不为吏及宦皇帝者"的赐物标准和现任官吏——对应已透露出这一精神。尽管随着时间的推移,官爵两分是历史的必然,但在汉初爵位和官职的关系是紧密相连的。有了爵位,自然有了晋身之阶。而所有这一切,都要在傅籍成丁之后来实现。

明白了以上内容,我们对傅籍的意义不难有新的认识。傅籍绝不仅仅如颜师古所说的"著名役籍,给公家徭役"那么简单,傅籍不仅仅意味着义务,也意味着权利,只是不同阶层的义务和权利不同而已。明乎此,我们对秦汉社会结构变迁与政治关系的认识就会深一层。

综上所述,我们不难发现,傅籍制度和社会结构的变迁密切相关。这起码表现在两个方面:一是所谓的"五口之家、百亩之地"的个体农民因此而不断地再生;二是身份性地主因此而改变,起码在法律层面上是如此。

上已指出,在授田制之下,土地一经授予,国家不再收回,可以买卖、转让、世袭。而授田的目的是为了保证赋税徭役的稳定,农民在接受政府的百亩土地、一区住宅的同时必须承担相应的赋税和徭役。农民在不堪政府的赋税徭役剥削时,"卖田宅、鬻子孙"就成为必由之路,无地农民自然增多。而通过傅籍制度的实施,可以源源不断地把新傅籍为正卒的人口变为授田民,即使父辈丧失土地,其子女也可因此而重新获得土地,从而求得社会秩序的稳定。历史上羡称的"文景之治"的原因除了轻徭薄赋、农民破产较少这一原因之外,还有着一个更深层的原因,这就是授田的正常执行。而授田是否合理,直接决定于傅籍制度的实施质量。这些,不难理解,不予多说。

关于傅籍制度对军功地主身份蜕变的影响,主要表现在傅籍与爵位继承的关系上。傅籍之后,军功爵者之子就获得了实现其继承权的资格。无论被继承人是否死亡,也不管其子女多寡,傅籍之后都能获得相应级别的爵位,享受权利,其待遇可谓优厚。但是,这种优待又有着一定的时效性,无论是后子，还是其余诸子，降级继承若干代之后，爵位就自动丧失，其身份就演变为士伍。当然，本文说的这些军功贵族地主在经历了几代之后，爵位虽然丧失，其身份和影响远非那些非军功出身的原生意义上的庶人可比，而是成为横行乡里、恃强凌弱、操纵基层官府的豪强地主；其爵位虽然不在，但仍有父、祖余荫和威势，国家给予的土地归其私有，并通过买卖和豪夺的方式侵吞小农和国有土地，其实际拥有的土地是远远超出其身份所应该占有的数量。所以汉武帝才把整顿田宅逾制列为加强地方统治秩序的重要内容，试图循名责实，恢复授田制之下的等级占田秩序。

最后还要指出的一点是，上述傅籍制度的功能在不同历史时期的影响是不一样的。在秦朝和西汉初年，国家能严格授田制度，二十级军功爵是社会等级的唯一标尺，傅籍和服徭役、获得土地、确认社会地位连在一起，无论就国家对社会控制而言还是对个人的命运来说都是至关重要的，而自西汉中期以后，军功爵制已经丧失其实际意义，授田制度也瓦解殆尽，傅籍对于农民而言只剩下服徭役的义务了。从这一点来说，颜师古说的"傅，著也，言著名籍，给公家徭役也"又是对的。

第 八 章
什伍缘起、居民身份与民居空间

提要："五家为伍"始于春秋军事改革，"十家为什"则是殷商十进制的遗存，到战国形成什伍制度。什伍连坐制并非商鞅变法的发明，而是历史传统使然，是战国通制。在乡里结构中，不同身份的民户居于不同的区域，是国家严格控制民户的空间体现。"闾左"非居于"闾里之左者"，亦非复除者和贱民，而是暂住于里门之左的"宾萌""寄人"等"浮浪人口"。"叚门逆旅"并非末业人口，也不是"监门"别称，而是"寄居于逆旅之人"，属于无业游民。发"闾左"戍边和遣送"叚门逆旅"服军事劳役，是国家控制社会、编户民隶属于国家的经济体现。

秦汉是以军功爵制为核心的等级社会，同时继承了西周时代按照职业、身份划分居住空间的历史传统。也就是说，秦汉时代，起码在制度上不同身份、不同等级的人分别居住在官府划定的空间之内，出入行止各有规定，所谓户籍相伍、同伍连坐都是有其特定历史内容的。其目的从政治上说是为了保证等级秩序的稳定，经济上则是为了起役的方便，在实际运作过程中，二者是统一的。本章分别通过什伍连坐制度的历史渊源、"闾左""叚门逆旅"的身份，"市井"含义的历史变迁及相关问题的讨论，说明身份等级与国家权力的关系，揭示其时社会控制、社会结构变迁的特点。

第一节　什伍制度起源

《史记·商君列传》谓商鞅变法"令民为什伍，而相牧司连坐。不告奸者腰斩，告奸者与斩敌首同赏，匿奸者与降敌同罚"。《索隐》引刘氏云："五家为保，十保相连。""牧司谓相纠发也。一家有罪而九家连举发，若不纠举，则十家连坐。恐变令不行，故设重禁。""告奸一人则得爵一级，故云'与斩敌首同赏'也"。《正义》谓"或为十保，或为五保。"这就是千百年以来饱受诟病的什伍连坐制度，商鞅也因此而备受指责。但是如果历史地看问题，把商鞅作为什伍连坐制度的始作俑者并不符合事实，什伍连坐由来有自，是社会结构发展使然，是战国时代政治家、思想家共同探索和实践的结果。

上已指出，西周已建立了严密户籍制度，但其时之户籍编制因人的身份不同而有别。西周时代，国野有别，国人属于统治宗族，野人属于被统治宗族，国人是享有国家权利的自由民，野人则是非自由民，二者的权利地位不同，人口统计方式、户籍编制自然有异。《周礼·地官·小司徒》云：

> 乃经土地，而井牧其曰野：九夫为井，四井为邑，四邑为丘，四丘为甸，四甸为县，四县为都，以任地事而令贡赋。[①]

这井、邑、丘、甸、县、都的行政系统是战国儒者的拼凑，但并非全是凭空臆想。西周时代确有井、邑存在，"九夫为井"制即为西周制度，只是这"九夫为井"并非仅仅是田制，当它作为田制时也不是如经学家所理解的那个样子，这在第一章中已经有所说明。这里的"九夫为井"是西周国人的户籍编制法、军事编制法和土地分配法，其主要作用是为了制军赋。执干戈以卫社稷是国人的专利，其时军队以车兵为主，战车乘数是国力的体现，每乘战车甲士三人，徒兵（附属于车兵编制的步卒）若干，而以甲士为主，故军队按照三、九编制，其户籍也按三、九编制，即九夫为井之制。

野人的任务是从事生产，而他们的最早来源主要是殷商遗民及其"类丑"。殷人行十进制的民族，卜辞记载殷王征兵多少就有三百、五百、一千、五千，多者达一万、一万三千，都是十的倍数。西周代商以后，实行分

[①] 阮元校刻：《十三经注疏》，北京：中华书局1980年影印版，第711页。

封制，因势利导，故有"启以商政、疆以周索""启以夏政、疆以戎索"①之说，依然沿用殷人的传统，故于野人则采用十夫为一个户籍编制单位。《周礼·地官·遂人》云：

> 遂人掌邦之野。以土地之图，经田野……以颁田里：上地，夫一廛，田百亩，莱五十亩，余夫亦如之。中地，夫一廛，田百亩，莱百亩，余夫亦如之。下地，夫一廛，田百亩，莱二百亩，余夫亦如之。凡治野，夫间有遂，遂上有径，十夫有沟，沟上有畛，百夫有洫，洫上有涂，千夫有浍，浍上有道，万夫有川，川上有路，以达于畿。②

一般都认为这是沟洫制度，系排灌系统，这里不去讨论。但这里透出一个重要信息，即遂人在治野时，是按十夫为基本单位的，"十夫为沟"是基本的沟洫单位，也是基本的户籍编制。因为他们无权当兵，即使有时被征为兵，也只能做徒兵，故不受军事编制的影响。对于周人来说，这显示了国人和野人的政治差异，又便于分配土地和计算劳动量。这十夫就是一个共耕藉田的基本耕作单位，每夫百亩，十夫千亩，故一千亩就是一个藉田单位，"余夫"就是"十夫为沟"编制过程中的奇零之数，不足一"沟"的人数。一个贵族往往有众多的野人、大片的土地，故而有千百个野人共耕于一块大田的事情，如《诗·周颂·噫嘻》云："骏发尔私，终三十里，亦服尔耕，十千维耦。"《载芟》云："千耦其耘，徂隰徂畛。"《小雅·甫田》云："倬彼甫田，岁取十千。""十千维耦""千耦其耘""岁取十千"都是以"十夫为沟"为基础的。

春秋以降，国野体系瓦解，以宗族血缘关系为基础的阶级差异消解，在大国争霸、小国图存的战争以及与周边少数民族战争中，步战兴起，徒兵也就是步兵的重要性日益突出，原来的车兵也就是甲士逐步转为徒兵。步兵以五人为一个基本作战单位，体现在户籍编制上五家为伍制逐步取代原来的九夫为井制。

---

① 阮元校刻：《十三经注疏》，北京：中华书局1980年影印版，第2135页。
② 阮元校刻：《十三经注疏》，北京：中华书局1980年影印版，第740—741页。

从目前资料来看，步兵作为独立兵种出现于战场上，大约始于郑国。《左传》隐公元年："诸侯之师，败郑徒兵。"西周时代的战争是贵族式的战争，以车战为主，军队有统治宗族成员担任，皆为车兵，徒兵是车兵的附庸。然而，车兵较步兵虽有长处，但也有短处，这就是机动灵活不足，受到地形地物限制较多。到了春秋时代，随着战争条件的变化，步兵兴起乃是历史的必然。"诸侯之师，败郑徒兵"就是这一过程的体现。徒兵单独和诸侯之师对抗，说明此时之郑国，步兵已变为独立的兵种参战。桓公五年，周王伐郑，陈、蔡、卫之师从焉，"郑子元请为左拒，以当蔡人……曼伯为右拒，祭仲足为左拒，原繁、高渠弥以中军奉公，为鱼丽之陈，先偏后伍，伍承弥缝"。最后大胜诸侯军，周王也中箭负伤。杜预云："《司马法》：车战二十五乘为偏，以车居前，以伍次之，承偏之隙而弥缝阙漏也。五人为伍。此盖鱼丽阵法。"①鱼丽阵法是否如此，不敢妄断，但这是一个车步混合编制则是没有什么疑问的，偏由车兵组成，伍由步兵组成，以车兵掩护步兵冲击，既发挥了车兵冲击敌阵的优势，又发挥了步兵灵活机动的长处，故而大败周王所率诸侯之师。昭公二十年，郑曾"以徒兵以攻萑苻之盗"②。萑苻之盗是郑国一大祸患，没用车兵而平之，说明步兵力量越来越强大。

晋国和诸戎为邻，其辟土服远，争霸中原，首先始于对诸戎的战争，为适应戎人步骑战的特点，也大力发展步兵。晋惠公"作州兵"，不仅指扩大征兵对象，也包括对兵种的改革，所征之州人为兵不仅有车兵，也有步兵。当时晋国原有的两军兵力基本上丧于韩原之役，车辆马匹连同晋惠公一起被俘于秦；"作州兵"大约是恢复两军建制，在当时那样短的时间之内以当时的生产技术，怕一下子难以制造出两军编制的战车，所以所"作"之"州兵"包括了步兵在内。《左传》僖公二十七即晋文公四年（前633年）作三军，僖公二十八年即晋文公五年又"作三行以御狄。荀林父将中行，屠击将右行，先蔑将左行"。在三军之外专门组建三支步兵。这三行中的左右行之名在晋惠公时就曾出现，晋文公不过增加中行为三行而已，荀氏之称中行氏大约就是源于此。僖公三十一年即晋文公八年又作五军，成公三年即晋景

---

① 阮元校刻：《十三经注疏》，北京：中华书局1980年影印版，第1748页。
② 阮元校刻：《十三经注疏》，北京：中华书局1980年影印版，第2094页。

公十二年（前588年）"晋作六军"。军队增长速度如此之快，不能不说步兵兴起是一个原因。不仅新组建步兵，有时干脆改车兵为步兵。《左传》昭公元年云："晋中行穆子败无终及群狄于大原，崇卒也。将战，魏舒曰：'彼徒我车，所遇又阨，以什共车，必克。困诸阨，又克。请皆卒，自我始。'乃毁车以为行，五乘为三伍。荀吴之嬖人不肯即卒，斩以徇。为五陈以相离，两于前，伍于后，专为右角，参为左角，偏为前拒，以诱之。翟人笑之。未陈而薄之，大败之。"步兵机动灵活，在山野地段尤能发挥长处，所以魏舒下令"毁车以为行"以适应战斗需要；在步兵附属于车兵的年代里，车兵地位高于步兵，即使在步兵已成为独立的建制之后，车兵依然有优越感，身披铠甲，乘车而战，比步战威武又高贵，所以"毁车以为行"并不那么容易，尽管魏舒带头走下战车，但仍有人反对。荀吴之嬖人就是其中之一。车兵以乘为战斗单位，每乘三人，步兵以五人为一个战斗单位，故而"五乘为三伍"，即将五乘甲士改为三个五人小组，摆成一个车步混合阵式，车于前，卒伍于后，以战车掩护步卒，好像近世装甲兵掩护步兵冲锋一样，结果大败群狄之兵。这说明步兵在晋国军队中一直占有重要位置。有的论者谓晋作三行之后不久即废三行建制，晋之步兵没有什么重要意义，显然是不合实际的。齐国步兵也很发达。《国语·齐语》云管仲治国，其中士乡十五，其制军之法是"五人为伍""五十人为小戎""二百人为卒……"这当然不是春秋初年事，但这从一个方面说明春秋时代齐国步兵发展迅速，以至于后人只着眼于步兵编制了。

春秋时期，军事和行政合一的传统并没有改变，步兵兴起的过程，也就是五家为伍制代替九夫为井制的过程。这是从郑国开始的。《左传》襄公三十年，子产治郑"使都鄙有章，上下有服；田有封洫，庐井有伍……从政一年，舆人诵之，曰：'取我衣冠而褚之，取我田畴而伍之，孰杀子产，吾其与之'。"庐井有伍就是整顿户籍组织，以五家为一个编制单位。这五家为伍制在子产执政以前已经存在，但不严密，隐漏甚多，子产予以重新登记整顿，把隐漏的人户一一登记入籍，严格社会秩序，对于那些习惯于传统的人来说，当然有所不便，甚而个人利益还会受到影响，故诅咒子产。齐国之普遍实行五家为伍制已见于《齐语》。《周礼》所载"五家为比""五家为邻"云云正是春秋制度的写照。

春秋时期，国野差别依然存在，在国中九夫为井制变为五家为伍制的同时，野鄙之地则依然沿用"十夫为沟"的传统，以十家为一个户籍编制单位。《国语·齐语》云管仲治齐实行国野分治的措施：

> 管子于是制国以为二十一乡：工商之乡六，士乡十五。……五家为轨，轨为之长；十轨为里，里有司；四里为连，连为之长；十连为乡，乡有良人焉。
>
> 制鄙，三十家为邑，邑有司；十邑为卒，卒有卒帅；十卒为乡，乡有乡帅；三乡为县，县有县帅；十县为属，属有大夫。五属，故立五大夫。①

《齐语》的这一段记载为人们所常用，但没有注意时间问题。纵观《国语·齐语》对管子相齐施政的记载，其内容绝非春秋初年齐国所能有之制度，管仲时代齐国的国家形态仍然属于宗族城邦，绝无可能设立二十一个两千户之乡和五十个九千户之县。这段记载只能是后世学者根据领土国家时代的人口、疆域对管仲时代的追记和规划，不能视为管仲相齐时的真实制度。② 但是，治国采用"五家为轨，轨为之长"，治鄙采用"三十家为邑"的制度设计，表明了春秋时代齐国出现了什伍编制，所谓"三十家为邑"系由《周礼》的十夫为沟制度延续而来。

春秋时代随着国野制度的瓦解，国人和野人户籍编制的差异消失，逐步形成了所谓什伍制度。《周礼·地官·族师》云：

> 五家为比，十家为联；五人为伍，十人为联；四闾为族，八闾为联。③

---

① 《国语》，上海：上海古籍出版社1988年版，第229—231、237页。
② 参阅拙文《齐国行政制度考原——兼谈〈国语·齐语〉的相关问题》，《文史哲》1995年第4期。关于西周春秋时代国家形态，参阅田昌五、臧知非：《周秦社会结构研究》第三章第二节，西安：西北大学出版社1996年版。
③ 阮元校刻：《十三经注疏》，北京：中华书局1980年影印版，第719页。

《周礼·地官·大司徒》：

> 令五家为比，使之相保；五比为闾，使之相受；四闾为族，使之相葬；五族为党，使之相救；五党为州，使之相赒；五州为乡，使之相宾。①

《周礼·地官·遂人》：

> 五家为邻，五邻为里，四里为酂，五酂为鄙，五鄙为县，五县为遂。②

《管子·立政》：

> 十家为什，五家为伍，什伍皆有长焉。③

《管子·度地》：

> 案家人，比地，定什伍口数，别男女大小。④

《管子·乘马》：

> 五家而伍，十家而连，五连而暴。⑤

---

① 阮元校刻：《十三经注疏》，北京：中华书局1980年影印版，第707页。
② 阮元校刻：《十三经注疏》，北京：中华书局1980年影印版，第740页。
③ 世界书局编：《诸子集成》第5册，戴望：《管子校正》，北京：中华书局1980年影印版，第10页。
④ 世界书局编：《诸子集成》第5册，戴望：《管子校正》，北京：中华书局1980年影印版，第304页。
⑤ 世界书局编：《诸子集成》第5册，戴望：《管子校正》，北京：中华书局1980年影印版，第15页。

《管子·禁藏》：

> 夫善牧民者，非以城郭也，辅之以什，司之以伍，伍无非其人，人无非其里，里无非其家。①

《鹖冠子·王鈇》：

> 五家为伍，伍为之长；什伍为里，里置有司。

《逸周书·大聚》：

> 以国为邑，以邑为乡，以乡为闾。祸灾相恤，资丧比服。五户为伍，以首为长；十夫为什，以年为长；合闾立教，以威为长；合旅同亲，以敬为长。②

以上文献均系战国之物，有的内容有其历史依据，有的系根据战国现实需要的规划，有相当的主观性，并非历史的真实记录，不能不加分析地视之为事实，所以有关行政机构的户数、名称各不相同，独立地看自成系统，合在一起则五花八门。但是有一点相同，就是五家、十家为一个户籍编制单位则是一致的，区别在于具体名称有异而已。这一现象表明：现实中存在这一制度，或者都意识到这是共同的需要。

为什么要五家、十家为一个户籍编制单位？这除了军事、徭役的方便，就是要推行责任连坐制度，五家、十家就是一个基本的利害共同体。所谓"使之相保""使之相受""使之相葬""使之相救""使之相赒""使之相宾"的背后是相互监督、责任连坐。对此，《管子·立政》有比较典型的论述："一道路，博出入，审闾闬，慎管键。管键藏于里尉。置闾有司，以时开闭。闾有司观出入者，以复于里尉。凡出入不时，衣服不中，圈属群徒不

---

① 世界书局编：《诸子集成》第5册，戴望：《管子校正》，北京：中华书局1980年影印版，第292页。
② 黄怀信：《逸周书校补注译》，西安：西北大学出版社1996年版，第202页。

顺于常者，间有司见之，复无时。""间有司"就是里监门。若发现里中居民举止违法，不合规范，里尉、里典要先转告其家长予以教育，屡教不改者再绳之以法；若发现孝悌忠信者亦上复予以表彰。有不法行为的人若是"长家子弟臣妾属役宾客，则里尉以谯于游宗，游宗以谯于什伍，什伍以谯于长家，谯敬而勿复，再则宥，三则不赦"，以示对长家子弟臣妾役属宾客的优待。"凡孝悌忠信、贤良隽才，若在长家子弟臣妾属役宾客，则什伍以复于游宗，游宗以复于里尉，里尉以复于州长，州长以计于乡师，乡师以著于士师"，逐级上报，不得越级，以示里尉、游宗、什伍之长及长家的教化功劳。里监门每三个月要将监视情况上报里尉，里尉六个月上报一次乡，一年进行一次总结，赏善不独及个人，罚恶也不止于一身，州长、里尉、游宗、什长、伍长都有一份。明乎此，我们就不会把什伍连坐看作商鞅的发明了。

商鞅变法的各项制度均采自六国，什伍连坐亦然，区别是商鞅变法将什伍连坐制度和其他制度一样，均以法律的方式，公之于众，严格执行，真正做到了有法必依、执法必严，官吏带头守法，否则从重惩处。

总括商鞅变法开始实行到统一并为后世继承的户籍制度，大体上有如下几项内容：

第一，严格五家为伍、十家为什的制度。"令民为什伍"①，就是把全国民众按照五家为伍的标准编成基本的户籍单位。这个制度在秦献公时已经实行了，献公十年（前375），"为户籍相伍"②。商鞅在"为户籍相伍"的基础上加大户籍登记和人口控制的力度而严格施行之。《商君书·境内》说："四境之内，丈夫女子皆有名于上，生者著，死者削。"同书《去强》说著："举民众口数，生者著，死者削。民不逃粟，野无荒草，则国富，国富者强。"

第二，实行同伍连坐制度，使民众"相牧司连坐。不告奸者腰斩，告奸者与斩敌首同赏，匿奸者与降敌同罚"③。令他们互相监督，一人犯罪，同伍的人都要负连带责任。发现作奸犯科而不揭发的，一律腰斩，主动揭发

---

① 《史记》卷68《商君列传》，北京：中华书局1959年版，第2230页。
② 《史记》卷6《秦始皇本纪》，北京：中华书局1959年版，第289页。
③ 《史记》卷68《商君列传》，北京：中华书局1959年版，第2230页。

的则可以得到在前线斩敌人首级一样的奖赏；藏匿违法分子，就要受到和投降敌人一样的处罚。这就是著名的同伍连坐法。这在出土律文中有着详细的规定。云梦秦律《傅律》：

> 匿敖童，及占癃（癃）不审，典、老赎耐，百姓不当老，至老时不用请，敢为酢（诈）伪者，赀二甲；典、老弗告，赀各一甲；伍人，户一盾，皆罨（迁）之。①

这是一条有关傅籍的法律规定。傅籍时隐瞒应该傅籍的青年、把非残疾人登记为残疾人、没到老年登记为老年人、年老但是不经请示批准擅自作为免老处理的，都是违法行为，量刑相同，当事人赀二甲，里典、伍老赀一甲，同伍的人每户罚款一盾，全部迁离原籍。《秦律杂钞·敦（屯）表律》：

> 军新论攻城，城陷，尚有棲未到战所，告曰战围以折亡，叚（假）者，耐；敦（屯）长、什伍智（知）弗告，赀一甲；伍二甲。②

军中就最近攻城的功劳行赏，如果城池已经攻下而士兵还没有到达指定位置，谎报说在围城作战中阵亡，应处以耐刑，"敦（屯）长、什伍智（知）弗告，赀一甲；伍二甲"。这里的什伍是军事编制，当时军事编制和户籍编制合一，以户籍编制为基础，在家为什伍，在军队同样为什伍。《秦律杂钞》有云：

> 战死事不出，论其后。有（又）后察不死，夺后爵，除伍人；不死者归，以为隶臣。③

"战死事不出"之"出"是"屈"的通假，意思是说战死沙场，其功劳由其法定继承人继承。后来发现该人并没有战死，要剥夺其法定继承人的爵

---

① 睡虎地秦墓竹简整理小组：《睡虎地秦墓竹简》，北京：文物出版社1978年版，第143页。
② 睡虎地秦墓竹简整理小组：《睡虎地秦墓竹简》，北京：文物出版社1978年版，第145页。
③ 睡虎地秦墓竹简整理小组：《睡虎地秦墓竹简》，北京：文物出版社1978年版，第146页。

位，同时惩治其同伍的人，那个未死的人则贬为官奴隶。所谓"除伍人"之"除"在这里是惩办的意思。《法律答问》有云：

> 律曰"与盗同法"，有（又）曰"与同罪"，此二物其同居、典、伍当坐之。云"与同罪"，云"反其罪"者，弗当坐。①

律文说"与盗同法"，又说"与同罪"，这两类犯罪者的同居（即同户的人）、里典和同伍的人要连坐。律文说"与同罪"又说"反其罪"的，犯罪者的同居、里典和伍人不连坐。《法律答问》又云：

> 贼入甲室，贼伤甲，甲号寇，其四邻、典、老皆出不存，不闻号寇，问当论不当？审不存，不当论；典老虽不存，当论。
> 可（何）谓"四邻"？"四邻"即伍人谓殴（也）。
> 吏从事于官府，当坐伍人不当？不当。②

甲家遭贼，甲为贼所伤大声呼喊抓贼，四邻、里典、伍老都外出不在家，没有听到甲的呼喊，问应否论处。四邻不在家，不予论处；里典、伍老不在家也要论处。在平时，里典、伍老、四邻听到有人呼救而不救援都要负法律责任。所谓的四邻就是同伍的人。只有官吏在官府中服役时违法，同伍的人才不连坐，因为官吏在官府办事违法四邻是无法监督的。

第四，编户民不得任意迁徙，要外出必须经过官府审批。《商君书·垦令》说"使民无得擅徙"。这不是一般的说说，而是付诸实践的，秦律有这方面的规定，迁居必须到官府办理户籍变更手续，官吏必须在规定的时间内办理完毕，否则要负行政不作为的责任。云梦秦律《法律答问》云："甲徙居，徙数谒吏，吏环，弗为更籍；今甲有耐赀罪，问吏可（何）论？耐以上当赀二甲。"③ 甲请求迁移户籍，主管官吏故意推诿，不给他更改户籍，

---

① 睡虎地秦墓竹简整理小组：《睡虎地秦墓竹简》，北京：文物出版社1978年版，第159页。
② 睡虎地秦墓竹简整理小组：《睡虎地秦墓竹简》，北京：文物出版社1978年版，第193、194、217页。
③ 睡虎地秦墓竹简整理小组：《睡虎地秦墓竹简》，北京：文物出版社1978年版，第213—214页。

如果甲因此犯法被判耐刑和罚款，这个主管官吏要被罚二甲。反之，不应该办理户籍而办理的也要受罚。

这种四邻为伍、有罪连坐制度为西汉全面继承。张家山汉简《二年律令·户律》规定：

> 自五大夫以下，比地为伍，以辨 券 为信。居处相察，出入相司。有为盗贼及亡者，辄谒吏、典。田、典更挟里门籥（钥），以时开；伏闭门，止行及作田者；其献酒及乘置乘传、以节使、救水火、追盗贼，皆得行；不从律，罚金二两。
>
> 隶臣妾、城旦舂、鬼薪白粲家室居民里中者，以亡论之。
>
> 募民欲守县邑门者，令以时开闭门，及止畜产放出者，令民共（供）食之，月二户。
>
> □□□□令不更以下更宿门。①

众所周知，"明尊卑爵秩等级各以差次，名田宅臣妾衣服以家次"② 是商鞅变法的总原则，从此以后，新的军功爵位成为秦人社会等级的唯一依据，不同爵位的人享有不同的政治经济待遇。但是关于这些不同等级的人在居住方式上究竟有何不同，因为资料不明，人们也没有深究，至今还是个十分模糊的问题。从云梦秦简看，有军功爵位的人和普通农民一样，都要按照五家为伍的方式编制在一起，区别在于同伍者身份要相同。《睡虎地秦墓竹简·法律答问》云："大夫寡，当伍人不当？不当。"③ 大夫是二十级爵位中的第五级，当大夫人数少，不足五家之数，不得和爵位低的人或者没有爵位的人合编为伍，说明在秦时，无论爵位高低，都是五家为伍的，区别在于大夫以上伍人身份要相同。西汉则以五大夫为界，"自五大夫以下，比地为伍，以辨 券 为信。居处相察，出入相司"。五大夫是二十等爵位的第九级，属于高

---

① 张家山二四七号汉墓竹简整理小组：《张家山汉墓竹简（二四七号墓）》（释文修订本），北京：文物出版社2006年版，第51页。
② 《史记》卷68《商君列传》，北京：中华书局1959年版，第2230页。
③ 睡虎地秦墓竹简整理小组：《睡虎地秦墓竹简》，北京：文物出版社1978年版，第217页。

爵，五大夫以下属于低爵。五大夫以下和没有爵位的人一样都要按照五家为伍的制度编制起来，每户人家都以券书为凭证，以防止冒充。彼此之间，互相监督，互相检举，发现有偷盗、逃亡等行为和可疑现象，立即向里典和相关官吏报告。从逻辑上分析，五大夫以上的人群，是不"比地为伍"的，也就不存在"以辨券为信。居处相察，出入相司，有为盗贼及亡者，辄谒吏、典"的问题。隶臣妾、城旦舂、鬼薪白粲都是罪犯，不能和平民以及有爵位的人居住在一起，否则"以亡论之"，就是以逃亡论处。为什么以逃亡罪论处？就是因为这些罪犯家属有专门的居住区，和平民、有爵位的人分开居住，他们离开专门居住区住到普通人的居住区，就等于逃亡。这至少说明，当时居民按照身份分为三个居住区：一是五大夫以上的高爵人群；二是五大夫下低爵人群和庶人；三是隶臣妾、城旦舂、鬼薪白粲等特殊人群。刘邦在复故爵田宅令中曾宣称"今吾与爵非轻也"，对于军功爵者的经济待遇和政治待遇最起码和秦朝一样，但是《二年律令·户律》把"不当伍人"的下限由第五级提高到第九级。这应该是吕后二年颁布的新的制度规定，此前和秦朝军功爵者的待遇要比《二年律令》所示要高。

若就《二年律令》关于授田宅的规定，居住区的划分不止上述三类。《户律》规定了社会各阶层的授田、宅的数量等级，二十级的最高级别列侯是一百零五顷田和一百零五区住宅，最低级别公士是一顷半土地和一区半住宅。此外有授田资格的还有公卒、士伍、庶人、司寇、隐官五个阶层。其中公卒、士伍、庶人都是田一顷、宅一区，司寇和隐官则是田五十亩、宅半区。司寇是两岁刑，按照传统解释其所服劳役是在边境候望敌情，"司寇"也就是"伺寇"。隐官是刑满释放人员，因为受肉刑肢体伤残而居住在常人看不到的地方役事于官府。根据律文，司寇不一定在边境伺敌，否则，人在边境服劳役，其所受之田如何耕种？合理的解释应该是司寇是有人身自由的刑徒，所以授予庶人一半的田宅；隐官因为肢体残疾、要在官府中从事手工业生产而不和常人住在一起得名，也授予一半田宅。既然隐官之得名在于其居住地隐蔽，则另有居住区无疑；同理，司寇也应有专门的居住区。

第二节 "闾左"性质与基层社会控制

"闾左"之名，首见于《史记·陈涉世家》："二世元年七月，发闾左，適（笔者按：系"谪"之通假，今人或读作适之繁体，误，下同）戍渔阳，九百人屯大泽乡。陈胜、吴广皆次当行，为屯长。"《史记索隐》云："闾左谓居闾里之左也。秦时复除者居闾左。今力役凡在闾左者尽发之也。又云，凡居以富强为右，贫弱为左。秦役戍多，富者役尽，兼取贫弱者也。"《史记·淮南衡山列传》载伍被语："往者秦为无道，残贼天下。兴万乘之驾，作阿房之宫，收太半之赋，发闾左之戍。"《史记正义》谓"闾左边不役之民，秦则役之也"。《汉书·晁错传》载晁错上书文帝云秦兵役艰苦，"秦民见行，如往弃市，因以谪发之，名曰'谪戍'。先发吏有谪及赘婿、贾人，后以尝有市籍者，又后以大父母、父母尝有市籍者，后入闾，取其左"。孟康谓："秦时复除者居闾之左，后发役不供，复役之也。或云直先发取其左也。"颜师古云："闾，里门也。居闾之左者，一切皆发之，非谓复除也。"《汉书·食货志上》云："至于始皇，遂并天下，内兴功作，外攘夷狄，收泰半之赋，发闾左之戍。"应劭注："秦时以適（谪）发之，名適（谪）戍。先发吏有过及赘壻、贾人，后以尝有市籍者发，又后以大父母、父母尝有市籍者。戍者曹辈尽，复入闾，取其左发之，未及取右而秦亡。"颜师古补充应劭的解释说："闾，里门也。言居在里门之左者，一切发之。此闾左之释，应最得之，诸家之义烦秽舛错，故无所取也。"比较各家解释，以应劭时代最早，但是应劭没有解释"闾左"的具体含义，也没有揭示"闾左"这个群体的身份特点，仅仅解释了谪戍的顺序。这大约是在汉代还不存在对闾左的理解问题，无需解释，到了魏晋以后，人们对闾左的含义就不太清楚，遂有不同的理解。所以颜师古先明确"闾左"的本意，而后赞同应劭解释。综上，古人对"闾左"的理解可以概括为两种意见：一是闾里之左，二是里门之左。对居于闾左者的身份，也有两种看法：一是免除兵役义务的特权阶层，本来不服兵役，现在因兵源不足而征发之；二是贫弱阶层，按照制度是富人服兵役，现在富人都征发完了，闾左也只好服役了。

唐代以后研究《史》《汉》者，对闾左的解释均在以上诸说中取舍之，直至清人郭嵩焘才对闾左的身份提出新的看法。郭嵩焘《史记札记》谓：

> 秦、汉时发兵皆囚徒有罪者，是以谓之谪戍。闾左，谓平民，陈涉、吴广皆平民也，《汉书·诸侯王表》"作左官之律"，颜师古注："汉时依古法，朝廷之列以右为尊。"《循吏传》"文翁以为右职"。颜师古注："右职，郡中高职也。"名门贵族谓之右族，则是闾左谓平民也。秦谓"闾左"，汉曰"良家子"，义并同。《索隐》误。①

在这里，郭嵩焘明确谓闾左是平民。岑仲勉先生《两周文史论丛·考据举例》从现代人类文化学田野考察的层面批评颜师古的"言居在里门之左者"的解释不能成立，进一步强调闾左为平民说：

> 颜师古曰："闾，里门也，言居在里门之左者，一切发之，此闾左之释，应最得之，诸家之义，烦秽舛错，故无所取也。"诸家义如何，惜无可考。余尝旅行内地，见夫穷乡僻壤，依山作宅，常无里门之置，黄河沿岸，或且穴居，古人未必远胜于今人也。即有里门矣，而七歪八落，各倚一方，从何以别闾左、闾右乎？今之征兵，先取其壮，自是妥善之制，秦之谪发，志在守御，要当择其丁壮，次及老弱，若不问年龄强弱，唯举居里闾之左者先发之，秦虽不道，兵备实强，断无如是失算。应劭望文生义，类此者至多，颜反以为最得，若持此临政，几何不误尽苍生。然则"闾左"当犹闾阎之谓，汉前关中有此俗语，两文（引者按：指应劭、颜师古之说）不能析解也。②

按《史记》《汉书》所记，闾阎系基层民众的泛称。如《史记·苏秦列传》司马迁说"夫苏秦起闾阎，连六国纵亲，此其智有过人者"。《汉书·异姓诸侯王表》班固谓"适戍强于五伯，闾阎逼于戎狄"。这里的闾阎都是基层民众的泛指。岑先生谓闾左是"闾阎之谓"系指基层平民

---

① 郭嵩焘：《史记札记》，北京：商务印书馆1957年版，第204页。
② 岑仲勉：《两周文史论丛》，北京：中华书局2004年版，第372—373页。

而言。

自云梦秦简问世以后，学界对闾左展开了新的论证，在闾左是否复除这一点上取得了共识：复除是秦汉时代特权的体现，闾左不在复除之列。而对"闾左"的训诂学解释，或者按郭嵩焘之说，认为"闾左"之"左"不是方位词，而是"尚右尚左"之"左"，表示地位低下的意思；或按颜师古之说，训为里门之左；或者训为闾里之左。而绝大多数学者对"里门之左"和"闾里之左"都不加分辨，认为二者意思一致。概括而言，对于闾左的身份，主要有三种看法：一是闾左是地位卑贱的贫民，或是逃亡者的别称，闾左之左是相对于豪右而言的具有特殊含义的卑贱者的称谓，不是方位词。[①] 二是在里门附近住的贫民，其地位和奴隶相当，相当于"浮萌"或"宾萌"。[②] 三是闾左实即"居闾里之左者的简称"[③]。

笔者认为，要准确理解"闾左"的身份，首先要厘清"闾左"的空间范围——究竟是"里门之左"还是"闾里之左"，这是把握"闾左"身份

---

① 这一看法实际上是郭嵩焘、岑仲勉看法的发展，即在郭、岑平民说的基础上，进一步定位为地位卑贱者。做出明确论证的有卢南乔：《"闾左"辨疑》，《历史研究》1978 年第 11 期；马非百：《秦集史》卷 24《陈胜吴广传》，北京：中华书局 1982 年版，第 395—396 页；于振波：《"闾左"身份平议》，氏著《简牍与秦汉社会》，长沙：湖南大学出版社 2012 年版，第 132—155 页。

② 田昌五先生首倡此说，谓"有一种解释说，凡居住在里门左边的都被抓去戍边了。但居住在里门左边的千千万万，为什么一郡只得九百人，殊不可通。这里的'左'字应释为近，'发闾左'就是征发在里门附近的贫民。那时在社会中还遗留着奴隶制的残迹，有些外来的穷人不能在村中居住，只能在里门附近找个地方栖身，为人打零工过活。他们的社会地位比奴隶强不了多少，所谓'浮萌'或'宾萌'，就是这样的人"。见氏著《中国古代农民革命史》第 1 册，上海：上海人民出版社 1979 年版，第 57 页；田人隆先生则进一步认为闾左是由"臣邦人""邦客"演变而来的居住在闾里之左的特殊人群，"在经济上一无所有，政治地位低下，是身份卑贱、备受歧视的一个特殊社会阶层；在秦代的社会结构中，闾左的地位接近于刑徒和奴婢，他不得跻身于平民（即黔首）之列"。见氏著《闾左试探》，《中国史研究》1979 年第 2 期。

③ 王好立先生力主此说，谓"秦时并无确指某种特定身份的闾左之称，它是在后人的叙述和议论中产生的。闾里为秦时村镇的泛称，居于闾里之左者为秦代社会构成之基本成分，闾左实即'居闾里之左者'的简称"。见氏著《"闾左"辨疑》，《中国史研究》1980 年第 4 期。其后的讨论基本上是对上述意见的补充论证，主要有何清谷：《闾左新解》，《陕西师范大学学报》，1989 年第 4 期；辛德勇：《闾左臆解》，《中国史研究》1996 年第 4 期；蒋菲菲：《秦代谪戍、赘婿、闾左新考》，《北京大学学报》1995 年第 5 期；王育成：《闾左贱人说初论——兼说陈胜故里在宿州》，《中国历史博物馆馆刊》1998 年第 2 期。只有王子今先生认为闾左是"里佐"的别称，见氏著《'闾左'为'里佐'说》，《西北大学学报》1985 年第 1 期。

的前提。这首先要对当时基层行政制度和社会结构有所把握，了解闾、里及其民居的历史状况，而后才能避免望文生义或者以今况古的不足。现在先从"闾"的本义说起。

在先秦时代，闾的含义是清楚的，即最基层的居民组织，若干户为一闾，比邻而居，外设墙垣，一闾之人统一由指定的大门出入，闾就有了门的意思。上引《周礼·地官·大司徒》乡的组织系统为："五家为比，使之相保；五比为闾，使之相受；四闾为族，使之相葬；五族为党，使之相救；五党为州，使之相赒；五州为乡，使之相宾。"据此，闾是乡的最基层居民组织，一闾二十五家，统一出入。不过，《周礼》所述之闾以五家为伍作为基本单位，是春秋以后的事情，春秋以前闾的户数并非如此，但是，起码在春秋以前是存在闾这个居民组织的。《尚书·武成》："释箕子囚，封比干墓，式商容闾。""式商容闾"就是"式"商容所居之"闾"，是在路过商容之族所居之闾时特意行礼以示对商容的尊敬，故而这儿的闾指闾门。《春秋公羊传》成公二年"二大夫出，相与倚闾而语"。《左传》襄公十八年"州绰门于东闾，左骖迫，还于门中，以枚数阖"。这儿的"闾"都是闾门。《荀子·大略》："庆者在堂，吊者在闾。"杨倞注："闾，门也。"所以，《说文》谓"闾，里门也。从门吕声。周礼五家为比，五比为闾。闾，侣也，二十五家相群侣也"。许慎举的"周礼五家为比，五比为闾"就是《大司徒》的内容，谓"闾，侣也，二十五家相群侣也"，是指二十五家从同一个大门出入而言。不过，许慎把闾径直释为"里门"还要做一个简单的说明。

按里的起源甚早，在西周时代就有"里"，但是西周之里的地位要远远高于闾，到战国才降为基层组织。商鞅在秦"集小乡聚为大县"，统一乡里机构，其规模要远大于二十五家，至统一以后推行于全国。① 也就是说，从历史渊源来说，闾自闾，里自里，本来里的地位要远高于闾；到了战国，里的地位下降，闾、里并行，里最终覆盖了闾；作为基层行政组织来说，闾早于里；当里取代了闾成为基层行政组织以后，原来的闾门就用来代称里门了。许慎直接把闾解释为里门的原因就在这里。

---

① 参见拙文《先秦什伍乡里制度试探》，《人文杂志》1994年第1期。另见田昌五、臧知非：《周秦社会结构研究》，西安：西北大学出版社1996年版，第183—213页。

明确了闾的本义之后,就不难确定"闾左"之"左"的意思了。郭嵩焘认为"闾左"之"左"不是方位词,而是卑贱的意思,闾左是里中平民,相对于里中豪右,其地位卑贱而被称为"闾左",这里的"左"相当于"尚右尚左"之"左"。岑仲勉先生根据对民国时代乡村民居的考察,从另一个角度肯定郭嵩焘的看法,卢楠乔先生则进一步论证了郭嵩焘对于"闾左"的训诂学解释,但认为闾左的身份不是平民而是特殊的卑贱群体,"闾左"之左不可实指,是和豪右之右相对而言,表示地位卑贱。① 笔者以为,在表示尊卑秩序的语境中,"左"确实有卑下之意,但是,表示尊卑之意的右与左正是由作为方位词的右和左引申而来。在先秦礼仪制度中,尊者、长者居右位,卑者、幼者居左位,于是这右与左和尊与卑、上与下相对应,右与左有了尊与卑的含义,这右与左的尊卑含义正是由其方位属性引申出来的。笔者以为,"闾左"作为完整的概念,其"左"究竟是表示方位还是表示尊卑,不能孤立地就"左"字而论"左"字,而应该把"闾左"作为一个完整的词训释。岑仲勉先生依据乡村民居的考察结果否定闾为里门之训固然有其方法上的意义,但是国家力量对基层社会的控制程度和方式古今相去甚远,时代越早,对基层控制越严;秦朝刚刚统一,国家力量对基层社会控制之严密远非后世可比,不能用后世的认识理解秦制,更不能以今况古。明乎此,我们可以明确地得出结论:"闾左"之"闾"的本义就是里门,那么闾左之左只能是方位词,指"里门左侧"。

闾左既为里门之左,现在看"闾里之左"的理解问题。因为闾、里同属基层组织,性质相同,闾、里通用,习惯上以闾里指称基层社会,"闾左"和"里左"相通,所以论者对"里门之左"和"闾里之左"都不加区分,无论对闾左身份地位的看法分歧如何,都把二者混为一谈。然而,当我们用历史学的眼光分析闾左身份时,"里门之左"和"闾里之左"的差别就不容忽视了,一字之差,对闾左身份的把握有着重大干系。按"闾里之左"是指里的左边,这在空间方位上没有歧义,从字面上看,所谓"发闾左之戍"就是将居住在里左边的居民征发戍边。而"里门之左",可以有两解:一是把里门视为闾里的代称,和"闾里之左"同义,闾左就是指闾里左边

---

① 卢南乔:《"闾左"辨疑》,《历史研究》1978 年第 11 期。

的居民而言；二是仅仅指居住在里门左侧的人，则其人数有限。笔者以为，细味颜师古行文，其本意是"里门之左"，而非"闾里之左"。应劭把发闾左和谪戍相联系，谪戍是对特殊人群的惩罚性征发；颜师古肯定应劭解释，认为闾左居住的是特殊人群才被谪发。既然是特殊群体，其人数理应有限，不可能是闾里左边居民的泛称。晁错说的"后入闾，取其左"，就是指"后来进入里门，谪发居住在里门左边的人"。这个解释并非是逻辑上的推论和望文生义，因为从秦汉时期里的墙垣道路门户设置的实际情况来判断，闾左在空间范围上只能是指里门左边，而不能是里的左边。

其时人口控制严密，对民户所居之里有着严格的制度要求，里门、墙垣、道路，都有严格规定。如云梦秦律《法律答问》云：

> 越里中之与它里界者，垣为完（院）不为？巷相直为完（院）；宇相直者不为完（院）。①

里与里之间的墙称为垣；家与家之间的隔墙则称为院。作为里与里之间界限的垣若处于两巷相对的位置就是院，否则就不算作院。里与里之间有墙垣，一个里的内部也有墙垣。这些墙垣禁止毁坏、翻越。张家山汉简《二年律令·杂律》云：

> 越邑里、官市院垣，若故坏决道出入，及盗启门户，皆赎黥。其垣坏高不盈五尺者，除。
> 捕罪人及以县官事征召人，所征召、捕越邑里、官市院垣，追捕征者得随迹出入。②

《杂律》规定了私自翻越邑里、官市墙垣和偷开里门者的具体量刑标准："皆赎黥"。当损坏的墙垣没有达到五尺高度，属于情节轻微，免于刑事处罚。只有在抓捕罪犯和为公家征调人员时，罪犯和应征人员越墙逃亡，为了

---

① 睡虎地秦墓竹简整理小组：《睡虎地秦墓竹简》，北京：文物出版社1978年版，第231—232页。
② 张家山二四七号汉墓竹简整理小组：《张家山汉墓竹简（二四七号墓）》（释文修订本），北京：文物出版社2006年版，第33页。

抓捕的需要，才可以跟踪其踪迹越墙追捕。里与里之间有统一规划的道路供居民往来，禁止私自侵占。《二年律令·田律》云：

> 盗侵巷衖、谷巷、树巷及貇（垦）食之，罚金二两。①

《说文》谓"巷，里中道也，从邑从共，皆在邑中所共也"。"衖，邑中道也。"巷、衖都是居邑中间的道路，邑大于里，一个邑包括若干个里。里内的公用道路称为"巷"，里与里之间的道路称为"衖"。按《说文》："泉出通川为谷。"根据张家山汉简整理小组的注释，律文所说的"谷巷"应是指因溪水而设的道路，"树巷"是林间的道路。个人不得侵占里邑内的交通道路，也不能垦种溪流、林木间的荒地，违反者"罚金二两"。这都是秦律的延续。②

就文献所载，里门的设置，根据人数，多少不拘。《史记·万石张叔列传》谓汉武帝时"万石君徙居陵里。内史庆醉归，入外门不下车。万石君闻之，不食。庆恐，肉袒请罪，不许。举宗及兄建肉袒，万石君让曰：'内史贵人，入闾里，里中长老皆走匿，而内史坐车中自如，固当？'乃谢罢庆。庆及诸子弟入里门，趋至家。"外门相对于内门而言，万石君行事以孝悌慎谨著称，平时出入闾里都是下车步行；其子石庆身为内史，酒后"入外门不下车"，破坏了家风，故而受到责备，正说明这个"陵里"有内外门之设。汉代里的外门和内门有专称，外部之门为闾，内部之门为阎。《说文》："闾，里门也。""阎，里中门也。"《汉书·循吏传》谓宣帝"繇仄陋而登至尊，兴于闾阎"。颜师古谓"闾，里门也。阎，里中门也。言从里巷而即大位也"。这起码说明里门不止一个。

像陵里这样规划严整、管理严密、一里多门的里在简牍资料中有更为直接的记载。居延汉简云：

---

① 张家山二四七号汉墓竹简整理小组：《张家山汉墓竹简（二四七号墓）》（释文修订本），北京：文物出版社2006年版，第42页。

② 参见拙文《秦汉里制与基层社会结构研究》，《东岳论丛》2005年第6期。马新在《两汉乡村社会史》中对秦汉里制起源与演变有专门论述，见氏著《两汉乡村社会史》，济南：齐鲁书社1997年版，第200—210页。

>居延西道里不更许宗，年卅十五，长七尺二寸，自有舍，入里一门
>
>　　　　　　　　　　　　　　　　　　　　　　　　　37·23
>
>终古燧卒，东郡临邑高平里召胜，字游翁，贳卖九緩曲布三匹，匹三百卅三，凡直千，觻得富里张公子所，舍在里中二门东入。任者，同里徐广君
>
>　　　　　　　　　　　　　　　　　　　　　　　　　282·5
>
>惊里燧卒，东郡临邑吕里王广，卷上字次君，贳卖八緩布一匹，直二百九十，觻得安定里随方子惠所，舍在上中门第二里三门东入。任者阎少季、薛少卿
>
>　　　　　　　　　　　　　　　　　　　　　　　　　287·13
>
>包自有舍，入里五门东入，舍居延……能长君舍，禄福广汉
>
>　　　　　　　　　　　　　　　　　　　　　　　　　340·33①

简文说明，里的名称或者单独命名，或者以数字为序；每里设门若干，简文中的一门、二门、三门、五门都是指同一个里的里门序数，各有里监门监视里民出入。当外来人员入住时要登记备查，同时要有担保人。简文所记载的终古燧卒召胜虽然服役边郡，但原籍是东郡临邑高平里，现在和觻得富里张公子住在一起，是临时居住人口，于是由和张公子同里的徐广君担保，"任者"就是保人。王广和召胜同为燧卒，同是东郡人，王广比召胜多了一个保人。按居延地区城邑乡里多是移民组建，集中居住，统一管理，既要防止外寇，也要防止内奸，基本上是准军事化管理。而在内地，特别是乡野，那些分布在山林地带的里的人数多少、范围大小，以自然聚落为基础，或大或小，或多或少，大者百家，小者一二十家，等等不一。对于这些较小的里来说，不一定像陵里和简文所记边郡之里那样规范严整，也不一定都有内外门之设，其里门数量可能多个，也可能只有一两个。但是，我们起码可以认定，西汉初期一里多门是客观的存在。汉承秦制，如果说西汉初期因为社会结构的变动对基层社会管理有所松弛的话，则秦朝制度规范要更加严格。因此，我们有理由从西汉里制逆推秦制：秦朝也是一里多门。

明白了里的制度设计和实际状况以后，闾左的空间范围可以进一步明

---

① 谢桂华、李均明、朱国炤编：《居延汉简释文合校》，北京：文物出版社1987年版，第60、472、485、534页。

确——闾左为"闾里之左"的解释不能成立，而只能是里门之左。因为谓闾左是"居闾里之左"的逻辑前提是把里一分为二，发"闾左之戍"即把左半部分的里民征发戍边。然而，我们只要稍加分析就不难明白：把里一分为二要有个地理坐标，这个坐标只能是里门以及相联的道路，也就是根据里门和里中道路把里一分为二，而后征发左边之民戍边。且不说这样不分青红皂白地按照左右方位征发里民戍边是否可能，更主要的问题是在一里多门的情况下根本无法操作——无法以里门为坐标把里分为左右两个部分，因为一个里门之左就可能是另一个里门之右，同一个人因为属于闾左而被征，也可能同时属于闾右而不征，那么究竟是征还是不征？秦制严密，断然不会有这样荒诞的事情发生。所以，我们可以明确地得出结论："闾左"是里门之左，"发闾左之戍"就是征发居住在里门左侧的人戍边，而不是"征发闾里左边的人戍边"。田昌五先生曾质疑"闾左"为"居闾里之左者"的解释，谓"居住在里门左边的千千万万，为什么一郡只得九百人，殊不可通"，进而认为"这里的'左'字应释为近，'发闾左'就是征发在里门附近住的贫民"。① 田先生没有对闾左问题展开讨论，释闾左为"里门附近"是出于逻辑上的判断，但通过上述辨析，说明了田先生分析的正确性。

"闾左"空间区位既明，现在讨论"闾左"的身份问题。现代论者，对闾左身份的认识有共识也有分歧，大多数论者认为闾左是卑贱群体，是地位低下的特殊的社会阶层，但是对这些卑贱者的具体身份则分歧甚大。卢南乔先生认为是"逋亡人"，也就是曾经逃亡的人口；田昌五先生认为是"浮萌或宾萌"："那时在社会中还遗留着奴隶制的残迹，有些外来的穷人不能在村中居住，只能在里门附近找个地方栖身，为人打零工过活。他们的社会地位比奴隶强不了多少，所谓'浮萌'或'宾萌'，就是这样的人。"田人隆先生则主张是由秦律中"邦客""臣邦人"演变而来的地位低贱的迁徙之徒。王好立先生否定"臣邦人"之说而主张是"闾里之左者"——"就是打破'一岁屯戍'之类徭戍制度的征发，就是对无罪的平民、黔首的谪发。"② 晚近的讨论在一些史料的解读上虽有分歧，但是基本是对以上诸说

---

① 田昌五：《中国古代农民战争史》第 1 卷，上海：上海人民出版社 1979 年版，第 57 页。
② 分别见上揭卢楠乔、田人隆、王好立诸文，田昌五：《中国古代农民战争史》第 1 卷，上海：上海人民出版社 1979 年版，第 57 页。

的补充和阐释。

通过以上的讨论，闾左在空间范围上为"闾里之左"的看法既然不能成立，闾左属于闾里左边的平民之说自然不能成立。而迁徙之徒说和"宾萌"说都源自于贾谊对陈涉身世的叙述，陈涉曾为人庸耕，贾谊说他是"瓮牖绳枢之子，氓隶之人，而迁徙之徒也"①。陈涉家贫如洗，身份卑贱，流徙他乡，既是宾萌，也是迁徙之徒。所以迁徙之徒说和宾萌说没有本质上的区别。②逋亡人、迁徙者、宾萌三说中实际上只是逋亡人和宾萌两种意见。现在先看逋亡人之说。

逋亡人就是曾经逃亡的人，解闾左为逋亡人的依据是汉武帝实行的"七科谪"。《史记·大宛列传》载太初三年，武帝为支援贰师将军李广利征大宛，"发天下七科谪"。张守节《正义》引张晏曰："吏有罪一，亡命二，赘婿三，贾人四，故有市籍五，父母有市籍六，大父母有市籍七：凡七科。"《汉书·武帝纪》天汉四年为北击匈奴"发天下七科谪"。颜师古注亦引张晏的解释，把"亡命二"变为"亡人二"，其余相同。王先谦《补注》云"官本注亡人作亡命"，可见系版本不同所致。"亡人"指逃亡在外的人，亡命指脱离原来名籍逃亡在外的人。晁错叙述秦谪戍云："先发吏有谪及赘婿、贾人，后以尝有市籍者，又后以大父母、父母尝有市籍者，后入闾，取其左。"两相比较，秦、汉谪戍对象同为七种人，有六种相同，只有一种不同，就是秦的闾左和汉的亡人（或亡命）。秦始皇三十三年"发诸尝逋亡人、赘婿、贾人略取陆梁地，为桂林、象郡、南海，以適遣戍"③。说明逋亡人也是秦的谪发对象。汉武帝的七科谪源自秦朝，则闾左就是逋亡人。④笔者以为，秦的谪戍和汉武帝七科谪在过程上还有所不同，汉武帝时的七科

---

① 《史记》卷48《陈涉世家》，北京：中华书局1959年版，第1964页。
② 田人隆先生把云梦秦律中的的邦人、臣邦人、邦客一并列入迁徙者行列，认为"闾左和邦客、臣邦人更是一脉相承"。"由于闾左的前身是邦客、臣邦人，因而随着秦统一后邦国界限说的泯灭，邦客、臣邦人这一类带有秦和六国对一味的名称，才被正名为'闾左'。"但是，细析之下，秦律中的邦人、臣邦人并非来自六国。王好立先生对此有辨析，其说甚是。分别见田人隆：《闾左试探》，《中国史研究》1979年第2期；王好立：《"闾左"辨疑》，《中国史研究》1980年第4期。
③ 《史记》卷6《秦始皇本纪》，北京：中华书局1959年版，第253页。
④ 卢南乔先生首倡此说，何清谷先生益证此说，见前揭卢南乔：《"闾左"辨疑》，《历史研究》1978年第11期；何清谷：《闾左新解》，《陕西师范大学学报》1989年第4期。

谪是一次性征发，秦始皇则是依次征发，晁错说"先发吏有谪及赘婿、贾人，后以尝有市籍者，又后以大父母、父母尝有市籍者，后入闾，取其左"。这种排列次序怕不是行文方便，而是对秦谪戍实行过程的叙述。秦的谪戍始行于秦始皇三十三年，当时征发的是三类人：尝逋亡人、赘婿、贾人。后来扩大范围，把尝有市籍者、大父母和父母尝有市籍者纳入谪戍范围，最后才"入闾，取其左"。至秦二世元年，陈胜、吴广才以闾左的身份从征。闾左之征始于何时不敢遽断，但是可以肯定的是始皇三十三年闾左尚不在谪戍之列，所以还不能把尝逋亡人和闾左直接等同起来，更不能把尝逋亡人和汉武帝时代的"亡命"等同起来。尝逋亡人是曾经逃亡、脱漏户籍的人员，而亡命是正在逃亡的人员；尝逋亡人已经接受过法律的惩处、回归正常社会，亡命者尚未服刑；征发尝逋亡人戍边是基于其刑满释放人员的身份，征发亡命者则是对其逃亡行为的直接惩处，因此之故，即使秦的尝逋亡人就是闾左，也不能把秦的闾左和汉武帝时代的亡命等同起来。所以，可以说逋亡人是谪戍对象，但并不能因此说闾左就是逋亡人，闾左可能包括逋亡人在内，但是其成分要更加复杂，征发闾左戍边的意义要比征发逋亡人广泛得多。

至此，我们可以讨论宾萌或浮萌与闾左的关系问题了。笔者以为，闾左是宾萌或者浮萌在秦朝的泛称，就其性质来说，是浮浪人口。这些浮浪人口因集中居住于里门之左而称为闾左。闾左之征固然体现了秦兵徭之役的沉重，但是也同时反映了秦对兵徭之役的慎重，这就是在一般情况下尽量征发非农业人口以免影响农时，并不能简单地视之为穷兵黩武的体现。

在授田制度之下，没有爵位的普通人，只要通名于上，就有田、宅于下，根据"名"——名籍登记的内容授予相应的土地。但是，授田的目的不是为了富民，而是为了富国——保证税源和役源、实现对民的控制。对于普通农民来说，土地一旦授予，即要承担徭役赋税，也就失去了自我选择的自由。所以，并不是所有农民都心甘情愿地做一个授田民，在社会上总有相当数量的浮浪人群，其成分复杂：有的出身贵族，是亡国之后，有的是游手好闲之辈，有的则身怀权谋技巧，各色人等，不一而足。他们或者凭借自身的一技之长，谋生于市井；或者依附权贵，做宾客死士；或者周旋于各国政坛之间，凭借智谋谋取富贵；或者寄居闾里之中，靠出卖劳动力为生而等待发达的时机。但无论以何种方式，这些浮浪人口大都希望以自己的方式谋取名利，有朝一日改变地位。陈胜的故事颇能说明这一问题。《史记·陈涉世家》谓："陈涉少时，尝与人佣耕，辍耕之垄上，怅恨久之，曰：'苟富贵，无相忘。'庸者笑而应曰：'若为庸耕，何富贵也？'陈涉太息曰：'嗟乎，燕雀安知鸿鹄之志哉'！"陈涉是楚人，其为人佣耕是在统一之前还是在统一之后不能武断，但是，我们可以肯定的是，即使是在统一之前，陈涉之为人佣耕也不是因为家贫无地可耕。授田制是战国时代通制，楚国亦然，陈涉完全可以从官府领到土地。陈涉之宁愿为人佣耕，也不愿按照正常途径著名官府、从官府得到土地，目的是寻找机会，以自己的方式实现其"鸿鹄之志"。陈涉的"鸿鹄之志"不是做一个富裕的农民或者地主，而是要平步青云，不能称孤道寡，也要出将入相，这是无法在面朝黄土背朝天的农耕生涯中实现的。以往认为陈涉为人佣耕，是土地集中、农民破产的反映，说明了地主和农民的两极分化，是不了解当时社会结构和土地制度的结果，是不合历史事实的。

在统一之前，六国的浮浪人口远多于秦国。因为秦国自商鞅变法以后，对人口控制严密，采取一系列措施，控制言谈游说之士，打击投机取巧之民，把社会各阶层都置于官府控制之下，千方百计地驱民于农，浮浪人口的生存空间远远小于六国。① 这些只要看看《史记·货殖列传》对各地风俗的描述就不难理解：那些挖坟掘墓、好勇斗狠、投机取巧、为了富贵不择手段的现象大都分布于六国，而秦国绝少，原因就在于社会控制的差别。② 出土文献为此提供了直接证据。云梦秦简《日书》甲种云：

> 结日，作事不成……以寄人，寄人必夺主室。
> 毋以辛酉入寄者，入寄者必代居其室。己巳入寄者，不出岁亦寄焉。入客，戊辰、己巳、辛酉、辛卯、己未、庚午，虚四彻，不可入客、寓人及臣妾，必代居室。

---

① 关于商鞅变法的人口控制政策，《商君书·垦令》有详细论述，根据云梦秦律，这些政策都被付诸实践。
② 关于秦与六国风俗的差异，参阅拙文《周秦风俗的认同与冲突——秦始皇"匡饬异俗"探论》，《秦文化论丛》第10辑，西安：三秦出版社2003年版，第1—22页。

墨（晦）日，利坏垣、彻屋、出寄者，毋歌。

《日书》乙种云：

阎罗之日，利以说盂（盟）诈（诅）、弃疾、凿宇、葬，吉。而遇（寓）人，人必夺其室。

凡五五巳不可入寄者，不出三岁必代焉。

毋以戊辰、己巳入寄者，入之所寄之

丁、癸不…巳、未、卯、亥、壬戌、庚申、己亥、壬寅，不可以入臣妾及寄者，有咎主。

毋以戊辰、己巳入寄人，寄人反寄之。辛卯、卯、癸卯，入寄之，必代当家。①

寄人就是寄居他人之家的浮浪人口，"入寄"和"寓人"指接受浮浪人员并长期生活在自己家中。秦简《日书》出土于统一后的秦墓，但是该墓所在地为楚国故地，而《日书》是民间择日用书，植根于民间的日常生活之中，就其内容渊源来说，反映的是楚地风俗信仰，上举"寄人""入寄""寓人"等反映的主要是楚地现象。

浮浪人口众多，并非楚地独然，其他国家亦如是，云梦秦简著录的魏律可资佐证。魏安釐王二十五年（前252）发布的《魏户律》云：

告相邦：民或弃邑居壄（野），入人孤寡，徼人妇女，非邦之故也。自今以来，叚门逆吕（旅）、赘婿后父，勿令为户，勿鼠（予）田宇。三枼（世）之后欲士（仕）士（仕）之乃（仍）署其籍曰：故某虑赘婿某叟之乃（仍）孙。②

在户籍上把叚门逆旅、赘婿后父打入另册，不准单独正式立户，不授予田

---

① 吴小强：《秦简日书集释》，长沙：岳麓书社2000年版，第23、54、173、181、198、217、219页。
② 睡虎地秦墓竹简整理小组：《睡虎地秦墓竹简》，北京：文物出版社1978年版，第293页。

宅，不准出仕，三代以后出仕时还要注明其祖父的身份。对这样的惩处，安釐王还嫌不够，同时又颁布《奔命律》，把这些"叚门逆吕（旅）、赘婿后父"发配戍边：

　　告将军：叚门逆旅，赘婿后父，或衔（率）民不作，不治室屋，寡人弗欲。且杀之，不忍其宗族昆弟。今遣从军，将军勿恤视。享（烹）食士，赐之三饭而勿鼠（予）肴。攻城用其不足，将军以堙豪（壕）。①

这些"弃邑居野"者，"入人孤寡，徼人妇女"，"或率民不作，不治室屋"，都是不务正业之徒，其成分是复杂的，他们有的是破产平民，有的是逃亡奴隶，有的是王孙公子之后，有的是罪犯。他们或因为犯法，或因为仇怨，或因为不堪压榨，或因为国破家亡，或者是好逸恶劳等各种原因而"弃邑居野"。他们的目标和人生追求各有不同，有的是为了生存，有的是在寻找富贵的捷径，有的是为了自由，有的是为了报国恨家仇，如此等等，不一而足。他们"弃邑居野"既影响了税源和役源，扰乱了社会秩序，也败坏了社会风气，所以要严厉制裁，在户籍上把"叚门逆旅、赘婿后父"打入另册的同时，把他们发配军中从事最艰苦的徭役，饮食待遇远远低于普通士卒，口粮标准限定在每餐三分之一斗，不准食肉，也不给其他菜肴，以示对他们"入人孤寡，徼人妇女""率民不作，不治居屋"的惩罚。在魏国，这种现象并非个别，才颁布专门法律予以打击。不过，"叚门逆旅、赘婿后户"只是"弃邑居野"者的一部分，他们是由"弃邑居野"者演变而来，所以将他们和"弃邑居野"者并列。这些被发配的"叚门逆旅、赘婿后户"是登记在册、官府可以控制的人口，此外还有一些"弃邑居野"者在官府控制之外，其中不排除那些胸怀抱负、谋略出众者，他们不是为了简单的谋生，而是为了个人理想而"弃邑居野"。对这些人，官府是无法将他们征发戍边的，他们还继续在社会上游荡。

秦朝一统，强化人口管理，严格户籍，按照身份高低分配土地住宅，统

---

①　睡虎地秦墓竹简整理小组：《睡虎地秦墓竹简》，北京：文物出版社1978年版，第294页。

一乡里,强化基层社会秩序的稳定性,从而把六国的政治经济纳入秦制秩序之中。对那些浮浪人口自然要集中管理,不能放任自流。但是,就以秦国来说,对列国浮浪人口的管理是缺乏经验的,因而把《魏户律》和《奔命律》的相关内容颁发全国,由基层官吏参考执行,像"叚门逆吕(旅)、赘婿后父,勿令为户,勿鼠(予)田宇。士(仕)士(仕)"的法条在秦朝继续有效,这应当是秦朝征发赘婿、贾人,尝有市籍者、大父母和父母尝有市籍者戍边的制度由来。对于那些没有登记在籍的"弃邑居野"者在没有厘清其身份、登记入籍之前,只能集中居住在里门左侧。也就是说,所谓闾左,就是居住在里门左侧的浮浪人口的统称。

秦的徭役征发,以户籍为依据,谪戍依然。晁错所说的"先发吏有谪及赘婿、贾人,后以尝有市籍者,又后以大父母、父母尝有市籍者,后入闾,取其左"正是按照户籍谪发戍边的体现:吏有谪、赘婿、贾人,尝有市籍者、大父母和父母尝有市籍者都是在籍人口,把他们征发完了,"后入闾,取其左",说明闾左并非身份性称谓,他们的身份地位要高于那些父母和祖父母曾经有市籍的人,他们之所以被征发不是因为本身有什么过错,而是因为还没有获得正式的户籍身份,说明这些居住在里门之左者并非户籍意义上的贱民,本来不在谪戍之列。谪戍要有法律依据,谪发违法官吏、商人都还有法可依,谪发居于里门之左者于法无据,纯粹是恣意为之。汉儒在过秦时屡屡以闾左之戍作为秦政残虐的证据,其原因就在这里。如果这些闾左是身份性称谓,是贱民,那么征发贱民戍边,依法行事,天经地义,是没有什么可指责的。正因为闾左不是正式的身份性称谓,而是临时居住于里门左侧者的统称,不具有制度的规范性和延续性,随着秦朝的灭亡,这个称谓也就消失了。

第三节 "叚门逆旅"身份的历史考察

据上文所举云梦秦简所记《魏户律》和《魏奔命律》,"叚门逆旅,赘婿后父"是惩罚打击对象,史学界没有什么分歧。但是对"叚门逆旅"的身份则有不同的认识。睡虎地秦墓竹简整理小组注谓"叚门,读为贾门,商贾之家。逆旅，客店"，把"叚门逆旅"解释为商贾和开客店的人。① 这是目前通行的解释。另一种看法认为："古书中不仅没有称商贾之家为贾门的例子，而且象把商贾写作商叚或把贾人写作叚人者也从未见过"，认为"叚门即监门"，"监门是一种最贫贱之人"，"是一批脱离生产的游民"。② 笔者认为，说"叚门逆旅"是商贾之家和开旅店的固然不能成立，但叚门也不是监门，而应另加探讨。

先谈商贾之家问题。训"叚门"为商贾之家的依据是《诗·大雅·文王》的郑笺和毛传。《诗》云："穆穆文王，于缉熙敬止。假哉天命！有商孙子。"毛传云："假，古雅反，固也。"郑笺云："坚固哉，天为此命之。使臣有殷之子孙。"陈奂《读毛氏传疏》引《广雅》："假，固也。""假、贾、固声并近，假之读为固，犹贾之读为国矣。"今人遂据此论定"叚门逆旅"为"贾门逆旅"。③ 若就同音通假来说，训"叚"为贾，未必不可，但是"叚"字在律文中是否一定读如贾，"叚门"是否为贾门的通假，必须参以旁证，而对于事涉工商政策的法律条文来说还必须符合当时的历史情况，仅据训诂学上有"假贾固声并近"就断定"叚门"为"贾门"是值得怀疑的。第一，诚如反对者所指出的那样，在先秦秦汉的所有典籍中，书"贾门"为"叚门"者从未见过，"叚"之读为"固"也仅《诗》毛传和郑笺一例（陈奂《读毛氏传疏》并未举出新的有力证据），其依据不足。第二，"叚门逆旅"之被惩处是因为"弃邑居野，入人孤寡，徼人妇女"，"率民不作，不置屋室"，而商贾之家无农夫之苦，有阡陌之得，其生活、收入远较农民富足，根本无须"弃邑居野"，也不存在什么"不治室屋"问题，说"叚门"为商贾之家和历史逻辑不符。第三，魏国地处中原，是东西南北商旅必经之地，都城大梁更是商业都会之一，大工商业主不乏其人，商业早已成为国民经济的支柱之一。安釐王怎么可能下令将商贾之家遣送军中服役？而律文明言"且杀之，不忍其宗族昆弟"，说明遣送军中者仅是某些个人，不存在商贾之家的问题。

---

① 睡虎地秦墓竹简整理小组：《睡虎地秦墓竹简》，北京：文物出版社1978年版，第293页。详论此说者为杨禾丁：《叚门与监门》，《中华文史论丛》1983年第3辑。

② 吴荣曾：《监门考》，《中华文史论丛》1981年第3辑。

③ 杨禾丁：《叚门与监门》，《中华文史论丛》1983年第3辑。

释"叚门逆旅"为商贾之家和开旅店的人,大都是和商鞅变法所推行的抑商政策联系起来考察的,以商鞅变法推行的"事末利及怠而贫者举以为收孥"① 作为解读这两条律文的前题,再联系到秦始皇曾谪发有市籍者等南戍五岭的史实,遂以为"叚门逆旅"必为商贾之家、开旅店者无疑,因为魏国是法家思想发源地,和秦国的施政方针有一致之处。这种推理固然有其合理性,但对前题的理解就是错误的。商鞅变法仅是重农抑商,而非除商,采用的是加重工商业者的徭役赋税负担的经济手段,而非用行政手段将私营工商业统统没为官奴隶;收孥的对象是"贫者",而非"事末利"者和"怠而贫者","及"所联结的是致贫的两个原因——"事末利"和"怠",即将"事末利"而贫和"怠"而贫这两类人没为奴隶。商鞅及其后继者明白对国民经济发展来说,农工商是缺一不可的,"农商官者,国之常食官也,农辟地,商致物,官法民"②。怎能将"事末利者"统统没以为奴?那样谁来"致物"?秦律有管理市场的严密规定,其中既有官营工商业管理,也有私营工商业管理,李斯《谏逐客书》中所罗列的四方珍奇大都是私营商人贩卖到秦国市场的。至于魏国,在李悝变法时虽然重农,但并未打击工商业者,仅仅采用"平籴法"平抑一下粮价,防止谷贱商农而已。怎能想象,在李悝变法一个多世纪之后,商业高度发达的情况下,安釐王会下令将商贾之家遣送从军呢?③ 唯一合理的解释只能是律文所说的"假门逆旅"不是指商贾之家。

现在谈"监门"问题。训"叚门"为监门的依据一是文献中有监门逆旅联称者,如《尸子·劝学》"是故监门、逆旅、农夫、陶人,皆得学焉"。二是文献中有将监门写作"阚门"者,阚通敢,而敢、古音通,古、贾音通,假、贾音通,所以假门通监门,从而判定"秦简中的叚门逆旅,也即文献中的监门逆旅",监门是"一部分贱民的别称","他们是一批脱离生产的游民"才被遣送军中服役的。④ 此说否定"叚门"为商贾之家是正确的,

---

① 《史记》卷68《商君列传》,北京:中华书局1959年版,第2230页。
② 世界书局编:《诸子集成》第5册,《商君书·弱民》,北京:中华书局1980年影印版,第36页。
③ 参阅拙文《"事末利殆而贫者举以为收孥"试析》,《徐州师院学报》1983年第3期。
④ 吴荣曾:《监门考》,《中华文史论丛》1981年第3辑。

但训"叚门"为监门不能不说是为迎合文献中"监门逆旅"之称而作的牵强之词,对"监门"性质的理解更是站不住脚的。

所谓监门,即看守门户的人。《周礼·地官·司门》云:"祭祀之牛牲系焉,监门养之。"郑注:"监门,门徒。"先秦之"徒",或指刑徒,或指奴隶,或泛指平民。有的论者即谓门徒即贱民,显然不能成立。按《周礼》,官署无论大小各有徒若干,《天官·冢宰》属下"胥十有二人,徒百有二十人"。郑注:"此民给徭役者,若今卫士矣。胥读如谞,谓其有才知为什长。"汉代制度,卫士由丁男轮流充任,期限一年,郑玄以汉代卫士喻《周礼》之徒,至少说明《周礼》之徒不是"贱民"而与普通平民相类,胥、徒相同,胥是徒之有才智可任什长者。当然,《周礼》之徒并非就是"民给徭役者",郑玄仅打个比方而已,实际上徒是周官衙署编制的一部分,是固定的公职人员,是臣僚之底层,属于吏阶层。贾公彦《疏》云:"《礼记·王制》云下士视上农夫,食九人,禄足该代耕,则府食八人。史食七人,胥食六人,徒食五人,禄其官并亚士,故号庶人在官者也。郑云若今卫士者,卫士亦给徭役,故举汉法况之。"徒是食禄者,是"亚士"。监门是徒的一种,也属食禄之"亚士",不能以"贱民"视之。《战国策·齐策四》有齐宣王和颜斶相见的一段故事,在谈到士的地位时有云"今夫士之高者乃称匹夫,徒步而处农亩,下则鄙野、监门闾里,士之贱也亦甚矣"。论者举此说明战国时代"监门闾里"者之鄙贱,其实这是不妥的。这段话是说明士的身份地位相对于西周来说大大降低,不能和过去相比。在西周,士是贵族阶层的一部分,是不屑于充任吏职的,有着天然的种种特权,而到了战国,士已没有这些特权了,只能凭其才干和机遇,或出将入相,或隐身山林,或充当小吏,有的甚至去做里监门这样的小吏,做一个士已没有什么值得骄傲的特权了,和普通农夫没有什么两样。《史记·郦食其传》云郦食其"家贫落魄,无以为衣食业,为里监门吏。然县中贤豪不敢役,县中皆谓之狂生"。明言里监门是"吏",但《汉书》本传将"吏"字置于"然"字之下,作"为里监门,然吏县中贤豪不敢役"。论者谓班固之所以将"吏"字置于"然"字之下,是因为里监门不是吏。①事实正相反。班固此

---

① 吴荣曾:《监门考》,《中华文史论丛》1981年第3辑。

举是为了进一步说明郦食其之"狂"。司马迁仅谓郦食其做里监门之后，县中贤豪不敢役，班固则谓"吏"县中贤豪不敢役，这儿的"吏"不是名词，而是动词，是指"吏于"县的贤豪而言，不仅普通贤豪，就是在县衙中为吏的贤豪也不敢役。战国秦汉时代，吏有高低，里监门是吏之低者。

上已指出，战国时代，城乡居民按里居住，每里均有圩墙。一方面是出于安全考虑，一方面是为了控制里民，设里监门，按时开闭门户，盘查出入人等，当时所说的监门大都指里监门。在当时里是国家最基层的权力单元，又是十分重要的权力单元，几乎国家的所有政令法律都要由里来实施，因而里吏地位虽低，其权力却很关键。就目前所见综合言之，其职权范围约有如下数端：一是登记户口，分派徭役。秦简《傅律》有关于户口登记不实、诈老诈小等对里典、里老的处罚规定，原因就在于里吏负有登记户口、分派徭役的任务。江陵凤凰山十号汉墓简牍就是里典按照"算"收钱、征派徭役的内容。至于田税征收更是里典义不容辞的责任。二是受理诉讼，调解纠纷，维持一里治安。《周礼》中有州长、党正、族师、闾胥等"掌其戒治""宣读邦法"的规定，所云即以战国史实为基础的。秦简《封诊式》有里典、公士协助乡吏勘察本里居民案发现场的程序规定，包山楚简第22、23号简文中有"里公"接受诉讼的记载。三是组织生产。秦简《厩苑律》云每年要定期评比耕牛的饲养和使用状况的规定，"里又课之，最者赐典日旬；殿，治（笞）卅"。这里的典即里典。四是教化里民。这在《周礼》和《管子》等书中有详细叙述，上文已经有所举证，此处不赘。所有这些，不仅体现着当时里的职能的重要，也说明里监门的地位。他们是固定的公职人员，是吏而非"贱民"，更不是什么"脱离生产的游民"。明乎此，我们就不难看出将"毀门"理解为监门之误了，如"毀门"果为监门，把他们送往军中服役，由谁来掌管键、观出入？监门既是固定的职役，缘何会"弃邑居野""率民不作"？他们本来就不以农事为业，不存在什么"率民不作"的问题。

纵观中国古代政权结构，里的地位有一个从高到低的变迁过程。在西周时代，里是"国人"居住区，其长吏由贵族担任，称"里君""里人"，直接对周天子、诸侯负责，其地位甚高。到战国，县成为地方一级政府，里成为最基层的社会控制机构，其职能、地位虽然大为降低，但仍然处于国家权力的末梢,在中国传统社会一直如此,国家权力始终是通过乡官里吏来实现的,特别是赋税徭役,始终是由里吏之手取之于民的。今人之所以认为战国里监门是"贱业",执监门之职为"贱民",大约是鉴于其在公职人员队伍中地位低下所致,而没有历史地看问题。

按律文,"叚门逆旅,赘婿后父"都是"民"的一部分,被遣送从军服役的原因是他们不务正业,不事生产,他们不是没有从事生产的条件而是不愿生产,有地也不耕种;从"三世之后欲仕仕之"的规定看,这一部分人追求的是入仕,才有"三世之后欲仕仕之"并著明其昔日劣迹以警效尤的必要。所以,这儿的"叚门"之"叚"当读如本字,假者借也,"叚门"即借居或寄于他人之门也,"入人孤寡"即此之谓也。在云梦秦简中,假字屡见,均为借义,如"假百姓公器""假铁器""假百姓甲兵"等等,都是借的意思。这在文献中更是习见,如《春秋》桓公元年"郑伯以璧假许田"。《公羊传》谓"其言以璧假之何?易之也。易之,则其言假之何?为恭也"。以璧易地而言假是出于礼仪的需要,假即借。《孟子·尽心上》"久假不归"。《庄子·至乐》"生者假借也"。《韩非子·定法》"今知而弗言,则人主尚安假借矣"。假、借二字音同字通,假为初文,借为后起,训诂学上的假借之说即因此而来。所以,仅从训诂学的角度来说,释"叚门"为本字也是确凿无疑的。

战国时代,社会变动剧烈,公子王孙一夜之间可沦为平民,平民也可一夜之间平步青云,到处充满了机遇,也存在着风险,追求富贵是社会的普遍风尚,既有读书负剑者周游四方,也有游手好闲者各处游荡,社会上始终存在着一个游民群。其高者依附执政者门下,周旋于权贵之间,其低者则借居闾里之中,寄于平民之家。而在战争的年代,丁壮死于战场者甚多,孤寡之家普遍存在,对劳动力的需求为这些游手好闲者的寄居提供了现实基础,他们无需受田地治产业就可以获得生存的条件,甚至乘机霸占所寄之家的田宅财产。上举云梦秦简《日书》中的"寄人""寄客"的记载透露了这一历史信息,所谓"寄人……必代当家"。"凡五巳不可人寄者,不出三岁,必代寄焉。""子卯、午酉不可入寄者及臣妾,必代居室。""毋以辛酉人寄者,人寄者必代居其室,己巳人寄者,不出岁亦寄焉"等等。《说文》:"寄,讬也","讬,寄也"。寄讬互训。"寄人""寄者"即寄讬于他人之家的人。

"入寄"即接受"寄者"留居家中。这些"寄人"或因略识文字、见多识广，或者本来就有图人家产之心，故而有霸占主人财产妻女的事情出现，即简文说的"代当家""代居室"，这和魏律说的"入人孤寡，徼人妇女"正相一致。战国时代，这种现象并非个别，而是普遍现象，才有供那些"入寄"之家择日"入寄"的《日书》产生，以警惕"寄者"的不轨行为，防止引狼入室。据此，我们可以肯定地说"叚门"和"寄人"有相通之处，均为无业游民。

透过《日书》的"寄人"可知"叚门"的性质，那么是否能认为"叚门"就是"寄人"？安釐王所惩罚的对象是否包括"寄人"在内？答案还不能肯定，还有一个逆旅问题没有解决。目前一般的看法是将"叚门、逆旅"分训，谓叚门是假门，逆旅是逆旅，逆旅就是开旅店者，并援商鞅变法曾"废逆旅"为证。这也是出于对商鞅变法"废逆旅"的误解。《商君书·垦令》云"废逆旅，则奸伪躁心私交疑农之民不行，逆旅之民无所于食，则必农"。一般观点认为"废逆旅"即废弃、取缔逆旅，迫使经营逆旅者归农。这是不能成立的。前已指出，商鞅变法后的秦国，商品经济依然很发达，四方客商出入秦国者不绝如缕，司马迁之所以指出栎阳西贾巴蜀、北却戎翟目的就在于说明秦地商业贸易不可或缺，哪里有商人，哪里就有逆旅，即使没有商人，逆旅也不能取缔，因为总有行人，行人总要投宿。所以不能把"废逆旅"理解为取缔、废弃逆旅。笔者认为，"废逆旅"之废是指官府营建逆旅而言，因为"废"的本意是置。

《说文》："废，屋顿也。"段注："顿之言钝，谓屋钝置无居之者也。引伸之，凡钝置皆曰废。《淮南·览冥训》：'四极废。'高注：'废，钝也。'古谓存之为置，弃之为废；亦谓存之为废，弃之为置。《公羊传》曰：'去其有声者，废其无声者。'郑曰：'废，置也。'于去声者为废，谓废留不去也。《左传》'废六关'，王肃《家语》作'置六关'。《淮南子》：'舜葬苍梧，不变其肆。'高注：'不烦市井之所废。'《庄子》曰：'废一于堂，废一于室。'《仲尼弟子列传》：'子贡好废居，与时转货。'《货殖列传》作'废箸鬻财'。徐广曰：'箸犹居也，读如贮。'废之为置如徂之为存、若之为快、乱之为治、去之为藏。"废有置、弃二解，其初义为何？笔者以为以置为是。废字从广从发，《说文》："广，因厂为屋也，从厂，象对刺高屋之形。凡广之属皆从广，读若俨然之俨。"段注："谓对面高屋森耸上刺也，首画象岩上有屋。"又云："发，疾发也。"段注："《诗》曰：'一发五豝。'引申之为凡作起之称。"因此，废之为字，系六书之指事，指作起也。因此，《垦令》"废逆旅"之"废"当解置逆旅，是指官府设置逆旅以控制之。本来逆旅多私营，秦人好贾成风，现在官府设置逆旅，官营和私营并举，官府可运用行政权力在登记往来客商和严格户籍管理的过程中，指定客商投宿官营逆旅，限制秦民出游，从而使私营逆旅客源减少，无钱可赚，收到"逆旅之民无所于食则必农矣"的效果。商鞅变法抑制私营工商业的基本方针就是在加重工商业者赋税负担的同时，垄断资源发展国营工商业，秦律中的一系列手工业生产、市场管理的规定已充分说明了秦官营工商业的发达，在官营工商业中是包括逆旅业在内的。因此，将魏律的"叚门逆旅"分训，说安釐王将经营逆旅业者也遣送从军服役是不能成立的。

综上所述，笔者认为，"叚门逆旅"之"叚"是动词，这是一个动宾结构，指的是借居于逆旅者，他们不事产业，东游西荡，甚至有人寄孤寡人家，"徽人妇女"，占人田产，既败坏社会风气，又影响国家税源和役源的准确性和稳定性，故而遣送军中服役以示惩处；他们东游西荡，不务产业大都是个人行为，和家庭其他成员无涉，安釐王才有"且杀之，不忍其宗族兄弟"之语。

第四节 "市井"所见民居空间与社会控制

按"市井"之称，以目前所见，最早见之于《国语·齐语》，谓齐桓公以管仲为相，使士农工商分区居住，"昔圣王之处士也，使就闲燕；处工，就官府；处商，就市井；处农，就田野"。《管子·小匡》也有意思相同的记载，谓"圣王之处士必于闲燕，处农必就田野，处工必就官府，处商必就市井"。这儿的意思很明白，"市井"是专供商人贸易之所，引申为商人或者商业贸易的代称。《史记·平准书》谓"孝惠、高后时，为天下初定，复弛商贾之律，然市井之子孙亦不得仕宦为吏。量吏禄，度官用，以赋于民。而山川园池市井租税之入，自天子以至于封君汤沐邑，皆各为私奉养焉，不领于天下之经费"。这里"市井之子孙"之"市井"是指商人，"山川园池市井租税"之"市井"是指商业贸易活动。

但是，从历史学的层面考察，市自市，井自井，井为汲水之处，市为贸易之所，二者本来风马牛不相及。《说文》："市，买卖所之也。市有垣。"段注："《释诂》曰：之，往也。《古史考》曰：'神农作市'，本《系辞》说也。《世本》曰'祝融作市'。""井，八家为一井，像构韩形……古者伯益初作井。"段注："韩，井上木栏也，其形四角或八角，又谓之银牀。"所谓神农作市、祝融作市、伯益作井自是传说，不足为训，段玉裁谓"韩，井上木栏也，其形四角或八角，又谓之银牀"并非许慎原意，所谓四角、八角、银床云云显系段玉裁所理解的水井形制与名称。但是，由此我们可以明白，市和井本来是不相干的两回事，"市井"之称是后来产生的名词，从上举"市井"含义来看，"市井"合称，是因为二者有着功能的一致性——商业贸易之所或者工商业者活动之处。那么，这个一致性是怎么来的？是"井"有了"市"的功能，还是"市"有了"井"的功能，还是"市""井"在各自的本来功能之外衍生出了相通的新功能从而形成了"市井"之名？如果是后者，那么，这种新功能的发生基础是什么？这至少从东汉开始人们对其来源的理解就众说纷纭、莫名所以。今人亦然在古人注释的圈子里打转转，不得其门而出[①]，更谈不上对当时社会变迁的认识。这看上去虽属字词之辩，但关系到对东周秦汉时代城邑空间结构和社会秩序的把握，故有从历史学的层面分析的必要，以揭示其时国家力量控制社会的方式及其历史变迁。

一、"市井"含义的传统训释

先讨论古代学者对"市井"的理解。就目前所见，最早解释"市井"由来的是何休。《公羊传》宣公十五年鲁国行"初税亩"之法。何休注云：

> 圣人制井田之法而口分之：一夫一妇受田百亩，以养父母妻子，五

---

① 代表性论文有韩国盘：《中国古代的市和市井市肆》，《中国社会经济史研究》1997年第4期。盛会莲：《市井得名考》，《甘肃社会科学》1999年第1期。王水根：《慢说"市井"》，《南方文物》2004年第4期。金善英：《市井得名考辨》，《文化学刊》2010年第3期。阿波：《市井起源兼释市》，《文史杂志》1994年第4期。

口为一家。公田十亩，即所谓十一而税也，庐舍二亩半，凡为田一顷十二亩半。八家而九顷，共为一井，故曰井田。庐舍在内，贵人也；公田次之，重公也；私田在外，贱私也。井田之义，一曰无泄地气，二曰无费一家，三曰同风俗，四曰合巧拙，五曰通财货。因井田以为市，故俗语曰市井。①

何休对井田的解释系经学家言，事实如何，本文不去辩证，这里关注的是何休对"市井"由来的解释。何休认为，"通财货"是圣人行井田的目的之一，"因井田以为市，故俗语曰市井"，所谓"市井"之称来源于井田"通财货"之意。

和何休从井田制度解释"市井"由来并行的还有另一个通俗的解释。应劭《风俗通义》云："俗说市井者，言至市有所鬻卖，当于井上洗濯，乃到市也。"显然，应劭所引的解释比较流行，所以称之为"俗说"。但是，应劭并不同意这个"俗说"，而是和何休一样按照井田制度理解"市井"的由来，云：

> 谨按《春秋井田记》：人年三十，受田百亩，以食五口。五口为一户，父母妻子也。公田十亩，庐舍五亩。成田一顷十五亩。八家而九顷二十亩，共为一井。庐舍在内，贵人也。公田次之，重公也。私田在外，贱私也。井田之意，一曰无泄地气，二曰无费一家，三曰同风俗，四曰合巧拙，五曰通财货。因井为市，交易而退，故称市井也。②

应劭依据的《春秋井田记》所记井田之土地分配和何休所说的具体内容不同，但都是经师的解释，不是历史真实，这里不去讨论。应劭和何休一样，都认为"市井"之称源于井田制，因为井田有"通财货"之意，"因

---

① 阮元校刻：《十三经注疏》，北京：中华书局1980年影印版，第2287页。
② 吴树平校释：《风俗通义校释·佚文八》，天津：天津人民出版社1980年版，406页。按：本文所引系辑于《后汉书·循吏传》李贤注，其他文献辑录者与李贤注文字繁简不同、意思一致，各家所引《风俗通义》之文具见吴树平《风俗通义校释·佚文八》。

井为市，交易而退，故称市井也"。今人不察，置应劭之因井田立市说于不顾，而把应劭列举的"俗说"当成应劭自己的观点，认为"市井者，言至市有所鬻卖，当于井上洗濯，乃到市也"是应劭的训释，是应予以纠正的。①

按照何休和应劭的井田制度，认为井田有"通货财"之意，因井立市，而有市井之名，看上去文通字顺，但是，从历史的层面稍加分析，就扞格不通。因为在何休和应劭的井田制度下，"因井为市"以"通财货"存在着实践上的困难：这就是市的设立和通财货的关系问题。按照何休和应劭的井田规划，"八家而九顷共为一井（或八家而九顷二十亩，共为一井）。庐舍在内，贵人也；公田次之，重公也；私田在外，贱私也"的设计，在理论上是可以"因井为市"的——也就是按照人户多少立"市"，这儿的"井"是户数单位，若干个"井"设立一个"市"以满足井田民的"通货财"之需。但是，这在书面上画画是可以的，在实践上则不可行，在历史的逻辑上更是不通。在这"八家村"式的井田制度之下，八家互为邻里，成为一个生产共同体（共耕公田），先耕"公田"然后耕"私田"，也就是"公事毕，然后敢治私事"②，其生产生活处于官府的严密控制之下，农闲季节，集中住于城邑，农耕季节则要分散于田野，所谓"春令民毕出在壄，冬则毕入于邑"即此之谓③。"市"是设于城邑的，当农夫们住在田野的时候，远离城邑，也就远离了市，起码在农耕时节农夫们和"通财货"无关。若从经济结构层面分析，井田民被固着于土地之上，农耕季节劳碌于"公田"（又称为"大田"）和"私田"之上，农闲季节则为贵族们提供各种力役，他们最多用农副产品交换一些生活必需品而已，其数量有限，和市场联系极少，谈不上"通财货"。要明白，何休和应劭所说的"通货财"是包含着以牟利为目的的商品生产和商品交换活动，而不仅仅是互通有无式的以使用为目的彼此交换。显然，这"通货财"和井田民的生产生活方式距离太远。更主要的是，井田时代，工商食官，市的设置和管理自成系统，并非为了井

---

① 王水根：《慢说"市井"》，《南方文物》2004年第4期。金善英：《市井得名考辨》，《文化学刊》2010年第3期。
② 《孟子·滕文公上》，阮元校刻：《十三经注疏》，北京：中华书局1980年影印版，第2703页。
③ 《汉书》卷24上《食货志上》，北京：中华书局1962年版，第1121页。

田民之间的"通货财",不存在何休和应劭所说的"因井为市"的问题。《国语·齐语》和《管子·小匡》说的"处商就市井"还保留着"工商食官"制之下商人与农夫各有其居住区,不相混淆的传统。所以不能因为有"井"字就把"市井"简单地和井田制联系在一起。①

到了唐代,人们或者继续汉代诸说,或者另出新解。尹知章注《管子·小匡》"处商必就市井"云"立市必四方,若造井之制,故曰市井"。张守节谓"古人未有市,若朝聚井汲水,便将货物于井邊货卖,故言市井也"②。颜师古谓:"凡言市井者,市交易之处,井共汲之所,故总而言之也。说者云因井为市,其义非也。"③

针对以上诸说,今人多有辨释,或是或否,需要先做辨析。应劭所举的"俗说"已被应劭自己否定,因为市场货物需要洗涤而后市卖者委实不多,除了部分农副产品有着"当于井上洗濯"而后"到市"市卖之外,那些不需要洗涤的农副产品和手工业产品是不需要"当于井上洗濯"的。这个"俗说"只能是当时民间好事之徒鉴于自己知道而后市卖以谋高利的现象,对历史的想象而已,应劭并不认同。张守节谓"古人未有市,若朝聚井汲水,便将货物于井邊货卖,故言市井也"云云,显系臆解,更违背语言发生学的一般逻辑:"市"尚未产生,也就不存在"市"之概念;而历史事实则是起码在西周的城邑之中已有"市"的设置,"市井"则是春秋初年的称谓,岂可断言"古者未有市,若朝聚井汲水,便将货物于井邊货卖,故言市井也"!张守节是在解释《史记·平准书》时提出这一解释的,而《平准书》所述为汉初时事。若按张守节的解释,"市井"之称早在西周之前已经使用了,显然于史不合。颜师古所举的"说者云因井为市",和应劭所引"俗说"基本一致,是同一内容的不同表述,均于史无据,和西周春秋时代的市制不合(详下),不能用来说明市井之名的缘起,其不成立自无需饶舌。而尹知章所云"立市必四方,若造井之制"的含义则失之于模糊:"四方"的含义是什么?是市的形制方正还是指道路的通达四方而言?"若造井

---

① 金善英:《市井得名考辨》对何休和应劭的"因井为市"提出批评,可以参看,金文见《文化学刊》2010年第3期。
② 张守节:《史记正义》,《史记》卷30《平准书》,北京:中华书局1959年版,第1418页。
③ 《汉书》卷91《货殖传》颜师古注,北京:中华书局1962年版,第3681页。

之制"之"井"是井田之井还是水井之井？这些都要准确理解。现代论者有的认为尹知章说的"立市必四方，若造井之制"是指把市建立在城邑中间、道路四通八达如井田之下的阡陌道路系统，所以名之为"市井"。① 这显系望文生义，不符合尹知章的意思。尹知章精通文史，熟悉先秦典志，《周礼·考工记·匠人》谓："匠人营国，方九里，旁三门。国中九经、九纬，途径九轨，左祖右社，面朝后市，市朝一夫。""市"在"国"中有着固定的位置即"面朝后市"，面积和"朝"相同，所谓"市朝一夫"是指市、朝的面积各为"一夫"之地。按井田制度，六尺为步，百步为亩，三百步为里，方里而井，井九百亩，八家共井，各授田百亩，共耕百亩，百亩之田也就是"一夫"之地，"一夫"亦指百亩，故郑玄注"市朝一夫"为"方各百步"，四方四正。市的面积是井田制下的"一夫"之地，方各百步。对此，尹知章自然清楚，故有"立市必四方，若造井之制"。这里"造井之制"之"井"指井田。井田是官府划定的，市是官府设立的，市的形状和面积与"一夫"等，尹知章遂据以解释"市井"。当然，如果笔者的推测符合尹知章原意的话，尹知章的注释也是想当然，同样属于望文生义，而不是《管子·小匡》之"市井"得名的历史基础。因为无论是春秋还是战国，城市建设远非《周礼》营国制度所说的那样规整，市场的设立更呈多样性。②

现在讨论颜师古的解释。颜师古治《汉书》向以严谨著称，有《汉书》功臣之誉，对后人关于《汉书》的不同理解均比较甄别而后断，对"市井"的注释也是如此，是在否定因井立市之说的前提下提出自己的解释的，谓"说者云因井为市，非也"，认为市井之得名是因为"市交易之处，井共汲之所，故总而言之也"。但是，颜师古同样没有给出相应的证据，从文意上看不出"交易之处"与"共汲之所"有什么逻辑联系，也找不到"总而言之"的历史基础。所以，还需要进一步探寻答案。

笔者以为，谓"市井"之井为水井是对的，但是，"市井"之得名不是

---

① 上揭王水根、金善英之文即是如此。注意到尹注因过简不能详训而存疑者，只有盛绘莲《市井得名考》，《甘肃社会科学》1999年第1期。
② 关于春秋战国时代城邑与市场及其管理体系，参见田昌五、漆侠主编：《中国封建社会经济史》第一卷第一编第三章第五节，济南：齐鲁书社1996年版，第180—197页。

因为"言至市有所鬻卖,当于井上洗濯,乃到市也",而是因为水井和市都是基层民众的聚集之所;水井并非单体的独立存在,而是和市一样,集中于指定区域,都有着"公共空间"的特征。水井区既是农夫农妇汲水之所,也是手工作坊工人取水之处;而市虽然是工商聚集之处,但同样是农夫农妇出入之所。因为市、井都是建城立邑的规划内容,同为城市空间的构成部分,是基层民众的公共空间,遂市、井并称;而随着社会经济的发展,井对工商业的意义日益突出,遂以"市井"代指商业贸易,引申之则为贩夫走卒、引车卖浆者流的代称。这要从当时城邑的空间结构说起,下文先从考古学层面考察城邑的水井空间。

二、考古所见古井群

就目前所见考古资料来说,在春秋以前,水井分布基本上是单体的、分散的;进入春秋以后,出现了众多水井群,在两汉时代依然。现将笔者所见水井群资料列举如下,以资分析。

1955年至1957年在陕西长安客省庄发现战国土井二十六座,均位于客省庄村北,分布稠密,三两口井聚在一起,分布最密集的地方平均二三十平方米就有一口,在这些井的周围没有发现居住遗址[①];1956年至1965年在北京西南蓟城遗址发现战国至西汉早期陶井二百五十六座,其中战国时代七十二座,西汉时代二百一十六座,分布稠密,最密处六平方米内有四座水井;[②] 1960年到1964年在山西侯马铸铜遗址发现的战国早期土井三十八座,其中Ⅱ号遗址十七口,ⅩⅩⅡ号遗址二十一口[③];1984年至1985年在山东曲阜西吴寺遗址发现的春秋时代土井八座[④];2001年苏州独墅湖清淤施工过程中清理古井四百五十余座,其时代从5500年前的崧泽文化时期延续到宋代,春秋战国秦汉时代占绝大多数,分布十分密集[⑤];1980年至1983年,在咸阳长陵车站秦代遗址中发现八十一座水井,其中第八号井是西汉时期

---

① 中国科学院考古研究所:《沣西发掘报告》,北京:文物出版社1963年版,第27页。
② 北京市文物工作队:《北京白云观遗址》,《考古》1963年第3期。北京文物管理处写作小组:《北京地区的古瓦井》,《文物》1972年第1期。
③ 山西省考古研究所:《侯马铸铜遗址》上册,北京:文物出版社1993年版,第58页。
④ 国家文物局考古领队培训班:《兖州西吴寺》,北京:文物出版社1990年版。
⑤ 《解放日报》2001年11月4日。《光明日报》2001年11月4日。

的，其余均为秦代水井，集中分布在四个沙坑中。① 1989 年 10 月，在苏州北郊一建筑工地五十平方米范围内发现 11 座汉代水井，呈人字形排列，井与井之间最近处只有一尺。② 2008 年 10 月 26 日到 11 月 8 日在四川南充顺庆区滨江路中坝大桥湾一建筑工地发现汉代住房遗址，在南北二百米东西一百米的范围内清理古井二十座，以 J1 为中心，J2、J3、J4、J7 分别在 J1 东北四米、九十四米、九十六点五米、六十八点五米处，J5 在 J1 正北七十五米处，J6、J8、J9、J10、J11、J12、J13、J14 分别在 J1 西北七十米、六十米、六十三米、四十八米、五十九米、八十六米、二十九米、五十四米处，J15、J16、J17、J18、J19、J20 分别在 J1 西南七十米、八十米、一百一十米、一百零四米、九十八米、九十八点五米处。井与井之间的距离疏密不一，J1 与 J2 之间相距四米，J6 与 J8 之间相距三米，J19 与 J20 之间相距仅零点五米，井的空间分布极不平衡，有地方井与井之间存在着很大的空白，不排除有些古井在施工过程中被完全破坏，井的实际数量不止发现清理的二十座。③

古井发现最具有典型意义的是纪南城，从 20 世纪 70 年代以来，陆续发现春秋战国秦汉时代水井累计数百座，均呈密集分布。1975 年 11 月至 1976 年 12 月在龙河桥西段新河道长一千米宽六十米范围的第一、第二两个地段内发现水井二百五十六座，其中在第一地段一百七十五座，第二地段八十五座，第三地段的水井因为汛期没有来得及统计而被河水淹没④；1979 年 1 月在龙河桥南岸一侧长七十五米宽十四米的范围内发现水井二十二座⑤；1989 年，纪南城广宗寺、周家湾、余家湾、东岳庙等地发现水井密集区，东岳庙水井密集区已暴露水井二十余座，分布在五百平方米范围之内，井与井之间基本相连⑥；1994 年在纪南城新桥遗址发现水井二十九座⑦。

发现最晚的水井群遗址是湖南长沙走马楼遗址，1996 年在长沙走马楼

---

① 咸阳秦都考古工作队，陈国英执笔：《咸阳长陵一带考古调查》，《考古与文物》1985 年第 3 期。
② 王德庆：《苏州北郊汉代水井群清理简报》，《考古》1993 年第 3 期。
③ 彭永生：《南充汉代水井清理简报》，《丝绸之路》2011 年第 10 期。
④ 湖北省博物馆：《楚都纪南城的勘探与发掘》（下），《考古学报》1982 年第 4 期。
⑤ 湖北博物馆江陵纪南城工作站：《1979 年纪南城古井发掘简报》，《文物》1980 年第 10 期。
⑥ 杨权喜：《楚纪南城水井》，《中国文物报》1994 年 10 月 16 日。
⑦ 湖北省文物考古研究所：《纪南城新桥遗址》，《考古学报》1995 年第 4 期。

建筑工地发现了五十七座水井，其中战国时代五座，汉代二十六座[①]；在第22号水井中发现了十余万枚竹简，这就是著名的走马楼吴简。

如所周知，水井的作用首先是提供生活用水，然后是生产用水，就已经发现的水井群遗址有的和手工业作坊相连，有的和民居相连，有的情况不明。和手工作坊相连者是为了手工业生产用水，如上举山西侯马铸铜遗址发现的38座土井、咸阳长陵车站水井群、纪南城龙河桥西段窑址附近的水井群就是属于这一类。但是，从上举水井群遗址来看，还有更多的水井群与手工业作坊并不相连，也不存在农业灌溉问题，而应属于生活用水井。因为从灌溉技术上来看，即使汲水灌溉的工具如桔槔已经普遍使用（桔槔在战国时代才发明，其使用普及程度并没有后人想象的那样普遍），水井应该分散于农田之中，尽量缩短农田与水井之间的距离，才便于汲水浇地，把水井集中在一起显然不符合这一实践要求。更值得深思的是，这些水井群多是在城邑遗址中发现的，如客省庄遗址、北京西南的蓟城遗址、纪南城遗址、南充顺庆区遗址、长沙走马楼临湘县遗址等，更难以用农业灌溉来解释其功能。因为在当时的城市中虽然有农田分布，但灌溉农田的水井更多地应分布于农田之中，而不应该集中在一起。那么，人们不禁产生这样的疑问：无论是饮水用水井还是灌溉用水井，为了用水的方便，水井应该分散于民居里落或者田地之中，应该呈分散样态，即使因为地理条件限制有的地方不适宜凿井而不得不集中在一起，其集中程度也应该有限。事实上，在西周遗址中发现的水井大都是分散的、单体的。为什么东周以后出现了集中开凿水井的情况？

对此，人们可以从生产水平、文化传统、地域环境、生活习俗等不同层面、不同角度予以分析。但是，笔者以为，有一点是不容忽视的：这就是国家力量对基层社会控制的结果——国家力量对民众私人生活空间、公共活动空间、生产空间的强制分离，将居民住宅区和水井区分开，以便对居民日常生活特别是公共生活的监督和控制。这要从国家形态、社会结构变迁说起。

[①] 共发现五十七座水井，分属于不同的时代，除战国五座、汉代二十六座以外，有魏晋六座，唐宋三座、明清十二座，时代不明三座，因施工破坏没有发掘的二座。见长沙市文物工作队、长沙市文物考古研究所：《长沙走马楼J22发掘简报》，《文物》1999年第5期。

三、"市井"与民居空间控制

如前所述,夏、商、西周社会结构的本质特点是宗族关系和阶级关系合一,国家权力以宗族关系为核心,统治与被统治及其内部等级的区分均以宗族血缘关系为基础。从居住形态来看,其时聚族而居,无论是统治阶级还是被统治阶级都按照身份住在各自的区域,不相混淆。天子、诸侯所居之城邑在政治上有严格的等级区分,其规模按照礼制有严格的大小之别,其内部居民则按照身份族属分区居住,按照宗族权利和义务、以血缘为纽带从事各种活动。其水井则按照人数,或者八家、或者十家共享一井,根据实际情况凿井而饮。按当时居民聚落人数有限,十家八户就可能构成一个居民区,也就是一个邑。《论语·公冶长》谓"十室之邑必有忠信",当然不能机械地理解这"十室之邑",但这并非完全是后人的比喻,而是有历史基础的,说明历史上存在过小规模的居邑。西周初年,武王曾赐给宜侯"宅邑卅又五""氏闪□又五十夫",据考释所缺文字是"千",即赐予一千零五十夫,赐给宜侯"十又七姓",即把十七个族氏的人赐给宜侯作为附属,供其役使,从事农耕,又赐给"庶人六百又□六夫"①。这是极为盛大的封赐,但是所赐的三十五个邑规模是有限的。《左传》襄公二十八年载齐崔氏之乱平定之后,晏子先拒绝了齐君给予的邶殿六十个邑的封赏,后来接受了邶殿附近的六十个邑的封赏。《论语·宪问》谓管仲曾经"夺骈氏邑三百",骈氏虽然"饭蔬食"却"没齿无怨言"。这六十个邑、三百个邑的规模大约和"十室之邑"相当。春秋时代,齐国的县、邑相当,邑是县的原生形态,春秋齐器《叔弓镈》铭文记载一次赏赐三百个县,《陶叔镈》铭文记载一次赏赐一百九十九个邑。显然,铭文的县、邑相当,也就十家八户或者十户二十户人家。②当然,即使在西周,邑的规模因时因地而异,"十室之邑"是其小者,并不是什么标准形态,邑的真实存在,是有大有小,小者

---

① 郭沫若:《矢𣪘铭考释》,《考古学报》1956年第1期;唐兰:《宜侯矢𣪘考释》,《考古学报》1956年第2期。
② 关于西周春秋的县与邑,参阅拙文《论县制的发展与古代国家结构的演变》,《中国史研究》1993年第1期;田昌五、臧知非:《周秦社会结构研究》,西安:西北大学出版社1996年版,第214—241页。

十室八户，大者也可以千户以上，所谓"千室之邑"即此之谓。一般说来，小自农夫的自然居民点，大到王公贵族们之所居以及有先君宗庙之主的都可以称之为邑，只是因为邑内居民身份不同，邑与邑之间不仅规模有大小之别，在政治上也分为不同等级而有国、都、邑之别。但无论邑的大小，其普通居民大都是十家八户构成一个基本单位，彼此之间既是地缘上的邻里关系又是血缘上的共同体，水井也就因"邑"而设，"十室"一个或者"八家"一口，散布于民居之中以方便生活。

然而，"十室之邑""八家共井"等只是一般的组织形式，实际生活中并不一定整齐划一，像在农忙时节那些要出居野外田庐之中的农夫来说不一定是以十室、八家毗邻而居。《诗·小雅·信南山》有"中田有庐，疆场有瓜"之句，郑玄笺云"中田，田中也，农人作庐焉，以便其田事"。孔颖达疏谓："《正义》曰：'古者宅在都邑，田于外野，农时则出而就田，须有庐舍，故言中田，谓农人于田中作庐，以便其田事。于田中种谷，于畔上种瓜，亦所以便地也。"这儿的"庐"就是农夫在"春则毕出于野"时的居所，其人户因时因地而异，难以整齐划一。其水井自然是就近开凿，因庐而置，庐、井相连，故有"庐井"之称。所以，在已经发现的西周遗址中，水井多是单体，只有在手工作坊附近才偶而有数口水井集中的现象，其目的是满足手工作坊生产的需要。这一切，进入春秋以后开始改变了。

春秋以降，社会结构变动剧烈，原来宗族等级体系瓦解，以之为基础的权利结构处于颠覆性的变动之中，高岸为谷、深谷为陵，无论是公子公孙还是农夫皂隶大都脱离其原来的宗族体系。公子公孙们失去了宗族的庇佑、丧失其统治权力，沦落为庶人；农夫皂隶也挣脱了世代相袭的人身隶属关系的枷锁。昔日以血缘宗族关系为基础的公子公孙、农夫皂隶之间的等级界限逐步地模糊了。与此同步的是国家形态和政治体制改变：原来的国、野分治的政治体制瓦解，君权跃居于族权之上，官僚政治取代世族世官制，中央集权的领土国家取代了宗族城邦，原来具有宗法等级属性的国、都、邑等城邑逐步转变为领土国家的大大小小的城市。

随着国家形态的变化，民户行政组织的基础也相应改变。西周时代"八家而井"（这里的"八家而井"只是居民编制的代称）的组织是以血缘为基础的地缘组合，地缘关系服务于血缘关系。春秋开始到战国普遍化的

"令民相伍"和基层行政制度的建立，血缘关系从国家行政运作中剥离，人口集中居住，把居民的一举一动都置于国家力量的监控之下，实现赋税徭役的最大化，尽可能高效地实现人力物力总动员。在井田制的时代，邻里之间的相互监督，以宗族血缘关系为基础，是同族成员之间的监督，笼罩在宗族相恤的温情之下。而春秋以后的相互监督则是相互检举违法行为。《韩诗外传》卷四有云："古者八家而井田……八家相保，出入更守，疾病相忧，患难相救，有无相贷，饮食相招，嫁娶相谋，渔猎分得，仁恩施行，是以其民和亲而相好……今或不然。令民相伍，有罪相伺，有刑相举，使构造怨仇，而民相残，伤和睦之心，贼仁恩，害上化，所和者寡，欲败者多，于仁道泯焉。"韩氏对八家共井时代的邻里关系当然有美化之处，但是对西周和春秋战国时代邻里关系区别的把握还是有其历史基础的。

降至西汉前期，依然延续着战国和秦朝的户籍与土地制度，继续其民居的空间划分，尽管因为黄老无为思想的影响，国家控制社会的强度弱于秦朝，但在制度上，则是秦朝的延续，农民亦然处于官府严密的控制之下，按照身份等级居住在指定的空间之内，出入行止处于官府的监督之下，彼此之间都要履行监督的义务。既然制度规定了居民住宅大小、街巷道路的宽窄、门闾开启的时间，其水井数量和位置必须有相应的专门空间，那就是根据民户多少、生活与生产的具体需求、水源条件，在专门区域集中造井，共同使用。也就是说，在东周秦汉时代的城市空间结构中，水井区和市一样都有着独立空间，都有着公共属性。这样既方便基层官吏对民户生产与生活的管理，也便于对基层社会秩序的控制，保证基层社会秩序在设定的范围内运行。上举水井群遗址就是这一空间的历史见证。

要说明的是，上述水井的空间形态是就城邑居民而言的，是国家在强化人口控制、统一乡里建制过程中的现象。但是，秦汉时代，人口在集中于城邑的同时迅速地向四野扩散，是传统意义上的乡村社会形成和发展的时代。随着农田垦辟，人口的发散，乡里有了新的地域内涵和空间形态，逐步地成为农村的代称；加之以区域之间的环境差别，人口疏密不一，城邑之外的广大乡村居民所居之里就不一定像上文所述那样街巷严整、门禁森严，人口更是多少不一，并且因为人口流动而处于分合之中，也就不存在公共水井区问题。如马王堆三号汉墓驻军图注记的近五十个里，人口多者一百零八户、少者十二户，有的只有里名没有住户，有的注明和别的里合并，近五十个里散落在山林溪流之中，里与里之间距离甚远①，里的墙垣门户的设置和四邻之间的居处相察、出入向伺也就无法按照上述制度设计来衡量，当然不存在统一设置的水井区。又如 1955 年在辽阳三道壕曾发现西汉村落遗址发掘六处居住遗址，长宽为 20/13、38/15、34/18、30/16、30/18、22/30，分别是六户人家的居住遗址，每一个居住遗址各有水井一口，或者是陶管井，或者是土窖井，说明各家各户分别凿井自用，根据自身情况，采用不同的凿井技术。② 在这样的乡村，谈不上集中居住，也不存在统一设置水井区的问题。这些点到即明，无需多说。

  至此，我们可以对"市井"一词的由来得出如下的认识：市井名称的形成是一个历史过程，源自春秋时代市、井空间功能的公共属性，在城邑规划上，市、井空间各自独立，以便将农民与手工业者、商人分而治之。但是，因为二者的公共属性，使之成为匹夫匹妇、贩夫走卒、下里巴人的聚会之所；随着社会经济发展，无论是手工业生产，还是商业贸易，水井的作用日益凸显，市与井的关系日益密切，遂有"市井"之称，代指市场、商人。这一切都是建立在国家授田制之上、以官府对人口的严密控制为基础的。随着土地私有制的发展，城市居民和空间结构的改变，"市井"逐步失去空间上的意义，而成为商人和商业的代称。

---

① 马王堆汉墓帛书整理小组：《马王堆三号汉墓出土驻军图整理简报》，《文物》1976 年第 1 期。
② 东北博物馆：《辽阳三道壕西汉村落遗址》，《考古学报》1957 年第 1 期。

余论：土地、赋役与农民历史命运

中国自古以来就以农立国，历朝历代各种各样的发展生产、稳定社会的措施和制度都是围绕着稳定农业、稳定农民、保证税收这个中心问题而展开。这个问题解决好了，社会就能安定，统治就能巩固，否则社会矛盾就要激化，统治就要崩溃。中国历代王朝兴衰的根源就在于此。然而，历史实践又表明，尽管历朝历代的统治者、思想家为解决农民问题以图长治久安而绞尽脑汁，采取种种措施，却始终摆脱不了土地兼并、赋役加重、农民破产、王朝崩溃的历史宿命。这一历史宿命的原因是什么？有无内在的必然性？是否历史规律使然？社会发展有无规律？如果有的话，这个规律是什么？怎样去认识？回答这一切，是史家的责任和义务。

自"五四"新文化运动以后，学界开始运用西方历史学、社会学、政治学、哲学、经济学的理论和方法，探讨中国社会结构和历史发展特点，使中国的历史研究逐步走出"资治通鉴"和"经学"传统，直接、间接地探讨中国历史规律，尤其以马克思主义史学为代表。不过，这时候的马克思主义史学，除了少部分学者用马克思、恩格斯的历史理论的某些片段解释中国古代社会形态以外，更多的学者用《联共（布）党史简明教程》和斯大林主编的《辩证唯物主义和历史唯物主义》中的历史理论也就是五种生产方式解释中国历史。而无论以什么样的理论解释中国历史，都有一个共同的特点：就是有感于现实社会结构认识的混沌，对中国前途不明而分析现实，直接或间接地为建设中国未来提供历史基础和理论指导。

尽管斯大林定型的五种生产方式理论是在马克思、恩格斯、列宁的旗号下完成的，其中也吸收了马克思、恩格斯的某些理论，也有一定的学术基础和事实依据，但是，马克思、恩格斯的理论是以其所认识的历史事实为基础的，他们并不了解中国，对中国历史特别是中国古代历史可以说是一无所知，其理论自然难以解释中国历史，经过斯大林改造以后的所谓五种生产方式理论，距离中国历史实际就更加遥远了。它不是人类历史过程的事实抽象，而是人为设定的为实现特定目的的先验理论，是为了宣传俄国革命的合理性，以之为史学研究的指导，要揭示历史真相、科学地认识历史变迁，无异于缘木求鱼。其实，不需要对史实进行过多的分析，就以形式逻辑而言，把五种生产方式理解为普遍规律，本身就是违背科学常识的。若五种生产方式是普遍规律，而规律具有客观存在的绝对规定性，人在主观上就无法超越和违背。但是，历史是人创造的，人创造自己的历史是有意识的，人是历史的主人，说五种生产方式是普遍规律也就否定了人是历史主人这个基本常识，否定了人的主观创造性，人不再是历史的主人，成为历史的仆人。所以，用五种生产方式解释中国历史，是违背科学原则的。

否定五种生产方式理论的普遍性，并不等于否定历史规律的存在。历史发展是有规律可循的。人在既定的历史条件下创造历史，结果和主观目的总是存在着距离，甚至是完全相反，就是因为历史规律在起作用。自秦以降历朝历代的思想家、政治家主观上的励精图治和客观上循环往复式的王朝兴衰就说明了这一点。只是不同民族、不同国家的历史进程不同，其规律也各不相同。从20世纪50年代开始，学界主要从阶级冲突的层面解释古代王朝兴衰的原因，认为自战国以后是地主阶级和农民阶级的矛盾变迁决定了历史发展的进程。普遍的看法是：地主占有绝大多数的土地，农民只占有少量的土地，地主残酷剥削农民，导致农民无法生存而起义，导致改朝换代的发生；历代政权都代表地主阶级利益，是地主阶级实现对农民统治的工具，而每次农民起义，都沉重地打击了地主阶级的统治，在一定程度上解决了农民的土地问题，推动了历史的进步。现在看来，这个认识无疑是教条主义的结果，有着强烈的意识形态色彩，是阶级斗争绝对化在古代史研究领域的反映，把复杂的历史进程简单化了，片面地扩大了农民战争的作用。但是，倒也触及了中国历史发展的核心问题：就是农民命运与社会变迁的关系，由此而展开的古代社会土地赋役问题研究把中国古代史研究大大地推向新的阶段。

20世纪80年代后期以后，因为意识形态的变化，人们对历史上农民起义的历史作用先是怀疑、后是否定，再后是避而不谈，甚至对古代农民命运、农民战争问题都采取了回避的态度，直接或间接地认为农民不是先进生产力和先进生产关系的代表，既无思想也无文化，时而顺民时而"暴民"，无论是顺民还是暴民，不过是历史道路上的尘埃而已，至多是个铺路的石子，其命运不成其为问题，不值得关注；至于农民起义、农民战争对社会发展的影响更多是破坏性的，充其量是改朝换代的工具，并无多少积极意义可言，根本没有研究价值。21世纪以来，随着行政权力、功利主义对学术的全方位渗入，学术研究迅速市场化；特别是在文化热、国学热的背景下，各种历史读物凭借市场的便利和现代传媒的迅捷，大量涌现在读者面前，令读者目不暇接，从现象上看，可谓一片"繁荣"。但是，稍加留意就不难发现，在这"繁荣"的背后，中国历史的真实存在已经被消解了，呈现在读者面前的是令人眼花缭乱的碎片。文学界有一百个读者心中有一百个哈姆雷特之说，现在的史学界也存在着一百个读者心中也有一百个"历史真实"的现象。二者的区别在于：读者心目中的哈姆雷特是读者自己理解的结果，而读者心中的"历史"则是作者以学术研究的名义加给读者的。在读者心目中，中国古代历史不是一部有着内在逻辑关系的发展过程，而是光怪陆离的舞台剧。当然，这里的"舞台剧"是指那些在坊间流传的打着学术旗号的五花八门的作品而言，只是个比喻；至于严肃的学术研究还是有其深刻性和科学性的，其劳动和成果是令人尊敬的。但是，毋庸讳言，抛开历史读物不论，就以严肃的史学研究而言，"碎片化"是不争的事实。当然，"碎片"是系统分析的必要条件，是学术研究必不可少的前提，但是，研究停留在"碎片"阶段显然是不够的。近三十年来，史学进步是有目共睹的，但是，一个不争的事实是，农民的命运是不入研究者的法眼的。尽管在农业社会里，农民占人口的绝对多数，是物质财富的主要生产者，那些帝王将相、才子佳人的"宏图伟业"和"绚丽华章"都以农民生产活动为前提，而在时下的学术场阈中，农民这个庞大的群体就像从来没有登场一样，农民的生存、命运与史学研究了无瓜葛。

在农业社会，农民问题是古代中国所有社会问题的核心，土地、赋役制度更是农民问题的核心,正是土地赋役的制度设计和历史实践的种种弊端导致农民破产流亡,迫使农民铤而走险,揭竿而起,使社会陷于循环往复式的震荡之中。无视土地赋役制度、无视农民生存条件与国家力量的关系,一切研究都是无源之水、无本之木。以往因为意识形态的原因,简单地肯定和否定农民起义作用固然不科学,现在因为意识形态的原因而采取回避的态度也不是一个史家应有的态度。正确的做法是在系统总结前人研究过程和结果的基础之上,以马克思主义的方法为指导将研究深入地进行下去。

历史是客观存在,学者视野中农民的缺场无改于历史场阈中农民的在场。我们的任务就是站在过去和未来的交汇点上,尽可能地重现历史场景,把握历史因果,既以之为分析现实、建设现实的基础,也以之为展望未来的前提。这需要以科学的历史观和方法论为前提,在尽可能"复原"历史真实的前提下,以土地赋役的制度设计和历史实践为核心,系统分析国家力量与农民命运的内在关系,将历史和逻辑相统一、价值判断和事实真相相统一,穿透现象,抓住本质,得出科学的结论,将各种矛盾的历史现象统一于科学的认识之中。要达此目的,舍历史唯物主义的历史观和方法论别无他途。

尽管当今史学界很少使用历史唯物主义这一概念,认为历史唯物主义已经过时了。这有其依据。以往所说的历史唯物主义主要是指其具体理论内容,和中国的历史实际确实有距离,不能用作揭示历史规律的指导。从科学层面看问题,任何一个学科都不存在普遍的理论指导,任何理论都要接受验证、修正而获得新生,任何理论必然随着事实的改变而改变。以往的历史唯物主义理论以欧洲历史为基础、以俄国革命需要为前提,当然不能作为中国历史研究的指导。但是,这并不是历史唯物主义自身的过错,而是人们对其理解适用的错误。历史唯物主义的核心不是其具体理论,而是其历史观和方法论。无论人们对历史唯物主义持什么样的批评,有一点是谁也否认不了的:就是人依靠生活资料而生存,生活资料的多少和获得方式决定于对生产资料的控制,人的一切活动,归根结底,还是为了获取更多的生活、生产资料,因而生产资料所有制及其分配形式决定着人的地位。所以,探讨社会变迁问题,必须从生产资料所有制问题入手。这不是经济决定论,而是客观存在所决定的方法论概括。中国历史上发达的国家机器,严密的法条制度,美伦美奂的伦理教化，这些上层建筑的背后，无不闪现着经济利益的内涵，体现着国家、权力对经济利益的控制、分配，以实现既得利益者的长治久安。因而，研究任何一个时代的社会变迁，生产资料所有制性质及其分配形式都是核心。这些无需对古今中外的历史实践逐一检验，只要分析现实的国家权力、意识形态与生产资料所有制的关系就不难明白。

在农业社会，土地是最主要最基本的生产资料，土地所有制性质及其分配形式，是社会集团、阶层、等级、阶级的构成基础，阶级、阶层的变动均以土地关系变动为核心；政治权力在土地配置过程中的作用，体现了不同阶级、阶层的利益关系，体现了国家权力的利益主体。所以，土地制度的演变及附丽其上的赋税徭役制度所带给农民生产、生活的影响，是把握社会变迁的核心。要揭示中国农民历史命运和历史规律，离不开土地、赋役制度这个基点。只有这样，我们才能理解自耕农、半自耕农、佃农、地主（身份性地主、非身份性地主）、工商业者的构成及其变动的基础，才能把握官僚士大夫与社会各阶层的关系及其权力指向的内在必然性，才能了解国家控制社会的出发点和归宿，才能解释中国王朝周而复始的内在逻辑。

秦汉是土地国有的法典化时期，又是国有土地向私有土地的转化时期，是土地私有的法律化时期。就土地所有制形态来说，是私有土地和国有土地并存，二者比重因时而异，国有土地在数量上始终居于主导地位，国家掌握着土地的最高所有权。国家把一部分土地直接分配给编户民，一部分由国家直接经营，更多的土地在国家控制之下处于闲置状态，国家力量贯穿于土地关系变动的全过程。秦汉时代的农民，从历史发生的层面看，是国家授田授出来的，农民的人身、财产、生产、生活都处于国家力量的严密控制之下；农民受田于官府并非其自愿的选择，也非社会分工自然进化的结果，而是国家力量强制使然；国家授田给农民的目的是为了把农民固着于土地之上，居住在固定的空间，保证赋役的有效实现。农民在受田于官府的同时，也就成为国家的纳税人和服役者。在这里，对农民的人身控制和国家经济利益是合而为一的：人身控制是实现赋役的保障，实现赋役是人身控制的目的。授田制下的农民，本质是国家的课役农。

在制度设计上，秦朝和西汉初期，社会等级是井然有序的，而且在理论上说，这个有序的等级图虽然处于运动状态，各个阶层的成员处于不断变动调整之中，但是其等级结构并不因为各个阶层个体成员的流动而变动。但是，在事实上，这种等级结构是不稳定的。一方面是因为土地私有的发展，另一方面则是因为农民实际受田的数字并不限于制度规定的标准。授田制的目的是实现赋役，就制度设计的初衷说，要实现赋税徭役，必须保证农民基本生存条件，同时又要把农民置于国家控制之下，使之生产生活秩序化，因而土地一经授予，即固定在个人名下，土地私有是其自然归宿。军功赐田归个人所有无需多论，普通授田长期占有之后，必然逐步变为私有。战国和秦朝，虽未见允许土地买卖的规定和土地买卖的实例。但是，到了西汉前期，法律明确规定授田可以出卖、赠予，张家山汉简《二年律令》明确规定了买卖土地的程序，土地私有合法化。

就制度规定而言，每夫百亩是授田的统一标准，但这是就国家设定的良田而言，实际授予的土地数量要根据土地质量而定，质量好的按照标准授予，质量差的则增加授予数量，增加多少，视情况而定，可以加倍、再倍，也可以十倍、二十倍，但无论增加多少，田税仍然是按照百亩良田计算。这就是"相地而衰征"，用土地数量调节土地质量差异所导致的受田民收入不等、苦乐不均，以实现"均平"。也就是说，在授田制之下，受田民实际占有的土地数量并不相同，那些占有大片劣等土地的农民在一定时期内固然难以开垦耕种，但是可以从事其他生产，宜牧则牧，宜林则林，有的则直接从事矿冶业，如以矿冶富甲天下的蜀卓氏、程郑、宛孔氏与此就有着直接的关联。至于当时各地的矿冶业主、畜牧业主、工商富户，和授田制都有着逻辑联系。也就是说，授田制不仅造就了军功地主这一具有政治特权的阶层，也催生了一批庶民地主。当然，凭借授田所得经济资源从事商品生产致富的毕竟只是受田民中的少部分，大多数受田民还是以农为业，五口之家、百亩之地居于经济形态的主导地位，而其中由于各种原因实际受田不足百亩者不在少数。所以，尽管无法以统计的方式说明身份性和非身份性地主的数量及其对社会经济和社会秩序的影响，但是可以肯定的是随着经济发展，在"均平"思想指导之下设计的授田制的实施结果是非均平的。

尽管土地占有在制度设计的层面和实施过程中就不均平，随着时间的流逝，两极分化日趋严重，但是有一点无论在制度设计还是实施过程中则始终体现了"均平"的特点：这就是田税。田税是按顷计算、按户征收，无论基层政府采取什么样的实施方式，国家规定的任务是必须完成的。那些身份性地主是有免役免税特权的，庶族地主、工商豪强则以其财力交通官府，自可以逃避赋役，那些少田甚至无田的农民不得不承担起田税的重负。所以，从制度上说，汉代田税确实是轻的，但是农民田税的实际负担并非如后世思想家想象的轻松，这不仅仅是吏治、法度崩亡败坏的结果，而是有着制度基础的：站在国家立场，授田是依户进行，农民有名于上，就有田于下，按户征收田税，顺理成章，地方政府、基层官吏则根据具体需要决定什么时间征收、征收什么、每户征收多少等等，这为各级政府、乡官里吏的层层加码、转嫁田税提供了制度保障。

除了田税是按照"均平"原则征收之外，徭役也是"均平"的。农民有名于上、有田于下的同时，既有税于身，又有"事"于身，也就是每一个编户民除了特权阶层以外，都有服徭役的义务："事"的义务远大于田税，从七岁到老免都要行"事"。从制度上说，"事"的多少因年龄和身体状况有相应规定，而从实践层面，"事"的方式和内容则千变万化：一切以国家需要为准——以货币的形式应役自然地成为合理的选择，并逐步成为常税。口钱、算赋、更赋就是这样登上历史舞台的。当然，从法理上说，交钱之后，无需再服"事"，事实则是在"事"普遍货币化——口钱、算赋、更赋成为常税之后，农民仍然要服徭役，徭役并没有废除。

田税和徭役形态的多样化，对于政府来说简便易行，根据需要，需要实物则实物，需要货币则货币，有事则征发劳力、无事则收货币，农民不想自行服役可以交钱代役，于国于民都有方便，也利于商品经济的发展。但是，无论是田税征收还是事役的实现，货币化和灵活化，对于普通农民来说，则噩梦远大于福音。因为，个体农民既无资本也无能力从事大规模的商品生产，他们中的绝大多数只能靠出卖有限的农副产品换取货币，必然要受到商人的中间盘剥。征缴田税、征收人口税，没有统一固定的时间，官府想什么时候要就什么时候要，农民就得什么时候交；官府想要什么，农民就得交什么，这就大大加重了农民的负担。秋收刚过，物产丰富之时，物价再低，农民也得出卖农产品，要受谷贱伤农之害；若逢青黄不接，无物可卖，农民只好去借贷交税，则落入高利贷的陷阱而不能自拔。如果在青黄不接时期，官府要征收实物，民无存粮，只能借高利贷在市场上高价购买，这就要受到高利贷和商人的双重盘剥，而陷于卖儿卖女、破产流亡的境地。这在号称治世的文帝时期已经发生了。晁错曾上书文帝说那些五口之家、百亩之地的授田民一年四季辛苦劳作仅能生存，时常因为"急政暴赋，赋敛不时，朝令而暮改"而"当具有者半贾而卖，亡者取倍称之息，于是有卖田宅鬻子孙以偿责者矣"①。

以往对晁错这段话的理解多不得要领，甚至认为这五口之家、百亩之地、亩产一石不是汉初小农的真实形态，简单地把农民"卖田宅、鬻子孙"的原因归结为商品经济发达的结果，而未见赋役制度所起的杠杆作用，现在是应该重新认识的时候了。

田税制度的上述弊端，加速了农民的破产，所以自汉文帝时起，土地兼并就呈加速度的势头向前推进，统治者也意识到这一问题的严重性，文帝时代一系列减轻农民负担的措施就是为了解决这一问题，但是，出于国家统治的本质规定性，不可能意识到赋役制度这个根本弊端，意识到了，也不可能有什么改变，只能治标不能治本。汉武帝从农民失地严重这一问题入手，以打击"田宅逾制"和"假民公田"的方式，限制势家大族的占田数量，用行政手段打击工商业主的势力，甚至直接剥夺工商业主的财产，目的还是为了保证赋役的稳定，措施的针对性不可谓不强，手段不可谓不严厉，以至被目为秦始皇的继踵者，但仍然难以解决农民的破产问题。

农民丧失土地以后为了逃避田税和徭役，只有离乡背井，或者逃亡山林，或者投到地主势家的门下，依附于势家地主，成为势家地主的依附民。对国家来说都不是好事，因为这意味着国家税源的流失。尽管国家一再强调户口的政绩作用，把户口作为考核地方官的重要指标，但农民不愿申报户口、千方百计隐瞒户口的事情普遍存在，如汉武帝元封年间，关东地区有流民二百万，其中无名数者多达四十万，从一个方面说明了这个问题的严重性；那些依附于地主的农民中间自然也有许多无名数者。如果说西汉时代，离开土地的农民啸聚山林、流亡四方者居多的话，那么降至东汉，无地农民则多投到私人门下成为依附民了。仲长统对东汉后期土地集中、地主拥有成

---

① 《汉书》卷24上《食货志上》，北京：中华书局1962年版，第1132页。

千上万的奴婢、依附民的生动而形象的描述，形象地再现了东汉农民破产、依附关系发展的历史现实。这为学界所熟知，就不再赘引了。这种农民由隶属于国家向私人依附民转变的深层原因之一就是以人户为本的赋役制度。

上述土地赋役制度及其历史运行，说明国家力量在社会结构变迁过程中的作用：无论是以"均平"为指导思想的制度设计，还是对土地关系的调整、土地兼并势力的打击，都体现了国家力量的支配作用。但是，这个作用是因时而异的，总体上呈衰变状态，处于递减过程，即由原来的绝对支配演变为相对支配、直至最终的支配失效。这既有制度的必然因素，如国家控制的土地日益减少，无法满足日益增长的人口的土地需求；也有着统治阶级对土地控制的作用，后者影响尤其值得现代研究的重视。这里所说的统治阶级的典型特点是地主、官僚、工商业主三位一体，这个特点的形成有个历史过程，完形于西汉中期，随着时间的推移而愈益典型。这种三位一体对社会结构的直接影响就是加剧土地兼并，把国家解决农民问题的政策法令变成土地兼并的手段，一方面鲸吞国家土地，一方面兼并私人土地，同时又以国家名义压榨贫民，无论是国家财富还是个人财富最终都成为统治阶级私产，在聚敛财产上，统治阶级和国家利益是两分的。这些地主官僚在掏空了国库、榨干了平民，导致社会矛盾激化、统治崩溃之后，转而寻找新的代理人以保护既得利益，西汉的灭亡、东汉的崩溃即为证明。也正因为如此，当新的政权建立以后，首要任务就是重新把农民束缚于土地之上。长沙走马楼吴简所反映的佃田以"定"田税、严格户籍登记以确定"事算"多寡，都是为了保证赋役的稳定。

明白了汉代土地赋役制度的性质和特点，对西晋占田课田制以及北魏隋唐均田制的历史来源和性质、功能以及农民的历史命运，可以有进一步的认识。

西晋统一之后，为了稳定税源，统一土地赋役制度，在严格户籍登记的前提下，按照汉代土地、赋役制度的传统，于太康元年（公元280年）颁布了占田课田制和户调制。其内容为：

> 又制户调之式：丁男之户，岁输绢三匹，绵三斤；女及次丁男为户者半输。其诸边郡或三分之二，远者三分之一。夷人输賨布，户一匹，

远者或一丈。男子一人占田七十亩，女子三十亩。其外丁男课田五十亩，丁女二十亩；次丁男半之，女则不课。男女年十六以上至六十为正丁，十五以下至十三、六十以上至六十五为次丁，十二以下、六十六以上为老小，不事。①

凡民丁课田，夫五十亩，收租四斛。②

这段记载的主要内容有三：一是按户交纳课税，丁男为户主的每户每年交纳绢三匹、绵三斤。同时按人收取田税：丁男按照五十亩的课田数交纳田税四斛，合每亩八升；丁女按照二十亩课田数交纳田税一点六斛；次丁男田税额较丁男减半。二是规定农民占田数字，丁男每人占田七十亩，其中二十亩免田税，五十亩要交税，称为课田；丁女占田三十亩，其中十亩免税，二十亩交税，为课田。三是规定了统一的成丁、次丁、老小的年龄标准，十二岁以上至六十六岁都要"事"即服徭役。

对上述记载个别文字的理解，学界曾有过分歧，如课田包含在占田之中还是在课田之外就有过争议，在明白了汉代授田制以后，这个争议可以结束了。其占田数量，丁男七十亩、丁女三十亩，加起来和一对夫妇占田百亩的西汉标准相同，不可能另外还有七十亩（丁男课田五十亩、丁女课田二十亩）的课田。但无论争议如何，上述三点是清楚的。从这三项内容，不难得出西晋的户调式和占田课田制的目的是以课保税。一个五口之家，男子可以占田七十亩、女子可以占田三十亩，合起来占田一百亩，无论是否占足规定的土地数，收成如何，男子五十亩、女子二十亩合计五斛六斗的田税和三匹绢三斤绵的户调是一定要交的。实际上，这是汉代每户百亩授田、按顷、按户征收田税的翻版，只是名目和计算方式有所变化而已，汉代按顷计算，西晋是按七十亩计算。汉代亩产定得低，西晋亩产定得高，西晋的田税和户调相加，农民负担总量高于西汉。至于"事"——服徭役的年龄较汉制则多了五年（汉制七岁始事，五十六岁老免；晋制十二岁始事，六十六岁老免）。这在晋统一初期，政治军事稳定、人少地多的条件下，是有实现基础

---

① 《晋书》卷26《食货志》，北京：中华书局1980年版，第790页。
② 徐坚等：《初学记》卷29，北京：中华书局1962年版。

的，农民隶属官府以后，其土地可以有一定的保障，完成赋役有一定的经济支撑。因为有土地的吸引，那些私人依附民、在战乱中无家可归的流民也愿意占著户籍；政府为了增加税源，也会尽可能地满足农民的土地需求，编户民数量增加，秩序稳定，小农经济呈现了新的繁荣，这是西晋太康年间经济发展的基础。只是这些隶名于官府的农民，本质上和汉代受田民是相通的，依然是国家的课役农。

然而，占田课田制并不能保证农民占有土地的稳定性。一方面因为贵族、世家、官僚所拥有的土地数量并不因为占田制度而受到限制，继续拥有大片土地，依然疯狂地兼并农民土地；另一方面因为农民赋税负担沉重不得不卖出土地。随着时间的推移，国家也没有足够的土地分配给新增加的人口，即使在和平年代和正常年景，农民也必然地沦为势家大族的依附民。而随着战乱的发生，更加剧了农民向私人依附民转化的进程。后继的政权，为了保证税源又继续着前朝的传统，北魏隋唐的均田制就逻辑地实行了。

北魏隋唐均田制的内容较之西汉授田制、西晋占田课田制有着诸多变化，但是，其本质并没有改变，即在均田的名义之下保证均税。这里以最为成熟的唐代均田制度为例做简单的分析。《新唐书·食货志一》云：

> 凡民始生为黄，四岁为小，十六为中，二十一为丁，六十为老。授田之制，丁及男年十八以上者，人一顷，其八十亩为口分，二十亩为永业。老及笃疾、废疾者，人四十亩，寡妻妾三十亩，当户者增二十亩，皆以二十亩为永业，其余为口分。永业之田，树以榆、枣、桑及所宜之木，皆有数。田多可以足其人者为宽乡，少者为狭乡。狭乡授田，减宽乡之半。其地有薄厚，岁一易者，倍授之。宽乡三易者，不倍授。工商者，宽乡减半，狭乡不给。凡庶人徙乡及贫无以葬者，得卖世业田。自狭乡而徙宽乡者，得并卖口分田。已卖者，不复授。死者收之，以授无田者。凡收授皆以岁十月。授田先贫及有课役者。凡田，乡有余以给比乡，县有余以给比县，州有余以给近州。
>
> 凡授田者，丁岁输粟二斛，稻三斛，谓之租。丁随乡所出，岁输绢二匹，绫、絁二丈，布加五之一，绵三两，麻三斤，非蚕乡则输银十四两，谓之调。用人之力，岁二十日，闰加二日，不役者日为绢三尺，谓

之庸。有事而加役二十五日者免调,三十日者租、调皆免。通正役不过五十日。①

上述内容的核心,一是严格户口登记,确定黄、小、中、丁、老,保证役源的准确;二是计口授田,每一个成年男子授予永业田二十亩,口分田八十亩;永业田世袭传承,口分则身死还田。三是安丁征收租、庸、调,每丁一年交粟二斛、稻三斛为租,根据本乡实际出产,缴纳绢二匹,绫、絁二丈,布加五之一,绵三两或者是布二丈五尺、麻三斤,非蚕乡则输银十四两,谓之调;丁男每年为官府服役二十天,不愿服役者每天缴纳绢三尺也就是六丈代役,称为庸。这是就均田民的田税和劳役而言的,也就是上文说的赋役,唐代农民对国家的义务除此之外,还有兵役。均田制下,兵农合一,平时农民为均田民,战时则按军府组织为兵,装备器械自备。其性质,和汉代正卒的兵役义务相同。对此,这里只是指出其为均田民的负担,详情不予讨论。

根据现有资料,均田制下的土地占有状况,从颁布之日起就没有真正的均过,农民因为各种各样的原因很难按照标准授田,大部分农民实际占田都不满规定的数字。但是,农民无论是否拥有足够的土地,租庸调是必须完成的。所以,均田的目的是为了按人头均税,只要户籍上保留着丁籍,就必须交纳租庸调,而租庸调的数量总额是以一百亩土地为基数确定的(二十亩永业田,八十亩口分田,合计一百亩),所以,均田制下的农民本质上依然是国家的课役农。法律规定的粮食二石、绢二丈等等只是全国统一的租调标准,在实际执行过程中,地方官吏还会以各种理由变相增加农民负担,而农民还要承担租粮的运费等开支,其实际负担远远不止法律规定的数字。这在农民拥有一定的土地、国家赋役相对较轻、吏治比较清明的时候,还能维持其基本的再生产,而随着吏治败坏,赋役不断增加,农民只有卖田宅、鬻子孙,最后离乡背井,转徙他乡。但是,尽管农民流亡严重,户口不实,国家赋税却是必须完成的,官吏的个人需求也必须得到满足,官府依然按照现有户籍所记载的人丁数征收租庸调,那些逃亡人口的租庸调就由现有人丁分担,又进一步加重在籍农民的负担,加速农民的破产,陷入恶性循环之中。

---

① 《新唐书》卷51《食货志一》,北京:中华书局1980年版,第1342—1343页。

这一矛盾在所谓的开元盛世时期已经很突出，安史之乱以后，土地兼并更加严重，社会矛盾尖锐，国家再也无力解决农民的土地问题，因而不得不历史性地改变按人征收租庸调的传统，两税法登上了历史舞台。

两税法的内容，众所周知，无需举证。在这里我们只要指出一点就行了，即改变原来按人征收租庸调的办法，归并入地税和户税两大项，分春秋两次统一征收，以减少以往随时征收导致的官吏上下其手增加农民负担的可能性。其中的户税是传统的人口税的继续，按照资产多少确定户税高低，而不是完全按照人丁数量；地税则按照土地数量征收。这样使得赋役负担和农户实际生产资料拥有情况在理论上相一致，减轻了无地农民的赋役负担，同时也没有必要严格限制农民的行动自由。所以，两税法的实行，标志着我国古代赋役制度的划时代转变，也标志着农民与国家关系的划时代转变。从此以后，国家对农民人身控制弱化，也放弃了用行政分配的方式解决农民土地问题的努力，地主兼并土地再也没有了身份等级上的障碍，大土地所有制进一步膨胀，租佃关系发展起来，农民的历史命运进入一个新的历史轮回。这些内容，已经超出了本书的范围。

笔者之所以不避冗赘之讥，是为了说明秦汉土地赋役制度历史影响的久远，说明制度对农民命运的决定性作用。这在过去如此，在现代依然，身处社会转型期的今天，总结历史经验，从制度层面思考和解决农民问题尤其重要。

主要参考资料

一、历史文献

1. 阮元校刻：《十三经注疏》，北京：中华书局1980年影印版。
2. 《国语》，上海：上海古籍出版社1988年版。
3. 《战国策》，上海：上海古籍出版社1985年版。
4. 严万里：《商君书校正》，世界书局编：《诸子集成》第5册，北京：中华书局1980年影印版。
5. 戴望：《管子校正》，世界书局编：《诸子集成》第5册，北京：中华书局1980年影印版。
6. 曹础基：《庄子浅注》，北京：中华书局1982年版。
7. 孙诒让：《墨子间诂》，《新编诸子集成》，北京：中华书局1986年版。
8. 梁启雄：《韩子浅解》，北京：中华书局1960年版。
9. 王先谦：《荀子集解》，北京：中华书局1988年版。
10. 陈奇猷：《吕氏春秋校释》，上海：学林出版社1984年版。
11. 黄怀信：《逸周书校补注译》，西安：西北大学出版社1996年版。
12. 王利器：《新语校注》，《新编诸子集成》，北京：中华书局1986年版。
13. 王渊明、徐超：《贾谊集校注》，北京：人民文学出版社1996年版。
14. 刘文典：《淮南鸿烈集解》，《新编诸子集成》，北京：中华书局1989年版。
15. 苏舆义正：《春秋繁露义正》，《新编诸子集成》，北京：中华书局1992年版。
16. 马非百：《盐铁论简注》，北京：中华书局1984年版。

17. 桓谭著：《新论》，上海：上海人民出版社1977年版。
18. 陈立：《白虎通疏证》，《新编诸子集成》，北京：中华书局1994年版。
19. 北京大学历史系：《论衡注释》，北京：中华书局1979年版。
20. 吴树平：《风俗通义校释》，天津：天津人民出版社1980年版。
21. 段玉裁：《说文解字注》，上海：上海古籍出版社1981年版。
22. 汪继培笺、彭铎校正：《潜夫论笺》，北京：中华书局1979年版。
23. 孙启治：《政论校注》，《新编诸子集成续编》，北京：中华书局2012年版。
24. 孙启治：《昌言校注》，《新编诸子集成续编》，北京：中华书局2012年版。
25. 司马迁：《史记》，北京：中华书局1959年版。
26. 班固：《汉书》，北京：中华书局1962年版。
27. 范晔：《后汉书》，北京：中华书局1965年版。
28. 吴树平：《东观汉记校注》，郑州：中州古籍出版社1987年版。
29. 陈寿：《三国志》，北京：中华书局1959年版。
30. 钱宝琮：《算经十书》，北京：中华书局1963年版。
31. 王先谦：《汉书补注》，北京：中华书局1984年影印版。
32. 王先谦：《后汉书集解》，北京：中华书局1984年影印版。
33. 〔日〕泷川资言：《史记汇注考证》，上海：上海古籍出版社1986年版。
34. 马端临：《文献通考》，北京：中华书局1986年版。
35. 杜佑：《通典》卷1《食货典一》，上海：上海古籍出版社，影印四库全书本1987年版。
36. 周天游：《八家后汉书辑注》，上海：上海古籍出版社1986年版。
37. 孙星衍等辑，周天游点校：《汉官六种》，北京：中华书局1990年版。

二、出土资料

1. 中国科学院考古研究所：《沣西发掘报告》，北京：文物出版社1963年版。
2. 中国科学院考古研究所、甘肃博物馆：《武威汉简》，北京：文物出版社1964年版。

3. 睡虎地秦墓竹简整理小组：《睡虎地秦墓竹简》，北京：文物出版社 1978 年版。

4. 银雀山汉墓竹简整理小组：《银雀山汉墓竹简（壹）》，北京：文物出版社 1985 年版。

5. 高文：《汉碑集释》，开封：河南大学出版社 1985 年版。

6. 谢桂华、李均明、朱国炤编校：《居延汉简释文合校》，北京：文物出版社 1987 年版。

7. 睡虎地秦墓竹简整理小组：《云梦睡虎地秦墓》，北京：文物出版社 1990 年版。

8. 李均明、林梅村编：《散件简牍合辑》，北京：文物出版社 1990 年版。

9. 甘肃省文物考古研究所编：《居延新简》，北京：文物出版社 1990 年版。

10. 吴礽骧、李永良、马建华释校：《敦煌汉简释文》，兰州：甘肃人民出版社 1991 年版。

11. 湖北荆沙铁路考古队：《包山楚简》，北京：文物出版社 1991 年版。

12. 刘信芳、梁柱编著：《云梦龙岗秦简》，北京：科学出版社 1997 年版。

13. 连云港博物馆、中国社会科学院简帛研究中心、东海县博物馆、中国文物研究所：《尹湾汉墓竹简》，北京：中华书局 1997 年版。

14. 长沙市文物考古研究所、中国文物研究所、北京大学历史系走马楼简牍整理组：《长沙走马楼三国吴简·吏民田家莂》，北京：文物出版社 1999 年版。

15. 长沙市文物考古研究所、中国文物研究所、北京大学历史系走马楼简牍整理组：《长沙走马楼三国吴简·竹简（壹）》，北京：文物出版社 2003 年版。

16. 长沙市文物考古研究所、中国文物研究所、北京大学历史系走马楼简牍整理组：《长沙走马楼三国吴简·竹简（贰）》，北京：文物出版社 2007 年版。

17. 长沙市文物考古研究所、中国文物研究所、北京大学历史系走马楼简牍整理组：《长沙走马楼三国吴简·竹简（叁）》，北京：文物出版社 2008 年版。

18. 长沙市文物考古研究所、中国文物研究所、北京大学历史系走马楼简牍整理组：《长沙走马楼三国吴简·竹简（肆）》，北京：文物出版社 2011 年版。

19. 胡平生、张德芳：《敦煌悬泉汉简释萃》，上海：上海古籍出版社 2001 年版。
20. 张家山二四七号汉墓竹简整理小组：《张家山汉墓竹简（二四七号墓）》，北京：文物出版社 2001 年版。
21. 张家山二四七号汉墓竹简整理小组：《张家山汉墓竹简（二四七号墓）》（释文修订本），北京：文物出版社 2006 年版。
22. 长沙市文物考古研究所、中国文物研究所编：《长沙东牌楼东汉简牍》，北京：文物出版社 2006 年版。
23. 湖南省文物考古研究所编著：《里耶发掘报告》，长沙：岳麓书社 2007 年版。
24. 孙家洲主编：《额济纳旗汉简释文校本》，北京：文物出版社 2007 年版。
25. 湖南省文物考古研究所：《里耶秦简（壹）》，北京：文物出版社 2012 年版。
26. 朱汉民、陈松长主编：《岳麓秦简（壹）》，上海：上海辞书出版社 2010 年版。
27. 朱汉民、陈松长主编：《岳麓秦简（贰）》，上海：上海辞书出版社 2011 年版。
28. 朱汉民、陈松长主编：《岳麓秦简（叁）》，上海：上海辞书出版社 2013 年版。
29. 甘肃简牍保护研究中心等：《肩水金关汉简（壹）》，上海：中西书局 2011 年版。
30. 甘肃简牍保护研究中心等：《肩水金关汉简（贰）》，上海：中西书局 2013 年版。
31. 甘肃简牍保护研究中心等：《肩水金关汉简（叁）》，上海：中西书局 2014 年版。
32. 甘肃简牍保护研究中心等：《肩水金关汉简（肆）》，上海：中西书局 2015 年版。
33. 郭沫若：《矢殷铭考释》，《考古学报》1956 年第 1 期。

34. 唐兰：《宜侯夨殷铭文考释》，《考古学报》1956 年第 2 期。
35. 东北博物馆：《辽阳三道壕西汉村落遗址》，《考古学报》1957 年第 1 期。
36. 北京市文物工作队：《北京白云观遗址》，《考古》1963 年第 3 期。
37. 北京文物管理处写作小组：《北京地区的古瓦井》，《文物》1972 年第 1 期。
38. 马王堆汉墓帛书整理小组：《马王堆三号汉墓出土驻军图整理简报》，《文物》1976 年第 1 期。
39. 湖北博物馆江陵纪南城工作站：《1979 年纪南城古井发掘简报》，《文物》1980 年第 10 期。
40. 湖北省博物馆：《楚都纪南城的勘探与发掘》（下），《考古学报》1982 年第 4 期。
41. 四川省博物馆、青川县文化馆：《青川县出土秦更修田律木牍》，《文物》1982 年第 1 期。
42. 四川省博物馆、青川县文化馆：《青川县出土秦更修田律木牍》，《文物》1982 年第 1 期。
43. 咸阳秦都考古工作队，陈国英执笔：《咸阳长陵一带考古调查》，《考古与文物》1985 年第 3 期。
44. 国家文物局考古领队培训班：《兖州西吴寺》，北京：文物出版社 1990 年版。
45. 王德庆：《苏州北郊汉代水井群清理简报》，《考古》1993 年第 3 期。
46. 山西省考古研究所：《侯马铸铜遗址》，北京：文物出版社 1993 年版。
47. 武威地区博物馆：《甘肃武威旱滩坡东汉墓》，《文物》1993 年第 10 期。
48. 湖北省文物考古研究所：《纪南城新桥遗址》，《考古学报》1995 年第 4 期。
49. 长沙市文物工作队、长沙市文物考古研究所：《长沙走马楼 J22 发掘简报》，《文物》1999 年第 5 期。
50. 天长市文物管理所、天长市博物馆：《安徽天长西汉墓发掘简报》，《文物》2006 年第 11 期。
51. 荆州博物馆：《湖北荆州纪南松柏汉墓发掘简报》，《文物》2008 年第 4 期。

52. 朱松江：《罕见的松柏汉代木牍》，荆州博物馆编著《荆州重要考古发现》，北京：文物出版社2009年版。
53. 杨振红、尹在硕：《韩半岛出土简牍与韩国庆州、扶余木简释文补正》，卜宪群、杨振红主编：《简帛研究》，桂林：广西师范大学出版社2010年版。
54. 彭永生：《南充汉代水井清理简报》，《丝绸之路》2011年第10期。
55. 长沙市文物考古研究所：《湖南长沙五一广场东汉简牍发掘简报》，《文物》2013年第6期。

三、专著和论文集

1. 侯外庐：《中国古代社会史论》，北京：人民出版社1955年版。
2. 侯外庐：《中国封建社会史论》，北京：人民出版社1979年版。
3. 郭嵩焘：《史记札记》，北京：商务印书馆1957年版。
4. 安作璋：《汉史初探》，上海：上海人民出版社1957年版。
5. 安作璋：《班固与汉书》，济南：山东人民出版社1979年版。
6. 安作璋、熊铁基：《秦汉官制史稿》，济南：齐鲁书社，1984年（上册）、1985年（下册）。
7. 安作璋、孟祥才：《汉光武帝大传》，郑州：河南人民出版社1999年版。
8. 安作璋、孟祥才：《秦始皇帝大传》，北京：中华书局2005年版。
9. 贺昌群：《汉唐间封建土地所有制形式研究》，上海：上海人民出版社1962年版。
10. 〔日〕加藤繁：《中国经济史考证》第1卷，吴杰译，北京：商务印书馆1962年版。
11. 杨宽：《古史新探》，北京：中华书局1965年版。
12. 杨宽，《战国史》（增订版），上海：上海人民出版社1998年版。
13. 杨宽：《西周史》，上海：上海人民出版社1999年版。
14. 杨宽：《战国史料编年辑证》，上海：上海人民出版社2001年版。
15. 《杨宽古史论文选》，上海：上海人民出版社2003年版。
16. 童书业：《春秋左传研究》，上海：上海人民出版社1980年版。
17. 吕思勉：《秦汉史》，上海：上海古籍出版社1983年版。

18. 傅隶朴：《春秋三传比义》，北京：中国友谊出版公司 1984 年版。
19. 金少英：《汉简臆谈及其他》，兰州大学内部油印本 1978 年版。
20. 陈直：《史记新证》，天津：天津人民出版社 1979 年版。
21. 陈直：《汉书新证》，天津：天津人民出版社 1979 年版。
22. 陈直：《两汉经济史料论丛》，北京：中华书局 2008 年版。
23. 陈直：《居延汉简研究》，北京：中华书局 2009 年版。
24. 田昌五：《中国古代农民战争史》第 1 卷，上海：上海人民出版社 1979 年版。
25. 田昌五：《古代社会形态研究》，天津：天津人民出版社 1980 年版。
26. 田昌五：《古代社会断代新论》，北京：人民出版社 1982 年版。
27. 田昌五：《古代社会形态析论》，上海：学林出版社 1986 年版。
28. 田昌五：《中国古代社会发展史论》，济南：齐鲁书社 1992 年版。
29. 田昌五、安作章：《秦汉史》，北京：人民出版社 1992 年版，增订版 2008 年。
30. 田昌五：《中国历史体系新论》，济南：山东大学出版社 1995 年版。
31. 田昌五、臧知非：《周秦社会结构研究》，西安：西北大学出版社 1996 年版。
32. 田昌五、漆侠：《中国封建社会经济史》，济南：齐鲁书社 1996 年版；台北：文津出版社 1996 年版。
33. 田昌五：《中国历史体系新论续编》，济南：山东大学出版社 2002 年版。
34. 梁方仲：《历代土地、田赋、人口统计表》，上海：上海人民出版社 1980 年版。
35. 林剑鸣：《秦史稿》，上海：上海人民出版社 1981 年版。
36. 马非百：《秦集史》，北京：中华书局 1982 年版。
37. 金景芳：《论井田制度》，济南：齐鲁书社 1982 年版。
38. 金景芳：《中国奴隶社会史》，上海：上海人民出版社 1983 年版。
39. 王毓铨：《莱芜集》，北京：中华书局 1983 年版。
40. 钱剑夫：《秦汉赋役制度考略》，武汉：湖北人民出版社 1984 年版。
41. 赵俪生：《中国土地制度史》，济南：齐鲁书社 1984 年版。
42. 王念孙：《读书杂志》，北京：中国书店 1985 年版。

43. 韩连琪：《先秦两汉史论丛》，济南：齐鲁书社1986年版。
44. 朱绍侯：《秦汉土地制度与阶级关系》，郑州：中州古籍出版社1985年版。
45. 朱绍侯：《魏晋南北朝土地制度与阶级关系》，郑州：中州古籍出版社1988年版。
46. 朱绍侯：《军功爵制研究》，上海：上海人民出版社1990年版。
47. 朱绍侯：《军功爵制考论》，北京：商务印书馆2008年版。
48. 朱绍侯：《朱绍侯文集》，开封：河南大学出版社2005年版。
49. 朱绍侯：《朱绍侯文集（续集）》，开封：河南大学出版社2015年版。
50. 高敏：《云梦秦简初探》（增订本），郑州：河南人民出版社1981年版。
51. 高敏：《秦汉史论集》，郑州：中州书画社1982年版。
52. 高敏：《秦汉史探讨》，郑州：中州古籍出版社1998年版。
53. 高敏：《长沙走马楼三国吴简研究》，桂林：广西师大出版社2008年版。
54. 臧云浦、朱崇业、王云度：《历代官制兵制科举制表释》，南京：江苏古籍出版社1987年版。
55. 王云度：《秦史编年》，西安：陕西人民出版社1987年版。
56. 王云度、张文立：《秦帝国史》，西安：陕西人民教育出版社1997年版。
57. 王云度：《刘安评传》，南京：南京大学出版社1997年版。
58. 王云度：《秦汉史编年》，南京：凤凰出版社2011年版。
59. 刘光华：《汉代西北屯田研究》，兰州：兰州大学出版社1988年版。
60. 黄今言：《秦汉赋役制度研究》，南昌：江西教育出版社1988年版。
61. 黄今言：《秦汉商品经济研究》，北京：人民出版社2005年版。
62. 孟祥才：《中国农民战争史》（秦汉卷），武汉：湖北人民出版社1989年版。
63. 孟祥才：《先秦秦汉史论》，济南：山东大学出版社2001年版。
64. 林甘泉、童超：《中国封建社会土地制度史》，北京：中国社会科学出版社1990年版。
65. 陈恩林：《先秦军事制度研究》，长春：吉林文史出版社1991年版。
66. 于昆奇：《秦汉小农与小农经济》，合肥：黄山书社1991年版。
67. 柳春藩：《秦汉魏晋经济制度研究》，哈尔滨：黑龙江人民出版社1993

年版。

68. 张鹤泉:《刘秀传》,哈尔滨:黑龙江人民出版社1993年版。
69. 马新:《两汉乡村社会史》,济南:齐鲁书社1997年版。
70. 王子今:《秦汉区域文化研究》,成都:四川人民出版社1998年版。
71. 王子今:《秦汉交通史稿》,北京:中国人民大学出版社2013年版。
72. 王子今:《秦汉时期生态环境研究》,北京:北京大学出版社2007年版。
73. 王子今:《东方海王:秦汉时期齐人的海洋开发研究》,北京:中国社会科学出版社2015年版。
74. 廖伯源:《简牍与制度》,台北:文津出版有限公司1998年版。
75. 连云港博物馆、中国文物研究所编:《尹湾汉墓综论》,北京:科学出版社1999年版。
76. 吴小强:《秦简日书集释》,长沙:岳麓书社2000年版。
77. 曹金华:《汉光武帝刘秀评传》,南京:江苏古籍出版社2002年版。
78. 曹旅宁:《秦律新探》,北京:中国社会科学出版社2002年版。
79. 曹旅宁:《张家山汉律研究》,北京:中华书局2005年版。
80. 晁福林:《先秦社会形态研究》,北京:北京师范大学出版社2003年版。
81. 晁福林:《春秋战国的社会变迁》,北京:商务印书馆2011年版。
82. 李振宏:《居延汉简与汉代社会》,北京:中华书局2003年版。
83. 李振宏:《历史与思想》,北京:中华书局2006年版。
84. 〔日〕西嶋定生:《中国古代帝国的形成与结构》,武尚清译,北京:中华书局2004年版。
85. 张金光:《秦制研究》,上海:上海古籍出版社2004年版。
86. 岑仲勉:《两周文史论丛》,北京:中华书局2004年版。
87. 朱红林:《张家山汉简〈二年律令〉集释》,北京:社会科学文献出版社2005年版。
88. 朱红林:《张家山汉简〈二年律令〉研究》,哈尔滨:黑龙江人民出版社2008年版。
89. 池田温:《中国古代籍账研究》,北京:中华书局2007年版。
90. 王文涛:《秦汉社会保障研究》,北京:中华书局2007年版。
91. 高恒:《秦汉简牍中法制文书辑考》,北京:社会科学文献出版社2008

年版。

92. 于振波：《简牍与秦汉社会》，长沙：湖南大学出版社 2012 年版。
93. 王彦辉：《张家山汉简〈二年律令〉与汉代社会研究》，北京：中华书局 2012 年版。
94. 王彦辉：《秦汉户籍管理与赋役制度研究》，北京：中华书局 2016 年版。
95. 杨振红：《出土简牍与秦汉社会（续编）》，桂林：广西师范大学出版社 2015 年版。
96. 臧知非：《秦汉赋役与社会控制》，西安：三秦出版社 2012 年版。
97. 臧知非：《土地、赋役与秦汉农民命运》，苏州：苏州大学出版社 2014 年版。

四、论文

1. 劳干：《汉代兵制及汉简中的兵制》，《中央研究院历史语言研究所集刊》第十本，1948 年版。
2. 韩连琪：《汉代的田租口赋和徭役》，《文史哲》1956 年第 7 期，氏著《先秦两汉史论丛》，齐鲁书社 1986 年版。
3. 弘一：《江陵凤凰山十号汉墓简牍初探》，《文物》1974 年第 6 期。
4. 黄盛璋：《江陵凤凰山简牍及其在历史地理研究上的价值》，《文物》1974 年第 6 期。
5. 裘锡圭：《江陵凤凰山十号汉墓出土简牍考释》，《文物》1974 年第 7 期。
6. 卢南乔：《"闾左"辨疑》，《历史研究》1978 年第 11 期。
7. 刘泽华：《论战国时期"授田"制下的"公民"》，《南开学报》1978 年第 2 期。
8. 田人隆：《闾左试探》，《中国史研究》1979 年第 2 期。
9. 宁可：《有关汉代农业生产的几个数字》，《北京师院学报》1980 年第 3 期。
10. 王好立：《"闾左"辨疑》，《中国史研究》1980 年第 4 期。
11. 黄今言：《秦代租赋徭役制度初探》，中国秦汉史研究会编：《秦汉史论丛》，西安：陕西人民出版社 1981 年版。
12. 黄今言：《汉代田税征课中若干问题的考察》，《中国史研究》1981 年第

2 期。

13. 黄今言：《秦汉租赋徭役制度初探》，中国秦汉史研究会编：《秦汉史论丛》，西安：陕西人民出版社 1981 年版。
14. 崔曙庭：《汉代更赋辨析》，《中国历史文献研究集刊》第 2 集，长沙：湖南人民出版社 1981 年版。
15. 李解民：《"开阡陌"辨正》，《文史》第 11 辑，北京：中华书局 1981 年版。
16. 吴荣曾：《监门考》，《中华文史论丛》1981 年第 3 辑。
17. 罗镇岳：《也谈汉代田税征课中的若干问题——兼与黄今言先生商榷》，《中国史研究》1982 年第 3 期。
18. 罗镇岳：《试析西汉男子"屯戍一岁"与"戍边三日"》，《中国史研究》1984 年第 1 期。
19. 罗镇岳：《秦国授田制的几点辨析》，《求索》1985 年第 1 期。
20. 朱绍侯：《名田浅论》，《中国古代史论丛》1981 年第 1 辑，上海：上海人民出版社 1981 年版。
21. 朱绍侯：《试论名田制与军功爵制的关系》，《许昌师专学报》1985 年第 1 期。
22. 朱绍侯：《汉代的"名田"（授田）制及其破坏》，《河南大学学报》2004 年第 1 期。
23. 钱剑夫，《试论秦汉的"正卒"徭役》，《中国史研究》1982 年第 3 期。
24. 于豪亮：《释青川秦墓木牍》，《文物》1982 年第 1 期。
25. 李昭和：《青川出土木牍文字简考》，《文物》1982 年第 1 期。
26. 李学勤：《青川郝家坪木牍研究》，《文物》1982 年第 10 期。
27. 杨宽：《释青川秦牍的田亩制度》，《文物》1982 年第 7 期。
28. 杨禾丁：《叚门与监门》，《中华文史论丛》1983 年第 3 辑。
29. 柳春藩：《论汉代"公田"的"假税"》，《中国史研究》1983 年第 2 期，收入氏著《秦汉魏晋经济制度研究》，哈尔滨：黑龙江人民出版社 1993 年版。
30. 柳春藩：《西汉土地制度的几个问题》，《史学集刊》1988 年第 1 期。收入氏著《秦汉魏晋经济制度研究》，哈尔滨：黑龙江人民出版社 1993

年版。

31. 彭雨新:《关于汉文帝免田租十三年的历史传说》,《江汉论坛》1983 年第 3 期。
32. 袁林:《战国授田制试论》,《社会科学》1983 年第 6 期。
33. 张金光:《试论秦商鞅变法后的土地制度》,《中国史研究》1983 年第 2 期;
34. 张金光:《银雀山汉简中的官社经济体制》,《历史研究》2001 年第 5 期。
35. 张金光:《论秦徭役制中的几个法定概念》,《山东大学学报》2004 年第 3 期。
36. 张金光:《普遍授田制的终结与私有地权的形成》,《历史研究》2007 年第 5 期。
37. 张金光:《说秦汉徭役制度中的"更"——汉牍〈南郡卒更簿〉小记》,《鲁东大学学报》2011 年第 2 期。
38. 高敏:《从江陵凤凰山汉墓出土简牍看汉代的口钱制度》,《文史》第 20 辑,北京:中华书局 1983 年版。收入氏著《秦汉史探讨》,郑州:中州古籍出版社 1998 年版。
39. 高敏:《秦汉徭役制度辨析》上,《郑州大学学报》1985 年第 3 期。
40. 高敏:《秦汉徭役制度辨析》下,《郑州大学学报》1986 年第 4 期。
41. 高敏:《秦汉的徭役制度》,《中国经济史研究》1987 年第 1 期。
42. 高敏:《度田斗争与光武中兴》,《南都学坛》1996 年第 1 期。
43. 高敏:《从嘉禾年间吏民田家莂看长沙郡一带的民情风俗与社会经济状况》,《中州学刊》2000 年第 5 期。
44. 高敏:《关于汉代有"户赋"、"质钱"和各种矿产税的新证》,《史学月刊》2003 年第 4 期。
45. 高敏:《从〈长沙走马楼三国吴简·竹简(壹)〉看孙吴时期的口钱、算赋制度——读〈长沙走马楼三国吴简·竹简(壹)〉札记之五》,《史学月刊》2006 年第 2 期。
46. 田泽滨:《汉代的"更赋"、"赀算"与"户赋"》,《东北师大学报》1984 年第 6 期。
47. 田昌五:《解井田之谜》,《历史研究》1985 年第 3 期;

48. 田昌五：《中国古代社会的土地问题》，《平准学刊》第3辑，北京：光明日报出版社1989年版。
49. 王子今：《"闾左"为"里佐"说》，《西北大学学报》1985年第1期。
50. 宋杰：《九章算术记载的汉代徭役制度》，《北京师院学报》1985年第2期。
51. 宋杰：《西汉的"平贾"》，《首都师范大学学报》1998年第2期。
52. 李瑞兰：《战国时代国家授田制的由来、特征及作用》，《天津师大学报》1985年第　期。
53. 徐喜辰：《"开阡陌"辨析》，《吉林大学社会科学学报》1986年第2期。
54. 曹金华：《试论刘秀度田》，《扬州师院学报》1986年第4期。
55. 王煦华：《战国西汉未曾实行"提封田"的田亩制度》，《历史研究》1986年第4期。
56. 苏诚鉴：《"名田宅"、"专地盗土"与"分田劫假"》，《中国经济史研究》1986年第3期。
57. 孟素卿：《谈谈东汉初年的度田骚动》，中国秦汉史研究会编《秦汉史论丛》第3辑，西安：陕西人民出版社1986年版。
58. 蒋非非：《算赋制度问题探讨——从江陵凤凰山十号汉墓出土简牍谈起》，《平准学刊》第3辑下，北京：中国商业出版社1986年版。
59. 尹崇浩：《汉代名田制与限名田管见》，《江汉论坛》1987年第7期。
60. 李零：《论秦阡陌制度的复原及形成线索》，《中华文史论丛》1987年第1期。
61. 何清谷：《闾左新解》，《陕西师范大学学报》1989年第4期。
62. 吴荣曾：《战国授田制研究》，《思想战线》1989年第3期。
63. 杨剑虹：《"江陵汉简"研究中的若干问题》，《江汉考古》1992年第1期。
64. 武建国：《汉代的名田和授田析论》，《思想战线》1993年第4期。
65. 李均明：《武威旱滩墓出土简牍考述——兼论"契令"》，《文物》1993年第10期。
66. 李均明：《武威旱滩墓出土简牍考述——兼论"契令"》，《文物》1993年第10期。
67. 李均明：《汉简所反映的关津制度》，《历史研究》2002年第3期。

68. 李均明：《张家山汉简所反映的二十等爵制》，《中国史研究》2002 年第 2 期。
69. 蒋菲菲：《秦代谪戍、赘婿、闾左新考》，《北京大学学报》1995 年第 5 期。
70. 李振宏：《从居延汉简看汉代的戍卒管理制度》，《河南大学学报》1995 年第 1 期。
71. 李振宏：《汉代居延屯戍吏卒的医疗卫生状况》，《中原文物》1995 年第 4 期。
72. 李振宏：《汉代屯戍生活中的古典人道精神》，《历史研究》2001 年第 5 期。
73. 胡平生：《云梦秦简考释校正》，西北师范大学历史系、甘肃省文物考古研究所编：《简牍学研究》第 1 辑，兰州：甘肃人民出版社 1996 年版。
74. 辛德勇：《闾左臆解》，《中国史研究》1996 年第 4 期。
75. 韩国盘：《中国古代的市和市井市肆》，《中国社会经济史研究》1997 年第 4 期。
76. 王育成：《闾左贱人说初论——兼说陈胜故里在宿州》，《中国历史博物馆馆刊》1998 年第 2 期。
77. 谢桂华：《尹湾汉墓所见东海郡行政文书考述》，连云港博物馆、中国文物研究所编：《尹湾汉墓综论》，北京：科学出版社 1999 年版。
78. 高恒：《汉代上计制度考论——兼评尹湾木牍〈集簿〉》，连云港博物馆、中国文物研究所编：《尹湾汉墓综论》，北京：科学出版社 1999 年版。
79. 高海燕、乔健：《从尹湾简牍〈集簿〉谈汉东海郡的人口、土地、赋税》，连云港博物馆、中国文物研究所编：《尹湾汉墓综论》，北京：科学出版社 1999 年版。
80. 盛会莲：《市井得名考》，《甘肃社会科学》1999 年第 1 期。
81. 王水根：《慢说"市井"》，《南方文物》2004 年第 4 期。
82. 温乐平：《从张家山汉简看西汉初期平价制度》，中国秦汉史研究会编，《秦汉史研究》第 9 辑，西安：三秦出版社 2004 年版。
83. 杨振红：《秦汉"名田宅制"说——从张家山汉简看战国秦汉土地制度》，《中国史研究》2004 年第 3 期。

84. 杨振红：《徭、戍为秦汉正卒基本义务说》，《中华文史论丛》2010 年第 1 期。
85. 杨振红：《松柏西汉墓簿籍牍考释》，《南都学坛》2010 年第 5 期，氏著《出土简牍与秦汉社会（续编）》，桂林：广西师范大学出版社 2015 年版。
86. 杨振红：《出土"算""事"简与两汉三国吴时期的辅以结构——"算赋"非单一税目》，氏著《出土简牍与秦汉社会（续编）》，桂林：广西师范大学出版社 2015 年版。
87. 于振波：《名田制在汉代的实施及其式微》，《中国史研究》2004 年第 1 期。
88. 于振波：《从简牍看汉代的户刍与刍稿税》，《故宫博物院院刊》2005 年第 2 期。
89. 于振波：《秦简所见田租的征收》，《湖南大学学报》2012 年第 5 期。
90. 孟彦弘：《〈吏民田家莂〉所录田地与汉晋间的民屯形式》，中国社会科学院历史研究所学刊编委会编《中国社会科学院历史研究所学刊》第 2 集，北京：商务印书馆 2004 年版。
91. 安忠义：《从"平价"一词看汉秦汉时期的平价制度》，《敦煌学辑刊》2005 年第 2 期。
92. 张荣强：《二年律令与汉代课役身份》，《中国史研究》2005 年第 2 期。
93. 张荣强：《孙吴简中的户籍文书》，《历史研究》2006 年第 4 期。
94. 张荣强：《秦代迁陵县南阳里户版研究》，《北京师范大学学报》2008 年第 4 期。
95. 马彪：《〈算数书〉之"益昳""与田"考——从〈龙岗秦简〉到〈张家山汉简〉的考察》，简帛网，2006 年 11 月 22 日。
96. 贾丽英：《汉代"名田宅制"与"田宅逾制"论说》，《史学月刊》2007 年第 1 期。
97. 朱德贵：《从二年律令看汉代户赋和以訾征赋》，《晋阳学刊》2007 年第 5 期。
98. 曹旅宁：《〈史律〉中有关践更规定的再探讨》，简帛网，2007 年 5 月 12 日，http://www.bsm.org.cn/show_article.php? id=565。

99. 袁延胜：《天长纪庄木牍〈算簿〉与汉代算赋问题》，《中国史研究》2008 年第 2 期。
100. 杨际平：《凤凰山十号汉墓据"算"派役文书研究》，《历史研究》2009 年第 6 期。
101. 黎明钊：《里耶秦简户籍档案探讨》，《中国史研究》2009 年第 2 期。
102. 陈絜：《里耶户籍简与战国末期的基层社会》，《历史研究》2009 年第 5 期。
103. 彭浩：《读松柏出土的西汉木牍（二）》，简帛网，2009 年 4 月 4 日，http：//www.bsm.org.cn/show_article.php？id=1013。
104. 彭浩：《读松柏出土的西汉木牍（三）》，简帛网，2009 年 4 月 11 日，http：//www.bsm.org.cn/show_article.php？id=1017。
105. 彭浩：《读松柏出土的西汉木牍（四）》，简帛网，2009 年 4 月 12 日，http：//www.bsm.org.cn/show_article.php？id=1019。
106. 胡平生：《松柏汉简五三号木牍释解》，简帛网，2009 年 4 月 12 日，http：//www.bsm.org.cn/show_article.php？id=1020。
107. 彭浩：《谈秦汉算书〈数〉中的"舆田"及其相关问题》，武汉大学简帛网，2010 年 8 月 6 日首发，http：//www.bsm.org.cn/show_article.php？id=1281。
108. 王彦辉：《田啬夫、田典考释——对秦及汉初设置两套基层管理机构的一点思考》，《东北师范大学学报》2010 年第 2 期。
109. 肖灿：《从〈数〉的"舆（与）田"、"税田"算题看秦田地租税制度》，《湖南大学学报》2010 年第 4 期。
110. 金善英：《市井得名考辨》，《文化学刊》2010 年第 3 期。
111. 陈伟：《简牍资料所见西汉前期的"卒更"》，《中国史研究》2010 年第 3 期。
112. 凌文超：《使大男——汉晋赋役制度识小之二》，简帛网，2010 年 11 月 29 日，http：//www.bsm.org.cn/show_article.php？id=1340。
113. 臧知非：《"事末利及怠而贫者举以为收孥"试析——兼谈秦的"抑末"政策》，《徐州师院学报》1983 年第 3 期。
114. 臧知非：《汉代更赋辨误》，《徐州师院学报》1987 年第 2 期。

115. 臧知非:《秦汉"正卒"辨析》,《中国史研究》1988 年第 1 期。
116. 臧知非:《论县制的发展与古代国家结构的演变——兼谈郡制的起源》,《中国史研究》1993 年第 1 期。
117. 臧知非:《先秦什伍乡里制度试探》,《人文杂志》1994 年第 1 期。
118. 臧知非:《"相地而衰征"新探》,《人文杂志》1994 年第 1 期。
119. 臧知非:《刘秀"度田"新探》,《苏州大学学报》1997 年第 2 期。
120. 臧知非:《汉代田税征收方式和农民田税负担新探》,《史学月刊》1997 年第 2 期。
121. 臧知非:《"叚门逆旅"新探》,《中国史研究》1997 年第 2 期。
122. 臧知非:《秦人受命意识与秦国发展——秦公钟铭文探微》,秦始皇兵马俑博物馆《秦文化论丛》编委会:《秦文化论丛》第 8 辑,西安:西北大学出版社 2000 年版。
123. 臧知非:《张家山汉简所见西汉矿业税收制度试析——兼谈西汉前期弛山泽之禁及商人兼并农民问题》,《史学月刊》2003 年第 3 期。
124. 臧知非:《张家山汉简所见西汉继承制度初论》,《文史哲》2003 年第 6 期。
125. 臧知非:《西汉授田制度与田税征收方式新论》,《江海学刊》2003 年第 3 期。
126. 臧知非:《秦汉"傅籍"制度与社会结构的变迁》,《人文杂志》2005 年第 1 期。
127. 臧知非:《秦汉里制与基层社会结构》,《东岳论丛》2005 年第 6 期。
128. 臧知非:《龙岗秦简"行田"解》,中国秦汉史研究会、咸阳师范学院:《秦汉研究》第 1 辑,西安:三秦出版社 2007 年版。
129. 臧知非:《论汉文帝"除关无用传"——西汉前期中央与诸侯王国关系的演变》,《史学月刊》2010 年第 7 期。
130. 臧知非:《说"自占年"》,《史林》2011 年第 1 期。
131. 臧知非:《汉文帝十三年免除田税新证——兼谈汉文帝经济政策》,《中国农史》2011 年第 2 期。
132. 臧知非:《"二年常限田"新释》,中国秦汉史研究会:《秦汉史论丛》第 11 辑,长春:吉林文史出版社 2011 年版。

图书在版编目（CIP）数据

秦汉土地赋役制度研究／臧知非著. —北京：中央编译出版社，2017.3
ISBN 978-7-5117-3274-3

Ⅰ. ①秦…
Ⅱ. ①臧…
Ⅲ. ①土地制度－经济史－中国－秦汉时代
Ⅳ. ①F329.032

中国版本图书馆 CIP 数据核字（2017）第 033851 号

秦汉土地赋役制度研究

出 版 人：	葛海彦
出版统筹：	贾宇琰
责任编辑：	程　彤　曲建文
责任印制：	尹　珺
出版发行：	中央编译出版社
地　　址：	北京西城区车公庄大街乙 5 号鸿儒大厦 B 座（100044）
电　　话：	（010）52612345（总编室）　　（010）52612363（编辑室） （010）52612316（发行部）　　（010）52612317（网络销售） （010）52612346（馆配部）　　（010）55626985（读者服务部）
传　　真：	（010）66515838
经　　销：	全国新华书店
印　　刷：	北京时捷印刷有限公司
开　　本：	710 毫米×1000 毫米　1/16
字　　数：	475 千字
印　　张：	30
版　　次：	2017 年 3 月第 1 版第 1 次印刷
定　　价：	90.00 元
网　　址：	www.cctphome.com　　邮　　箱：cctp@cctphome.com
新浪微博：	@中央编译出版社　　微　　信：中央编译出版社（ID: cctphome）
淘宝店铺：	中央编译出版社直销店（http://shop108367160.taobao.com）　（010）55626985

凡有印装质量问题，本社负责调换，电话：（010）55626985